2025
퍼펙트 무역영어 1급

이론 + 기출문제

*산출 근거 후면 표기

김현수 저

- 4주 합격 플래너 제공   ● 기출문제 해설 특강 제공
- 시험에 자주 출제되는 오답노트 수록

4주만에 단기 합격!
상시시험 완벽 분석

 저자 직강 | 빙글리쉬닷컴

세종출판사

[알림]

1. 본서에 수록되지 않은 과거 기출문제는 별도로 빙글리쉬닷컴(www.binglish.com)의 게시판, 수험 자료실에 기출해설을 수록하였습니다. 다운로드하여 유용하게 활용하시기 바랍니다(73회부터 제공).
2. 관세법이나 기타 법률의 일부 조항은 변동될 수 있으므로 시험 직전 빙글리쉬닷컴의 공지사항이나 자료실에 게시되는 내용을 확인해 주시기 바랍니다.
3. 본 교재의 출판 후에 발견되는 오타, 설명의 오류, 법 개정 등으로 인한 부분은 발견되는 대로 수시로 종합하여 빙글리쉬닷컴의 공지사항 게시판에 게시하겠습니다.
4. 교재의 이상이나 내용의 질문에 대해서는 빙글리쉬닷컴의 게시판을 이용해 주세요.

퍼펙트 무역영어1급 Contents

- 국가공인 무역영어자격시험 안내 ·············· 7
- 이 교재의 특징 ·············· 13

제1부 무역실무

제1장 무역의 개념과 형태 ·············· 17
01 국제무역의 규칙과 조약 / 17 02 무역의 형태 / 18
03 무역계약의 개념과 법적성격 / 23 04 신용조회 / 25

제2장 청약(Offer)과 승낙(Acceptance) ·············· 27
01 청약 / 27 02 청약의 주체기준 / 27
03 청약의 종류 / 27 04 승낙 / 31

제3장 무역계약조건 ·············· 37
01 품질조건 / 37 02 품질의 결정 시기 / 39
03 품질의 입증 / 40 04 수량의 결정 시기 / 40
05 중량 조건 / 41 06 선적조건 / 42
07 분할선적과 환적 / 43 08 할부선적 / 45

제4장 인코텀즈 (Incoterms 2020)-Ⅰ ·············· 46
01 인코텀즈의 제정 / 46 02 인코텀즈규칙의 역할 / 47
03 모든 운송방식에 적용되는 규칙 / 49

제5장 인코텀즈 (Incoterms 2020)-Ⅱ ·············· 63
01 해상운송과 내수로운송에 적용되는 규칙 / 63
02 매매당사자의 구체적 의무 / 71

제6장 무역대금의 결제 ·············· 78
01 선지급방식 / 78 02 동시지급방식 / 78
03 후지급방식 / 81 04 특수결제방식 / 84

제7장 신용장 (Letter of Credit) I 89
- 01 신용장의 이해 / 89
- 02 신용장의 발행절차 / 89
- 03 신용장의 이점 / 90
- 04 거래기준에 따른 거래당사자의 명칭 / 91
- 05 신용장 방식의 거래 당사자 / 91
- 06 신용장 거래의 특성 / 94
- 07 신용장 거래의 한계 / 96

제8장 무역대금의 결제 - 신용장 II 97
- 01 신용장의 종류 / 97

제9장 무역대금의 결제 - 신용장 III 104
- 01 특수신용장의 종류 / 104
- 02 신용장의 통지와 조건 변경 / 107
- 03 신용장양도의 조건 / 108
- 04 환어음 / 109

제10장 선적서류 115
- 01 상업송장 / 115
- 02 선하증권 / 117
- 03 원본과 사본 / 122
- 04 해양선하증권의 수리조건 / 123
- 05 항공화물운송장 / 124
- 06 보험서류 / 125
- 07 기타서류 / 126

제11장 환어음의 매입과 심사 135
- 01 수출환어음의 매입 / 135
- 02 불일치사항이 있는 서류의 은행매입 / 135
- 03 신용장관련 수수료 / 136
- 04 개설은행의 서류심사 / 137
- 05 Expiry Date, Presentation Date / 139

제12장 국제해상운송 I 141
- 01 해상운송의 개념과 특성 / 141
- 02 해운시장 / 141
- 03 해운동맹 / 141
- 04 해상운임의 계산 / 143
- 05 해상운임의 기타 요소 / 144
- 06 부정기선 및 용선계약 / 145

제13장 국제해상운송 II 149
- 01 컨테이너 운송 / 149
- 02 컨테이너 화물의 운송 형태 / 149
- 03 컨테이너의 종류 / 150
- 04 컨테이너의 크기와 적재량 / 151
- 05 컨테이너 터미널의 구조 / 152
- 06 복합운송 / 154
- 07 항공운송 / 154
- 08 철도운송 / 156
- 09 해상운송 및 선하증권에 관한 국제규칙 / 157
- 10 포장과 화인 / 160

제14장 해상보험 I 162
- 01 해상보험의 개념 / 162
- 02 보험목적물의 종류 / 162
- 03 보험계약의 성립요건 / 162
- 04 해상보험계약의 당사자 / 163
- 05 해상보험증권의 해석원칙 / 164
- 06 보험가액과 보험금액의 관계 / 165

퍼펙트 무역영어1급 Contents

　　　　07 담보위험과 면책위험 / 167　　　　08 부가위험담보조건의 유형 / 169
　　　　09 확장담보조건 / 170　　　　　　　10 신협회적하약관상의 담보위험과 면책위험 / 171

제15장 해상보험 II 174
　　　　01 해상손해의 종류 / 174　　　　　02 위부 / 175
　　　　03 대위 / 176　　　　　　　　　　04 공동해손 / 177
　　　　05 손해방지비용과 구조비 / 177　　06 담보와 고지 / 178

제16장 클레임과 상사중재 182
　　　　01 무역 클레임 / 182　　　　　　　02 중재제도 / 184

제17장 무역계약의 위반과 구제 189
　　　　01 계약위반의 유형 / 189　　　　　02 구제 / 190

제18장 대외무역법 195
　　　　01 대외무역법의 목적 및 성격 / 195　02 무역업 등에 대한 관리 / 196
　　　　03 수출입 승인제도 / 198　　　　　04 수출입과 수출입실적의 정의 / 199
　　　　05 수출입공고와 통합공고 / 201　　　06 무역위원회 / 202
　　　　07 원산지표시제도 / 202　　　　　　08 외화획득용원료·기재 / 205

제19장 관세법 211
　　　　01 과세방법에 의한 관세의 분류 / 211　02 관세법상의 용어의 정의 / 211
　　　　03 관세의 과세요건과 관세율 / 212　　04 납세의무자 / 215
　　　　05 탄력관세의 종류 / 216　　　　　　06 관세율의 적용순서 / 218
　　　　07 간이세율과 합의세율 / 219　　　　08 통관 / 220
　　　　09 관세의 환급 / 226　　　　　　　　10 관세환급특례법 / 227

제20장 전자무역 232
　　　　01 무역자동화 / 233　　　　　　　　02 EDI에 의한 무역업무 처리체계 / 233
　　　　03 전자계약 / 234　　　　　　　　　04 전자인증 / 235
　　　　05 전자무역의 결제시스템 / 236　　　06 전자무역관련 법규 - 중요도에 따른 발췌 /
　　　　　　　　　　　　　　　　　　　　　　　237

제21장 서비스무역 240
　　　　01 서비스무역의 개요 / 240　　　　　02 서비스무역에 관한 일반협정 / 241
　　　　03 판매점·대리점 계약 / 244

제22장 기술무역 248
　　　　01 기술실시계약 / 248　　　　　　　02 라이선스계약의 종류 / 249
　　　　03 플랜트수출계약 / 251　　　　　　04 국제턴키프로젝트 / 252

제23장 해외투자 254
    01 해외직접투자 / 254　　　　02 국제프랜차이징 / 256

제24장 Various Expressions 258
    01 자사의 소개와 소개의뢰를 요청하다 / 258　02 신용조회 / 259
    03 거래의 제의와 답신 / 261　　　04 오퍼와 카운터오퍼 / 263
    05 주문과 계약 / 265　　　　　　06 신용장, 추심과 결제 / 266
    07 운송과 보험 / 268　　　　　　08 Collection / 270
    09 Complaints and Claim / 271

제25장 Business Writing과 출제유형분석 276

제2부 기출해설

Part 1 Warm Up 무역실무 기초다지기 309

Part 2 무역영어 1급 기출해설
    제 114회 1급 기출해설 (2019년 제1회) 346
    제 115회 1급 기출해설 (2019년 제2회) 382
    제 116회 1급 기출해설 (2019년 제3회) 422
    제 117회 1급 기출해설 (2020년 제1회) 457
    제 118회 1급 기출해설 (2020년 제2회) 495
    제 119회 1급 기출해설 (2020년 제3회) 530

Part 3 무역영어 1급 Final Test
    제1회 무역영어 1급 Final Test 564
    제2회 무역영어 1급 Final Test 591
    Final Test 정답 및 해설 617

부록

부록 1 신용장통일규칙(UCP600) 645
부록 2 국제물품매매계약에 관한 UN협약 682

국가공인 무역영어자격시험 안내

01 무역영어 자격시험 연혁

　　치열해져 가기만 하는 국경 없는 무한경쟁의 시대에서 대외교역 확대를 위해서는 무역에 관한 전문지식이 필수적입니다. 이에 부응하여 실시되는 시험이 국가공인 무역영어 시험이며 무역영어 검정은 무역관련 영문서류의 작성·번역 등 영어구사능력은 물론 무역실무지식을 평가하는 자격시험입니다. 상공회의소에서 주관하는 국가공인 무역영어 자격시험은 1967년도에 최초로 시행되었으며 2000년 국가공인 자격증으로 인정받은 유서 깊은 시험입니다. 그간 연 3회 치르던 시험은 2021년부터 4월~6월, 9월~11월 사이에 치러지는 상설시험으로 변경되었습니다.

02 무역영어 자격증 취득 시의 이점

　　무역영어 자격증을 취득하게 되면 관련 회사에 취업 시 자격증 비보유자와는 달리 준비된 인재로서의 차별성을 부각시킬 수 있으며 입사지원 시 가산점의 혜택이 있습니다. 직장인에게는 자격증 취득 시 자격수당을 지급하고 호봉 승급 및 인사고과 시 가산점을 부여하는 회사가 늘어나고 있는 추세입니다. 또한 현재의 취업시장은 업무 숙지에 많은 시간이 소요되는 신입직원보다는 경력직을 선호하는 추세로 변하고 있습니다. 따라서 자격증 보유자는 직원 직무 양성에 들어가는 많은 시간과 비용을 절감할 수 있고 적응도가 빠르기 때문에 기업의 입장에선 선호도가 높은 자격증이라 할 수 있습니다.

　　고교생 취득자에게는 대입수시전형에서 상경계열, 무역학과, 국제통상학과 등에 지원할 때 가산점을 부여받게 됩니다. 자격증 취득을 위한 공부를 하는 과정에서 전반적인 무역의 개념과 실질적인 흐름을 숙지할 수 있으며 이를 기반으로 한 무역관련 비즈니스 영어에 능통해질 수 있는 발판을 마련할 수 있습니다.

03 자격증 종합안내

(1) 등급안내

- 1급 - 4년제 대학 경상계열 졸업자로서 대기업 무역실무관리 책임자로서 갖춰야 할 무역실무 전반에 관한 지식 (4년제 대학을 졸업해야 응시자격이 있다는 것이 아님!)

- 2급 - 전문대학 및 경상계열 재학생으로서 기업의 무역실무자로서 갖추어야 할 지식
- 3급 - 실업계열 고등학교 재학생으로서 기본적으로 갖추어야 할 지식

(2) 응시자격

- 응시자격 제한 없음 (연령, 학력, 성별 제한 없음)

(3) 시험과목

구 분	관 련 사 항
시험과목	3개 과목 : 영문해석, 영작문, 무역실무
검정방법	필기 : 객관식/ 과목당 25문항으로 총 75문제 (1, 2, 3 급 공통)
합격기준	100점 만점에 전 과목 합쳐 평균 60점 이상 단, 1급은 한 과목이라도 40점 미만일 경우 불합격

(4) 출제기준

시험과목	출제문항 수	시험 주요항목
영문해석	25 문항	1. 무역실무 전반에 걸친 무역영어통신문 2. 해외시장조사, 신용조사방법, 수출입 개요 등 3. 무역관계법(실무에 적용되는 것에 한함) 4. 무역계약 5. 대금결제 6. 운송, 용선계약, 적하보험 7. 무역클레임과 상사중재 8. EDI에 의한 수출입통관
영작문	25 문항	
무역실무	25 문항	

(5) 2025년 무역영어 시험일정

- 시험기간 : 5월, 8월, 11월
- 시험요일 : 해당 월 매주 일요일
- 시행일수 : 총 14일
- 문의 : 자격고객센터 : 02 2102 3600

구분	시험일자	구분	시험일자
1회	5월 4일 일요일	8회	8월 24일 일요일
2회	5월 11일 일요일	9회	8월 31일 일요일
3회	5월 18일 일요일	10회	11월 2일 일요일
4회	5월 25일 일요일	11회	11월 9일 일요일
5회	8월 3일 일요일	12회	11월 16일 일요일
6회	8월 10일 일요일	13회	11월 23일 일요일
7회	8월 17일 일요일	14회	11월 30일 일요일

(6) 무역실무 과목 세부 출제기준(1, 2급)

대분류	중분류	대분류	중분류
무역계약	· 무역거래의 개요 · 무역거래의 관리체계 · 해외시장조사와 거래선 발굴 · 무역계약의 본질 · 무역계약의 효력 · 무역계약의 정형화	무역결제	· 무역결제의 방법 · 화환신용장 · 무역대금의 정산 · 무역금융제도 · 국제조세와 과세기준
무역운송	· 해상운송과 B/L · 항공운송과 AWB · 복합운송과 운송서류 · 수출입통관과 관세	무역보험	· 해상보험의 의의 · 해상위험과 해상손해 · 해상보험증권과 적하보험약관 · 수출입보험제도
무역클레임	· 무역계약의 불이행 · 무역클레임의 처리방안 · 상사중재 · 국제소송	서비스무역	· 서비스무역의 개요 · 판매점, 대리점 계약 · 국제건설, 자원개발계약 · 기타 서비스무역계약
기술무역	· 기술무역의 개요 · 기술도입계약 · 라이선스계약 · 플랜트수출계약	해외투자	· 국제투자의 개요 · 국제프랜차이즈계약 · 국제자본거래계약
전자무역	· 전자무역의 개요 · 전자물류, 통관시스템 · 전자무역 결제시스템 · 전자무역보험, 클레임	무역규범	· 국내무역관계법규 · 국제무역계약법규 · 국제무역결제법규 · 국제무역운송법규 · 국제해상보험법규 · 무역클레임, 기타법규

(7) 응시원서 접수 시 제출서류

- 대한상공회의소가 교부한 소정 수검원서 양식
- 사진제출 : 인터넷 접수 시 사진첨부(최근 6개월 이내 촬영한 동일 원판의 탈모 상반신 반명함판 [3.5×4.5cm])

(8) 자격증 교부

- 교부장소 : 합격을 확인 후 자격증을 택배로 받기를 원하면 홈페이지에서 기입하고 수수료를 납부하면 된다. 방문 수령 시 수검원서 접수처(해당지역 상공회의소)에서 수령한다.
- 교부기간 : 합격자 발표일로부터 60일간

- 준비물 : 수험표, 신분증
- 자격증형태 : 일반 주민등록증이나 운전면허증과 유사한 카드형식이다. 수검원서 접수 시에 제출된 사진으로 자격증을 제작하므로 사진 접수 시 이미지가 좋은 사진으로 준비하는 것이 좋다.

04 국가공인 무역영어와 국제무역사와의 비교

구 분	시 행 처	국가자격여부	출제경향과 유형
무역영어	대한상공회의소	국가공인	• 포괄적이며 무역실무의 개념에 대한 이해 측정 • 무역실무를 기반으로 하는 실질적인 영어 활용 능력측정
국제무역사	사단법인 한국무역협회	비공인 민간자격	• 출제범위가 광범위하다. • 지엽적, 이론적이며 실무적이고 난해하다.

[참조] 국제무역사는 2013년부터 년2회, 2월~ 8월 사이에 시행되고 있다.

두 자격증 모두 근본적으로 무역실무능력을 배양시켜 무역 전문 인력을 양성한다는 기본 취지는 같으며 국제무역사는 민간자격증이고 무역영어는 국가공인 인증을 받은 자격증이라는 차이가 있습니다. 국제무역사는 비록 민간자격증이지만 국가공인에 못지않은 공신력을 인정받고 있습니다. 국가공인 무역영어(상공회의소 주관)는 전체적인 무역의 개념을 숙지하고 단계별로 진행되는 무역 업무에 관련된 제반 무역영어 실력을 함양하고자 하는 것이 기본 취지입니다. 따라서 무역실무를 영어로 치르는 성격이 강합니다. 그러나 국제무역사는 이와는 달리, 무역의 개념들이 실제적으로 적응되는 폭넓고 깊이 있는 무역실무와 무역 관련 법규에 대한 충분한 이해를 갖출 것을 요구하고 있습니다. 따라서 무역영어 자격증과 국제무역사 2개의 자격증을 동시에 준비하여 취득을 한다면 훨씬 균형 잡힌 무역관련 지식을 배양할 수 있습니다. 두 자격증을 놓고 인지도를 따지거나 비중을 비교한다는 것은 두 시험의 성격에 관한 기본을 모르는 것에서 비롯되는 것입니다.

05 무역영어 시험의 출제경향

무역실무에 대한 개념에서 실무적인 이해를 묻는 문제와 이메일 영작 등 실전영어의 숙지를 묻는 문제가 주로 출제되고 있습니다. 단답적인 실무지식보다는 종합적인 판단력과 이해력을 수반하는 문제가 많이 등장하고 있으므로 전체 무역개념을 이해해야 하며 이러한 방향은 앞으로 계속 유지될 것으로 보입니다. 특히 영어 부분에서 단순히 기출문제를 외우는 단기적인 방법보다 꾸준히 영어실력을 배양해야 접근할 수 있는 문제로 구성되어 있습니다. 무역실무에서도 서비스무역, 대외무역법, 관세법의 비중이 커지면서 해당 과목의 문항수도 늘어나고 범위도 넓어져 그만큼 수험생에겐 준비 기간에 부담을 더 주고 있습니다. 그러나 전체적인 출제의 틀은 기출문제를 크게 벗어나지는 않으므로 시험을 치르고자 하는 해당 회 이전의 기출문제를 적어도 6, 7회분은 꼼꼼히 풀어보시기 바랍니다. 무역비전공자 또는 무역에 대한 사전지식이나 경험이 없는 수험준비생은 다음과 같이 수험준비를 하는 것이 효율적입니다.

① 처음부터 교재의 전 내용을 이해하려고 하지 마세요. **이론을 한번 보고 다 이해하는 사람은 아무도 없습니다.** 마치 소설책을 읽듯이 이론 부분을 가볍게 두 번 정도 빠르게 훑듯이 읽습니다.
② ①과 같은 과정을 거치면 개략적으로 무역의 흐름이 잡힙니다.
③ 대충 무역의 흐름을 잡았으면 이제부턴 정독을 하면서 외울 것은 확실하게 외우세요. 특히 교재의 볼드체 부분이나 참고사항들은 자주 출제되는 부분이므로 눈여겨 살펴두세요. 이 과정에서 정리가 잘 되지 않으면 동영상 강의를 추천합니다. 시간을 절약해주고 실무적인 지식까지도 충분히 배양할 수 있는 장점이 있습니다.
④ 교재의 **이론부분에서 등장하는 전문무역용어(영어)는 무조건 외워야 합니다.** 틈틈이 교재에 부록으로 실려 있는 UCP600(신용장통일규칙) 전문, CISG 등을 자주 읽어두세요. 상당 부분이 이 부분에서 출제되고 무역 이론의 바탕이 되기 때문입니다. 이것이 바탕이 되지 않으면 무역실무뿐만 아니라 이를 응용한 영어 문제풀이에서 힘들어집니다.
⑤ 두 번 정도 정독을 하였으면 기출문제를 풀기 시작합니다. 확실하게 알고 맞힌 것은 ○표를 하고 감이나 찍어서 푼 것은 △표시를 하며, 틀린 것 또는 도저히 이해가 되지 않는 것은 ∨표시를 해둡니다. △표시와 ∨표시 된 것들만 집중적으로 반복하여 외우다시피 하여 패턴을 익히면 시간을 절약해 주고 자신의 부족한 부분을 알게 됩니다. - 한번 틀린 것은 계속 틀리게 되어 있습니다.
⑥ 시험을 치르기 4~5일 전쯤에 교재에 부록으로 제공하는 Final Test를 통하여 최종 점검을 해봅니다. 이를 통하여 부족한 부분을 재점검하고 시간 배분 등에 대한 전략을 세우면 마무리 정리용으로 좋은 효과를 볼 것입니다.
⑦ 무역영어의 무역실무 부분은 출제 문항 수에 비하여 출제 범위가 대단히 방대하여 시험 준비에 어려움을 느끼게 됩니다. 이를 하나의 교재에 모두 커버한다는 것은 현실적으로 어렵고, 또한 그렇게까지 준비한다는 것도 간단한 문제가 아닙니다. 본문 교재의 양이 방대해지고 산만해지는 것을 최소화하기 위하여 시험에 출제될 수 있는 무역실무의 디테일한 부분들은 부록으로 편성된 '무역실무 기초다지기'라는 예상문제를 통하여 습득할 수 있도록 구성하였습니다. **여기에 수록된 예상문제들은 몇 번이고 반복해서 반드시 풀어주시기 바랍니다.**

06 자격증에 대한 관점

많은 응시생들이 국제무역사 자격증 또는 무역영어 자격증 취득을 준비하면서 많은 의구심에 휩싸이게 됩니다. 「이러한 자격증이 취업을 보장하는가?」, 「자격증만 취득하면 무역실무의 전문

가가 되는가?」, 「실제 취업 시 두 자격증이 인정을 받는가?」 등의 우려 섞인 질문을 합니다. 결론적으로 말해서 두 개의 자격증을 취득했다고 해서 무역의 전문가가 되는 것도 아니며 취업을 완전히 보장해 주지는 못합니다. 예를 들어, 의사면허를 땄다고 해서 바로 시술을 하는 것도 아니며, 인턴과 레지던트를 거쳐야 하고 사법고시에 합격을 해도 사법연수원에서 따로 실무교육을 받습니다. 자격증 취득을 위해서 공부를 해나가는 과정에서 나중에 취업 시, 또는 관련 업무를 대할 때 엄청난 도움을 주게 되어 실무능력을 배양시킵니다. 자격증 취득을 단편적인 시각에서 볼 것이 아니라 자신의 경쟁력과 적응능력을 키우기 위한 동기부여의 수단으로 생각하길 바랍니다. 자격증의 인정에 대해선 이렇게 말씀드리고 싶습니다.

만약 두 명의 지원자가 있는데 둘 다 토익이 고득점이고, 같은 학력에 같은 조건을 가지고 있습니다. 그러나 한 명은 무역영어 자격증이나 국제무역사를 보유하고 있다면 인사담당자는 누구를 채용하겠습니까? 당연히 관련 준비를 하여 적응력이 뛰어난 「준비된 인재」를 확보하려 할 것입니다. 자격증이란 바로 이런 것입니다. 취득자에겐 그에 대한 즉각적인 반대급부가 없으면 별 것이 아니라고 생각하겠지만 비보유자에겐 부러움의 대상이며 또한 비교우위에 설 수 있는 객관적인 잣대인 것입니다. 따라서 부질없는 의구심으로 시간을 낭비하기보단 과감히 도전하여 자신의 경쟁력을 키우는 기회로 삼길 바랍니다. 또한 자격증 취득만을 최종의 목표로 삼는 편협한 사고에서 벗어나 무역업무 전체를 조망할 수 있는 기회로 삼길 바랍니다.

이 교재의 특징

1. 무역전공자부터 비전공자까지 모두 쉽게 이해할 수 있도록 구성

효율적인 학습을 위해 전체적인 무역실무와 이론을 최대한 쉽고 체계적으로 학습할 수 있도록 구성하였습니다.

2. 무역실무 문제 풀이 능력 향상을 위한 핵심 100문제 수록

상당수의 응시생들이 무역실무 문제 풀이를 어려하고 대부분 무역실무 과목에서 과락이 나오므로 이를 보강할 수 있도록 가장 기본적이면서 빈출되는 핵심 기출 문제와 예상문제를 수록하였습니다.

3. 6회분 기출문제와 Final Test 2회분 수록

기출문제를 최대한 이해하기 쉽게 해설하고 풍부한 자료를 제공함으로써 유사 문제의 출제에 충분히 대응할 수 있도록 하였습니다. 기출문제를 기반으로 하여 심혈을 기울여 구성한 Final Test를 제공함으로써 시험 전 합격 당락의 여부 및 취약점을 알고 대비할 수 있도록 하였습니다. Final Test의 난도는 기출문제보다 약 10% 정도 높게 구성하였습니다.

4. 오답노트

학습한 단원에서 출제자가 주안점을 두는 내용이 무엇인지 기출문제를 분석해서 '오답노트'로 정리하였습니다. 실제 시험에서의 실수를 줄이면서 지문의 함정을 파악할 수 있고, 자주 출제되는 중점 부분을 알 수 있습니다.

5. 빈출 영어 표현

자주 출제되는 영어 표현들과 영문 조항들을 수록하여 무역규칙이나 협약의 영문 표현에도 익숙해지도록 하였습니다.

6. 체크 포인트

자주 출제되거나 출제가 예상되는 핵심 내용을 체크 포인트로 정리하여 중요한 부분을 한눈에 알아 볼 수 있도록 하였습니다.

7. 부가설명

본문 내용의 이해를 돕고, 자칫하면 놓칠 수 있는 부분까지 세세하게 수록하여 응용되어 출제되는 부분까지를 커버할 수 있도록 구성하였습니다.

8. 무역영어 유형 분석

특히 영어에 취약한 수험생을 위하여 문제를 유형별로 분류하여 즉각적으로 정답을 예측할 수 있는 능력을 기를 수 있도록 하였습니다. 문제의 구성 형태와 출제의도를 파악하지 못하면 분석에 많은 시간을 소비하여 제한시간에 쫓기게 되기에 각 지문의 기본 형태를 제시하고 자주 등장하는 질문에 대한 문제풀이 능력을 길러서 반사적으로 정답을 찾을 수 있도록 하였습니다.

9. 무역관련 주요 국제규칙 수록(한글 번역문 수록)

필수적으로 알아야 할 무역 관련 국제규칙의 한글 번역문을 수록하여 어렵게 느낄 수 있는 법규의 내용에 익숙해 질 수 있도록 하였습니다. 학습에 불필요한 시간 낭비를 막기 위해서 UCP600의 경우 전혀 출제되지 않거나 빈도가 극히 약한 부분의 규정은 삭제하였습니다.

10. 4주 합격 플래너 제공

빙글리쉬닷컴(www.binglsih.com) 홈페이지 학습자료 게시판에서 다운로드 받을 수 있습니다.

제1부 무역실무

퍼펙트
무역영어 1급

Perfect guide to Trade English

제1장 무역의 개념과 형태

01 국제무역의 규칙과 조약

무역(trade)이란 물품의 교환이나 매매를 통칭하는 용어로서, 한 나라의 기업이나 개인이 영토와 주권을 달리하는 외국의 기업이나 개인과 하는 상품거래, 물자, 기술 등의 국제적인 경제적 활동을 말한다. 넓은 의미에서 무역은 국제간의 모든 경제적 거래를 말하지만, 좁은 의미에서의 무역활동은 단순히 상품의 수출입에 관한 거래에 한정한다.

상관습과 문화, 언어가 다른 외국과의 원활한 상거래를 위하여 통일된 규칙이나 협약이 필요하게 된다. **시험에 자주 출제되는 3대 중요 규칙은 인코텀즈(Incoterms), 국제물품매매계약에 관한 UN협약(CISG), 신용장통일규칙(UCP)이다.** 무역거래의 단계에 따라 다음과 같은 국제규칙 또는 협약이 적용되고 있다.

(1) 무역계약의 성립 단계에서의 규칙 및 협약

① **인코텀즈(Incoterms 2020 ; International Commercial Terms)**

인코텀즈란 「International Commercial Terms」의 약칭으로서 국내 및 국제거래조건의 사용에 관한 ICC규칙 이다. 정형화된 인코텀즈를 매매계약 시 사용함으로써 무역거래조건의 해석에 따른 불확실성을 제거, 상거래 분쟁을 감소시키는 장점이 있으며 총 11가지의 정형거래조건이 있다.

② **국제물품매매계약에 관한 UN협약(The United Nations Convention on Contracts for International Sale of Goods : CISG)**

일명 비엔나협약(Vienna convention)이라고도 하며 국제상거래에서 각국의 법률이 달라 해석상의 문제가 빈번해지고 분쟁이 끊임없이 제기됨으로써, UN 상거래위원회는 국제물품매매에 대한 통일법 제정을 위해 1980년 3월 10일부터 4월 11일까지 오스트리아의 수도 비엔나에서 국제대회를 개최하여 동 협약을 채택하였다. **청약과 승낙, 물품 인도의 시기, 국제물품매매계약에서의 당사자의 의무와 구제에 관한 사항을 담고 있으며**, CISG는 1988년 1월 1일부터 발효하여 국제무역거래의 통일법으로 무역당사자 간의 해석지침으로서 커다란 역할을 하고 있다.

(2) 무역계약의 이행 단계에서의 규칙 및 협약

① 결제

가. 신용장 통일 규칙
(UCP600 ; Uniform Customs and Practice for Documentary Credits) : ICC 제정
나. 추심에 관한 통일 규칙(URC ; Uniform Rules for Collections) : ICC 제정

② 운송

가. 해상운송 : 헤이그 규칙, 함부르크 규칙, 로테르담 규칙 등
나. 복합운송증권에 관한 통일 규칙(URCTD) : ICC 제정
다. 항공운송 : 와르소 조약

③ 보험

가. 영국의 해상보험법(MIA ; Marine Insurance Act)
나. 협회적하약관(ICC ; Institute Cargo Clause)
다. 요크 - 엔트워프규칙(YAR ; York-Antwerp Rules)

(3) 무역계약의 종료 단계에서의 규칙 및 협약

가. 뉴욕협약(New York Convention) - 외국중재판정의 승인과 집행에 관한 유엔협약
나. 국제상업회의소의 중재, 상사 규칙
다. 국제물품매매계약에 관한 UN협약(CISG)

02 무역의 형태

(1) 유형무역(visible trade)

형태를 갖춘 일반적인 공산품을 수출입하는 무역을 말하며 흔히 상품의 거래를 매개로 하여 이루어지는 무역은 모두 여기에 해당한다.

(2) 무형무역(invisible trade)

자본, 기술, 노동, 소프트웨어, 서비스 등의 간접 생산 지원 요소나 용역을 거래하는 무역

(3) 직접무역과 간접무역

직접무역(direct trade or bilateral trade)은 수출입이 제3자의 개입 없이 수출자와 수입자의 직접 거래로 이루어지는 것을 말하며 제3자의 중개나 개입으로 이루어지는 교역을 간접무역이라 한다. 간접무역은 대부분 다음과 같은 형태로 이루어진다.

① 중계무역(intermediate trade)

가. 중계무역의 개념

중계상이 거래 물품을 수출할 것을 목적으로 수입한 후 다시 제3국으로 수출하여 이에 따른 매매차익을 얻는 거래를 말한다. 거래 물품은 **중간에서 물품의 가공이나 형태변 경 없이 수입국으로 보내지는 무역 형태**를 말하며 중계업자는 수출액과 수입액의 차이를 수입원으로 획득한다.

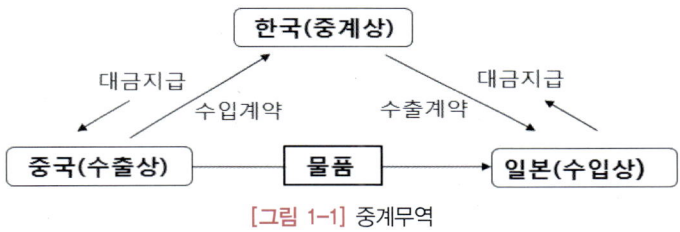

[그림 1-1] 중계무역

나. 중계무역의 절차

과거에는 중계상이 원수입상에게 원수출상을 노출시키지 않으려는 목적으로 물품은 수입상에게 직송되지 않고 제3국의 중계 항구에서 원형 그대로 또는 재포장 등을 거쳐서 최종 수입국으로 보내는 형태였다. 그러나 요즘은 원수출지에서 선적하고 원수출상 대신 제3자로 하여금 선적하게 하고 제3자 명의로 B/L(선하증권)등 운송서류를 발급받아 최종 수입상에게 제시한다. 글로벌 생산체제에 따라 본사는 우리나라에 있고, 생산 공장은 해외에 있는 경우 해외에서 선적하는 경우에도 제3자 명의의 선하증권(Third Party B/L)이 이용될 수 있다.

② 중개무역(merchandising trade)

수출자와 수입자의 중간에서 제3자(중개업자)가 중개하여 이루어지는 무역형태를 말하며 중개업자는 수출입 당사자 간의 매매계약 체결에 대한 대가로서 받는 중개수수료(commission)를 그 수입원으로 삼는다. 자신의 비용과 책임으로 거래에 개입하는 중계상과 달리 중개인은 중개 수수료만을 목적으로 하는 것이 다르다.

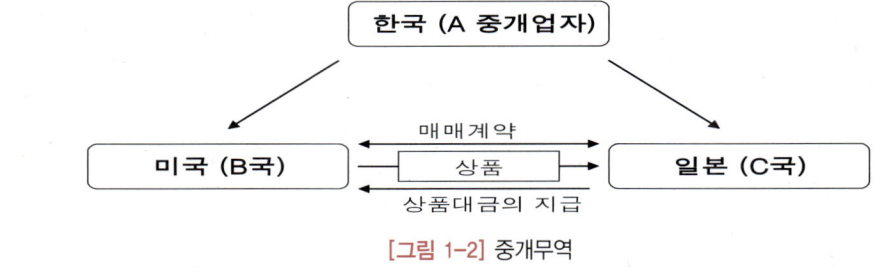

[그림 1-2] 중개무역

- **지급보증대리인(del credere agent)**
  지급보증수수료(del credere commission)를 받고 대리점의 거래선인 고객이 채무불이행으로 대금을 지급하지 않는 경우에도 본인(매도인)이 입은 손해를 배상할 책임이 있는 대리인을 말한다. 판매대리인은 자신이 판매한 물품에 대한 대금을 자신의 책임 하에 매도인에게 지급보증을 한다는 점에 있어서 위탁판매보다 책임이 더 무겁다. 따라서 본인인 매도인은 대리인에게 통상의 수수료(commission)이외에 별도의 지급보증에 대한 수수료를 지급하게 되는데 이를 지급보증 수수료(del credere commission)라고 한다.

③ 스위치무역(Switch trade)

중계무역에서 전술한 바와 같이 물품이 최초 수출국에서 최종 수입국으로 직송되는 경우 중계인은 원수출상의 노출을 피하기 위하여 최초 수출상이 Shipper(송화인 ; Consignor)로 기재되어 발행된 B/L을 회수하고 중계인 자신을 Shipper로 하는 B/L을 발행하게 된다. 이렇게 최초 수출상을 중계인으로 교체하여 발행된 B/L을 Switch B/L이라 한다. 예를 들어 한국의 중계업자가 중국에서부터 일본으로 운송되는 무역을 중계하는 경우, 중국의 원수출업자가 발급받은 B/L을 회수하고 한국에서 다시 자신이 Shipper로 기재된 B/L을 발급받아 일본에 있는 수입상에게 송부하게 된다.

④ 통과무역(transit trade, passing trade)

물품이 수출국에서 수입국으로 직송되지 않고 제3국을 경유하여 인도될 때 이루어지는 무역형태이다. 물품이 통과되는 제3국은 물품의 환적 과정에서 생기는 운송료, 보험료, 창고료 등의 수익을 얻을 수 있다. 예를 들어 부산에서 싱가포르로 가는 화물이 있는데, 직항로(direct route)가 없다면 중간의 홍콩항에 일단 선적된 화물을 양하(unloading)하고 다시 홍콩에서 싱가포르로 가는 배에 화물을 재선적(reloading)해야 하는 경우가 생긴다. 이 때 빨리 배가 수배되지 않는다든지, 홍콩에서 재포장할 일이 생기거나, 기상으로 출항이 곤란하다든지 여하한 사정으로 화물이 해당 항구에 보관될 경우 화물을 보관하는 창고비, 보험비, 양륙비, 부두 노동력 등의 여러 부가이익이 생긴다. 이 과정에서 가득액을 소득으로 하는 것을 통과무역이라고 한다. 환적항으로 발달한 홍콩, 싱가포르 등에서 많이 행해지며 환적화물은 부산항 화물 물동량의 50% 이상을 차지한다.

(4) 연계무역(counter trade, connected trade)

연계무역은 외화 부족국가가 국제수지 악화를 방지하고 거래의 형평성을 위하여 수출국에게 수출한 금액만큼 자국으로부터 수입하게 함으로써 실질적인 외화의 흐름이 없이 상품의 교역이 이루어지도록 하는 방식이다.

① 물물교환(barter trade)

당사국 간에 외환거래가 발생하지 않는 단순한 무역거래형태. 즉, 물품 교환의 대가로서 금전의 교환이 없이 이루어지는 거래를 말한다. 예를 들면 산유국의 원유와 곡물을 맞바꾸고 금액을 상계처리하는 경우이다.

② 구상무역(compensation trade)

수출입이 이루어지는 양 국가 간의 수출입균형을 유지하기 위하여 이루어지는 무역으로서 수출입 물품대금의 전부 또는 일부를 그에 상응하는 수입 또는 수출로 상계하는 무역방식이다. 구상무역은 하나의 계약서로 거래가 이루어지고(one-way trade), 물물교환과는 달리 환거래가 발생하고 대응수입 의무를 제3국에 전가할 수 있다.

③ 대응구매(counter purchase)

수출입의 균형 유지를 위해 별도의 수출계약과 수입계약을 하는 무역을 말하며 연계무역의 보편적인 형태이다. 구상무역과 차이는 없으나 two-way trade개념에 의해 두 개의 계약 서로 거래가 이루어지며 사실상 수출입이 독립된 거래이다. 구상무역은 한 장의 계약서에 수출입이 서로 동시에 교환되지만 대응구매는 수출입에 대하여 별도 계약서가 존재하고 일정 기간을 두고 수출과 수입이 교환되는 것이 구상무역과 다르다.

④ 제품환매(재구매 ; Buy Back)

큰 금액이 이용되는 대단위 플랜트, 기술, 기계 등의 거래에서 사용되는데 수출상은 자신이 수출한 시설에서 생산한 제품을 구매함으로써 수출 대금을 회수하는 것을 말한다.

⑤ 절충교역(Offset Trade)

제품환매와 비슷하지만 수입국에서 생산한 부품이나 자재를 수출국이 수입하여 이를 수출상품에 추가함으로써 수출대금의 일부를 상계하는 거래 형태를 말한다. 예를 들어 한국이 외국으로부터 고속철도, 항공기, 무기, 첨단 기술 제품 등을 구매할 때 수출상이 한국에서 생산된 부품이나 자재를 수입하여 수출품을 구성하는 것을 말한다.

(5) 기타 무역거래형태

① 가공무역

원료의 전부 또는 일부를 외국에서 수입하여 이를 가공한 후 다시 외국에 수출하여 그 가득액을 얻는 방식으로 이루어지는 거래를 말한다. 예를 들어, 한국의 수출업체가 베트남에 양복 원단을 송부하여 저렴한 베트남의 노동력을 이용하여 만든 양복 완제품을 한국으로 수입하거나 제3국에 수출하는 방식을 말한다. **가공을 맡기는 입장에선 위탁가공무역이라 하고 맡는 쪽의 입장에선 수탁가공무역이 된다.**

② 주문자상표방식(OEM; Original Equipment Manufacturing)

가. OEM방식의 개념

물품의 생산자가 수입자의 상표를 부착하여 수출하는 방식을 말한다. 예를 들어 Nike사가 부산의 어떤 신발 제조업체에게 신발의 생산을 의뢰하고 제조자 상표대신 Nike사의 상표를 부착하여 수출을 하는 경우의 수탁가공무역을 말한다. 수탁가공무역은 제조를 의뢰한 업체로부터 원자재, 부자재 등을 받아서 그들이 원하는(또는 제공하는) 디자인, 기술대로 물품을 가공·제조하는 것을 말한다. 맡기는 쪽에서 보면 위탁가공무역이 되는 것이다.

나. OEM방식의 장점

수출 확대와 기술 축적의 계기가 될 수 있다는 장점이 있고 수출국 현지에서 판매를 시도할 때 브랜드 인지도(Brand Recognition)가 없어서 생기는 위험부담 및 경비를 피할 수 있다.

다. OEM방식의 단점

수입자에게 예속되어 생산단가의 인상 요청이 어렵거나 수입자가 일방적으로 거래선을 변경 시 곤란함을 겪을 수 있다.

③ 제조업자 개발생산 또는 제조업자 설계생산(ODM; Original Design Manufacturing)

제조업체가 보유하고 있는 기술력을 바탕으로 제품을 개발해 유통업체에 공급하고, 유통업체는 자사에 맞는 제품을 선택함으로써 유통에 핵심 역량을 집중할 수 있다는 점에서 기존의 주문자상표부착 생산방식인 OEM과 구별된다. 즉, 수입업자가 건네준 설계도에 따라 단순히 생산만 하는 OEM 방식과는 달리, 수입업자가 요구하는 기술을 자체 개발해서 납품하기 때문에 부가가치가 높다는 장점이 있다.

④ 녹다운 방식(Knock-down) 방식의 수출

현지에서 조립할 수 있는 능력을 갖춘 제조업체에 대하여 완제품이 아닌 부품이나 반제품의 형태로 수출하여 현지 조립을 통하여 이루어지는 거래형태를 말하며 자동차 등의 기계류 수출에 많이 이용된다.

03 무역계약의 개념과 법적성격

(1) 낙성계약(합의계약 : consensual contract)

계약이 유효하게 성립하기 위하여 계약 당사자의 의사표시의 합치, 즉 매매당사자의 합의만 있으면 그 자체로 계약이 성립하는 것을 말한다. 무역계약에 있어서 이러한 합의는 일방의 청약(offer)을 상대방이 수락(acceptance) 함으로써 성립된다. 물품의 점유권 이전, 소유권 이전이나 계약서 작성 및 교환 등의 사실이 성립의 요건이 되는 것은 아니다.

● 요물계약
당사자의 합의 이외에 당사자 일방이 물건의 인도 기타 급부를 하여야 하는 소비대차사용대차 등의 법이 정한 일정한 행위가 있을 때에 계약이 유효하게 성립되는 것을 말하며 낙성계약과 구분된다. 즉 계약의 성립을 위하여 반드시 물건의 제공이 있어야 하거나 소유권 이전에 따른 등기 등의 요건을 필요로 하는 계약을 말한다.
가. 소비대차 : 빌린 물건을 나중에 돌려 줄 때 처음에 빌린 그 물건 자체를 돌려주는 것이 아니라 동종, 동질, 동량의 물품으로 반환하는 것을 말한다. 예) 쌀 1말을 빌렸다가, 다른 쌀 1말로 되갚는 것
나. 임대차와 사용대차 : 빌린 물건을 사용 후 돌려 줄 때 그 물품 자체를 돌려주는 것은 임대차이다.(예: 전셋집) 반면에 사용대차는 임대차와 같은 형식이지만 사용대가 없이 무상으로 빌려주는 것을 말한다.(예: 임대료 없이 사무실을 무상으로 빌려주는 것. 무상임대)

(2) 쌍무계약(bilateral contract)

쌍방이 계약상의 의무를 부담하는 계약으로서 계약 성립과 동시에 매매 당사자가 서로 채무를 부담한다. 매도인은 물품의 인도의무를 지고, 매수인은 대금 지급의무가 있다. 이에 반하여 증여, 사용 대차 등과 같이 일방만이 의무를 부담하는 것을 편무계약이라 한다.

(3) 유상계약(remunerative contract)

계약 당사자 쌍방이 상호 대가적 관계에서 급부를 목적으로 하는 계약을 말한다. 매도인의 물품인도에 대하여 매수인의 대금 지급이 있어야 한다. 증여, 사용대차와 같은 무상계약과 구별된다.

(4) 불요식계약(informal contract)

매매계약을 체결함에 있어서 요식(formal)에 의하지 않고 문서나 구두에 의한 명시계약(expressed contract)이나 묵시계약(implied contract)으로서도 계약이 성립되는 것을 말한다. 이에 반하여 요식계약(formal contract)은 매매 당사자의 의사표시가 서면이나 그 밖의 일정한 방식에 따를 것을 요구한다. 이는 당사자 간의 합의를 최우선으로 존중하는 계약자유의 원칙(Principles of Party Autonomy)에 따른 것이다.

A contract of sale needs not be concluded in or evidenced by writing and is not subject to any other requirement as to form. It may be proved by any means, including witness.

「매매계약은 서면으로 입증될 필요가 없고, 형식에 관한 기타 요구조건에 따르지 아니하며 증인에 의해서도 입증될 수 있다.」 [CISG 제11조]

● 빈출되는 일반거래조건협정서의 계약용어

① 권리침해조항(Infringement Clause)
매수인의 지시에 따라 매도인이 사용한 특허(patent), 상표(brand), 의장등록, 디자인 등에 대한 어떠한 책임도 매도인이 부담하지 않는 조건, 즉 면책되는 내용의 조항을 말한다.
"The buyer shall be liable for the losses and damages incurred, and suits and claims brought by third party due to trademark, patent, copyright of the third party."
「매수인은 입게 된 손실과 손해 그리고 제3자의 상표, 특허, 저작권에 기인한 제3자에 의해 제기된 소송과 클레임에 대해 책임을 부담하여야 한다.」

② 불가항력조항(Force Majeure)
무역조건협정서에 채택, 삽입되는 불가항력에 관한 조항으로서 인력으로는 통제가 불가능한 우발적인 사고, 예를 들면 전쟁발발, 스트라이크, 천재지변, 수출입금지 등의 사고로 인하여 상품인도에 중대한 영향을 미치는 경우 매도인이 면책될 수 있다는 조항을 말한다.
"The Seller shall not be held responsibility if they, owing to the force majeure, fail to make delivery within the time stipulated in the contract."
「매도인은 불가항력에 의하여 계약서에 약정된 기간 내에 물품의 인도를 이행하지 못할 시 책임을 지지 아니 한다.」

③ 배상조항(Indemnity clause)
어느 일방의 계약불이행이나 제3자에 대한 의무불이행으로 인한 손해에 대하여 배상할 것을 규정하는 조항을 말한다.

④ 생산물배상책임(P/L clause)
제조자가 제조, 판매, 공급 또는 시공한 생산물이 타인에게 양도된 후 그 생산물의 결함으로 인한 우연한 사고로 타인의 신체나 재물에 손해를 입힘으로써 제조자가 법률상 손해배상책임(제조물책임)을 부담하는 경우, 이에 따른 손해를 보상하는 것을 말한다.

⑤ 의무불이행조항, 과태약관(Default Clause)
Negligence Clause라고도 불리며 거래조건협정서 또는 매매계약서에 당사자 간의 의무불이행에 관한 사항에 대하여 명시하는 약관을 말한다.

⑥ 완전합의조항(entire agreement clause)
계약서가 유일한 합의서이고 계약서 이외의 내용은 인정하지 않는다는 조항이다. 거래협상 중의 문서나 구두는 인정되지 않으며 계약서체결 이전의 협의사항은 주장할 수 없다.

⑦ 가분성조항(severability clause)
특정조항이 무효이더라도 다른 조항에는 영향이 없으며, 준거법에 따라 중요 조항이 무효인 경우 그 계약

의 전체가 무효가 되는 것을 방지하기 위한 조항이다.

⑧ **비밀유지조항(Non-Disclosure Clause)**
계약서상의 물품이나 상행위에 있어서 제3자에게 기밀을 누설하지 않을 것을 약속하는 조항이다.
보험용어에서 Non-Disclosure Clause 는 고지의무의 해태약관으로 불리며 고지하지 않은 사항에 대하여 보험자가 보험을 취소할 선택권을 갖는다.

⑨ **사정변경, 이행가혹(hardship clause)**
Hardship Clause 조항은 Force Majeure(불가항력)조항과 유사하다. 불가항력조항은 이행불능 상태가 생길 시 당사자의 면책에 관한 사항이지만 Hardship Clause 는 계약체결 후 발생하는 변화로 인하여 채무이행이 불가능하진 않지만 현저하게 곤란할 때 계약내용의 변경을 규정한 조항이다. 계약체결 당시에는 전혀 예기하지 못했던 경제적 또는 정치적 사태가 계약체결 후에 발생함으로써 당초의 계약대로의 이행이 불가능해지거나 또는 심히 곤란해져 계약의 본질적 변경이 불가피해진 경우 당사자는 계약내용의 변경을 요구할 수 있다. plant(산업설비)나 대형 선박 등 그 제작에 장기간이 소요되는 경우 공사기일의 조정 또는 인도일자의 연장, 계약금액의 변경, 규격(사양)의 변경 등을 위하여 설정된다.

기출문제

일반거래협정문에 포함되는 다음 조항 중 무역클레임이 발생될 것에 대비하는 조항으로 보기 어려운 조항은?

① Arbitration Clause ② Claims Clause
③ Governing Law Clause ④ Entire Agreement Clause

해설 Entire Agreement Clause(완전합의조항)는 계약의 협상과정에서 교환된 내용을 계약서에 옮기는 과정에서 누락된 부분이 있는 경우에 발생하는 분쟁을 예방하기 위하여 당해 문서에 포함된 것만으로 계약이 성립되었다는 취지로 계약서에 삽입하는 문장이다.

정답 ④

---

04 신용조회(Credit Inquiry)

(1) 신용조회의 의의

거래 제의에 대하여 거래 관계가 성립되기 전에 거래 대상 업체에 대한 신용상태를 확인하는 것은 향후 거래 가능성을 진단하고 위험요소를 사전에 예방한다는 차원에서 매우 중요하다. 신용조회처(Credit Reference)로는 상대방이 제시한 은행을 통한 은행조회(Bank Reference)가 있으며 기타 동업자 조회(Trade Reference)와 상업흥신소(Commercial Agency)를 이용하기도 한다. 국내에서 이를 대행하여 해외 거래처에 대한 신용조사를 해주는 기관으로는 대한무역투자진흥공사(KOTRA), 한국무역보험공사(K-sure), 한국신용정보기금등이 있다.

(2) 신용조회의 내용

① 인격(Character)
개성(personality), 성실성(integrity), 평판(reputation), 영업태도(attitude toward business), 채무변제의무의 이행열의(willingness to meet obligation)

② 능력(Capacity)
매출(turn-over), 사업연혁(historical background, career), 신의(goodwill)

③ 자본(Capital)
해당업체의 재정상태(Financial Status)에 관한 내용을 체크하게 되며 납입자본(Paid-in Capital)과 수권자본(Authorized Capital)의 구성비율 등을 조사하며 이를 위하여 대차대조표(balance sheet), 손익계산서(profit and loss statement)를 요구하기도 한다.

- Character, Capacity, Capital을 신용조회의 3요소(3C's) 라 하고 condition, collateral(담보), currency(거래통화), country 중 2개를 더하여 5C's라 한다.

가. 위탁가공무역은 가득액을 가득하기 위하여 원자재를 거래 상대방으로부터 위탁을 받아 수입하여 이를 가공 후 다시 수출하는 거래를 말한다.(x)
  → 위탁가공무역이 아니라 수탁가공무역에 대한 설명이다.
나. 수탁가공무역이란 가공임을 지급하는 조건으로 외국에서 가공할 원자재를 거래 상대방에게 무환으로 수출하여 이를 가공 후 다시 수입하는 거래이다.(x)
  → 수탁가공무역이 아니라 위탁가공무역에 대한 설명이다.
다. 수탁판매수입은 물품 대금의 결제를 완료한 후 수입하기 때문에 수입업자는 판매에 대한 위험을 부담하고 수입해야 한다.(x)
  → 수탁판매수입은 물품 대금을 결제 완료하지 않고 위탁받아 수입판매하므로 수입업자는 판매와 자금 결제에 대한 위험 부담이 없이 수입할 수 있다.
라. 중계무역에서 중계국가에서 환적을 하면 원산지를 변경하거나 쿼터를 사용할 수 있다. (x)
  → 환적 시 보세구역 내에서 원산지를 변경하거나 쿼터를 사용하는 것은 관세법위반이며 불법행위이다.
마. 국내 을이 외국 갑으로부터 물품제조를 주문받고 국내 병에게 지시하여 완성한 후 국내 정에게 인도한 후 대금을 정으로부터 원화로 송금 받은 경우는 국내인도수출이다. (x)
  → 해외의 업자로부터 주문을 받아 국내에서 제조하여 국내에서 인도하고 국내에서 원화로 송금 받은 경우는 국내인도수출이 아니라 국내거래이다.
바. Jurisdiction – 계약에 어느 국가의 법이 준거법으로 적용되는 지를 정하는 것(x)
  → Jurisdiction 은 재판관할권을 말하며 준거법 적용조항은 Governing Rule(Law) 또는 Applicable Law라고 한다.

제2장 청약(Offer)과 승낙(Acceptance)

01 청약(Offer)

"국제물품매매계약에 관한 UN협약(CISG, 일명 비엔나협약)"에서는 「청약(offer)이란 일정한 내용의 계약을 성립시킬 목적으로 상대방에 대하여 행해지는 일방적 의사표시이며, 계약을 성립시키려는 목적의 확정적인 의사표시이다」라고 규정하고 있다. 매도인이나 매수인이 거래 물품과 인도 일자, 거래 조건 등을 제시하여 매매를 성사시키기 위하여 제시하는 조건이나 행위를 의미한다.

> An offer- A proposal made by one party to the other to enter into a legally binding contract, and an acceptance is the act of assenting to the offer.
> 「청약 – 법적으로 유효한 계약을 체결하기 위하여 한 당사자가 타 당사자에게 행하는 제안, 그리고 승낙은 청약에 대한 동의의 행위이다.」

02 청약의 주체기준

(1) Selling Offer(매도청약 : Offer to sell)

매도인의 판매 의사를 말하며 무역거래에서 청약이라 하면 일반적으로 매도청약을 의미한다.

(2) Buying Offer(매수청약 : Offer to buy)

매수인의 구입 의사를 말한다. 매입주문서(purchase order, P/O)또는 주문서(Order Sheet)의 형식으로 이루어진다.

03 청약의 종류

(1) Firm Offer(확정오퍼)

① 청약자(Offerer)가 청약에 대한 승낙 회답의 유효기간을 정하고 내는 오퍼를 말한다.

② 유효기간을 정하지 않더라도 그 청약이 확정적(firm) 또는 취소불능(Irrevocable)이라는 표시가 있으면 확정청약으로 간주한다.
③ 확정오퍼는 유효기간이 경과하면 자동적으로 효력을 상실하며, 유효기간 내에 상대방이 승낙 통지를 하면 계약이 체결된 것으로 간주한다.

[예1] We are pleased to offer you firm subject to your reply reaching here by Dec 3 as follows :
[당사는 귀사의 답장이 12월 3일까지 이곳에 도착하는 것을 조건으로 하여 다음과 같이 확정청약합니다.]
[예2] This firm offer is subject to acceptance reaching your reply here by Oct 31, 2024.
[본 확정청약은 2024년 10월 31일까지 귀사가 승낙 여부를 회신하여 줄 것을 조건으로 합니다.]

(2) Free Offer(불확정오퍼 ; 무확정오퍼)

① 청약자가 청약 시에 승낙 회답의 유효기간이나 확정적(firm)이라는 표시를 하지 아니한 청약이다.
② 불확정 청약은 상당기간 효력이 있으나 상대방이 승낙을 하기 전까지는 청약자가 청약내용을 일방적으로 철회하거나 변경할 수 있다.
③ 피청약자(offeree)의 승낙이 있어도 청약자(Offeror)가 이를 수락한다는 최종 확인(confirmation, acknowledgement)이 필요하다.

(3) Counter Offer(반대오퍼 ; 역오퍼)

① 상대가 청약한 매매 조건의 일부 또는 전부를 변경하여 제시되는 오퍼를 말한다.
② 원청약에 대한 거절이며 동시에 새로운 청약으로 간주된다.

[예] Your offer meets our requirements in quality. However, we need the merchandise shipped at the latest by July 20.
「귀사의 오퍼는 품질 면에서는 저희의 요구에 부응하지만, 상품은 늦어도 7월 20일까지는 선적되어야 합니다.」

(4) 청약의 유인(Invitation to offer or treat)

"A proposal **other than one** addressed to one or more specific persons is to be considered merely as an invitation to make offers, unless the contrary is clearly indicated by the person making the proposal."
「1인 이상의 특정한 자에게 통지된 것 이외의 어떠한 제의는 그 제의를 행한 자가 반대의 의사를 명확히 표시하지 아니하는 한, 이는 단순히 청약을 행하기 위한 유인으로만 본다.」[CISG 제14조 2항]

청약이 법적으로 구속력을 가지고 상대방에게 보내는 확정적 의사표시인데 반하여 청약의 유인이란 청약을 위한 예비교섭(preliminary negotiation)으로서 타인을 권유하여 자기에게 청약하도록 하는 행위를 말한다. 청약의 유인은 상대방이 승낙하여도 청약자의 확인이 없으면 계약은 성립되지 않는다. 다음의 사항들이 해당된다.

① sub-con offer(offer subject to confirmation : 확인조건부 청약)인 불확정 청약
② 정찰가 상품의 진열
③ 경매와 입찰(auction, bid)
④ 광고와 카탈로그, 정가표, 견적서와 같은 유사 청약(inquiry, quotation, price list 등)

(5) 교차청약(Cross Offer)

청약자와 피청약자 상호 간에 동일한 내용의 청약이 우연히 상호 교차되는 청약을 말하며 구상무역에서 사용된다. 우리나라, 독일, 일본 등의 대륙법계 국가는 계약의 성립을 인정하지만 영미법에서는 인정하지 않는다. 실무상의 거래에서는 교차청약의 경우 절차상의 정확성을 위해 청약자와 피청약자를 구분하는 확인이 필요하다. 이에 대한 **통일된 국제법규는 없다.**

(6) 조건부청약(Conditional Offer)

청약자의 청약내용에 어떤 조건이나 단서가 붙는 것을 말하며 형식적으론 불확정청약이나 엄밀한 의미에서는 청약의 유인(Invitation to offer)에 지나지 않는다. 다음은 빈출되는 조건부청약의 유형이다.

① **재고잔유조건부청약(Offer subject to being unsold)**
  승낙의 의사표시가 청약자에게 도달했을 때 재고가 남아있는 것을 조건으로 하는 청약.

② **승인조건부 청약(Offer on approval)**
  청약과 함께 견본을 송부하여 피청약자가 물품을 점검해보고 만족하면 청약이 유효하며 **신개척 시 적합하다.**

③ **반품허용조건부 청약(Offer on sale or return)**
  송부한 물품을 판매하고 잔품에 대하여 반품을 허용하는 조건. 서적 등 정기간행물의 판매에 적합하다.

④ **최종확인조건부 청약(Offer subject to final confirmation ; sub-con offer)**
  피청약자가 승낙하여도 청약자가 최종적인 수락확인을 하지 않으면 계약이 성립되지 않는 조건부청약이다. 피청약자가 청약에 대한 승낙을 하면 청약자는 가격, 결제조건, 선적 기한 등을 재검토하여 확인해주게 되면 계약이 성립되는 것이다. 일반적으로 Sub-con offer에는 subject to our(final) confirmation, subject to change without(prior) notice. 등의 내용이 삽입된다.

⑤ **선착순판매조건부 청약(Offer subject to prior sale)**
  피청약자의 승낙에 대하여 선착순으로 계약이 성립하게 되는 조건이며 동시에 다수 거래선

에 청약을 할 경우에 사용된다. stock offer 라고도 한다. **불특정 다수에게 재고물품을 일시에 처분하고자 할 때 유용하다.**

⑥ **시장변동조건부 청약(Offer subject to market fluctuation)**

청약서상의 물품 가격은 시장가격의 변동에 따라 바뀌는 것을 전제로 하는 조건이다. 원유, 농산물, 원자재 등 국제가격의 변동이 잦은 물품에 이용하며 청약자 입장에서는 시세 변동의 위험을 줄일 수 있다. '예약불능청약(offer without engagement)'이라고도 한다.

⑦ **수출승인획득조건부 청약(Offer subject to export license)**

피청약자의 승낙이 있어도 청약자가 수출승인 취득을 해야만 계약이 성립되는 청약을 말함.

⑧ **수입승인획득조건부 청약(Offer subject to import license)**

청약자의 승낙이 있어도 피청약자가 수입승인을 취득해야 계약이 성립되는 청약을 말함.

(7) 청약의 확정요소

CISG상 청약이 확정력을 갖추기 위한 최소한의 계약조건은 **물품(goods), 수량(quantity), 가격(price)**이다.

(8) 청약의 효력시기

① 청약은 피청약자에게 도달하였을 때에 비로소 그 효력이 발생한다. 한국민법도 「상대방 있는 의사표시는 그 통지가 상대방에게 도달한 때로부터 그 효력이 생긴다.」라고 하여 **청약의 효력 발생은 도달주의 원칙이 준수**되고 있다.
② 청약의 효력이 소멸되는 경우
　가. 피청약자의 청약거절(rejection)
　나. 반대청약(counter offer)
　다. 기간경과(passing time)
　라. 당사자의 사망 또는 후발적 위법상황 등이 존재할 경우

> An offer becomes effective when it reaches the offeree.
> 「청약은 피청약자에게 도달한 때 효력이 발생한다.」 [CISG 제15조-(1)]

(9) 청약의 철회와 취소

① 청약의 철회(withdrawal)

청약으로서의 효력이 아직 발생하기 이전의 상태에서 청약자가 임의로 청약의 효력을 소멸시키는 것을 말한다.

② 청약의 취소(revocation)

청약이 상대방에게 일단 도착하여 효력을 발생시킨 후 피청약자가 승낙의 통지를 보내기 전에 취소시키는 것을 말한다.

③ 청약의 철회와 취소 규정

청약은 계약이 체결될 때까지 피청약자가 승낙의 통지를 발송하기 전에 취소의 통지가 피청약자에게 도달하는 경우에는 이를 취소할 수 있다. 따라서 청약은 승낙이 이루어지기 전에는 언제나 취소할 수 있다. 그러나 승낙을 위한 지정된 기간을 명시하거나 또는 기타의 방법으로 그것이 취소불능임을 표시하고 있는 경우에는 취소할 수 없다.[CISG 제16조]

An offer, even if it is irrevocable, may be withdrawn if the withdrawal reaches the offeree before or at the same time as the offer.
「청약은 취소불능이라 하더라도 그 철회가 청약의 도달 전 또는 그와 동시에 피청약자에게 도달하는 경우에 이를 철회할 수 있다.」 [CISG 제15조-(2)]

04 승낙(acceptance)

피청약자가 청약의 내용을 받아들여서 계약을 성립시키고자 하는 의사표시를 말한다. 피청약자가 승낙의 의사표시를 하면 청약자의 의사표시 내용 그대로 계약이 성립한다. 한국민법에서는 청약(offer)은 도달주의, 승낙(acceptance)은 발신주의(대화자는 도달주의)를 택하고 있다. 그러나 CISG에서는 청약과 승낙 모두 도달주의를 택하고 있다.

(1) 발신주의(mailbox theory)

피청약자(offeree)가 승낙의 의사표시를 발송한 때를 승낙의 효력 시기로 보는 것이며 한국, 미국, 일본 등의 대부분의 국가가 해당한다.

(2) 도달주의(arrival theory)

피청약자의 승낙이 청약자에게 도달한 때를 승낙의 효력 시기로 보는 것이며 국제물품매매계약에 관한 UN협약(CISG)에서는 **도달주의를 적용**하고 있다.

[예] This offer is subject to acceptance reaching [arriving] here [to us] by March 1, 2024
[이 청약은 2024년 3월 1일까지 이곳에 도착하는 것을 승낙의 조건으로 한다]

(3) 요지주의(acknowledgement)

피청약자의 acceptance가 물리적으로 청약자에게 도달 할 뿐만 아니라 현실적으로 청약자가 그 내용을 인지한 때를 승낙의 효력 시기로 본다. 여기서 물리적이라는 표현은 특사나 등기우편과 같이 수신자가 직접적으로 승낙의 통지를 수취하는 것을 의미한다. 이탈리아, 이집트 등이 적용하고 있다.

(4) 승낙의 조건

① 승낙은 약정된 기간 또는 합리적 기간 내에 이루어져야 한다.
② 청약이 특정인 앞으로 되었다면 승낙도 동일인에 의해서 이루어져야 한다.
③ 승낙은 무조건적(unconditional; unqualified)이고 절대적(absolute)이어야 한다.
④ 승낙을 한다는 피청약자의 의사표시(communication of acceptance)가 있어야 한다.

(5) 승낙방법

① 청약서상에 미리 지정하였을 경우 - 그 지정된 방법에 의한다. 청약서에 승낙을 할 때 메일이나 팩스, 케이블 등으로 알려달라고 지정하였을 경우는 그 방법을 따라야 한다.
② 청약서상에 지정되지 않았을 경우 - 합리적 방법과 수단으로 승낙의 의사표시를 한다. 합리적방법과 수단이란 전화, 팩스, 이메일 등 확정할 수 있는 수단을 의미한다.
③ 구두 청약에 대한 승낙 - 구두청약의 경우 별도의 사정이 없는 한 즉시 승낙되어야 한다.
④ 피청약자가 통지 없이 물품 발송이나 대금 지급의 행위를 함으로써 동의를 표시할 경우
  - 승낙은 이런 행위가 이행된 때 발생한다.

(6) 승낙철회

① 승낙은 승낙의 효력이 발생하기 이전에 혹은 그와 동시에 철회의 통지가 청약자에게 도달하는 경우에 승낙은 철회될 수 있다.
② 승낙은 도달주의의 입장을 취하고 있으므로 승낙의 도달에 의하여 계약이 성립되기 이전이라면, 승낙은 언제든지 철회가 가능하다.

> **An acceptance may be withdrawn if the withdrawal reaches the offeror before or at the same time as the acceptance would have become effective**
> 「승낙은 그 승낙의 효력이 발생하기 이전 또는 그와 동시에 철회가 청약자에게 도달하는 경우에는 이를 철회할 수 있다.」
> [CISG 제22조]

(7) 계약을 성립시키지 못하는 승낙

① **지연된 승낙(late acceptance)**

승낙의 유효 기일을 넘겨서 피청약자가 청약자에게 승낙을 통지한 경우를 말한다. 지연된 승낙은 청약자가 지체 없이 구두로 피청약자에게 유효하다고 통지하거나 그러한 취지통지를 발송하는 경우 승낙으로서 유효하다. 즉 피청약자가 승낙 기일을 넘겼다 하더라도, 청약자의 수락여부에 따라 승낙이 될 수도 있고 아닐 수도 있다.

> A late acceptance is nevertheless effective as an acceptance if without delay the offeror orally so informs the offeree or dispatches a notice to that effect .
> 「지연된 승낙일지라도 청약자가 피청약자에게 승낙으로 인정한다는 사실을 지체 없이 구두통지하거나 그러한 취지의 통지를 발송하면 승낙으로서의 효력을 갖는다.」 [CISG 제21조 1항]

② 승낙의 침묵(silence)

무역거래에서 상대방의 청약에 대하여 회신을 하지 않는 경우를 말한다. CISG에서는 청약에 대한 동의를 나타내는 뜻을 표시한 피청약자의 진술, 기타의 행위는 승낙으로 간주하지만, 침묵(silence) 또는 무행위(inactivity) 그 자체는 승낙이 될 수 없음을 규정하고 있다.

> A statement made by or other conduct of the offeree indicating to an offer is an acceptance. Silence or inactivity does not in itself amount to acceptance.
> 「청약에 대한 동의를 표시하는 피청약자의 진술 또는 기타의 행위는 이를 승낙으로 한다. 침묵 또는 무작위 그 자체는 승낙으로 간주되지 않는다.」 [CISG 제18조]

③ 부분승낙(Partial Acceptance)

청약에 대하여 전부가 아닌 일부분만 수용하는 것은 청약조건의 변경을 의미하므로 반대청약과 마찬가지로 새로운 청약으로 간주되며 계약의 성립이 되지 않는다.

④ 변경승낙(modified acceptance)

원청약의 내용을 변경해서 승낙하는 것은 계약을 성립시키지 못하며 counter offer가 된다.

⑤ 반대청약 후 다시 원청약의 승낙

원청약에 대하여 반대청약하였는데, 이에 대한 철회의 의사를 밝히고 원청약을 다시 승낙한다는 의사를 표시해도 계약은 성립되지 않는다. 반대청약을 먼저 하면 원청약의 효력이 상실되기 때문이다.

⑥ 조건부승낙(conditional acceptance)

청약에 대하여 어떤 조건을 붙이고 이의 수용에 따라 승낙을 하겠다는 의사표시를 말하는데, 이는 계약이 성립되지 않는다. 그러나 의뢰부 승낙과는 구별된다.

> **➡ Check Point**
> **acceptance accompanied by request(의뢰부 승낙)**
> 오퍼된 내용에 대해서 가격의 인하, 품목의 변동 등에 대하여 조회하는 것을 말한다. 이는 적극적으로 오퍼를 수정하고자 하는 의도가 아니라 그 가능성에 대하여 타진하는 것이므로 반대청약이나 부분승낙과 같이 청약의 효력에 영향을 미치진 않는다. 예를 들어 100개를 더 주문하면 5%를 할인해 줄 수 있는가, 또는 Model ABC를 Model XYZ로 바꾸면 단가가 조정이 되는가 정도에 대해서 조회하는 것이다.
> [예문] We are pleased accept your offer dated May 7. If possible, use the item and accessories imported from Italy.[5월 7일자 청약을 수락합니다. 가능하면 이탈리아 수입산 품목과 액세서리를 사용해 주세요.]

기출문제

다음 중 청약과 승낙에 관한 설명으로 가장 적합한 것은?

① 청약의 유인에 대해 거래상대방이 승낙하면 계약이 성립된다.
② 매도인의 청약에 대해 매수인이 지정된 승낙기간 이내에 물품대금을 임의로 송금하였다면 계약이 성립된다.
③ 교차청약은 동일한 조건내용의 동시청약이기 때문에 국제거래에서 통상적으로 계약의 성립을 인정한다.
④ 청약서에 승낙방법이 지정되어 있지 않으면 반드시 청약이 행해진 방법에 따른다.

해설
① 청약의 유인은 승낙을 하더라도 청약자의 확인이 필요하므로 승낙을 했다고 해서 바로 계약이 성립되는 것은 아니다.
③ 교차청약에 대한 통일된 국제법규도 없으며, 교차청약의 인정은 나라마다 다르다.
④ 청약서에 승낙방법이 지정되어 있지 않으면 합리적 방법과 수단으로 승낙의 의사표시를 한다.

정답 ②

(8) 승낙기간 [CISG 제20조]

승낙을 언제까지 하라고(예: ~by Sept 20) 표시한 경우는 유효기간의 계산에 문제가 없으나 다음과 같이 기산일이 표시되지 않은 경우에는 유효기간의 계산 방법이 문제가 될 수 있다.

[예] This offer shall be valid for 10 days.
This offer is subject to your acceptance received here within 15 days.

상기 표현과 같은 경우 기산일이 없으므로 CISG에서는 다음과 같이 계산하도록 규정하고 있다.
① 전 보 - 발신을 위해 교부된 때부터 기산
② 서 신 - 서신에 표시된 일자 또는 봉투에 표시된 일자
   (위 ①, ②항에 대하여 한국, 일본, 영미법은 발신주의, CISG에서는 도달주의를 택하고 있다.)
③ 전화, 텔렉스 또는 동시적 통신수단 - 피청약자에게 도달한 시점부터 기산
   (우리나라에선 청약은 도달주의, 승낙은 발신주의를 택하고 있지만 위 ③항에 대해선 대화자로 간주하여 도달주의를 택하고 있다)
④ 승낙기간의 말일이 청약자의 영업소에서 공휴일 또는 비영업일에 해당되어 청약자에게 승낙의 통지가 전달될 수 없는 경우는 이어지는 최초 영업일까지 연장된다.

● 승낙기간의 해석 [CISG 제20조]
(2) Official holidays or non-business days occurring during the period for acceptance are included in calculating the period. However, if a notice of acceptance cannot be delivered at the address of the offeror on the last day of the period because that day falls on an official holiday or a

non-business day at the place of business of the offeror, the period is extended until the first business day which follows.
(2) 승낙의 기간 중에 들어 있는 공휴일 또는 비영업일은 그 기간의 계산에 산입된다. 그러나 기간의 말일이 청약자의 영업소에서의 공휴일 또는 비영업일에 해당하는 이유로 승낙의 통지가 기간의 말일에 청약자의 주소에 전달될 수 없는 경우에는, 승낙의 기간은 이에 이어지는 최초의 영업일까지 연장된다.

(9) 무역계약의 일반적인 성립과정

무역계약의 성립과정

청약자(Offeror) → / ← 피청약자(Offeree)

1. 해외시장조사 및 거래처선정 (Overseas Market Research)
2. 거래권유 (Circular Letter)
3. 상품조회 (Trade Inquiry)
4. 조회서신 및 신용조회 (Reply to inquiry and Credit inquiry)
5. 청약 (Offer)
6. 반대청약 (Counter Offer)
7. 확정청약 (Firm Offer)
8. 승낙 (Acceptance)
9. 계약 (Contract)

 오답노트

1. 청약의 성립요건은 1인 이상의 특정인이나 다수의 불특정인을 대상으로 한다.(x)
    → 1인 이상의 특정한 자에게 통지된 것 이외의 어떠한 제의는 그 제의를 행한 자가 반대의 의사를 명확히 표시하지 아니하는 한, 이는 단순히 청약을 행하기 위한 유인으로만 본다.
2. 운송을 수반하지 않는 경우로서, 매매계약 당시에 매도인과 매수인이 물품이 있는 장소 또는 생산되는 장소를 알지 못하였을 때에는 계약체결 당시에 매수인의 영업소가 있었던 장소에서 인도하여야 한다.(x)
    → 운송을 수반하지 않는 경우로서 당사자가 계약체결 시에 특정물의 존재 장소나 불특정물의 선정, 제조, 생산 장소를 알지 못한 경우에는, 매도인이 계약체결 시에 영업소를 갖고 있던 장소에서 물품을 매수인의 처분하에 두어야 한다.
3. 텔렉스에 의한 승낙의 경우 그것이 상대방에게 발송된 때(발송주의) 효력이 발생된다.(x)
    → 전화, 텔렉스 등을 이용한 승낙은 피청약자에게 도달한 시점부터 효력이 발생되는 도달주의를 채택하고 있다.
4. 물품의 불일치에 대한 통지기간은 어떠한 경우에도 실제로 인도된 날로부터 1년 이내이지만, 이는 강행규정이 아니다.(x)
    → 「매수인은 물품이 매수인에게 현실로 교부된 날로부터 늦어도 2년 내에 매도인에게 물품의 부적합통지를 하지 아니한 경우에는, 물품의 부적합을 주장할 권리를 상실한다.」[CISG 제39조] CISG는 준거법이지 강행규정은 아니다.
5. 국제물품매매계약에 관한 UN협약(비엔나협약)에서는 계약위반의 유형을 세분화하고 있다.(x)
    → 계약 위반의 유형을 세분화하지 않고 계약 위반에 따른 매도인과 매수인의 구제방안만 언급하고 있다.
6. 청약에 대한 회신 기일을 명시해야 확정청약이다.(x)
    → 승낙에 대한 회신 기일이 없더라도 청약의 문구에 firm, irrevocable 이 있는 경우 확정청약으로 간주한다.
7. 청약은 상대의 거래문의에 대한 응답으로 절대적이고 무조건적인 거래개설의 의사표시가 있어야 한다.(x)
    → 청약이 아니라 승낙에 대한 요건이다. 승낙은 청약에 대하여 절대적이고 무조건적인 의사표시이어야 한다.
8. 승낙보다 먼저 그 승낙의 철회의사가 청약자에게 도달된 경우에만 철회가 가능하다.(x)
    → 승낙의 효력이 발생하기 이전에 혹은 그와 동시에 철회의 통지가 청약자에게 도달하는 경우 철회가 가능하다.

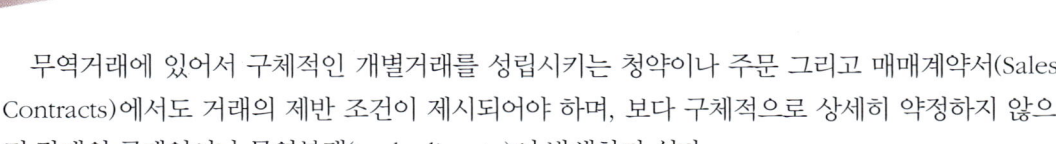

제3장 무역계약조건

무역거래에 있어서 구체적인 개별거래를 성립시키는 청약이나 주문 그리고 매매계약서(Sales Contracts)에서도 거래의 제반 조건이 제시되어야 하며, 보다 구체적으로 상세히 약정하지 않으면 장래의 클레임이나 무역분쟁(trade dispute)이 발생하기 쉽다.

01 품질조건(Terms of Quality)

품질은 무역계약에서 가장 중요한 계약사항 중의 하나이다. 무역계약 조건에서 이로 인한 분쟁이 가장 많이 나오므로 품질을 어떻게 약정하느냐 하는 것은 중요한 사항이다. 어떠한 품질수준의 물품을 거래의 대상으로 할 것인가 하는 품질 약정의 방법에는 다음과 같은 것들이 있다.

(1) 견본에 의한 매매(Sales by sample)

상품 전체를 대표하는 상품의 일부를 이용한 견본에 의해 당해 상품의 품질을 결정하는 매매 약정 방법이다. 대부분의 일반 공산품이 여기에 해당하며 무역거래에서 가장 널리 이용되고 있는 방법이다. 실무상 품질수준을 표현함에 있어서 정확한 의미를 파악하지 않고 사용하면 claim을 유발시킬 수 있으므로 주의하여야 한다.

① 「견본과 완전히 일치하는 것」(이러한 표현은 가능하면 피해야 한다.)
   가. Quality to be same as sample
   나. Quality to be up to samples
   다. Quality to be fully equal to sample

② 「대체로 견본과 비슷한 것」(권장되는 부드러운 표현)
   가. Quality to be similar to samples
   나. Quality to be as per samples
   다. Quality about equal to samples

(2) 상표에 의한 매매(sales by Brand or Trade Mark)

세계적으로 널리 알려져 있는 상표만으로 가격을 정하여 계약하는 것으로서 견본을 제시할 필요가 없다. (예) Parker, Rolex, Coca-Cola 등

(3) 규격에 의한 매매(sales by type or grade)

물품의 규격이 국제적으로 통일되어 있거나 수출국의 공적 규격으로 특정되어 있는 경우에 품질의 기준으로 한다. (예) 국제표준화기구(ISO), 영국의 BBS, 한국의 KS, 일본의 JIS

(4) 명세서에 의한 매매(sales by specification)

견본이나 현품에 의할 수 없는 경우 또는 상표나 성질 등의 표시에 의하는 것이 곤란할 경우에 채택하는 방법이다. (예) 선박, 운반기계, 의료기기, 철도, 차량 등 - 설명서, 설계도, 카탈로그, 청사진(blue print) 등을 통해 계약

(5) 표준품에 의한 매매(sales by standard)

실제 견본을 이용할 수 없는 천연 산물 등의 물품 거래에 사용되며 표준품(standard)을 기초로 하여 매매가 이루어진다. 표준품보다 품질이 좋으면 값을 더 받고 나쁘면 값을 깎아준다.

[표 3-1] 표준품에 의한 매매의 종류

구분	설명
평균중등품질 (F.A.Q. : Fair Average Quality)	표준품 매매의 가장 일반적인 방법이다. 주로 곡물이나 과일 등 농산물과 같이 일정한 규격이 없고 견본 제시도 곤란할 때 사용된다. 당해 지역에서 생산되는 해당 연도의 평균 중등품(중간 정도의 품질)으로 공인기관의 등급을 받은 물품으로 거래하며 특히 선물거래(future transaction)에 많이 사용된다.
판매적격품질 (G.M.Q. : Good Merchantable Quality)	목재, 냉동어류, 광석류 등 외관상으로 품질을 알 수 없고 잠재하자(latent defect, hidden defect)가 있을 가능성이 있는 생산물의 거래에 사용된다. 품질의 등급과는 상관없이 목적지에서 인도할 때 물품의 품질이 판매할 수 있는 상태의 것, 즉 판매적격품질의 물품을 인도하기로 약정하는 조건이다. 판매부적격 제품의 책임은 매도인이 부담한다.
보통표준품질 (U.S.Q. : Usual Standard Quality)	주로 원면 거래에 이용되며 공인검사기관 또는 공인표준기관에 의하여 표준품이 되는 품질조건이 미리 정해져 있다. 국내에서는 인삼과 오징어거래에 사용된다.

(6) 점검매매(Sales by Inspection)

매수인이 현품을 직접 확인한 후 매매계약을 체결하는 것을 말하며 국내에서는 널리 활용될 수 있지만 무역거래에서는 BWT거래, COD 등의 거래에서 제한적으로 사용된다. 점검매매조건부청약(Offer on Approval)이 해당된다. BWT와 COD는 각각 후술하는 인코팀즈와 대금결제에서 설명하기로 한다.

02 품질의 결정 시기

품질은 물품의 성격이나 운송거리, 운송수단에 따라서 선적 시의 품질과 도착했을 때의 품질에 차이가 발생할 수 있다. 그러므로 수출물품의 품질 결정 시기를 선적 시(수출항)로 할 것이냐 도착 시(수입항)로 할 것이냐는 대단히 중요하다.

(1) 일반물품의 품질 결정 시기

① **선적품질조건(Shipped quality terms)**

인도 물품의 품질이 약정한 품질과 일치하는가 여부를 선적 시의 품질에 의해 결정하는 방법이며 일반 공산품에 널리 사용된다. 매도인은 선적 후 운송 중 변질된 제품에 대하여 책임을 지지 않는다. **인코팀즈에서 F Group조건이나 C Group조건 등의 출발지(선적지)인도조건은 선적품질조건**이며, FAQ와 T.Q, S.D 조건도 모두 이 조건에 해당한다.

② **양륙품질조건(Landed quality terms)**

상품의 품질을 양륙 시(운송수단에서 내려 놓을 때)의 품질로 결정하는 조건이며 매도인은 운송 중에 변질된 물품에 대하여 책임을 진다. 인코팀즈의 **도착지 인도조건(delivery terms, D조건)은 모두 여기에 해당되며 GMQ조건도 여기에 해당된다.**

(2) 곡물의 품질 결정 시기

① Tale Quale[T.Q.]

선적품질조건으로서 매도인은 약정한 물품의 품질을 선적할 때까지만 책임을 진다. 운송 중의 손상에 대해서는 책임을 지지 않는다. T.Q는 「Such as it is, just as they come」이라는 의미다.

② Rye Terms[R.T.]

호밀(Rye)거래에 있어서 물품이 도착 시 손상되어 있는 경우에 그 손해에 대하여 매도인이 변상하는 관례에서 유래되었으며 **양륙품질조건(Landed quality terms)**이다.

③ Sea Damage [S.D.]

원칙적으로는 선적품질조건이지만 항해 중 화물이 유손(Washing Over-Board ; 갑판의 물건이 파도에 휩쓸려 망실되는 것) 또는 응결(condensation ; 가루나 화학물질이 굳음)에 의한 손해를 입은 경우에도 매도인이 부담한다는 조건으로서 **선적 및 양륙품질 조건이 절충된 조건**이다.

03 품질의 입증

수출물품의 품질에 대한 검사는 매매계약 시에 당사자 간에 누구로 할 것인가를 미리 합의하여 계약서에 명시하게 된다. 검사의 주체가 누구냐에 따라서 분류되며 **선적품질조건의 경우는 매도인에게 있으며 반대로 양륙품질조건의 경우는 매수인이 증명한다.**

[예] Seller's(or Buyer, Agent) inspection to be final.
「매도인(또는 매수인, 대리인)의 검사를 최종적인 것으로 한다.」

04 수량의 결정 시기

(1) 선적수량조건(Shipped quantity terms)

매도인은 선적항에서 선적할 때의 수량이 계약조건에 일치되면 운송 중에 발생한 증감에 대하여 책임을 지지 않는 조건이다. 인코텀즈의 F조건과 C조건 등 선적지인도조건으로 이루어지는 경우는 별도의 특약이 없는 한 성질상 선적수량조건에 의하게 된다.

(2) 양륙수량조건(Landed quantity terms)

수입항에서 양륙 시의 수량을 기준으로 하여 계약수량과 합치되어야 하는 조건이며 운송 중 감량은 매도인이 책임을 진다. 인코텀즈에서 **도착지인도조건(D조건)은 모두 양륙수량조건**이다.

(3) 개수를 나타내는 단위

낱개 또는 포장(package) 단위로 Piece(pcs; 개), Dozen(12개), Gross를 사용하며, 잡화제품에 많이 사용된다.

```
1Dozen = 12pcs
1Gross = 12 dozen = 144pcs(12X12)
1Small Gross = 10 dozen = 120pcs(12X10)
1Great Gross = 12 Gross = 1,728pcs(12X12X12).
```

05 중량 조건

(1) 총중량 조건(Gross Weight Terms)

포장을 포함한 중량으로서 행하는 조건이다.

(2) 순중량 조건(Net Weight Terms)

총중량에서 포장을 제외한 상품의 정미중량(正味重量)으로 결정하는 조건으로서 가장 보편적으로 많이 쓰인다. 밀가루, 일부 액체 물품의 경우는 포장을 포함한 총중량 조건(Gross Weight Terms)이 사용되기도 한다.

[표 3-2] 중량 단위의 구분

영국계	L/T: long ton	1,016kgs	2,240lbs(파운드)
미국계	S/T: short ton	907kgs	2,000lbs
프랑스계(한국)	M/T: metric ton	1,000kgs	2,204lbs

- **중량의 구분**
  - 가. 총중량(Gross Weight) : 포장을 포함함 중량
  - 나. 공허중량(Tare Weight) : 화물의 용기나 포장의 중량
  - 다. 순중량(Net Weight) : 총중량에서 포장을 제외한 중량
  - 라. 법적중량(Legal Weight) : 상품의 겉포장의 무게는 공제하나 상품이 소매될 때 포장되어 있는 포장의 무게는 포함시킨 무게
  - 마. 순순중량(Net Net Weight) : 상품을 구성하는 주된 원료의 순중량

- **과부족용인 조항(more or less clause : M/ L clause)**
  포장단위상품이나 개체물품처럼 정확히 그 수량을 표시할 수 없는 제품의 거래에서 약간의 과부족한 상태의 인도되는 것을 용인하는 것을 말한다. 곡물, 유류, 광석 등의 산물(bulk products) 등이 해당된다.
  ① 과부족 허용용인조항 예문
  - 가. 「5% more or less at seller's option.」
  - 나. 「Seller has the option of delivering (or shipping) 5% more or less on the contract quantity.」
  - 다. 「Quantity, unless otherwise arranged, shall be subject to a variation of 5% plus or minus at seller's option.」
  - 라. 「Seller has the option of shipping 5% more or less on the contracted quantity, such surplus or deficiency.
  ② 신용장통일규칙(UCP600)에서의 과부족용인 조항
  - 가. 신용장에 물품의 수량이 과부족이 되어서는 안 된다고 명시하고 있지 않는 한, 5%의 과부족은 허용된
  - 나. 그러나 신용장에서의 수량이 포장단위(packing unit) 또는 개별품목(individual item)의 개수로 명시되어 있는 경우에는 어떠한 과부족도 허용되지 아니한다. 또한 신용장방식 이외의 D/P, D/A 추심방식이나 송금방식 등의 경우에는 신용장통일규칙과 같이 과부족허용조항이 없으므로 과부족허용조항을 명시해 두는 것이 중요하다
  - 다. 신용장에 명시된 수량과 관련하여 사용된 「about」, 「approximately」란 표현은 언급된 수량의 10%를 초과하지 않는 과부족은 허용하는 것으로 해석한다라고 규정하고 있다.

b. A tolerance **not to exceed 5% more or 5%** less than the quantity of the goods is allowed, provided the credit does not state the quantity in terms of a stipulated number of packing units or individual items and the total amount of the drawings does not exceed the amount of the credit.
　　b. 신용장이 명시된 포장단위 또는 개개의 품목의 개수로 수량을 명기하지 아니하고 어음발행의 총액이 신용장의 금액을 초과하지 아니하는 경우에는, 물품수량이 5%를 초과하지 아니하는 과부족은 허용된다. [UCP600 제 30조 신용장금액/수량/단가의 과부족 b]

06 선적조건

(1) 선적기간의 표시 방법

① 기일을 명시하지 않고 선적시기를 표시하는 방법

「Shipment shall be made within thirty days from the date of this contract」

② 단월조건(單月條件)

「June shipment」, or 「Shipment shall be made during June」

③ 연월조건(連月條件)

「June and July shipment(June/July shipment)」

(2) UCP600[제3조]과 ISBP745에서의 선적 관련 용어의 해석

　무역거래에 있어서 수출상이 신용장뿐만 아니라 계약서에 기재된 선적일을 지키는 것은 대단히 중요하다. 선적일을 어기면 수출대금회수에 곤란을 겪게 되므로 영문으로 표기된 선적일에 대한 정의를 잘 알아두어야 한다. 잘못된 이해나 적용으로 자칫 선적일과 관련된 분쟁이 발생할 수 있으므로 주의하여야 한다.

① to, until, till, from, by : 당해 일자가 포함되는(include) 것으로 간주한다. 단, from이 선적기간으로 사용될 경우는 당해 일자를 포함하지만 **환어음의 만기일에 쓰일 경우는 해당일을 제외**한다.

② **after, before** : 당해 일자가 제외(exclude)되는 것으로 간주한다.

③ Shipment shall be effected during first half of May, 2018 : first half, second half 는 그 달의 1일부터 15일, 그리고 16일부터 말일까지를 포함하는 것으로 간주한다.

④ beginning, middle, end 는 각각 그 달의 1일부터 10일, 11일부터 20일, 21일부터 말일까지로 하고 양끝의 일자를 포함하는 것으로 해석한다.

⑤ 「즉시 선적」등과 같이 막연한 용어가 사용되었을 경우 은행은 그것을 무시한다.
　　[예] prompt, immediately, as soon as possible, etc.

⑥ **on or about** : 신용장상의 선적시기의 융통성을 고려한 표현. 선적이 지정일자로부터 양단일을 포함하여 5일 전후까지의 기간 내(총 11일)에 선적되는 것으로 간주한다. 「on or before」은 not later than, by와 바꿔쓸 수 있다. on or before May 10이라고 선적일이 표시

되었다면 이는 5월 10일까지 선적하란 의미이다.

[예문] Shipment shall be made on or about May 10, 2025
「선적은 2025년 5월 5일부터 5월 15일 사이에 이행되어야 한다.」

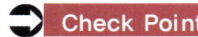
● 「from」과 「after」

UCP와 ISBP에서는 「from」, 「after」란 표현이 환어음의 만기일 등에 사용되는 경우 모두 당해일자를 제외(exclude)하는 것으로 규정하고 있다. 즉 환어음의 만기일이 10 days after March 10, 또는 from March 10 으로 표시되었다면 기산일은 3월 11일 부터이다.[UCP600 제3조, ISBP 745 A15조]

07 분할선적과 환적

(1) 분할선적(Partial Shipment)

분할선적이란 매매 목적물 전량을 수회로 나누어 선(기)적하거나 화물을 최소한 둘 이상의 단위로 나누어 서로 다른 항로를 이용하거나 또는 서로 다른 운송수단에 선적하는 것을 말한다. UCP600에서는 신용장상에 분할선적을 금지하는 문언이 없을 경우에는 분할선적이 허용되는 것으로 간주한다.

b. A presentation consisting of more than one set of transport documents evidencing shipment commencing on the same means of conveyance and for the same journey, provided they indicate the same destination, will not be regarded as covering a partial shipment, even if they indicate different dates of shipment or different ports of loading, places of taking in charge or dispatch. If the presentation consists of more than one set of transport documents, **the latest date of shipment as evidenced on any of the sets of transport documents will be regarded as the date of shipment.**
A presentation consisting of one or more sets of transport documents evidencing shipment on more than one means of conveyance within the same mode of transport will be regarded as covering a partial shipment, even if the means of conveyance leave on the same day for the same destination.

b. 동일한 운송수단에 그리고 동일한 운송을 위하여 출발하는 선적을 증명하는 2조 이상의 운송서류를 구성하는 제시는, 이들 서류가 동일한 목적지를 표시하고 있는 한, 이들 서류가 상이한 선적일 또는 상이한 적재항, 수탁지 또는 발송지를 표시하고 있더라도, 분할선적이 행해진 것으로 보지 아니한다. 그 제시가 2조 이상의 운송서류를 구성하는 경우에는, 운송서류의 어느 한 조에 증명된 대로 최종선적일은 선적일로 본다.
동일한 운송방식에서 2 이상의 운송수단상의 선적을 증명하는 2조 이상의 운송서류를 구성하는 제시는 그 운송수단이 동일한 일자에 동일한 목적지를 향하여 출발하는 경우에도 분할선적이 행해진 것으로 본다.[UCP600 제31조 b]

c. A presentation consisting of more than one courier receipt, post receipt or certificate of posting will not be regarded as a partial shipment if the courier receipts, post receipts or certificates of posting appear to have been stamped or signed by the same courier or postal service at the same place and date and for the same destination.

c. 2 이상의 특송화물수령증, 우편수령증 또는 우송증명서를 구성하는 제시는 그 특송화물수령증, 우편수령증 또는 우송증명서가 동일한 장소 및 일자 그리고 동일한 목적지를 위하여 동일한 특송업자 또는 우편서비스에 의하여 스탬프 또는 서명된 것으로 보이는 경우에는 분할선적으로 보지 아니한다. [UCP600 제31조 c]

(2) 환적(transshipment)

선적항(적출항)에서 선적된 화물을 목적지로 가는 도중에 다른 선박(또는 다른 운송수단)에 옮겨 싣는 것으로서 이적 이라고도 한다. 예를 들어, 부산에서 싱가포르로 운송되는 물품이 있을 때 부산과 싱가포르 간 고정운항루트(fixed route)가 없을 경우 홍콩에 선적품을 내려놓고 (unloading) 홍콩에서 싱가포르로 향하는 배에 화물을 재선적(reloading)하는 것을 말한다.

b. For the purpose of this article, transhipment means unloading from one means of conveyance and reloading to another means of conveyance (whether or not in different modes of transport) during the carriage from the place of dispatch, taking in charge or shipment to the place of final destination stated in the credit.

b. 이 조에서, 환적이란 신용장에 명기된 발송, 수탁 또는 선적지로부터 최종목적지까지의 운송과정 중에 한 운송수단으로부터의 양화 및 다른 운송수단으로의 재적재를 말한다. [UCP600 제19조 b]

c. ⅰ. A transport document may indicate that the goods will or may be transshipped provided that the entire carriage is covered by one and the same transport document.

c. ⅰ. 운송서류는 물품이 환적될 것이라거나 또는 될 수 있다고 표시할 수 있다. 다만, 전 운송은 동일한 운송서류에 의하여 커버되어야 한다.[UCP600 제19조 c]

c. ⅱ. A transport document indicating that transshipment will or may take place is acceptable, even if the credit prohibits transshipment.

ⅱ. 신용장이 환적을 금지하고 있는 경우에도, 환적이 행해질 것이라거나 또는 행해질 수 있다고 표시하고 있는 운송서류는 수리될 수 있다[UCP600 제19조 c]

c. ⅱ. A bill of lading indicating that transhipment will or may take place is acceptable, even if the credit prohibits transhipment, if the goods have been shipped in a container, trailer or LASH barge as evidenced by the bill of lading.

c. ⅱ. 신용장이 환적을 금지하고 있는 경우에도, 물품이 선하증권에 의하여 입증된 대로 컨테이너, 트레일러 또는 래쉬선에 선적된 경우에는, 환적이 행해질 것이라거나 또는 행해질 수 있다고 표시하고 있는 선하증권은 수리 될 수 있다.

d. Clauses in a bill of lading stating that the carrier reserves the right to tranship will be disregarded.

d. 운송인이 환적할 권리를 유보한다고 명기하고 있는 선하증권상의 조항은 무시된다.[UCP600 제20조 d]

08 할부선적(Installment Shipment)

할부선적이란 분할선적의 일종으로서 계약된 상품의 일정수량을 일정기간 동안 나누어 주기적으로 선적하도록 하는 것을 의미한다.

> If a drawing or shipment by installments within given periods is stipulated in the credit and any installment is not drawn or shipped within the period allowed for that installment, the credit ceases to be available for that and any subsequent installment.
> 일정 기간 내에 할부에 의한 어음발행 또는 선적이 신용장에 명시되어 있고 어떠한 할부분이 그 할부분을 위하여 허용된 기간 내에 어음발행 또는 선적되지 아니한 경우에는, 그 신용장은 그 할부분과 그 이후의 모든 할부분에 대하여 효력을 상실한다.[UCP600 제32조]

신용장에 일정 기간과 일정 수량을 지정한 할부선적을 명시하고 있는 경우에는 그 기간과 수량을 위반해서는 안된다. 예를 들어 계약물품을 매월 5일 인도를 기준으로 10회에 걸쳐서 인도하기로 하였는데, 3회분은 정해진 5일에 인도하였으나 4회분이 5일이 지나 인도되었다면 기일을 어긴 4회분을 포함한 나머지 7회분 모두 무효가 된다.

오답노트

1. 신용장에서 환적을 금지하고 있다면 어떠한 경우라도 환적은 허용되지 않는다.(x)
   → 신용장에서 환적을 금지하고 있더라도 물품이 컨테이너, 트레일러, 또는 래쉬선에서 선적된 경우에는 환적이 행해질 것이라거나 또는 행해질 수 있다고 표시된 선하증권은 수리될 수 있다. 왜냐하면 이러한 운송수단의 경우 환적을 하더라도 물품을 해체하거나 재분리할 필요가 없어서 물품의 손상이 극도로 제한되기 때문이다.
2. 수회에 걸친 할부선적의 경우 정해진 인도기일을 어기면 이미 인도된 분량도 무효이다.(x)
   → 할부선적의 경우 정해진 인도기일을 어기면 해당 회차뿐만 아니라 이후의 계약분도 모두 무효가 된다. 그러나 이미 인도된 분량은 유효하다.
3. 'on or before July 20'라고 선적기일이 표시된 경우 선적가능일은 July 15~ July 25 의 11일 간이다.(x)
   → 상기설명은 'on or about July 20'라고 표시된 경우의 설명이다. on or before 는 not later than 또는 by 의 의미이므로 on or before July 20 는 7월 20일까지 선적하라는 의미이다.
4. after, before 라고 표시된 경우 선적일의 계산에선 해당일은 제외되지만 환어음의 만기일 산정에는 해당일이 포함된다.(x)
   → after, before 라고 표시된 경우 선적일뿐만 아니라 환어음의 만기일 산정에서도 모두 해당일을 제외한다.
5. 개수의 수량단위에서 1 Small Gross 는 12 dozen이고 144 개를 뜻한다.(x)
   → 1Small Gross는 10dozen이고 120개(10X12)를 뜻한다.
6. M/L clause 는 모든 물품의 수량을 표시할 때 사용할 수 있다.(x)
   → M/L clause(과부족 용인조항)는 포장단위상품이나 개체물품의 경우에는 사용하지 말아야 한다. 곡물, 유류, 광석과 같이 포장단위를 구성할 수 없는 물품의 수량을 표시할 때 사용할 수 있다.

제4장 인코텀즈
(Incoterms 2020)-Ⅰ

01 인코텀즈의 제정

인코텀즈(Incoterms)란 'International Commercial Terms'의 약칭으로서 「국내 및 국제거래조건의 사용에 관한 ICC규칙」이다. 프랑스 파리에 본부를 두고 있는 국제상업회의소 (ICC : International Chamber of Commerce)가 중심이 되어 1936년 제정되었으며 10년 단위로 한 번씩 개정된다. 그간 7차례 개정되었으며 인코텀즈 2020은 그 여덟 번째 개정으로서 2020년 1월 1일부터 발효되었다.

Check Point
● 인코텀즈 개념 잡기

인코텀즈란 물품의 판매 가격을 결정할 때 사용하는 정형화된 국제표기이다. 예를 들어 tablet PC를 거래한다고 치자. 공장에서 생산되어 출고할 때 대당 가격이 USD100 라고 가정한다. 여기서 USD100는 인건비, 재료비, 금융비용, 홍보비, 기업 마진 등이 모두 포함된 개념이다. 수출자(매도인)는 부산에 사업장이 있고, 수입자(매수인)는 뉴욕에 거주한다고 할 때 수입자가 뉴욕의 자기 업체까지 물품을 운반해 달라고 할 경우 가격 USD100는 다시 수정되어야 한다. 뉴욕까지의 운송비용과 보험료, 기타 경비까지 부담해야 하므로 본 가격에 뉴욕까지의 제반 비용을 모두 합한 금액으로 가격이 다시 결정되어야 한다. 혹은 매도인이 부산항에서 물품만 선적해 주면 이후의 비용은 매수인 자신이 모두 부담하는 것으로 가격을 결정하고자 한다면 매도인은 부산항에서 선적하는 비용까지만 부담하면 될 것이다. 이 경우 본 가격 역시 공장에서 부산항까지의 내륙운송비를 포함하여야 하므로 USD100에서 약간 상향 조정될 것이다.

이와 같이 물품의 원가 이외에 매수인의 요구하는 인도조건에 따라 추가되는 여러 비용들이 있는데 이는 모두 가격에 반영되어야 할 것이다. 또한 추가 비용뿐만 아니라 물품을 인도할 때 물품의 상태는 언제까지 또는 어디까지 이상 없이 유지해야 하는지, 수출입통관은 누가 할 것인지에 대하여 규정해야 할 것이다. 이렇게 거래 조건에 따라 다양한 형태의 가격이 형성될 수 있는데 국제적으로 가장 널리 관습적으로 사용되는 것을 정리했을 때 11가지의 형태가 나오고, 이 정형화된 형태 11가지 중에서 선택하여 가격을 결정하고자 함이 인코텀즈의 근본 취지이다.

예를 들어 계약서상에 Unit Price(단가)를 「USD120 FOB Busan」이라고 표기했다면 이는 매도인이 부산항에서 물품을 본선에 선적해주고(선적비용 매도인 부담), 이 때 물품은 아무런 이상이 없어야 하며 선적이후의 운임, 보험료 등의 일체 경비는 매수인이 부담하는 조건으로 가격이 120달러라는 뜻이다. 인코텀즈를 「무역거래 조건의 해석에 관한 국제규칙」이라 함은 가격 조건에 FOB, CIF, DDP 등과 같이 정형화된 11가지 조건을 사용할 때 이러한 표기가 어떤 의미로 사용되는가에 대해서 국제적으로 통일시켜서 혼동 없이 사용하고자 함이다.

02 인코텀즈규칙의 역할

① 인코텀즈규칙의 목적

인코텀즈는 외국과의 무역거래에서 가장 일반적으로 사용되는 무역거래 조건의 해석에 관하여 일련의 국제규칙을 제공하자는 데에 그 목적이 있다. 정형화된 인코텀즈를 매매계약 시 원용함으로써 무역거래 조건의 해석에 따른 불확실성을 제거, 상거래 분쟁을 감소시키는 장점이 있다.

② 인코텀즈규칙의 사용

인코텀즈규칙은 예컨대 CIF, DAP 등과 같이 가장 일반적으로 사용되는 세 글자로 이루어지고 물품매매계약상 기업간 거래관행을 반영하는 11개의 거래조건(trade term)을 설명한다. 인코텀즈의 11가지 정형거래조건은 **매도인과 매수인의 의무와 비용, 위험의 분기점을 다루고 있으나 조건은 항상 매도인의 입장에서 이해를 하여야 한다.**

③ 빈출 부분

매도인의 위험의 분기점과 비용의 분기점을 살펴보고 해상운송과 복합운송 해당 유무, 수출입 통관의 주체, 물품의 양하 의무 등과 각 거래 조건의 영문 조항을 특히 눈여겨봐야 한다.

(1) 인코텀즈규칙이 하는 역할

인코텀즈규칙은 다음 사항을 규정한다. A1/B1 등의 번호가 붙은 서로 대칭하는 일련의 10개의 조항에서 다음과 같은 사항들을 다루는데, 여기서 A조항은 매도인의 의무를, 그리고 B조항은 매수인의 의무를 지칭한다.

▶ Obligation : Who does what as between seller and buyer, e.g. who organize carriage or insurance of the goods or who obtains shipping documents and export or import license ;
「의무 : 매도인과 매수인 사이에서 누가 무엇을 하는지, 즉 누가 물품의 운송이나 보험을 마련하는지 또는 누가 선적서류와 수출 또는 수입허가를 취득하는지」

▶ Risk : Where and when the seller "deliver" the goods, in other words where risk transfers from seller to buyer ; and
「위험 : 매도인은 어디서 그리고 언제 물품을 "인도"하는지, 다시 말해 위험은 어디서 매도인으로부터 매수인에게 이전하는지」

▶ Costs : Which party is responsible for which costs, for example transport, packaging, loading or unloading costs, and checking or security - related costs.
「비용 : 예컨대 운송비용, 포장비용, 적재 또는 양하비용 및 점검 또는 보안관련 비용에 관하여 어느 당사자가 어떤 비용을 부담하는지」

(2) 인코텀즈규칙이 하지 않는 역할

인코텀즈 그 자체는 매매계약이 아니며, 따라서 매매계약을 대체하지도 않는다. 즉 이미 존재하는 매매계약에 편입되는 때 그 매매계약의 일부가 될 뿐이다. 또한 무형재(전자적무체물, 용역, 기술, 컴퓨터 소프트웨어 등)도 다루고 있지 않다. 인코텀즈는 다음의 사항을 다루지 않는다.

- ▶ 매매계약의 존부
  (whether there is a contract of sale at all ;)
- ▶ 매매물품의 성상(性狀)
  (the specifications of the goods sold ;)
- ▶ 대금지급의 시기, 장소, 방법 또는 통화
  (the time, place, method or currency of payment of the price)
- ▶ 매매계약 위반에 대하여 구할 수 있는 구제수단
  (the remedies which can be sought for breach of the contract of sale)
- ▶ 계약상 의무이행의 지체 및 그 밖의 위반의 효과
  (most consequence of delay and other breaches in the performance of contractual obligations ;)
- ▶ 제재의 효력
  (the effect of sanctions ;)
- ▶ 관세부과
  (the imposition of tariffs ;)
- ▶ 수출 또는 수입의 금지
  (export or importer prohibitions ;)
- ▶ 불가항력 또는 이행가혹
  (force majeure or hardship ;)
- ▶ 지식재산권 또는
  (intellectual property rights ; or)
- ▶ 의무위반의 경우 분쟁해결의 방법, 장소 또는 준거법
  (the method, venue, or law of dispute resolution in case fo such breach)
- ▶ 매매물품의 소유권/물권의 이전
  (Not deal with the transfer of property/title/ownership of the goods sold)

03 모든 운송방식에 적용되는 규칙

인코텀즈2020은 운송 방식에 따라 정형거래조건을 분류하고 있다. 인코텀즈2020의 거래 조건 중 모든 운송방식에 적용되는 규칙(Rules for any mode or modes of transport), 즉 복합운송은 EXW, FCA, CPT, CIP, DAP, DPU 및 **DDP**의 7가지 조건이다.

(1) 공장인도(Ex Works; EXW : Loco, On Spot terms 라고도 함)

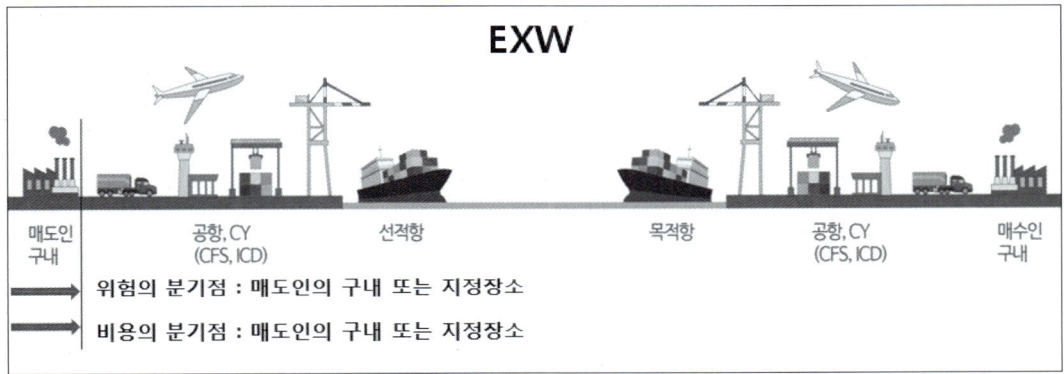

[그림 1-2] EXW 조건의 흐름

■ **EXPLANATION NOTES FOR USERS**

1. **Delivery and risk** -"Ex Works" means that the seller delivers the goods to the buyer
   ▶ when it places the goods at the disposal of the buyer at a named place(like a factory or warehouse), and
   ▶ that named place may or may not be the seller's premises

   For delivery to occur, the seller does not need to load that the goods on any collecting vehicle, nor does it need to clear the goods for export, where such clearance is applicable.

2. **Mode of transport**
   This rule may be used irrespective of the mode or modes of transport, if any, selected.

■ 사용자를 위한 설명문
1. **인도와 위험** – "공장인도"는 매도인이 다음과 같이 한 때 매수인에게 물품을 인도하는 것을 의미한다.
   ▶ 매도인이 물품을 (공장이나 창고와 같은) 지정장소에서 매수인의 처분하에 두는 때, 그리고
   ▶ 그 지정장소는 매도인의 영업구내일 수도 있고 아닐 수도 있다.

인도가 일어나기 위하여 매도인은 물품을 수취용 차량에 적재하지 않아도 되고, 물품의 수출통관이 요구되더라도 이를 수행할 필요가 없다.

2. **운송방식** - 본 규칙은 선택되는 어떤 운송방식이 있는 경우에 그것이 어떠한 단일 또는 복수의 운송방식인지를 불문하고 사용할 수 있다.

3. **Loading risks** - Delivery happens - and risk transfer - when the goods are placed, not loaded, at the buyer's disposal. Where the buyer is keen to avoid any risk during loading at the seller's premises, then the buyer ought to consider choosing the FCA rule(under which, if the goods are delivered at the seller's premises, the seller owes the buyer an obligation to load, with the risk of loss of or damage to the goods during that operation remaining with the seller)

4. **Export clearance** - With delivery happening when the goods are at the buyer's disposal either at the seller's premises or at another named point typically within the seller's jurisdiction or within the same Customs Union, there is no obligation on the seller to organize export clearance or clearance within third countries through which the goods pass in transit. Indeed, **EXW may be suitable for domestic trade,** where there is no intention at all to export the goods. Where the buyer intends to export the goods and where it anticipate difficulty in obtaining export clearance, the buyer would be better advised to choose the FCA rule, under which the obligation and cost of obtaining export clearance lies with the seller.

3. **적재위험** - 인도는 물품이 적재된 때가 아니라 매수인의 처분하에 놓인 때에 일어난다. 매도인의 영업구내에서 일어나는 적재작업 중의 위험을 피하고자 하는 경우에 매수인은 FCA규칙을 선택하는 것을 고려하여야 한다(FCA규칙에서는 물품이 매도인의 영업구내에서 인도되는 경우에 매도인이 매수인에 대하여 적재의무를 부담하고 적재작업 중에 발생하는 물품의 멸실 또는 훼손의 위험은 매도인이 부담한다).

4. **수출통관** - 물품이 매도인의 영업구내에서 또는 전형적으로 매도인의 국가나 관세동맹지역 내에 있는 다른 지정지점에서 매수인의 처분하에 놓인 때에 인도가 일어나므로, 매도인은 수출통관이나 운송 중에 물품이 통과할 제3국의 통관을 수행할 의무가 없다. 사실 EXW는 물품을 수출할 의사가 전혀 없는 **국내거래에 적절하다.** 매수인이 물품을 수출하기를 원하나 수출통관을 하는데 어려움이 예상되는 경우에, 매수인은 수출통관을 할 의무와 그에 관한 비용을 매도인이 부담하는 FCA 규칙을 선택하는 것이 좋다.

㉠ 매도인에게는 가장 부담이 작은 조건(minimum obligation)이지만 매수인에게는 가장 부담이 큰 조건이다.

㉡ 국제거래보다는 국내 거래에 적용이 용이하며, 국제거래 시에는 FCA조건이 더 적합하다.

㉢ 무역거래에 익숙하지 않은 수출업자가 이용하기에 편리한 조건이다.

㉣ 매수인이 직접 또는 간접적으로 수출 절차를 이행할 수 없을 경우에는 매도인이 자신의 비용과 위험으로 적재하고 수출통관을 하는 운송인인도조건(FCA)이 사용되어야 한다.

㉤ 만약 매도인이 물품을 적재한다면 이는 매수인의 위험 및 비용부담으로 한다.

㉥ 적용 예

- Unit Price : USD100/pc EXW Samsung's warehouse #5, Suwon, Korea
  - 매도인이 한국의 수원에 있는 삼성의 창고 5번에서 매수인에게 물품을 인도하는 조건으로 대당 100달러. 매수인 자신이 수출통관을 해야 하고 목적지까지의 모든 위험과 비용을 부담한다.

(2) 운송인인도(Free Carrier, FCA)

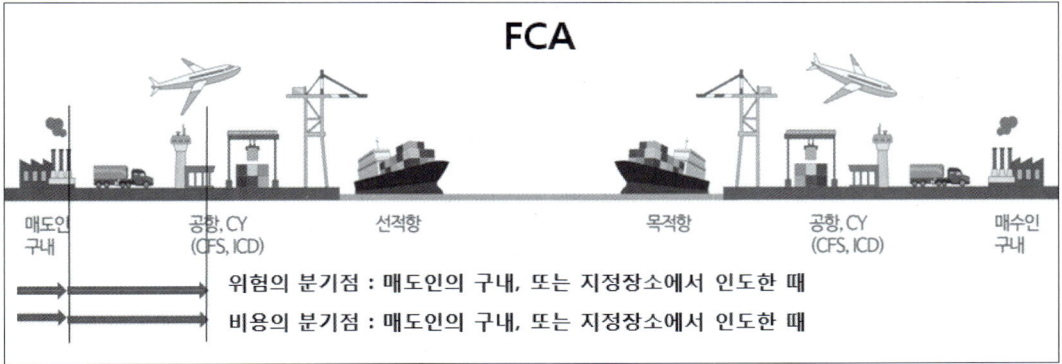

[그림 1-3] FCA 조건의 흐름

■ **EXPLANATION NOTES FOR USERS**

1. **Delivery and risk** - "Free Carrier (named place)" means that the seller delivers the goods to the buyer in one or other of two ways.
   ► First, when the named place is the seller's premises, the goods are delivered.
     ● when they are loaded on the means of transport arranged by the buyer.

   ► Second, when the named place is another place, the goods are delivered
     ● when, having been loaded on the seller's means of transport.
     ● they reach the named other place and

   Whichever of two is chosen as the place of delivery, that place identifies where risk transfers to the buyer and the time from which costs are for the buyer's account.

2. **Mode of transport**
   This rule may be used irrespective of the mode of transport selected and may also be used where more than one mode of transport is employed

 ■ 사용자를 위한 설명문

1. **인도와 위험** - "운송인인도(지정장소)"는 매도인이 물품을 매수인에게 다음과 같은 두 가지 방법 중 어느하나로 인도하는 것을 의미한다.
   ► 첫째, 지정장소가 매도인의 영업구내인 경우, 물품은 다음과 같이 된 때 인도된다.
     ● 물품이 매수인이 마련한 운송수단에 적재된 때

   ► 둘째, 지정장소가 그 밖의 장소인 경우, 물품은 다음과 같이 된 때 인도된다.
     ● 매도인의 운송수단에 적재되어서
     ● 지정장소에 도착하고

그러한 두 장소 중에서 인도장소로 선택되는 장소는 위험이 매수인에게 이전하는 곳이자 또한 매수인이 비용을 부담하기 시작하는 시점이 된다.

2. 운송방식 - 본 규칙은 선택되는 어떤 운송방식이 있는 경우에 그것이 어떠한 단일 또는 복수의 운송방식인지를 불문하고 사용할 수 있다.

3. **Place or point of delivery** - A sale under FCA can be concluded naming only the place of delivery, either at the seller's premises or elsewhere, without specifying the precise point of delivery within that named place. However, the parties are well advised *also* to specify as clearly as possible the precise *point* within the named place of delivery. A named precise *point* of delivery makes it clear to both parties when the goods are delivered and when risk transfers to the buyer ; such precision also marks the point at which costs are for the buyer's account.

3. 인도장소 또는 인도지점 - FCA매매는 지정장소 내에 정확한 인도지점을 명시하지 않고서 매도인의 영업구내나 그 밖의 장소 중에서 어느 하나를 단지 인도장소로 지정하여 체결될 수 있다. 그러나 당사자들은 지정인도장소 내에 정확한 지점도 가급적 명확하게 명시하는 것이 좋다. 그러한 정확한 지정인도지점은 양당사자에게 언제 물품이 인도되는지와 언제 위험이 매수인에게 이전하는지 명확하게 하며, 또한 그러한 정확한 지점은 매수인의 비용부담의 기준점을 확정한다.

4. "or procure goods so delivered" - The reference to "procure" here caters for multiple sales down a chain (string sales), particularly, although not exclusively, common in the commodity traders.

4. "또는 그렇게 인도된 물품을 조달한다" - 여기에 "조달한다"(procure)고 규정한 것은 꼭 이 분야에서 그런 것만은 아니지만 특히 일차산품거래(commodity traders)에서 일반적인 수차에 걸쳐 연속적으로 이루어지는 매매(연속매매 ',' string sales')에 대응하기 위함이다.

5. Export/Import Clearance - FCA requires the seller to clear the goods for export, where applicable. However, the seller has no obligation to clear the goods for import or for transit through third countries, to pay any import duty or to carry out any import customs formalities.

5. 수출/수입통관 - FCA에서는 해당되는 경우에 매도인이 물품의 수출통관을 하여야 한다. 그러나 매도인은 물품의 수입을 위한 또는 제3국 통과를 위한 통관을 하거나 수입관세를 납부하거나 수입통관절차를 수행할 의무가 없다.

6. **Bills of lading with an on-board notation in FCA sales** - We have already seen that FCA is intended for use irrespective of the mode or modes of transport used. Now if goods are being picked up by the buyer's road-haulier in Las Vegas, it would be rather uncommon to expect a bill of lading with an on-board notation to be issued by the carrier *from Las Vegas*, which is not a port and which a vessel cannot reach for goods to be placed on board. Nonetheless, seller selling FCA Las Vegas do sometimes find themselves in a situation where they *need* a bill of lading with an on-board notation (typically because of a bank collection or a letter of credit requirement), albeit necessary stating that the goods have been placed on board in Los Angeles as well as stating that they were received for carriage in Las Vegas.

To cater for this possibility of an FCA seller needing a bill of lading with an on-board notation, FCA Incoterms 2020 has, for the first time, provided the following optional mechanism. If the parties have so agreed in the contract, the buyer must instruct its carrier to issue a bill of lading with an on-board notation to the seller. The carrier may or may not, of course, accede to the buyer's request, given that the carrier is only bound and entitled to issue such a bill of lading once the goods are on board in Los Angeles.

However, if and when bill of lading is issued to the seller by the carrier at buyer's cost and risk, the seller must provide that same document to the buyer, who will need the bill of lading in order to obtain discharge of the goods from the carrier. This optional mechanism becomes unnecessary, of course, if the parties have agreed that the seller will present to the buyer a bill of lading stating simply that the goods have been received for shipment rather than they have been shipped on board.

6. FCA매매에서 본선적재표기가 있는 선하증권 – 이미 언급하였듯이 FCA는 사용되는 운송방식이 어떠한지 불문하고 사용할 수 있다. 이제는 매수인의 도로운송인이 라스베이거스에서 물품을 수거(pick-up)한다고 할 때, 라스베이거스에서 운송인으로부터 본선적재표기가 있는 선하증권을 발급받기를 기대하는 것이 오히려 일반적이지 않다. 라스베이거스는 항구가 아니어서 선박이 물품적재를 위하여 그곳으로 갈 수 없기 때문이다. 그럼에도 FCA Las Vegas 조건으로 매매하는 매도인은 때로는 (전형적으로 은행의 추심조건이나 신용장조건 때문에)무엇보다도 물품이 라스베이거스에서 운송을 위하여 수령된 것으로 기재될 뿐만 아니라 그것이 로스앤젤레스에서 선적되었다고 기재된 본선적재표시가 있는 선하증권이 필요한 상황에 처하게 된다. 본선적재표기가 있는 선하증권을 필요로 하는 FCA 매도인의 이러한 가능성에 대응하기 위하여 인코텀즈 2020 FCA에서는 처음으로 다음과 같은 선택적 기제를 규정한다. 당사자들이 계약에서 합의한 경우에 매수인은 그의 운송인에게 본선적재표기가 있는 선하증권을 매도인에게 발행하도록 지시하여야 한다. 물론 운송인으로서는 물품이 로스앤젤레스에서 본선적재된 때에만 그러한 선하증권을 발행할 의무가 있고 또 그렇게 할 권리가 있기 때문에 매수인의 요청에 응할 수도 응하지 않을 수도 있다. 그러나 운송인이 매수인의 비용과 위험으로 매도인에게 선하증권을 발행하는 경우에는 매도인은 바로 그 선하증권을 매수인에게 제공하여야 하고 매수인은 운송인으로부터 물품을 수령하기 위하여 그 선하증권이 필요하다. 물론 당사자들의 합의에 의하여 매도인이 매수인에게 물품의 본선적재 사실이 아니라 단지 물품이 선적을 위하여 수령되었다는 사실을 기재한 선하증권을 제시하는 경우에는 이러한 선택적 기제는 불필요하다.

㉠ 매도인이 물품을 수출통관하고, 지정된 장소에서 매수인에 의하여 지정된 운송인 또는 그 밖의 당사자에게 인도 할 때 매도인의 위험과 비용의 분기점은 종료된다.

㉡ 물품의 인도장소가 매도인의 영업 구내인 경우에는 물품이 매수인이 제공한 운송수단에 적재되는 때, 지정장소의 경우에는 물품이 매도인의 운송수단에 실린 채 양하 준비된 상태로 매수인이 지정한 운송인이나 제3자의 처분하에 놓인 때에 인도는 완료된다.

㉢ 적용 예

■ Unit Price : USD100/pc FCA Inchon Airport, Korea
   – 매도인이 한국의 인천공항에서 매수인이 지정한 운송인에게 물품을 인도하는 비용까지를 조건으로 하여 100달러. 매도인이 수출통관을 해야 하고 매수인에게 인도한 이후의 위험과 비용은 매수인의 부담이다.

> **Check Point**
> ● 연속매매(String Sale)와 조달(Procuring)의 의미
> 　일차산품(commodities)의 매매에서는 매도인이 최종 매수인에게 직판매하는 경우도 있지만 상황에 따라선 적하물이 운송되는 도중에 수차례 전매되는 경우도 있다. 이를 연속매매라 한다. 이러한 경우 원매도인에게서 물품을 구매하여 중간에 판매한 매도인은 물품이 이미 첫 번째 매도인에 의해 선적되어 있기 때문에, 자신이 물품을 「선적」하지는 않는다. 따라서 연속매매의 중간 단계에 있는 매도인은 최종 매수인에게 직접 물품을 선적하는 것이 아니라, 선적된 물품을 「조달(procuring)」함으로써 이행한다. 중간 단계의 매도인은 자신이 입수한 선하증권을 다음 단계의 매수인에게 양도함으로써 선적된 물품을 매도하게 된다. 이렇게 중간에 판매되는 경우를 명확히 하기 위해서 인코텀즈2020에서는 관련 규칙에서 매도인은 물품을 선적하거나 또는 그 대신 「선적된 물품을 조달할」수 있는 것으로 규정하고 있다. 동 조건에서 「**조달**」에 관한 규정은 **EXW를 제외한 전체 규칙에 적용된다.**

(3) 운송비지급인도(Carriage paid to, CPT)

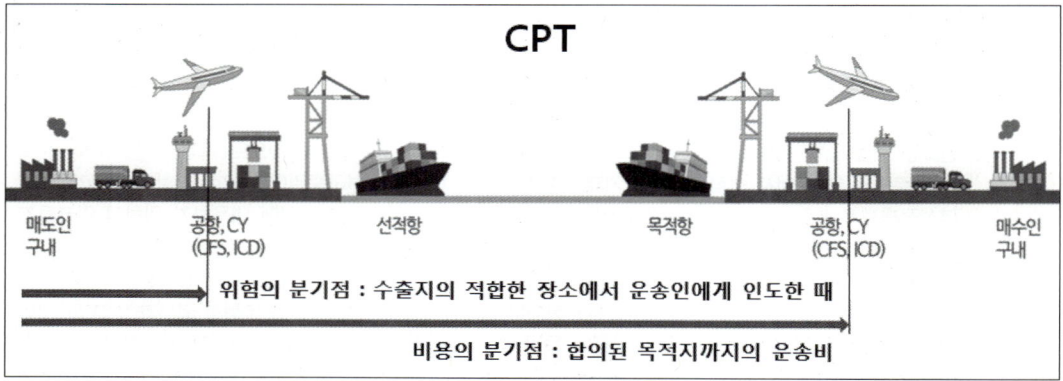

[그림 1-4] CPT 조건의 흐름

■ **EXPLANATION NOTES FOR USERS**

1. **Delivery and risk** - "Carriage Paid To" means that the seller delivers the goods-and transfer the risk- to the buyer
   ▶ by handling them over to the carrier
   ▶ contracted by the seller
   ▶ or by procuring the goods so delivered.
   ▶ The seller may do so by giving the carrier physical possession of the goods in the manner and at the place appropriate to the means of transport used.
   　Once the goods have been delivered to the buyer in this way, the seller does not guarantee that the goods will reach the place of destination in sound condition, in the stated quantity or indeed at all. This is because risk transfers from seller to buyer when the goods are delivered to the buyer by handing them over to the carrier, the seller must nonetheless contract for the carriage of the goods from delivery to the agreed destination.

2. **Mode of transport**
   　This rule may be used irrespective of the mode of transport selected and may also be used where more than one mode of transport is employed

■ 사용자를 위한 설명문

1. **인도와 위험** – "운송비지급인도"는 매도인이 다음과 같이 매수인에게 물품을 인도하는 것을 – 그리고 위험을 이전하는 것을 – 의미한다.
   ▶ 매도인과 계약을 체결한 운송인에게
   ▶ 물품을 교부함으로써
   ▶ 또는 그렇게 인도된 물품을 조달함으로써
   ▶ 매도인은 사용되는 운송수단에 적합한 방법으로 그에 적합한 장소에서 운송인에게 물품의 물리적 점유를 이전함으로써 물품을 인도할 수 있다.

   물품이 이러한 방법으로 매수인에게 인도되면 매도인은 그 물품이 목적지에 양호한 상태로 그리고 명시된 수량 또는 그 전량이 도착할 것을 보장하지 않는다. 왜냐하면 물품이 운송인에게 교부됨으로써 매수인에게 인도된 때 위험은 매도인으로부터 매수인에게 이전하기 때문이다. 그러나 매도인은 물품을 인도지로부터 합의된 목적지까지 운송하는 계약을 체결하여야 한다.

2. **운송방식** – 본 규칙은 어떠한 운송방식이 선택되는지를 불문하고 사용할 수 있고 둘 이상의 운송방식이 이용되는 경우에도 사용할 수 있다.

3. **Identifying the place or point of delivery with precision** - the parties are well advised to identify both places, or indeed points within those places, as precisely as possible in the contract of sale. Identifying the place or point (if any) of delivery as precisely as possible is important to cater for the common situation where several carriers are engaged, each for different legs of the transit from delivery of destination.

4. **Export/Import Clearance** - CPT requires the seller to clear the goods for export, where applicable. However, the seller has no obligation to clear the goods for import or for transit through third countries, to pay any import duty or to carry import customs formalities.

5. **Costs of unloading at destination** - If the seller incurs costs under its contract of carriage related to unloading at the named place of destination, the seller is not entitled to recover such costs separately from the buyer unless otherwise agreed between the parties.

3. **정확한 인도장소 또는 인도지점 지정** – 당사자들은 매매계약에서 가급적 정확하게 두 장소(인도장소 및 목적지) 또는 그러한 두 장소 내의 실제 지점들을 지정하는 것이 좋다. 인도장소나 인도지점(있는 경우)을 가급적 정확하게 지정하는 것은 복수의 운송인이 참여하여 인도지부터 목적지까지 사이에 각자 상이한 운송구간을 담당하는 일반적인 상황에 대응하기 위하여 중요하다.

4. **수출/수입통관** – CPT에서는 해당되는 경우에 매도인이 물품의 수출통관을 하여야 한다. 그러나 매도인은 물품의 수입을 위한 또는 제3국 통과를 위한 통관을 하거나 수입관세를 납부하거나 수입통관절차를 수행할 의무가 없다.

5 **목적지의 양하비용** – 매도인이 자신의 운송계약상 지정목적지에서 양하에 관하여 비용이 발생한 경우에 매도인은 당사자 간에 달리 합의되지 않은 한 그러한 비용을 매수인으로부터 별도로 상환받을 권리가 없다.

㉠ 목적지는 해상이 아니라, 수입지 내륙의 어느 합의된 지점이다.
㉡ 매도인은 지정목적지까지의 운송비를 부담하고 운송계약을 체결해야 한다.
㉢ 수출지에서 매도인이 지정한 운송인에게 물품을 인도할 때 위험의 분기점이 종료되는 것이지, 물품을 목적지에서 운송인에게 인도할 때 종료되는 것이 아니다.
㉣ 해상운송조건인 CFR 조건을 복합운송방식으로 바꿀 때 적용할 수 있다.
㉤ 매도인은 수출통관은 해야 하지만, 수입통관 및 관세 등의 지급의무는 없다.
㉥ 위험과 비용의 분기점이 서로 다르다.
㉦ 적용 예

- Unit Price : USD100 /pc CPT LAX Airport, LA, USA
- 매도인이 미국 로스앤젤리스 랙스공항까지 운송비를 부담하는 조건으로 대당 100달러

(4) 운송비·보험료지급인도(Carriage and insurance paid to…, CIP)

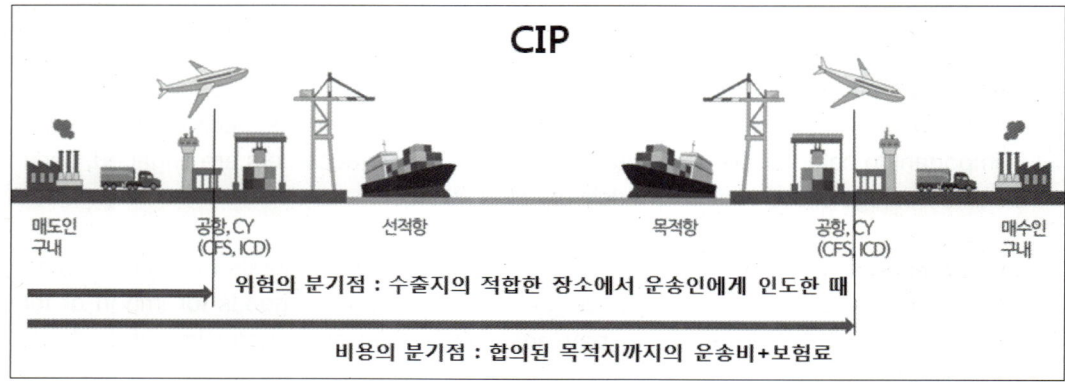

[그림 1-5] CIP조건의 흐름

운송비·보험료지급인도 규칙 조항은 보험계약 규정을 제외하고는 전술한 CPT와 모두 같다.

▶ **Insurance** - The seller must also contract for insurance cover **against the buyer's risk of loss of or damage to the goods** from the point of delivery to at least the point of destination. This may cause difficulty where the destination country requires insurance cover to be purchased locally : in this case the parties should consider selling and buying under CPT. The buyer should also note that under the CIP Incoterms 2020 rule the seller is required to obtain extensive insurance cover complying with Institute Cargo Clauses (A) or similar clause, rather than with the more limited cover under Institute Cargo Clauses (C). It is, however, still open to the parties to agree on a lower level of cover.

▶ 보험 - 매도인은 또한 인도지점부터 적어도 목적지점까지 **매수인의 물품의 멸실 또는 훼손 위험에 대하여** 보험계약을 체결하여야 한다. 이는 목적지 국가가 자국의 보험자에게 부보하도록 요구하는 경우에는 어려움을 야기할 수 있다. 이러한 경우에 당사자들은 CPT로 매매하는 것을 고려하여야 한다. 또한 매수인은 인코텀즈 2020 CIP 하에서 매도인은 협회적하약관의 C-약관에 의한 제한적인 담보조건이 아니라 협회적화약관의 A-약관이나 그와 유사한 약관에 따른 광범위한 담보조건으로 부보하여야 한다는 것을 유의하여야 한다. 그러나 당사자들은 여전히 더 낮은 수준의 담보조건으로 부보하기로 합의할 수 있다.

㉠ CPT에 매도인의 보험계약 체결의무가 더해진 조건이다.
㉡ 매도인은 최대부보조건인 ICC(A) 또는 ICC(A/R)조건으로 부보한다. 당사자가 합의하는 경우 이보다 낮은 수준의 담보 약관으로 보험계약을 할 수 있다.
㉢ 해상운송인 CIF 조건을 복합운송방식으로 바꿀 때 적용할 수 있다.
㉣ 적용 예
- Unit Price : USD100 /pc CIP LAX Airport, LA, USA
  - 매도인이 미국 로스앤젤리스 랙스공항까지 운송비와 보험료를 부담하는 조건으로 대당 100달러

(5) 도착지인도(Delivered at Place, DAP)

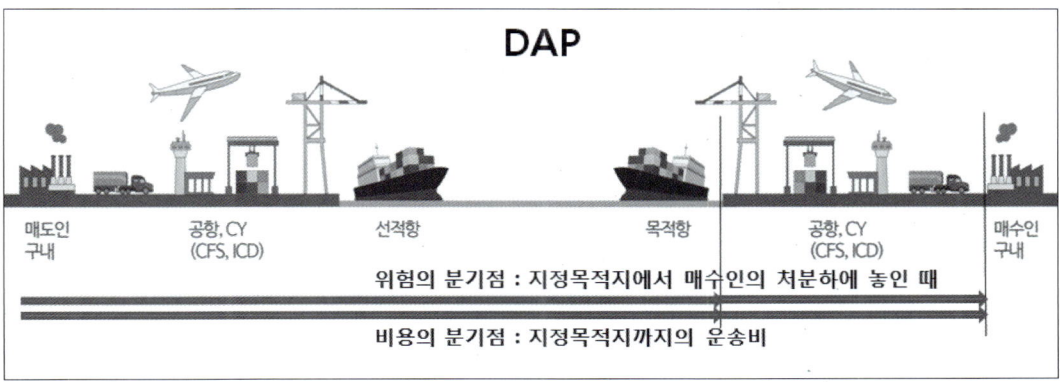

[그림 1-7] DAP 조건의 흐름

■ EXPLANATION NOTES FOR USERS

1. **Delivery and risk** - "Delivered at Place" means that the seller delivers the goods-and transfer risk- to the buyer
   ► when the goods are placed at the disposal of the buyer
   ► on the arriving means of transport ready for unloading
   ► at the named place of destination or
   ► at the agreed point within that place, if any such point is agreed.

The seller bears all risks involved in bringing the goods to the named place of destination or to the agreed point within that place. In this Incoterms rule, therefore, delivery and arrival at destination are the same.

2. **Mode of transport**
   This rule may be used irrespective of the mode of transport selected and may also be used where more than one mode of transport is employed.

■ 사용자를 위한 설명문

1. **인도와 위험** – "도착지인도"는 다음과 같이 된 때 매도인이 매수인에게 물품을 인도하는 것을 – 그리고 위험을 이전하는 것을 – 의미한다.
   ▶ 물품이 지정목적지에서 또는
   ▶ 지정목적지 내에 어떠한 지점이 합의된 경우에는 그 지점에서
   ▶ 도착운송수단에 실어둔 채 양하준비된 상태로
   ▶ 매수인의 처분하에 놓인 때

   매도인은 물품을 지정목적지까지 또는 지정목적지 내의 합의된 지점까지 가져가는 데 수반되는 모든 위험을 부담한다. 따라서 본 인코텀즈규칙에서 인도와 목적지의 도착은 같은 것이다.

2. **운송방식** – 본 규칙은 선택되는 어떤 운송방식이 선택되는지를 불문하고 사용할 수 있고 둘 이상의 운송방식이 이용되는 경우에도 사용할 수 있다.

3. **Unloading costs** - The seller is not required to unload the goods from the arriving means of transportation. However, if the seller incurs costs under its contract of carriage related to unloading at the place of delivery/destination, the seller is not entitled to recover such costs separately from the buyer unless otherwise agreed between the parties.

4. **Export/Import Clearance** - DAP requires the seller to clear the goods for export, where applicable. However, the seller has no obligation to clear the goods for import or for post-delivery transit through third countries, to pay any import duty or to carry out any import customs formalities. As a result, if the buyer fails to organize import clearance, the goods will be held up at port or inland terminal in the destination country. Who bears the risk of any loss that might occur while the goods are thus held up at the port of entry in the destination country? The answer is the buyer. If the parties intend the seller to clear the goods for import, pay any import duty or tax and carry out any import customs formalities, the parties might consider using DDP.

3. **양하비용** – 매도인은 도착운송수단으로부터 물품을 양하(unloading)할 필요가 없다. 그러나 매도인이 자신의 운송계약상 인도장소/목적지에서 양하에 관하여 비용이 발생한 경우에 매도인은 당사자 간에 달리 합의되지 않은 한 그러한 비용을 매수인으로부터 별도로 상환받을 권리가 없다.

4. **수출/수입통관** – DAP에서는 해당되는 경우에 매도인이 물품의 수출통관을 하여야 한다. 그러나 매도인은 물품의 수입을 위한 또는 인도 후 제3국 통과를 위한 통관을 하거나 수입관세를 납부하거나 수입통관절차를 수행할 의무가 없다. 따라서 매수인이 수입통관을 못하는 경우에 물품은 목적지 항구나 내륙터미널에 묶이게 될 것이다. 그렇다면 물품이 목적지 국가의 입국항구(port of entry)에 묶여있는 동안에 발생하는 어떤 멸실의 위험은 누가 부담하는가? 그 답은 매수인이다. 매도인이 물품의 수입통관을 하고 수입관세나 세금을 납부하고 수입통관절차를 수행하도록 하고자 하는 경우에 당사자들은 DDP를 사용하는 것을 고려할 수 있다.

㉠ 지정목적지에서 물품을 운송수단에서 양하 준비된 상태로 매수인의 임의 처분에 둘 때 매도인의 위험과 비용이 종료된다.

㉡ 도착된 운송수단은 선박이 될 수도 있다.

㉢ 지정목적지는 지정된 항구일수도 있고 내륙의 지정된 장소일 수도 있다.

㉣ 적용 예
- Unit Price : USD100 /bbl DAP Shanghai Port pier3, Shanghai, China
  - 매도인이 중국 상하이항 3번 부두의 선상에서 양하하지 않고 매수인의 임의 처분 상태로 둘 때까지의 위험과 비용을 부담하는 조건으로 배럴당 100달러
- Unit Price : USD100 /pc DAP Changhong's premise, Shanghai, China
  - 매도인이 중국 상하이 창홍 사의 구내에서 물품을 양하하지 않고 매수인의 임의 처분 상태로 둘 때까지의 위험과 비용을 부담하는 조건으로 대당 100달러

(5) 도착지양하인도(Delivered at Place Unloaded, DPU)

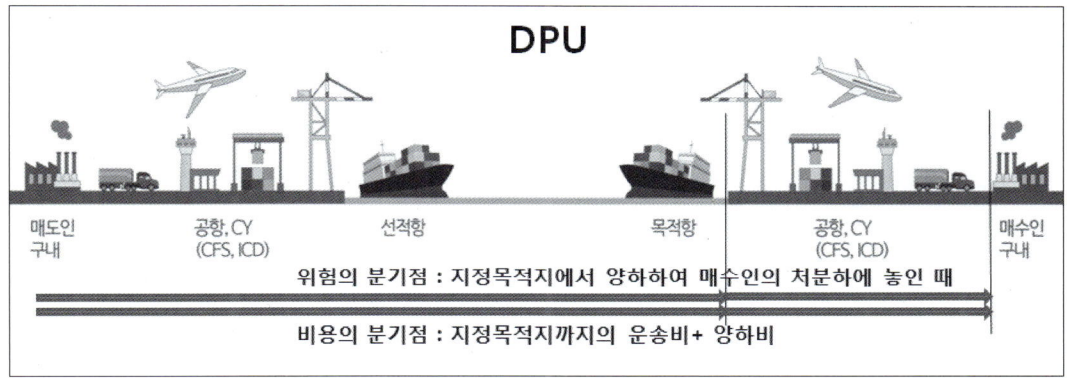

[그림 1-6] DPU조건의 흐름

매도인이 지정목적지에서 **물품을 운송수단에서 양하하여 인도한다**는 조건을 제외하고는 DAP 규칙과 모두 동일하다.

■ EXPLANATION NOTES FOR USERS

1. **Delivery and risk** - "Delivered at Place Unloaded" means that the seller delivers the goods-and transfer risk- to the buyer
   ▶ when the goods,
   ▶ once unloaded from the arriving means of transport,
   ▶ are placed at the disposal of the buyer
   ▶ at a named place of destination or
   ▶ at the agreed point within that place, if any such point is agreed.

The seller bears all risks involved in bringing the goods to and unloading them at the named place of destination. In this incoterms rule, therefore, the delivery and arrival at destination are the same. **DPU is the only Incoterms rule that requires the seller to unload goods at destination.** The seller should therefore ensure that it is in a position to organize unloading at the named place. Should the parties intend the seller not to bear the risk and cost of unloading, the DPU rule should be avoided and DAP should be used instead.

- **사용자를 위한 설명문**
  1. 인도와 위험 – "도착지양하인도"는 다음과 같이 될 때 매도인이 매수인에게 물품을 인도하는 것을 – 그리고 위험을 이전하는 것을 – 의미한다.
     ▶ 물품이
     ▶ 지정목적지에서 또는
     ▶ 지정목적지 내에 어떠한 지점이 합의된 경우에는 그 지점에서
     ▶ 도착운송수단으로부터 양하된 상태로
     ▶ 매수인의 처분하에 놓인 때.

     매도인은 물품을 지정목적지까지 가져가서 그곳에서 물품을 양하하는데 수반되는 모든 위험을 부담한다. 따라서 본 인코텀즈 규칙에서 인도와 목적지의 도착은 같은 것이다. **DPU는 매도인이 목적지에서 물품을 양하하도록 하는 유일한 인코텀즈규칙이다.** 따라서 매도인은 자신이 그러한 지정장소에서 양하를 할 수 있는 입장에 있는지를 확실히 하여야 한다. 당사자들은 양하의 위험과 비용을 부담하기를 원하지 않는 경우에는 DPU를 피하고 그 대신 DAP를 사용하여야 한다.

㉠ 수입지의 지정목적지에서 물품을 운송수단에서 양하한 후 매수인의 임의 처분 상태로 둘 때 매도인의 위험과 비용의 의무가 종료된다.

㉡ 인코텀즈2020에서 유일하게 매도인이 물품을 양하해야 할 의무가 있는 조건이다.

㉢ 적용 예

- **Unit Price : USD100 /pc DPU Hutchison Busan Terminal, Busan Port, Korea**
  - 매도인이 한국, 부산항의 허치슨터미널에서 물품을 양하하여 매수인의 임의 처분 상태로 둘 때까지의 위험과 비용을 부담하는 조건으로 대당 100달러

- **Unit Price : USD100 /pc DPU KORENTA Co. Ltd, warehouse #10, Chicago, Illinois, USA**
  - 매도인이 미국 시카고 소재 ㈜코렌타의 10번 창고에 물품을 양하하여 매수인의 임의 처분 상태로 둘 때까지의 위험과 비용을 부담하는 조건으로 대당 100달러

(7) 관세지급인도(Delivered Duty Paid, DDP)

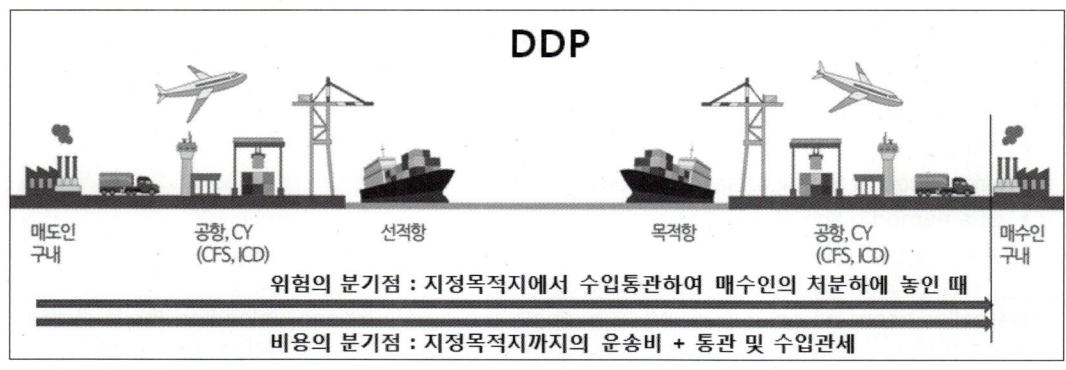

[그림 1-8] DDP 조건의 흐름

매도인이 수입관세 및 내국세를 부담하고 수입통관을 해야 하는 조건을 제외하고 DAP의 모든 조건과 동일하다.

■ **EXPLANATION NOTES FOR USERS**

1. **Delivery and risk** - "Delivered Duty Paid" means that the seller delivers the goods to the buyer
   ▸ when the goods are placed at the disposal of the buyer,
   ▸ cleared for import,
   ▸ on the arriving means of transport,
   ▸ ready for unloading,
   ▸ at the named place of destination or at the agreed point within that place, if any such point is agreed.

   The seller bears all risks involved in bringing the goods to the named place of destination or to the agreed point within that place. In this Incoterms rule, therefore, delivery and arrival at destination are the same.

■ 사용자를 위한 설명문
1. **인도와 위험** – "관세지급인도"는 다음과 같이 된 때 매도인이 매수인에게 물품을 인도하는 것을 말한다.
   ▸ 물품이 지정목적지에서 또는 지정목적지 내의 어떠한 지점이 합의된 경우에는 그러한 지점에서
   ▸ 수입통관 후
   ▸ 도착운송수단에 실어둔 채
   ▸ 양하준비된 상태로
   ▸ 매수인의 처분하에 놓인 때.

   매도인은 물품을 지정목적지까지 또는 지정목적지 내의 합의된 지점까지 가져가는데 수반되는 모든 위험을 부담한다. 따라서 본 인코텀즈규칙에서 인도와 목적지의 도착은 같은 것이다.

2. **A note of caution to sellers : maximum responsibility** - DDP, with delivery happening at destination *and* with the seller being responsible for the payment of import duty and applicable taxes is the Incoterms rule imposing on the seller the maximum level of obligation of all eleven Incoterms rules. From the seller's perspective, therefore, the rule should be used with care for different reasons as set out in paragraph.

3. **Export/Import clearance** - DDP requires the seller to clear the goods for export, where applicable, as well as for import and to pay any import duty or to carry out any customs formalities. Thus if the seller is unable to obtain import clearance and would rather leave that side of things in the buyer's hands in the country of import, then the seller should consider choosing DAP or DPU, under which rules delivery still happens at destination, but with import clearance being left to the buyer. There may be tax implications and this tax may not be recoverable from the buyer.

2. **매도인을 위한 유의사항 : 최대책임** – DDP에서는 인도가 도착지에서 일어나고 매도인이 수입관세와 해당되는 세금의 납부책임을 지므로 DDP는 11개의 모든 인코텀즈 규칙 중에서 매도인에게 최고 수준의 의무를 부과하는 규칙이다. 따라서 매도인의 관점에서 본 규칙은 아래의 단락에서 보는 바와 같이 여러 가지 이유로 조심스럽게 사용하여야 한다.

3. **수출/수입통관** – DDP에서는 해당되는 경우에 매도인이 물품의 수출통관 및 수입통관을 하여야 하고 또한 수

입관세를 납부하거나 모든 통관절차를 수행하여야 한다. 따라서 매도인은 수입통관을 완료할 수 없어서 차라리 이러한 부분을 수입국에 있는 매수인의 손에 맡기고자 하는 경우에 인도는 여전히 목적지에서 일어나지만 수입통관은 매수인이 하도록 되어 있는 DAP나 DPU를 선택하는 것을 고려하여야 한다. 세금 문제가 개재될 수 있는데 이러한 세금은 매수인으로부터 상환받을 수 없다.

㉠ DAP + 매도인은 **수입관세 및 어떠한 부가가치세나 기타 세금 지급의 의무 부담**
㉡ 지정목적지에서 물품을 운송수단에서 양하하지 않은 상태로 매수인의 임의 처분에 둘 때 매도인의 위험과 비용이 종료
㉢ EXW조건이 매도인의 최소의무조건인 반면에 DDP조건은 매도인의 최대의무조건이다.
㉣ 적용 예
- Unit Price : USD100 /pc DDP Tiroma's warehouse, Chicago, USA
  - 매도인이 미국 시카고 소재 티로마사의 보세창고까지 비용과 관세를 부담하는 조건으로 대당 100달러. 통관 시의 제 비용과 관세는 매도인이 부담하지만 **통관 시 납세의무자는 매수인이다! 또한 수입국내에서 수입허가를 취득해야 하는 경우에도 이는 매도인의 부담이다.**

▶ Check Point
● DDP조건에서의 납세의무자

DDP조건에서 수입통관의 의무는 매도인에게 있지만 납세의무자는 매수인 또는 매수인의 대리인이다. 우리나라 관세법에서는「그 물품을 수입한 화주」를 원칙적인 납세의무자로 규정하고 있기 때문이다.
매도인은 운송서류뿐만 아니라 매수인이 현지에서 물품을 인수하는데 필요한 인도지시서(D/O), 기타 요구 서류 일체를 제공해야 한다. 즉 매수인이 원하는 지점까지(매수인의 구내, 창고 등) 모든 수출입과 운송, 관세 등을 포함해서 일괄처리하여 물품을 인도해주는 조건이다. 따라서 DDP조건의 경우 매도인은 이 모든 것을 자신을 대신하여 수입국에서 처리해 줄 수 있는 포워더(운송중개인)를 선택하게 된다. 실무적으로 관세 등은 수입국의 포워더가 매수인에게 대납을 하고 이 비용을 매도인에게 청구하는 방식을 취한다.

제5장 인코텀즈
(Incoterms 2020)-Ⅱ

01 해상운송과 내수로운송에 적용되는 규칙

(1) 선측인도(Free Alongside Ship, FAS)

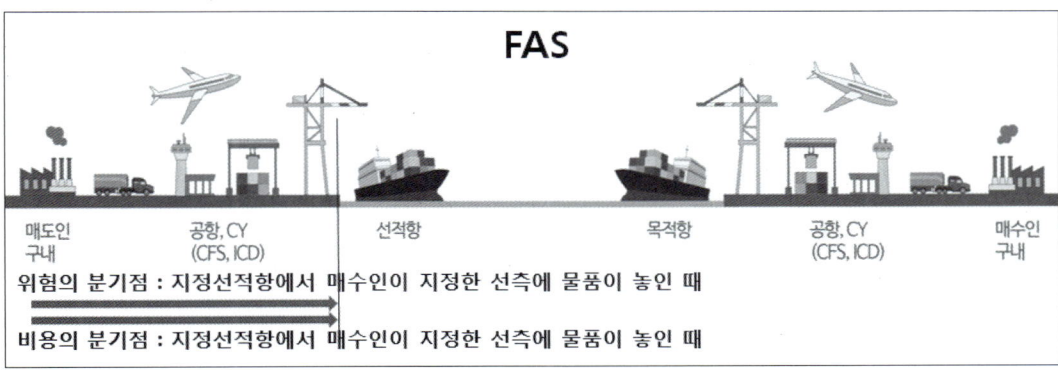

[그림 1-9] FAS조건의 흐름

■ **EXPLANATION NOTES FOR USERS**

1. **Delivery and risk** - "Free Alongside Ship" means that the seller delivers the goods to the buyer
   ► when the goods are placed alongside the ship(e.g.on a quay or a barge),
   ► nominated by the buyer,
   ► at the named port of shipment
   ► or when the seller procures goods already so delivered.

   The risk of loss of or damage to the goods transfers when the goods are alongside the ship, and the buyer bears all costs from that moment onwards.

 ■ 사용자를 위한 설명문
1. **인도와 위험** – "선측인도"는 다음과 같이 된 때 매도인이 매수인에게 물품을 인도하는 것을 의미한다.
   ► 지정선적항에서
   ► 매수인이 지정한 선박의
   ► 선측에 (예컨대 부두 또는 바지(barge)에) 물품이 놓인 때
   ► 또는 이미 그렇게 인도된 물품을 조달한 때

   물품의 멸실 또는 훼손의 위험은 물품이 선측이 놓인 때 이전하고, 매수인은 그 순간부터 향후의 모든 비용을 부담한다.

2. **Mode of transport** - This rule is to be used only for sea or inland waterway transport where the parties intend to deliver the goods by placing the goods alongside a vessel. Thus, the FAS rule is not appropriate where goods are handed over to the carrier before they are alongside the vessel, for example where goods are handed over to a carrier at a container terminal. Where this is the case, parties should consider using the FCA rule rather than the FAS rule.

3. **Identifying the loading point precisely** - The parties are well advised to specify as clearly as possible the loading point at the named port of shipment where the goods are to be transferred from the quay or barge to the ship, as the costs and risks to that point are for the account of the seller and these costs and associated handling charge may vary according to the practice of the port.

4. **Export/import clearance** - FAS requires the seller to clear the goods for export, where applicable. However, the seller has no obligation to clear the goods for import or for transit through third countries, to pay any import duty or to carry out any import customs formalities.

2. 운송방식 – 본 규칙은 당사자들이 물품을 선측에 둠으로써 인도하기로 하는 해상운송이나 내수로운송에만 사용되어야 한다. 따라서 FAS 규칙은 물품이 선측에 놓이기 전에 운송인에게 교부되는 경우, 예컨대 물품이 컨테이너터미널에서 운송인에게 교부되는 경우에는 적절하지 않다. 이러한 경우에 FAS 규칙 대신에 FCA 규칙을 사용하는 것을 고려하여야 한다.

3. 정확한 적재지점 지정 – 당사자들은 지정선적항에서 물품이 부두나 바지(barge)로부터 선박으로 이동하는 적재지점을 가급적 명확하게 명시하는 것이 좋다. 그 지점까지의 비용과 위험은 매도인이 부담하고, 이러한 비용과 그와 관련된 처리비용(handling charges)은 항구의 관행에 따라 다르기 때문이다.

4. 수출/수입통관 – FAS에서는 해당되는 경우에 매도인이 물품의 수출통관을 하여야 한다. 그러나 매도인은 물품의 수입을 위한 또는 제3국 통과를 위한 통관을 하거나 수입관세를 납부하거나 수입통관절차를 수행할 의무가 없다.

㉠ 매도인은 항구까지의 내륙운송비와 선측까지의 부두이용료를 부담해야 한다.
㉡ 선측에서 본선에 적재되는 선적비용과 이후의 비용은 매수인의 부담이다.
㉢ 지정선적항에서 본선의 선측에 물품을 인도할 때 매도인의 위험과 비용 부담이 종료된다.
㉣ 산적화물(bulk cargo)에 많이 쓰임.
㉤ 물품이 컨테이너에 적입된 경우에는 FAS조건이 아니라 FCA조건의 사용이 바람직하다.
㉥ 적용예

■Unit Price : USD100 per ton FAS Busan New Port pier 2, Busan, Korea
– 매도인이 한국의 부산신항 제2부두에서 매수인이 지정한 본선의 선측에 물품을 놓아 둘 때의 비용까지를 부담하는 조건으로 톤당 100달러

(2) 본선인도(Free On Board, FOB)

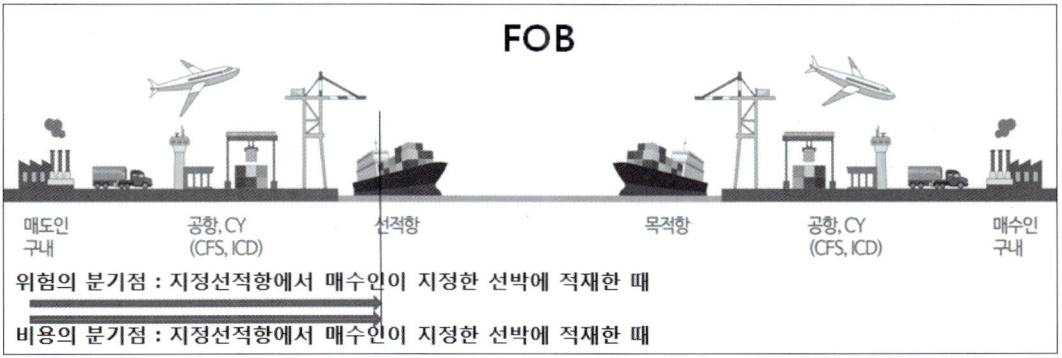

[그림 1-10] FOB조건의 흐름

■ EXPLANATION NOTES FOR USERS

1. **Delivery and risk** - "Free on Board" means that the seller delivers the goods to the buyer
   - on board the vessel
   - nominated by the buyer,
   - at the named port of shipment
   - or procures goods already so delivered.

   The risk of loss of or damage to the goods transfers when the goods are on board the vessel, and the buyer bears all costs from that moment onwards.

■ 사용자를 위한 설명문
1. **인도와 위험** – "본선인도"는 매도인이 다음과 같이 물품을 매수인에게 인도하는 것을 의미한다.
   - 지정선적항에서
   - 매수인이 지정한
   - 선박에 적재함
   - 또는 이미 그렇게 인도된 물품을 조달함.

   물품의 멸실 또는 훼손의 위험은 물품이 선박에 적재된 때 이전하고, 매수인은 그 순간부터 향후의 모든 비용을 부담한다.

2. **Mode of transport** - This rule is to be used only for sea or inland waterway transport where the parties intend to deliver the goods by placing the goods on board a vessel. Thus, the FOB rules is not appropriate where goods are handed over to the carrier before they are on board the vessel, for example where goods are handed over to a carrier at a container terminal. Where this is the case, parties should consider using the FCA rule rather than the FOB rule.

3. **Export/import clearance** - FOB requires the seller to clear the goods for export, where applicable. However, the seller has no obligation to clear the goods for import or for transit through third countries, to pay any import duty or to carry out any import customs formalities.

2. **운송방식** – 본 규칙은 당사자들이 물품을 선박에 적재함으로써 인도하기로 하는 해상운송이나 내수로운송에만 사용되어야 한다. 따라서 FOB 규칙은 물품이 선박에 적재되기 전에 운송인에게 교부되는 경우, 예컨대 물품이 컨테이너터미널에서 운송인에게 교부되는 경우에는 적절하지 않다. 이러한 경우에 당사자들은 FOB 규칙 대신에 FCA 규칙을 사용하는 것을 고려하여야 한다.

3. **수출/수입통관** – FOB에서는 해당되는 경우에 매도인이 물품의 수출통관을 하여야 한다. 그러나 매도인은 물품의 수입을 위한 또는 제3국 통과를 위한 통관을 하거나 수입관세를 납부하거나 수입통관절차를 수행할 의무가 없다.

㉠ 실무적으로 CIF조건과 함께 가장 많이 쓰이는 조건이다. 지정선적항에서 매수인이 지정한 선박의 갑판(on board)에 물품을 인도할 때 매도인의 물품에 대한 위험과 비용의무가 종료된다.

㉡ 물품이 본선의 갑판에 적재된 이후의 위험과 목적항까지의 운임 및 추가 비용은 모두 매수인의 부담이다.

㉢ 선박의 지정(nomination of vessel)과 운송계약 체결권은 매수인에게 있다.

㉣ 매도인의 인도의무(즉 위험의 종료)는 물품이 본선의 난간을 통과할 때(passing ship's rail)가 아니라 **본선 상의 갑판에 적재된 때**(on board the vessel)로 규정되어 있음을 유의할 것.

㉤ 적용 예
■ Unit Price : USD100 /pc FOB Busan Port, Korea
– 매도인이 한국의 부산항에서 매도인의 비용 부담으로 본선의 갑판 상에 물품을 적재하는 조건으로 대당 100달러. 매도인이 수출통관을 해야 하고 본선의 갑판 상에 물품을 선적한 이후의 위험과 비용은 매수인의 부담이다.

> **Check Point**
> ● FOB 조건에서의 stowage charges(적부비)
> FOB조건에서 매도인은 shipping charges(선적비; 화물을 선측까지 운반하는 비용) 및 loading charges(적화비; 선측까지 옮겨진 화물을 배에 적재하는 비용)를 부담한다. 그러나 stowage charges(적부비)는 매수인의 부담이다. stowage charges는 본선의 선창(배의창고: hold, hatch)내에서 물품을 정리, 정돈(leveling, trimming)하고 선적 작업을 하는 비용을 말한다.

(3) 운임포함인도(Cost and Freight, CFR)

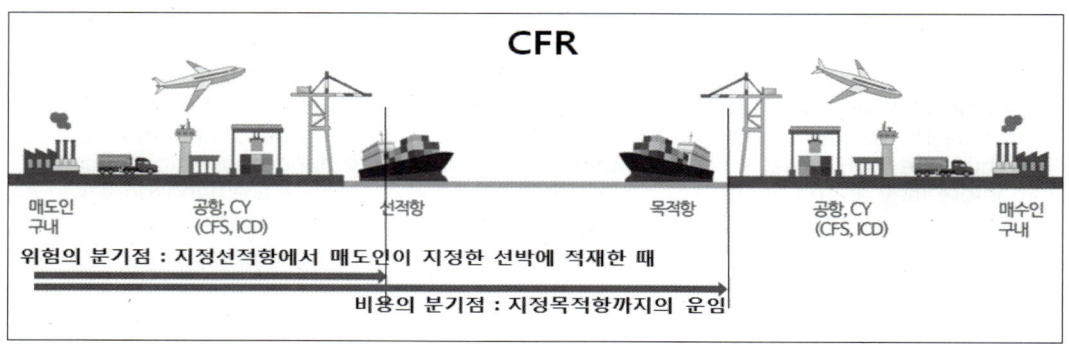

[그림 1-11] CFR조건의 흐름

■ EXPLANATION NOTES FOR USERS

1. **Delivery and risk** - "Cost and Freight" means that the seller delivers the goods to the buyer
   ▶ on board the vessel
   ▶ or procures goods already so delivered.

   The risk of loss of or damage to the goods transfers when the goods are on board the vessel, such that the seller is taken to have performed its obligation to deliver the goods whether or not the goods actually arrive at their destination in sound condition, in the stated quantity or, indeed, at all. In CFR, the seller owes no obligation to the buyer to purchase insurance cover: the buyer would be well-advised therefore to purchase some cover for itself.

■ 사용자를 위한 설명문
1. **인도와 위험** – "운임포함인도"는 매도인이 물품을 매수인에게 다음과 같이 인도되는 것을 의미한다.
   ▶ 선박에 적재함
   ▶ 또는 이미 그렇게 인도된 물품을 조달함.

   물품의 멸실 또는 훼손의 위험은 물품이 선박에 적재된 때 이전하고, 그에 따라 매도인은 명시된 수량의 물품이 실제로 목적지에 양호한 상태로 도착하는지를 불문하고 또는 사실 물품이 전혀 도착하지 않더라도 그의 물품인도의무를 이행한 것으로 된다. CFR에서 매도인은 매수인에 대하여 부보의무가 없다. 따라서 매수인은 스스로 부보하는 것이 좋다.

2. **Mode of transport** - This rule is to be used only for sea or inland waterway transport. Where more than one mode of transport is to be used, which will commonly be the case where goods are handed over to a carrier at a container terminal, the appropriate rule to use is CPT rather than CFR.

3. *Port* **of delivery and destination** - In CFR, two ports are important : the port where the goods are delivered on board the vessel and the port agreed as the destination of the goods. Risk transfers from seller to buyer when the goods are delivered to the buyer by placing them on board the vessel at the shipment port or by procuring the goods already so delivered. However, the seller must contract for the carriage of the goods from delivery to the agreed destination.

4. **Must the shipment port be named?** - While the contract will always specify a destination port, it might not specify the port of shipment, which is where risk transfers to the buyer. If the shipment port is of particular interest to the buyer, as it may be, for example, where the buyer wishes to ascertain that the freight element of the price is reasonable, the parties are well advised to identify it as precisely as possible in the contract.

5. **Identifying the destination point at the discharge port** - The parties are well advised to identify as precisely as possible the point at the named port of destination, as the costs to that point are for the account of the seller. The seller must make a contract or contracts of carriage that cover(s) the transit of the goods from delivery to the named port or to the agreed point within that port where such a point has been agreed in the contract of sale.

2. **운송방식** – 본 규칙은 해상운송이나 내수로운송에만 사용되어야 한다. 물품이 컨테이너터미널에서 운송인에게 교부되는 경우에 일반적으로 그러하듯이 둘 이상의 운송방식이 사용되는 경우에 사용하기 적절한 규칙은 CFR이 아니라 CPT이다.

3. **인도항과 목적항** – CFR에서는 두 항구가 중요하다. 물품이 선박에 적재되어 인도되는 항구와 물품의 목적항으로 합의된 항구가 그것이다. 위험은 물품이 선적항에서 선박에 적재됨으로써 또는 이미 그렇게 인도된 물품을 조달함으로써 매수인에게 인도된 때 매도인으로부터 매수인에게 이전한다. 그러나 매도인은 물품을 인도지부터 합의된 목적지까지 운송하는 계약을 체결하여야 한다.

4. **선적항은 반드시 지정되어야 하는가?** – 계약에서 항상 목적항을 명시할 것이지만, 위험이 매수인에게 이전하는 장소인 선적항은 명시하지 않을 수도 있다. 예컨대 매수인이 매매대금에서 운임요소가 합리적인지 확인하고자 하는 경우에 그러하듯이 선적항이 특히 매수인의 관심사항인 경우에 당사자들은 선적항을 가급적 정확하게 특정하는 것이 좋다.

5. **양륙항 내 목적지점 지정** – 당사자들은 지정목적항 내의 지점을 가급적 정확하게 지정하는 것이 좋다. 그 지점까지 비용을 매도인이 부담하기 때문이다. 매도인은 물품을 인도지로부터 지정목적항까지 또는 그 지정목적항 내의 지점으로서 매매계약에서 합의된 지점까지 물품을 운송하는 단일 또는 복수의 계약의 체결하여야 한다.

6. **Unloading Costs** - If the seller incurs costs under its contract of carriage related to unloading at the specified point at the port of destination, the seller is not entitled to recover such costs separately from the buyer unless otherwise agreed between the parties

7. **Export/import clearance** - CFR requires the seller to clear the goods for export, where applicable. However, the seller has no obligation to clear the goods for import or for transit through third countries, to pay any import duty or to carry out any import customs formalities.

6. **양하비용** – 매도인은 자신의 운송계약상 목적항 내의 명시된 지점에서 양하에 관하여 비용이 발생한 경우에 당사자간에 달리 합의되지 않은 한 그러한 비용을 매수인으로부터 상환받을 권리가 없다.

7. **수출/수입통관** – CFR에서는 해당되는 경우에 매도인이 물품의 수출통관을 하여야 한다. 그러나 매도인은 물품의 수입을 위한 또는 제3국 통과를 위한 통관을 하거나 수입관세를 납부하거나 수입통관절차를 수행할 의무가 없다.

㉠ FOB + 지정목적항까지의 운임을 매도인이 부담하여야 한다.
㉡ 실무적으로 'C&F'라고도 쓰이지만 정확한 용어는 아니다.
㉢ 매도인은 수출통관하고 목적항까지의 운임(비용)을 부담해야 한다.
㉣ 매도인의 위험은 선적항에서 본선의 갑판 상에 물품이 인도될 때 종료되고, 목적항까지의 운임을 부담한다. 따라서 위험과 비용의 분기점이 서로 다르다.
㉤ 매도인은 해상운송 계약을 체결하고 통상의 운송서류를 지체 없이 매수인에게 제공하여야 한다.
㉥ CFR조건을 복합운송으로 변경할 때는 CPT 조건으로 대체할 수 있다.
㉦ 적용 예

■Unit Price : USD100 /pc CFR Singapore
- 매도인이 싱가포르항까지 운임을 부담하는 조건으로 대당 100달러.

(4) 운임·보험료포함인도(Cost Insurance and Freight, CIF)

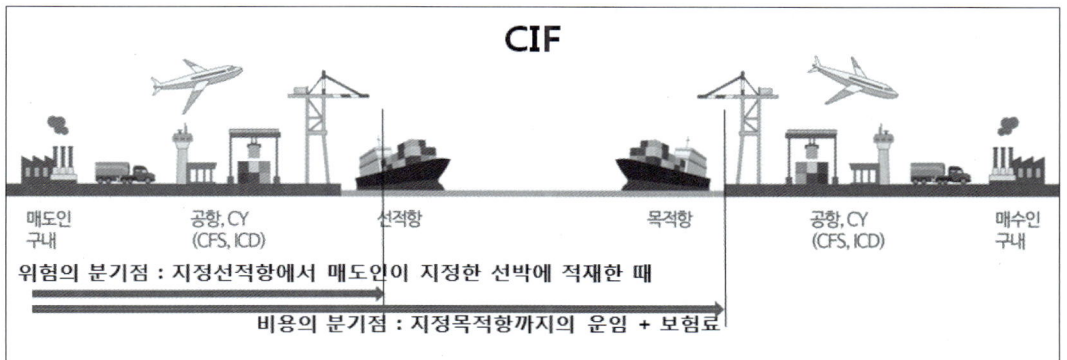

[그림 1-12] CIF조건의 흐름

매도인이 매수인의 위험에 대하여 보험계약을 체결해야 한다는 규칙을 제외하고는 CFR과 모든 규칙이 동일하다.

■ EXPLANATION NOTES FOR USERS

1. **Delivery and risk** - "Cost Insurance and Freight" means that the seller delivers the goods to the buyer
   ▶ on board the vessel
   ▶ or procures goods already so delivered.

The risk of loss of or damage to the goods transfer when the goods are on board the vessel, such that the seller is taken to have performed its obligation to deliver the goods whether or not the goods actually arrive at their destination in sound condition, in the stated quantity or , indeed, at all

2. **Mode of transport** - This rule is to be used only for sea or inland waterway transport. Where more than one mode of transport is to be used, which will commonly be the case where goods are handed over to a carrier at a container terminal, the appropriate rule to use is CIP rather than CIF.

 ■ 사용자를 위한 설명문
1. **인도와 위험** – "운임포함인도"는 매도인이 물품을 매수인에게 다음과 같이 인도되는 것을 의미한다.
   ▶ 선박에 적재함
   ▶ 또는 이미 그렇게 인도된 물품을 조달함.

   물품의 멸실 또는 훼손의 위험은 물품이 선박에 적재된 때 이전하고, 그에 따라 매도인은 명시된 수량의 물품이 실제 목적지에 양호한 상태로 도착하는지를 불문하고 또는 사실 물품이 전혀 도착하지 않더라도 그의 물품인도의무를 이행한 것으로 본다.

2. **운송방식** - 본 규칙은 해상운송이나 내수로운송에만 사용되어야 한다. 물품이 컨테이너미널에서 운송인에게 교부되는 경우에 일반적으로 그러하듯이 둘 이상의 운송방식이 사용되는 경우에 사용하기 적절한 규칙은 CIF가 아니라 CIP이다.

3. **Insurance** - The seller must also contract for insurance cover against the buyer's risk of loss of or damage to the goods from the port of shipment to at least the port of destination. This may cause difficulty where the destination country requires insurance cover to be purchased locally : in this case the parties should consider selling and buying under CFR. The buyer should also note that under the CIF Incoterms 2020 rules the seller is required to obtain limited insurance cover complying within **Institute Cargo Clause (C) or similar clause**, rather than with the more extensive cover under Institute Cargo Clause (A). It is, however, still open to the parties to agree on a higher level of cover.

3. **보험** – 매도인은 또한 선적항부터 적어도 목적항까지 매수인의 물품의 멸실 또는 훼손 위험에 대하여 보험계약을 체결하여야 한다. 이는 목적지 국가가 자국의 보험자에게 부보하도록 요구하는 경우에는 어려움을 야기할 수 있다. 이러한 경우에 당사자들은 CFR로 매매하는 것을 고려하여야 한다. 또한 매수인은 인코텀즈 2020 CIF 하에서 매도인은 협회적하약관의 A-약관에 의한 보다 광범위한 담보조건이 아니라 **협회적하약관의 C-약관**이다 그와 유사한 약관에 따른 제한적인 담보조건으로 부보하여야 한다는 것을 유의하여야 한다. 그러나 당사자들은 여전히 더 높은 수준의 담보조건으로 부보하기로 합의할 수 있다.

㉠ CFR + 매도인이 해상보험계약을 체결하고 보험료도 부담
㉡ CIF 조건에서 당사자 간에 보험계약 조건에 관한 아무런 약정이 없다면 ICC(C) 조건 또는 ICC(F.P.A) 조건으로 매도인이 부보하는 것이 원칙이다(통상 Invoice 금액의 110%로 부보). **보험의 통화는 매매계약의 통화와 같아야 한다.**
㉢ 보험계약을 체결할 때는 보험계약자와 피보험자가 모두 매도인으로 동일하다. 그러나 선적 후 매도인은 보험증권에 배서하여 보험금 청구 권리를 매수인에게 양도하므로 피보험자는 매수인으로 바뀐다.
㉣ 보험손해가 발생 시 선적 전의 손해는 매도인에게 보상 청구 권리가 있고 선적 후에 발생한 보험손해의 청구 권리는 매수인에게 있다.
㉤ CIF 계약에 관하여 당사자 간의 권리와 의무를 다루고 있는 규칙은 Warsaw -Oxford Rule 이다.
㉥ CIF조건을 복합운송으로 변경할 때는 CIP 조건으로 대체할 수 있다.
㉦ 적용 예

   Unit Price : USD100 /pc CIF New York Port, USA
   - 매도인이 뉴욕항까지 운임과 보험료를 부담하는 조건으로 대당 100달러

- **Offer Sheet 또는 매매계약서 체결 시 인코텀즈 조항 표시법**(한국에서 외국으로 물품인도 시)
  항상 매도인의 비용분기점을 기준으로 조건을 표시하여야 한다.
  [예시]
  - 인천공항 인도조건 개당 100달러
    Unit Price : USD100/pc FCA INCHON Airport(매도인은 인천공항에서 인도)
  - 부산항 본선인도조건으로 개당 100 달러
    Unit Price : USD100/pc FOB Busan Port(매도인은 물품의 본선인도까지만 부담)
  - 홍콩항 도착 운임 및 보험료포함 인도조건으로 개당 100달러
    Unit Price : USD100/pc CIF Hong Kong Port(매도인은 목적항까지 운임, 보험료 부담)

- **Bonded Warehouse Transaction(BWT ; 보세창고 인도조건)**

  수입항의 부두에 양륙된 수입화물을 수입절차 및 수입통관 절차를 취하지 않은 채 일단 수입항 부두에 있는 보세창고에 입고(入庫)시킨 다음, 이 보세창고에서 매수인에게 인도할 때까지의 모든 비용과 위험을 매도인이 부담한다. 인도기일이 단기인 범용성 원자재나 선용품의 거래에 많이 활용된다. 우리나라에서 BWT조건으로 수출을 하고자 하는 자는 파나마 또는 로테르담에 있는 보세창고CTS (Central Terminal Station)를 통하여 수출하는 경우로서 그 지역에 자기의 지점·출장소 또는 대리점을 설치한 경우에 한한다. 사전에 매매계약을 체결하지 않은 채 물품을 수입국 내의 보세창고에 무환으로 입고한 후 현지에서 매매계약이 성립되어 판매하는 방식의 거래이므로 위탁판매무역과 유사한 개념이다. 즉, 매수인을 결정하지 않고 일단 물건을 수입국 내의 보세창고에 입고한 후 매수인을 정하는 것이다. 따라서 보세창고인도조건의 경우는 실제 선적일자가 계약체결 날짜보다 훨씬 앞서기 때문에 "Stale B/L acceptable"이라는 문구를 신용장에 기입하여야 한다.

- **Incoterms2020에서 CIF와 CIP에서의 보험서류**

  인코텀즈2020에서는 매도인은 매수인에게 보험증권 또는 기타 보험 부보 증거를 제공해야 한다고 규정하고있다. 명확한 보험서류의 규정이 없으므로 개별보험이나 포괄보험 모두 상관없으며, 확정보험이든 예정보험이든 모두 가능하다. 따라서 보험의 부보서류로서 보험증권(insurance policy)이든 보험증명서(insurance certificate) 이든 상관없다.

02 매매당사자의 구체적 의무

(1) 매매당사자의 일반적 의무

매도인의 일반적 의무는 계약에 합치하는 물품을 제공할 의무이고, 매수인의 일반적 의무는 물품대금의 지급이다. 주요 의무 및 규정은 다음과 같다.

① 당사자들이 합의하거나 관습으로 되어 있는 경우, 종이서류 또는 전자적 방식으로 제공될 수 있다.

② 매도인의 물품 및 서류 인도 의무

매도인이 매수인에게 제공하여야 하는 것은 매매계약에 합치하는 물품, 상업송장, 계약에서 요구되고 있는 경우에는 물품이 계약에 합치하고 있다는 취지의 증거 등 3가지이다.

기타 일치의 증거서류에는 포장명세서, 용적·중량증명서, 품질증명서 등이 있을 수 있다.

③ 매매당사자 간의 의무를 각각 대칭하여 구분

모든 정형거래조건에 대하여 매매당사자의 상대방에 대한 의무를 각각 10개 항목(A항에는 매도인의 의무, B항에는 매수인의 의무를 표시)으로 대칭되게 규정하고 있다.

(2) 수출입 허가의 취득 및 통관절차의 수행 의무

수출통관은 EXW조건을 제외하고는 모두 매도인이 이행하고, 수입통관은 DDP조건을 제외하고는 모두 매수인이 이행해야 한다. EXW조건에서는 수출통관 조차도 매수인이 하여야 한다.

> **Check Point**
> ● 선적 전 검사(Cost of Pre - Shipment Inspection)
> 매수인은 자신의 이익을 위하여 이루어지는 선적 전 검사에 소요되는 비용은 매도인에게 지급하여야 한다. 그러나 물품의 수출과 관련하여 해당 국가 또는 국제규칙 등에서 시행되는 강행규칙에 의해 이루어지는 검사 비용은 매도인이 지급한다. 다만 EXW조건의 경우에는 수출국 당국이 요구하는 검사를 포함한 모든 검사 비용을 매수인이 부담하여야 한다. EXW조건에서는 수출허가의 취득, 수출통관절차의 수행 등 모든 수출업무가 매수인의 책임이기 때문이다.

(3) 운송 및 보험계약 체결 의무

① 매도인이 운송계약을 체결하고 목적지까지 운임 및 일체의 비용을 부담해야 하는 조건들
  CPT, CIP, DAP, DPU, DDP, CFR, CIF

② 매수인이 운송계약을 체결하고 목적지까지 운임 및 일체의 비용을 부담해야 하는 조건들
  EXW, FCA, FAS, FOB

③ 매도인이 매수인의 위험을 위하여 보험계약을 체결해야 하는 조건들
  인코텀즈2020에서 **매도인의 부보의무로 규정하고 있는 것은 11개 조건 중 CIP, CIF 뿐이다.** EXW와 F그룹, CFR, CPT조건의 보험은 매수인이, D그룹 조건은 매도인이 부보한다. 그러나 이 조건은 각각 자신의 이익을 위해서 부보하는 것이지 인코텀즈상 의무조건은 아니다.

④ 보험계약 체결 비용
  CIF와 CIP를 제외하고 매수인이 보험과 관련된 정보를 요청하는 경우, 매도인은 **매수인의 위험과 비용 부담으로** 매수인이 보험계약을 체결하는데 필요한 정보를 제공해 주어야 한다.

⑤ CIF와 CIP 간 부보수준의 차별
  CIF : 최소담보조건인 ICC(C)또는 ICC(FPA)로 보험계약 체결

CIP : 최대담보조건인 ICC(A) 또는 ICC(A/R)로 보험계약 체결
당사자가 합의하는 경우 CIF는 매수인의 비용으로 더 높은 담보약관으로 부보할 수 있으며 CIP는 당사자 합의에 따라 더 낮은 담보약관으로 부보할 수도 있다.

⑥ FCA조건에서 본선적재표기 선하증권 발행 가능

FCA조건의 경우 수취선하증권(Received B/L)이 발행되므로 선적식 선하증권을 요구하는 신용장 방식에서는 은행에서 수리거절되어 불편을 초래할 수 있다. 이의 해소를 위해 당 사자들이 합의한 경우 매수인은 자신의 위험과 비용으로 운송인에게 본선적재표기가 있는 운송서류를 매도인에게 발행하도록 발행을 지시하여야 한다.

⑦ FCA와 D그룹에서 매수인 또는 매도인 자신이 자신의 운송수단 이용 가능

물품이 매도인으로부터 매수인에게 운송되어야 하는 경우에 제3자 운송인(third-party carrier)이나 제3자 운송인의 개입없이 자신들이 직접 자신의 운송수단을 이용하여 운송할 수도 있다.

(4) 위험과 비용의 이전 시기

① 운송인에게 물품을 인도할 때 위험이 종료되는 조건들

FCA, CPT, CIP : FCA는 매수인이 지정한 운송인에게, CPT, CIP조건은 매도인이 지정한 운송인 또는 제3자에게 인도된 때

② 운송수단에서 양하하여 매수인의 임의 처분에 맡길 때 위험이 종료되는 조건

인코텀즈2020의 11개 조건 중 **매도인이 운송수단에서 물품을 양하하여 매수인의 임의 처분에 맡길 때 위험이 종료되는 조건은 DPU 뿐이다.**

③ 본선의 갑판 상(on board)에 물품이 인도될 때 매도인의 위험이 종료되는 조건들

FOB, CFR, CIF

④ 위험과 비용의 분기점이 서로 다른 조건들

하기의 조건을 제외하곤 모두 매도인의 위험과 비용의 분기점은 일치한다.

가. CFR/ CIF : 매도인의 위험은 본선의 갑판 상에 물품이 인도될 때 종료되지만 운임은 목적항까지 부담하여야 하므로 위험과 비용의 분기점이 서로 다르다.

나. CPT/ CIP : 매도인의 위험은 합의된 장소에서 매도인 자신이 지명한 운송인 또는 제3자에게 수출통관을 필한 물품을 인도한 때에 위험이 종료된다. 그러나 지정목적지까지의 운송비를 부담해야 하므로 위험과 비용의 분기점이 서로 다르다.

⑤ 별도의 양하 비용에 대한 부담 주체

매도인이 운송수단으로부터 물품을 양하할 의무가 없는 조건에서 매도인이 운송계약상 양하비용을 부담한 경우 당사자 사이에 별도의 합의가 없으면 매도인은 이러한 비용을 매수인으로부터 회수할 구상권리가 없다. 즉, 매도인의 양하의무가 없는데도 별도 합의 없이 매도인이 양하한다면 여기서 발생한 비용은 매수인에게 청구할 수 없다.

(5) 기타 조건

① 선적지 인도조건과 양륙지 인도조건

선적지 인도조건에서는 위험부담과 비용부담의 분기점이 서로 일치하지 않는 조건이 있지만, 양륙지 인도조건에서는 모두 일치한다.

가. 선적지 인도조건 : E, F, C조건은 모두 선적지 인도조건으로서 매도인의 인도의무는 선적지(수출지)에서 종료된다.

나. 양륙지 인도조건 : D조건은 모두 양륙지 인도조건으로서 매도인의 인도의무는 양륙지의 지정목적지까지 연장된다.

② 복합운송조건과 해상 및 내수로 운송조건(sea and inland waterway transport)

가. 복합운송조건 : EXW, FCA, CPT, CIP, DAP, DPU, DDP의 7가지

나. 해상 및 내수로 운송조건 : FAS, FOB, CFR, CIF의 4가지

(6) 기타사항

① 수출업자에게 가장 적은 부담 조건은 EXW 이고 가장 많은 부담 조건은 DDP이다.

② 매도인의 최소의무 부담에서 최대의무 부담 순으로 표시하면 E → F → C → D 이다.

③ 운임후불과 운임선불의 표기

구 분	거래조건
Freight Collect (운임후불)	EXW, FCA, FAS, FOB 계약의 경우
Freight Prepaid (운임선불)	C, D 조건 계약의 경우

④ 해상운송조건을 복합운송조건으로 바꾸었을 때 이용하기 적합한 조건

  FAS, FOB → FCA,   CFR → CPT,   CIF → CIP

● THC(Terminal Handling Charge ; 터미널취급수수료)

C조건의 경우 매도인은 합의된 목적지까지 물품을 운송하기 위한 수배를 하고 운송계약을 체결해야 한다. 이때 운임(또는 운송비)은 매도인이 지불하지만 이 운임은 통상 가격에 포함되어 있으므로 실상은 매수인이 지급하는 것과 같다. 그런데 이 운임에는 종종 항구나 컨테이너 터미널 시설 내에서의 물품취급비용이 이미 포함되어 있음에도 운송인 또는 터미널 운영자는 이들 취급비용을 물품을 인수하는 매수인에게 청구하는 경우가 있다. 통상적으로 정기선 운임(Liner Terms)에는 양하비가 포함되어 있다. 이 경우 매수인은 동일한 서

비스에 대하여 이중으로 취급 비용을 부담하게 되는 불합리한 일이 발생하게 된다. 이를 방지코자 매수인은 THC의 운임포함 여부를 확인하는 것이 좋다.

(7) 인코텀즈2020 요약

	위험이전(A)	비용이전(B)	수출입통관의 의무
EXW (Ex Work) 공장 인도조건	매도인의 구내에서 매수인의 임의 처분 상태로 인도하였을 때	매도인은 A(위험이전)까지의 제비용 부담	수출입통관 및 승인 : 매수인
FCA (Free Carrier) 운송인 인도조건	매도인이 자신의 구내 또는 기타 지정장소에서 매수인이 지정한 운송인이나 제3자에게 수출통관된 물품을 인도한 때	매도인은 A(위험이전)까지의 제비용 부담	수출통관 : 매도인 수입통관 : 매수인
CPT (Carriage Paid To) 운송비지급 인도조건	합의된 장소에서 매도인 자신이 지정한 운송인이나 제3자에게 인도한 때	매도인은 FCA조건 + 지정 목적지까지의 운송비 부담	상동
CIP (Carriage & Insurance Paid) 운송바보험료 지급 인도조건	상동	매도인은 CPT조건 + 지정 목적지까지의 적하보험료 부담	상동
DAP (Delivered At Place) 도착장소 인도조건	지정목적지에서 도착 운송수단에 실린 채 양하 준비된 상태로 매수인의 처분하에 놓이는 때	매도인은 A(위험이전)까지의 제비용 부담	상동
DPU (Delivered At Place Unloaded) 도착지양하 인도조건	도착운송수단으로부터 양하된 상태로 지정목적항이나 지정목적지의 터미널에서 매수인의 처분하에 놓이는 때	매도인은 A(위험이전)까지의 제비용 부담	상동
DDP (Delivered Duty Paid) 관세지급 인도조건	수입통관된 물품이 지정목적지에서 도착 운송수단에 실린 채 양하 준비된 상태로 매수인의 처분 하에 놓이는 때	DAP + 수입관세 및 내국세	수출입통관 및 승인 : 매도인
FAS (Free Alongside Ship) 선측인도조건	물품이 지정선적항의 부두에 또는 부선으로 본선의 선측에 인도하였을 때	매도인은 A(위험이전)까지의 모든 비용 부담	수출통관 : 매도인 수입통관 : 매수인
FOB (Free On Board) 본선인도조건	물품이 지정선적항에서 본선에 적재되었을 때	매도인은 A(위험이전)까지의 모든 비용 부담	상동

	위험이전(A)	비용이전(B)	수출입통관의 의무
CFR R(Cost & Freight) 운임포함인도조건	상동	FOB + 목적항까지의 운임 + 정기선의 경우 양하비 부담	상동
CIF (Cost, Insurance & Freight) 운임보험료포함인도조건	상동	CFR + 보험료 + 정기선의 경우 양하비 부담	상동

(8) 인코텀즈2010과 인코텀즈2020의 개정사항 비교

구분	인코텀즈 2010	인코텀즈 2020
규칙의 개정	DAT	DAT를 삭제하고 DPU로 명칭 변경
보험계약 수준 차별화	CIF와 CIP 모두 최소담보약관인 ICC(C) 또는 ICC(FPA)로 보험계약 체결	CIF : ICC(C) 또는 ICC(FPA) CIP : ICC(A) 또는 ICC(A/R)
당사자 직접 운송 허용	규정 없음	FCA와 D그룹에서 매수인 또는 매도인 자신의 운송수단을 이용한 직접 운송 허용
FCA 규칙의 운송서류	본선적재 선하증권에 대한 규정 없음	본선적재표기 선하증권 발행 가능
사용자를 위한 설명문 명칭	사용지침 (Guidance Note)	사용자를 위한 설명문 (Explanatory Notes for Users)
조달	해상운송에서만 조달(procurement)가능	전제 규칙에 모두 조달 적용 가능

 오답노트

1. FCA조건이 항공운송에 쓰이는 경우에는 출발공항에서 물품이 항공기에 적재된 때가 위험의 분기점이다.(x)
   → FCA조건은 항공운송이든 해상운송이든 위험과 비용의 분기점은 매수인이 지정한 운송인 또는 그 밖의 당사자에게 물품이 인도될 때이다. 따라서 공항의 항공화물운송대리점에 물품을 인도하였을 때 위험은 종료된다.
2. DAP조건에서 매도인은 매수인의 손해를 위해 부보하므로 보험금 지급청구권은 매수인에게 귀속된다.(x)
   → DAP조건에서 매도인은 자신의 비용으로 보험을 부보하고 해상손해가 발생 시 지급청구권도 매도인 자신에게 귀속된다.(D조건은 모두 보험의 계약자와 피보험자가 같다.)
3. CIF 조건에서 보험의 계약자와 피보험자는 매수인으로 모두 동일하다.(x)
   → CIF조건의 경우 매도인은 매수인을 위하여 보험계약을 체결한다. 이때 보험계약자와 피보험자는 매도인이 되지만 보험증권을 배서하여 피보험 이익을 매수인에게 권리이전 한다. 따라서 최종적으로 보험계약자와 피보험자가 다르게 된다.
4. CIF가격조건에서 매수인은 수출지에서 필요한 수출통관절차를 수행해야 한다.(x)
   → "C" 가격조건에서는 매도인이 수출지에서 필요한 수출통관절차를 수행해야 한다.

5. FOB조건에서 선내 선적작업비용인 적부비는 매도인 부담이다. (x)
   → FOB조건에서 선적이 완료된 이후의 선내작업비용은 매수인의 부담이다.
6. 모든 형태의 운송에 적용할 수 있는 정형거래조건은 CFR, CPT이다. (x)
   → 복합운송에 사용할 수 없는 거래조건은 해상운송조건인 FAS, FOB, CIF, CFR의 4가지이다.
7. 매매당사자의 임의대로 인코텀즈를 변형하거나 추가하는 것은 엄격히 제한된다.(x)
   → 인코텀즈는 비엔나협약과 마찬가지로 당사자의 합의에 따라 얼마든지 변형하거나 추가할 수 있는 임의규정이다.
8. 「CIF New York」조건에서 신용장조건에 별도의 규정이 없는 경우 매도인은 협회적하약관 ICC(C) 조건으로 CIF 계약금액의 120%를 부보하여야 한다.(x)
   → CIF조건에서 신용장에서 보험부보에 관한 별도규정이 없는 경우에는 매도인은 ICC(C)약관 또는 ICC(FPA) 약관으로 송장금액의 110%를 부보하여야 한다. 단 CIP의 경우 매도인은 ICC(A)약관 또는 ICC(A/R) 약관으로 부보해야 한다.
9. 인코텀즈 규칙은 운송계약이나 보험계약 체결의 당사자, 물품의 인도시기와 장소 및 이에 따른 비용부담자 등을 규정하고 있기 때문에 인코텀즈 규칙은 그 자체로 매매 계약을 완벽하게 해 주는 기능을 하고 있다. (x)
   → 인코텀즈는 가격에 대한 정형조건을 다루고 있으므로 매매계약의 일부분만을 다루고 있다. 매매계약은 가격조건뿐만 아니라 매매계약상의 의무 및 구제, 클레임의 제기, 인도시기, 품질조건 등을 명확히 규정하는 것이 중요하다.
10. 인코텀즈2020의 CIF규칙에서 매수인의 요청이 있는 경우 매도인은 자신의 비용으로 ICC(A)조건이나 (B)조건 등의 추가보험을 제공하여야 한다.(X)
    → CIF규칙에서 매도인은 매수인의 위험에 대비하여 보험계약을 체결해야 하는데, ICC(C) 또는 ICC(FPA) 약관에 송장 금액의 110%로 부보해야 한다.
11. FOB규칙에서 매수인은 자신의 비용으로 운송계약을 체결하여야 하고, 매도인을 위하여 보험계약을 체결하여야 한다.(x)
    → FOB규칙에서 선적항의 본선에 적재된 이후의 운송비는 매수인의 부담이므로 매수인이 운송계약을 체결하여야 한다. 매도인의 위험도 본선적재 시까지이므로 이후의 위험은 매수인에게로 이전되므로 매수인은 자신을 위하여 보험 계약을 체결해야 한다.

제6장 무역대금의 결제

무역거래의 대금결제는 물품인도 또는 서류제공에 대한 매수인의 지급기를 기준으로 선지급, 동시지급, 후지급으로 분류된다. 대외무역결제에 사용되는 모든 통화거래는 환관리와 외환유입·유출에 대한 국가적인 통계관리를 위하여 반드시 외국환은행을 통하여 이루어져야 한다.

01 선지급방식(Payment in Advance)

(1) 선지급방식의 의의

수입상의 물품주문 시 수출상은 수출대금을 미리 받고 물품은 일정기간 내에 선적하여 주는 것으로, 수출상에게 유리한 결제방식이다. 이 방식은 수출상이 대금을 받고 선적을 해주지 않으면 심한 경우 매수인은 선지불한 금액을 회수할 수 없게 될 우려가 있으므로 수출상이 신뢰할 만한 경우가 아니면 물품선적에 대한 담보가 보장되지 않기 때문에 소액거래에만 제한적으로 사용하는 것이 좋다. 대표적인 것이 **주문 시 지급 방식(Cash With Order : CWO)**이다.

(2) 선송금방식

CWO방식은 수입상이 주문서와 함께 대금지급을 하는 방식이므로 이는 선지급방식에 해당되는 것이다. 이때 가장 많이 사용되는 지급방식이 선송금방식(Advanced T/T Payment ; T/T = telegraphic transfer)이다. 물품의 선적 전 수입상이 은행에 송금을 의뢰하여 수출상에게 결제하는 방식이다. T/T 방식은 절차가 가장 간편하여 선지급, 후지급 방식 등의 무역결제뿐만 아니라 일반적인 외화송금에서 가장 많이 쓰인다. 신용장의 UCP, 추심의 URC(추심에 관한 통일규칙) 등과는 달리 **송금방식을 규제하는 국제규범은 아직 없다.**

02 동시지급방식(Concurrent Payment)

(1) 현물인도지급방식(Cash On Delivery : COD)

수출품목이 목적지에 도착되면 수입상이 물품을 검사한 다음 수출대금을 지급하고 물품을 인수하는 대금결제방법을 말한다. 수입상의 입장에선 수입대금의 결제 전에 물품검사를 하여 수출대금의 지급여부를 결정할 수 있는 이점이 있다. 금, 다이아몬드 등의 거래에 사용된다.

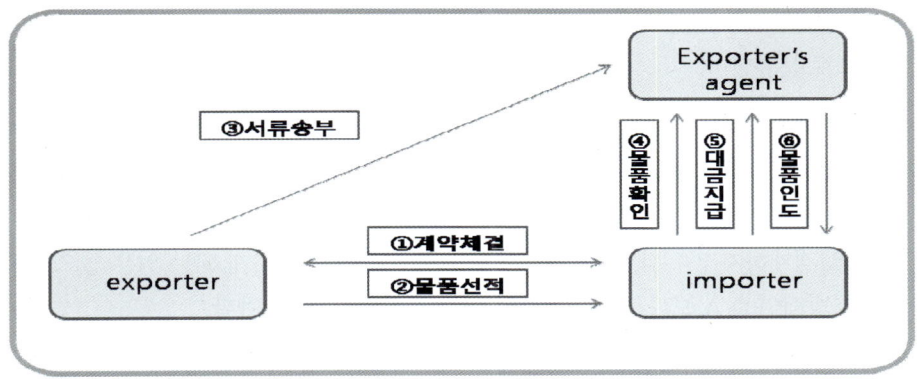

[그림 6-1] COD 방식의 흐름

(2) 서류상환지급방식(Cash Against Documents : CAD)

수출상이 물품선적 후 선적서류를 수입상이나 수입상의 대리인(대리인이 없는 경우 은행)에게 제시하여 수출대금을 받고 선적서류를 인도하는 방식으로서 **D/P의 유럽방식**이라고도 불리며 D/P와는 달리 환어음이 개설되지 않는다.

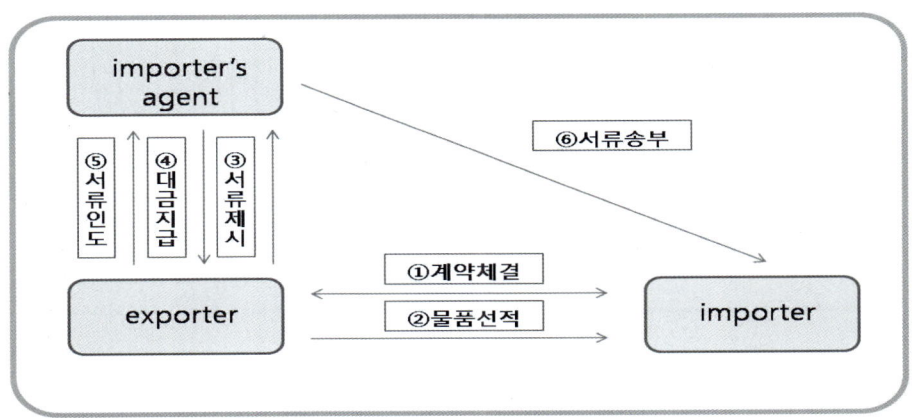

[그림 6-2] CAD 방식의 흐름

(3) 서류지급인도조건(Documents Against Payment : D/P) - 추심방식

① 거래의 절차

수출상이 수입상과의 매매계약에 따라 물품을 선적하고 구비된 서류에 일람출급환어음(draft

at sight; sight draft)를 발행, 첨부하여 자신의 거래은행인 추심의뢰은행을 통하여 수입상 거래은행인 추심은행 앞으로 그 어음대금을 추심의뢰하면 추심의뢰를 받은 추심은행은 수입상에게 어음을 제시하여 그 어음금액의 일람지급(서류가 제시되면 바로 결제를 하는 것)을 받고 서류를 인도하는 거래방식을 말한다. 선적서류와 상환으로 대금을 지급받게 되므로 동시지급방식으로 분류한다.

② 신용위험의 발생

수출자는 수입업자가 대금을 결제할 때까지의 모든 위험을 부담하지만 추심은행은 수입자가 수입대금을 결제하지 않으면 선적서류(B/L)를 인도하지 않는다. 따라서 최악의 경우 수입업자가 대금을 결제하지 않는다 하더라도 최악의 경우 물건을 떼이게 되는 일은 없으므로 후술하는 후지급방식인 D/A 보다는 상대적으로 더 안전하다 할 수 있겠다.

③ 추심의뢰서(Collection Order)

추심거래에서 추심의뢰서에 D/A 나 D/P등의 명시적인 언급이 없거나 불명확한 경우에는 D/P로 간주한다(추심에 관한 통일규칙; URC). 추심의뢰서(Collection Order)란 추심의뢰은행이 추심은행에 추심을 행해 줄 것을 위탁하는 서류를 말한다.

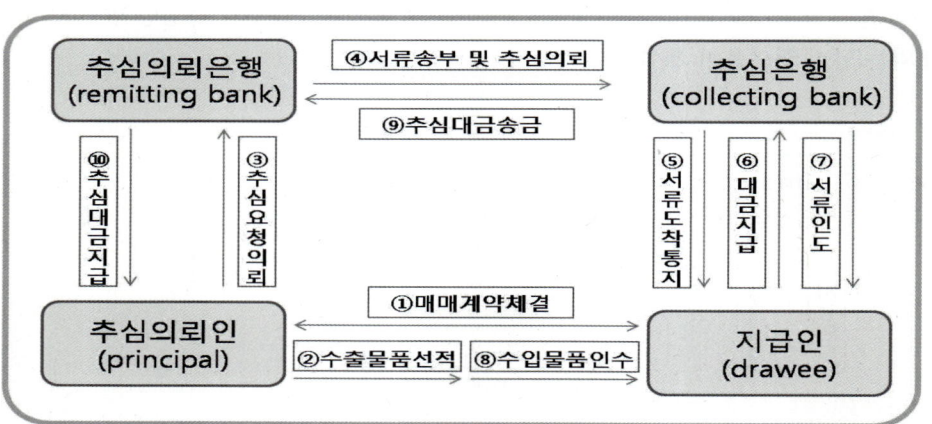

[그림 6-3] D/P 방식의 흐름

● 추심결제방식

추심결제방식은 은행의 지급확약 없이 오직 수입상의 신용만을 믿고 매매계약서를 근거로 하여 대금을 0 추심하는 방식이다. 즉 대금지급에 대한 아무런 보증이 없이 물품을 먼저 수입상에게 보내고 추후 대금을 지급받거나, 물품인도와 상환하여 선적서류를 인도하는 방식을 말한다. D/A의 경우 순수 외상거래 방식이므로 매수인의 신용을 절대적으로 요구한다. 이 방식은 은행의 지급보증 없이 단순히 매매당사자 간의 계약에 의거하여 수출상이 상품을 선적한 후 관련서류를 첨부한 화환어음을 은행을 경유하여 수입상에게 제시하면 수입상은 그 어음에 대하여 지급을 하거나 인수하여 약정기일에 결제를 하게 된다. 이러한 추심결제방식에는 D/P(Documents against Payment)와 D/A(Documents against Acceptance)가 있다.

● D/P at sight 와 D/P Usance(기한부 D/P)

환어음 및 서류를 받은 추심은행이 대금을 받고 수입자에게 즉시 이를 인도하는 것을 D/P at sight 라 한다. 반면에 수입지의 추심은행이 Usance 기간 동안 서류를 보관하다가 일정기간 경과 후(예를 들면 B/L 발행일로부터 30일이 되는 날 : D/P at 30days after B/L date) 어음대금의 지급을 받음과 동시에 서류를 수입자에게 인도하는 것을 D/P Usance 라 한다. 예처럼 기간이 정해지고 B/L의 발행일이 8월 10일이라면 9월 9일에 서류를 인도하게 된다. 물품의 운송거리가 길어서 물품보다 서류가 먼저 도착하는 경우 물품의 인도 시기와 결제 시기가 차이가 많이 나게 된다. 이런 불일치에 따라 수입상이 자금 활용을 효율적으로 하기 위하여 이용된다.

03 후지급방식(Deferred Payment)

(1) 사후송금방식

선적이 행해진 후 매매계약서에 정해진 시기에 수입상이 수출상에게 송금함으로써 대금을 지급하는 방법이다. 선지급과 반대로 수입상이 물건을 받은 후 대금을 지불하지 않게 되면 수출상은 대금 회수 불능의 위험에 처하게 되므로 신용관계가 돈독한 거래 관계에서 이루어 질 수 있다. 이에 대한 안전대책으로 수출보험에 부보를 하여 피해를 경감할 수 있다. 사후송금의 지급 시기는 크게 다음과 같이 분류된다.
① 수입상이 수출상으로부터 선적통지를 받은 시점에 대금결제
② 물품이 도착하고 수입상이 이를 검수한 시점에 대금결제
③ 개월별 및 분할지급 등이 있을 수 있다.

(2) 어음인수서류인도방식(인수도조건; documents against acceptance : D/A)

① 거래의 절차

D/P 거래와 대금을 추심하는 경로는 같지만, 수출상이 기한부환어음(usance bill or time bill)을 발행하고 추심의뢰은행과 추심은행을 통하여 지급인인 수입상에게 제시될 때 수입상이 그 제시된 어음에 대한 지급없이(일람지급함이 없이) 인수만 함으로써 선적서류를 인도하는 조건의 결제방식을 말한다. 즉 수입상은 은행을 통하여 제시된 환어음에 대하여 정해진 만기에 환어음의 금액(수입대금)을 지급하겠다는 의사표시(이를 인수 ; acceptance라 함)를 환어음의 전면에 행한 후 **일단 선적서류를 먼저 입수한 후 만기일에 결제하는 방식**을 말한다.

② 신용위험의 발생

대금 지급 없이 선하증권을 수취하여 물품을 찾고 나중에 대금 결제를 하게 되므로 이는 외상거래와 마찬가지이다. D/A의 경우 신용도가 좋지 않은 수입상이 추후 만기일에 결제를 하지 않게 되면 수출대금을 회수할 수 없는 위험에 놓일 수 도 있고, D/P 의 경우에는 수입상이 결제대금이 부족하다 하여 물품의 인수를 거절하게 되면 수출상은 낭패에 빠지게 된다. 따라서 D/P, D/A 와 같은 추심거래 방식은 은행이 지급보증을 하는 신용장과는 달리 순전히 수입상의 신용에 의존하게 되므로 수출대금 회수의 위험성으로 인하여 예전에는 많이 사용되지 않았지만, 신용조사 기법의 발달, 본·지사간의 거래 증가, 대금 회수 불안정에 대한 안전장치로서 수출촉진을 위하여 시행되고 있는 수출보험 등의 국책보험에 부보함으로써 이러한 위험이 현저히 줄어들었다. 현재는 신용장 방식과 더불어 널리 사용되고 있는 결제방식이다.

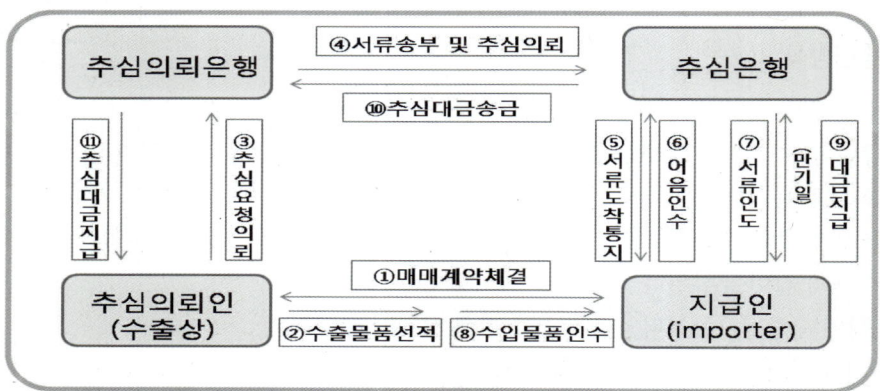

[그림 6-4] D/A방식의 흐름

● 추심관련 당사자의 정의
① **추심의뢰인**(principal)
물품을 선적한 후 수입자로부터 대금을 추심(회수)해 줄 것을 의뢰하는 자로서 수출상을 말한다.
② **추심은행**(collecting bank)
추심의뢰인이 요청한 추심의뢰서(collect order) 에 따라 지급인(drawee ; 수입상)에게 추심하여 대금을 송부해 오는 수입국의 은행을 말한다.
③ **추심의뢰은행**(remitting bank)
수출자인 추심의뢰인으로부터 추심을 지시(의뢰)받는 수출국의 은행을 말한다.
④ **제시은행**(presenting bank)
원래는 추심은행이 지급인에게 서류를 제시하여 추심을 행하지만, 지급인과 동 은행의 거래관계 등으로 직접 수입자에게 서류의 제시가 곤란한 경우 다른 은행으로 하여금 추심할 것을 의뢰하게 되는데, 이 역

할을 하는 은행을 말한다. 실무적으로는 조속한 추심을 위하여 추심은행이 지급인의 거래은행이 아닐 경우에는 대부분 추심은행을 지급인의 거래은행이 되도록 한다.

● **추심 전 매입**
우리나라는 수출업자의 자금 부담을 덜어주고 수출촉진을 위해 D/A·D/P 방식에 따른 수출 전 매입을 허용하고 있기 때문에 수출업자는 관련 선적서류를 추심의뢰은행에 제시할 때 수출대금을 회수할 수 있다. 수출보험에서는 수출업자가 발행한 환어음이 지급 거절되는 경우에 입을 수 있는 외국환은행의 손실을 보전해주기 때문에 외국환 은행도 D/A·D/P 방식에 따라 발행된 환어음을 적극적으로 매입해 주고 있다.

● **추심에 관한 통일규칙상(URC)의 이자 및 수수료(제20조), 통지(제26조)**

① **이자(interest)**
이자가 추심되어야 하는 경우 추심지시서에는 이자율, 이자 지급 기간 외에 계산 근거를 명시해야 하며, 추심지시서상에 이자가 포기될 수 없음을 명시하였고, 지급인이 이자 지급을 거절하면 제시은행은 지급인에게 서류를 인도하지 아니할 수 있다.

② **수수료(charge) 및 비용(expense)**
추심지시서상에 수수료 또는 비용은 포기될 수 없음을 명시한 경우, 지급인이 이를 지급하지 아니하면 제시은행은 지급인에게 서류를 인도하지 아니하며, 수수료 또는 비용의 지급이 거절될 경우에 제시은행은 추심지시서를 송부한 은행에게 전신 또는 기타 신속한 수단으로 동 사실을 통지하여야 한다.
만일 수수료와 비용이 포기될 수 없는 경우, 추심은행(제시은행)은 이에 관한 분쟁이 해결될 때까지 서류를 인도하지 아니하며, 그 결과 서류인도상의 어떠한 지연에 대해서도 책임을 지지 아니한다.

③ **통지(Advices)**
추심의뢰은행은 추심은행에게 지급 통지, 인수 통지 및 지급 거절, 인수 거절 통지와 관련된 통지 방법을 추심은행에게 지시할 의무가 없다. 동 지시가 없는 경우 추심은행 자신이 선택한 방법으로 추심지시서를 송부한 은행의 부담으로 통지한다. 또한 추심은행(제시은행)은 지급 거절 또는 인수 거절을 통지한 후 그러한 사실을 추심의뢰은행으로부터 지시를 받지 못한 경우, 더 이상의 책임 없이 추심지시서를 송부한 은행으로 60일 이내에 반송할 수 있다.

④ **지급거절 및/또는 인수거절통지**(URC 제26조)
제시은행은 추심지시서를 송부한 은행에게 지급 거절 또는 인수 거절의 사유를 확인하기 위하여 노력하고 그 결과를 지체 없이 통지하여야 한다. 추심의뢰은행은 이러한 통지를 받는 대로 향후의 서류 취급에 대한 적절한 지시를 하여야 한다. 제시은행은 지급 거절 및/또는 인수 거절을 통지한 후 **60일 이내에** 이러한 지시를 받지 못한 경우에 서류는 제시은행 측에 더 이상의 책임 없이 추심지시서를 송부해온 은행으로 반송할 수 있다.

(3) 청산계정(Open Account)

① **O/A 방식의 의의**

전형적인 사후송금방식으로서 빈번하게 수출입 거래가 이루어지는 수출입 업자 간에 물품의 각 거래 건마다 결제하는 것이 아니라 일정한 정산기간(예컨대 30일에서 180일 동안)마다 대금을 청산하는 외상방식이다.

② O/A Nego

통상 O/A 거래라 할 때는 수출상이 거래은행과 수출대금채권에 대한 양수도 계약을 체결하고 아울러 수입상으로부터는 결제대금을 약정된 채권양수은행 계좌에 입금할 것을 승낙 받아 거래하는 결제방식을 말한다. 수출상은 물품을 선적하고 선하증권 등 선적서류를 직접 수입상에게 보낸 뒤 약정 은행에 선적서류 사본을 제출하고 수출대금을 미리 결제 받게 된다. 이를 O/A Nego 라 한다. 은행 측의 입장에서 볼 때는 여신(대출)행위이기 때문에 신용도가 아주 좋은 기업에 한해서 O/A Nego를 허용한다.

③ O/A 방식의 절차와 형식

가. 청산계정 방식에서는 수출상은 환어음을 발행하지 않으며 선적서류를 수출상이 수입상에게 직접 송부하고 이를 수출상은 채권으로, 수입상은 채무로 장부상에 기재하여 일정시점에서 서로 상계하고 차액만을 계산하기도 한다.

나. L/C거래 등에 비해 선적서류 취급에 따른 시간과 금융비용을 대폭 줄일 수 있는 장점이 있다.

다. 외상거래이므로 대금회수 불능의 위험이 있어서 주로 본지점 간의 거래, 모회사와 자회사 간의 거래에 이용되고 있다.

라. 은행은 대금송금을 위한 단순 창구에 불과하며, 다른 결제방식에 비하여 결제관련 수수료가 가장 낮다.

마. O/A Nego에서 적용되는 국제규칙은 URBPO(은행지급약정통일규칙)이다.

04 특수결제방식

(1) 국제팩토링방식

① 팩토링방식의 의의

팩토링(factoring)이란 판매자(client)가 구매자(customer)에게 물품이나 서비스를 제공함에 따라 발생하는 외상매출채권과 관련하여 팩토링 회사가 판매자를 대신하여 구매자에 관한 신용조사 및 신용위험의 인수(지급보증), 매출채권의 기일 관리 및 대금회수 금융의 제공, 기타 회계처리 등의 업무를 대행하는 금융서비스를 말한다. 기본적인 거래당사자는 수출상, 수입상, 수출상과 팩토링 약정계약을 맺은 수출팩터(export factor), 수입상과 팩토링 약정을 맺은 수입팩터(import factor)의 4자가 존재하게 된다.

② 팩토링의 절차

수출상은 팩토링 약정에 따라 외상으로 물품을 수출하고 송장 및 선적서류를 수출팩터에게 양도하고 전도금융(대금을 미리 받는 것)을 받게 된다. 수입상은 수입팩터의 신용을 바탕으로 물품을 외상으로 수입하고 만기일에 수입팩터에게 지급을 한다. 수출팩터는 수출상으로부터 양도받은 수출채권에 양도장(transfer letter)을 첨부하여 매출채권을 수입팩터에게 재양도함으로써 수입팩터에게 송부하고 대금회수를 요청하게 된다.

③ 팩토링 방식의 특징

가. 이 거래는 별도의 비용 없이 수입상의 신용상태를 수입팩터를 통하여 손쉽게 확인할 수 있으므로 새로운 신규 수입거래처를 개발할 때 특히 효용이 있다. D/A, D/P 거래와는 달리 대금 회수가 확실히 보장되며, 수입상에게 별도의 L/C 발행에 따른 금융 부담을 주지 않게 되어 외상거래 확대를 통한 적극적인 시장 확대를 기대할 수 있다.

나. 환어음이 발행되지 않고 수수료가 비싸다는 단점이 있다.

다. 국제팩토링은 기존의 신용장방식 및 추심방식에서 나타나는 장·단점을 보완한 무역거래 방식으로서 담보력이 부족한 중소기업을 중심으로 이용되고 있다.

라. 팩토링의 규범은 FCI(Factoring Chain International)의 규약을 따른다.

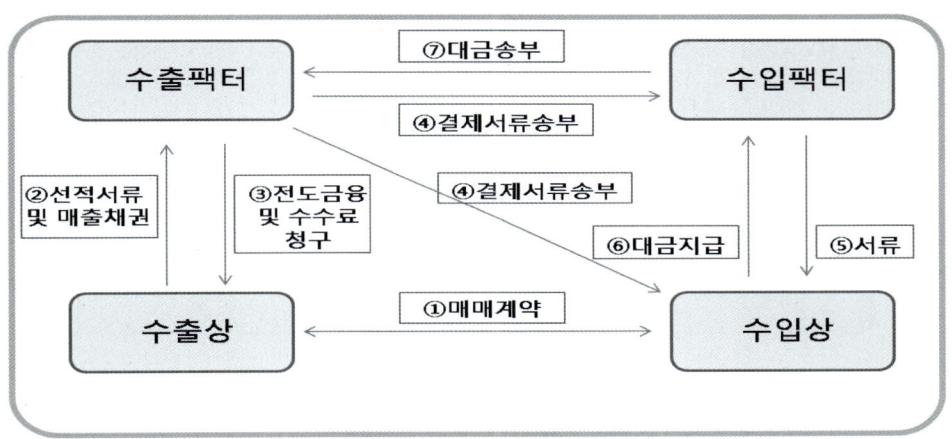

[그림 6-5] 팩토링방식의 흐름

(2) 국제팩토링의 이점

① 수출상

가. 수출대금의 회수를 수출팩터(export factor)가 보증하므로 신용거래에 따른 위험부담이 없다.

나. 무신용장 거래를 통하여 대외경쟁력 강화는 물론 신시장 개척에 용이하다.

다. 신용장 및 추심방식에 비해 실무절차가 간편하다. 그러나 **팩토링거래 시의 일체의 수수료는 전부 수출상이 부담하여야 하므로 신용장 거래보다 더 큰 수수료부담을 갖게 된다.**

라. 대금 회수 및 수출채권의 기일 관리 등 제반 회계업무의 부담에서 벗어나 생산 및 판매에만 전념함으로써 원가절감과 생산성 증대를 실현할 수 있다.

② 수입상

가. 수입팩터(import factor)가 지급보증을 함으로써 신용구매가 가능하다.

나. 수입보증금 예치에 따른 자금 부담이 없어진다.

다. 신용장발행에 따르는 수수료 등 비용부담이 없다.

라. 수입 결제자금의 부족 시 금융 수혜가 가능하다.

마. 수입팩터의 신용 한도 설정으로 계속 구매가 가능하다.

바. 수입팩터로부터 만기일 관리 등 회계 관리 서비스를 제공 받는다.

> **Check Point**
>
> ● **상환청구불능 팩토링(소구불능 팩토링)**
> 상환청구불능 팩토링이란 수출팩터가 거래처의 영업활동에서 발생한 채무자(수입상 또는 매수인)의 지급불능에도 불구하고 위험을 완전히 인수하는 것을 말한다. 즉 채무자로부터 대금회수를 못하더라도 수출팩터는 수출상에게 자신이 기지급한 어음에 대하여 대금반환을 요구할 수 없다. 그러나 수입상의 지급거절이 수출상의 계약이행상의 하자로 인하여 발생한 경우 수출팩터는 이에 대해서 책임을 지지 않고 상환을 청구할 수 있다.
>
> ● **상환청구가능 팩토링(소구가능 팩토링)**
> 상환청구가능 팩토링이란 수출팩터가 매입한 수출채권이 만기일에 채무자로부터 이행되지 않은 경우 수출상은 수출팩터에게 대금을 반환할 의무를 지게 된다. 따라서 수출상이 선지급금을 받은 경우에는 이를 수출팩터에게 반환하여야 하며 채권도 반환된다.

(3) 포페이팅방식(forfaiting)

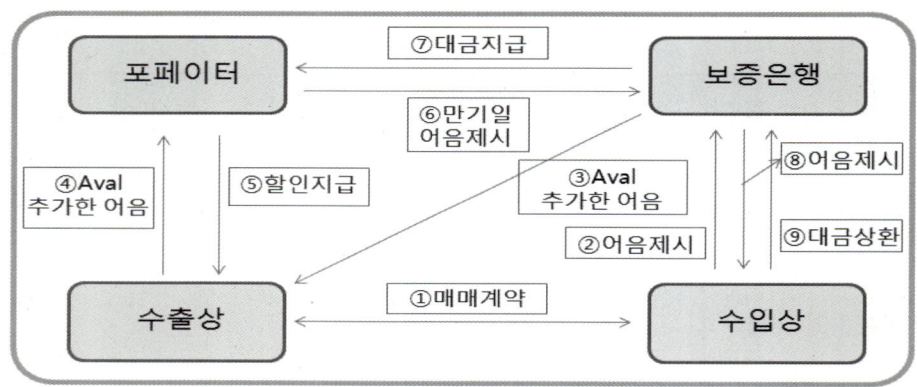

[그림 6-6] 포페이팅 방식의 흐름

① **포페이팅 방식의 의의**

포페이팅은 어음의 소지인이 현금을 대가로 미리 받고 환어음 또는 약속어음의 채권을 포페이터에게 양도하고 포페이터는 **이전의 어음소지인에게 소구함이 없이(without recourse) 고정이자율로 할인하는 금융기법**을 말한다. 이는 수입상이 추후 포페이터(대부분 은행이 겸임)에게 대금지급을 하지 않더라도 포페이터는 수출상에게 자신이 먼저 지급한 대금을 되돌려 달라고 하지 않는 조건으로(즉 소구함이 없이!) 어음을 매입하는 것을 말한다. 포페이터는 수출상에게 어음의 만기일까지에 해당하는 이자를 할인하여(공제하여) 지급하게 된다. 포페이팅의 관련 당사자는 수출업자, 수입업자, 수입업자의 거래은행(보증 은행), 포페이터(수출지 할인은행)이다.

② 포페이팅 방식의 비용 부담 주체
  가. 수입상의 부담 비용 : 보증료(guarantee fee)
  나. 수출상의 부담 비용 : 할인료(discount fee) 또는 이자율(rate of interest),
      약정수수료(commitment fee) 그리고 최종선택 기간료(option fee)

③ 포페이팅 결제의 특징
  가. 할인대상증권은 현재 **환어음과 약속어음에만 국한**하고 있다.
  나. 대상어음이 포페이터가 인정하는 일류기업의 어음이 아닌 경우에는 수입자의 은행지급보증이나 Aval을 요구하게 된다. Aval(Approval)은 포페이터가 안심하고 연불채권(어음)을 매입할 수 있도록 수입자를 위하여 보증은행 등이 발급하는 지급보증서를 말한다.
  다. 대상어음은 1~7년의 자본재 수출에 따른 연불수출어음이 대부분이다.
  라. 대상 어음은 고정금리로 할인 매입된다. 따라서 어음 매각자(수출자)는 수출상품의 인도에 대해서만 책임을 부담하며 금리 위험은 포페이터가 부담한다.

④ 포페이팅과 팩토링의 비교
  가. 포페이팅이 중장기금융임에 반해 **팩토링은 180일 이내의 단기금융(Short-term finance)** 이다.
  나. 국제팩토링은 통상 30만 달러 이내의 소액을 대상으로 하지만 포페이팅은 거래 규모가 크다.
  다. **팩토링은 수입상이 대금지급불능이면 수출팩터가 수출상에게 소구권을 행사할 수도 있지만 포페이팅은 소구권이 없다.** 따라서 포페이팅의 경우 수출상은 상환청구에 대한 의무를지지 않는다.
  라. 팩토링은 소구불능과 소구가능 방식 둘 다 가능하지만 포페이팅은 소구불능만 가능하다.

 오답노트

1. D/A거래에 비하여 D/P거래가 수출상에게 대금 회수의 위험성이 크다. (x)
   → D/A거래는 매수인에게 선적서류 인도 후 나중에 대금을 수취하는 완전외상방식이므로 수입자의 신용을 절대적으로 요구한다. 반면 D/P는 선적서류 인도 시 대금과 상환하므로 매수인이 대금지급을 안 할 경우엔 선적서류를 인도하지 않음으로써 D/A보다 물품대금 회수의 위험이 상대적으로 낮다.
2. 추심지시서에는 추심되어야 할 이자율을 명시할 필요는 없다. (x)
   → 추심지시서에는 이자율, 이자지급기간, 해당되는 경우 계산근거(예를 들면, 1년을 365일 또는 360일로 할 것인가)를 명확히 기재하여야 한다.
3. 팩토링은 상품의 제조업자가 구매업자에게 현금으로 상품을 판매한 경우에도 매출채권이 발생한다. (x)
   → 거래당사자가 현금으로 결제하여 채무관계가 종료되면 은행이나 팩토링 취급 금융기관의 개입여지가 없으므로 채권의무가 발행하지 않는다.
4. 팩토링에서 수출팩터는 수입업자에 대한 신용조사 업무는 대행하여 주지 않는다. (x)
   → 수출팩터는 수출상에게 수출대금의 회수를 보장하므로 자신의 안전을 위해서라도 수입업자에 대한 신용조사는 필수적이다.
5. 팩토링 대금결제는 수입팩터가 수입업자의 대금지급을 어떠한 경우에도 보증하기 때문에 안전한 거래가 된다. (x)

→ 수입상의 지급거절이 국제상거래 계약이행상의 하자로 인하여 발생한 경우에는 수입팩터가 지급을 거절하더라도 수출팩터는 이에 대해 책임을 지지 않는다.
6. 팩토링거래 시 수입자의 부담이 크므로 수출상은 수입상에게 신용장거래보다 유리한 조건을 제시하기 힘들다.(x)
→ 팩토링거래 시 수입상은 별도담보 없이 본인의 신용만으로 외상수입이 가능하므로 수출상은 수입상에게 신용장거래 보다 유리한 조건을 제시할 수 있게 되어 대외경쟁력을 확보할 수 있다.
7. 포페이팅은 소구가능포페이팅과 소구불능포페이팅의 두 가지로 이용될 수 있다.(x)
→ 포페이팅은 수출자에게 소구함이 없이 고정이자율로 할인하는 금융기법이므로 소구가능한 포페이팅은 없다.
8. 포페이팅은 주로 단기거래에 사용되고 팩토링은 거래규모가 크고 중장기 금융의 경우에 많이 사용된다.(x)
→ 팩토링은 단기금융인데 반하여 포페이팅은 최장 10년까지의 장기거래이며 거래규모가 크다.
9. 포페이팅거래에서는 환어음, 약속어음, 증권 또는 채권까지도 할인대상이다.(x)
→ 포페이팅거래에서는 환어음과 약속어음만을 그 할인대상으로 한다. 기타의 증권, 채권의 경우 그 취득에 관한 복잡한 법률적 문제로 인하여 분쟁가능성이 높고 해결이 어렵기 때문이다.
10. 송금방식(T/T)은 채권자인 수출상이 환어음과 함께 청구하고, 채무자인 수입상이 대금송금을 함으로써 결제가 이루어진다.(x)
→ 송금방식은 환어음이 발행되지 않으며, 채무자인 수입상이 채권자인 수출상에게 송금함으로써 결제가 이루어진다.
11. 추심은행은 화환추심과 관련된 물품의 보관이나 보험가입 등에 대하여 특별한 지시를 받은 경우 이에 따라야 한다.(x)
→ 추심은행은 화환추심과 관련된 물품의 보관이나 보험가입 등에 대하여 특별한 지시를 받은 경우 이에 따라야할 의무는 없다. 만약 추심은행이 물품의 보전을 위한 조치를 취하였더라도 그 결과에 대하여는 책임을지지 아니하며, 다만 그 조치 내용을 추심의뢰은행 앞으로 통지하여야 한다. 이러한 추심은행의 물품보전조치와 관련하여 발생하는 비용은 추심의뢰은행의 부담이다. [URC 552 제10조].
12. 추심은행은 접수된 서류가 추심지시서에 열거된 것과 외관상 일치하는가를 확인하는 것뿐만 아니라 서류의 내용에 대해서도 심사할 의무가 있다. (x)
→ 추심은행은 서류의 내용에 대해서는 심사할 의무가 없다. 추심지시서에 기재된 서류의 종류 및 통수가 맞는지의 여부만을 확인하고 접수된 대로 제시하면 된다. 그 외의 사항은 면책이다[URC 522 제12조]. 왜냐하면 추심은행은 신용장의 개설은행과 달리 최종적인 지급확약을 부담하지 않고 서류를 제시하는 역할만 하기 때문이다.
13. D/P Usance 와 D/A 방식은 기한부환어음(Usance Draft)이 발행된다는 공통점이 있다.(x)
→ D/P Usance 거래란 추심은행이 Usance 기간 동안 서류를 보관하다가 그 이후에 제시하여 대금의 지급과 상환으로 서류를 인도하는 방식의 거래를 말한다. D/P Usance 거래라 하더라도 이는 외상거래가 아니므로 기한부환어음이 발행되지는 않는다. D/P거래에서 서류도착즉시 수입상에게 이를 제시하면 D/P at sight 가 되고, 일정기간 경과 후 제시를 하게 되면 이를 D/P Usance 라 한다.
반면에 D/A 거래는 추심은행의 서류 제시에 대하여 수입상은 대금 결제 없이 환어음 및 선적서류를 인수하고 환어음의 만기일에 대금을 결제하게 되므로 외상거래가 되고 기한부 환어음이 발행된다.
14. D/A 방식에서 만기일까지의 이자는 대부분 수출가격과 별도로 청구된다.(x)
→ D/A 방식에서의 이자는 대부분 수출가격에 특정기간의 이자를 포함시킨다.
15. D/P 방식에서 수입자는 대금지급전에 물품의 품질을 검사할 수 있다는 장점이 있다.(x)
→ D/P 방식에서 수입자는 대금지급을 하고 선적서류를 인도받은 후에야 물품의 품질을 확인해 볼 수 있다.
반면에 D/A 거래에서 수입자는 대금지급 없이 선적서류를 인수하게 되므로 대금 지급 전에 물품을 수령하게 되어 품질에 대한 위험이 없다.
16. 포페이팅 거래의 대상은 신용장만을 대상으로 하고 있다.(x)
→ 포페이팅 거래의 대상은 Usance L/C 와 D/A 등이 될 수 있다.
17. Open Account 방식에서는 수입자가 선적서류를 인수하는 시점에서 수출채권(외상채권)이 성립한다.(x)
→ 청산계정(Open Account)방식의 경우 수출자는 선하증권을 발급받고 수입자에게 통보한 후 그 발행일을 장부에 기입할 때 수출채권(외상채권)이 성립한다.

제7장 신용장 (Letter of Credit) I

01 신용장의 이해

신용장이란 신용장 개설은행이 신용장에서 요구하고 있는 서류가 신용장의 제조건에 일치하고 또 그것이 약정된 기간 내에 제시되었을 때 **수익자인 수출상에게 대금지급을 확약한 은행의 조건부 지급확약**(conditional bank undertaking of payment)이다. 은행의 조건부지급확약이란 신용장에서 제시하고 있는 조건을 수익자(수출자)가 정확히 이행하면 신용장 개설은행이 지급을 확실히 보증하고 반대로 그러한 조건이 충실히 이행되지 않았다면 지급을 하지 않겠다는 의미이다. 따라서 완벽한 대금 결제를 보장받기 위해서는 수출자는 수출을 이행한 후 선적서류를 준비할 때 신용장의 조건과 엄격히 일치하는 서류를 준비해야 한다. 서류가 미비하면 개설은행으로부터 수리가 거절되어 대금 회수가 어려워 질 수 있다는 점을 명심하여 철저히 준비하여야 한다.

02 신용장의 발행절차

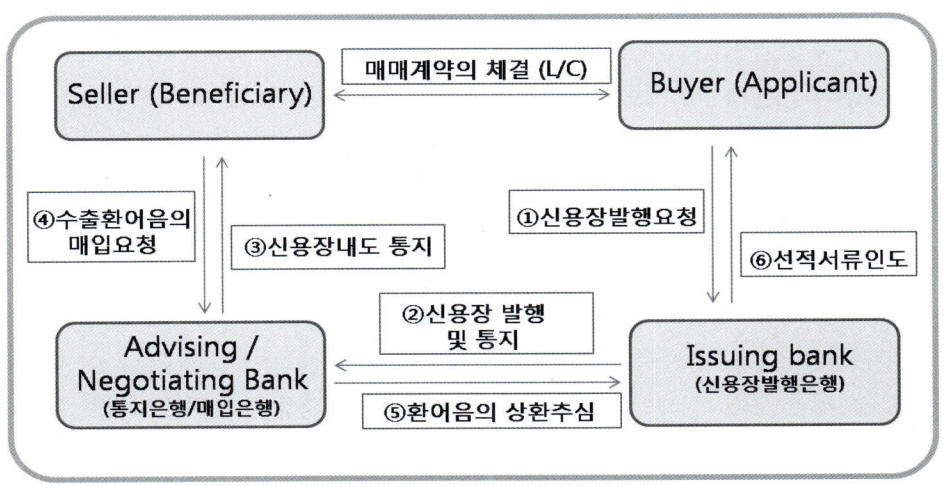

[그림 7-1] 신용장의 흐름

03 신용장의 이점

매매행위에 있어서 수출자와 수입자는 대금지급(payment)과 상품의 인도(delivery)에 있어서 상충되는 이해관계를 갖게 된다. 수입상은 상품을 미리 받아서 품질을 확인하고 대금을 지급하고 싶어 할 것이고, 수출자는 대금을 지급받고 물품을 수출하고자 하는 것은 당연하다 할 수 있겠다. 여기서 서로의 유리한 주장만 하게 되면 무역거래의 활성화에 악영향을 초래하므로 두 이해당사자 간의 주장을 절충하는 합리적인 거래가 될 수 있도록 공신력 있는 제3자인 은행을 개입시켜 대금 결제와 상품의 인도가 안전하게 이루어질 수 있도록 한 것이 신용장의 탄생 배경이다. 특히 이 방식은 추심방식이나 송금방식에 비하여 금융기능과 지급보증 기능을 갖고 있어 금융적 불편이나 신용위험을 대폭 감소시킬 수 있는 편리성과 유용성이 있기 때문에 현재 보편적으로 이용되고 있다.

(1) 수출상의 이점

① 신용장은 개설은행의 수출상에 대한 독립적인 지급약속이므로 수입상이 지급불능에 빠지거나 지급을 거절해도 대금 회수가 보장된다.
② 취소불능신용장이 발행된 후에는 수입상의 신용장의 취소 및 조건변경이 사실상 불가능하기 때문에 주문이 안정적으로 확보될 수 있다.

(2) 수입상의 이점

① 신용장이 조건대로 물품을 선적했다는 증빙서류(선하증권 등)가 반드시 있어야만 수출상은 결제를 요청할 수 있으므로 수출상의 신용위험이 상당히 제거된다.
② 신용장은 수출상에게 유리한 지급방식이므로 비신용장 방식에 비해 저렴한 가격이나 유리한 조건으로 매매계약을 체결할 수 있다.
③ 신용장의 수입물품대금을 수입어음 및 수입 관련 서류가 도착한 후에 지급하거나 일정 기간 경과후 결제할 수 있는 등 은행 측으로부터 금융적 수혜를 받을 수 있다.

(3) 물품공급자(Supplier)

Master L/C를 받은 수출상은 원재료, 부품 등을 협력업체로부터 납품을 받아 수출을 이행하게 되는 경우가 있을 수 있다. 물품공급자는 원수출상이 받은 신용장을 근거로 하여 내국신용장(Local L/C)을 받을 수 있으므로 대금 회수의 안전성을 확보하게 되고, 수출계약이 취소되어도 납품대금을 받을 수 있기 때문에 안심하고 제조, 생산에 임할 수 있게 한다.

04 거래기준에 따른 거래당사자의 명칭

무역거래의 진행단계와 절차에 따라 동일인을 다르게 호칭하는 경우가 있다. 영작문과 영문해석에 있어서 자주 출제되므로 단계별로 바뀌는 명칭을 잘 기억해 두자.

[표 7-1] 거래당사자의 명칭

	수 출 상	수 입 상
매매관계	매도인(seller)	매수인(buyer)
무역관계	수출업자(exporter)	수입업자(importer)
신용장 관계	수익자(beneficiary; **addressee**)	개설의뢰인(applicant, **addressor**)
선적관계	선적인; 화주(shipper), 송화인(consignor)	수하인/수취인(consignee)
어음관계	발행인(drawer)	지급인(drawee)
계정관계	**대금수취인(accounter, accreditee)**	**대금결제인(accountee, accreditor)**
지급관계	수취인(payee)	지불인(account party), 발행인(payer)

● **신용장과 보증의 차이**

보증이란 타인의 금전채무, 의무불이행 또는 불법적인 행위에 대해서 책임을 부담한다는 특별한 약속이다. 그러나 신용장에서 개설은행의 보증이라는 것은 매수인이 지급하지 않으면 신용장 개설은행이 지급의무를 부담한다는 조건부 의무는 아니다. 신용장 개설은행은 직접 또는 제1차적으로 수익자에 대해서 지급의무를 부담한다. 신용장상의 은행의 지급약속은 이 점에서 보증과는 근본적으로 다르다. 즉 신용장 개설의뢰인(수입상)이 대금을 지불하지 않을 경우에만 개설은행이 지급을 하겠다는 것이 아니고 개설의뢰인의 지급여부와는 상관없이 개설은행이 독립적으로 수익자(수출상)에게 조건부 지급보증을 하는 것을 의미한다.

05 신용장 방식의 거래 당사자

신용장 거래에서는 매입, 지급, 연지급, 양도, 할인 등 다양한 결제방법이 나올 수 있다. 이론적으로는 다양한 이름의 은행이 나타나지만 실질적으로는 하나의 은행이 동시에 여러 업무를 처리하게 되는 경우가 많다. 업무 처리의 다양성과 적용 단계 때문에 동일 은행을 다르게 호칭하게 되므로 각각 개별 은행이 따로 존재하는 것으로 무조건 이해하는 혼동이 없어야 한다.

(1) 신용장 수익자(beneficiary)

신용장에 의하여 수혜를 받을 권리가 있는 자(대부분 수출상을 말한다)로서 신용장이 지정하고 있는 자이다. 수익자는 거래관계에서는 수출상이지만, 수익자로서의 권리는 신용장에 일치하는 서류를 제시함으로써 가능하다.

Beneficiary means the party in whose favour a credit is issued.
수익자라 함은 그 자신을 수익자로 하여 신용장을 발행받는 당사자를 말한다.[UCP600 제2조]

(2) 확인은행(Confirming Bank)

개설은행으로부터 신용장을 확인할 것을 위임받은 은행을 말한다. 확인은행은 개설은행과 동일한 의무를 수익자에 대해서 부담하게 되고 그 의무는 개설은행의 파산 또는 개설은행이 신용장상의 채무를 이행할 수 없게 되었을 경우에도 이행하여야 한다. **확인은행은 일단 신용장에 자신의 확인(confirmation)을 추가하면 이를 취소 또는 철회할 수 없다.**

Confirming bank means the bank that adds its confirmation to a credit upon the issuing bank's authorization or request.
확인은행이라 함은 개설은행의 수권 또는 요청에 따라 신용장에 확인을 추가하는 은행을 말한다.[UCP600 제2조]

(3) 통지은행(Advising Bank)

개설은행으로부터 위임받은 신용장의 통지사무를 수익자에게 행하고 그 보수로서 통지수수료를 개설은행 또는 경우에 따라서 수익자로부터 받는 은행이다. 수출자의 요청에 따라 수입상이 개설은행에게 통지은행을 지정해 줄 것을 의뢰하지만 개설은행이 이에 따를 의무는 없다. 개설은행이 독자적으로 통지은행을 지정하여 통지 사무를 수권할 수도 있다.

Advising bank means the bank that advises the credit at the request of the issuing bank.
통지은행이라 함은 개설은행의 요청에 따라 신용장을 통지하는 은행을 말한다.[UCP600 제2조]

(4) 지정은행(Nominated Bank)

개설은행으로부터 지급, 인수 또는 매입을 행할 것을 수권받은 개설은행의 예치환거래 은행이다. 자유매입신용장의 경우 수익자가 임의로 매입은행을 선택할 수 있으므로 이때는 **수익자가 매입을 의뢰하는 은행은 모두 지정은행이 될 수 있다.**

Nominated bank means the bank with which the credit is available or any bank in the case of a credit available with any bank.
지정은행이라 함은 신용장이 사용될 수 있는 은행 또는 모든 은행에서 사용될 수 있는 신용장의 경우에는 모든 은행을 말한다.[UCP600 제2조]

(5) 상환은행(Reimbursing Bank)

상환은행이란 개설은행으로부터 위임(상환수권 ; R/A, Reimbursement Authorization)을 받아서 지급, 인수 또는 매입을 행한 은행으로부터의 상환청구에 응해서 개설은행을 대신하여 대금상환을 행하는 은행이다. 신용장 개설은행과 매입은행이 서로 무예치환거래은행(non deposit-correspondent bank)일 때 대금의 결제를 중개해 주는 역할을 하게 된다. 일명 결제은행(settling bank ;paying bank)이라고도 불린다. 상환은행은 보통 개설은행의 예치환거래은행(또는 개설은행의 해외지점)이며 통상 통지은행이 이를 겸한다.

(6) 양도은행(Transferring Bank)

먼저 신용장(Master L/C)을 수취한 제1수익자의 의뢰를 받아서 제2수익자에게 신용장을 양도하는 은행이다. 자유매입신용장인 경우에는 특정은행을 양도은행으로 지정한 후 이 은행을 통하여 양도하여야 한다.

> Transferring bank means a nominated bank that transfers the credit or, in a credit available with any bank, a bank that is specifically authorized by the issuing bank to transfer and that transfers the credit. **An issuing bank may be a transferring bank.**
> 양도은행은 신용장을 양도하는 지정은행 또는, 모든 은행에서 사용될 수 있는 신용장에 있어서, 개설은행에 의하여 양도하도록 특별히 수권되고 그 신용장을 양도하는 은행을 말한다. **개설은행은 양도은행일 수 있다.**[UCP600 제38조]

(7) 매입은행(Negotiating Bank)

신용장 조건에 의거하여 수출상이 선적서류를 제시할 경우 이를 매입하고 수출대금을 지급하는 수출지의 은행을 말한다. 여기서 매입(negotiation)이란 매입은행이 수출자(수익자)로부터 선적서류와 환어음을 양도받아 이에 대한 가액을 지급하는 은행의 상행위를 말한다. 매입은행은 수익자에게 선지급한 매입대금을 개설은행에게 추심을 하여 되돌려 받게 된다.

● **환거래계약 체결은행(correspondent bank)과 상환은행**

국제무역거래는 해외 국가를 상대로 이루어지는데, 외국환은행은 외국환업무의 편리와 은행 간 업무제휴를 위하여 외국의 특정 은행과 환거래 업무대행 계약을 약정하게 된다. 이것을 환거래계약(correspondent arrangement)이라 하며 크게 예치환거래은행(depositary)과 무예치환거래은행(non-depositary bank)으로 나뉜다. 예치환거래은행은 대금 결제의 원활을 위하여 상대방 거래 은행에 자기 은행 명의의 예치금계정(당좌계정; current account)를 개설하고 이 계정을 통하여 외화자금을 주고받을 수 있는 은행을 말한다. 실무적으론 코레스뱅크(Corres Bank)라고 부른다. 우리가 은행에서 자금을 인출, 예금, 결제할 때 구좌를 개설하여 이용하는 것처럼 은행 상호 간의 대금 교환 방식으로 이해하면 되겠다. 무예치환거래 은행은 이러한 당좌 예치금계정을 개설하지 않고 환송금이나 신용장의 통지 및 매입의 위탁, 추심의 위탁 등과 같은 일반적인 환거래만을 유지할 때 무예치환거래 은행이라 한다.

신용장에서 매입은행과 개설은행 사이에 환거래 계약이 체결되어 있지 않으면 자금의 중계가 곤란하므로 업무의 편리를 위하여 개설은행과 환거래 약정이 체결되어 있는 상환은행이 개입을 하는 것이다.

● **특정은행의 해외지점의 예시[UCP600 제3조]**

Branches of a bank in different countries are considered to be separate banks.
다른 국가에 있는 어떤 은행의 지점은 **독립된 은행으로 본다.**

06 신용장 거래의 특성

(1) 독립성의 원칙(Independence Principle of the Credit)

　신용장이 일단 개설되면 관계 당사자 등은 신용장 개설의 근거인 매매계약의 내용에 구속되지 않고 전혀 별개의 법률관계를 형성한다. 개설은행은 매매계약 내용과 L/C상의 조건이 다르다는 이유로 대금의 지급거절이나 지연을 할 수 없다.

　수입상이나 수출상은 매매관계를 원용하여 신용장의 관계 은행에 어떠한 청구권이나 항변을 할 수 없다. 신용장 거래에서 은행은 매매당사자 간의 대금 결제를 위해 개입하지만 은행이 매매계약의 내용을 일일이 확인한다는 것은 현실적으로 어렵기 때문이다.

> a. A credit by its nature is a separate transaction from the sale or other contract on which it may be based. Banks are in no way concerned with or bound by such contract, even if any reference whatsoever to it is included in the credit. Consequently, the undertaking of a bank to honour, to negotiate or to fulfil any other obligation under the credit is not subject to claims or defences by the applicant resulting from its relationships with the issuing bank or the beneficiary.
>
> a. 신용장은 그 성질상 그것이 근거될 수 있는 **매매계약 또는 기타 계약과는 독립된 거래**이다. 은행은 그러한 계약에 관한 어떠한 참조사항이 신용장에 포함되어 있다 하더라도 그러한 계약과는 아무런 관계가 없으며 또한 이에 구속되지 아니한다. 결과적으로 신용장에 의하여 지급이행하거나, 매입하거나 또는 기타 모든 의무를 이행한다는 은행의 확약은 개설은행 또는 수익자와 개설의뢰인과의 관계로부터 생긴 개설의뢰인에 의한 클레임 또는 항변에 지배받지 아니한다.[UCP600 제4조 a]
>
> **A beneficiary can in no case avail itself of the contractual relationships existing between banks or between the applicant and the issuing bank.**
>
> 수익자는 어떠한 경우에도 은행상호 간 또는 개설의뢰인과 개설은행 간에 존재하는 **계약관계를 원용할 수 없다.** [UCP600 제4조 a]
>
> b. An issuing bank should discourage any attempt by the applicant to include, as an integral part of the credit, copies of the underlying contract, pro-forma invoice and the like.
>
> b. 개설은행은 신용장의 필수적인 부분으로서, 근거계약의 사본, 견적송장 등을 포함시키고자 하는 어떠한 시도도 저지하여야 한다. [UCP600 제4조 b]

(2) 추상성의 원칙(Abstraction Principle of the Credit)

　물품의 실질적 인도나 품질의 일치 여부와 상관없이 그 물품이 신용장에서 정한 기한 내에 인도되었음을 입증하는 서류의 제시만으로 대금 지급 여부를 결정한다는 원칙을 말한다. 추상성의 원칙이 인정되어야 할 가장 큰 목적은 매입은행의 보호에 있다. 매입은행이 수익자가 발행한 화환어음을 매입하기 위해서는 이것이 개설은행으로부터 이의 없이 지급된다는 보장이 필요하다. 만약 개설은행이 제시된 서류와 실제 선적 물품의 불일치를 이유로 들어 지급을 거절한다면(할 수 있다면), 매입은행은 개설은행으로부터 매입대금 회수에 대한 확실성이 없기 때문에 결코 매입을 이행하려 하지 않을 것이기 때문이다.

> **Banks deal with documents and not with goods, services or performance to which the documents may relate.**
> 은행은 서류를 취급하는 것이며 그 서류와 관련될 수 있는 물품, 용역 또는 이행을 취급하는 것은 아니다.
> [UCP600 제5조 서류와 물품/용역/이행]
>
> a. A nominated bank acting on its nomination, a confirming bank, if any, and the issuing bank must examine a presentation to determine, on the basis of the documents alone, whether or not the documents appear on their face to constitute a complying presentation.
> a. 지정에 따라 행동하는 지정은행, 확인은행, 있는 경우, 및 개설은행은 서류가 문면상 일치하는 제시를 구성하는지 여부("일치성")를 결정하기 위하여 서류만을 기초로 하여 그 제시를 심사하여야 한다. [UCP600제 14조 서류심사의 기준]

(3) 엄밀일치의 원칙(Doctrine of strict compliance)

수익자가 제시한 서류와 신용장 조건과의 일치성 여부에 관한 심사는 오로지 서류의 문면상 (on their face)으로 판단함으로써 은행은 신용장 조건에 엄밀히 일치하지 않는 서류를 거절할 수 있는 권리를 가지고 있다는 법률원칙을 말한다. 이러한 원칙은 신용장 거래가 상품 거래가 아닌 서류 거래이므로 서류만으로 지급여부를 결정하여야 하기 때문에 서류가 신용장 조건과 엄밀하게 일치하여야 한다는 것이다.

● **상당일치의 원칙(Doctrine of Substantial Compliance)**
수익자가 제시한 서류와 신용장 조건 사이에 형식적인 불일치가 존재하여도 실질적인 의미에서 신용장 조건의 목적을 달성할 수 있는 경우에는 그러한 불일치로써 은행이 지급을 거절할 수 없다. 엄밀일치 원칙의 엄격성을 완화하는 원칙을 말한다. 사소한 서류상의 불일치를 이유로 지나치게 엄밀일치의 원칙을 적용함으로써 수익자는 신용장 대금을 청구할 수 없게 되고, 개설은행은 개설의뢰인에 대해서 대금상환을 청구할 수 없다는 결과를 야기하게 되어 신용장거래의 활성화에 걸림돌이 되는 것을 완화하기 위한 것이다.

예를 들어 선적항인 「Busan」을 「Pusan」으로 표기했다 하여 서류의 불일치로 간주하는 따위의 형식적인 불일치에 대한 엄밀일치의 완화를 말하는 것이다.

07 신용장 거래의 한계(신용장 방식의 단점)

(1) 수입상의 정상 물품 수취여부의 미확정성

수입상에 대한 한계로서 수입상은 계약에서 요구하는 조건과 일치하는 상품을 반드시 입수할 수 있다는 보장이 없다. 신용장의 거래는 어디까지나 서류의 거래이기 때문이다. 수출상이 이러한 특성을 악용하여 저급한 상품이나 전혀 다른 상품을 선적하였다 하더라도 신용장에서 요구하는 서류를 개설은행에 제시하면 물품의 계약서 일치 여부의 확인 없이 반드시 대금지급을 해야되므로 수입상 입장에서는 이에 대한 방어수단이 없다.

(2) 수출상의 성실 이행에 대한 수입상의 의도적인 불성실

수출상에 대한 한계로서 수입상이 신용장 거래의 특성을 악용하는 경우가 있을 수 있다. 수출상이 매매계약 내용을 충실히 이행하였음에도 서류상의 오류를 트집 잡아서 지급을 거절하거나 가격 할인을 요구하는 경우가 있을 수 있다.

제8장 무역대금의 결제
- 신용장 Ⅱ

01 신용장의 종류

(1) 취소불능신용장(Irrevocable L/C)

① L/C 당사자 전원의 동의 없이는 취소 또는 변경이 불가능한 신용장이다.
② 해당 L/C 관계당사자인 **개설은행(issuing bank), 확인은행(있는 경우, confirming bank), 수익자(beneficiary)의 합의가 있어야 취소가 가능하다.**
③ 신용장이 취소되기 전에 은행이 이미 매입한 금액에 대해서는 취소불능이다.
④ 신용장에 취소불능이라고 표시하지 않아도 취소불능이며 무역거래에서 이용되는 신용장은 대부분 취소불능신용장이다.

> A credit is irrevocable even if there is no indication to that effect.
> 신용장은 취소불능의 표시가 없는 경우에도 취소불능이다.[UCP600 제3조]

> Credit means any arrangement, however named or described, that is irrevocable and thereby constitutes a definite undertaking of the issuing bank to honour a complying presentation.
> 신용장이라 함은 그 명칭이나 기술에 관계없이 취소불능이며 일치하는 제시를 지급이행할 개설은행의 확약을 구성하는 모든 약정을 말한다.[UCP600 제2조]

(2) 지급신용장(Payment L/C)

① 신용장이 일람지급(at sight payment)를 규정하고 있는 경우 이는 지급신용장을 의미한다.
② **환어음이 발행되지 않으며**, 신용장조건에 일치되게 발행된 서류가 개설은행 또는 동 은행이 지정하는 은행에 제시되면 지급할 것을 확약한 신용장이다.
③ 개설은행이 수출지에 있는 자신의 예치환거래은행을 지급은행으로 지정하고 어음을 발행하지 않고 지급하기로 하는 신용장 - 지급신용장은 유럽 및 남미의 일부 국가들이 환어음 사용 시 고액의 은행수수료를 피하기 위하여 이용하는데 서류와 상환으로 대금을 지급하므로 환어음이 필요하지 않지만 환어음을 요구하는 지급신용장도 있다.
④ 이 신용장하에서는 **통지은행만이 지급업무를 담당**할 수 있다.
⑤ 지급은행은 서류가 개설은행에 의해 부도반환되더라도 수익자에게 지급대금의 반환을 요구할 수 없다(without recourse).

[신용장의 표시문언 예]
41D available with : CITI Bank Busan Branch by payment

(3) 자유매입신용장(freely negotiable L/C, general L/C, open L/C)

① 실무적으로 가장 많이 사용되는 신용장이며 중소기업에서 진행되는 신용장의 대부분을 차지하며 보통 취소불능신용장이라고 하면 자유매입신용장을 의미한다. 신용장을 가지고 발행된 환어음이 매입되는 것을 예상하여 매입을 허용하고, 어음의 발행인(drawer), 어음의 배서인(endorser), 어음의 소지인(bona-fide holder ; 선의의 소지인)에 대해서도 지급을 확약하고 있는 신용장이다.
② 이 신용장의 특징은 **수출지의 매입은행이 개설은행의 무예치환거래은행인 경우에 사용**되며, 서류매입의뢰 시에 어음을 제시하여야 하고, 일람출급(at sight)으로 사용된다.
③ 개설은행이 서류 부도반환을 하더라도 환어음발행인에게 **소구권을 행사할 수 있다(with recourse).**
④ 매입을 행하는 은행을 매입은행(Negotiating Bank)이라 한다.

> **Negotiation means the purchase by the nominated bank of drafts (drawn on a bank other than the nominated bank) and/or documents under a complying presentation, by advancing or agreeing to advance funds to the beneficiary on or before the banking day on which reimbursement is due to the nominated bank.[UCP600 제2조]**
> 매입이라 함은 상환이 지정은행에 행해져야 할 은행영업일에 또는 그 이전에 수익자에게 대금을 선지급하거나 또는 선지급하기로 약정함으로써, 일치하는 제시에 따른 환어음(지정은행이 아닌 은행을 지급인으로 하여 발행된) 및/또는 서류의 지정은행에 의한 구매를 말한다.

【매입신용장의 확약문언】
"We hereby engage with drawer and/or bona fide holders that drafts drawn under and negotiated in complied with the terms and conditions of this credit will be duly honoured on presentation."
「이로써 당 행은 신용장에 의거하고 신용장 조건에 따라 발행된 환어음의 발행인 및/또는 선의의 소지인과 그러한 환어음의 제시 시에 정히 지급될 것이라는 것을 약정합니다.」
[신용장의 표시문언 예]
41D available with : any bank by negotiation

● UCP600에서의 지급(honour)에 대한 정의
지급(honour)이란 용어는 기존 UCP에 없던 것을 UCP600에서 처음으로 도입하였는데, 이는 미국통일상법전(UCC)의 규정과 거의 동일한 개념이다. UCP600에서 지급이란 다음의 방식으로 지급이 이루어지는 것을 말한다.
㉠ 일람지급(sight payment)
- to pay at sight if the credit is available by sight payment
㉡ 연지급(deferred payment) - 연지급확약 의무를 부담하고 만기일에 지급하는 것

- to incur a deferred payment undertaking and pay at maturity if the credit is available by deferred payment.
ⓒ 인수 후 지급(payment after acceptance) – 환어음의 인수 후 만기일 지급
- to accept a bill of exchange('draft') drawn by the beneficiary and pay at maturity if the credit is available by acceptance.

● 매입(Negotiation)
매입하도록 수권된 은행에 의한 환어음 그리고 /또는 서류에 대한 가액의 공여를 의미한다. 따라서 대금의 지급이 없이 단순히 서류만 검토하는 것은 매입을 성립하지 않는다.

● 소구권(recourse)
어음이나 수표의 지급이 거절됐을 경우 배서인 또는 발행인 등에게 변상을 청구할 수 있는 권리를 말한다. 어음이나 수표가 부도났을 경우 어음의 소지자는 발행인이나 배서인에게 소구권을 청구하여 변상의 책임을 요구할 수 있다. 자유매입신용장의 경우 신용장 개설은행으로부터 지급이 거절되면 매입은행이 수익자에게 이미 지급한 어음금액을 되돌려 달라고 요구할 수 있는 권리를 말한다.

(4) 연지급신용장(deferred payment L/C)

① 환어음이 발행되지 않고, 서류제시만을 요구하면서, '운송서류의 발행 후 90일(90days after B/L date)' 등과 같이 신용장 조건에 따라서 결정되는 기일에 지급이 행해질 것을 정하고 있는 신용장.
② 연지급은행은 확인은행이나 개설은행의 지시에 따라 수익자에게 만기일을 기재한 **연지급확약서(deferred payment undertaking)**를 발급해주고 그 만기일에 수익자에게 대금을 지급하거나 할인(선지급 또는 구매)을 할 수 있다.
③ 기한부라는 점에서는 기한부신용장(Usance L/C)이나 인수신용장(acceptance L/C)과 동일하지만 **어음 대신 연지급확약서가 발행된다는** 것에 차이가 있다.

iii. deferred payment with a nominated bank and that nominated bank does not incur its deferred payment undertaking or, having incurred its deferred payment undertaking, does not pay at maturity;
iii. 지정은행에서 연지급에 의하여 사용될 수 있고 그 지정은행이 연지급 확약을 부담하지 아니한 경우 또는, 그 지정은행이 연지급 확약을 부담하였지만 만기일에 지급하지 아니한 경우 (개설은행은 지급 이행해야 한다)[UCP600 제7조 개설은행의 확약]

[신용장상에 나타나는 연지급신용장의 문언]
41D : available with Shinhan Bank by deferred payment at 60days after presentation of shipping document.

(5) 인수신용장(Acceptance L/C)

① 기한부어음 발행을 지시하고 동 어음을 인수하여 만기일에 지급하는 방식
② 개설은행이 예치환거래 은행에서 인수편의를 사용할 때 발행되며, 어음이 발행되어 기한부신용장(Usance L/C)으로만 사용된다.
③ **통지은행만이 인수업무를 담당**할 수 있다.

④ 인수은행은 서류가 개설은행에 의하여 부도반환되더라도 **소구권을 행사할 수 없다.**

- 인수(acceptance)와 할인(discount)

  인수(acceptance)라는 말은 기한부환어음을 인수은행이 받는 행위(매입은 하지 않고)를 말하며 환어음상에 인수를 하였다는 표시를 하고 (Accepted by 인수은행), 인수확약서(acceptance fixture)를 발행하여 대금지급에 대한 확약을 하는 것을 말한다. 인수은행은 약정된 만기일 도래 시 인수받은 환어음에 대하여 수익자에게 지급을 한다. 기한부환어음(Usance Draft)에서 개설은행은 수출지의 예치환거래 은행을 인수은행으로 정하고 개설은행을 대신하여 환어음을 인수할 것을 약정하고(이를 인수약정이라 한다), 인수은행은 만기일에 자신의 은행에 개설되어 있는 개설은행의 예금계정에서 수익자에게 지급을 하게 된다.

  인수은행은 인수를 행한 환어음에 대하여 개설은행의 예금 잔고액이 충분치 않다하여 수익자에게 대금 지급을 거절할 수 없다(거절하면 어음수표법위반으로 수출국의 강행법에 저촉된다). 또한 서류가 개설은행으로부터 부도반환(지급거절)이 되어도 기지급한 환어음금액에 대하여 수익자에게 소구권을 행사할 수 없다.

  인수신용장에서 수익자는 기한부환어음을 발행하고 일정 약정 기간 후 (30, 60, 90 이후 180일까지) 수출대금을 인수은행으로부터 지급받게 되는데, 그 기간 동안에 자금 압박 등의 경제적인 이유로 인하여 만기가 도래하기 전에 현금화하는 것을 할인(discount)이라 한다. 인수은행은 인수한 환어음에 대하여 만기일까지의 이자와 수수료를 공제하고(할인하고) 현금을 먼저 내주고 만기일에 개설은행으로부터 할인된 어음 금액을 지급받게 된다. 할인은 대부분 인수은행이 행하나 수익자는 할인을 위하여 반드시 지정된 인수은행을 통할 필요는 없으며 자신이 이용하기 편리한 은행을 통하여 할 수도 있다.

- 인수편의(acceptance facility)

  인수편의란 수입상(개설의뢰인)이 기한부 신용장을 이용하여 수입을 하고자 하는 경우 해외에 있는 예치환거래은행이 개설은행의 위임을 받아 어음의 만기일에 신용장 대금을 대신 지급해주고, 대금을 개설은행으로부터 되돌려 받는 신용공여형태를 말한다. 즉 수입자가 일정 기간 후에 은행에 대금을 지급할 수 있도록 신용을 공여하는 단기여신(대출)을 말한다.

(6) 매입제한신용장(restricted L/C, special L/C)

① 신용장상에 환어음의 매입은행이 특정 은행으로 지정되어 있는 신용장
② 개설은행이 해외의 본점이나 지점에 환어음 매입수수료 수익 증대를 도모하기 위한 정책적인 점과 환거래 은행 간의 편리함 때문에 사용된다.
③ 실무적으로는 수익자는 자유로이 매입은행을 정하여 매입을 요청하고 매입은행은 다시 신용장에 정해져 있는 지정은행에 매입을 요청하게 된다. **두 번에 걸쳐서 매입이 일어나므로 이를 'renego' 한다고 한다.**

【제한신용장의 표시문언】
「negotiation under this credit is restricted to advising bank only.」
[신용장의 표시문언 예]
 41D : available with SHINHAN Bank, Gwangju, Korea by negotiation

(7) 지정신용장(straight L/C, nominated L/C)

신용장의 매입, 지급, 연지급, 인수를 특정은행에서 하도록 지정된 신용장을 말한다. 자유매입신용장을 제외한 대부분의 신용장이 여기에 해당된다.

(8) 확인신용장(Confirmed L/C)

① 개설은행 이외의 은행이 타행 발행의 취소불능신용장에 대하여 그 신용장에 근거하여 지급, 인수 또는 매입을 확약하는 것을 확인(confirmation)이라 하고, 그와 같은 문언이 부가된 신용장을 확인신용장이라 한다.
② 확인은행의 확인은 개설은행과는 별개의 독립된 것으로, 수익자의 입장에서는 개설은행과 확인은행으로부터 이중으로 대금 결제에 대한 확약을 받게 된다.
③ 확인은행은 개설은행이 파산 시 수입상이 Usance L/C를 개설하여 개설은행에 지불할 대금이 있다면 수입상에 구상권(소구권)을 행사할 수 있다. 그러나 수입상이 신용장 개설을 할 때 이미 신용장 대금 전액을 개설은행에 예치했을 경우는 구상권을 행사할 수 없다.

(9) 화환신용장과 무화환신용장

① 화환신용장(Documentary L/C)

신용장 개설은행이 수익자가 발행한 환어음에 신용장 조건과 일치하는 **운송서류를 첨부할 것을 조건**으로 하여 지급, 인수, 매입할 것을 확약하는 신용장이다. 물품을 매개로 하는 대부분의 무역거래에서 사용된다.

② 무화환신용장(Clean L/C)

금융서류에 상당하는 어음 또는 금전수령증과 같은 서류만을 요구하고 **선하증권 등의 상업서류에 상당하는 서류를 요구하지 않는 신용장**을 말하며 보증신용장(Stand-by L/C)이 대표적이다. 본사가 해외지사에게 지급보증을 하기 위하여 사용되기도 한다.

(10) 일람출급신용장과 기한부신용장

① 일람출급신용장(Sight L/C)

신용장에 의하여 발행되는 어음이 지급인(drawee)에게 제시되면 즉시 지급되어야 하는 일람출급(sight draft)또는 요구불어음(demand draft)을 발행할 수 있는 신용장을 말한다.

② 기한부신용장(Usance L/C)

신용장에 의해 발행되는 어음이 지급인에게 제시된 후 일정 기간이 경과한 후에 지급 받을 수 있도록 어음 지급기일이 특정 기일로 된 기한부어음(Usance draft)를 발행할 수 있는 신용장이다. 신용장개설 시 수입자의 사정에 의하여 신용장 개설 대금 전액을 예치하지 못할 시, 은행이 수입자를 대신하여 신용장을 개설해 주므로 일종의 대출 행위(신용공여)이다. 환어음의 만기일에 수입자는 개설은행에 미예치했던 신용장 개설 대금을 지불한다. 수입자에게 신용을 공여해주는 주체가 누구냐에 따라서 Shipper's Usance Credit, Overseas Banker's Credit(해외은행 인수신용장), Domestic Banker's Credit(내국수입유전스 ; 국내은행 인수신용장)으로 나뉜다. Shipper's Usance L/C를 제외한 두 개의 Usance Credit L/C 는 마치 매입신용장과 같이 수출자는 일람지급을 받는다. 이는 수입자와 은행 간의 지급 관계이므로 수익자는 기한부 환어음의 기일에 영향을 받지 않는다.

[예] 지급만기일이 "by negotiation of seller's draft at 60 d/s drawn on us"라고 기재된 경우

위 표현은 Shipper's Usance L/C에 사용되며 「매도인의 환어음을 당행을 지급인으로 하여 일람 후 60일 출급조건으로 매입함」으로 해석될 수 있다. 수익자는 개설은행의 지정은행(인수은행)에 환어음을 제시하고, 환어음의 만기일인 일람 후 60일까지 기다렸다가 신용장대금을 지급받는 조건이다. 자금 활용을 위하여 환어음 만기일 전에 현금화할 경우에는 은행에 할인을 요청하여 미리 대금을 사용할 수도 있다. 그러나 Overseas Banker's Credit, Domestic Banker's Credit 인 경우에는 동 표현이 있다 하더라도 수익자는 at sight(일람출급) 방식으로 대금을 지급받을 수 있게 된다.

기출문제

What is the most proper word(s) in the blank?

Under the ( ), the buyer may take delivery of the goods by accepting the documents and pay later at a fixed period say 120 days or 180 days after the date of the bill of lading or after the date of surrender of documents to the bank.

① Usance Draft
② Payment by Instalment
③ Deferred Payment
④ Progressive Payment

해설 (기한부 환어음)하에서, 매수인은 서류를 인수함으로써 물품을 인수할 수 있고 나중에 지정된 기간 즉, 선하증권 일자 혹은 은행에 서류를 제시한 일자 후 120일 혹은 180일 후에 지급할 수 있다.

정답 ①

● 수입화물대도(Trust Receipt ; 수입화물의 보증도)

은행의 신용공여로 신용장을 개설하여 물품을 수입하였으나 결제 자금이 없을 때 이용하는 방법으로서 물품의 담보권을 가지고 있는 은행과 물품의 인수를 위하여 체결하는 제도를 말한다. 물품의 소유권은 은행이 보유한 채 물품은 일단 수입상이 인도받을 수 있게 하여 그 물품을 처분한 다음 동 은행으로 물품대금을 결제하게 하는 것을 말한다. 수입화물대도는 수입상의 신청에 따라 은행이 발행한다. **Usance L/C 에서는 대부분 수입화물대도가 일어난다. 은행으로부터 대도 받은 물품인지 모르고 구입한 선의의 제3자에게 은행은 대항할 수 없다.**

(11) 내국신용장(Local L/C)

① 수출신용장(Master L/C)을 받은 수출자가 국내 생산업자나 원자재 공급업자로부터 물품을 공급받고자 할 때 **국내 공급업자 앞으로 발행해주는 신용장**이다. 내국신용장의 전체 업무는 전자화되어 **은행 방문 없이 인터넷으로만** 이루어지고 있다.
② **수출상이 개설의뢰인이 되고 국내의 은행이 개설은행이며 공급업자가 수익자가 된다.**
③ 내국신용장의 수익자는 공급 물품을 제조, 가공하는 데 필요한 원자재를 구매하기 위하여, 1차 내국신용장을 근거로 하여 순차적으로 내국신용장을 발행할 수 있다.
④ **내국신용장에 의한 공급 실적은 수출실적으로 인정된다.**
⑤ 은행은 지급거절사유가 있는 경우를 제외하고는 지급제시를 받은 날부터 **3영업일 이내에** 판매대금추심의뢰서에 따라 결제하여야 한다.

제9장 무역대금의 결제
– 신용장 Ⅲ

01 특수신용장의 종류

(1) 에스크로신용장(기탁신용장 ; Escrow L/C)

구상무역 즉, 2국 간의 수출입금액의 균형을 맞추기 위하여 상호 수출한 금액만 수입하는 약정에 따른 무역결제방법이다. 당사자가 은행에 기탁계정(escrow account)을 설정하여 놓고 수출대금을 기탁 계정에 입금시키며 이 금액은 다음 수입을 할 때에 대금 결제용으로만 사용하는 신용장이다. 주로 **연계무역에 사용**된다.

(2) 동시개설신용장(견질신용장 ; Back to back L/C)

양국의 무역균형을 유지하기 위하여 사용되는 신용장을 말한다. 한 나라의 수입상이 정액의 수입신용장을 발행할 경우 그 신용장은 상대방에게서 같은 금액의 수입신용장을 발행하는 경우에만 유효하다. 연계무역에 이용되는 것이지만 오늘날에는 Local L/C와 중계무역 외에는 거의 이용되지 않는다.

(3) 회전신용장(Revolving L/C)

동일 거래선과 동일 물품을 반복해서 지속적으로 거래가 이루어질 경우, 신용장 개설 비용의 절감 및 절차의 번거로움을 피하기 위해 **일정한 기간 동안 일정한 금액의 범위 내에서 신용장 금액이 자동적으로 갱신되는 신용장**이며 반복 사용이 가능하다. 누적(累積)방법에 의한 회전신용장(Cumulative Revolving Credit)과 비누적회전신용장(Non-cumulative Credit)이 있다. 누적회전신용장은 일정 기간 내에 신용장 금액이 사용되지 않을 경우 미사용잔액(Unused balance)은 다음 기간으로 자동누적되며, 비누적방법에 의한 회전신용장은 일정 기간 내에 신용장 금액이 사용되지 않을 경우 미사용잔액은 다음 기간으로 누적되지 않고 자동적으로 취소되는 방식이다.

> **Check Point**
> ● 회전신용장의 사용 예
>   ㉠ 누적적 회전신용장의 문언
>   The amount of drawings under this credit becomes **automatically reinstated on payment** by us. Draft drawn under this credit must not exceed to US$ 80,000 in any calendar month.

「이 신용장에 의해서 발행되는 어음금액은 당 행이 지급하는 동시에 자동적으로 갱신됨. 이 신용장하에서 발행되는 어음은 매월 US$80,000를 초과해서는 안 됨(Revolving 문언의 예)」
- 예 : 총 신용장 금액은 US$400,000이고 매월 갱신되는 조건의 회전신용장이 개설된 경우
- 4월에 US$300,000가 사용되었다면 5월에는 4월 미사용분 US$100,000가 이월(누적)되어 US$500,000를 사용할 수 있다.
- 비누적적 회전신용장이라면 위 미사용분 US$100,000은 무효(비누적)가 되어 5월에는 원 금액인 US$400,000만 사용할 수 있다.

ⓒ 누적적 회전신용장의 사용금액 예
- 예 : 분할선적이 허용되며 신용장금액이 'about US$10,000'이고 추가적으로 2번 회전이 허용되는 누적적 회전신용장이 개설되었다. 수익자가 처음 US$10,000의 서류를 제시하였고, 다음 회차에서 US$7,000의 어음 금액을 제시하였다면 최종 회차의 최대제시금액은 얼마인가?
- 'about US$10,000'로 표시되어 있으므로 ±10%가 적용되어 회차 당 최대 US$11,000까지 사용할 수 있다.
- 2번 회전되고 최대 US$11,000까지 사용할 수 있으므로 신용장의 총금액은 US$33,000까지 사용할 수 있다.
- 첫 회차에 US$10,000이 지급되었다면 US$1,000이 이월되어 다음 회차에서는 US$12,000까지 지급이 가능하다.
- 2회차에서 US$7,000이 지급되었다면 미사용 금액 US$5,000은 다음 회차로 이월되므로 최종 회차에서의 지급 가능 금액은 US$16,000이다.

(4) 전대신용장(Red clause or Packing L/C, advance payment L/C, Anticipatory L/C)

① 신용장 개설의뢰인이 통지은행에 일정한 조건하에 수출업자(수익자)에게 수출대금을 선불해 주도록 허용한 신용장이다.
② 신용장상에 수출 대금의 일부를 선적 전에 미리 지급할 수 있다는 적색문언(red ink)에서 유래한 것으로 플랜트수출 등에 사용된다.
③ 전대기간 중의 이자는 수익자가 부담하며 수익자는 선적 전 무화환어음(선적서류가 첨부되지 않은 어음)을 지정은행에 제시하여 매입을 의뢰하여 대금을 선지급 받고, 선적 후 선적서류를 인도한다.
④ 수입자 측에서 보면 전대(前貸)신용장이고 수출자 측에서 보면 선수금신용장임

(5) 연장신용장(Extended L/C)

수출상에게 자금 조달의 편의를 제공하기 위하여 신용장 개설의뢰인의 요청으로 물품 선적 전에 수익자가 개설은행 앞으로 무담보어음(clean draft ; 선적서류가 첨부되지 않은 환어음)을 발행하면 이를 통지은행이 매입하고 무담보어음이 발행된 후 일정 기간 내에 해당물품에 관한 일체의 선적서류를 어음 매입은행에 제공할 것을 조건으로 하는 신용장을 말한다. **선적 전에 수출대금을 받을 수 있다는 점에서 전대신용장과 유사하고, 선적서류의 매입과 동시에 신용장 금액이 갱신된다는 점에서 회전신용장과 유사하다.**

(6) 보증신용장(Stand-by L/C)

무화환신용장(clean L/C)이다. 화환신용장의 경우에는 신용장 수익자가 계약을 이행함(선적

등의 인도이행)으로써 그 기능이 발휘되는데 반해, 보증신용장의 경우에는 개설의뢰인 또는 기타의 채무자에 의한 계약의 불이행이 발생한 경우에 개설은행이 그 지급을 확약하게 된다.

① 입찰보증을 위한 신용장(Bid Bond L/C ; B-bond)

플랜트 수출 등의 국제입찰에 사용되며 낙찰자의 계약 체결의 거절 등의 부정업자의 응찰을 막을 수 있다.

② 계약이행보증을 위한 신용장(Performance Bond L/C ; P-bond)

수출상이나 국제입찰의 낙찰자가 계약의 상대방으로부터 계약의 확실한 이행보증으로써 보증금을 요구할 때 사용한다.

③ 선수금반환보증을 위한 신용장(Refundment Bond L/C)

선박, 차량, 프랜트 등의 연지급 수출의 경우 선적 전 수출상에게 선수금으로 송금된 것에 대하여 선수금을 반환하는 보증을 요구할 때 사용한다.

④ 하자보증 신용장(Retention money standby)

공사 또는 용역을 제공 후 해당시공사로 하여금 추후 하자에 대한 보증금으로서 계약 금액에서 일정 금액(통상 계약금액의 3%~10%)을 예치하는 것이 일반적이다. 이를 현금으로 예치하지 않고 금융기관의 보증으로 발행되는 보증신용장을 말한다.

● eUCP(전자적 제시를 위한 화환신용장통일규칙)

전자무역의 발달과 관련하여 국제상업회의소(ICC)는 2000년 5월부터 관심을 가지고 무역의 변화에 대한 지침을 제공하기 위한 노력을 계속 진행해 왔는데 eUCP는 그 일환 중에 하나이다. ICC는 문서를 기반으로 한 신용장 업무와 관련된 규율을 해온 UCP가 전자무역에 있어서도 필요한 규칙들을 제시해 주어야 한다고 판단, 전자적 제시를 위한 화환신용장통일규칙 및 관례의 새로운 추록(supplement)형태의 eUCP를 제정하게 되었다. eUCP는 현행 UCP의 용어가 전자적 제시를 적용할 수 있도록 용어를 정의하고 기본적으로 UCP와 eUCP가 함께 사용될 수 있도록 필요한 규칙들을 제공하고 있다. 이 두 가지는 별개의 것이 아니라 기존 문서 기반 신용장 규칙의 내용들을 중심으로 하여, 부칙 형태로 만들어 졌고, 기술의 발전 등으로 개정이 필요할 경우 후속 버전이 나올 수 있도록 버전 번호를 부여하여 만들어 졌다는 점이 특이하다 하겠다. 2020년 2월 현재 버전은 1.1이다. 다음의 내용들은 시험에 빈출되므로 잘 기억해 두자.
① eUCP는 완전히 전자적으로 제시하거나 또는 종이문서와 전자적 제시를 혼용할 수 있다.
② eUCP의 모든 조항은 특별히 전자적 제시와 관련된 경우를 제외하고는, UCP의 조항과 일치한다.
③ 신용장이 전자문서 또는 종이와 전자문서의 혼용을 허용하도록 하기 위하거나 또는 당사자들이 eUCP를 적용하기를 원할 경우, eUCP를 명시적으로 삽입하여야 한다. 그러나 UCP와 eUCP 모두를 삽입할 필요는 없다.
④ 신용장은 eUCP 버전을 반드시 명시하여야 한다. 신용장이 버전을 명시하지 않은 경우, 신용장이 발행된 일자에 시행되는 버전에 따르고 또는 수익자가 승낙한 조건 변경이 eUCP에 따르도록 되어 있을 경우, 조건 변경일자에 시행되는 버전을 따른다.
⑤ eUCP가 적용되는 경우, eUCP와 UCP가 상충될 때는 eUCP가 우선 적용된다.

⑥ eUCP가 적용되는 신용장은 이 신용장에 UCP를 적용한다고 기재하지 않아도 UCP가 적용된다.
⑦ eUCP신용장은 신용장상 별도의 명시가 없더라도 UCP를 적용할 수 있다.
⑧ 전자신용장상에 eUCP를 적용한다는 취지의 준거문언이 있어야 eUCP가 적용된다.

● **청구보증통일규칙(Uniform Rules for Demand Guarantees, URDG)**

URDG는 청구보증에 사용되는 통일규칙으로 청구보증에의 적용, 용어, 해석의 기준과 요건 등을 규정해 둔 규범을 의미한다. 1992년에 국제상업회의소(ICC)에서 제정된 청구보증은 지급청구서 및 기타보증서에 규정된 서류를 구비하여 유효기간 내에 지급청구를 하면 수익자에게 일정한 보증금을 지급한다는 지급 약속을 말한다. 청구보증은 국제거래에서 입찰보증, 계약이행보증, 선수금 환급보증, 자금 차입 또는 각종 채무보증을 위한 담보수단으로 이용되고 있다. 보증신용장(Stand-by L/C)과 그 목적 및 기능 면에서 유사하다. URDG에서는 **채권자(수혜자)가 개설의뢰인의 의무불이행을 입증하지 못하더라도 그러한 사실을 서면으로 진술하여 제시하면 지급이 이루어지도록 하고 있다.** 참고로 Suretyship이 있는데, 이는 채무자가 지급을 하지 못할 경우에 대한 연대보증을 말한다. 독립적 보증인 청구보증과는 다르다.

02 신용장의 통지와 조건 변경 [UCP600 제9조]

(1) 신용장통지의 기본 원칙

① 확인은행이 아닌 통지은행은 지급이행 또는 매입할 어떠한 확약도 없이(**without any undertaking to honour or negotiate**) 신용장을 통지한다.
② 통지은행이 신용장을 통지하지 않기로 선택한 경우에는, 동 은행은 지체 없이 개설은행에게 이를 반드시 통고하여야 한다.
③ 통지은행은 수익자에게 신용장 및 모든 조건 변경을 통지하기 위하여 타 은행(제2통지은행)의 서비스를 이용할 수 있다.

(2) 진정성을 확인할 수 없는 경우의 처리

① 통지은행이 신용장의 외견상 진정성(authenticity)을 확인할 수 없는 경우 동 은행은 그 지시를 송부해 온 은행에게 그러한 취지를 지체 없이 통고하여야 한다.
② 진정성을 확인할 수 없음에도 통지은행이 수익자에게 신용장을 통지하기로 선택한 경우에는, 동 은행은 수익자에게 그러한 취지를 반드시 통고하여야 한다.

(3) 취소불능신용장의 취소, 조건 변경의 통지

① 별도로 규정된 경우를 제외하고는, 신용장은 개설은행, 확인은행(있는 경우) 및 수익자의 합의 없이는 변경 또는 취소될 수 없다.
② 원신용장(또는 이전에 승낙된 조건변경을 포함하고 있는 신용장)의 제조건은 수익자가 조건 변경에 대한 그 자신의 승낙을 그러한 조건변경을 통지해 온 은행에게 통보할 때까지는

수익자에게는 여전히 유효하다.

[해설] 수익자가 조건 변경의 수락을 통지해 온 은행에게 통지하지 않았다면 조건변경은 이루어진 것으로 볼 수 없다.

③ 수익자는 조건 변경에 대하여 승낙 또는 거절의 통고(notification)를 행하여야 한다. 수익자가 그러한 통고를 행하지 아니한 경우, 신용장 및 아직 승낙되지 않은 조건 변경에 일치하는 제시는 수익자가 그러한 조건 변경에 대하여 승낙의 통고를 행하는 것으로 본다. 그 순간부터 신용장은 조건 변경된다.

[해설] 수익자가 조건 변경의 수락통지를 하지 않고 조건변경에 따른 서류를 제시할 경우 이는 수익자가 조건 변경을 수락하였다는 것으로 본다는 것이다. 또한 수익자가 동 서류를 은행에 제시하는 시점이 승낙의 효력 발생시점이다.

④ 조건 변경의 부분 승낙은 허용되지 아니하며 그 조건 변경의 거절의 통지로 본다.

03 신용장양도의 조건 [UCP600 제38조]

① 양도은행은 신용장을 양도하는 지정은행 또는 모든 은행에서 사용될 수 있는 신용장에 있어서, 개설은행에 의하여 양도되도록 특별히 수권되고 그 신용장을 양도하는 은행을 말한다. **개설은행은 양도은행일 수 있다.**
② 「transferable」의 문언이 있어야 양도가능하다. divisible, fractionable, assignable, transmissible 라고 표시된 경우는 양도가능신용장으로 간주하지 않는다.
③ 신용장은 양도은행이 동의한 범위와 방법에 따라서만 양도가능하다.
④ 신용장은 원신용장의 조건에 따라서만 양도가능하다.[빈출!]
  예외 : 신용장의 금액, 신용장에 명기된 단가, 유효기일, 서류제시기간의 단축, 최종선적일 또는 기간의 단축
⑤ 신용장은 **분할어음발행** 또는 **분할선적이 허용된 경우에만** 2이상의 제2수익자에게 분할양도가능하다.
⑥ **신용장은 1회에 한하여 양도할 수 있으며 제2수익자가 제3수익자에게 양도하는 것은 불가능하다**
⑦ 양도은행의 제비용(수수료, 요금, 비용, 경비 등)은 별도로 합의하지 않는 한, **제 1수익자가 지급**한다.
⑧ 양도 시 보험부보가 이행되어야 하는 비율은 신용장에 명기된 부보금액을 충족시킬 수 있도록 증가될 수 있다. 즉 **양도 시 보험비율의 증액은 가능하나, 감액은 불가하다.**
⑨ 제1수익자는 양도 후 제2수익자가 작성한 송장 및 환어음을 자신이 작성한 송장으로 대체하고 환어음을 발행할 권리를 가질 수 있다. 이는 신용장 개설의뢰인과 제2수익자 간의 직거래를 막기 위해서 사용된다.

- 신용장의 문면에서 사용되는 「We」, 「our」, 「us」, 「ourselves」, 「this office」 등은 개설은행을 지칭하는 표현이다. 단, 양도신용장에서는 지정된 양도은행을 뜻한다.

● **신용장양도가 필요한 경우**

수익자가 실제 생산업자로 하여금 직접 선적하게 하여 수출환어음 매입을 하도록 하는 경우와 수익자가 다른 업자 명의로 수출하려고 하는 경우(수출대행)에 양도가 일어난다. 또는, 사회주의 국가 등에서 국가가 지정한 대행 기관만이 수출입 행위를 할 때 원수출자가 신용장을 양도하기도 하며, 섬유류 등의 수출에서 쿼터를 배정받지 못하였거나, 배정된 쿼터가 모두 소진된 원수출자가 양도하기도 한다.

04 환어음(Draft, Bill of Exchange)

환어음(draft, bill of exchange)이란 어음발행인(drawer)이 지급인(drawee)인 제3자로 하여금 증권상에 기재된 일정금액(a certain sum)을 증권상에 기재된 수취인(payee) 또는 그 지시인(orderer) 또는 소지인(bearer)에게 지급일에 일정 장소에서 지급할 것을 무조건적으로(unconditionally) 위탁하는 요식유가증권(formal instrument)이며 유통증권(negotiable instrument)이다.

"A bill of exchange is an unconditional order, in writing addressed by one person to another, signed by the person giving it, requesting the person to whom it addressed to pay certain amount at sight or at a fixed date."
「환어음은 한 당사자에 의해 다른 당사자에 대해 서면으로 지시되고 그것을 제공하는 자에 의해 서명되고 지시된 자에게 일람출급 또는 지정일자에 특정 금액을 지급하도록 요구하는 무조건적 지시이다.」

(1) 환어음의 당사자

① **발행인**

환어음에서 발행인(drawer)은 환어음을 발행하고 서명하는 자로서 수출상이나 채권자가 된다.

② **지급인(drawee)**

환어음의 지급인은 신용장 거래에서는 보통 신용장 개설은행이나 개설은행이 지정한 은행이 되며 추심방식에서는 수입상(importer)이 된다.

③ **수취인(payee)**

환어음의 수취인이란 신용장 대금을 받는 자를 말하는데, 신용장을 매입하여 발행인에게 수출대금을 선지급한 매입은행이 되는 것이 통상적이다.

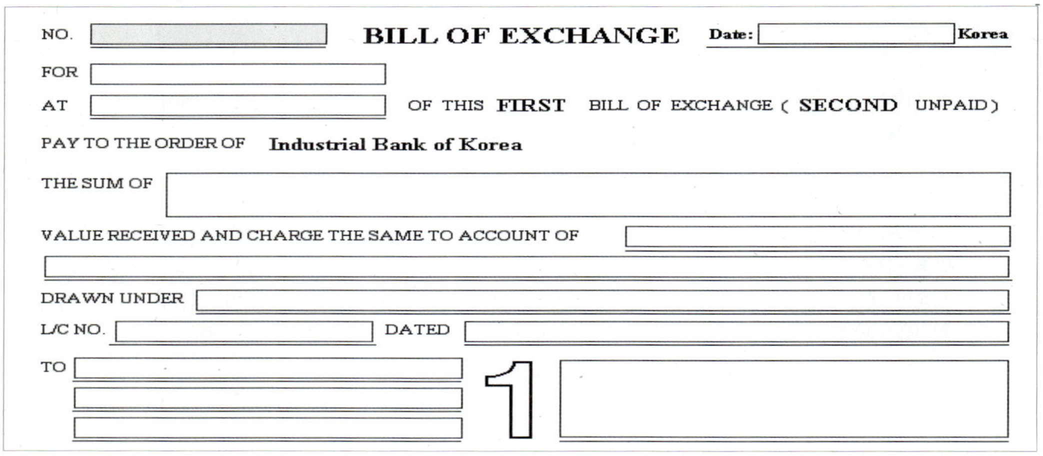

```
NO. _____        BILL OF EXCHANGE    Date: _____ Korea
FOR _____
AT  _____                OF THIS FIRST   BILL OF EXCHANGE ( SECOND  UNPAID )
PAY TO THE ORDER OF   Industrial Bank of Korea
THE SUM OF _____
VALUE RECEIVED AND CHARGE THE SAME TO ACCOUNT OF _____
_____
DRAWN UNDER _____
L/C NO. _____  DATED _____
TO _____
```

[그림 9-1] 환어음의 양식(기업은행양식)

(2) 환어음의 기재사항

환어음은 요식증권이기 때문에 어음이 유효하게 성립하기 위해서는 반드시 일정한 형식을 갖추어야 하므로 다른 유가증권과는 달리 형식에 대한 요구가 엄격하다. 따라서 반드시 기재하여야 하는 **필수기재 사항 중에서 하나라도 빠지면 환어음의 효력을 인정받을 수 없다.** 반면에, 임의기재사항은 일부 조항이 빠지더라도 어음의 효력에는 영향이 없다.

필수 기재사항	임의 기재사항
① 환어음의 표시(Bill of Exchange) ② 무조건지급위탁문언 　(unconditional order to pay in writing) ③ 금액(문자/숫자) : 화폐의 종류도 표시 ④ 지급인의 표시/ 지급기일의 표시 ⑤ 지급지의 표시/ 수취인의 표시 ⑥ 발행일 및 발행지의 표시 ⑦ 발행인의 기명날인 또는 서명	① 환어음의 번호 ② 신용장 및 계약서 번호 ③ 신용장 발행 은행명 ④ 신용장 번호 및 발행일
환어음의 당사자 : 발행인(drawer), 지급인(drawee), 수취인(payee)	

① 지급지

지급지로서 기재되는 지역은 실재하는 지역이어야 한다. 여기서 지급지란 어음금액이 지급될 일정한 지역을 의미한다.(예 : Seoul, London, etc.)

② 발행일 및 발행지

환어음의 발행일은 어음이 발행된 날을 말하는데 어음상에 기재된 일자가 실제로 어음이 발행된 일자일 필요는 없다. 발행일보다 이후의 일자 또는 발행일 이전의 날짜를 발행일로 기재할 수 있다.

③ **발행인의 기명날인**

발행인이 어음을 발행하고 그 행위자를 표시하는 인장을 찍는 것을 기명날인 한다고 말한다. 발행인의 기명날인이 없는 어음은 무효이다.

④ **수취인과 지급인의 표시**

어음금액의 지급을 받을 사람(은행)을 표시를 하는 것이다. 기명식, 지시식, 소지인식과 선택식이 있다. 그림의 환어음 양식의 'pay to ~'의 구문에서 to 이하에 기재되는 자를 수취인(payee)이라고 하며 통상적으로 매입은행이 기재된다. 환어음상의 'drawn under' 이하에 기재되는 은행이 개설은행이 된다. 환어음 맨 좌측 하단의 to 에 기재되는 은행이 신용장 방식에서는 신용장 개설은행 또는 확인은행, 상환은행 등이 지급인이 된다. 추심방식에선 수입상이 지급인(drawee)이 된다.

⑤ **어음금액의 표시**

환어음 금액은 상업송장의 금액과 일치해야 하며 신용장 금액을 초과하여 발행될 수 없다. 또한 금액의 표시는 확정금액이어야 하며 「about USD three thousand and thirty only(약 3천 30달러 정)」 등과 같은 불확정금액의 표기는 환어음을 무효로 만든다. 숫자 금액과 문자 금액이 서로 다른 경우 문자 금액이 우선한다.

- **외환거래법상의 거주자와 비거주자(외국환거래법 제3조 14, 15항)**
  ㉠ 「거주자」란 대한민국에 주소 또는 거소를 둔 개인과 대한민국에 주된 사무소를 둔 법인을 말한다.
  　외국인의 경우
  　가. 국내에서 영업활동에 종사하고 있는 자
  　나. 6개월 이상 국내에서 체재하고 있는 자
  ㉡ 「비거주자」란 거주자 외의 개인 및 법인을 말한다. 다만, 비거주자의 대한민국에 있는 지점, 출장소, 그 밖의 사무소는 법률상 대리권의 유무에 상관없이 거주자로 본다.

- **외국환거래법의 적용대상**
  ㉠ 대한민국 내에서 행하는 외환거래　　㉡ 대한민국과 외국과의 거래
  ㉢ 비거주자의 원화거래　　　　　　　　㉣ 거주자의 외국에서의 거래 등

1. 불일치서류에 대한 처리 및 심사

가. 불일치서류 발생 시 우선 환어음을 매입한 후 L/C를 하자 있는 서류에 일치시키도록 변경한다. (x)
→ 불일치서류에 대하여 매입은행은 수익자에게 L/C 조항에 맞게끔 변경토록 하여 하자를 치유하도록 한다. 하자 있는 서류를 매입은행이 매입할 경우 개설은행으로부터 지급이 거절될 수 있으므로 구상권에 대한 조치 없이 매입은행이 쉽게 매입을 하지는 않는다.

나. 어떠한 경우라도 매입은행은 하자 있는 선적서류를 매입하지 않는다. (x)
→ 매입은행은 하자서류라 하더라도 매입대금을 회수할 수 있는 담보를 확보할 경우 서류매입을 할 수도 있다.

다. 신용장통일규칙에서는 부지문언(Unknown Clause)이 기재된 선하증권은 하자 있는 서류로 간주한다. (x)
→ 부지문언(Unknown Clause)은 선사입회하에 적입되지 않은 선적화물의 파손 및 손상에 대한 선사의 면책조항을 말한다. 따라서 부지문언이 기재된 선하증권은 신용장에서 특별히 금지하지 않는 한 하자서류가 아니다.

라. 계약에 적합한 상품이 선적되었다면 서류에 하자가 있더라도 대금을 지급받을 수 있다. (x)
→ 신용장거래는 실물인도를 확인함으로써 지급되는 결제방식이 아닌 추상성의 원칙에 따라 계약물품을 선적하였다는 증빙서류(운송서류)를 개설은행에 제시함으로써 대금지급을 받을 수 있다. 따라서 서류에 하자가 있다면 이는 신용장의 조건을 충족하지 못한 것으로 간주되어 대금지급을 받을 수 없다.

마. 운송서류의 송화인/수화인을 포함하여 모든 서류상에 수익자/개설의뢰인 주소가 각각 일치할 필요는 없다.(x)
→ 개설의뢰인의 주소 및 연락처명세가 운송서류상의 수화인 또는 착화통지처명세의 일부로서 기재되어 있는 경우에는 이러한 개설의뢰인의 주소 및 연락처명세는 신용장에 명기된 대로 기재되어야 한다[UCP600 제14조 j항]. 즉 서류상의 개설의뢰인의 주소 및 연락처명세가 복합운송서류, 선하증권 등의 운송서류에 따라 수화인 또는 착화통지처로 명시된 경우에는 신용장에 명시된 대로 기재되어 있어야 한다.

바. 서류의 사본을 수입자에게 직송하고 첨부하는 특사수령증의 경우에도 신용장번호와 서명이 있어야 한다.(x)
→ 서류의 사본을 수입자에게 직송하고 첨부하는 특사수령증의 경우에 특송업자에 의한 서명 또는 스탬프만 있으면 된다.

2. 신용장 거래

가. 신용장 거래에서 수출상에 대한 주된 채무자는 수입상이다. (x)
→ 신용장 거래에서 수출상에 대한 주된 채무자는 개설은행이다.

나. 화환신용장 거래에서는 수입상이 계약물품과 다른 물품을 인수할 위험이 없다. (x)
→ 계약상의 물품과 상이한 물품이 선적되어 수입상에게 도착하였다 하더라도 은행은 서류로만 심사한다는 추상성의 원칙이 적용되어 수익자에게 대금이 지급된다. 따라서 계약과 완전히 일치하는 물품을 수취한다는 보장은 없다.

다. eUCP와 UCP가 상충되는 경우 UCP를 적용한다. (x)
→ eUCP와 UCP가 상충되는 경우 eUCP를 우선 적용한다.

라. eUCP상 신용장에서 요구한 전자기록들은 반드시 동시에 제시되어야 한다. (x)
→ eUCP는 완전히 전자적으로 제시하거나 또는 종이문서와 전자적 제시를 혼용할 수 있다.

마. 2가지 이상의 운송수단을 이용하고, 그 선적을 입증하는 2가지 이상의 운송서류로 구성된 제시는 동일한 선적항에서 동일한 일자에 출발하고 같은 목적지를 향하면 분할선적으로 보지 않는다. (x)
→ 물품이 2척 이상의 선박에 선적된 경우에는 그 선박이 동일한 일자에 동일한 목적지를 향하여 동일한 선적항에서 출항하였더라도 분할선적으로 간주한다. 이는 물품이 2척 이상의 선박에 나누어 선적된 후 이들 선박이 동일한 일자에 출항했더라도 선박이나 운송 상황에 따라 서로 다른 일자에 도착할 수 있기 때문이다.

바. 확인은행이 아닌 통지은행도 결제나 매입에 의한 의무를 부담한다. (x)
→ 통지은행(advising bank)은 수익자에게 신용장의 통지업무를 담당할 뿐 지급확약에 대한 의무는 없다.

사. UCP 600 신용장의 경우 ICC 규칙인 eUCP도 이에 자동으로 적용된다. (x)
→ 종이서류(paper)로 발행되는 신용장의 경우에는 eUCP가 적용되지 않는다.

3. 신용장의 확인

가. 확인은행은 개설은행의 지급불능의 경우에 한하여 지급을 행한다. (x)
→ 확인은행의 확인은 신용장개설은행과는 별도로 독립적인 채무를 부담하는 것이다. 따라서 수익자는 두 개의 은행으로부터 각각 별도지급보증을 확약 받게 된다.

나. 확인은행은 확인 요청에 대한 거절권 행사가 불가능하다. (x)
→ 확인은행은 확인 요청 시 이를 거절할 수 있으며 강제 또는 의무사항이 아니다.

다. 신용장의 확인은 수출국 소재지에 있는 개설은행의 환거래은행이 개설은행의 요청에 따라 신용장을 통지하면서 확인을 추가하는 경우가 많기 때문에 대부분 확인수수료는 발생하지 않는다. (x)
→ 확인은행 자신도 신용장상의 기본당사자가 되어 개설은행과 함께 지급보증을 부담하므로 확인수수료를 청구한다.

4. 신용장의 양도

가. 신용장의 양도에 수반된 수수료와 각종비용을 포함한 양도은행의 경비는 별도의 합의가 없는 한 제2수익자의 부담으로 한다. (x)
→ 양도신용장에서 양도와 관련한 제비용은 별도로 합의하지 않는 한, 제1수익자가 부담한다.

나. 신용장의 양도는 2회까지만 가능하다. (x)
→ 신용장의 양도는 1회까지만 허용되며 제2수익자가 제3수익자에게 양도하는 것은 불가능하다.

다. 수출이 불가능한 사유가 발생하는 경우 국내 회사에게만 양도할 수 있다. (x)
→ 신용장의 양도는 국내외 모두 양도 가능하다.

라. 신용장 금액의 일부 양도는 불가능하다. (x)
→ 양도가능신용장에서는 일부양도와 전체양도 모두 가능하다.

마. 신용장 양도 시 신용장의 유효기일과 서류제시 기간의 최종일은 원 신용장에 명시된 기일과 일치해야 한다. (x)
→ 신용장의 양도 시 원 신용장의 조건에 따라서만 양도가 가능하지만 예외적으로 신용장금액 및 서류제시기간의 단축, 단가의 감액, 선적기일의 단축은 허용된다. 따라서 신용장 양도 시 신용장의 유효기일과 서류제시기간의 최종일이 반드시 원 신용장의 명시된 조건과 일치해야 하는 것은 아니다.

바. 신용장 양도 시 확인은행 또는 지정은행의 변경은 예외적으로 신용장 조건 변경을 허용하는 사항이다. (x)
→ 신용장양도 시 금액, 기간의 단축, 보험부보 비율의 증가 및 신용장개설의뢰인의 명의변경은 가능하지만 확인은행 또는 지정은행은 변경될 수 없다. 참고로 원 신용장이 확인신용장일 경우에는 양도된 신용장도 확인신용장이어야 한다.

5. 기타신용장

가. 연지급신용장은 기한부신용장으로만 사용되며, 서류제출 시 반드시 기한부환어음의 발행이 요구된다. (x)
→ 연지급신용장은 기한부라는 점에서는 기한부신용장이나 인수신용장과 동일하지만 환어음이 발행되지 않는다는 것에 차이가 있으며, 연지급확약서(deferred payment undertaking)가 발행된다.

나. 보증신용장은 재화를 전달하는데 대한 지급을 보증하는 용도로 주로 사용된다. (x)
→ 보증신용장은 재화의 전달이 아니라 의무의 불이행에 대한 지급을 보증하는 용도로 주로 사용된다.

다. 국내 기업의 해외법인이 현지 은행으로부터 여신을 받기 위한 담보용으로 제공하기 위해 활용되는 보증신용장은 「Performance Standby L/C」이다. (x)
→ 「Performance Standby L/C」는 계약이행보증을 위한 신용장이다.

6. 수입화물대도(Trust Receipt, T/R)

가. 수입화물대도는 일람 후 정기출급 조건이나 D/A 어음으로 수입하는 경우 이용하는 제도이다. (x)
→ 일람 후 정기출금 조건(at sight) 방식이 아닌 기한부 신용장조건(Usance L/C)이나 D/A 어음으로 수입하는 경우 이용하는 제도이다.

나. 수입업자가 어음대금을 은행에 지급해야만 T/R에 의해 선적서류를 대여 받는다. (x)
→ 수입업자는 어음대금을 은행에 지급하지 않고 T/R에 의해 선적서류를 대여 받는다.

다. 수입업자는 T/R과 상환으로 선박회사로부터 화물을 인도 받는다.(x)
→ 수입업자는 T/R과 상환으로 은행으로부터 선적서류를 받고 이를 선박회사에 제출함으로써 화물을 인도 받는다.
라. 대도물품을 매도할 경우, 물품의 판매와 인도 대금의 영수방법 등에 관하여 사전에 반드시 은행의 동의를 받아야 하는 것은 아니다.(x)
→ 대도물품을 매도할 경우 수입자는 사전에 은행의 동의를 받아야 하며 은행에 반드시 신고하여야 한다.

7. 환어음
가. 신용장 및 계약서 번호는 환어음의 필수 기재 사항이다.(x)
→ 신용장 및 계약서 번호, 환어음 번호, 신용장 개설은행명, 신용장 번호 및 발행일은 환어음의 임의 기재사항이다.
나. 선적관계에서는 수출상을 Consignee, 수입업자를 Consignor라고 한다.(x)
→ 선적관계에서는 수출상을 Consignor, 수입업자를 Consignee라고 한다.
다. 어음관계에서는 수출상을 Drawee, 수입상을 Drawer라고 한다.(x)
→ 어음관계에서는 수출상을 Drawer, 수입상을 Drawee라고 한다.
라. 환어음의 지급인은 항상 어음금액을 지급할 책임이 있다.(x)
→ 신용장방식의 경우 환어음의 지급인은 개설은행인데, 제시서류의 하자 등으로 인한 불일치가 있을 경우 개설은행은 지급을 거절할 수도 있다.
마. 신용장결제방식의 경우에는 환어음의 지급인 난에 수입자가 아닌 개설은행 또는 기타 은행을 기재하는 경우가 대부분이며, 이는 추심결제방식에서도 그러하다.(x)
→ 추심결제방식에서는 지급인이 수입상이므로 지급인 난에 개설은행을 표시할 수는 없다.

8. ISBP(국제표준은행관습)
가. 'Shipping documents'란 환어음과 운송서류를 포함하여 신용장에서 요구된 모든 서류를 말한다.(X)
→ 'Shipping documents'란 환어음을 제외한, 신용장에서 요구하는 (운송서류 뿐만 아니라) 모든 서류를 말한다.
[ISBP745 A19 a]
나. 'Stale documents'란 운송서류의 발행일자 이후 지정기한이나 제21일을 경과한 서류를 말한다.(X)
→ 운송서류의 발행일자 이후 제21일을 경과한 서류를 말한다.
다. 'Third party documents'란 환어음을 포함하여 수익자 이외의 당사자가 발행한 모든 서류를 말한다.(x)
→ 'Third party documents'란 환어음을 제외한, 송장을 포함하여 수익자 이외의 당사자가 발행한 모든 서류를 말한다.

제10장 선적서류

 신용장거래에서 선적서류(shipping documents)라 하면 환어음, 전송보고서(예 : 팩스 전송보고서) 그리고 서류의 발송을 증빙하는 특송영수증, 우편영수증 및 우편증명서를 제외한 신용장에서 요구하는 모든 서류를 의미한다.[ISBP 745 A19 a]

 수출자는 계약물품의 선적을 마치고 나면 수출대금을 회수하는 절차를 밟게 되는데(이를 실무에선 '네고를 한다' 라고 부른다), 이 때 매입은행 또는 관련 은행에 제시하여야 하는 서류를 통칭해서 매입서류 또는 선적서류라 한다. 이번 장에서는 매입 의뢰 또는 수출대금 회수를 위하여 수출자가 은행에 제시하는 서류에 대하여 알아보기로 한다.

01 상업송장(Commercial Invoice)

 수출상이 수입상 앞으로 발행하는 물품에 대한 대금청구서, 물품의 명세서 등 선적안내서로 사용되는 상용문서이다. 수출상의 입장에서는 무역 대금결제와 출하 안내 및 과세자료, 수출 수속 절차상 세관 등에 제공하게 되는 서류가 되며, 수입상의 입장에서도 수입통관 수속에 필수적인 서류이다.

(1) 상업송장의 종류

[표 10-1] 송장의 종류

종류	내용
선적송장 (shipped invoice)	무역계약을 이행하고 거래조건에 따라 작성된 송장이며 대금청구서와 물품명세서의 역할을 한다. 보통 상업송장(commercial invoice)이라 함은 이를 뜻한다.
견적송장 (Pro-forma invoice)	가격 계산의 기초로 사용된다. 외환의 사용이 자유롭지 않은 나라에서 외환 사용 허가를 득하거나, 수입허가를 위하여 사용되기도 한다.
견본송장 (sample invoice)	견본을 송부할 때 작성된다.
위탁매매송장 (consignment/ indent)	물품의 판매를 위탁할 때 작성된다.
세관송장 (customs invoice)	수입지 세관에서 수입물품에 대한 과세가격의 기준이나 덤핑유무의 확인을 목적으로 하는 공용송장이며, 수출상이 직접 작성한다.
영사송장 (consular invoice)	수입물품 가격을 높게 책정하여 외화를 도피하거나 낮게 책정하여 관세를 포탈하는 것을 방지하기 위한 공용송장이다.

(2) 상업송장 작성 시 유의사항[UCP600 제18조, ISBP745]

① 상업송장은 신용장 수익자 본인이 개설의뢰인(수입상)앞으로 작성하여야 한다.
② 상업송장 금액은 신용장 금액을 초과해서는 안 된다. 그러나 신용장 금액 앞에 「about」, 「approximately」 등이 표시되어 있는 경우에는 **±10% 의 과부족 오차가 허용되므**로 그 범위 내에 표시된 경우는 예외가 허용된다.
③ [원칙] 신용장 금액과 상업송장 금액은 반드시 일치하여야 한다.
　[예외] 신용장에서 허용된 금액을 초과한 금액으로 발행된 상업송장도 수리할 수 있다.
　[해설] 신용장 금액과 상업송장 금액은 원칙적으로 일치하여야 하지만 은행은 신용장 금액을 초과한 상업송장을 수리할 수도 있다. 그러나 은행은 허용된 금액을 초과한 금액으로 지급이행 또는 매입하지 않아야 한다. 즉 동 상업송장을 수리할 수도 있지만, 초과된 부분은 제외하고 신용장 금액만을 지급한다.
④ 상업송장에는 반드시 신용장번호와 개설은행명을 기재하여야 한다.
⑤ **상업송장은 신용장과 동일한 통화로 작성되어야 하며 신용장에서 요구되지 않았다면 서명이나 일자가 필요 없다.**
⑥ 상업송장상의 물품, 용역 또는 이행의 명세는 신용장에 보이는 것과 일치하여야 한다.
　따라서 **신용장에 표시된 상품명세의 부연 설명을 상업송장에서 생략하면 하자로 취급되므**로 주의해야 한다.

➤ Check Point

● **송장의 제목[Title of Invoice ; ISBP745 C1]**
　신용장이 단순히 Invoice를 요구하면 Commercial Invoice, Customs Invoice, Tax Invoice, Final Invoice, Consular Invoice 등, 모든 유형의 송장을 수리한다. 그러나 **Provisional(예비, 임시), Pro-forma(견적) 또는 이와 유사한 것으로 식별되는 송장들은 수리되지 않는다.** 신용장이 Commercial Invoice를 요구하는 경우 Invoice 라는 제목의 서류도 수리된다.

● **about과 approximately 의 표시에 대한 이해**
　about과 approximately 는 이 단어가 표시된 부분에만 적용된다. 예를 들어 수량이 "about 100 ton"인 경우 상하한선은 90~110톤이지만 금액까지 똑같이 적용되는 것은 아니다. 즉 신용장상에 수량은 about 100 ton, 금액은 10,000달러로 표시된 경우 금액까지 9,000~11,000 달러로 적용되는 것은 아니고, 수량에만 적용된다.

● **서류발행자의 부기표현**
　UCP600에서는 서류의 발행인을 기술하기 위하여 사용되는 「일류의(first class)」, 「저명한(well known)」, 「자격있는(qualified)」, 「독립적인(independable)」, 「공인된(official)」, 「유능한(competent)」또는 「국내의(local)」와 같은 용어는 수익자 이외의 모든 서류발행인이 서류를 발행하는 것을 허용한다. 즉 **서류의 발행인이 수익자일 경우에는 사용되어서는 안 된다**고 규정하고 있다.

02 선하증권(Bill of Lading ; B/L)

선하증권이란 **해상운송계약의 증거서류**(evidences a contract of carriage)이며, 운송인이 화물을 인수 또는 선적했음을 증명하는 서류이다. 증권의 소유자나 피배서인이 물품의 인도를 주장할 수 있는 **권리증권**이다(document title)임과 동시에 상법에 규정된 법정기재사항의 기재를 필요로 하는 **요식증권**이다. 법적사항의 미기재시에는 증권으로서의 효력을 갖지 못한다. 또한 **배서 또는 양도에 의하여 소유권이 이전되는 유통증권**이다.

➔ Check Point

● **선하증권의 발행과 선적절차**

화주(수출자)는 수출계약을 체결한 후 적시 인도를 위하여 선박회사나 그 대리점 등이 보내어 오는 배선표(Shipping Schedule)나 운송사업자의 회보인 Shipping Gazet 및 업계신문 등에 실려 있는 각 항로별 선박명과 입항예정일(Estimated Time of Arrival : ETA) 및 출항 예정일(Estimated Time of Departure : ETD)을 참조하여 적합한 운송현황을 체크하게 된다.

매매계약상의 선적 기일에 따른 인도 물품의 준비상황 등을 고려하여 적합한 선박을 선정한다. 이후 상업송장, 포장명세서, L/C 사본 등을 첨부하여 해당 선박회사에 선적요청서(Shipping Request)를 제출하고 선복을 신청한다. 선박회사는 선적을 승낙하게 되면 선적지시서(shipping Order : S/O)를 발행하는데 화주는 이 S/O를 본선에 가지고 가서 1등 항해사에게 제시, 선적한 후 선하증권(Bill of Lading : B/L)을 받게 된다. 실무에서는 이 모든 것들이 전산으로 일괄 처리된다. 선하증권의 발급과정은 다음과 같다.

① 정기선(컨테이너화물)에 의한 선적의 경우
  ㉠ FCL화물 : S/R(Shipping Request : 선적요청서) → CY → D/R(Dock Receipt ; 부두수취증) → S/O(Shipping Order ; 선적지시) → 본선적재 → B/L발급
  ㉡ LCL화물 : S/R → CFS(컨테이너화물집하소) → CY → D/R → S/O → 본선적재 → B/L발급
② 재래선에 의한 선적의 경우
  ㉠ S/R → 화물검량 → S/O → 검수(표) → 본선적재 → M/R(Mate's Receipt ; 본선수취증) → B/L발급

● **선적신청서(Shipping Request, Shipping Application ; 선복요청서)**

일정 구간을 정기적으로 운항하는 정기선을 이용하여 화물을 이용할 경우, 운송에 관한 사항과 화물에 관한 사항을 기재하여 운송회사에 제출하여 선복을 신청하게 되는데 이 때 작성하는 서류를 말한다.

● **부두수취증(Dock Receipt; D/R)**

컨테이너 운항선사가 화물의 수령증으로 발행하는 서류를 말한다. 특히 컨테이너 운송화물을 CY나 CFS 등에서 선박회사에 인도했을 경우 재래선의 본선수취증(mate's receipt)대신 이것을 작성, 교부해 준다. 화주는 이 부두수취증을 발급받아 선사에 제출하여 본선적재선하증권(on board B/L)을 발급받는다.

● **선적지시서(Shipping Order; S/O)**

화주의 선적(복)신청서에 따라 선사 본사(사무소)가 현품을 확인한 후 자기 회사 소속 선박의 선장 앞으로 발행하는 화물선적지시서를 말한다. 이것에 의하여 본선적재를 하고 본선수취증(Mate's Receipt : M/R)을 작성, 화주에게 교부한다. S/O에는 송하인명, 선적지, 양륙지, 상품명, 포장형태, 개수, 톤수, S/O번호 등이 기입된다.

● **본선수취증(Mate's Receipt; M/R)**

재래선의 경우 선적이 완료되면 본선의 일등항해사(Chief Mate ; Chief Officer)가 화물수취의 증거로서 서명하고 화주 측에 교부하는 것이 본선수취증이다. 이 M/R을 선박회사에 제출하면 이와 상환으로 본선적재선하증권이 발행된다.

(1) 선하증권의 종류

[표 10-2] 선하증권의 종류

분류기준	명칭	설명
선적여부	선적선하증권 (Shipped B/L)	운송화물을 본선에 적재한 후에 발행한 선하증권이며 선적선하증권상의 증권의 발행일자는 곧 본선적재일자가 된다. 선하증권의 법적 요인을 갖춘 완전한 운송서류다. FOB와 CFR/CIF 조건에서는 본선인도를 전제조건으로 한 것이므로 이런 조건에선 Shipped B/L이 발급된다.
	수취선하증권 (Received B/L)	화물을 선적할 선박이 화물을 적재하기 위하여 아직 입항하지 않았거나 항내에서 정박중 이지만 화물을 선적할 선박이 지정된 경우에, 선박회사가 화물을 수령하고 선적 전(前)에 발행하는 선하증권을 말한다. 수취선하증권은 선박회사의 부두창고에 우선 입고되어 발행되는 일종의 부두수취증(D/R) 또는 운송을 위한 수취(received for shipment)로서 발행하는 창고수취증(warehouse receipt)이다. 신용장에 특별한 명시가 없는 한, 은행에서 수리하지 않는다. Custody B/L 또는 Port B/L 이라고도 불린다.
	본선적재선하증권 (on Board B/L)	이미 발행된 received B/L에 본선적재 후 본선적재표시(on board notation)를 부기한 선하증권을 말하며 효력상 shipped B/L과 동일하다.
사고여부	무사고선하증권 (Clean B/L)	화물을 선적할 때에 화물의 포장상태 또는 수량, 내용물상에 어떠한 손상이나 과부족이 없이 선적되었음을 증권 면에 표시되었거나, remark(비고)란에 하자의 문언이 기재되지 않은 증권을 말한다. 선하증권상에 보통 「Shipped on board in apparent good order and condition(이상없이 본선적재되었음)」으로 표시된다.
	사고부선하증권 (Dirty/ Foul/ Claused B/L)	선적된 화물에 하자가 있는 경우 remark 난에 이 내용이 기재되어 발행된 증권을 말한다. 은행은 이러한 증권의 매입을 거절하므로, 선적 시 하자가 발생하였을 때는 무사고선하증권을 발급 받아야 한다. 화물에 이상이 있을 시 즉시 이를 대체 또는 재포장을 하여 다시 선적을 함으로써 무사고선하증권을 발급받아야 하지만 선박이 곧 출항한다든지 선적기일이 임박하여 이를 행할 수 없을 때 선박회사에 파손화물보상장(L/I ; Letter of Indemnity)을 제공하고 무사고선하증권을 교부받아야 은행에서 수리됨으로써 네고가 가능하다.
기타	기간경과선하증권 (Stale B/L)	서류의 발행일자로부터 21일이 경과되어 은행에 제시된 증권이며 신용장상에 「Stale B/L acceptable」란 조건이 있는 경우를 제외하고는 은행에서 수리되지 않는다. 예외적으로 보세창고인도조건(BWT)에서 사용된다.
	집단선하증권 (Groupage B/L)	선박회사가 포워더의 혼재화물에 대해 포워더에게 1건으로 발행하는 증권이며 Master B/L이라고도 한다. 포워더는 선사로부터 받은 Master B/L 을 근거로 화주에게 개별적으로 선하증권을 발행하는데 이를 혼재화물선하증권(House B/L) 또는 Forwarder's B/L 이라하며 신용장에서 특별히 금지하지 않는 한 은행은 이를 수리한다.
	제3자 선하증권 (third party B/L)	수출입거래의 매매당사자가 아닌 제3자가 송화자가 되는 경우에 발행되며 보통 중계무역에서 원수출자를 수입상에게 노출시키는 것을 회피하고자 할 때 사용된다(수출지에서 수입지로 물품이 직송되거나 환적항을 이용하여 인도되는 경우). 신용장에 별도의 명시가 없는 한 은행은 이를 수리하도록 신용장통일규칙에서 규정하고 있다.

(2) 유통방식에 따른 선하증권의 발행 방식

B/L을 다른 사람에게 양도하기 위해 배서할 때 피배서인(endorsee)의 표시 방법에 따라 크게 기명식, 지시식, 백지식 및 무기명식(또는 소지인식 선하증권)의 4종류로 구분된다.

① 기명식 선하증권(straight B/L)

수하인(consignee ; 수취인)란에 수하인의 상호와 주소를 기입하여 발행된 운송증권을 말한다. 어느 특정인(기명된 자)에게 물품을 인도하도록 이미 지정되어 있는 선하증권이므로 기명된 자 외에는 배서를 통하여 제3자에게 양도가 불가능하다. 수취인이 기명될 경우 수출자는 배서하여 은행으로 선하증권을 양도할 수 없기 때문에 신용장 방식에선 사용되지 않으며, 은행의 지급보증이 없는 T/T 거래에 주로 사용된다.

② 지시식과 백지배서

지시식은 피배서인의 이름이 명기되지 않고 지시인(orderer), 즉 송하인 또는 개설은행의 지시에 따라 화물을 인도하라는 문언과 함께 배서인이 서명한다. 소유권이 이전되는 유통 가능한 유가증권이며 신용장 거래를 기반으로 한 대부분의 선하증권이 해당된다. 단순지시식으로 발행되는 경우 수출업자는 피배서인을 기재하지 않고 선하증권의 뒷면(배면)에 자신만이 서명하여(배서하여) 선하증권을 인도하게 되는데 이를 백지배서(blank endorsement)라 한다. 즉 양수인(피배서인)을 지정하지 않고 양도인(배서인)만 서명하는 것을 말한다.

가. 단순지시식 : 단순히 「To order」라고 기재

단순지시식 선하증권에서 백지식 배서의 예(수출화주 : KOREXEN Trading Co., Ltd)	
피배서인의 이름이 없고 인도문언 및 배서인의 서명만 있는 방식	피배서인의 이름과 인도문언이 없고 배서인의 서명만 있는 방식
Deliver to (공란) KOREXEN Trading Co., Ltd (signed) _____ Manager	(공란) KOREXEN Trading Co., Ltd (signed) _____ Manager

나. 기명지시식 : 「to the order of XX Bank」라고 기재

기명지시식 배서의 예
Deliver to order of XX Bank. KOREXEN Trading Co., Ltd (signed) _____ Manager

③ 소지인식 선하증권

수하인 난을 공란(blank)으로 하거나 'Bearer(소지인)' 또는 'To Bearer'로 기재되어 선하증권의 소지인은 누구라도 수하인이 되어 물품을 인도받을 수 있도록 한 선하증권이다.

소지인식 배서의 예(수출화주 : KOREXEN Trading Co., Ltd)

Deliver to the Bearer

KOREXEN Trading Co., Ltd

(signed)

_____

Manager

- **파손화물보상장(Letter of Indemnity ; L/I)**
  운송인은 화주로부터 물품을 인수받을 때 물품에 이상이 있는 경우 선하증권의 적요란(remark)에 이를 표시함으로써 추후의 분쟁에 대하여 책임을 부담하지 않으려 한다. 물품에 이상이 있음이 표시된 증권을 사고부 선하증권이라 하는데 은행은 이런 증권의 서류를 거절하게 된다. 따라서 실제로는 사고부 선하증권이지만 화물의 선적 시 손상·파손·수량의 부족 등 모든 책임을 송화인(shipper, consignor)이 부담할 것을 약속하는 보증을 하고 무사고 선하증권으로 바꿔서 발급받기 위하여 운송인에게 제출하는 보증서를 말한다. 물품의 보상책임은 최종적으로 송화인에게 있다.

- **Switch B/L(스위치 선하증권)**
  중계무역 등에 사용되는 선하증권으로서 B/L면에 'switch(교환)'라는 문언이 기재되어 있는 선하증권을 말한다. 중계업자입장에서 수입업자에게 원수출업자가 노출되는 것을 막기 위하여 사용된다. 예를 들어 한국의 중계업자가 필리핀에서 일본으로 운송되는 물품을 중계할 경우 필리핀의 원수출업자가 발급받은 선하증권을 회수하고 한국에서 자신의 명의로 다시 선하증권을 발급하여(스위치하여) 일본의 수입상에게 인도하면 원수출업자를 노출시키지 않고 운송서류를 인도할 수 있다. Switch B/L 발행 시에는 중계업자가 수입자의 신용장 또는 계약서의 조건에 맞게 Shipper, Consignee, Notify 등을 변경하여 계약 포워더에게 Switch B/L 발행요청서를 통보하며, 포워더는 해당요청서에 의거 Switch B/L을 작성하여 중계업자에게 발송한다. 다만 **선적정보에 의하여 원래의 선하증권에 기재된 선박명, 선적항, 도착항 등은 변경할 수 없다.** 중계업자가 Switch B/L을 발행 시 선적지(수출지)에서 Original B/L이 발행되었다면 Switch B/L을 발행하는 선사 또는 포워더에게 Original B/L Full Set(3부)를 반납해야 한다.

- **약식선하증권(간이선하증권 ; short form B/L)**
  원래의 선하증권(long form B/L; full form B/L)은 증권의 뒷면에 선택 약관이 기재되어 있고 전면에는 법적 기재사항이 기재되어 있는데, 뒷면의 약관조항이 너무 길고 복잡해서 이를 생략하고 발급 절차를 간소화하기 위해서 발행되는 것을 약식선하증권이라 하며 'blank back B/L'이라고도 부른다. 신용장에서 금지하지 않는 한 은행은 약식선하증권의 수리를 거절하지 못하며 실무적으로 선하증권이라 함은 약식 선하증권을 일컫는다.

- **수입화물선취보증서(Letter of Guarantee; L/G)**
  항해거리가 짧은 경우 선적서류보다 화물이 먼저 목적항에 도착하는 경우가 있다. 이럴 경우 물품은 도착했으나 선하증권이 없어서 화물을 찾을 수 없는 불편함과 창고보관료 등의 추가비용이 따르게 된다. 이러한 불편을 해소하기 위하여 쓰이는 것이 수입화물선취보증서인데 Original B/L이 도착하기 전에 물품의 수취를 신속하게 하기 위하여 은행으로부터 발급받는 보증장을 말한다.

수입자는 선사의 수입화물선취보증서 양식에 서명을 하고 여기에 개설은행이 연대보증한 서류를 선사에 제출함으로써 선하증권이 없어도 화물을 인도받을 수 있다. L/G가 발행된 후 개설은행은 추후 선적서류의 불일치를 근거로 하여 선사에 항변을 할 수 없으며 원선하증권이 도착하면 선사에 이를 제출하고 LG를 회수하게 된다. 절차가 까다롭고 복잡하여 이를 대체하여 많이 쓰이는 것이 해상화물운송장(SWB) 또는 Surrender B/L 이다.

● 해상화물운송장(SWB; Sea Waybill)과 서렌더 B/L(Surrender B/L)

해상화물운송장은 운송계약의 증거로서 해상운송에서 송하인과 운송인 간에 발행되는 단순한 화물의 수취증을 말하며, 이는 수하인이 본인이라는 것만 확인되면 물품을 인도하는 운송증권이다. 따라서 **단순한 화물의 수취증이며 기명식으로 발행되고 비유통증권이며 권리증권이 아니다.** 서렌더 B/L은 수입자가 수출자로부터 선적서류를 인도받는 시간이 오래 걸릴 때(중국이나 일본 등) 물품의 신속한 인수를 위하여 선하증권 원본서류(original B/L) 없이 「Surrendered」라고 표시된 사본으로 통관절차를 진행하게 되는 선하증권의 종류이다. 운송 중개인은 발행된 원선하증권 전통을 송하인으로부터 회수하고, 이를 대신하여 「Surrendered」라고 표시된 증권을 발행한다. 송하인이 배서를 하여 운송인에게 넘겨주므로 B/L에 「Surrendered」라고 표기되어 있는 경우 유통성이 소멸된 증권이다. 송하인은 B/L 송부를 선사나 운송중개인(포워더)에게 위임하고 원본 선하증권 없이 수입상이 물품을 인수할 수 있게 하려는 목적으로 발행된다. 실무적으로는 수입자는 수출자로부터 FAX를 통하여 Surrender B/L을 받아서 선사에 제시하고 물품의 인수와 통관처리를 하게 된다. 신용장 방식에선 운송서류는 심사를 위해 개설은행을 경유해야 하므로 서렌더 B/L을 사용할 수 없다.

● 선하증권의 배서(endorsement)의 의미

물품을 선적하고 발급받은 선하증권에 대한 권리는 일차적으로 수출자가 갖게 된다. 이것을 신용장 방식에선 매입은행에 양도하여 수출대금을 회수하게 되는데, 이 선하증권은 매입은행과 개설은행을 경유하여 수입자에게 전달되게 된다. 따라서 선하증권을 각 단계에 개입하는 은행에게 양도를 해야만 선하증권의 권리가 이전되고 이러한 절차를 거쳐서 수입상은 선사에 선하증권을 제시하고 물품을 인도받게 된다. 수출자는 선하증권을 매입은행에 권리를 이전하면서 선하증권의 뒷면에 날인(사인방)하게 되는데 이를 배서라 한다. 화물의 담보권을 가지고 있는 개설은행의 지시에 의하여 수입자에게 양도되는 절차를 거치는 경우에는 은행의 지시에 따라 양도한다는 「To the order of XXX bank」를 사용하게 된다. Consignee 난에 「To order」라고 기재되었다면 이는 「to order of shipper」의 의미로서 첫 번째 배서자는 수출화주(shipper, consignor)이다.

기출문제

"Full sets of clean on board ocean bill of lading made out to the order of ABC Bank…" 라고 명시된 신용장에서 선하증권의 최초의 배서권자는 누구인가?

① Beneficiary　② ABC Bank　③ Shipper　④ Ocean Carrier

해설　「ABC 은행의 지시식으로 발행된 전통의 무사고 해양선하증권」- 대단히 빈출되는 구문이며 다양한 형태로 응용되어 출제된다. 「ABC은행의 지시식(the order of ABC Bank)」으로 발행하라고 되어 있으므로 선하증권을 배서하여 양도할 수 있는 증권이며 최초의 배서권자는 ABC 은행이다. 신용장 방식에서 보이는 문구이며 ABC 은행은 통상적으로 개설은행을 지칭한다. 만약 배서권자가 기명되지 않고 「to order(지시식)」로만 명시되어 있다면 최초의 배서권자는 Shipper(Consignor)가 된다.

정답　②

(3) 선하증권의 기재사항

법정기재사항	■ 선박의 명칭과 톤수, 선장의 성명, 화물의 종류, 중량 또는 용적 ■ 포장의 종류, 개수와 기호, 송하인, 수하인의 성명 또는 상호 ■ 선적항, 양륙항, 선하증권의 작성자, 작성일자, 발행부수 및 발행자의 날인, 운임
임의기재사항	■ 항해번호(Voyage No.), 통지처(Notify Party), 운임 지불 여부 및 환율 ■ 비고(remark) : 화물의 선적 시 화물의 손상 및 과부족상황. 면책약관 등

03 원본과 사본 [UCP600 제17조, ISBP745 A28]

① 적어도 신용장에 명시된 각 서류의 1통의 원본은 제시되어야 한다.
  [해설] 신용장에서 여러 통의 서류를 요구한 경우에는 원본 1매에 나머지는 사본으로 충당할 수 있다. 원본에는 "Original"이라는 표시와 함께 서명이 표기되어야 한다.
  [예] **신용장에서 요구하는 서류의 통수를 "4copies"라고 표기하였을 경우**
   ㉠ 1통의 original + 3통의 부본 → 충족
   ㉡ 2통의 original + 2통의 부본 → 충족
   ㉢ 3통의 original + 1통의 부본 → 충족
   ㉣ 4통의 original → 충족
   ㉤ original 표시가 없는 4통의 부본 → 불충족

② 신용장이 "2통(in duplicate)", "2부(in two fold)", "2통(in two copies)"과 같은 용어를 사용하여 수통의 서류 제시를 요구하는 경우에는 적어도 원본 1통과 사본으로 된 나머지 통수의 제시로 충족된다.

③ 원본서류가 2부 이상 발행되는 경우 '원본'의 표시는 "Original"뿐만 아니라 "Duplicate", "Triplicate", "First Original", "Second Original" 등으로 표시될 수 있다.

④ 제시되어야 하는 원본의 부수는 최소한 신용장에서 요구하는 부수이어야 한다.
  [예 1] 복수 원본서류의 제시를 요구한 사례
    Three original Invoices – 최소 원본 송장 3부 이상이 제시되어야 한다.
  [예 2] 상업송장의 원본서류를 제출해야 하는지 사본서류를 제출해야 하는지 명시하는 않은 신용장의 경우
    Commercial Invoice – 신용장에서 사본 또는 원본서류의 제시를 조건으로 명시하지 않았다면 원본 상업송장을 제시해야 한다.

⑤ 신용장 조건에서 요구되는 서류의 원본 및 사본 구분에 대한 예시
  ㉠ Invoice, One Invoice 또는 Invoice in 1 copy, Invoice-1 copy 로 표시된 경우
    원본 송장 1부를 제시해야 하며 원본 송장의 제시만 수리된다.
  ㉡ Invoice in 4 copies 또는 Invoice in 4folds
    최소 원본 송장 1부와 나머지 송장은 사본을 제시해도 무방하다.
  ㉢ photocopy of invoice or copy of invoice

신용장에서 특정 형태의 사본 제시를 금지하지 않는 한 어떠한 방식의 사본도 수리된다.
ㄹ) photocopy of a signed invoice
서명된 원본 송장의 사본을 제시하라는 조건이다. 서명된 원본 송장도 수리될 수 있지만 서명되지 않은 원본 송장은 수리되지 않는다.
⑥ 단수형의 단어는 복수형을 포함하고 복수형의 단어는 단수형을 포함한다.

04 해양선하증권의 수리조건 [UCP600 제20조]

① 선하증권은 그 명칭에 관계없이 **운송인의 명칭이 표시되고, 운송인(carrier), 선장(master) 또는 이들 대리인(agent)에 의하여 서명되어 있어야 한다.** 선주(shipowner)는 서명권자에서는 제외된다. 그러나 용선계약선하증권(Charter Party B/L)에서는 선주 또는 선주의 대리인과 용선자 또는 용선자의 대리인도 서명권자에서 포함된다.
② **신용장에 명기된 적재항에서 물품이 지정선박에 본선적재(on board) 되었음이 표시되어야한다.**
③ **예정표시선하증권(intended clause B/L)의 경우엔 선박이나 선적항(port of loading)앞에 「intended」가 있더라도, 본선적재표기(on board notation)상에 신용장에 명시된 대로 적재항, 선적일 및 선박의 명칭이 표시되어 있는 경우에는 수리 가능하다.**
④ 선하증권이 단일의 원본이나 2통 이상의 원본으로 발행된 경우에는 그 전통으로 구성된 서류를 제시해야 한다.
⑤ 운송에 제 조건의 전부를 포함하거나 서류를 참조하도록 한 약식/배면백지식 선하증권은 수리된다.
⑥ 선하증권상에 용선계약에 따른다는 운송이라는 표시가 없어야 한다.
⑦ 운송서류의 발행일과 선적일
　가. 해상선하증권 - 본선적재(loading on board)표기일을 선적일로 본다.
　나. 복합운송서류는 다음의 명칭으로 표시한 운송서류의 발행일을 발송일로 본다.
　　- 발송일(date of dispatch - DHL, FeDex 등의 특송에서 사용)
　　- 수탁일(date of taking in charge)
　다. 우편수령일(date of post receipt), 접수일(date of pick-up - 우편특송, 택배 등에서 사용)
　라. 운송을 위한 인수(acceptance for carriage - 항공운송을 위하여 물품을 수취하였을 때 표시)

05 항공화물운송장(Air Waybill; AWB)

(1) 항공화물운송장의 개념

항공화물운송장은 해상운송에 있어서 선하증권과 같은 기능을 가지고 있지만, 그 법적성질은 크게 다르다. **AWB은 B/L 과 달리 유가증권이 아니다. 또한 수취식이고 원칙적으로 기명식이며 비유통성이다.** 미국에선 항공화물운송장(Air Waybill ; AWB)라 부르고 유럽은 항공화물수탁서(Air Consignment Note ; ACN)라고 부른다. 국제항공운송협회 (International Air Transport Association ; IATA) 의 표준양식과 발행 방식에 따라 전 세계 항공사가 동일한 운송장을 사용하도록 의무화 되어 있다. 국제민간항공기구(ICAO)와 혼동하지 않도록 유의한다.

(2) 항공화물운송장과 해상선하증권의 비교

항공화물운송장과 해상선하증권의 비교	
항공화물운송장(AWB)	선하증권(B/L)
유가증권이 아닌 단순한 화물운송장	유가증권
비유통성(non-negotiable)	유통성(negotiable)
기명식	지시식(무기명식)
수취식(창고에서 수취하고 발행)	선적식(본선 적재 후 발행)
송화인이 작성	선사가 작성

> **Check Point**
>
> ● 항공화물운송장
>
>   항공화물운송장(Air Way Bill) 은 3통의 원본과 6통 이상의 부본으로 구성되어 발행된다. 각 원본 및 부본에는 그 용도가 정해져 있으며 식별을 쉽게 하기 위해서 색용지를 사용하고 있다. **원본은 Original 1(For Carrier ; 녹색), Original 2(For Consignee ; 적색), Original 3(For Shipper ; 청색)으로 구성되어 있다.** 나머지 부본은 각각의 행정이나 운임정산, 보관용 등의 용도로 사용된다. 항공화물의 경우 운송서류와 물품이 함께 도착하므로 L/G(수입화물선취보증서)가 발행될 경우는 거의 없다. 항공운송 시 신용장결제조건이어서 consignee 가 개설은행으로 되어 있는 경우는 수입상은 개설은행을 방문하여 D/O(Delivery Order ; 화물인도지시서)를 발급받아야 물품을 찾을 수 있다. 그러나 AWB 의 Consignee 란에 수입상 자신으로 표기되었을 경우는 직접 공항에서 본인 확인을 받고 물품을 수취할 수 있다. **항공화물운송장은 신속을 요하기 때문에 원칙적으로 환적을 전제로 한다.**
>
> ● **항공운송서류(Air Transport Document)의 수리요건[UCP600, 제23조]**
> ① 운송인(carrier)의 명칭이 표시되고, 운송인 또는 그 대리인에 의하여 서명되어야 한다.
> ② 물품이 운송을 위하여 인수되었음(accepted for carriage)이 표시되어야 한다.
> ③ **발행일이 표시되어야 한다.**
> ④ 신용장에 명시된 출발공항과 목적 공항이 표시되어야 한다.
> ⑤ 신용장에서 전통이 요구되더라도, 송하인용 원본(original for consignor/ shipper)이 제시되어야 한다.
>   **즉 송하인용 원본 1통만 제시하면 원본 전통을 제시한 것으로 보아 은행은 이를 수리한다.**
> ⑥ 신용장에서 환적을 금지한다 하더라도 은행은 환적이 행해질 것이라거나 또는 행해질 수 있다고 표시하고 있는 항공운송서류를 수리하여야 한다. 다만, 전 운송은 동일한 항공운송서류에 의해 커버되어야 한다.

06 보험서류

보험서류란 물품의 운송도중 해난이나 기타의 위험으로 인하여 입게 될 손해에 대하여 보험계약을 체결하고 이에 대하여 보험자로부터 발급받는 증거서류를 말한다.

(1) 보험서류의 종류

① **보험증권(Insurance Policy; I/P)**

보험계약성립의 증거로 보험자가 보험계약자에게 교부하는 것이며 **유가증권이 아닌 증거 증권이다. 신용장에 별도로 정함이 없으면 은행은 포괄예정보험증권(Open Contract)에 의하여 발행된 보험증명서(The Certificate of Insurance)나 통지서(Insurance Notice)도 수리한다.**

② **보험승낙서(Cover Note)**

보험목적물을 부보를 하고 보험료를 영수하였음을 보험중개업자가 교부하는 일종의 각서를 말하며 **보험중개업자(insurance broker)가 발행한 보험승낙서는 신용장에서 별도로 허하지 않는 한 은행은 수리를 거절한다.**

③ **보험서류의 수리요건[UCP600 제28조]**

  가. 보험서류는 보험회사, 보험업자 또는 이들 대리인 또는 이들 대리업자(their proxies ; 수임인)에 의하여 발행되고 서명되어야 한다.
  나. 보험서류가 2통 이상의 원본으로 발행되었다고 표시된 경우 전통이 제시되어야한다.
  다. **보험서류의 일자는 선적일보다 늦어서는 안 된다.**
  라. CIF 또는 CIP 가격이 서류로부터 결정될 수 없는 경우에는, 보험담보금액은 지급이행 또는 매입이 요청되는 금액 또는 송장에 표시된 **물품 총가액 중에서 보다 큰 금액을 기초로 하여** 산정되어야 한다.
  마. 보험서류에는 위험이 신용장에 명시된 대로 수탁 또는 선적지와 양륙 또는 최종목적지 간에 담보되었음이 표시되어야 한다.

(2) 보험서류의 표시통화, 보험금액 및 부보조건

보험증권의 표시통화는 신용장에 다른 규정이 없는 한 **신용장과 동일의 통화로 표시되어야 한**다. 보험금액(insurance amount)이란 보험회사가 만일의 사고에 의한 손해에 대해서 책임을 부담하는 금액의 최고한도액을 말한다. 또한 보험금액은 실무상 CIF가액(송장금액)에 희망이익(expected profit, 통상 10%)의 금액을 덧붙인 금액, 즉 송장금액의 110%로 정한다.

➡ Check Point
● 양도가능신용장에서의 보험부보비율의 증가
  양도가능신용장에서 제1수익자가 제2수익자에게 양도 시 신용장금액을 감액하여 양도할 경우 보험금액이 작아지는 문제가 생길 수 있다. 이를 방지하기 위하여 감액 양도한 경우라도 UCP600에서는 제1수익자가 신용장 양도 시 부보금액을 원신용장의 부보금액(원송장금액의 110%)과 동일하게 하기 위하여 부보비율을 인상할 수 있도록 허용하였다. 예를 들어 CIF가격으로 100만 달러의 원신용장 금액에 대하여 부보비율을 110%로 하였다면 부보금액은 110만 달러가 되는데, 80만 달러로 감액 양도한 경우에는 부보금액이 88만 달러가 되므로 개설의뢰인 입장에서는 보험금액이 감소하게 된다. 이 경우 보험부보금액 미달로 신용장조건 위반이 된다. 따라서 원신용장금액의 110%인 110만 달러로 맞추기 위해선 80만 달러의 137.5%로 부보해야 한다[80,000$ X 137.5% = 110,000$].

- **포괄예정보험(Open Contract, Open Policy)**
  다량의 화물을 장기간에 걸쳐서 해외로 수출하는 경우에 개별적인 각 화물이 보험에 부보되지 않는 경우를 대비하여 사전에 일정 기간 화물에 대하여 보험자와 부보가 가능한 총액 등을 포괄적으로 미리 정하는 것을 포괄예정보험이라 한다. 실제의 선적이 이루어지면 해당 개별 선적 때마다 화물의 내용에 대하여 보험자가 행하는 확정통지에 의하여 증권이 발행되는데 이를 보험증명서, 또는 보험통지서(Insurace Declaration)이 발행된다.

- **개별예정보험(Provisional Policy)**
  보험의 목적인 개별 화물에 대하여 보험계약을 체결하되 보험의 목적에 대한 일부의 내용이 확정되지 않은 경우의 보험을 말한다. 수입화물을 부보하는 경우 수출업자로부터 선적완료통지를 받은 후에서야 모든 물품 상황이 확정되기 때문에 이런 경우 수량, 금액은 신용장의 내용대로 하고 선박명은 미상(未詳)인 채로 계약이 체결된다. 따라서 포괄예정과 마찬가지로 선명미상 보험증권(Floating Policy)이 되며, 미상인 사항이 확정되면 확정통지를 하고 보험자의 배서를 받아야 하며 이를 확정보험증권(Definite Policy)라고 한다.

- **금액미상보험(미평가보험 ; Unvalued Policy)**
  보험계약 체결당시에 보험목적물의 부보할 보험금액이 미정인 경우를 말한다. 보험계약 체결 시에 계약당사자 간에 협정한 보험가액을 기평가보험가액이라 하고 이렇게 보험가액이 협정된 보험계약을 기평가보험(valued policy), 보험가액이 결정되지 않은 보험계약을 금액미상보험(미평가보험)이라 한다.

07 기타서류

(1) 포장명세서(packing list)

상업송장의 부속서류로서 화물을 식별하기 위한 서류이다. 물품의 순중량(Net weight), 총중량(Gross weight), 용적(Measurement)이 기재되어 있다.
① 포장명세서는 신용장에 명시된 자에 의하여 발행되어야 한다. [ISBP745 M2]
② 신용장에서 발행인의 이름을 표시하지 않은 경우, 누구든지 포장명세서를 발행할 수 있다.
  [ISBP745 M3]

(2) 중량 및 용적증명서(Certificate of Weight and Measurement)

운송인이 운임 또는 운송비를 산출하기 위하여 작성되는 서류이다.

(3) 원산지증명서(Certificate of Origin ; C/O)와 원산지표시대상물품(Marks of Origin)

① 원산지증명서의 발급

원산지증명서는 거래되는 물품의 생산지(국가)에 대한 증명서로서 상공회의소, 세관 등에서 발급한다. FTA체결국가에 따라 원산지인증 수출자에 한해 자율발급상식으로 발급할 수도 있다.

② 원산지증명서의 목적

일반특혜원산지증명서(Generalized System of Preference Certificate of Origin)는 개발도상국의 수출확대 및 공업화 촉진을 위해 이들 국가의 농수산품 및 공산품에 대하여 관세상의 특혜를 주기 위한 것이다. 일명 Form-A라고도 하며 **원산지증명서를 첨부하지 않으면 일반관세를 적용하여 통관이 진행**된다.

③ 원산지표시대상물품

원산지표시(Marks of Origin)대상물품은 원산지를 속여서 내국물품으로 위장하여 부당이득을 취하거나 유통질서의 교란방지를 목적으로 물품의 생산국을 제품의 지정된 곳에 표시해야 하는 물품을 말한다. **원산지표시대상물품에 원산지 표시를 하지 않거나 지시된 방법을 위반하면 수입통관이 불허**된다.

(4) 검사증명서(Inspection Certificate) 및 부속서류

수입상의 요청에 의하여 수출상이 제공하는 제품의 품질 등의 검사 결과에 대한 증명서를 말한다. 신용장에서 이를 첨부할 것을 지시하였을 경우 반드시 검사인의 검사증명서(inspector's report, surveyor's report)를 함께 제시하여야 한다.

기타 필요에 따라 검역증명서(Certificate of Quarantine)와 위생증명서(Certificate of Health or Sanitary Certificate) 영사송장, 세관송장, 차변표(debit note: 받을 돈)와 대변표(credit note; 줄 돈)가 있을 수 있다.

[상업송장 서식 예]

COMMERCIAL INVOICE

1. Shipper / Exporter REXTONS HEAVY MACHINERY CO., LTD. 23 GOEANRO. BUCHEON CITY, KYUNGGI-DO, KOREA	8. No. & date of invoice MAY. 20, 2025 KMA640917 - 145332
	9. No. & date of L/C APR. 15, 2025 79405
2. For Account & Risk of Messrs. MINE & SMELTER DIVISION KENNEDY VAN SAUN CORPORATION 450E. 17TH AVENUE BOX 39-K DENVER COLORADO 80239	10. L/C issuing bank FIDELITY BANK, N.A. BROAD WALNUTSTS. PHILADELPHIA. PA 19109
	11. Remarks : TERMS OF DELIVERY AND PAYMENT L/C AT SIGHT
3. Notify party SAME AS ABOVE	

4. Port of loading BUSAN, KOREA	5. Final destination LOS ANGELES, CALIFORNIA	
6. Carrier HYOLIM KMA 034E	7. Sailing on or about MAY. 27, 2025	

12. Marks and numbers of PKGS	13. Description of goods	14. Quantity/Unit	15. Unit-Price	16. Amount
N/M	SYNTHETIC FABRIC 44	CIF LOS ANGELES PORT 12,000 YARDS US $ 9.17 US $ 110.040		

ITEM : FABRIC TOTAL 12,000 YARDS US $ 110,040
Q'TY : 12,000 YARDS
DESTINATION : LOS ANGELES, CALIFORNIA
NET W/T : 12,000 KGS
GROSS W/T : 14,400 KGS
MADE BY : REXTONS HEAVY MACHINERY CO., LTD.
"GENERAL MERCHANDISE IN ACCORDANCE WITH BUYER'S PURCHASE ORDER"

17. P.O. Box 　Cable address : 　Telephone　 : 　Fax　　　 :	18. Signed by 　　　REXTONS

[선하증권 서식 예]

Shipper		B/L No.	
REXTONS HEAVY MACHINERY CO., LTD. 23 GOEAN-DONG. KYUNGGI-DO BUCHEON CITY, K.P.O BOX 1430, KOREA.			
Consignee		**HYOLIM LTD**	
TO ORDER OF THE FIDELITY BANK		**BILL of Lading**	
Notify Address		RECEIVED in apparent good order and condition accept otherwise noted the total number of Containers of Packages or units enumerated below for transportation from the place of receipt to the place of delivery subject to the terms hereof.	
MINE & SMELTER DIVISION KENNEDY VAN SAUU CORPORATION 450E. 17TH AVENUE BOX 39-K DENVER, COLORADO 80239			
Pre-carriage by	Place of Receipt BUSAN CY		
Ocean Vessel HUNDAI KMA 034E	Port of Loading BUSAN, KOREA	**ORIGINAL**	
Port of Discharge LOS ANGELES, CALIFORNIA	Place of Delivery LOS ANGELES CY	Final destination(For Shipper's Reference)	

Marks & Nos/Container Nos	No. of P'kgs	Kind of Packages : Description of Goods	Gross weight	Measurement
TRIU-341799-0 (CTNR NO) 14,400 KGS 385725 (SEAL NO.)		"SAID TO CONTAIN" 12,000 YARDS OF SYNTHETIC FABRIC 44 40 CARTON OF 600 ROLL ORIGIN OF MERCHANDISE : KOREA L/C NO. : 79405 "PARTIAL SHIPMENTS PROHIBITED" According to the declaration of the merchant		

FREIGHT & CHARGES	PREPAID	COLLECT	Freight and charges payable at	Number of Original B(s)/L THREE(3)
AS ARRANGED	PREPAID		Place and Date of issue SEOUL, KOREA	
			LADEN on Board Date MAY.19, 2025	by
TOTAL			IN WITNESS WHEROF. the carrier its Agent has signed Bills of Lading, all the same tenor and date, one of which be accomplished, the others to stand void.	
FOR DELIVERY OF GOODS PLEASE APPLY TO :			By **HUNDAIKMA** : CO., LTD. ACTING AS A CARRIER	

(TEMRS CONTINUED ON BACK HEREOF)

● SWIFT L/C Field 독해

Standard Chartered Bank
Suyoungro 260 Namgu Busan, KOREA

TO : HANMI CO., Ltd
ADVICE OF ORIGINAL LETTER OF CREDIT

L/C NO.   : MED20000089LCS   DATED 2025, August 4
FOR   : USD 65,000.00
OUR REF.   : A5601-808-03523
OPENED BY   : UNITED SAUDI BANK

DEAR SIRS,

WITHOUT ANY RESPONSIBILITY OR ENGAGEMENT ON OUR PART FOR POSSIBLE ERRORS, COMMISSIONS, OR DELAYS IN THE TRANSMISSION THEREOF, WE ENCLOSE AN AUTHENTICATED MESSAGE ADVISING THE ISSUANCE OF THE CAPTIONED CREDIT.

YOU ARE REQUIRED TO EXAMINE THE CONTENTS OF THE CREDIT. IF ANY OF THE TERMS/CONDITIONS DO NOT COMPLY WITH YOUR EXPECTATION PLEASE CONTACT DIRECTLY WITH THE APPLICANT AS WE ARE NOT AUTHORISED TO VARY THE CREDIT WITHOUT INSTRUCTIONS FROM THE ISSUING BANK.

YOUR FAITHFULLY
STANDARD CHARTERED BANK
SEOUL BRANCH

MANAGER

「전 송신 과정에서 발생할 수 있는 실수나 오탈자, 지연에 대해 당 은행은 어떤 책임이나 약정을 하지 않고 신용장개설통지에 대한 확인된 송신문을 동봉합니다.

 귀사는 신용장 내용을 검토한 다음 신용장 내용이 귀사가 약정했던 내용과 다를 경우 직접 개설의뢰인에게 통지하십시오. 당 은행은 개설은행의 지시 없이 신용장을 변경할 권한을 갖고 있지 않습니다.
 스탠다드 차타드은행
 서울 지점」

05/08/2025   15:42:19   Print1-4747-000004   8
                                     Transmission

Original
Received from SWIFT

Network Priority   :   Normal
Message Output Reference   : 1653   20000805SCBLKRSEAXXX1142761628
Correspondent Input Reference : 1053   20000805USCBSARIAXXX3351530586

--------------------------------   Message Header   --------------------------------

Swift Output : FIN 700 Issue of a Documentary Credit
Sender   : USCBSARI XXX   UNITED SAUDI BANK(FORMERLY UNITED
                SAUDI CONNERCIA (HEAD OFFICE)   RIYADH SA
Receiver   : SCBLKRSEXXX STANDARD CHARTERED BANK SEOUL KR
MUR : E70020000805404405   Banking Priority :

| 27: | Sequence of Total 1/4
Form of Documentary Credit |
40A:	IRREVOCABLE [취소불능신용장]
20:	Documentary Credit Number : MED20000089LCS
31C:	Date of Issue : 20230804 [신용장 개설일 : 2025. 8. 4]
31D:	Date and place of expiry : 20251002 BUSAN -KOREA
[신용장 유효기일과 장소 : 2025. 10. 2, 부산, 한국]
50:	Applicant : M/S MOHAMMED HUSSAIN EST.
P.O. BOX 2952
MADINA MUNAWWARA. K.S.A. TEL : 8369828 FAX : 8364052
[개설의뢰인 : MOHAMMED HUSSAIN EST]
59:	**Beneficiary** : HANMI Co.,Ltd [수익자 : 한미상사]
Choongjanddaero 13bungil 61 BUSAN, KOREA
32B:	**Currency code amount** [통화금액]
Currency : USD(US DOLLAR)
Amount   : #65,000.00
39A:	Pct credit amount tolerance : 10/10 [신용장금액에서 ±10% 의 과부족을 허용함]
41D:	available with/by-name, address : STANDARD CHARTERED BANK
BUSAN, KOREA BY NEGOTIATION
[신용장 사용방법 : STANDARD CHARTERED BANK 부산지점에서 매입]
42C:	Drafts at : SIGHT [화환어음의 종류 : 일람출급]
42D:	Drawee - name and address : UNITED SAUDI BANK RIYADH
[화환어음의 지급인과 주소 : UNITED SAUDI BANK RIYADH]
43P:	Partial shipments : NOT ALLOWED [분할선적 :금지]
43T:	Transshipment : NOT ALLOWED [환적 : 금지]
44A:	**On board/disp/taking charge** : ANY KOREAN PORT
[본선적재, 송부, 수탁 : 모든 한국 항구]
44B:	**For transportation to** : JEDDAH PORT [최종목적지: JEDDAH 항구]

A 5 6 0 1 8 0 8 0 3 5 2 3
STANDARD CHARTERED BANK SEOUL

44C: **Latest date of shipment** : 20250917 [최종선적기일 : 2025년 9월 17일]

45A: **deser goods and/or services** : [상품, 서비스 명세서:]
100 PCT POLYESTER SINGLE GEORHETTE JACQUARD URUGARY BLACK
(JET BLACK) SIZE : 44/5 INCH X ABT 25 YDS.
ABOUT 20,000 YDS AT USD 0.8712/YD C AND F JEDDAH.

46A: **Documents required** :
+ SIGNED COMMERCIAL INVOICE(S) IN TRIPLICATE INDICATION OF CIF VALUE AND FREIGHT CHARGES SEPARATELY.
+ FULL SET OF AT LEAST THREE CLEAN SHIPPED ON BOARD OCEAN BILLS OF LADING(PORT TO PORT SHIPMENT) MADE OUT TO THE ORDER OF UNITED SAUDI BANK MARKED FREIGHT PREPAID AND NOTIFY APPLICANT
+ INSURANCE POLICY OR CERTIFICATE ISSUED IN DUPLICATE DULY ENDORSED IN BLANK FOR FULL INVOICE VALUE PLUS 10 PERCENT WITH CLAIM PAYABLE IN SAUDI ARABIA IN THE SAME CURRENCY AS THE DRAFT COVERING INSTITUTE CARGO CLAUSES (C)

[요구서류 :
+ 서명된 상업송장 3통, 본 상업송장에 별도로 운임·보험료 포함 조건 가격과 해상운임이 기재되어 있어야 한다
+ 무사고 해양선적선하증권 (항구 간 선적) 3통이 UNITED SAUDI BANK를 기명지시식으로 발행되고, 운임선지급, 수입항에서의 화물도착통지처로 수입상이 기재되어 있어야 한다.
+ ICC(C)조건으로 보험에 가입되고 환어음의 통화와 동일한 통화로 사우디아라비아에서 보험금이 지급될 수 있으며 상업송장금액의 110%에 대하여 부보되며 백지배서가 되어 있는 보험증권 또는 보험증명서 2통]

71B: (CONTINUED ON PAGE 2)

Charges
ALL BANKING CHARGES OUTSIDE SAUDI ARABIA, INCLUDING REIMBURSING BANK'S IF ANY, ARE FOR ACCOUNT OF BENEFICIARY
[비용: 상환은행비용을 포함해서 사우디아라비아 외에서 발생한 모든 은행비용은 수출상이
48: 부담해야 한다.]

Period for presentation
DOCUMENTS MUST BE PRESENTED TO THE NEGOTIATING OR PAYING BANK WITHIN 10 DAYS AFTER DATE OF SHIPMENT BUT PRIOR TO THE CREDIT EXPIRY
[서류제시기일 : 서류는 선적일로부터 10일 이내에 매입 또는 지급은행에 제시되어야 하며
49: 신용장 유효기일 이내이어야 한다.]

53A: **Confirmation instructions** : WITHOUT [신용장확인 지시사항 : 없음]

Reimbursing bank - BIC : [상환은행]
SCBLUS 33XXX

STANDARD CHARTERED BANK
78:   NEW YORK NY US

Instructions to pay/acc/ueg bk [지급, 인수, 매입은행 지시사항]

+ PLS DRAW ON OUR ACCOUNT WITH YOUR NEW YORK OFFICE FOR THE AMOUNT OF NEGOTIATION AFTER 5 CALENDAR DAYS FROM DATE OF DESPATCH OF DOCUMENTS UNDER TELEX ADVICE TO US INDICATING AMOUNT AND VALUE DATE PROVIDED ALL TERMS AND CONDITIONS ARE COMPLIED WITH.

[+ 모든 신용장의 제조건이 일치하고 매입금액과 가격이 명시된 통지서를 텔렉스로 통지하고 제반서류를 송부한 날로부터 5일 후에 매입금액은 귀 은행의 뉴욕지점에 개설되어 있는 당 은행의 계좌에서 차기하시기 바람]

+ PLEASE FORWARD ALL ORIGINAL DOCUMENTS TO UNITED SAUDI BANK, COURIER SERVICES AND DUPLICATES BY REGISTERDE MAIL AT BENEFICIARY'S EXPENSE.

[+ 모든 서류원본을 수출상의 비용으로 DHL택배로 등록된 항공우편으로 UNITED SAUDI BANK에게 제시하고 2통은 등록된 항공우편으로 송부해야 합니다.]

 오답노트

1. 선하증권
가. 「Clean」이라는 표시가 선하증권상에 표시되었다가 삭제된 경우에는 사고부로 간주된다. (x)
  → UCP에서는 선하증권상에 「Clean」이란 단어를 요구하는 어떠한 규정도 없으므로 이를 명시하지 않은 서류를 하자로 보아서는 안 된다.
나. AWB는 지시식이나 B/L은 기명식이다. (x)
  → AWB는 기명식이나 B/L은 대부분 지시식(무기명식)이다.
다. 「Full set of clean on board marine bill of loading」을 요구한 신용장의 경우 개설은행에 제시하여야 할 해상선하증권의 수량은 3부이다. (x)
  → 발행된 원본의 총수량을 제시해야 한다.
라. 신용장에서 선적항으로 「Korean Port」라고 명시하고 있으면 선하증권의 선적항도 반드시 「Korean Port」라고 기재되어야 한다. (x)
  → 신용장이 선적항이나 양륙항을 특정 항구명이 아닌 어느 지역으로 표시하는 경우(예:Korean Port), B/L에는 그 지역 내에 포함되는, 실제로 선적된 특정 항구의 이름과 실제로 양륙될 특정항구의 이름을 기재해도 무방하다.
마. 해상화물운송장의 경우 수하인이 물품을 수령할 때 운송인에게 원본서류를 제시하여야 한다. (x)
  → 해상화물운송장의 경우 수하인이 물품을 수령할 때 본인임을 입증하면 되므로 원본서류를 제출할 필요가 없다.
바. 선장의 대리인이 서명하는 경우 대리인이란 자격, 운송인과 선장의 명의가 있어야 한다. (x)
  → 선장의 대리인이 서명한 경우 대리인의 자격으로 서명했음을 표시하면 되고, 운송인과 선장의 명의가 필요하지 않다.

2. 항공화물운송장
가. 수입자는 수출자로부터 원본 항공화물운송장 중 제2원본인 수화인용(적색)을 교부받는다. (x)
  → 신용장 거래에 의한 항공화물운송장의 경우 개설은행이 consignee로 되어 있다. 수입자는 개설은행에 찾아가 신용장 개설 대금을 결제하고 화물인도승낙서를 발급받아야 한다.
나. 「AWB」이 지시식으로 발행되었다면, 신용장에 배서에 대한 특별한 언급이 없더라도 송화인이 배서해야 한다. (x)
  → 항공운송장(AWB)은 기명식으로 발행되어 유통증권이 아니므로 배서가 필요하지 않다.

제11장 환어음의 매입과 심사

01 수출환어음의 매입(Negotiation of Bill of Exchange)

신용장 지급 방식의 경우 수출자는 물품의 선적을 완료하면 신용장이 요구하고 있는 화환어음에 선적서류와 신용장을 첨부하여 매입은행에 제시하고 매입을 의뢰함으로써 수출대금을 지급 받게 된다. 매입은행은 이들 서류가 신용장에서 요구하는 서류와 일치하는지를 검토 후 제수수료를 공제한 수출대금을 수출상에게 지급하게 되는데 이러한 일련의 과정을 매입(negotiation)이라 한다. 추심방식(D/A, D/P)의 경우에는 신용장 방식과는 달리 은행의 지급확약이 없으므로 은행은 단지 수입상으로부터 대금을 추심하는 심부름 역할만 하게 된다.

02 불일치사항이 있는 서류의 은행매입

신용장 조건과 일치하지 않는 하자서류는 매입은행으로선 그 서류를 거절하는 것이 가장 확실하고 안전한 방법이지만 수익자가 동 은행의 수익성 있는 고객일 경우는 고객 관리 차원에서 이를 시정하여 매입할 수 있는 대안을 강구하게 된다. 매입은행으로선 서류의 수리여부를 여러 상황을 고려하여 다음과 같은 방법에 따라 결정하게 된다.

(1) 신용장조건 변경 후 매입

수익자더러 신용장 개설의뢰인(수입상)에게 L/C의 조건변경(amendment)을 요청하여 신용장을 재발행하게 함으로써 원신용장 조건과 불일치한 서류를 조건변경되어 재발행된 L/C의 조건에 맞게 선적서류를 일치시킨 후 매입한다. 가장 안전한 방법이지만 신용장의 유효기간과 서류 제시기간에 여유가 있어야 가능하다.

(2) 전신조회 후 매입(Cable Nego)

매입은행은 서류의 하자에도 불구하고 개설은행이 대금을 지불할 것인지 여부를 L/C 개설은행 앞으로 하자 내용을 통보하여 전신으로 조회(Cable Nego)한다. 개설은행이 이에 대하여 지급확약을 할 경우 서류를 매입한다.

(3) 하자선적서류의 매입

① 보증서부 매입

매입은행이 수익자가 제시하는 환어음 및 선적서류의 불일치 또는 신용장조건과의 상호모순에 따라 개설은행으로부터 지급이 거절되어(unpaid) 서류가 부도반환되면 즉시 매입은행에게 기지급받은 대금을 지급하겠다는 수익자의 보증각서(Letter of Guarantee : L/G)를 받고 담보 취득과 같은 법적 조치를 취한 후 매입하는 방법이다.

② 유보조건부 매입(under indemnity negotiation)

하자내용이 비교적 경미하고 수출업자의 신용과 신용장 매입대금 상환청구에 문제가 없다고 판단하는 경우 불일치한 서류를 매입하는 방식을 말한다. 보상장매입(Letter of Indemnity Nego; L/I Nego)이라고도 한다.

(4) 추심 후 매입(Collection Basis)

불일치가 있는 서류를 매입하지는 않고(대금을 지급하지는 않고) 일단 환어음을 개설은행 앞으로 추심한 후(서류를 송부한 후) 개설은행으로부터 대금이 입금되었을 때 환어음 발행인에게 지급한다. 은행은 지급의 책임이나 의무 없이 단지 서류를 중개해주는 역할만 하게 되므로 이때는 신용장통일규칙(UCP)이 아니라 **추심에 관한 통일규칙(URC)이 적용**된다.

03 신용장관련 수수료

(1) 환가료(exchange commission, periodic interest)

수출지에 있는 매입은행이 선적서류를 매입할 때 수출상에게 자국통화와 자행의 자금으로 선지급한 후 개설은행 또는 상환은행으로부터 대금 상환을 받는 기간의 공백에 대한 이자를 말한다. 즉, 매입은행이 선지급한 날과 수출 대금이 입금된 날과의 자금 청구 기간 동안의 우편일수에 대한 이자이다. 우편일수는 일반적인 경우에는 표준일수라고 하여 **8일을 적용하고, 동남아 등의 국가에는 7일을 적용한다.** Nego 시 매입은행은 선이자 명목으로 매입대금 계산에서 미리 공제한다.

※ 환가료 = (우편일수/ 360) × 연환가료율 × 장부가격(외화금액 x 적용환율)
- 장부가격이란 현재 보유하고 있는 외화표시 금액을 말한다. 환율에 따라 원화표시 장부가격은 달라질 수 있다.

- 환가료의 계산 예제
  결제조건 : 90days after sight
  환어음 금액 : 3,500U$
  이자율 : 3%
  환율 : USD1=KRW1,000
  · 환가료 = (90/360)x3%x3,500U$=26.25U$x1,000₩ = 26,250₩

(2) 대체료(in lieu of exchange commission)

수출자가 수출대금을 외화로 받은 다음 이것을 원화로 환전하지 않고 수입결제 대금 등으로 사용하게 되면 은행으로선 환거래매매에 따른 환거래 수수료가 발생하지 않기 때문에 외국환의 매매에 수반되는 외국환 매매차익의 상실에 대한 보상으로서의 수수료이다.

① 환율의 적용
 가. 선적서류를 매도할 때(수출자) = 전신환매입율(T/T buying rate)
 나. 수입대금을 결제할 때(수입자) = 전신환매도율(T/T selling rate)
② 대체료 = 장부가격(외화금액x환율) x 0.1%

(3) 기타 환거래수수료(correspondent charge or corres charge),

수입신용장의 통지, 확인, 매입, 지급 및 상환 등과 관련하여 해외 거래은행으로부터 발행되는 수수료를 말하며 다음과 같은 여러 수수료가 있다.

① 신용장통지수수료(advice charge)
② 확인수수료(confirmation charge)
③ 매입, 지급수수료(negotiation or payment commission)
④ 상환수수료(reimbursement commission)
⑤ 전신료(cable charge)
⑥ 추심수수료(collection charge)
⑦ 미입금수수료(Less Charge)

04 개설은행(Issuing Bank)의 서류심사

개설은행은 매입은행으로부터 송부되어온 선적서류를 개설의뢰인에 대해 대금상환을 청구하기 위하여 신용장 발행 조건과 일치하는지의 여부를 심사할 필요가 있다.

(1) 서류심사 근거 및 기간 [UCP600 제14조]

① 개설은행은 서류가 문면상 일치하는 제시(적격제시)를 구성하는지 여부("일치성")를 결정하기 위하여 서류만을 기초로 하여 그 제시를 심사하여야 한다.
② 은행은 국제표준은행관습(ISBP)에 따라 문면상 신용장의 제조건과 일치하는지를 심사하여야 한다.
③ 서류 상호 간에 문면상 상충되는 것은 불일치(discrepancy)한 것으로 간주한다.
④ 은행은 **서류만을 근거**(on the basis of the document alone)로서 **점검하여야 하며** 개설의뢰인의 지급불능 또는 개설의뢰인이 제기하는 매매계약상의 이유 등을 근거로 하여 서류 이외의 사항으로 그 판단 근거로 삼아서는 안 된다.(독립성의 원칙)
⑤ 신용장이 어떤 조건(condition)과의 일치성을 표시하기 위하여 서류를 명시하지 않고 그 조건만을 포함하고 있는 경우 은행은 그러한 조건을 무시한다.

(2) 불일치서류에 대한 개설은행의 처리 [UCP600 제16조]

① **수익자의 불일치 서류의 보완과 서류 재제출권**

신용장의 유효기간이 경과한 경우에는 수익자는 서류를 보완하여 개설은행에 다시 제시할 수 없다.

② **서류수리거절 통지 시의 불일치사항**

은행이 서류를 거절하는 모든 불일치사항(all discrepancies)을 기재하여야 함

③ **서류수리의 거절**

서류상의 불일치를 근거로, 은행이 서류를 거절하는 경우에는 반드시 **서류 제시일의 다음 날부터 최대 제5은행영업일 이내에 거절을 통지해야 한다.** 또한 개설은행은 서류를 제시인으로부터 추가 지시를 받을 때까지 보관하고 있다거나 서류 제시인에게 반송중이라는 것을 명시할 필요가 있다. 이와 같은 경우에만 개설은행은 서류 송부 은행에 대한 서류 거절을 정당화할 수 있다.

④ **개설은행의 불일치서류 교섭권**

개설은행의 교섭권은 의무사항은 아니지만 개설은행은 독자적인 판단으로 개설의뢰인과 그 불일치에 관한 권리포기(waiver)의 여부를 교섭할 수 있다. 즉 불일치 서류에 대하여 지급을 했을 경우 차후 발생할 수 있는 문제에 대비하여 개설의뢰인에게 그 의사를 교섭함으로써 개설은행이 면책을 받기 위하여 행하는 것이다. 또한 개설의뢰인의 편의를 위해서도 하자 처리 전에 개설의뢰인의 의견을 구할 때에도 적용된다.

⑤ 개설은행 또는 확인은행의 상환금 및 이자의 반환청구권

개설은행 또는 확인은행이 제3의 은행(상환은행)을 통하여 신용장 대금을 지급한 후 서류의 불일치를 발견한 경우 개설은행 또는 확인은행은 이미 지급된 상환원금뿐만 아니라 상환 실행일로부터 반환일까지의 이자도 추가하여 서류 송부은행(매입은행)에 반환을 청구할 권리가 있다.

05 Expiry Date[E/D], Presentation Date[P/D]

(1) 유효기일(Expiry Date ; E/D)

신용장의 유효기일이란 수익자가 매입은행 또는 지급은행(지정은행)에 대하여 어음의 지급, 인수 또는 매입을 요구하기 위하여 서류를 제시하여야 할 최종 유효기일을 말한다.

① 신용장에는 수출상이 서류를 제시할 유효기일을 명확히 나타내어야 한다.

② **제시를 위한 최종일에 은행이 영업을 하지 않을 때 다음 최초 영업일까지 연장된다.**

그러나 신용장 유효기일 또는 영업일이 연장되었다고 해서 선적 최종기일까지 연장되는 것은 아니다. (단, 유효기일 마감일에 해당하는 날의 휴무가 전쟁, 폭동, 파업 등으로 불가항력적인 것이라 하더라도 마감일은 연장되지 않고 지정일로서 종료됨에 유의할 것)

(2) 서류 제시일(Presentation Date ; P/D)

모든 신용장은 선적서류의 발행일로부터 은행에 서류를 제시해야 하는 제시기간을 명시해야 한다. 서류는 신용장에 기재된 일자보다 이전의 일자가 기재될 수 있으나 그 서류의 제시일보다 늦은 일자가 기재되어서는 안 된다.[UCP600 제14조 I] 제시기간이 없을 경우 은행은 **선적서류 발행 후 21일이 지나 제시된 서류**(Stale B/L)**는 거절**한다.

[예] 47A additional conditions.
Documents to be presented within 7 days after the date of shipment but within the validity of this credit.
「서류는 선적일로부터 7일 이내에 제시되어야 하며 신용장 유효기일 이내여야 한다.」

응용문제

다음은 선적에 관한 계약서의 일부이다. 내용을 읽고 물음에 답하시오.

Shipment is to be made within the time stipulated in each contract, except in (가)circumstances beyond the sellers' control. (나)The date of bills of lading shall be taken as conclusive proof of the date of shipment. Unless expressly agreed upon, (다)the port of shipment shall be at the Sellers' option.

밑줄 친 (나)와 관련하여, L/C 상의 shipping date는 June 12, 2024이고 실제 2024년 6월 12일(일요일) 선적했으나 일요일 휴무 관계로 다음날 월요일에 B/L을 발급받는다면 실무상 어떻게 해야 계약위반이 되지 않는가?

① 일요일이나 공휴일은 세계적으로 인정되는 상관습이므로 월요일에 B/L date를 'June 13, 2024'로 발급받고 수입업자에게 하루의 지연 선적(delayed shipment) 상황을 알린다.

② 휴무일과 관계없이 B/L date는 'June 13, 2024'로 표기되고 별도로 B/L상에도 'on board date : June 13, 2024'의 notation을 받으면 된다.

③ 비록 일요일에 선적했으나 휴무 관계로 B/L 발급을 못했으므로 B/L상에 'on board date : June 13, 2024'의 notation을 받으면 된다.

④ 비록 B/L date는 'June 13, 2024'로 표기되나 별도로 B/L상에 'on board date : June 12, 2024'의 notation을 받으면 된다.

해설 보기의 예가 무척 복잡해 보이지만 수익자(수출자)는 여하한 경우라도 신용장에서 제시된 선적기일을 엄수해야 된다는 사실을 알고 있다면 쉽게 정답을 찾을 수 있다. 선지 ①~③번은 모두 선하증권상에 June 13, 2024으로 본선선적일이 표기되어 신용장상의 shipping date를 어긴 것이 되므로 은행에선 수리를 거부한다. 선지 ①번의 경우 서류의 심사는 서류의 문면 상으로만 판단하므로 수입상과 수출상의 협상이나 수정은 신용장 변경을 통하지 않고서는 인정되지 않는다. 단순히 지연 선적을 알렸다는 것만으로 조건변경이 허용되는 것은 아닙니다.

정답 ④

제12장 국제해상운송 I

01 해상운송의 개념과 특성

해상운송이란 해상에서 선박이란 운송수단을 사용하여 사람이나 화물을 운송하여 그 대가로서 운임을 획득하는 상행위를 말한다. 운송비가 항공운송에 비해서 저렴하지만 운송기간이 길다. 부피 또는 중량이 큰 대규모의 화물이나 저가의 공산품의 운송에 적합하다.

02 해운시장

해운시장은 크게 정해진 항로를 운항하는 정기선 시장과 선주와 화주와의 용선계약에 따른 항로를 운항하는 부정기선 시장으로 나누어진다.

[표 12-1] 정기선 시장과 부정기선 시장의 비교

구 분	정기선 시장	부정기선 시장
수요특성	저운임이진 않지만 규칙성, 신속성, 정확성이 있다.	상대적으로 저운임이지만 규칙성과 신속성이 떨어진다.
대상화물	물품의 가격이 높아서 상대적으로 운임이 차지하는 비중이 낮은 일반화물로서 공산품, 식료품, 고가품 등의 운송에 사용된다.	물품의 단위 당 가격이 낮아서 운임의 부담비중이 낮아야 되는 화물로서 벌크화물(Bulk Cargo)이 주된 화물이다. 원자재, 연료, 식량, 광물, 목재 등이 해당된다.
수요발생	일정하고 안정적이며 계속적이다	불규칙하며 불안정하다
선 박	정기선(liner)	부정기선(tramp ship; tramper)

03 해운동맹(Shipping Conference)

해운동맹이란 특정 정기항로에 배선을 하고 있는 선박회사들이 상호 간의 과당경쟁을 방지하기 위한 목적으로 결성된 국제카르텔(cartel)을 말한다. 운송에 관한 여러 가지 협정 즉, 운임 및 영업조건(기항지, 취항항로, 적하량 등)을 맺고 있으며 이것을 운임동맹(freight conference)또는

항로동맹(navigator conference)이라고도 부른다. 동맹의 강제와 의무준수 여부에 따라 크게 개방동맹과 폐쇄동맹으로 나뉜다.

(1) 폐쇄동맹(closed conference)

가입과 탈퇴를 자율적으로 허용하고 있는 미국식의 개방적 해운동맹과는 달리 일정 자격과 실적이 있는 선사만 가입이 가능하며 가입신청 시 가맹선사의 전원 동의가 필요하다. 미국, 일본, 우리나라 등은 법으로 금지하고 있는 형태이다. 미국은 해운동맹에 대하여 독점금지법의 적용을 면제하고 있지만 불공정거래의 성격을 갖는 행위에 대해서는 이를 금지하는 형식을 취하고 있다.

(2) 해운동맹의 대외적 화주 구속수단

해운동맹은 화주를 지속적으로 구속하여 동맹에 묶어두기 위한 수단을 행사하는데 주로 다음과 같은 운임의 책정(운임율)을 이용하게 된다.

① 계약운임제(Contract Rate System ; Dual Rate System)

화물을 동맹에 가입된 선사에 싣겠다는 계약서를 체결한 화주에 대하여는 저율의 운임을 책정하고 비계약화주에게는 고율의 운임을 책정하는 이중 운임제도이다. 계약 화주에게 운임을 우대해 주는 우대운임 약정을 S/C(Service Contract)라 한다.

② 운임할려제(성실할려제 ; Fidelity Rebate System)

일정기간(대개 6개월) 동안 동맹선을 이용한 화주에게 운임이 선불이든 후불이든 관계없이 그 기간 내에 선박회사가 받은 운임의 일정비율을 기간 경과 후에 환불하는(대체적으로 10%) 제도를 말한다.

③ 운임연환불제(운임연환급제 ; Deferred Rebate System)

일정기간(통상 6개월) 동안 동맹선에만 선적한 화주에 대해서 그 지급한 운임의 일부를 환불하는데, 그 기간에 이어서 일정기간 동맹선에만 선적할 것을 조건으로 하여 그 계속되는 일정기간이 경과된 후 환불되는 제도이다. 운임연환불제는 운임할려제에다가 유보기간까지 설정되어 화주를 구속하는 가장 강력한 해운동맹의 구속수단이다.

● 해운동맹의 대내적 방법

가. 배선협정(Sailing Agreement)
   선복과잉에 의한 과당경쟁을 방지하기 위하여 특정 항로의 항차 및 화물에 제한을 둔다.
나. 공동계산제(Pooling System)
   각 선사가 일정 기간 내에 획득한 운임을 미리 정해진 배분율(pool point)에 따라 동맹선사 간에 수익을 배분하는 방법이다.
다. 운임협정(Rate Agreement)
   동맹회원간에 약정된 운임률표에 따라 공통으로 준수되는 운임을 말한다. 다만 항로 사정에 따라 특정 화물에 대해서는 자유운임(open rate)을 각 회원이 자유롭게 정할 수 있다.
라. 대항선(Fighting Ship)
   해운동맹 선사의 회원들이 취항하고 있는 노선에 맹외선사의 선박이 운항중일 경우 이를 축출하기 위하여 운용되는 선박이다. 즉, 가맹선사의 특정 선박을 겨냥해서 채산성은 고려치 않은 저운임으로 해당 맹외선의 스케줄과 똑같은 항로에 취항시킨다. 이때 발생하는 손실은 가맹선사가 공동으로 부담한다.

04 해상운임의 계산(Freight Calculation)

[표 12-2] 해상운임의 적용기준과 종류

기본운임 (중량과 용적 중 운임 폭이 큰 쪽을 운임으로 정한다)	■ 운임톤(revenue ton ; R/T) - 중량(Weight)운임과 용적(Measurement)운임 중에서 운임산정의 기준이 되는 톤을 말한다. ■ 종가운임(Ad valorem) : 고가품에 가격을 기준으로 하여 운임을 정한다
총괄운임 (선복운임 ; Lumpsum Freight)	■ 선복 또는 항해를 단위로 하여 '선복운임액 얼마'라고 총괄하여 정함 ■ 용선자는 공적운임에 대해서도 계약운임의 전액을 지급해야 함
비율운임 (Pro rate Freight)	■ 선박이 항해 중 항해 계속이 불가능해질 경우에 운송이행비율에 따라 선주에게 운임을 지급하는 방식 ■ 확정운임을 적용하는 정기선 시장에는 해당되지 않으며 부정기선 시장에 적용된다.
부적운임/공적운임 (Dead Freight)	■ 총괄운임을 적용하여 선복(space)을 예약했으나 계약한 전체 화물을 다 싣지 못한 경우 그 남은 선복에까지도 적용되는 운임
반송운임 (Back Freight)	■ 운임 후지급(freight collect) 조건으로 운송되는 화물이 반송되어 왔을 때 등에 부과하는 운임

● 선박의 톤수(Tonnage)

Tonnage(톤수)란 선박 자체의 톤수 또는 선박의 적재톤수를 나타내는 말이다. 톤수는 선박톤수(Vessel's Tonnage)와 적재톤수(Loading Capacity Tonnage)로 나누기도 하며, 용적을 기준으로 한 용적톤수와 중량을 기준으로 한 중량톤수가 있다.

① 용적톤수

가. 총톤수(Gross Tonnage : G/T)

선체 및 갑판 위에 건조된 선원실·객실 등을 포함하는 총 용적을 측정한 톤수이다. 보통 탱커(Tanker)를 제외한 상선이나 어선의 크기를 이 총톤수로 표시한다.

나. 순톤수(Net Tonnage : N/T)

총톤수에서 선원실·기관실·해도실·선용품창고 등 선박의 운항에 필요한 장소의 용적을 제외한 용적톤수이다.

② 중량톤수

가. 배수톤수(Displacement Tonnage : D/T)

선박의 중량을 말하는 것으로, 배의 무게는 선체의 수면하의 부분인 배수용적에 상당하는 물의 중량과 같으며, 이 물의 중량을 배수량 또는 배수톤수라고 한다. 상선보다는 군함의 대소를 표시하는데 있어서 국제적으로 통일하여 사용하고 있다.

나. 재화중량톤수(Dead Weight Tonnage : DWT)

선박이 적재할 수 있는 화물의 최대중량을 말하며, 선박매매나 용선료 등의 기준이 된다.

05 해상운임의 기타 요소

해상운임을 책정하는데 있어서 부가적으로 선사가 화주에게 청구되는 일종의 할증료(surcharge)는 다음의 표와 같다.

[표 12-3] 할증료(surcharge)의 종류

종류	내용
BAF(Bunker Adjustment Factor) : 유가할증료	선박연료비의 급등으로 인한 손실을 보전하기 위한 것
CAF(Currency Adjustment Factor) : 통화할증료	외국환율의 급등으로 인한 환차손을 보전하기 위한 것
Congestion Surcharge : 체선할증료	정박항에서의 체선으로 인하여 정박일수 증가에 대한 보전
Heavy Lift Surcharge : 중량할증료	단일화물의 중량이 특히 무거운 경우에 부과
Lengthy Surcharge : 장척할증료	단일화물의 길이가 특히 긴 경우에 부과
EBS(Emergent Bunker Surcharge)	긴급유류할증료이며 예고되지 않은 상황으로 유가가 급격히 상승할 때 부과한다. 유가상승분에 대한 비용을 운임에 포함하지 않고 별도로 청구한다.
optional charge : 선택항 추가운임	선적 시에 양륙항을 복수로 선정하고 최초의 양륙항 도착 전에 양륙항을 화주가 지정할 경우 추가로 부가하는 운임
diversion charge : 항구변경료	선적할 때에 지정하였던 양륙항을 선적 후에 변경 할 경우에 추가로 부과되는 운임

[표 12-4] 부대운임의 종류

종류	내용
터미널 화물처리비 (THC; Terminal Handling Charge)	화물이 CY에 입고된 순간부터 본선의 선측까지, 반대로 본선의 선측에서 CY의 게이트를 통과하기까지 화물의 이동에 따르는 비용을 말한다.
CFS 작업료 (CFS Charge)	선사가 컨테이너 한 개의 분량이 못되는 소량화물을 운송하는 경우 선적지 및 도착지의 CFS에서 화물의 혼적 또는 분류작업을 하게 되는데 이때 발생하는 비용을 말한다.
서류발급비 (Document Fee)	선사가 선하증권과 화물인도지시서(Delivery Order; D/O)의 발급 시 행정비용을 보전하기 위하여 부과하는 요금이다.
지체료 (Detention Charge)	화주가 컨테이너 또는 트레일러를 대여 받았을 경우 규정된 시간(Closing Time)내에 선사에 반환을 못할 경우 벌과금으로 지불해야 하는 비용을 말한다.

- **편의치적(Flag of Convenience : FOC)**
  선주가 자국에 선박을 등록할 경우 경제적 규제와 엄격한 선원 고용 조건 등을 피하고 이윤을 극대화시키기 위하여 선박을 제3국에 등록하는 것을 말한다.
- **정기선운임의 최저운임(minimum rate)은 1CBM 혹은 1톤이다.**
  화물이 1CBM 이나 1톤 미만이라 하더라도 정해진 최저운임을 적용한다.
- **품목무차별운임(Freights All Kinds; FAK)**
  화물, 하주, 장소를 불문하고 운송거리를 기준으로 화차 1대당, 트럭 1대당 또는 컨테이너 1대 당 얼마로 하여 일률적으로 운임을 책정하는 것을 말한다.

06 부정기선 및 용선계약

부정기선은 산화물(bulk cargo)을 운송할 때 많이 쓰이며 원칙적으로 단일 화주의 단일 화물을 항해용선계약(voyage charter)으로 전부 용선(배를 빌림)하여 운송하는 선박을 말한다. 유조선(oil tanker), 냉동선(refrigerated ship), 목재전용선(lumber carrier), 자동차전용선(car carrier)등이 여기에 해당된다.

(1) 운송계약의 종류

[표 12-5] 운송계약의 종류

개품운송계약 (Affreightment in a general ship)	선박회사가 여러 화주와 화물운송계약을 개별적으로 맺는 것을 말하며 대부분의 공산품의 화물이 여기에 해당된다. 정기선(liner ; liner vessel)에 의한 운송은 거의 이 운송방식을 따른다.
용선운송계약 (contract by charter party)	선복(ship's space)의 일부 또는 전부를 전세 내어 화물을 운송할 목적으로 선박회사와 용선자간에 체결하는 계약이다. 대량화물을 부정기선(tramper)에 의해 운송하는 경우에 이용된다. 용선계약에는 선복의 전부를 전세 내는 전부용선계약(whole charter)과 선복의 일부를 전세 내는 일부용선계약(partial charter)으로 나누어진다.

> **Check Point**
> ● 개품운송계약의 절차
>
> 운송인이 다수의 송하인으로부터 물품을 수집하여 이를 목적항 및 물품의 특성에 따라 분류한 뒤 선박에 각종의 물품을 혼재하여 운송하는 계약을 말한다. 통상 개품운송은 정기선(liner)을 이용하고 있다.
> ① 개품운송의 절차
> 　개품운송의 경우에는 계약절차를 간소화하기 위하여 일반적으로 운송계약서는 작성하지 않고 간단한 선적신청서(Shipping Application or Shipping Request)를 작성하여 선박회사에 제출하고, 선박회사가 선복예약서(booking note)를 발행하면 이로써 운송계약이 체결된 것으로 본다.
> ② 벌크화물 운송계약의 절차
> 　벌크화물 운송 등을 부정기선 용선으로 할 경우 운송계약은 화주가 임의로 결정할 수 있지만 선사와의 개품운송계약은 선사가 이미 정해놓은 운송루트와 조건에 따라 계약을 체결하게 되므로 이는 송하인(shipper)을 규제함과 동시에 개별 화물 운송을 인수하는 선주 일방의 계약이라는 특성이 있다.
> ③ 선박회사의 화물 책임
> 　선박회사의 화물에 대한 책임은 본선에 선적할 때부터 시작되며 화물을 본선 선측까지 운반하는 것은 송하인의 책임이며, 의무이다.

(2) 용선계약의 종류

[표 12-6] 용선계약의 종류

항해용선계약 (Voyage Charter)	한 항구에서 다른 항구까지 화물의 운송을 의뢰하는 화주(용선자)와 운송인 간에 체결하는 운송계약을 말한다. 항로용선계약으로도 불리며 화물의 용적, 중량 또는 선박의 선복을 기준으로 운임이 결정된다. 각각의 화물, 항로에 적합하게끔 표준서식이 정해져 있으며 Gencon이 대표적이다.
정기용선 (time charter)	선박의 전부 또는 일부를 일정기간 동안 용선하는 것을 말한다. 하기 나용선 계약은 배만 빌리지만 정기용선은 항해용선계약처럼 선장과 선원 등 원래 선박에 소속된 선원 및 부속품과 함께 그대로 배를 빌려서 일정기간 동안 용선하는 것을 말한다. 장기운송계약화물이나 특정항로의 선복을 보충하기 위하여 이용된다.
나용선 계약 (bareboat charter)	정기용선과는 달리 용선자(charter)는 선박만 빌려오는 형태이며 이외에 선장, 연료, 선원, 선용품 등은 용선자가 스스로 구성하여 운영하는 형태의 선박임대차 계약을 말한다. 운송인은 선주로부터 나용선하고(빌리고) 이를 다시 제3자에게 용선하거나(sub-charter; 재용선), 정기선으로 운항하게 된다. demise charter, bare charter라고도 한다.

● 나용선 계약의 본질

　나용선계약(Bareboat Charter : Demise Charter)은 자본력이 약한 운항선사가 선복을 보충하면서 선대(fleet)를 늘리는 일종의 할부제도 내지 리스제도이다. 통상 나용선계약은 10~20년의 장기에 걸쳐 체결되고, 계약이 만료되면 선박의 소유권이 선주로부터 용선자에게 이전된다. 우리나라에는 국적취득 조건부 나용선 제도가 있어, 외국의 선박을 나용선 한 뒤 용선계약이 종료되면, 그 선박을 우리의 국적선으로 등록케 하고 있다. 선주는 선박만을 대여하고, 용선자는 감가상각비 이외의 재산세, 선체보험료, 선원비 등의 일체의 선비 및 운항비를 부담하고 선원의 선발, 관리도 용선인의 권한에 속한다.
● 성약각서(Fixture Note)
　용선계약이 성립된 경우 계약의 주된 내용을 기재하여 선주와 용선자(charter)가 서명하여 보관하는 각서

(3) 용선계약의 주요 조건

화물의 선적 및 양륙비용을 선주와 화주(또는 용선자) 중 누가 얼마만큼을, 어떤 조건에 따라 부담할 것인가를 다음의 표와 같이 정한다. 화물을 양륙하기 위하여 선박이 항구에 정박하는 기간 역시 주요 조건이다.

[표 12-7] 하역비 부담조건

Berth Terms(Liner Terms)	선적과 양륙비용을 선주가 부담하며 정기선의 개품운송계약에 사용한다.
FIO(Free In and Out)	선적과 양륙비용을 용선자가 부담
FI(Free In)	선적비용은 용선자, 양륙비용은 선주가 부담
FO(Free Out)	선적비용은 선주부담, 양륙비용은 용선자 부담
FIOST (Free In, Free Out, Stowed, Trimmed)	선적비용, 양륙비용, 본선 내의 적부비용 및 화물정리비용 등은 모두 용선자 부담

[표 12-7] 정박일 계산조건(정박기간 ; Laydays)

- 관습적 조속하역(Customary Quick Dispatch ; CQD)
  정박기간의 한정 없이 그 항구의 관습에 따라 빨리 하역하는 조건
- 연속정박기간(Running Laydays, Consecutive Days)
  불가항력으로 인한 하역 불능 시간 및 일요일, 축제일도 모두 포함
- 호천(청천)하역일(Weather Working Days; WWD)
  하역 가능한 날씨만을 정박기간으로 계산하며 악천후는 제외한다. 현재 가장 많이 쓰이는 조건이며 아래의 세 가지로 분류된다.
  ① Sundays and Holidays Excepted(SHEX)
  일요일과 공휴일은 원래 근로일이 아니기 때문에 정박기간에 산정하지 않는 방식
  ② Sundays and Holidays Excepted/Excluded Unless Used(SHEXUU)
  일요일과 공휴일에 작업을 하는 경우에만 정박기간에 산정하는 방식
  ③ Sundays and Holidays Excepted/Excluded Even if Used(SHEXEIU)
  일요일과 공휴일에 작업을 하더라도 정박기간에 산정하지 않는 방식

(4) 체선료와 조출료

① 체선료(demurrage)

용선계약에서 정한 정박기간(허용정박기간 : Laytime allowed)을 초과하여 하역이 된 경우 그 초과기간만큼 용선자가 선주에게 지급하는 일종의 손해배상금(penalty)을 말한다.

② 조출료(dispatch money)

용선계약에서 정한 정박기간보다 빨리 하역이 종료된 경우에 그 절약된 정박기간에 대해 선

주가 용선자에게 지급하는 보상금으로서, 보통 **체선료의 반액** 정도이다.

③ Lay/can : 기간 내에 선주가 배선시켜야 한다는 의무조항을 말한다.

④ Lay Days(정박기간)

Lay Time이라고도 부른다. 정박기간은 화주가 계약화물의 전량(全量)을 완전하게 적재 또는 양륙하기 위해서 본선을 선적항 또는 양륙항에 정박시킬 수 있는 기간을 말한다. 서로 약정한 정박기간을 용선계약서에 기재하고 화주가 Operator에게 이를 보증한다. 그러나 화주가 약정 정박기간 내에 하역을 끝내지 못하여 다시 선박을 정박시켜야 할 때에는 그 초과 정박기간에 대해서 체선료(滯船料 ; Demurrage)를 지불하여야 한다. 이 기간을 또 초과하게 되면 부과되는 것이 지체료(Detention Charge)이다.

 오답노트

1. 해운동맹의 대표적인 기능으로는 독자행동권, Service Contract 등이 있다.(x)
   → 해운동맹은 동맹선사 간의 경쟁을 제한하고 있기 때문에 독자적으로 행동할 수 없다. 동맹선사가 화주의 구속수단으로 활용하는 대표적인 수단이 우대운임을 적용하는 Service Contract 이다.
2. 일정기간 내 동맹선사를 이용하는 화주에게 운임의 일정비율을 환불하는 화주의 구속수단을 계약운임제라 한다.(x)
   → 설명은 운임할려제(성실할려제)에 관한 내용이다. 계약운임제는 동맹선사와 운송계약을 체결하는 화주에게 저율의 운임을 책정하고 비계약화주에게는 고율의 운임을 책정하는 이중운임제도이다.
3. 정기용선계약에서 용선자가 선주에게 지불하는 용선료는 예상항해기간 및 화물량에 의해 결정된다.(x)
   → 용선자가 선주에게 지불하는 용선료는 용선기간에 의해서 결정되며 용선자는 추가적으로 연료비와 항비를 부담한다.
4. 정기용선계약에서 용선기간 중 선장이나 선원은 모두 용선자가 고용한다.(x)
   → 용선기간 중 선장이나 선원을 모두 용선자가 고용하는 것은 나용선계약이다.

제13장 국제해상운송 II

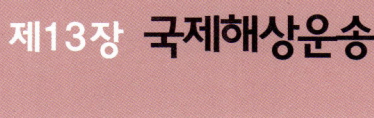
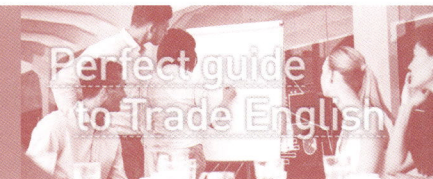

01 컨테이너 운송

컨테이너란 물적 유통부문의 포장, 수송, 하역 및 보관 등 모든 과정에서 육·해·공의 모든 운송을 연합하여 화물운송 도중 화물의 이적 없이 일관수송(through transportation)을 실현시킨 수송도구이다. 컨테이너는 반복적으로 사용이 가능하도록 규격화된 수송도구이며 화물의 운송단위(unit load)를 실현시켜 주는 혁신적인 수송용구이다.

02 컨테이너 화물의 운송 형태

[표 13-1] 컨테이너 화물의 운송 형태

CY/CY (FCL/FCL)	– 컨테이너의 장점을 최대한 이용 – 단일의 송하인과 단일의 수화인 관계 – 컨테이너 만재화물(FCL)을 그대로 일관운송 – Door to Door 서비스
CY/CFS (FCL/LCL)	– 단일의 송하인과 다수의 수하인 관계 – 만재화물상태로 운송되어 다수의 수하인을 위해 CFS에서 컨테이너를 해체하여 인도하는 운송형태 – Door to Pier 서비스
CFS/CY (LCL/FCL)	– 다수의 송하인과 단일의 수하인 관계 – 선적항에 있는 선박회사의 지정 CFS에서 다수의 송하인의 화물을 혼재한다. – 목적지의 수하인에게 FCL화물을 해체 없이 그대로 인도하는 운송형태 – Pier to Door 서비스
CFS/CFS (LCL/LCL)	– 컨테이너 운송의 장점을 제대로 살리지 못함 – 다수의 송하인과 다수의 수하인 관계 – 선적항의 CFS에서 소량화물을 혼재하여 목적항의 CFS에서 화물을 해체(devanning)하여 운송하는 형태 – Pier to Pier 서비스

- **혼재(Consolidation)**
  한 명의 화주로 컨테이너 한 대 분량을 다 채울 수 없는 소량화물을 집하하여 서로 다른 화주의 물품으로 적입(stuffing, vanning)하는 것을 말한다. Consolidation은 혼재되는 화물의 행선지가 단일 목적지로 주요 항만까지 운송되는 Port Consolidation, 항만에서 각 화물을 분류하여 그 항만을 기점으로 각 지역 또는 여러 다양한 목적지까지 운송해주는 Multi Consolidation등이 있다. 다음이 대표적인 혼재화물 형태이다.

  가. Buyer's Consolidation
  한 사람의 포워더가 수입자로부터 위탁을 받아 다수의 수출자로부터 화물을 집하하여 컨테이너에 적입한 후 수입자에게 운송.

  나. Forwarder's Consolidation
  한 사람의 포워더(운송중개인)가 다수의 수출자로부터 화물을 집하, 혼재하여 수입국의 자기 파트너를 통해 다수의 수입자에게 운송해주는 형태

- **FCL(Full Container Load ; 만재화물)**
  컨테이너 한 대에 동일한 화주의 물품으로 구성된 화물.

- **LCL(Less than a Container Load ; 혼재화물)**
  한명의 화주물품으로 컨테이너 한 대를 채우기엔 부족한 물량을 말한다. 해상운임은 컨테이너 당 운임(Box Rate)으로 부과되므로 소량의 화물을 컨테이너에 다 채우지 못한 상태로 적재를 하면 화물 운송비가 부담스럽기 때문에 동일한 방향으로 가는 다른 화주의 물건과 같이 혼재(consolidation)를 하게 된다.

- **CFS(Container Freight Station ; 소량 컨테이너화물 집하소)**
  LCL Cargo(소량화물)를 집하하여 컨테이너에 적입(stuffing, vanning)하는 장소를 말한다.

- **CY(Container Yard ; 컨테이너 장치장)**
  선사가 컨테이너를 집적, 보관, 장치하고, 적입된 컨테이너를 배치하는, 항만 근처 지역에 있는 야적장을 말한다. 통상적으로 적재, 양하하기 위하여 컨테이너를 정렬시켜두는 Marshalling Yard를 포함하고 있다. FCL화물은 Container Yard에서 인수한다. CY는 항만의 외부에 위치할 수도 있는데 이를 ODCY(Off Dock Container Yard)라 한다.

03 컨테이너의 종류

① **건화물 컨테이너(dry container)**
전자제품, 의류 등의 일반 잡화물을 적재하며 대부분의 공산품 수출입에 사용된다.

② **냉동컨테이너(reefer container)**
육류, 어류, 과일 등 냉동이 필요한 화물을 적재

③ **펜 컨테이너(pen[fan, live stock] container)**
가축 또는 동물 등의 운송을 위하여 통풍구가 설치되어 있음

④ 오픈탑 컨테이너(open top container)

　wire 등 장척물이나 기계류 등 운반. 천장개방식구조

⑤ 프랫랙 컨테이너(flat rack container)

　기계류, 목재 등 중량장척물의 운반. 바닥과 네 개의 기둥만 존재

⑥ 탱크 컨테이너(tank container)

　액체상태의 유류, 주류, 화학제품 등을 적재

⑦ 행거 컨테이너(hanger container)

　정장, 실크, 밍크 등의 고급 의류를 운송할 때 사용되며 옷걸이를 걸어 놓은 형태로 운송된다. 다림질 등이 필요 없으므로 신속한 매장 진열이 필요할 때 사용된다.

⑧ Solid bulk container

　맥아, 소맥분, 사료 등의 운송. 천장에 3개의 맨홀 설치

04 컨테이너의 크기와 적재량

컨테이너의 길이에 따라 TEU와 FEU로 구분한다. TEU(Twenty - foot Equivalent Unit)는 20피트짜리 컨테이너, FEU(Forty - foot Equivalent Unit)는 40피트짜리 컨테이너를 말한다. 예를 들어 「50TEUs」라고 표시되면 20 feet container 50대를 의미한다. 국내도로법상 최대 적재규격에 상관없이 중량은 과적단속으로 20톤이 한계이며 단속 기준에는 예외가 없다.

[표 13-2] 컨테이너의 제원

구분	최대적재중량	용적	크기 (길이X세로X높이)
20피트(TEU)	17ton	25CBM	20′ X 8′ X 8.6′
40피트(FEU)	21ton	55CBM	40′ X 8′ X 8.6′
high cubic container	컨테이너의 높이가 특히 높은 컨테이너를 말한다. (20′ x 8′ x 9.6′), (40′ x 8′ x 9.6′)		

> **Check Point**
> ● 컨테이너의 이론적 최대적재용적
> 　컨테이너의 적재공간은 남는 공간이 일체 없다는 전제하에 이론적으로 적재 가능한 용적은 20피트의 경우 33CBM, 40피트는 67CBM이 나온다. 최대 적재량도 실제로는 21ton보다 더 많이 실을 수 있지만 과적단속 때문에 빈 공간이 있어도 다 실을 수 없다. 우리나라의 과적단속 기준은 총중량기준(차체+컨테이너) 40톤이다.

응용문제

한국의 "갑"사는 100 Cartons에 상당하는 봉제완구(Stuffed Toys) 1,000개를 미국 뉴욕으로 수출하고자 한다. 이 봉제완구에 대한 용적(measurement)을 구하면 얼마인가? (단, 수출포장당 규격 = 50㎝ * 60㎝ * 50㎝ 임)

① 150.00CBM ② 15.00CBM ③ 1.60CBM ④ 1.50CBM

해설 1CBM = 가로×세로×높이 = 1㎥ = 1,000,000㎤ 의 관계이다.
따라서 CBM은 가로×세로×높이이고, cm를 m로 환산해야 하므로 0.5×0.6×0.5 = 0.15㎥이다.
카톤이 100개 이므로 0.15×100 = 15CBM이다.

정답 ②

05 컨테이너 터미널(Container Terminal)의 구조

컨테이너 터미널은 컨테이너선에 화물을 적재하거나 하역 시 화물을 원활하고 신속하게 처리하도록 하는 작업 장소 및 설비의 전체를 말한다. 컨테이너 터미널은 일반적으로 다음의 그림과 같이 시설이 구비되어있다.

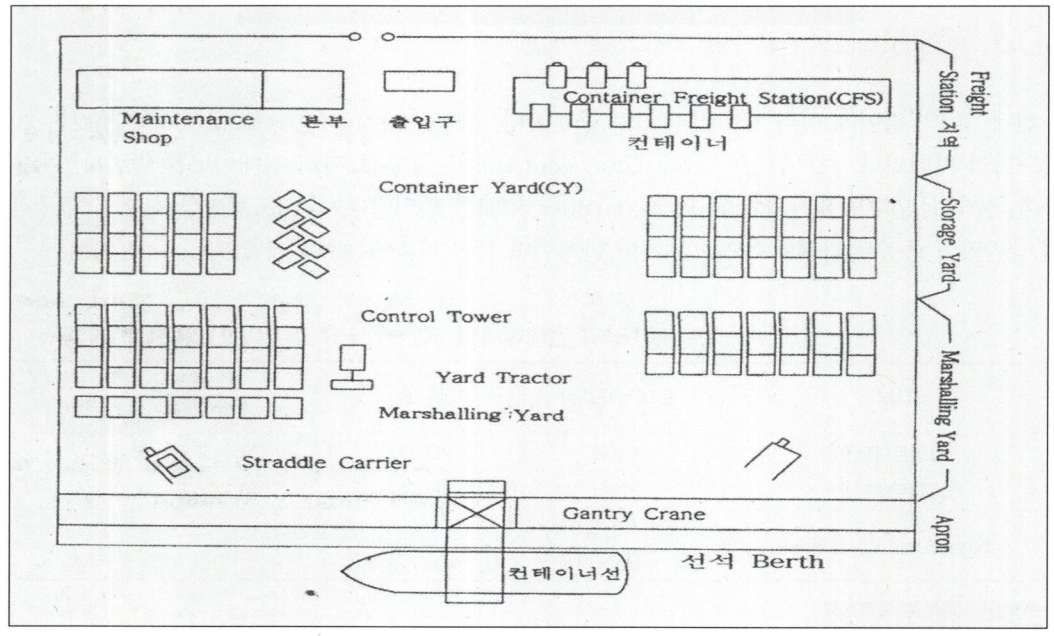

[그림 13-1] 컨테이너 터미널의 일반적 형태

[표 13-3] 컨테이너 터미널의 구조

컨테이너 터미널 (Container Terminal)	컨테이너 시설과 장비를 갖추고 컨테이너 하역기능을 담당하는 곳으로서 충분한 수심과 안벽시설이 있어야 한다.
안벽(berth)	컨테이너선을 접안시키는 곳
에이프런(apron)	크레인용 철로가 개설되어 있으며 하역을 위해서 갠트리크레인이 설치되어 이동한다.
마샬링 야드 (marshalling yard)	선적을 위한 컨테이너를 적치계획에 따라 미리 정렬해 두는 곳이다. 배열의 편리를 위하여 구획선이 있으며 이를 슬로트(slot)라 한다.
컨테이너 야드 (container yard ; CY)	컨테이너를 인도하거나 보관하는 곳을 말한다.
컨테이너화물 조작창 (CFS)	소형화물을 여러 송하인으로부터 인수하여 화물을 분류 또는 포장하거나 반입화물을 해체하여 소량 화주에게 분산 인도하는 창고형 작업장을 말한다. LCL화물을 다룬다.

- **ICD(Inland Container Depot : ICD 내륙컨테이너기지)**

    항만 또는 공항이 아닌 내륙시설로서, 고정설비를 갖추고 여러 내륙운송수단에 의해 미통관된 상태에서 이송된 여러 종류의 화물(컨테이너 포함)의 일시적 저장과 취급에 대한 서비스를 제공하고, 세관의 통제항 수출 및 연계운송을 위하여 일시적 창고보관, 재수출(re-export), 일시상륙(temporary admission)등을 담당하는 단체들이 있는 장소를 말한다. 크게 두 가지로 분류되는데 하나는 주로 항만터미널과 내륙운송 수단과 연계가 편리한 산업지역에 위치한 컨테이너 장치장을 말하며 다른 하나는 이들 컨테이너 화물에 통관기능까지 부여된 컨테이너통관기지를 말한다.

    물품이 입고되면 received B/L(수취선하증권)을 발급받으며, 이른바 「내륙에 있는 부두」의 개념으로 CY의 기능이 확대, 발전된 것이다. **ICD 의 주요기능으로는 수출입화물통관, 화물집하, 보관, 분류, 간이 보세운송, 터미널기능, 관세환급 등이 있다.**

- **컨테이너의 복합운송의 방식**

    피기백(piggy-back) : 컨테이너를 철도에 실어 운송하는 방식
    피시백(fishy-back) : 컨테이너를 선박에 싣고 운송하는 방식
    버디백(birdy-back) : 컨테이너를 항공기에 싣고 운송하는 방식

- **부지약관조항(Unknown Clause)**

    컨테이너선적의 경우에 송하인이 자신의 작업장(제조장, 공장 등)에서 컨테이너에 적입할 때(Shipper's Pack) 선박회사는 입회하여 확인하지 않으므로 컨테이너에 적입된 물건의 이상 유무에 대해선 알 수 없게 된다. 따라서 선박회사는 내용물의 상태에 대해서는 책임이 없다는 것을 나타내기 위하여 「**Said to Contain**」, 「**Shipper's Load and Count**」등의 문언을 부두수취증(Dock Receipt)에 기재하고 또한 선하증권 면에도 동일취지의 문언이 부기된다. 재래선에서 산적화물(bulk cargo)을 적재하는 경우에는 「Said to be」가 기재된다. 부지약관은 통상적으로 선하증권에 운송약관으로 기재되어 있으며 신용장에서 거절한다고 명시하지 않는 한 부지약관조항이 기재되어 있는 운송서류를 은행은 수리한다.

● 체화료(demurrage charge)
　　화주가 허용된 시간(Free Time)을 초과하여 컨테이너를 CY에서 반출해 가지 않을 경우 선박회사에 지불해야 하는 비용을 말한다. 수입의 경우 선박에서 양하된 컨테이너는 CY에 도착하여 (LCL일 경우는 CFS) 수입통관을 기다리게 된다. 이때 어떠한 이유로 일정 기간(Free time, 보통 1~2주간) 이 지나도록 통관이 안 되고 컨테이너가 계속 CY에 머무르게 되는 경우 일종의 보관료 비슷하게 화주에게 청구하게 되는 비용이다. 허용된 시간(Free Time)은 선사마다 약간씩 다르다. 항공화물의 경우도 1일 또는 3일째부터 창고료가 발생한다. 용선계약에서의 체선료(demurrage)와 영어 표현은 같지만 다른 개념이다.

● Over Storage Charge
　　컨테이너를 부두 운영업자가 제시한 Free Time을 초과하여 CY에 장치하는 경우 부두 운영업자가 선사에게 부과하는 지체 요금이다. 화주와 직접적인 관계는 없으나 선사가 화주에게 부과하는 Demurrage Charge의 근거가 된다.

● ETA/ ETD
① **ETA(Estimated Times of Arrival ; 입항예정일, 도착예정일)**
　　항공기, 선박이 목적지에 도착하는 예정일을 말한다. 예)「ETA Shanghai, China 2019. 3. 5, 10:00」
② **ETD(Estimated Times of Departure ; 출항예정일)**
　　항공기, 선박이 선적항에서 출항하는 예정날짜를 말한다. 예)「ETD Busan, Korea 2019. 5. 1, 11:00」

06 복합운송

　　복합운송(Multimodal transport)은 하나의 계약에 의해 운송의 시작부터 종료에 이르기까지 운송물을 육상, 해상, 내수, 항공, 철도, 도로 중에서 적어도 두 가지 이상의 다른 운송 형태를 사용하여 일관운송하는 것을 말한다. 복합운송은 불필요한 환적을 적게 함으로써 하역기간을 단축하고 운송시설의 합리적, 효율적 이용이 가능하고 운송서류와 절차가 간단하다. 복합운송은 다음과 같은 특징을 갖는다.
① **운송에 대한 모든 책임이 단일의 복합운송인에게 집중[단일운송계약과 단일책임]**
② 복합운송인은 전 구간의 운송을 인수하고 다양한 운송수단이 이용된다.
③ **단일운임이 청구**되고 MTD(복합운송증권 ; Multimodal Transport Document)가 발행된다.
④ 철도, 항공, 육로, 해상 등의 각 구간의 운송인과 **개별 운송계약이 필요 없는 하나의 운송계약**으로 이루어진다.

07 항공운송

(1) 항공화물운송대리점(Cargo Agent)
　　항공기에 의한 화물운송계약 체결을 대리하는 사업으로서 일반대리점을 지칭하며 항공화물운송장(Air Waybill : AWB)을 발행한다. 주로 FCL 화물을 다룬다.

(2) 항공운송주선업자(Air Freight Consolidator)

자기의 명의로써 항공사의 항공기를 이용하여 화물을 혼재하여 운송하는 사업자를 말하며 혼재업자용 화물운송장(House Air Waybill)을 발행한다. 주로 LCL 화물을 취급한다. 항공운송 주선업자는 항공사와 유사한 입장에 있으나 현실적으로 항공기를 보유하고 있지 않으므로 집화한 화물을 운송하기 위해서는 항공사가 발행하는 화물운송장(Master Air Waybill)에 의해 주선업자를 송화인으로 하여 항공사의 운송약관에 의한 운송계약을 체결하여야 한다.

[표 13-4] 항공화물운송대리점과 항공운송주선업자의 업무비교

구 분	항공화물운송대리점	항공운송주선업자
Tariff	없음(항공사 tariff 적용)	자체 tariff 사용
운송약관	없음(항공사 약관적용)	혼재화물인수대리점(Break Bulk Agent) 또는 Reforwarding
수 익	IATA의 커미션 또는 수수료(보통 5%)	IATA의 5% 커미션 외에 항공운임과 화주와의 운임차액, 혼재에 의한 중량(Volume Weight) 감소에 대한 이익
AWB	항공사의 Master AWB(one AWB)	자체 House AWB를 발행한다. 항공회사의 대리점표시가 없는 단순한 House AWB은 은행이 수리를 거절한다.

(3) 항공화물 요율

① 일반화물요율(General Cargo Rate ; GCR)
  특정화물 할인운임률 또는 품목별 분류운임률이 적용되지 않은 모든 화물에 적용
  가. 최저운임(minimum charge : "M")
    한 건의 화물운송에 적용할 수 있는 가장 적은 운임을 최저운임이라 한다. 화물의 중량운임이나 부피운임이 최저운임보다 낮을 경우 최저운임이 적용되며 요율표에 "M"이라 표시된다.
  나. 기본요율(normal rate : "N")
    45kg미만의 화물에 적용되는 요율로서 모든 화물요율의 기준이 된다. 요율표상에 "N"으로 표시한다.
  다. 정량요율(quantity rate : "Q", 중량단계별 할인요율)
    화물 요율은 일정 중량단계(WEIGHT BREAK)에 따라 다른 요율이 설정되는데 화물요율은 중량이 높아짐에 따라 kg당 요율은 더 낮게 설정되어 있다. 일반품목 화물이 45kg 이상인 경우 45kg 이하 요율보다 약 25% 낮게 요율이 설정되어 있다. 이외에도 100kg, 200kg, 300kg, 500kg 이상의 중량 단계에 대해 점점 더 낮은 요율이 설정되어있다.

② 특정품목할인요율(Specific Commodity Rate ; SCR)

특정의 대형화물에 대해서 운송구간 및 최저중량을 지정하여 적용하는 할인운임

③ 품목분류요율(Class Rate ; Commodity Classification Rate ; CCR)

특정의 품목에 대하여 적용되는 할인 또는 할증운임률을 말한다. 할인운임은 신문, 잡지, 정기간행물 등에, 할증운임은 금, 보석, 화폐, 시신, 생동물 등에 적용한다.

④ 종가운임(Valuation Charge ; VC)

화물의 가격에 따라 운임을 적용한다. 귀금속, 예술작품 등의 고가품에 적용한다. 항공화물의 사고발생 시 항공사의 최대배상한도액(maximum liability)은 $20/kg 이다. 따라서 송화인이 운송장상에 그 화물의 가격을 신고하고 종가요금을 지불하면 kg당 US$20를 초과하는 실손해액을 배상받을 수 있다.

● Disbursement Feee(입체지불수수료)
항공운송 개시 이전에 송하인 또는 그 대리인의 비용으로 이미 지불한 경우 수하인이 부담하여야 할 육상운송료, 보관료, 통관수수료 등을 말하며, 송하인의 요구에 따라 운송장에 입체지불금을 명시하는 경우 운송인이 이를 수하인으로부터 징구하는 금액을 말한다. 즉 출발지에서 항공수송 이전에 발생된 기타 요금이 착지불로 되어 수하인이 지불해야 하는 수수료의 합계를 의미한다.

08 철도운송

(1) 장 점

낮은 운송비용과 연중무휴의 운송가능성, 높은 안정성이 있고 저가품 운송에 적합하다.

(2) 단 점

시설투자에 비용이 많이 들고 운송속도가 비교적 느리다. 환적비용이 많이 소요되며 일관운송 서비스 제공이 곤란하다.

[표 13-5] 복합운송 주요루트

주요 루트	설 명
RIPI (Reversed IPI)	1980년에 IPI서비스에 대응하여 북미 동안까지 All Water Service를 하는 선사인 US Lines와 Maersk 등이 시작한 복합운송시스템이다. 그러나 운임이 해상운임에 철도운임을 더함으로써 매우 높게 책정되어 이용자가 매우 적다.
American Land Bridge (ALB)	극동과 유럽 간 화물수송에 대하여 미대륙을 육교로 하는 루트 해상운송 → 육상운송 → 해상운송
Canadian Land Bridge (CLB)	밴쿠버 또는 시애틀까지 해상으로 운송하고 캐나다의 철도를 이용하여 몬트리올에서 대서양의 해상운송에 접속하여 유럽의 각 항구로 운송하는 루트
Mini Land Bridge (MLB)	Rail Bridge의 일종으로 극동에서 미국 서안의 항구까지 해상으로 운송하고 육상운송은 철도를 이용하여 화물을 미국대서양안(미동안 항구 최종목적지의 철도회사 CY/CFS) 및 멕시코만의 항구까지 운송 후 다시 해상으로 목적지까지 운송하는 복합운송경로를 말한다. ALB 보다 운송거리가 짧고 1개국만 거치게 되어 MLB라고 부른다. 해상운송 → 육상운송(철도)
Micro Land Bridge (MLB)	IPI(Interior Point Intermodal) 라고도 하며 극동지역의 주요 항만으로부터 미국의 서안이나 동안을 경유하여 철도, 트럭운송으로 미 내륙의 주요 도시까지 운송하는 루트. 해상운송 → 육상운송 → 철도터미널에서 중계 → 트럭 → 화주문전 Mini Land Bridge 가 미동안 또는 걸프만 지역의 항만에 한정되어 있는 Port to Port 운송인데 반하여 IPI는 미국의 주요 내륙지점의 철도터미널 또는 선사의 CY/CFS를 중계지로 하여 화물의 인도가 행해지는 Door to Door Service 로 이루어지는 복합운송이라는 점이 다르다.
Siberian Land Bridge (SLB) Trans Siberian Railway (TSR)	극동지역에서 유럽과 중동행의 화물을 러시아 보스토치니항으로 운송한 후 시베리아의 서부국경에서 유럽지역 또는 그 반대로 운송하는 루트. 러시아 국경으로부터 최종 목적지까지의 운송수단에 따라 Trans Sea, Trans Rail, Tracons 등 세 가지로 분류된다. ⓐ TKR : 러시아의 시베리아와 극동철도를 부산을 기점으로 하여 횡단하는 운송루트 ⓑ TCR : 중국횡단철도

[참조] 철도나 도로운송을 위하여 물품을 수취할 경우 운송인으로부터 탁송한 화물의 청구권을 표시한 운송증권을 교부받는데, 철도 화물의 경우는 철도화물수탁증(Railway Consignment Note), 도로운송일 경우는 도로화물수탁증(Road Consignment Note)이다.

09 해상운송 및 선하증권에 관한 국제규칙

(1) 영국의 선하증권법(The Bills of Lading Act, 1855)

선하증권 관련 최초의 입법이다. 선하증권을 배서를 통하여 양도할 수 있다고 규정하여 선하증권의 유통성을 최초로 법적으로 인정하였다.

(2) 하터법(Harter Act, 1893)

상업상의 과실과 항해상의 과실을 명확히 구별한 최초의 입법이다. 이 법의 주안점은 선원의 항해 중 과실에 대해서는 면책되나, 상업상의 과실에 대해서는 면책되지 않는다는 내용이다. 이 원칙은 미국에 입출항하는 모든 국내외의 선박에 적용된다. 미국의 판례법에 의하여 선주와 화주에게 부과된 과중한 책임을 조정함으로써 자국의 해운, 무역을 발전시키고자 하였다. 헤이그 규칙에 원용되어 국제해상물품운송법의 기본을 이루게 되었다.

(3) 헤이그 규칙(Hague Rules)

선하증권에 관한 규정을 통일하기 위한 규칙이다. 운송약관의 이행 내지 운송물의 손해에 관하여 운송인의 의무와 책임의 최소한(minimum responsibilities)과 함께 면책의 최대한(maximum exemptions)을 규정하고 있다. 상업과실에 대해서는 운송인의 면책특약을 금지한 반면, 운송인의 항해과실에 대해서는 책임을 면제한다는 내용으로 구성되어 있다. **우리나라의 상법은 이를 따르고 있으며 거의 대부분의 국가에서 이를 채택하고 있다.**

(4) 헤이그 비스비 규칙(Hague - Visby Rules)

헤이그규칙이 제정된 후 헤이그규칙에서의 문제점을 개선하기 위해 제안되었지만 세계적으로 아직 헤이그규칙을 적용하는 나라가 더 많다.

(5) 함부르그 규칙(Hamburg Rules, 1978)

헤이그규칙은 선진 해운국을 중심으로 한 법률체계이므로 적용면에서 개도국에게 불리한 점이 많아서 이를 보완하기 위해서 제정된 규칙이다. 주요 선진 해운국에서는 이 규칙을 채택하고 있지 않다. 헤이그규칙이 순수한 해상운송구간만 커버하는 것보다 넓게 해상운송구간을 중심으로 다른 운송수단에 의한 운송까지 포함함으로써 컨테이너 운송과 관련하여 집화와 인도를 위해 해상운송뿐만 아니라 인접한 육상운송까지 포함한다고 볼 수 있다.
　① 지연손해에 대해 화물인도예정일 후 **60일이** 경과하면 운송물의 멸실로 간주한다.
　② 지연인도된 경우 운송인은 **지연화물운임의 2.5배를 배상하도록** 규정하고 있다.
　③ 지연인도 시 인도일로부터 **60일 내 화주의 서면통지가 없으면 지연손해청구권은 상실**된다.

(6) 로테르담 규칙(2009)

정식명칭은 「전부 혹은 일부 국제해상물품운송계약에 관한 UN협약(UN Convention on Contracts for the International Carriage of Wholly or Partly by Sea)」이다. 국제법회의(CMI)가 주도한 해상운송과 관련된 국제규칙으로서, UNCITRAL 위원회의 승인을 거쳐 2009년 9월 23일 로테르담에서 조인식이 개최되었다. **적용범위를 해상운송을 수반하는 복합운송으로 확대하고, 대량 정기화물운송계약에 대한 당사자 간 계약자유를 허용**하였으며, 항해과실 면책의 폐지 및 책임한도액의 인상 등이 주요 내용이다. 20개국이 비준하여야 발효요건을 갖추는 데 요건충족이 되지 않아서 아직은 발효가 되지 않은 국제규칙으로, 2015년 현재 우리나라도 로테르담 규칙에 서명·비준한 체약국은 아니다. 로테르담 규칙상 운송인의 의무는 다음과 같이 특징된다.

① 감항능력에 대한 주의의무
- 물품인도 의무에 있어서는 육지구간까지 확대와 지속적 의무(continuous obligation) 규정, 즉 **운송인의 책임구간이 Door to Door 로 확장**
- 위반에 대한 입증책임 : 화주에게 있음을 명백히 규정
② **전자선하증권을 일반선하증권과 같은 효력으로 인정**
③ 로테르담 규칙상 선장과 선원의 과실로 인한 **화재손해에 대한 운송인의 면책은 해상구간으로만 한정**된다.
④ 감항능력 주의의무 위반으로 인한 운송물의 멸실, 훼손, 그리고 인도지연에 대해 운송인은 과실주의에 입각하여 책임을 지도록 규정하고 있다.
⑤ 운송인의 화물에 대한 책임을 강화하여 운송인의 항해과실에 대한 면책항변을 할 수 없으며, 선박의 감항능력 이행을 위한 의무가 확대되었다.

[표 13-6] 헤이그 비스비와 로테르담 규칙의 비교

구분	Hague-Visby	Rotterdam Rule
적용범위	1. 체약국으로부터의 국제해상운송(수출) 2. 선하증권이 발행된 경우의 해상화물운송계약 3. Charter-party제외	1. 해상운송구간을 포함한 국제화물 운송 2. 선하증권 및 해상운송장 등 인정 3. 정기선 계약(charter-party, slot 용선 제외) *Chart-party B/L이 발행된 경우는 인정
전자선하증권	해당조항 없음	일반선하증권과 같은 효력을 인정
책임의 기간	Tackle to Tackle(선적에서 양륙까지)	Door to Door (화물의 수령에서 인도까지)
(A)화물관련 운송인의 의무	선적, 취급, 적부, 운송, 보관, 관리와 양륙을 적절하고 주의 깊게 할 의무	수령 및 인도 추가(receive, deliver)
면책사항	Article 4. a~q(17가지사항) : 항해과실포함	운송인의 항해과실면책 폐지
생동물	협약적용의 대상이 아님	운송인의 고의 혹은 무모한 행위로 손해가 발생한 경우에는 운송인은 면책을 주장할 수 없음.
지연손해	규정 없음(국내법에 일임)	당사자 간의 합의된 시간 내 인도가 되지 않은 경우 운임의 2.5배를 최고한도로 보상가능
책임제한 배제 사유	운송인 자신의 고의 또는 중과실(무모한 행위)	좌와 같음
Time Bar	1년	2년

※ time bar : 해상운송계약에 의해 운송된 화물의 멸실, 손상에 대한 화주의 운송인에 대한 손해배상청구를 위한 소송시효기간

> **Check Point**
>
> ● **Jason Clause[과실공동해손약관]**
> 해상운송에서, 항해과실에 의하여 발생한 공동해손을 운송인이 화물소유자에게 분담시킨다는 취지를 명문화한 약관으로 과실공동해손약관이라고도 한다. Jason호 사건에 의해서 그 유효성이 인정되었고 그 이후 규정의 수정 및 추가규정도 부가되어 현재는 New Jason Clause이라는 명칭으로 사용되고 있다.
>
> ● **Himalaya Clause[히말라야약관]**
> 선하증권상 운송인의 사용인·대리인·하청 운송인 등 이행보조자의 면책을 규정한 약관이다. 약관의 명칭은 지중해를 항해하는 여객선 히말라야호 사건에서 유래한 것으로, 이 약관에 의해 운송인이 발행한 선하증권에서 이행보조자는 운송인과 동일한 면책과 책임제한을 받으며, 화물의 손상에 대해서 화주로부터 배상청구를 받지 않게 되었다.
>
> ● **Indemnity Clause[보상약관]**
> 선장은 본선의 사용, 대리점업무 등에 관여하여 용선자의 명령 지시에 따라야 되는 의무가 있는데, 이것 때문에 발생한 모든 결과 또는 손해에 대하여 용선자가 선주에게 보상하는 것을 약정한 정기용선계약상의 약관을 말한다.
>
> ● **Demise Clause[디마이즈약관]**
> 선하증권의 계약 당사자는 오직 선주이며, 용선자는 선주의 대리인(agent)에 불과하다는 뜻을 담고 있다. 용선자가 자신의 선하증권을 발급하면서 모든 화물수송 책임을 선주에게 전가시키기 위한 것으로 선하증권 계약 당사자를 선주로 명시하는 조항이다.

10 포장(Packing)과 화인(Shipping Mark)

(1) 포장(packing)

① 외장(outer packaging)
  화물의 외부포장을 말하며 배송 시 외부환경에 노출되는 포장이다.
② 내장(inner packaging)
  포장된 화물의 내포장을 말하며 물품의 수분, 습기, 충격 등을 방지하기 위한 적합한 재료로 포장된다. 진공포장, 에어캡, 지퍼백, 완충제 등이 있다.
③ 개별포장(item packaging)
  포장의 최소단위로서 물품의 상품가치를 높이거나 개개별로 보호하기 위하여 적합한 재료로 포장하는 것이다.

(2) 화인(Shipping Mark)

화인이란 화물의 식별과 취급을 용이하게 하기 위해 외장에 특정한 기호나 문자 등을 표기하는 것을 말한다. **화인에서 필수적으로 나타내야 하는 것들은 Main Mark, Port Mark 및 Case**

Number가 있다. 화인의 내용이나 형태는 통상 Sales Note(매매계약서)나 Purchase Note(구매계약서)에 표시된다.

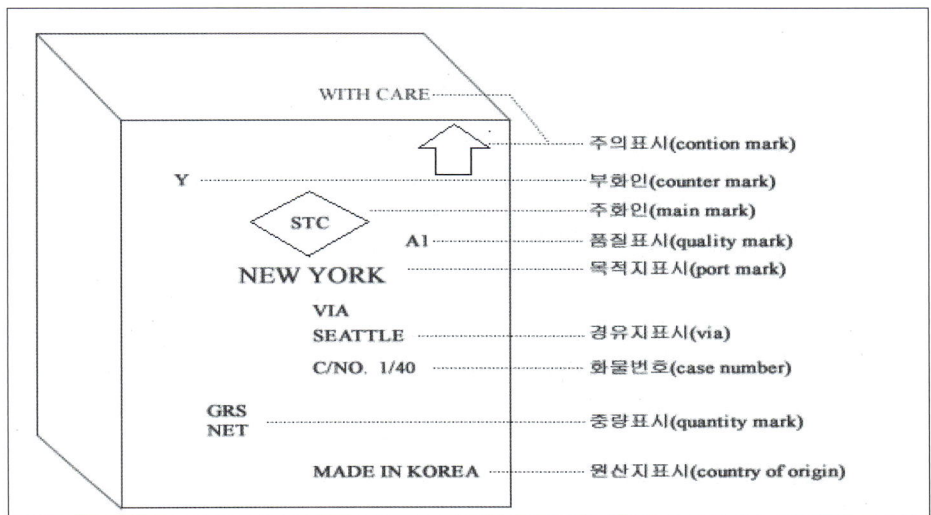

[그림 13-2] 화인의 표시

(3) 무인화물(No Mark)

화인에서 목적지항구(Port Mark)가 누락된 것을 무인화물이라 한다. Non-Delivery(불착)로 인하여 화물이 분실되거나 제때 도착하지 않아 화주에게 커다란 손해를 주는 경우가 허다하게 발생하므로 주의해야 한다.

제14장 해상보험 I

01 해상보험의 개념

해상보험이란 다수인이 상호 간에 그 위험의 정도에 따라 갹출하여 하나의 공동준비재산을 형성하고 해상사업과 관련하여 발생하는 손해로 인하여 경제적 손해를 입은 자에 대해 공동준비재산으로 이를 보상할 것을 정한 경제제도라고 할 수 있다. 해상보험은 보험자와 피보험자 간에 체결되는 해상보험계약(contract of marine insurance)에 의해서 구체적으로 시행된다.

02 보험목적물(the subject-matter insured)의 종류

보험목적물(the subject-matter insured)에는 크게 화물에 관한 위험을 담보하는 적하보험(화물보험 ; Cargo Insurance)과 선박의 위험을 담보하는 선박보험(Hull Insurance)으로 분류된다. 무역영어 시험에선 적하보험만을 다루고 있으므로 본 교재에서는 적하보험을 위주로 알아보기로 한다.

[표 14-1] 해상보험 목적물의 종류

화물보험	화물에 관한 위험을 담보하는 보험
선박보험	선박의 위험을 담보하는 보험
배상책임보험	제3자에 대한 배상책임을 담보하는 보험으로 충돌배상보험과 재보험이 있다.
기타보험	선박운영에 관한 보험, 선박건조에 대한 보험, 선박저당에 관한 보험이 있다.

03 보험계약의 성립요건(피보험이익의 조건)

보험계약이 유효하게 성립하기 위해선 다음과 같은 조건이 충족되어야 한다.

(1) 적법성

피보험이익(insurable interest)이 보험계약상의 보호를 받기 위해서는 적법한 것이어야 하며 강행법과 공서양속 및 사회질서에 어긋나는 것이어서는 안 된다. 예를 들어 마약류, 총포류, 음란물 등 수출입이 금지된 품목을 운송 중 발생한 사고에 대하여는 보상을 받지 못한다.

(2) 경제성

보험사고가 발생한 때에 보험자가 보상하는 급부는 경제적인 급부이므로 보험급부에 의하여 취득할 수 있는 이익도 경제적인 이익이어야 한다. 현금성을 대가로 보상을 받는 실질적인 가치를 말한다.

(3) 확정성(확실성)

피보험이익은 보험사고가 발생할 때까지는 보험계약의 요소로서 확정하거나 확정할 수 있는 것이어야 한다. 피보험목적물이 현재 확정되어 있지 않아도 장래 확정될 것이 확실한 경우 보험계약의 대상이 될 수 있다.

- **근인주의(Proximate Cause)**

  근인은 손실을 일으킨 가장 지배적이고 효과적인 원인을 말한다. 근인은 사건 발생과 시간적으로 가까운 원인이 아니며 지배력과 효과 면에서 손실을 일으킨 비중이 가장 큰 원인을 말한다. 해상보험은 담보위험에 근인하여 발생하는 손해만을 보상하기 때문에 손해의 발생과 위험의 인과관계(causation)에 있어서 근인주의의 입장을 취하고 있다. 실질적으로 손해를 야기한 원인이 복합적으로 얽힌 경우엔 어떠한 원인을 근인으로 볼 것인가는 어려운 문제가 되기도 한다.

- **보험목적물과 피보험목적물**

  보험목적물은 보험사고가 발생하는 객체를 말하며, 대표적으로 해상보험에서 보험목적물은 선박이나 화물이다. 물품에 대한 보험은 적하보험으로서 적하보험의 목적은 화물 그 자체뿐만 아니라 이 화물의 안착으로 얻어지는 희망이익, 운임, 기타 우발적인 손해비용 등도 포함된다. 피보험 목적물은 보험계약이 맺어져서 보험계약에 적용되는, 즉 보험계약의 보호대상을 말한다. 정리하면 보험의 대상이 되는 객체는 보험목적물이며 이 목적물을 대상으로 하여 보험계약이 체결되면 이 목적물을 피보험목적물이라고 한다.

04 해상보험계약의 당사자

보험계약은 보험계약자의 청약에 대해 보험자가 승낙하면 계약이 성립되고(낙성계약), **보험증권의 발행이 계약 성립의 요건은 아니다.** 보험자만이 기명날인을 하게 되므로 양 당사자가 서명하게 되는 계약서도 아니다. 다만 보험증권은 계약의 성립과 그 내용을 증명하기 위하여 계약의 내용을 기재하게 되고 배서나 기타 관습적인 방법에 의해 양도할 수 있다. 예를 들어 CIF 조건에서는 매도인은 매수인의 위험에 대하여 부보하고 동 보험증권을 배서하여 매수인에게 양도함으로써 보험의 피보험자(보험금 청구인)는 수입자가 되는 것이다. 따라서 본선에 선적이 이루어지면 최종적으로는 보험의 계약자와 피보험자가 달라지게 된다.

(1) 보험자(insurer, assurer, underwriter)

해상보험계약을 체결하고 사고에 의해 피보험이익이 발생하는 손해배상을 약속하는 자를 말하며 보험회사를 의미한다.

(2) 보험계약자(policy holder)

보험자와 보험계약을 체결하고 보험료를 지급할 의무를 부담하는 자를 말한다.

(3) 피보험자(assured, insured)

피보험이익이 귀속되는 주체로서 보험사고의 발생에 의해 손해를 입은 경우 보험자에게 직접 손해배상을 청구할 수 있는 자를 말한다. 보험계약자와 피보험자는 다를 수도 있고 같을 수도 있다. **CIF, CIP 조건에서는 매도인은 매수인을 위해서 부보하므로 최종적인 피보험자는 매수인이 되지만 D 조건에서는 매도인이 자신을 위해서 부보하고 매도인 자신이 피보험자가 되므로 동일하다.**

(4) 보험대리점(보험대리상 ; insurance agent)

일정한 보험자를 위하여 계속적으로 보험계약의 체결을 대리하거나 매개하는 자를 말하며 특정 보험자를 위하여 계속적으로 대리, 또는 중개한다는 점에서 보험중개인과는 다르다.

(5) 보험중개인(insurance broker)

불특정한 보험자를 위하여 보험자와 보험계약자 사이의 보험계약의 체결을 중개하는 것을 업으로 하는 자를 의미하며 특정한 보험자에 종속되지 않는다. 보험중개인이 발행한 보험계약서를 보험승낙서(Cover Note)라 하며 신용장에서 허락하지 않는 한 수리되지 않는다. 보험중개인은 보험자를 대리하는 것이 아니라 피보험자를 대리한다.

05 해상보험증권의 해석원칙

(1) 수기문언의 우선원칙

해상보험증권의 여러 약관 중 내용이 서로 상충될 경우 수기문언(Written)을 우선적으로 적용해야 한다는 원칙. 인쇄되어 있는 약관보다 보험자와 피보험자가 추후 합의에 의하여 수기로 기재한 문언이 우선시 된다는 뜻이다. 우선적 효력을 갖는 순서대로 나열하면 다음과 같다.
수기약관 → 타자약관 → 스탬프약관 → 특별약관 → ICC 약관 → 난외약관 → 본문약관

(2) 계약당사자의 의사존중원칙

보험증권은 기본적으로 계약당사자의 의사를 존중하여 해석해야 하나, 판결에 의해 내려진 해석에 의해 제한을 받는다는 원칙이다.

(3) POP 원칙

보험증권상의 약관이나 문언은 평이한(plain), 통상적인(ordinary), 통속적인(popular) 의미로 해석해야 한다는 원칙이다. 피보험자가 보험의 내용이나 약관을 이해하기 쉽도록 작성되어져야 함을 말한다.

(4) 작성자불이익의 원칙

보험증권상의 약관이나 문언의 애매성은 보험자에게 불리하게 해석해야 한다는 원칙

(5) 동종제한의 원칙(principle of ejusdem generies)

보험증권에 서로 비슷한 뜻을 지닌 단어들이 나열되는 경우가 많은데, 다른 뜻이 아니면서 철자는 다르지만 서로 간에 유사한 뜻을 가지고 있는 것들은 동일한 종류로서 해석하는 것을 말한다. 예를 들어 'good ship or vessel' 이라고 표현된 경우 ship과 vessel 은 전혀 다른 뜻이 아니므로 vessel은 앞의 ship과 같거나 유사한 것으로 해석한다.

06 보험가액과 보험금액의 관계

(1) 보험가액(Insurable Value)

피보험이익을 경제적으로 평가한 금액이며 물품의 실제 금액을 말한다. 보험사고발생 시 피보험자가 피보험이익에 대하여 입은 손해의 한도액이며, 보험에 붙일 수 있는 최고의 한도액이다. 즉 보험자가 실질적으로 보상할 수 있는 최고의 한도액이기도 하다.

(2) 보험금액(Insurance Amount, Sum Insured)

실제로 보험에 가입한 금액을 말하며, 보험자가 보험계약상 부담하는 손해보상책임의 최고한도액이다. 인코텀즈2020의 규칙에서 보험금액의 최저액은 CIF 또는 CIP가격에 10%를 가산한 금액이다.

보험금액은 보험계약자가 보험계약을 체결할 때 보험가액의 범위 내에서 임의로 설정할 수 있다. 따라서 보험가액과 보험금액은 일치할 수도 있고, 일치하지 않을 경우도 있다.

한편 보험금(claim amount))은 보험사고가 발생했을 때 보험가입자가 실제로 보험자로부터 받게 되는 보상금을 말한다. ※보험금 = 보험금액x손해율

(3) 보험료(Premium)

보험계약을 체결하고 보험자가 위험을 담보해 주는 대가로서 보험계약자(또는 피보험자)가 보험자에 대하여 지급하는 금액을 보험료라고 한다. 보험료는 보험금액에 보험요율을 곱한 금액이며 보험계약에서 보험계약자는 보험료를 지급할 의무가 있다.

(4) 전부보험(Full Insurance)

보험금액이 보험가액과 동일한 경우의 보험을 말함. 전부보험의 경우가 이상적이며 보험자로부터 실손해를 보상받는다. ※ 전부보험 : 보험가액 = 보험금액

(5) 일부보험(Under Insurance)

보험금액이 보험가액보다 적은 경우의 보험을 말함. 일부보험의 경우에 피보험자는 보험사고로 인한 보험목적의 손해에 대하여 보험가액에 대한 비율에 따라 비례보상을 받게 된다. 일부보험은 보험료를 절약하기 위하여 보상범위가 적은 보험에 부보한다든지, 또는 계약 후 물가의 등귀로 인하여 자연적으로 발생한다. ※ 일부보험 : 보험가액 〉 보험금액

> **Check Point**
> ● 일부보험에서의 보상액 계산방식
> 일부보험은 비례보상의 원칙에 따라 보험금액의 비율만큼만 보상된다.
> 보상액(보험금) = 손해액x(보험금액/보험가액)
> 예) 보험가액이 100,000US$인 선박을 60,000US$의 선박보험에 가입하고, 선박이 악천후로 침몰하여 30,000US$ 정도의 일부 손상이 발생한 경우
> 보상액(보험금) = 30,000US$x(60,000US$/100,000US$) = 18,000US$

(6) 초과보험(Over Insurance)

일부보험과는 반대로 보험금액이 보험가액을 현저하게 초과하는 경우의 보험을 초과보험이라 하며 이 경우 그 초과되는 부분의 보험계약은 무효가 된다. 초과보험을 그대로 인정한다면 보험사고의 발생에 의해 피보험자가 실손액 이상의 이득을 얻기 위해 고의로 손해를 일으키거나 손해보험계약이 불법적인 도박적 행위로 악용될 수 있기 때문에 각국에서는 초과보험에 관하여 일정한 규제를 두고 있다. ※ 초과보험 : 보험가액 〈 보험금액

Check Point
● **CIF/CIP조건에서 110% 부보에 대한 이해**

구매자가 물품을 수입하는 목적은 대체적으로 이를 타인에게 판매함으로써 이익을 취하는데 있다. 기본적으로 국제 상거래의 경우 10%의 이익이 생길 수 있다는 것을 전제로 하고 있다. 그러나 적하가 보험사고로 전손을 입게 되면 단지 자본의 원금을 잃을 뿐 아니라, 이에 의해서 얻을 수 있는 희망이익도 함께 잃게 된다. 이에 따라 보험계약도 100% 계약금액(송장금액)에 10%의 희망이익을 더한 110%를 기본으로 하고 있다. 화주 측 입장에서 보면 피보험이익인 화물과 희망이익의 손실에 대한 최소보상한도액으로 100%의 화물과 10%의 희망이익을 합한 금액, 즉 100%의 화물보험과 10%의 희망이익보험이라는 두 개의 보험을 합친 것이므로 초과보험도 아니고 중복보험도 아니다. 이는 보험을 통하여 부당이득을 취하게 되는 초과보험이나 중복보험과는 그 성격이 다르기 때문이다. 110%의 보험금액은 해상보험에서만 적용되며 일반적인 상업보험에는 적용되지 않는다. 일반적으로 해상보험에서는 상업송장 금액의 110%가 국제 상관례이며 적하보험요율서상에는 최고 150%까지 한도를 정하고 있으나 보험사에서는 대개 130%까지로 제한하고 있다.

(7) 중복보험(Double Insurance)과 공동보험(Co-Insurance)

동일한 피보험에 대하여 보험기간을 공통으로 하는 2개 이상의 보험계약을 체결하고 그 보험금액의 합계액이 보험가액을 초과하는 경우를 말한다.

① 피보험자는 자기가 적당하다고 생각하는 순서에 따라 각 보험사에 보험금을 청구할 수 있다.
② 각 보험자는 보험계약상 자기가 부담하는 금액의 비율에 따라 비례적으로 손해를 보상할 의무를 진다.
③ 어떤 경우에도 보험자가 부담하는 보험금의 합계가 보험가액을 초과할 수는 없다.
④ 공동보험(Co-Insurance)

중복보험과 유사한 것으로 공동보험(Co-Insurance)이 있다. 공동보험은 복수의 보험자가 보험계약자의 위험을 분담·공동 인수하는 경우를 말한다. 보통 개개의 공동보험자는 보험증권상에 확인된 자기가 인수한 부분 이상의 책임을 질 수 없으므로, 보험자 중 어느 하나가 지급불능이 된 경우 다른 공동보험자는 그 지급불능이 된 부분에 대한 책임을 지지 않는다. **공동보험으로 구성되는 보험금액은 보험가액을 초과하지 않는다는 점에서 중복보험과는 다르다.**

07 담보위험과 면책위험

(1) Lloyd's S.G. Policy의 담보위험

담보위험이란 보험자가 본 항해에 있어서 담보위험을 약속하는 해상사업 및 위험을 말한다. 즉, 해당 담보위험에 기인한 손해 발생 시 보험금을 지급하는 것을 말한다.

① 해상고유의 위험(Perils of the Seas)

좌초(stranding), 침몰(sinking), 충돌(collision), 악천후(Heavy Weather), 얹힘(교사; grounding)

② 해상위험(Perils on the Seas)

해상위험은 항해에 기인하거나 항해에 부수하여 발생하는 위험을 말한다. 화재(Fire, Burning), 투하(Jettison), 선원의 악행(Barratry), 해적(Pirates), 강도(Thieves) 등

(2) 면책위험(excepted or excluded perils)

면책위험이란 그 위험에 의하여 발생된 손해에 대하여 보험자가 보상책임을 면하는 특정한 위험으로서, 보험자의 보상책임을 적극적으로 제한하는 효과를 가지는 위험을 말한다. 보험자는 원칙적으로 모든 해상위험을 담보하지만 위험측정이 곤란한 위험에 대하여는 보험료의 적절한 산정을 위하여 우선은 상대적 면책조항으로 정해 놓은 다음 보험계약자의 요청이 있으면 **특약에 의하여 담보**하도록 하는 것을 말한다.

① 영국해상보험법(MIA)상의 면책위험

 가. 피보험자의 고의적인 불법행위(wilful misconduct of the assured)
 나. 항해의 지연(delay)으로 인한 손해(delay)
 다. 통상적인 자연소모(ordinary wear and tear)
 라. 통상적인 누손 및 파손(ordinary leakage and breakage)
 마. 보험목적물 고유의 하자 또는 성질(inherent vice)
 바. 쥐 혹은 벌레에 의한 손해(rats or vermin)
 사. 해상위험에 근인하지 않는 기관 손해(injury to machinery)

② 협회적하약관상의 면책위험(최대부보조건인 All risks와 ICC(A)로도 담보되지 않음)

 가. 피보험자의 고의적인 불법행위
 나. 통상적인 누손·중량 또는 용적의 통상적인 손해·자연소모
 다. 포장 또는 준비의 불완전 혹은 부적합
 라. 보험목적물 고유의 하자 또는 성질
 마. 항해의 지연(delay)으로 인한 손해
 바. 선주·관리자·용선자·운항자의 파산 혹은 재정상의 채무불이행
 사. 원자력·핵분열·핵융합 또는 이와 비슷한 전쟁무기의 사용
 아. 불내항 및 부적합면책(unseaworthiness and unfitness exclusion)
 자. 전쟁면책(war exclusion) : 군함(Men-of-War), 외적(Enemies), 습격(Surprisals) 등
 차. 동맹파업면책(strike exclusion)

상기의 협회적하약관상 면책위험은 A약관, B약관, C약관에 공통으로 적용되며 어떠한 경우에도 보상되지 않는다. 단 **전쟁위험과 동맹파업위험은 특약으로 담보가 가능하다.**

08 부가위험담보조건의 유형

ICC(A) 또는 ICC(A/R)에서는 담보되지만 ICC(B), ICC(C) 및 ICC(W.A), ICC(FPA)에서는 보험료를 지불하고 추가로 담보해야 하는 부가특약은 다음과 같다.

(1) RFWD(Rain and/ or Fresh Water Damage)

부적당한 적부, 불완전한 선창 폐쇄로 생긴 우수, 담수, 유손해. 단, ICC(B)약관에서는 "본선, 부선, 선창 등의 보관 장소에 해수, 호수, 강물의 침입으로 인한 손해"는 담보되지만 우천(빗물)으로 인한 손해는 추가 가입하여야 한다.

(2) COOC(Contact with Oil and/ or Other Cargo)

부보화물이 유류에 침투되거나 다른 화물과 접촉하여 오염되었을 때의 손해

(3) Breakage

부보화물의 파손으로 인한 손해. 기계류에 있어선 요손 및 곡손(bending/ denting)

(4) Leakage and/ or Shortage

부보화물의 누손 및 수량 또는 중량부족으로 인한 손해

(5) Sweat and/ or Heating

선창의 천정, 내벽에 응결한 수분에 접촉함으로써 생기는 한손 및 열손

(6) JWOB(Jettison & Washing Over – Board)

해난사고 시 갑판 상에 적재된 부보화물을 투하하거나 풍랑으로 유실 시의 손해. 단, **ICC(B)에서는 담보되는 손해**이다.

(7) Hook & Hole – 하역작업용 갈고리에 의한 손해

(8) TPND(Theft, Pilferage and Non-Delivery) : 도난, 발화, 불착

① Theft : 포장째로 훔치는 것
② Pilferage : 포장 내용물의 일부를 빼내는 것
③ Non - Delivery : 포장단위의 화물이 송두리째 목적지에 도착하지 않은 것

(9) 자연발화(Spontaneous Combustion)

화물고유의 하자 또는 성질에 의한 것이나 전혀 무연성이 없는 사고는 아니며 또 화재 원인의 확인이 어려울 때에 대한 특약

(10) 곰팡이(Mould and Mildew)/ 녹 (Rust)/ 쥐 및 벌레(Rats and Vermin)

(11) 오손(Contamination)

액체화학약품이나 유류 등이 해수, 담수 등의 혼입으로 입게 되는 품질 저하의 위험

09 확장담보조건

(1) 내륙운송 확장담보조건(Inland Transit Extension : I.T.E)

육상운송 중의 위험을 적하보험 증권에서 추가로 담보하는 조건이다. 해상보험계약은 명시 조건이지만 상관습에 의하여 담보범위를 확장하여 해상항해에 수반되는 내수로 또는 육상위험의 손해에 대해서도 피보험자를 보호할 수 있다.

(2) 내륙보관 확장담보조건(Inland Storage Extension : I.S.E)

통상적인 운송과정에서 중간창고나 보세창고에서 장기간 보관되는 원목 등 물품에 대해서 보관 중의 위험을 적하보험 증권에 명시된 기간(**수출은 하역 후 60일, 수입은 하역 후 30일**) 이상으로 연장할 경우 담보하는 조건을 말한다.

> **Check Point**
> ● 적하보험기간의 종료시점(2009 ICC 개정 운송약관 제8조)
> ICC Transit Clause(운송조약)에 따르면, 하기 4개 항 중 어느 하나가 먼저 도래하면 보험은 종료된다.
> ① 최종창고에서 또는 창고 안에서 운송차량이나 기타 운송용구로부터 하역완료 시
> (on completion of unloading from the carrying vehicle or other conveyance in or at the final warehouse)
> ② 보험증권에 기재된 목적지이건, 그 목적지에 이르는 중도지이거나를 불문하고 화물을 통상의 운송과정에 포함되는 이외의 보관을 하기 위해서건 또는 화물을 할당 또는 분배하기 위해 임의의 창고 또는 보관 장소에 인도될 때

(on completion of unloading from the carrying vehicle in or at any other warehouse, whether prior to or at the destination, for storage other than in the ordinary course of transit or for allocation or distribution)

③ 피보험자 또는 그 고용인이 통상의 운송과정이 아닌 보관을 위해 운송차량 또는 운송용구나 컨테이너를 사용하기로 선택한 때
(when the assured or their employees elect to use any carrying vehicle or other conveyance or any container for storage other than in the ordinary course of transit)

④ 최종 양하항에서 피보험화물 전체가 양륙된 후 60일이 경과될 때(수입의 경우는 30일)
(on the expiry of 60 days after discharge of the goods from the overseas vessel at the final port of discharge)

10 신협회적하약관상의 담보위험과 면책위험

[표 14-2] 신협회적하약관

담보위험	ICC(C)	ICC(B)	ICC(A)
화재 또는 폭발	O	O	O
본선 또는 부선의 좌초, 교사(배가 얹히는 것), 침몰, 전복	O	O	O
육상운송용구의 전복, 탈선	O	O	O
본선, 부선, 운송용구와 물 이외 타물과의 접촉, 충돌	O	O	O
피난항에서의 화물의 하역	O	O	O
지진, 화산의 분화, 낙뢰	X	O	O
공동해손희생	O	O	O
투하(jettison)	O	O	O
갑판유실(washing overboard)	X	O	O
본선, 부선, 선창, 운송용구, 컨테이너, 지게차 또는 보관 장소에서의 해수, 호수, 강물의 유입으로 인한 손해	X	O	O
상기 이외의 멸실, 손상의 일체의 위험	X	X	O
공동해손, 구조비, 쌍방과실충돌 (Both to Blame Collision)	O	O	O
피보험자의 고의의 위법행위	X	X	X
통상의 누손, 중량, 용적의 통상의 감소, 자연소모	X	X	X
포장 또는 준비의 불완전 (위험 개시전, 피보험자에 의한 컨테이너의 적입)	X	X	X
보험목적의 고유의 하자	X	X	X
지연	X	X	X
선주, 관리자, 용선자, 운항자의 파산, 재정상의 채무 불이행	X	X	X
여하한자의 불법행위에 의한 고의적 손상파괴	X	X	O
원자핵분열/원자핵 융합 또는 동종의 반응 또는 방사성 물질을 이용한 병기의 사용에 의한 멸실, 손상비용	X	X	X
선박, 부선의 불내항성, 선박, 부선 운송용구 컨테이너 등의 부적합	X	X	X

[표14-3] 구협회적하약관

담보위험	ICC(FPA)	ICC(W.A)	ICC(A/R)
전손	O	O	O
공동해손	O	O	O
비용손해(손해방지비용, 구조비, 특별비용)	O	O	O
좌초·침몰·대화재가 발생한 경우의 단독해손	O	O	O
선적·환적·양하 중의 포장단위당의 전손	O	O	O
화재·폭발·충돌·접촉 및 피난항에서의 양하로 인한 손해	O	O	O
악천후에 의한 해수손	X	O	O
모든 외부적·우발적 원인에 의한 손해	X	X	O

(1) 표 보기

협회적하약관의 구약관(All risk, WA, FPA)와 신약관인 ICC(A), ICC(B), ICC(C)는 서로 공존한다. 보상범위가 거의 비슷하기 때문에 통상 All risk : WA : FPA = A : B : C 의 관계로 보지만 서로 조금씩의 차이는 있다. O 표시는 해당 약관에 담보할 시 해당손해에 기인하면 보상을 해준다는 것이고 X표시는 해당 손해가 발생해도 보험자는 면책되므로 해당 손해에 기인하는 사고는 보상해주지 않는다는 뜻이다. 세계의 해상보험시장에서 사용되는 보험증권의 모태는 Lloyd's S.G. Policy 본문약관인데 해상무역발달의 흐름에 따라 1912년 적하보험특별약관을 제정하여 사용하였다. 이 특별약관을 일반화, 표준화하여 S.G. Policy에 삽입하여 사용한 것이 ICC(FPA), ICC(WA), ICC(A/R) 조건이다. 그러나 이러한 약관들이 이해가 어렵고 해석이 복잡하다는 의견에 따라 적용의 편리함을 위하여 다시 새롭게 선보인 것이 1982년 제정된 ICC(C), ICC(B), ICC(A)이다. 참고로 구약관이 사라지고 신약관으로 대체된 것은 아니며 보험계약자는 구약관과 신약관 중 선택하여 부보할 수 있다.

● ICC(WA)와 ICC(B)의 차이
- ICC(WA)에서는 지진, 화산의 분화, 낙뢰로 인한 손해가 부담보지만 ICC(B)에서는 담보라는 점이 다르다.
- ICC(WA)에서는 악천후로 인한 손해는 담보되지만 ICC(B)에서는 악천후가 발생해도 직접적인 물의 침입이 없는 경우는 부담보대상이 된다. 또한 ICC(B)에서는 빗물에 의한 손해는 부담보대상이다.
- ICC(WA)조건에 있는 「Heavy Weather(황천, 악천후)에 의한 누손」이란 표현이 ICC(B)에서는 삭제되고 그 대신 「해수, 호수, 강물의 유입」이라고 구체적으로 명시하였다.
- ICC(WA)조건에 없었던 「지진, 분화, 낙뢰 위험」을 담보위험으로서 ICC(B)에 명시하였다.
- ICC(WA)조건에서는 황천에 의한 경우에만 갑판유실도 담보위험이 된다고 하였으나, ICC(B)에서는 반드시 황천에 의하지 않더라도 일반적인 파도에 의한 갑판유실은 담보위험이라고 명시하였다.
- WA조건에서는 담보대상을 손해의 형태를 기준으로 표현하였으나, ICC(B)에서는 손해발생의 원인 즉 위험을 기준으로 담보대상을 표현하고 있다.

(2) 열거책임주의와 포괄책임주의

① 열거책임주의

보험자가 부담하는 위험을 구체적으로 열거하는 방식(제한책임주의)를 말하며 구약관인 ICC(W/A), ICC(FPA)와 신약관 ICC(B), ICC(C)에서 채택하고 있다.

② 포괄책임주의

보험자가 보상하는 위험을 구체적으로 열거하지 않는 방식(일반책임주의)를 말하여 일체의 위험 또는 항해에 관련한 일체의 사고로 표현된다. 구약관 ICC(A/R)과 ICC(A)조건이 해당된다.

제15장 해상보험 Ⅱ

01 해상손해의 종류

해상손해는 크게 물적손해와 비용손해로 나뉜다. 물적손해에는 전손과 분손이 있으며, 비용손해로는 구조비, 손해방지비용, 특별비용이 있다.

[표 15-1] 해상손해의 종류

전 손 (total loss ; TLO)	현실전손 (actual total loss)	피보험목적물의 실질적인 멸실, 성질의 상실, 목적물에 대한 소유권의 박탈, 선박의 상당기간 불명
	추정전손 (constructive total loss)	보험목적물이 전멸되지 않더라도 그 손해정도가 본래의 효용을 상실하거나, 선박 및 화물을 회복하는 비용이 회복되었을 때의 가액을 초과하는 것으로 예상되는 경우. 또는 피보험자가 선박 및 화물의 점유를 박탈당하여 이를 회복할 가능성이 없는 경우
분 손 (partial loss)	단독해손 (particular average)	피보험이익의 일부가 멸실 또는 손상된 손해 중에서 공동해손을 제외한 손해
	공동해손 (general average)	보험목적물이 공동의 안전을 위하여 희생되었을 때 이해 관계자가 공동으로 그 손해액을 분담하는 손해
비용손해 (expense)	구조비 (salvage charge)	구조계약에 의하지 않고 임의로 구조한 자가 해상법상 회수할 수 있는 비용
	손해방지비용 (sue and labor charge)	보험목적물에 해상위험이 발생한 경우 이를 방지, 경감하려는 목적으로 합리적으로 지출되는 비용
	특별비용 (particular charge)	공동해손비용과 구조료 이외의 비용으로 긴급사태가 발생한 결과 피난항에서 지출하게 된 양륙비, 창고보관료, 재포장비용, 재운송비 등이 해당된다.

Check Point

● TLO(Total Loss Only)

TLO는 해상적하보험에서 거의 사용하지 않는다. 이는 침몰, 화재 등에 의해 보험목적물이 전부 손상된 경우에 한하여 보험금을 지급하므로 부분적인 손해와 같은 최소한의 피해보상을 받기 힘들기 때문이다. 배의 침몰, 화재 등은 다른 사고와 달리 그 발생 확률이 낮기 때문에 이에 대한 부보는 그 보상이 극히 제한되어 있다.

02 위부(Abandonment)

(1) 위부의 의의

　추정전손의 실질적 요건이 존재하는 경우 피보험자는 보험의 목적에 대하여 그가 가지는 일체의 권리를 법정기간 내에 보험자에게 이전시키고 보험금액의 전부를 청구하는 제도를 말한다. 현실적으로 전손(Actual Total Loss)은 아니지만 해상손해의 회복비용이 회복 후 잔존 가액보다 크거나 손해의 정도가 심하여 적화의 본래의 목적에 사용할 수 없는 경우에 현실전손으로 추정하여 보험의 목적물에 대한 일체의 권리를 보험자에게 이전시키고 이와 상환으로 전손의 보험금을 청구하는 것을 말한다.

　① 위부의 성립
　추정전손이 성립하기 위해서는 보험자와 피보험자간의 양자 합의가 있어야 하며, 이 양자의 합의가 곧 위부의 성립이다.
　② 위부는 무조건적(unconditional)이어야 하며 보험의 목적에 대해 불가분적으로 이루어져야 한다.
　③ 위부는 해상보험에서만 사용된다.

(2) 위부의 효과

　① 위부가 성립하면 보험의 목적에 대한 모든 권리가 보험자에게로 이전되며 보험금액의 전액에 대한 청구권이 발생한다.
　② 현실전손의 경우에는 위부의 통지가 불필요하다.
　③ 위부는 피보험자의 단독행위이며, 추정전손이 성립되는 사유가 발생했다고 해서 무조건 위부해야 하는 강제성은 없다.
　④ 피보험자는 전손보험금을 받는 것보다 분손으로 처리하는 것이 더 유리하다고 판단되면 위부의 통지를 하지 않고 분손으로 처리할 수 있다.
　⑤ 보험자는 잔존물을 인수하더라도 이익이 없다고 판단될 때에는 위부를 거절하고(즉 보험 목적물의 권리는 이전받지 않고!) 전손으로 처리하여 전손보험금을 지급한다.

(3) 위부의 기타조건

　① 위부의 승인이 착오, 사기, 강박에 기인한 경우에는 보험자는 승인의 무효 또는 취소를 주장할 수 있다.
　② 위부가 승인되기 전까지는 위부신청의 취소나 위부권을 포기할 수 있다.
　③ 위부의 의사표시는 구두나 서면으로도 가능하나 원칙적으로 통지는 명시적이어야 한다.
　④ 위부의 대상으로는 잔존이익(salvage)이 없는 경우에는 위부의 통지를 할 필요가 없다.

03 대위(Subrogation)

(1) 대위의 의의

대위란 보험사고에 의하여 손해가 발생한 경우에 제3자에게 손해보상금을 받고 또 다시 보험자로부터 보상을 받으면 피보험자가 이중이득을 얻게 되는 결과가 되므로 보험의 목적물이나 제3자에 대하여 가지는 권리를 보험자에게 이전시키도록 하는 것을 말한다. 대위에는 보험목적물에 의한 대위와 제3자에 대한 대위가 있다.

(2) 목적물 대위

보험사고의 결과 잔존물이 있는 경우 그 잔존물을 취득할 수 있는 권한을 말한다.
① **보험자가 목적물에 대한 권리를 주장하려면 전손보험금을 지급한 경우에 한한다.**
② 분손보험금을 지급했다면 잔존물에 대한 소유권을 취득할 수 없다.
③ 권리의 이전 시기는 **보험사고가 발생한 시점이 아니라 보험금을 지급한 시점이다.**

(3) 제3자 권리대위

예를 들어 화물의 손상이 선사의 부주의에서 기인한 것이라면 보험자는 피보험자에게 보상을 하고 그 보상액을 다시 선사에게 구상권을 행사하여 회수하게 된다. 이 때 피보험자는 선사에게 청구할 수 있는 권리를 보험자에게 넘겨야 하는데 이를 대위, 즉 제3자에 대한 대위(권리대위)라고 한다. 손해보험(보상)계약에서 피보험자가 보험사고의 발생을 계기로 이중의 이득을 얻는 것을 방지하는 **이중이득금지의 원칙에 대위의 인정 근거가 있다.**

(4) 대위의 특징

① 대위는 해상보험을 비롯한 모든 손해보험에 설정되어 있는 원칙이지만 위부는 해상보험에서만 통용된다. 이는 추정전손이 통용되는 것은 해상보험뿐이기 때문이다.
② 대위에서 제3자에 대한 손해배상청구권은 전손이든 분손이든 상관없이 보험자가 보험금을 지급하면 구상권이 자동적으로 승계된다. 그러나 **보험목적물에 대한 대위는 전손인 경우에만 인정된다.**

04 공동해손(General average : GA)

(1) 공동해손희생(general average sacrifice)과 공동해손비용

적하, 선박, 운임 등 항해 단체가 해상사고를 당했을 때 그러한 항해 단체의 안전을 위해서 선장 및 선주가 적절한 조치를 취할 때 그러한 조치를 공동해손행위(general average act)라 하며 이러한 조치로 인해 발생한 물적손해를 공동해손희생, 비용의 손해를 공동해손비용(general average expenditure)이라고 한다. 또한 공동해손행위의 결과가 아닌 선박·화물 등에 우연히 발생한 손해는 선주나 화주가 단독으로 부담해야 하기 때문에 이러한 손해를 공동해손과 구별하여 단독해손(particular average)이라 한다. **공동해손에 관한 국제규칙으로는 York-Antwerp Rule(YAR) 가 있다.**

(2) 공동해손비용의 성립요건

① 위험의 공동성이 있어야 하며
② 처분의 자발성 혹은 임의성(고의성; intentional)이 있어야 한다.
③ 처분이 합리적(reasonable)이고 현실적이어야 하며
④ 이례적인(exceptional) 희생이나 비용이어야 한다.

05 손해방지비용과 구조비

(1) 손해방지비용(Sue and Labour Charge)

① 손해방지비용의 의의

손해방지비용이란 보험사고가 발생한 경우에 그 손해의 방지 또는 경감을 위하여 합리적인 조치를 취할 때 그로 인한 손해의 방지, 경감을 위하여 필요하고도 유익한 비용을 말한다.

② 손해방지비용의 성립

가. 피보험자가 지출한 비용을 손해방지비용으로 보상받으려면 먼저 **손해방지행위의 주체자가 반드시 피보험자 자신이거나 그의 대리인이어야 한다.**
나. **손해방지비용은 손해방지행위의 성공여부에 상관없이 보상된다.** 적절하고 합리적으로 발생된 것이라면 한도액에 상관없이 보상된다.
다. 손해방지비용에 대한 보험자의 보상액은 소손해면책조항의 적용을 받지 않는다.

(2) 구조비(Salvage Charges)

　구조행위가 성립하기 위해선 먼저 선박, 적화 등 보험목적물에 실제로 위험이 발생하여 보험목적물이 어려운 상태에 있어야만 구조행위가 필요하고 그에 따른 구조비가 보상된다. 구조자(보험계약자나 피보험자를 제외한 제 3자)가 법적의무가 아닌 임의적(voluntarily)으로 인명이나 적하에 대하여 행한 구조행위에 대한 법적 지급보수를 구조료(비)라 하며, **구조비가 성립되려면 구조행위가 성공해야 한다(No Cure, No pay)**.

06 담보와 고지

(1) 담보

　담보란 보험자의 위험측정을 용이하게 하는 하나의 안전장치로서 피보험자에게 특정 사항의 충족이나 이행사항을 보험증권상에 명시하여 보험자가 피보험자의 재산상의 손해가 발생하면 그 손해를 보상한다는 약속을 말한다. 담보내용은 문자대로 엄격히 충족되어야 하며 위반 시에는 담보위반 구성을 위배하므로 보험자는 이후 면책된다.

① 명시담보(Express Warranty)
　보험증권에 결합된 형태의 특정서류에 특정 사실의 존재·부존재를 확약하는 진술 또는 약속으로 보험증권에 명시되어진 담보를 말한다. 즉 피보험자가 손해를 담보하는 조항을 보험증권에 명시하는 것을 말한다.

② 묵시담보(Implied Warranty)
　명시적인 형식을 취하지 않더라도 해상보험계약 체결의 행위 자체로부터 묵시적으로 보증된 담보를 말한다. 묵시담보는 계약 당사자가 현실적으로 합의한 것도 아니며, 또한 그렇게 할 필요도 없으며, 합의하였다고 추정될 필요도 없다. 선박이 항해를 안전하게 할 수 있는 기본적인 조치들을 말하며 이는 피보험자의 능력 바깥의 일이다.

(2) 고지

　보험계약 당시 보험계약자 또는 피보험자는 보험자에게 보험인수의 승낙 여부 또는 계약 내용의 결정에 영향을 미치는 중요한 사항을 알려야 하는데, 이를 고지의무(Duty of disclosure)라고 한다. 보험자에게 구두로도 할 수 있고, 서면에 의하여 고지할 수도 있다. 또한 고지내용은 담보와 달리 실질적으로 충족되면 충분하며 고지의 부실은 그 부실하게 고지된 사실이 중요하지 않는 한, 보험계약의 효력에는 영향이 없다.

(3) 고지가 필요 없는 사항

① 위험을 감소시키는 일체의 사항
② 보험자가 알고 있거나 또는 알고 있는 것으로 추정되는 일체의 사항
③ 보험자가 그 사실에 관하여 알아야 할 권리를 포기한 일체의 사항
④ 명시담보 또는 묵시담보가 있기 때문에 고지할 필요가 없는 일체의 사항

> **Check Point**
> ● 해상적하보험에 있어서 반드시 고지해야 할 중요한 사항
> ① 갑판적재 (단, 상관습에 따라 화물의 갑판적재가 용인되고 있는 경우는 불필요)
> ② 화물이 보험자의 책임개시 전에 이미 손상을 입을 가능성이 있는 여러 가지 사실
> ③ 화물이 본선에 적재될 때 부선(lighter ship)을 사용한 사실

① 면책율 부적용 분손담보조건(WAIOP ; With Average Irrespective of Percentage)
분손의 비율에 관계없이 손해 전체가 보상되는 조건을 말한다.

② Franchise(소손해면책율 ; 프랜차이즈)
보험가격의 2% 또는 3%에 해당하는 소손해는 그것이 해난에 직접 기인한 것인지 화물의 성질에 기인한 것인지 식별하기가 어렵기 때문에 W.A.조건 및 부가위험(Extraneous Risks)에 있어서는 보험자는 소손해를 담보하지 않는다. 이 소손해면책에 대하여 적용하는 면책율을 Franchise라고 한다. 통상의 Franchise(Ordinary Franchise)의 경우는 현실의 손해가 면책율을 초과한 경우 그 손해 전부가 보상된다.

③ 소손해 면책비율(Franchise) – W.A.3%의 의미
「W.A. 3%」에서 3%라는 의미는 악천후로 인한 해수손에 대하여 3%미만의 손해가 발생하면 보험자는 이를 보상하지 않고 3% 이상 손해가 발생 시 이를 전부 보상해준다는 뜻이다. 단, WA3%에 「Excess」 또는 「Deductible」이라는 문구가 있을 경우 3% 이상의 손해가 있을 시 기본면책비율인 3%는 공제하고 나머지 손해만 보상해 준다. 예를 들어 5%의 손해가 발생하였다면 5% – 3%의 관계가 성립하여 3%는 공제하고 2%만 보상을 받게 된다. 이에 반하여 위에 언급한 WAIOP는 면책비율을 적용하지 않고 어떠한 소손해도 모두 보상해 준다.

④ 구협회적화약관에서 보험자의 보상범위가 넓은 순서
ICC(A/R) 〉 ICC(WAIOP)〉 ICC(WA 3%) 〉 ICC(FPA)

⑤ 보험료부담이 가장 큰 것부터 순서대로 정리하면
ICC(A) 〉 FPA including TPND 〉 WAIOP 〉 W/A 3% 〉 ICC(C)

⑥ 적하보험요율(rate of premium)
보험료의 보험금액에 대한 비율을 의미하며, 적하보험요율에 영향을 미치는 산정요소는 아래와 같다.
 – 화물의 특성(화물의 종류 및 상태)
 – 항해구간(항로, 출발지, 도착지)
 – 보험조건, 운송선박과 방법(운송용구, 선박의 등급), 손해율

⑦ 갑판선적(on deck shipment) 유보문언
화물이 컨테이너 전용선으로 운반되는 컨테이너 내장물품인 경우에는 갑판위에 선적될 가능성이 많기 때문에 이런 경우 선사는 「갑판에 선적될지도 모른다(the goods may be loaded on deck)」는 의사표

시를 인쇄약관으로 선하증권 상에 기재하는데 이를 갑판선적 유보문언이라 하며 이런 선하증권은 은행이 수리한다. [UCP600 제26조] 이는 불가피하게 갑판선적을 해야 할 경우 선사가 면책하기 위하여 기재한 것에 불과하지만 이 문언이 인쇄약관이 아닌 고무인이나, 타자, 수기 등으로 기재될 경우 이는 선사가 사실상 갑판선적을 행하겠다는 의도로 간주되어 은행은 이러한 B/L은 수리를 거절한다.

> a. A transport document must **not** indicate that the goods **are or will be loaded on deck**. A clause on a transport document stating that **the goods may be loaded on deck is acceptable**.
> a. 운송서류는 물품이 **갑판에 적재되었거나 또는 될 것이라고 표시해서는 아니된다.** 물품이 갑판에 적재될 수 있다고 명기하고 있는 운송서류상의 조항은 **수리될 수 있다.** [UCP600 제26조]

Check Point
● 한국무역보험공사가 운용하는 수출보험운영종목

종목	내용
단기수출보험	결제기간 2년 이내의 단기수출계약을 체결한 후 수출대금을 받을 수 없게 된 때에 입게 되는 손실을 보상하는 보험(당해 물품에 발생한 손실은 제외)
중장기수출보험	수출대금의 결제기간이 2년을 초과하는 중장기수출 계약을 체결한 후 수출이 불가능하게 되거나 수출대금을 받을 수 없게 된 때에 입게 되는 손실 또는 수출대금 금융계약을 체결한 후 금융기관이 대출원리금을 받을 수 없게 됨으로써 입게 되는 손실을 보상하는 보험
해외공사보험	해외공사계약 체결 후 그 공사에 필요한 물품의 수출이 불가능하게 되거나 그 공사의 대가를 받을 수 없게 된 경우 또는 해외공사에 사용할 목적으로 공여된 장비에 대한 권리가 박탈됨으로써 입게 되는 손실을 보상하는 보험
수출보증보험	금융기관이 해외공사계약 또는 수출계약 등과 관련하여 수출보증을 한 경우에 보증 상대방(수입자)으로부터 이행청구를 받아 이를 이행함으로써 입게 되는 금융기관의 손실을 보상하는 보험
해외투자보험	해외투자를 한 후 투자대상국에서의 수용, 전쟁, 송금위험 등으로 인하여 그 해외투자의 원리금, 배당금 등을 회수할 수 없게 되거나 보증채무이행 등으로 입게 되는 손실을 보상하는 보험
농수산물수출보험	농수산물 수출계약 체결 후 수출이 불가능하게 되거나 수출대금을 받지 못하게 된 경우, 또는 농수산물의 국내가격 변동으로 당해 수출계약의 이행에 따라 입게 되는 손실을 보상하는 보험
환변동보험	수출거래 시나 수출용 원자재 수입거래 시 공사가 보장해주는 환율과 실제 결제시점의 환율을 비교하여 그 차액을 보상 또는 환수하는 보험. 수출환변동보험의 경우 환율하락 시에는 손실을 보상하지만, 환율 상승 시에는 이익금을 보험자가 환수한다.
이자율변동보험	금융기관이 고정금리(CIRR)로 대출 후 차주로부터 받은 이자금액과 변동금리(LIBOR) 대출로 받았을 이자금액을 비교하여 그 차액을 보상 또는 환수하는 보험
신뢰성보험	부품·소재 전문기업이 제조 및 판매하는 부품소재에 대하여 제조물 결함으로 인하여 발생하는 부품소재 자체 손해 및 회수비용과 동부품수요기업의 재물손해 및 기업휴지에 따른 손실을 보상하는 보험
지식서비스수출보험	국내 수출업체가 정보통신, 문화 콘텐츠, 기술, 엔지니어링 등의 지식서비스를 수출하고 이에 따른 지출비용 또는 확인대가(Running Royalty 포함)를 회수하지 못함으로써 입게 되는 손실을 보상하는 보험
문화수출보험	수출계약이 체결된 영화의 제작과 관련한 투자 및 대출거래에서 발생하는 손실을 보상하는 제도
수출신용보증	수출계약과 관련하여 중소기업이 금융기관으로부터 수출이행자금을 대출받거나(선적 전) 환어음 매입대전을 받을 경우(선적 후), 동 자금을 상환하지 못하게 됨으로써 중소기업이 금융기관에 부담하는 금전 채무에 대한 연대보증

 오답노트

(1) 해상보험 일반
1. 보험금을 받을 수 있는 권리를 가진 자를 보험계약자라 한다.(x)
   → 보험금을 받을 수 있는 권리를 가진 자를 피보험자라 한다. 보험계약자 자신이 피보험자가 될 수도 있고, 보험증권을 배서하여 양도함으로써 달라질 수도 있다.
2. 보험금액이란 피보험 목적물의 평가액으로서 보험계약을 체결한 뒤 시가에 의하여 변동될 수 있다.(x)
   → 보험금액(insurance amount)은 보험계약자가 실제 보험에 가입한 금액이며, 보험자가 보상해주는 최고의 보상액이 된다. 보험사고 발생 시 보험자는 보험금액의 범위 내 보상하므로 시가에 의해 변동되거나 초과지급 될 수는 없다.
3. 보험계약상 보험자가 지급하기로 약정한 최고한도액으로 보험가액 내에서 자유롭게 정할 수 있는 것을 보험금이라고 한다.(x)
   → 보험자가 지급하기로 약정한 최고한도액으로 보험가액 내에서 자유롭게 정할 수 있는 것을 보험금액이라 하며 최종적으로 보험자로부터부터 보상받는 금액은 보험금(claim amount)이라 한다.
4. 소급보험은 보험기간보다 보험계약기간이 더 길다.(x)
   → 보험기간이 보험계약기간보다 긴 보험을 소급보험, 보험기간보다 보험계약기간 긴 보험을 예정보험이라 한다.

(2) 부가위험 담보조건의 유형
1. CIP에서는 매도인이 부보하지만, 그것은 법률상으로는 임의보험에 불과하며 의무보험이 아니므로 부보하지 않아도 의무위반은 아니다. (x)
   → 인코텀즈2020의 CIP와 CIF조건에서 매도인의 보험부보는 의무사항이다.
2. 적하보험은 운송 중에 우연한 사고로 인하여 화주가 입게 되는 화물의 손실과 선장이나 선원 소유 물품의 멸실을 커버하기 위해 부보할 수 있다. (x)
   → 적하보험(Cargo Insurance)은 화물만을 대상으로 하는 보험이며 적하보험 계약이 체결될 수 있는 보험목적물은 화물로 한정한다. 따라서 선원의 사유물이나 선내에서 소비하기 위한 식료품이나 소모품 등은 화물로 취급되지도 않으며 이들 품목은 적하보험의 대상이 될 수 없다.
3. CIF가격이 서류상으로 결정될 수 없는 경우 은행은 신용장에 의해서 발행되는 결제 또는 매입금액 또는 상업송장에 표시된 총 물품가격 중에서 적은 금액을 부보의 최저금액으로 인정한다. (x)
   → CIF 또는 CIP가격이 서류로부터 결정될 수 없는 경우에는, 보험담보금액은 지급이행 또는 매입이 요청되는 금액 또는 송장에 표시된 물품 총가액 중에서 보다 큰 금액을 기초로 하여 산정되어야 한다.
4. ICC(C)에서 하역작업 중의 매 포장 당 전손(sling loss)은 담보대상이다. (x)
   → 하역작업 중의 매 포장 당 추락전손(sling loss)은 ICC(FPA)에서 보상하는 약관이다.
5. 화재 폭발은 신협회적하약관상 보험자의 일반면책조항이다. (x)
   → 해상위험(Perils on the Seas)인 화재, 투하, 선원의 악행, 해적, 절도, 강도 등은 보험자의 담보위험이다.
6. 피보험이익은 반드시 계약체결 시에 확정되어 있어야 한다. (x)
   → 피보험이익은 보험사고가 발생할 때까지는 보험계약의 요소로서 보험계약의 체결 시에 확정될 필요는 없으나, 늦어도 보험사고 발생 시에는 확정될 수 있어야 한다.
7. 파도에 의한 갑판 상 유실, 선박 내에 빗물 유입 및 지연에 의한 손실 등은 ICC(B)에서는 담보되나 ICC(C)에서는 보상하지 않는다.(x)
   → 항해의 지연에 의한 손실은 어떠한 약관에서도 보상하지 않는 면책위험이다.

제16장 클레임과 상사중재

01 무역 클레임

무역거래에서의 클레임이란 매매당사자간의 어느 일방이 매매계약내용을 불이행함으로써 상대방에게 손해를 입힌 경우에 손해를 입은 당사자가 상대방에 대하여 손해배상을 청구하는 것을 말한다. 무역클레임은 매매당사자 중에서 피해자(claimant)가 가해자(claimee)에게 제기하게 되는 것인데 일반적으로 피해자가 매수인이 되는 경우가 많다. 이를 buyer's claim이라 한다.

(1) 클레임의 유형

유형		
	일반적 클레임	매매당사자 중 일방의 과실 또는 태만에 의하여 발생되는 것으로서 가장 흔하게 발생하는 클레임이다.
	마켓 클레임 (market claim)	도덕심이 낮은 매수인이 클레임이 되지도 않을 정도의 작은 과실을 구실로 하여 매입가격을 낮추기 위하여 제기하는 클레임
	의도적 클레임	매매당사자의 순전한 악의와 고의적인 것에 의한 것

(2) 무역클레임의 발생원인

신용조사의 불비, 언어 및 관습의 상이, 무역실무지식의 결여, 계약서의 불비, 시장 변동, 국제상관습과 국제조약에 대한 무지, 상대국의 법규에 대한 무지, 불가항력 사태의 발생 등에 기인한다.

(3) 클레임의 제기

약정된 기일 내에 클레임 통지를 발송하고 클레임의 내용이 확정되는 대로 필요한 서류를 제시하여 정당성을 입증하여야 한다.

① 클레임의 제기 기한

클레임의 제기 기간이 명시되지 않았다면 즉시 또는 합리적인 기간 내(within a reasonable time)에 제기하여야 한다.

② 물품의 검사기한

국제물품매매계약에 관한 UN협약(CISG)에선 매수인이 물품을 검사하는 기간은 실행 가능한 단기간(within as short a period as is practicable)내에 물품을 검사하거나 검사하게 하여야 한다고 규정하고 있다.

③ 물품 부적합의 통지

CISG에서는 매수인이 매도인에 대하여 매매계약과 일치하지 않는 **물품의 부적합의 통지는 물품이 실제로 매수인에게 교부(인도)된 날로부터 2년 이내로 규정**하고 있다.

④ 클레임 제기 필수조항

무역계약서 작성 시 명시할 **클레임 제기 필수조항은 제기기간, 제기방법, 입증방법**이다.

(4) 클레임 청구의 내용

① 금전의 청구 : 대금 지급의 거절, 손해배상금의 청구, 대금 감액의 청구 등
② 금전 이외의 청구 : 잔여계약의 해제, 계약이행의 청구, 물품의 인수거절, 대체품의 청구, 부족분의 추가송부 등
③ 금전의 청구와 이외의 청구를 합한 경우 - 인도의 지연에 따른 과징금 등

(5) 무역클레임의 해결 형태 및 방법

[표 16-1] 무역클레임의 해결 순서와 내용

당사자 간 직접해결	클레임포기 (Waiver of claim)	경미한 사항에 대하여 차후 주의를 촉구하고 클레임을 포기하는 것
	타협과 화해 (compromise)	당사자 쌍방의 합리적인 타협으로서 양보와 화해로 해결
제3자 개입해결	알선 (intercession or recommendation)	당사자 해결이 힘들 때 제3자를 개입시켜 원만한 해결을 강구하는 것
	조정 (conciliation or mediation)	알선에 의한 해결이 안될 시 공정한 제3자를 개입하여 조정인이 제시하는 해결안에 대하여 합의로 해결하는 것
	중재 (arbitration)	제3자를 중재인으로 선정하여 중재인의 판정에 복종케 하여 분쟁을 해결하는 것으로서 국가공권력을 발동하여 강제집행할 수 있는 권리가 보장된다.
	소송 (litigation)	상대방에게 강제를 가하기 위하여 법원에 제소함으로써 국가공권력을 발동하는 것을 요청하는 것을 말한다. 강제력의 보장을 위해선 반드시 상대국 법원에 제소하여야 실효를 거둘 수 있다.

Check Point
● 조정(conciliation)

조정은 국제중재의 경우에는 기준일(쌍방이 대한상사중재원으로부터 중재신청적합을 통지받은 날)로부터 30일 이내에 당사자 쌍방의 요청이 있는 경우에 한하며, 대한상사중재원 사무국이 중재인 명부(panel of arbitrator)에서 1인 또는 3인의 조정인을 선정함으로써 개시된다. 조정인이 선정된 날로부터 30일 이내에 조정이 성립되지 않은 경우에는 조정절차는 종료되고, 이어서 중재절차가 속행된다.

02 중재제도(Arbitration)

분쟁 당사자 간의 중재계약에 따라 법원의 판결에 의하지 않고 제3자를 중재인으로 선정하여 중재인의 판정에 맡기고, 그 판결에 복종함으로써 분쟁을 해결하는 자주법정제도이다. 신속하고 저렴한 **소송외분쟁해결**(Alternative Dispute Resolution: ADR)중 가장 대표적인 것이다. 한국의 경우에는 중재기관으로 대한상사중재원이 설립되어 있으며, 표준중재조항(Korean Commercial Arbitration Board)을 제정하여 모든 계약서상에 삽입하여 분쟁발생 시를 대비토록 권장하고 있다. 통상적으로 다음과 같은 중재조항이 계약서에 사용된다.

> All disputes, controversies, or difference which may arise between the parties, out of or in connection with the contract, or for the breach thereof, shall be finally settled by arbitration in Seoul, Korea Commercial Arbitration Board and under the Laws of Korea. The award rendered by the arbitrator(s) shall be final and binding upon parties concerned.
> [이 계약으로부터, 또는 이 계약과 관련하여 또는 이 계약의 불이행으로 말미암아 당사자 간에 발생하는 모든 분쟁, 논쟁 또는 의견 차이는 대한민국 서울특별시에서 대한상사중재원의 상사중재규칙에 따라 중재에 의하여 최종적으로 해결한다. 중재인(들)에 의하여 내려지는 판정은 최종적인 것으로 당사자 쌍방에 대하여 구속력을 가진다.]

> Any claim beyond the amicable adjustment between Seller and Buyers is to be settled by arbitration at destination.
> [매도인과 매수인 사이에 원만히 조정할 수 없는 클레임은 목적지에서의 중재로 해결된다.]

> Discrepancy and Claim : In case discrepancy on the quality of the goods is found by the Buyer after arrival of the goods at the port of destination, claim may be lodged against the Seller within 3days after arrival of the goods at the port of destination.
> [불일치와 클레임 조항 예문 : 최종 목적항에 물품이 도착한 이후 매수인에 의하여 품질상의 불일치가 발견되었을 시에는 최종 목적항에 물품이 도착한 후 3일 이내에 매도인에게 클레임을 제기할 수 있다.]

(1) 중재계약(arbitration agreement ; 중재합의)

중재계약이란 사법상의 법률관계에 관하여 당사자 간에 발생하고 있거나 장래에 발생할 분쟁의 전부 또는 일부를 중재에 의하여 해결하도록 합의하는 것을 말한다. 중재에 의하여 클레임을 해결하려면 반드시 양당사자의 중재계약이 있어야 한다. **중재계약이 없는 경우 일방이 중재를 거부하면 성립되지 않는다.**

(2) 중재계약의 방식

중재계약은 서면에 기명날인 한 것이거나 계약 중에 중재조항(arbitration clause)이 되어 있거나, 교환된 서신 또는 전보에 중재조항이 기재되어야 한다. 중재는 사전중재합의와 사후중재합의가 있다.
① 사전중재합의 : 분쟁이 발생하기 전에 계약서상에 합의해 두는 방식
② 사후중재합의 : 이미 발생되어 있는 분쟁을 중재로 해결하기로 합의하는 방식

(3) 중재효력의 3요소

중재지, 중재기관, 준거법(Application Law; Governing Law)이 명시되어야 효력이 있다.

(4) 준거법(Application Law; Governing Law)

무역거래는 법률을 달리하는 격지자 간에 행해지는 것으로서, 계약당사자로서는 계약의 성립, 이행, 해석이 어느 나라의 법률에 따라 행하여지는가는 대단히 중요한 문제이다. 이를테면, 그 법률을 한국법, 일본법 등으로 지정하여 두는 것이 준거법 조항이다. 법률에는 독점금지법, 관세법 등의 실정법이 있고 다른 하나는 절차법으로 중재나 소송의 경우가 준거법에 속한다.

(5) 중재판정의 효력

① 직소금지의 원칙 : 중재계약이 있는 경우에는 법원에 직접 소송 제기가 불가능하다.
② 최종해결책 : 중재위원회에서 내려진 중재판정은 최종적이며 불복 항소가 불가능하다.
③ 국제적 효력 : 외국의 중재판정의 경우에도 국제적으로 승인되며 그 집행을 보장받는다.
　　외국의 중재판정이 승인되려면 뉴욕협약(New York Convention)의 체약국이어야 한다.

(6) 중재제도의 장단점

장 점	가. 중재계약의 자율성 　분쟁의 당사자가 법원에 의존하지 않고 쌍방 판정의 결과에 복종하기로 하는 자주적인 분쟁 해결방법이다. 나. 신속성 　소송은 3심제이지만 중재는 단심제이므로 분쟁이 신속히 해결된다. 심리(hearing)후 30일 이내 판정 다. 중재인(arbitrators)의 전문성 　일반법을 전공한 법관보다는 국제상거래에 밝은 중재인이 합리적이다. 　상호합의 되지 않았다면 중재인은 3인 또는 1인의 홀수로 구성된다. 라. 비공개 　재판과정에 기업의 기밀이 차단되므로 대외신용의 계속 유지가 보장된다. 마. 저렴한 비용

	소송에 비해 매우 저렴하다. 바. 중재판정의 국제적 효력 　국가의 주권문제와는 아무런 관계없이 국제적으로 효력을 발휘한다.
단 점	가. 법률문제 　중요한 법률문제가 개재되어 있을 경우 일반적으로 중재인은 그 판단 능력이 미흡하다는 단점이 있다. 나. 예측가능의 결여 　중재인의 판정기준이 중재인의 자의나 주관에 따라 좌우될 가능성이 있으며 동종의 사건도 중재인에 따라 각각 다른 판정의 가능성이 있다. 다. 상소제도의 결여 　판정에 대한 중대한 결함이 없는 한, 판정에 대한 불복신청이 인정되지 않는다.

(7) 중재의 절차

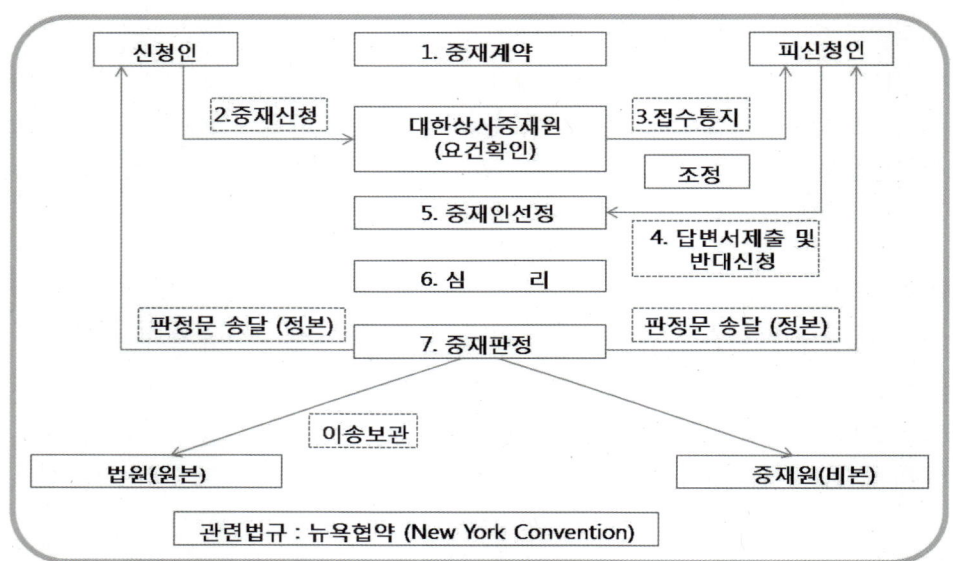

[그림 16-1] 중재의 절차

> **Check Point**
>
> ● **외국판결의 승인 및 집행의 요건(민사소송법 제203조)**
>   ① 확정판결일 것
>   ② 외국법원에 재판권이 있을 것
>   ③ 패소한 피고가 우리나라 국민인 경우에 공시송달 이외의 송달을 받았거나 응소하였을 것.
>   ④ 외국판결이 우리나라의 선량한 풍속 기타 사회질서에 반하지 않을 것,
>   ⑤ 상호의 보증이 있을 것 등이다.
>
> ● **뉴욕협약(New York Convention)에 따라 중재판정의 승인과 집행의 거절 사유가 될 수 있는 것)**
>   ① 중재합의의 당사자가 그 준거법에 의하여 무능력자이었을 경우

② 당사자가 중재인의 선정 또는 중재절차에 관한 적절한 통지를 받지 못하였을 경우
③ 중재판정이 중재합의 대상의 범위를 벗어난 사항을 다룬 경우
④ 당사자 간에 중재합의가 없는 경우

● **클레임 통지문(Notice of Claim)**

인수받은 선적품이 손상되었거나 계약위반 물품인 경우 이에 대한 배상을 요구하는 것이 클레임 통지문이다. 정식으로 클레임을 제기함에 앞서 피해 물품에 대한 정밀한 점검을 거쳐 곧 클레임을 제기하겠다고 상대에게 통지하는 것을 클레임 통지(Notice of Claim)라 한다.

● **신속절차에 의한 중재**

신속절차는 중재제도의 강점을 최대로 살려 국내외 상사분쟁을 보다 더 신속·저렴하게 해결함으로써 중재 이용자들에게 편익을 제공하는 제도이다. 당사자 간에 신속절차에 따르기로 하는 별도의 합의가 있는 중재사건 또는 신청금액이 1억 원 이하인 국내중재의 경우 신속절차를 적용한다. 중재인의 선정에 대해 당사자 간에 별도의 합의가 없는 경우에는 사무국이 중재인명부 중에서 1인의 중재인을 선정한다.

- 중재판정부는 심리일시와 장소를 결정하며, 사무국은 이를 심리개시 3일 전까지 구술, 인편, 전화 또는 서면 등 적합한 방법으로 당사자에게 통지한다.
- 심리는 1회로 종결함을 원칙으로 하나 중재판정부는 상당한 이유가 있다고 인정하는 경우에는 심리를 재개할 수 있다.
- 피신청인은 심리종결 전까지 반대신청을 할 수 있다.
- 중재판정부는 심리종결일로부터 10일 이내에 판정하여야 하며, 당사자가 합의하면 판정 이유의 기재를 생략할 수 있다.

기출문제

다음은 중재(arbitration)에 관한 설명이다. 옳지 않은 것은?

① 중재판정의 내용은 외국에서도 강제집행될 수 있다.
② 중재는 단심제이므로 중재판정의 결과에 불복하여 다시 중재신청을 할 수 없다.
③ 중재합의는 무역분쟁(클레임)이 발생되기 전에 하여야 하며 무역분쟁 발생 후 중재합의에 의해서는 중재신청을 할 수 없다.
④ 중재절차는 공개되지 않고 진행되므로 당사자의 영업상 비밀이 보장될 수 있다.

해설 중재합의는 계약서를 체결할 때 무역분쟁을 중재로 해결할 것을 미리 정하여 계약서의 이면에 기재하는 사전중재와 분쟁발생 후 이의 처리를 위하여 중재제도를 이용할 것을 당사자가 합의하는 사후중재가 있다.

정답 ③

오답노트

1. 중재판정은 양 당사자 간의 법원의 확정판결과 동일한 효력을 발생시키지 못한다.(x)
   → 중재판정은 국가의 주권과는 상관없이 법원의 확정판결과 동일한 효력을 갖는다.
2. 중재판정은 신속성이 없어도 무방하며, 당사자의 합의 또는 규정에 따른 결함이 없는 한 심문 종결일로부터 60일 이내에 판정하여야 한다.(x)
   → 우리나라 민법에선 중재판정은 심리(hearing) 종결 후 30일 이내 판정함을 원칙으로 한다.
3. 중재판정은 국제적으로 「외국중재판정의 승인 및 집행에 관한 런던협약」이라 한다.(x)
   → 런던협약이 아니라 뉴욕협약이다.
4. 중재 과정은 공개주의에 의하므로 공정한 분쟁해결을 도모할 수 있다.(x)
   → 중재과정이 공개될 경우 관련기업의 이미지를 훼손할 수 있고, 회사 기밀에 해당되는 내용들이 외부로 유출될 수 있는 등 여러 부작용이 있기 때문에 중재는 비공개를 원칙으로 한다.
5. 중재계약은 중재장소, 중재법, 중재인, 중재기관을 명시하여야 유효하다.(x)
   → 중재계약의 효력이 발생하기 위해선 중재지, 중재기관, 준거법이 명시되어야 하며 이를 중재효력의 3요소라 한다.
6. 중재합의란 중재판정 결과를 보고 이를 무조건 받아들이겠다는 합의이다.(x)
   → 중재합의는 분쟁이나 의견 충돌 시 중재로 이를 해결할 것을 사전에 합의하는 것을 말한다.
7. 중재판정은 사안에 따라 분쟁당사자의 법원에 항소나 상고할 수 있다.(x)
   → 중재판정은 최종적이므로 법원에 항소나 상고할 수 없다.
8. 국제무역거래에서 흔히 일어날 수 있는 품질불량이나 수량부족 등 통상적인 클레임을 Market Claim이라 한다.(x)
   → Claim을 제기할만한 사유가 없음에도 사소한 하자를 구실로 제기하는 부당한 클레임을 Market Claim이라 하며 도덕심이 낮은 매수인이 작은 과실을 구실로 매입가격을 낮추기 위하여 제기하는 경우이다.
9. 화해(compromise)는 조정 또는 중재판정과 달리 법원의 확정판결과 동일한 효력이 없다.(x)
   → 화해도 법원의 확정판결과 동일한 효력을 가지고 있다. 당사자가 중재절차 중에 상대방의 주장을 부분적으로 승인하고, 자신의 주장을 부분적으로 철회하여 화해를 하였을 경우에, 당사자의 요구로 중재인은 합의된 화해의 내용을 판정으로 기재하게 된다. 또한 일단 화해로 종결된 내용을 파기하여 소송으로 다시 부활시킬 수 없다.
10. 중재는 판단기준이 명료하여 결과를 예측하는 데 소송보다 유리하다.(x)
    → 중재인의 판정기준이 중재인의 자의나 주관에 따라 좌우될 가능성이 있으며 동종의 사건도 중재인에 따라 각각 다른 판정의 가능성이 있다.

제17장 무역계약의 위반과 구제

01 계약위반의 유형

(1) 이행지체(delay in performance)

채무자가 이행이 가능함에도 불구하고 이행기가 되었는데도 채무를 이행하지 않고 지연하는 것을 말한다. 선적 불이행, 지연선적, 대금 지급의 지연 등이 해당된다.

(2) 이행거절(renunciation)

계약 중에 정해진 이행기 이전에 채무자가 명확하고 무조건적으로 이행을 거절하는 것을 말한다. 따라서 이행거절은 자신의 채무를 이행할 의사가 없음을 밝히는 것이다. 이 경우에는 이행기의 내도(來到)를 기다리지 않고 거절의 의사가 상대방에게 통지된 때에 계약위반으로 본다. 이행거절에 대한 효과는 이행기 전에 의사표시가 있을 경우는 상대방은 이행기의 내도를 기다릴 필요 없이 바로 계약을 해제하고 손해배상을 청구할 수 있다.

(3) 이행불능(impossibility of performance)

채무자의 행위에 의해서 계약의 이행을 불가능하게 하는 원시적 불능(묵시적 이행불능)과 계약체결 후에 예기치 못한 사태가 발생하여 계약의 이행이 불가능하게 되는 후발적 불능이 있다.

① 원시적 불능(existing impossibility)

계약체결 당시 이미 계약의 목적달성이 불가능하거나 계약의 목적물이 소멸되어 계약 자체가 성립되지 않는 경우를 말한다.

② 후발적 불능(supervening impossibility)

계약의 체결 당시에는 적법하게 계약이 이루어졌으나 추후 예기치 않은 사태의 발생으로 계약의 이행이 불가능해진 경우를 말한다. 후발적 불능에는 채무자의 귀책사유로 인한 것과 불가항력적인 상황(force majeure)의 발생으로 기인한 것이 있다. **후발적 불능이 채무자의 귀책사유로 인한 경우 채권자는 계약해제를 하고 손해배상을 청구할 수 있다.**

③ Frustration(계약의 좌절)

채무를 이행하지 못한 것을 Frustration(계약의 좌절)이라고 한다. 다음의 사항들은 전형적인 Frustration 이며 사건의 발생 시점부터 계약은 자동적으로 소멸된다. 그러나 이러한 사항들은 사전에 계약서상에 미리 당사자가 면책되는 불가항력조항을 명시해야 추후 면책을 받을 수 있다.

가. 목적물의 멸실 - 선박의 화재, 침몰, 폭발 등
나. 불가항력의 발생 - 전쟁의 발발(outbreak of war) 등
다. 정부의 수출입금지조치와 간섭(interference by the government)
   계약체결 후 당사국의 법률이나 강행규정의 변동으로 수출입이 금지되는 경우 등

(4) 불완전이행(incomplete performance)

일단 이행은 이루어졌지만, 그 이행이 완전한 것이라고 말할 수 없는 경우에 인정된다. 대금이 완납되지 않았다든지, 정해진 수량이 부족하게 인도된다든지 하는 것들이 해당된다. 불완전이행의 효과는 채권자는 목적물을 수령하더라도 입은 손해에 대해서는 배상을 청구할 수 있으며, 계약해제권이 발생한다.

02 구제(remedy)

구제라 함은 일정한 권리가 침해당하게 되는 경우에 그러한 침해를 방지하거나 시정하거나 보상하게 하는 것을 말한다. 매매계약을 위반하였을 경우 매수인에 대한 배상을 매수인의 구제(buyer's remedy)라고 하고 매도인에 대한 배상을 매도인의 구제(seller's remedy)라 한다. 빈출되는 부분이므로 반드시 구분하여 외워두자.

(1) 매수인의 위반에 대한 매도인의 구제(seller's remedy)

① 손해배상청구권

   매수인과 매도인 모두에게 인정되는 권리이다.

② 특정이행청구권

   매도인은 매수인에게 대금 지급, 물품의 인도와 인수 등 매수인의 의무를 이행하도록 청구할 수 있다. 특정이행청구권은 계약의 효력은 유지된 상태에서 청구되는 것이므로 **계약의 해제권과 병행하여 청구할 수 없다**. 그러나 손해배상청구권과 함께 청구하는 것은 가능하다.

③ 추가이행기간 지정권

   매수인의 의무불이행이 있을 경우에 그 이행을 위한 추가기간(합리적인 기간)을 통보할 권

리를 말한다. 동 기간 중에는 다른 구제수단을 매수인에게 청구할 수 없다. 이는 매도인의 요청에 따라 청구를 이행하고 있는 매수인을 보호하기 위한 조치이다. **추가이행기간 지정권은 매도인과 매수인 모두에게 인정되는 구제수단이다.**

④ 계약해제권

매도인은 다음의 경우에 매수인에 대하여 계약의 해제권을 갖는다.
가. 매수인의 계약위반이 본질적인 침해(fundamental breach of contract)에 해당한 때
나. 매도인이 설정하여 통지한 추가이행기간 이내에 매수인이 물품의 인도를 수령(인수)하지 않을 때
다. 매도인이 설정하여 통지한 추가이행기간 이내에 매수인이 이행하지 않겠다는 의사를 명백히 한 경우

⑤ 하자보완권

계약된 물품이 계약의 본질적인 침해에 해당되지 않는 경미한 것일 경우 이의 시정을 매도인이 매도인 자신의 비용으로 하자를 보완할 수 있는 기회를 갖는 권리를 말한다.

⑥ 물품명세확정권

매수인이 계약의 내용에 따른 의무를 이행하지 못하여 매도인에게 손해를 발생시켰을 경우 매도인이 매수인에게 상당한 기간을 정하여 이를 요청할 수 있는 권리를 말한다. 계약 체결 시 물품의 품목과 명세를 포괄적으로 정한 후 추후 이에 대한 정확한 명세를 기일 내에 매수인이 매도인에게 전달하지 아니하여 발생하는 위반이다. 위의 권리 중에서 **하자보완권과 물품명세확정권은 매도인만의 권리이다.** 또한 매도인의 하자보완권과 매수인의 하자보완청구권은 서로 상응하는 권리이다. 또한 매도인이 세부사항을 매수인에게 통지하였음에도 **매수인이 물품명세를 작성하지 않으면 매도인이 작성한 물품명세가 구속력을 가진다.**

(2) 매도인의 의무위반에 대한 매수인의 구제(buyer's remedy)

① 손해배상청구권

② 특정이행청구권

계약을 해제하지 않고 매수인이 입은 권리침해를 매도인에게 청구하는 것으로서, 계약의 해제권과 함께 병행하여 청구할 수는 없지만, 손해배상청구권과 병행하여 청구하는 것은 가능하다. 특정이행은 매도인이 계약 내용을 이행하지 않거나 불충분하게 이루어졌을 경우에도 해당되는 광의의 개념이다.

③ 추가이행기간 지정권

④ 계약해제권

매수인은 다음의 경우에 매도인에 대하여 계약의 해제권을 갖는다.

가. 매도인의 계약위반이 본질적인 침해에 해당한 때
나. 매수인이 설정하여 통지한 추가기간 이내에 매도인이 계약물품을 인도하지 않을 때
다. 매수인이 설정하여 통지한 추가기간 이내에 매도인이 매수인이 지정한 의무의 이행을 하지 않을 것을 명백히 한 경우
라. 피해당사자는 계약의해제와 동시에 손해배상을 청구할 수 있다.

> **Check Point**
> ● 계약해제권의 제한
> 매도인이 물품인도기일을 넘겨서 인도했을 경우, 매수인은 늦은 인도에 대하여 이를 수령할 것인지 아니면 거절하고 계약을 해제할 것인지를 결정하여야 하는데 이를 합리적인 기간 내에 계약을 해제하지 않으면 계약을 해제할 수 없다. 늦은 물품을 인도받았다는 것은 그것을 인정한다는 뜻으로 해석되기 때문이다. 따라서 이는 계약해제가 될 수 없는 것이다.

⑤ 대체품인도청구권

매수인은 하자통지와 병행하여 또는 하자통지로부터 합리적인 기간을 설정하여 침해된 물건의 대체품 인도를 청구할 수 있다.

⑥ 하자보완청구권

⑦ 대금감액 청구권

매도인이 인도한 계약물품이 계약과 다르게 부적합할 경우 해당 물품의 가치하락분(손해분)에 상응하는 만큼의 대금을 감액할 것을 매도인에게 청구할 수 있는 권리를 말한다.

> **Check Point**
> ● 시험에 자주 나오는 비엔나협약(Vienna Convention, CISG 1980) 정리
> 비엔나협약의 정식명칭은 국제물품매매에 관한 유엔협약(United Nations Convention on Contracts for the International Sale of Goods ; UNCCISG, CISG)이다. 비엔나는 국제외교가 빈번한 곳으로서 각종 국제협약이 많이 체결되어 지명을 딴 동일한 이름의 다른 비엔나협약이 많이 있다. 비엔나협약은 국제적인 민법의 성격을 띠고 있으므로, 매매계약체결 시 준거법으로 명시할 때는 비엔나협약이 아닌 정식명칭을 쓰는 것이 좋다.
>
> 1. 비엔나협약의 적용대상
>   ㉠ 당사자가 체약국 내에 영업소(사업장)나 일상의 거주지를 가지고 있어야 한다.
>   ㉡ 국내물품거래가 아닌 국제 간의 거래여야 하며 물품의 매매에만 적용된다.
>   ㉢ 양당사자가 모두 비엔나협약의 체약국이 아니거나 어느 일방만이 체약국일 경우에는 본 협약의 명시적인 준거법 적용 합의가 있어야 한다.
>   ㉣ 양당사자가 모두 체약국일 경우에는 본 협약을 배제한다고 명시하지 않는 한 자동으로 적용된다.
>   ㉤ 양당사자가 모두 체약국이더라도 합의에 따라 본 협약을 배제할 수도 있고, 협약의 일부 조항을 달리 규정하거나 배제하여도 무방한 임의법규이다 – 당사자자치의 원칙존중
>   ㉥ 양당사자가 비엔나협약의 체약국이 아니면서 비엔나협약의 준거법적용 문언이 없는 경우에는 본 협약은 적용되지 않는다.
> 2. 비엔나협약의 적용대상이 아닌 매매

㉠ 개인용가족용 또는 가정용으로 구입된 물품의 매매
　　다만 매도인이 계약체결 전이나 그 체결 시에 물품이 그와 같은 용도로 구입된 사실을 알지 못하였고, 알았어야 했던 것도 아닌 경우는 제외한다.
㉡ 경매에 의한 매매
㉢ 강제집행 그 밖의 법령에 의한 매매
㉣ 주식, 지분, 투자증권, 유통증권 또는 통화의 매매
㉤ 선박, 소선(vessels), 부선(hovercraft), 또는 항공기의 매매
㉥ 전기의 매매
㉦ 서비스(용역)

3. 소유권이전에 관한 명시적인 규정이 없다.
4. 인코텀즈와 비엔나협약이 충돌 시 인코텀즈가 우선한다.
5. 매수인과 매도인 모두에게 해당되는 공통권리 : 손해배상청구권, 특정이행청구권, 추가이행기간청구권, 계약해제권
6. 매도인만의 권리 : 하자보완권, 물품명세확정권
7. 영미법상의 계약위반의 유형은 이행불능, 이행지체, 이행거절이다. 불완전이행(incomplete performance)는 포함되지 않는다.
8. 이행거절은 이행기가 도래하기 전, 불이행이나 불완전이행은 이행기가 도래한 경우의 계약위반이고 이행지체의 경우도 이행기가 도래한 뒤에 이행을 하지 않는 경우이므로 위반 시기에 있어서 이행거절의 반대 상황은 불완전이행이다.
9. 매도인의 「중대한 위반」이 있는 경우 매수인은 계약을 해제할 수 있는데 이 경우 그 입증 책임은 그것을 주장하는 자에게 있으므로 매수인이 입증하여야 한다.
10. 손해배상 시 이자율에 대하여 비엔나협약에서는 규정이 없다. 따라서 계약서에 이자율에 관한 조항을 삽입하는 것이 바람직하다.
11. 비엔나협약상 계약위반에 의한 손해액은 계약위반으로 인하여 상대방이 입은 손실과 계약위반이 없었더라면 얻을 수 있는 이익을 보상해야 한다. 즉 계약위반에 의한 실제 손실과 계약위반이 없었더라면 얻을 수 있는 기대이익까지 포함하여 손해배상액을 산정한다.
12. 비엔나협약의 기본적용요건
　　- 물품매매계약일 것
　　- 매매당사자의 영업소가 서로 다른 나라의 영역에 있을 것

오답노트

1. 대체품인도 청구권은 매도인에게 부여된 구제 권리이다. (x)
   → 계약상의 물품과 인도받은 물품이 다를 경우 이에 대한 대체품을 요구할 수 있는 권리는 매수인에게 부여된 권리이다.
2. 매수인은 매도인이 합의된 기일이나 합리적인 기간 내에 물품 명세를 확정하지 않은 때에는 스스로 물품 명세를 확정지을 수 있다. (x)
   → 물품명세확정권은 매도인만의 권리이다. 매수인이 합의된 기일이나 합리적인 기간 내에 물품 명세를 확정하지 않을 때에는 매도인 스스로 물품 명세를 확정지을 수 있다.
3. 비엔나협약에서는 어음 당사자 간의 법률관계를 규정하고 있다.(X)
   → 어음 당사자 간의 법률관계를 규정하고 있는 것은 추심에 관한 통일규칙이다.
4. 비엔나협약상 매수인이 물품을 검사하는 기간은 합리적인 기간이다.(X)
   → 비엔나협약상 "매수인은 당해 상황하에서 실행 가능한 단기간 내(within as short a period as is practicable) 물품을 검사하거나 검사하게 해야 한다. [CISG 제38조 제1항]"
5. CISG와 Incoterms에는 계약 위반에 대한 구제조항이 명시되어 있다. 만약 서로 조항이 충돌하는 경우에는 계약서에 합의한 조항이 우선 적용된다.(X)
   → 인코텀즈에는 계약 위반에 대한 구제조항이 명시되어 있지 않다.
6. 계약해제권은 매도인의 의무불이행이 근본적 위반에 해당하는 경우에만 행사할 수 있다.(X)
   → 근본적인 계약위반뿐만 아니라 매수인이 설정하여 통지한 추가이행기간 이내에 물품을 인도하지 않겠다고 명백하게 매도인이 의사를 밝힌 경우에도 계약을 해제할 수 있다.
7. 매수인은 당해 상황에서 실행 가능한 단기간 내에 물품의 부적합을 직접 검사하여야 하며, 제3자에 의한 검사는 허용되지 않는다.(X)
   → CISG에서는 목적물을 인도받은 매수인으로 하여금 실행 가능한 단기간 내에 물품을 검사하거나 또는 타인으로 하여금 검사하도록 하고 있다.[CISG 제38조 1항]
8. 물품의 운송을 포함하는 매매계약의 경우에, 검사는 물품이 목적지에 도착하기 전에 완료되어야 한다.(X)
   → 계약이 물품의 운송을 포함하고 있는 경우에는, 검사는 물품이 목적지에 도착한 이후까지 연기될 수 있다. [CISG 제38조 2항]
9. 매수인은 물품의 부적합을 발견하였거나 발견할 수 있었을 때로부터 늦어도 6개월 내에 매도인에게 그 부적합의 내용을 통지하여야 한다.(X)
   → 매수인은 물품의 부적합에 현실적으로 인도된 날로부터 늦어도 2년 이내에 그 부적합의 내용을 통지하여야 한다. [CISG 제39조 2항]
10. 매수인이 물품을 수령한 상태와 동일한 상태로 반환할 수 없다 하더라도 계약 위반 물품인 경우에는 매수인은 계약을 해제하거나 대체물 청구 권리를 주장할 수 있다.(x)
    → 매수인이 물품을 수령한 상태와 실질적으로 동일한 상태로 그 물품을 반환할 수 없는 경우에는, 매수인은 계약을 해제하거나 매도인에게 대체물을 청구할 권리를 상실한다.[CISG 제82조]
11. 매도인은 지급받은 대금을 반환해야 할 경우, 이자까지 부담할 책임은 없다.(x)
    → 매도인은 대금을 반환하여야 하는 경우에, 대금이 지급된 날부터 그에 대한 이자도 매수인에게 지급하여야 한다. 즉 매수인이 물품대금을 선지급하고 계약 위반 물품을 매도인에게 되돌려준 경우, 지급된 기간부터 대금 반환이 된 날까지의 이자를 매수인에게 지급하여야 한다.
12. 피해당사자가 계약해제와 동시에 손해에 대한 배상청구를 할 수는 없다.(x)
    → 계약위반이 본질적인 침해에 해당한 때에는 계약의 당사자는 계약해제와 동시에 손해배상청구를 할 수 있다.

제18장 대외무역법

대외무역법, 관세법, 전자무역은 국제무역사 시험에서는 필수 시험과목으로서 비중 있게 다루고 있지만 국가공인 무역영어 시험에서는 개념적인 이론 사항들만 출제가 되고 있다. 상기 3개 과목은 통상적으로 무역실무에서 매회 약 2~3개정도의 문제가 출제된다. 독립적으로 출제되기도 하고 무역실무 부분과 통합되어 응용된 형태로 나오기도 한다. 상당히 많은 분량을 차지하지만 시험에 자주 출제되는 핵심 부분만 요약하였다. 아울러, 분량 증가로 인하여 본서에서 다루지 않은 부분은 문제풀이 부분의 「Warm Up- 무역실무 기초다지기」에서 따로 보강하였으므로 반드시 문제풀이를 하여 보충하시기 바란다.

01 대외무역법의 목적 및 성격

대외무역법은 무역자유화와 무역진흥을 위하여 제정된 법으로서 무역자유화의 의지가 담겨져 있는 무역에 관한 **기본법**이자 **일반법**이다. 대외무역에 관한 일반 법규는 대외무역법이다.

(1) 무역에 관한 3대 기본법 : 대외무역법, 외국환거래법, 관세법

(2) 대외무역법의 최고관리기관 : 산업통상자원부 장관

(3) 대외무역법에서의 전자무역의 정의

「전자무역」이라 함은 무역의 전부 또는 일부가 컴퓨터 등 정보처리능력을 가진 장치와 정보통신망을 이용하여 이루어지는 거래를 말한다.

(4) 디지털콘텐츠의 무역거래 인정

대외무역법에서는 전자적 형태의 무체물을 무역의 대상으로 포함시킴으로써, 종전엔 유형재인 "물품"만을 무역거래의 대상으로 국한시키던 것에서 온라인을 통한 디지털콘텐츠의 국제거래도 국제거래로 인정하였다. 이에 따라 종전의 "물품"이라는 한정적인 규정을 "물품 등" 이라고 포괄적으로 표현하게 되었다.

(5) 무역의 개념

① 「무역」이란 다음의 어느 하나에 해당하는 것의 수출과 수입을 말한다.
　가. 물품
　나. 대통령령으로 정하는 용역
　다. 대통령령으로 정하는 전자적 형태의 무체물
② 「물품」이란 외국환거래법에서 정하는 지급수단·증권 및 채권을 화체(化體)한 서류 외의 동산(動産)을 말한다. 화체화(貨體化)한 서류란 증권, 금액을 나타내는 서류 등으로 물권의 권리를 나타낸 것이다.

● **전자적 형태의 무체물**
　전자적형태의 무체물이란 부호·문자·음성·음향·이미지·영상 등을 디지털 방식으로 제작하거나 처리한 자료 또는 정보 등으로서 산업통상자원부장관이 정하여 고시하는 것을 말한다. 소프트웨어 등과 같은 전자적 형태의 무체물이 CD, 디스켓, 음반 등의 형태로 거래되는 경우에는 전자적형태의 무체물이 아니라 물품에 해당하는 것으로 본다. 물품의 수출보다는 법률·교육소프트웨어 프로그램 등을 이용토록 하고, 이에 대한 대가를 받는 순수한 서비스공급에 해당하는 행위는 대외무역법령상의 물품 등의 범위에 포함되지 않는 것으로 본다.

● **대통령령으로 정하는 대외무역법상 용역의 범위**
　대외무역법상 수출입의 대상에 포함되는 용역은 지식기반서비스와 지식재산권에 관한 것이며 아래의 용역을 포함한다.
　　가. 경영상담업
　　나. 법무관련 서비스업
　　다. 회계 및 세무관련 서비스업
　　라. 엔지니어링 서비스업
　　마. 디자인
　　바. 컴퓨터시스템 설계 및 자문업
　　사. 문화 사업에 해당하는 업종

02 무역업 등에 대한 관리

(1) 무역거래자

「무역거래자」라 함은 수출 또는 수입을 하는 자, 외국의 수입자 또는 수출자의 위임을 받은 자 및 수출·수입을 위임하는 자 등 물품의 수출·수입행위의 전부 또는 일부를 위임하거나 행하는 자를 말한다. 여기에서 수출 또는 수입을 하는 자는 본인 거래로서 무역거래를 실행하는 자기의 이름과 자기의 계산으로 거래하는 자뿐만 아니라 무역대리업자, 수출입대행의 위탁자를 모두 포함한다.

(2) 무역업자

「무역업자」란 영리를 목적으로 수출과 수입행위를 계속적으로 반복하여 행하는 것으로서 자기명의로 자기 책임하에 소유권 이전을 전제로 한 수출입업무를 영위하는 자를 말한다. 무역업자는 본인 대 본인(Principal to Principal Basis) 관계로 수출입 본 계약을 체결하며, 수출입거래에 따른 제반사항 및 거래의 이행에 대하여 책임을 진다.

(3) 무역대리업자

「무역대리업」이라 함은, 외국의 수입업자 또는 수출업자의 위임을 받은 자 (외국의 수입업자는 수출업자의 지사 또는 대리점을 포함한다)가 국내에서 수출물품을 구매하거나 수입물품을 수입함에 있어서 그 계약의 체결과 이에 부대되는 행위를 업으로 영위하는 것을 말한다.
① 무역대리업자는 자기명의·자기책임하에 소유권 이전을 전제로 하는 수출입을 할 수 없다.
② 무역대리업자는 대리인으로서 계약대리권만 행사하므로 수출입 본 거래에 대한 책임이 없다.

(4) 수출입대행

수출입대행은 무역업자가 대행위탁자의 대행 계약에 따라 일정수수료를 받고 자기 명의로 거래하는 것을 말하며, 자기 명의로 거래한다는 점에서 무역대리업자와는 구별된다.

(5) 무역업고유번호

① **무역업고유번호 제도의 의의**

우리나라는 무역업의 신고제도가 2000년 1월1일 폐지됨으로써 무역업이 완전 자유화되었다. 그러나 쿼터관리, 수출실적 확인 등과 같은 업체별 통계 관리와 업종별·산업별 무역통계의 작성에 따른 산업피해조사, 통상마찰대응 등 무역 및 산업정책의 수립을 위하여 무역업고유번호를 부여한다.

② **무역업고유번호의 발급 절차**

가. 무역업고유번호는 사단법인 한국무역협회에서 발급한다. 그러나 무역협회의 회원가입은 강제되지 않는다.
나. 무역업고유번호제는 의무사항은 아니며, 무역업고유번호 없이 무역업을 영위하더라도 이에 대한 벌칙규정은 없다.
다. 무역업고유번호는 무역거래자로서 무역업을 영위하는 자에게 부여한다. 따라서 무역대리업을 영위하고자 하는 자에게는 무역업 고유번호를 부여하지 않는다.

> **Check Point**
>
> ● **전문무역상사**
>
> 1970년대 중반에 설립되어 우리나라의 수출입에 큰 역할을 해 오던 종합무역상사는 2009년 8월의 대외무역법개정에 따라 본 제도가 삭제되어 종합무역상사제도는 폐지되었다. 수출업무대행이 주 업무이던 종합무역상사는 산업구조의 개편에 따라 해외 네트워크를 확충한 기업들이 직접 수출입업무를 처리하면서 본 취지가 퇴색되어 막을 내리게 되었다. 2008년 산업통상자원부는 정부의 종합상사지정제도를 무역협회에 이관하여 그 취지를 잇도록 함에 따라 새롭게 등장한 것이 전문무역상사제도이다. 무역협회가 발표한 전문무역상사의 요건은 다음과 같다.
> ① 필수조건 : 전년도 수출실적 또는 최근 3년간의 수출실적 100만 달러 이상이고, 전체 수출실적 대비 타 중소·중견기업 생산 제품의 전년도 수출 비중 또는 최근 3년간 평균 수출 비중이 100분의 20 이상인 자
> ② 유효기한 : 선정 후 2년간의 전문무역상사 지위 유지 후 재신청이 가능하나 기준 불충족 시에는 미선정

03 수출입 승인제도

(1) 수출입 승인제도의 의의

물품의 수출입은 사업자등록증을 발급받으면 원칙적으로 자유롭게 할 수 있다. 그러나 산업통상자원부 장관은 헌법에 의하여 체결·공포된 조약과 일반적으로 승인된 국제법규에 의한 의무의 이행, 생물자원의 보호 등을 위하여 필요하다고 인정한 경우에는 물품의 수출 또는 수입을 제한할 수 있다. 따라서 그러한 물품은 산업통상자원부 장관의 승인을 받아야 한다.

(2) 수출입 승인의 절차

수출입승인 절차로서 하나의 수출 또는 수입에 대하여 2인 이상의 승인을 얻어야 하는 경우는 각각의 승인은 상호 독립적으로 얻어야 한다. 수출입승인의 유효기간은 1년이며, 산업통상자원부장관은 필요하다고 인정하면 20년의 범위 내에서 유효기간을 달리 할 수 있다.

[표 18-1] 수출입승인의 변경 대상

구 분	내 용
변경 승인 대상	● 물품 등의 수량·가격 ● 승인의 유효기간 ● 수출 또는 수입의 당사자에 관한 사항
변경 신고 대상	● 원산지, 도착항(수출의 경우), 규격 ● 수출입물품의 용도(수출입승인 용도가 지정된 경우) ● 승인조건

04 수출입과 수출입실적의 정의

(1) 수출의 정의

① 「수출」이라 함은 매매·교환·임대차·사용대차·증여 등을 원인으로 국내에서 외국으로 물품을 이동하는 것(우리나라의 선박에 의하여 외국에서 채취 또는 포획한 광물 또는 수산물을 외국에 매도하는 것을 포함한다)
② 유상으로 외국에서 외국으로 물품을 인도하는 것[외국인도 수출물품]
③ 거주자가 비거주자에게 전자적 형태의 무체물을 정보통신망을 통한 전송, 기타의 방법으로 인도하는 것을 말한다. - 전송이라 함은 인터넷상으로 다운로드하는 행위를 의미하며, 기타의 방법이란 노트북 등 정보처리능력을 가진 장치에 내장한 상태로 반출·반입한 후 인도·인수하는 행위를 말한다.

(2) 수입의 정의

① 「수입」이라 함은 매매·교환·임대차·사용대차·증여 등을 원인으로 외국으로부터 국내로 물품을 이동하는 것
② 유상으로 외국에서 외국으로 물품을 인수하는 것[외국인수 수입물품]
③ 거주자가 비거주자로부터 전자적 형태의 무체물을 정보 통신망을 통한 전송 기타의 방법으로 인수하는 것

북한과의 물품 거래는 대외무역법의 「남북교류협력에 관한 법률」에서 규정하고 있다.
북한 지역으로의 물품 공급을 「반출」이라하고, 북한 지역으로부터의 남한에 대한 물품의 공급을 「반입」이라 한다.

(3) 수출실적

「수출실적」이라 함은 산업통상자원부장관이 정하여 고시하는 기준에 해당하는 **수출통관액**·**입금액**·**가득액**과 수출에 제공되는 **외화획득용원료**·**기재의 국내 공급액**을 말하며 **수출통관액은 FOB가격**을 기준으로 한다.

① 수출실적의 인정범위

무역업자 또는 수출물품 제조업자에 대한 외화획득용원료 또는 물품의 공급 중 수출에 공하여 지는 것으로 다음에 해당하는 경우는 수출실적으로 인정한다.
가. 내국신용장(Local L/C)에 의한 공급
나. 구매확인서에 의한 공급

　　　다. 산업통상자원부장관이 지정하는 생산자의 수출물품 포장용 골판지 상자의 공급

② 수출실적의 인정금액

　　수출실적의 인정금액은 다음 각 호의 경우를 제외하고는 **수출통관액(FOB 가격기준)**으로 한다.
　　　가. 중계무역에 의한 수출의 경우에는 수출금액(FOB 가격)에서 수입금액(CIF가격)을 공제한 가득액
　　　나. 외국인도수출의 경우에는 외국환은행의 입금액. 단, 위탁가공된 물품을 외국에 판매하는 경우에는 판매액에서 원자재 수출금액 및 가공임을 공제한 가득액.
　　　다. 원양어로에 의한 수출 중 현지경비사용분은 외국환은행의 확인분
　　　라. 내국신용장에 의한 공급, 구매확인서에 의한 공급, 수출물품 포장용 골판지상자의 공급에 의한 수출실적의 인정금액은 외국환은행의 결제액 또는 확인액
　　　마. 외국으로부터 외화를 영수하고 외화획득용 시설·기재를 외국인과 임대차 계약을 맺은 국내업체에 인도하는 경우에는 외국환은행의 입금액
　　　바. 전자적 형태의 무체물의 수출은 한국무역협회장, 또는 한국소프트웨어산업협회장이 발급한 수출확인서에 의한 외국환은행 입금확인액
　　　사. 전자적 형태의 무체물의 수출입인정시기는 수출의 경우 거래외국환은행의 수출금액 입금일이고 수입의 경우는 수입금액 지급일이다.

③ 수출실적의 인정금액

　　수출실적의 인정 시점은 수출신고수리일로 한다. 다만 용역 또는 전자적 형태의 무체물의 수출, 중계무역, 외국인도수출의 경우에는 입금일로 한다.

(4) 수입실적

　「수입실적」이라 함은 수입통관액 및 지급액을 말하며 수입실적의 인정범위는 수입의 정의 중 유상으로 거래되는 수입으로 한다.
① 수입실적의 인정금액은 **수입통관액(CIF 가격기준)**으로 한다. 다만, 외국인수수입의 경우에는 외국환은행의 지급액으로 한다.
② 수입실적의 인정시점은 수입신고수리일로 한다. 다만, 외국인수수입의 경우에는 지급일로 한다.
③ 외국인수수입과 용역 또는 전자적 형태의 무체물의 수입의 경우에는 <u>외국환은행의 지급일</u>로 한다.

(5) 수출·수입실적의 확인 및 증명발급기관

　수출입실적의 확인 및 증명발급은 한국무역협회장 또는 산업통상자원부장관이 지정하는 기관의 장이 행한다.

05 수출입공고와 통합공고

(1) 수출입공고

수출입공고란 대외무역법상 산업통상자원부장관이 수출입물품에 대한 직접적인 관리를 위하여 물품의 수출 또는 수입에 관한 승인품목, 허가품목, 금지품목 등의 구분에 관한 사항과 물품의 종류별 수량, 금액의 한도, 규격 또는 지역 등의 제한에 관한 조항 및 동 제한에 따른 추천 또는 확인 등에 관한 사항을 종합적으로 책정하여 공고한 것을 말한다. 즉 어떤 품목의 물품을 어떤 방식에 의하여 수출입할 수 있는 것인지를 국민일반에게 알리는 제도(Negative List System)를 말한다. **실시 시간의 제한이 없이 수시로 변경된다.**

(2) 통합공고

주무부서마다 다른 각각의 개별법령 및 품목, 수출입의 요건 및 절차 등을 모두 통합하여 산업통상자원부장관이 이를 일괄적으로 발표하는 고시를 말한다.

- **Positive System (원칙승인, 예외자유)**
  수출입공고 등에 게기된 물품의 경우에만 수출입을 허용하는 것으로서 수출입가능 대상 품목을 나열하는 것을 말한다.
- **Negative System (원칙자유, 예외승인)**
  수출입공고 등에 게기된 물품을 제외하고는 모두 자유롭게 수출입을 허용하는 것을 말하며, 종전에는 Positive System이었으나 1967년부터 우리나라는 Negative System을 채택하고 있다.

- **수출입공고 별표의 구성**
  ① 별표 1 : 수출금지품목
  ② 별표 2 : 수출제한품목
  ③ 별표 3 : 수입제한품목

(3) 전략물자수출입공고

전략물자란 핵무기, 생화학무기, 미사일, 재래식 무기 등 대량살상무기의 개발이나 제조에 사용될 수 있는 물품이나 기술, 무기로 전용될 가능성이 있는 물자를 말하며 그 정도에 따라 1종과 2종으로 나뉜다. 1종은 반드시 수출허가를 받아야 한다.
① 전략물자의 품목분류는 일반 수출입물품과는 달리 HS 코드에 의하지 않고 별도의 통계부호를 사용하여 분류한다.
② 전략물자의 수출입은 공히 전략물자 수출허가와 수입증명서가 있어야 가능하다.
③ 1996년 4월 설립된 바세나르체제(The Wassenar Arrangement)에서 통제하는 물품은 수출

입이 제한된다.
④ 전략물자의 수출허가를 받은 경우에는 수출승인을 얻은 것으로 한다.
⑤ 산업통상자원부에서 실시하는 공고는 현재 수출입공고, 통합공고, 전략물자수출입공고이다.

> **Check Point**
> ● 상황허가(catch all) 대상 물품
> 상황허가 대상 물품이란 「전략물자에는 해당되지 아니하나 대량파괴무기와 그 운반수단인 미사일의 제조 등(제조·개발·사용 또는 보관)에 전용될 우려가 의심되는 상황인 경우에 수출허가를 받아야 하는 물품 등」을 말한다. 즉, 군사적 목적으로만 이용되는 군 전용의 물자만이 아닌 민수품까지도 포괄하는 개념이다. 전략물자에 포함되는 민수품은 군사적 목적으로도 사용될 수 있는 품목으로서 국제적으로는 이중용도(Dual Use)품목으로 불린다.

(4) 수출입공고의 예외대상

국내에서 유통, 소비가 이루어지지 않는 물품의 경우에는 수출입공고등을 적용할 필요가 없다. 따라서 **선용품, 외국인수수입, 외국인도수출물품, 중계무역물품은 수출입공고등의 적용이 배제**된다.

06 무역위원회

특정한 물품의 수입증가, 무역·유통서비스의 공급 증가 또는 불공정한 수입으로 인한 국내 산업의 피해를 구제하는 데 필요한 각종 조사·판정 및 구제조치의 건의 등을 수행하기 위하여 **산업통상자원부에 무역위원회를 둔다.** 무역위원회는 덤핑 등으로 인한 자국 산업의 피해 정도를 조사하고 이에 해당하는 **관세율 부과의 정도는 기획재정부에서 정한다.**

07 원산지표시제도(Origin Marks)

(1) 원산지표시제도의 의의

공정한 무역질서의 확립을 도모하기 위하여 원산지를 표시하여야 하는 대상을 대외무역법에서 정하고 있으며 수입물품에 원산지 표시의무를 부과하여 수입품의 유통 과정의 혼란을 방지하기 위한 목적으로 실시되고 있다. **원산지표시대상물품은 일반소비자가 직접 구매하여 사용하는 품목으로서 HS4단위를 기준**으로 전체 품목의 약 50~60%를 차지하고 있다.
① 원산지규정의 3대 요소
  원산지판정, 원산지확인, 원산지표시

(2) 수출물품의 원산지 표시

① 우리나라가 원산지인 수출물품의 원산지표시는 「MADE IN KOREA」로 표기
② 외국에서 생산된 물품을 우리나라에서 환적, 분할, 재포장, 라벨링 등의 단순한 작업만을 수행하는 경우에는 「MADE IN KOREA」로 표시해서는 안 된다.

(3) 수입물품의 원산지 표시

수입물품의 원산지는 다음에 해당되는 방식으로 한글, 한자 또는 영문으로 표시할 것
① 「원산지: 국명」 또는 「국명 산(産)」 (예)원산지 : 중국, 중국산
② 「Made in 국명」 또는 「Product of 국명」
③ 「Made by 물품제조자의 회사명, 주소, 국명」
④ 수입물품의 크기가 작아 상기 방식으로 당해 물품의 원산지를 표시할 수 없을 경우에는 국명만을 표시할 수 있다.

> **Check Point**
>
> ● **원산지표시대상물품과 원산지확인대상물품**
> 원산지표시대상물품은 수입품의 유통과정의 공정성을 기하기 위하여 도입된 것으로 표시대상물품에 해당되는 수입품은 상품에 반드시 원산지표시를 하여야 한다. 이에 반하여 원산지확인대상물품은 개발도상국 등의 경제발전을 돕기 위한 관세혜택(편익관세 등)을 부여하기 위하여 행하는 제도이다. 원산지확인대상물품임에도 이를 신고하지 않게 되면 일반관세가 적용되어 통관된다.
>
> ● **원산지증명서의 제출면제 대상물품**
> 가. 과세가격이 15만 원 이하인 물품
> 나. 우편물(수입신고를 하여야 하는 것은 제외한다)
> 다. 개인에게 무상 송부된 탁송품·별송품 또는 여행자의 휴대품
> 라. 재수출조건부 면세대상물품 등 일시 수입물품
> 마. 보세운송, 환적 등에 의하여 우리나라를 단순 경유하는 통과물품
> 바. 물품의 종류, 성질, 형상 또는 그 상품, 생산국명, 제조자 등에 의하여 원산지가 인정되는 물품
> 사. WTO 협정에 따라 양허관세가 적용되는 물품
>
> ● **원산지증명서 발급방법**
> 특혜관세(FTA 등)의 적용신청을 위해선 해당 물품이 해당 협정의 원산지상품임을 증명하는 서류를 수입국 세관당국에 제출해야 한다. 원산지증명서를 발급하는 방법으로는 다음의 3가지가 있다.
> 가. 기관발급방식 - 세관, 상공회의소 등의 권한 있는 기관이 원산지 심사를 거쳐 발급하는 방법
> 나. 자율증명방식 - 수출자가 자율적으로 발급하는 방법
> 다. 원산지인증수출자제도 - 원산지 증명능력이 있다고 관세청장이나 세관장이 인증한 수출자에게 원산지 증명서 발급 절차를 간소화하거나 원산지증명을 자율적으로 할 수 있도록 권한을 부여하는 제도이다. 원산지증명능력이 있는 수출업체에 기관발급 방식의 원산지증명서 발급 신청 시 매번 제출해야 하는 첨부서류 제출과 심사를 생략하는 혜택을 부여하고 있다. 인증수출자라 하더라도 수출 상대국의 원산지 사후검증에 대비하여 <u>5년간 원산지 증빙관련 서류를 보관, 관리해야 한다.</u>

(4) 원산지표시 규정

원산지표시 방법에 있어서는 FTA협정이나 대외무역법상의 규정이나 큰 차이점은 없다. FTA협정국에서 우리나라로 수입되는 물품에 대한 FTA원산지 표시는 대외무역관리규정과 원산지제도 운영에 관한 고시에 규정된 내용을 따르면 된다.

[표 18-2] FTA협정별 원산지증명서 발급방식 등 비교

	증명방식	증명주체	증명방법	유효기간
EU	자율증명	인증수출자	송품장 신고방식 (Invoice Declaration)	12개월
EFTA		수출자(예외: 스위스치즈)		1년
칠레		수출자	통일증명서(AK서식)	2년
미국		수출자, 수입자, 생산자	정해진 형식 없음	4년
싱가포르	기관증명	한국 : 세관, 상공회의소, 자유무역관리원 싱가폴 : 세관	양국 간 별도 증명서	1년
ASEAN		한국 : 세관, 상공회의소 아세안 : 각국정부 지정 기관 ※개성공업지구 : 세관	협정상규정양식(AK양식)	6개월
인도		한국 : 세관, 상공회의소 인도 : 수출검사위원회	통일증명서(KIN서식)	1년
페루	자율증명	수출자	양국 간 통일양식	1년
터키	자율증명	수출자	송품장 신고방식	1년
중국	기관증명	세관, 상공회의소	양국간 별도 증명서	1년

(5) 원산지 판정기준

① 완전생산물품

수입물품의 전부가 하나의 국가에서 채취 또는 생산된 물품인 경우에는 그 국가를 당해 원산지로 할 것. 당해국 영역에서 생산하거나 채집한 광산물, 농산물, 어획물 또는 번식, 사육한 산동물(Live Stock)과 이들로부터 채취한 물품이 해당된다.

② 실질적 변형을 수행한 국가

「실질적인 변형」이라함은 당해국에서의 제조·가공과정을 통하여 **원재료의 세번과 상이한 세번(HS 6단위 기준)**의 제품을 생산하는 것을 말하는데, 수입물품의 생산·제조·가공 과정에 2이상의 국가가 관련된 경우에는 실질적 변형을 수행한 국가를 원산지로 한다. 다음의 하나에 해당하는 물품은 우리나라를 원산지로 하는 물품으로 본다.

가. 수입물품을 사용한 국내생산물품등은 당해 **물품의 총 제조원가 중 수입원료의 수입가격 (CIF 가격기준)**을 공제한 금액이 총 제조원가의 51%이상이어야 한다.

나. 우리나라에서 제조·가공과정을 통해 물품을 최종적으로 생산하고, **당해 물품의 총 제조원가**

중 수입원료의 수입가격(CIF 가격기준)을 공제한 금액이 총 제조원가의 85% 이상인 경우
다. 위의 규정에도 불구하고 **천일염은 외국산 원재료가 사용되지 않고 제조되어야** 우리나라를 원산지로 본다.

③ 최소가공을 수행한 국가

수입물품의 생산·제조·가공과정에 2이상의 국가가 관련된 경우 최소한의 가공활동(「최소 가공」)을 수행하는 국가를 원산지로 하여서는 안된다.

(6) 원산지표시 면제대상물품

물품 또는 포장·용기에 원산지를 표시하여야 하는 수입물품이 다음에 해당하는 경우에는 원산지표시를 하지 아니할 수 있다.

① **외화획득용 원료 및 시설기재로 수입되는 물품**
② **개인에게 무상 송부된 탁송품·별송품 또는 여행자 휴대품**
③ **수입 후 제조공정에 투입되는 부품 및 원재료로서 실수요자가 직접 수입하는 경우**(실수요자를 위하여 수입을 대행하는 경우 포함)
④ 판매 또는 임대목적이 아닌 물품 제조에 사용할 목적으로 수입되는 제조용 시설 및 기자재(부분품 및 예비 부품을 포함)로서 실수요자가 직접 수입하는 경우(실수요자를 위하여 수입을 대행하는 경우 포함)
⑤ 연구개발용품으로서 실수요자가 수입하는 경우(실수요자를 위하여 수입을 대행하는 경우를 포함)
⑥ **견본품(진열·판매용이 아닌 것에 한함)** 및 수입된 물품의 하자 보수용 물품
⑦ 보세운송·환적 등에 의하여 우리나라를 단순히 경유하여 통과하는 물품
⑧ 재수출조건부 면세대상물품 등 일시 수입물품
⑨ **우리나라에서 수출된 후 재수입되는 물품**
⑩ 외교관 면세 대상 물품

08 외화획득용원료·기재

(1) 외화획득용원료

「외화획득용 원료」라 함은 외화획득에 제공되는 물품을 생산(물품의 제조·가공·조립·수리·재생 또는 개조하는 것을 말한다)하는 데 필요한 원자재·부자재·부품 및 구성품을 말한다. 외화획득용원료의 범위는 다음과 같다.

① 수출실적으로 인정되는 수출물품 등을 생산하는 데 소요되는 원료(포장재를 포함한다)

② 외화가득율이 30% 이상인 군납용 물품을 생산하는 데 소요되는 원료. 여기서 외화가득율이란 외화획득액에서 외화획득용 원료의 수입금액을 공제한 금액이 외화획득액에서 차지하는 비율을 말한다.
③ 해외에서의 건설 및 용역사업용 원료
④ 외화획득이 완료된 물품 등의 하자 및 유지보수용

(2) 외화획득이행의무자

① 외화획득용원료·기재를 수입한 자
② 외화획득용원료·기재의 수입을 위탁한 자
③ 외화획득용원료·기재 또는 그 원료·기재로 제조된 물품을 양수한 자
④ 내국신용장, 구매확인서에 의하여 외화획득용원료·기재를 구매한 자

(3) 외화획득의 이행 기간

① 외화획득용원료·기재를 수입한 자가 직접 외화획득의 이행을 하는 경우 → **수입통관일로부터 2년**
② 다른 사람으로부터 외화획득용원료·기재 또는 그 원료·기재로 제조된 물품을 양수한 자가 외화획득의 이행을 하는 경우(국내공급을 의미함) → **양수일로부터 1년**
③ 수출이 완료된 기계류의 하자 및 유지보수용 원료인 경우 → **하자 및 유지 보수 완료일로부터 2년**
④ 외화획득이행의무자는 정해진 기간 내에 외화획득의 이행이 불가능하다고 인정되는 경우 외화획득의 이행 기간을 연장 신청할 수 있다.

(4) 외화획득용 원료·기재에 대한 특혜

① **수출입공고 등에서 수입이 제한되는 품목이라도 제한 요건을 충족하지 않아도 수입을 허용**
② 수량의 제한이 없으며 수입부담금을 면제한다.
③ 연지급수입대상 품목 및 연지급기간의 차등적용
④ **무역금융을 지원받고 관세환급 등의 금융**, 세제상의 우대를 받을 수 있다.
⑤ 신용장개설 수수료를 할인받으며 **수입 시 원산지표시를 면제** 받는다.

(5) 외화획득용 원료 또는 물품의 국내 구매

국내에서 외화획득용 원료 또는 물품을 구매하고자 하는 자는 외국환은행의 장에게 내국신용장의 개설을 의뢰하거나 구매확인서의 발급을 신청할 수 있다.

① 구매확인서의 발급

"구매확인서"란 물품 등을 외화획득용 원료, 외화획득용 용역, 외화획득용 전자적 형태의 무체물 또는 물품으로 사용하기 위하여 국내에서 구매하려는 경우 외국환은행의 장 또는 산업통상자원부장관이 지정한 전자무역기반사업자(KTNET)가 내국신용장에 준하여 발급하는 증서를 말한다. 내국신용장과 마찬가지로 외국환은행 방문을 통한 창구발급이 폐지되어 **KTNET의 uTradeHub를 통한 온라인으로만 발급가능**하다.

② 구매확인서의 취급 세칙

가. 외국환은행의 장은 이미 발급된 구매확인서에 의하여 2차 구매확인서를 발급 할 수 있다.
나. 물품의 제조·가공·유통 과정이 여러 단계인 경우에는 각 단계별로 순차적으로 발급할 수 있으며 **발행차수에 제한이 없다.**
다. 수출이 이루어진 후의 **사후 발급도 가능**하다.
라. 이미 발급받은 구매확인서와 내용이 상이하여 **재발급을 요청하는 경우에는** 이미 발급된 **구매확인서를 회수하고 새로운 구매확인서를 발급**할 수 있다.
마. 변경 내용이 경미한 경우에는 변경 사항만 정정하여 발급할 수 있다.
바. 구매확인서와 내국신용장은 둘 다 **차수 제한없이 순차적으로 발급가능하다.**

③ 내국신용장과 구매확인서를 통한 외화획득용원료 등의 국내 구매를 장려하기 위하여 외화획득용 원료 등을 국내에서 구매하도록 각종 금융 및 세제상의 혜택을 부여하고 있으며, **내국신용장과 구매확인서를 통하여 구입한 물품에 대하여는 무역금융상의 융자혜택과 부가가치세법상 영세율을 제공**하고 있다.

[표 18-3] 내국신용장과 구매확인서의 차이점

구 분	내국신용장	구매확인서
관련법규	한국은행 무역금융 취급세칙 및 절차	대외무역관리규정
개설의뢰인의 자격/개설근거	수출신용장, 수출계약서, 내국신용장, 외화표시물품 공급계약서 보유자 및 과거 수출실적 보유자	수출신용장, 수출계약서, 외화매입(예치)증명서, 내국신용장, 구매확인서
개설(발급) 기관	외국환은행	외국환은행의 장 /전자무역기반사업자(KTNET)
거래대상물품	수출용원자재 및 수출용 완제품	
개설(발급) 제한 여부	당해 업체의 원자재금융 융자한도 내에서 개설 가능	업체의 거래증빙서류 보유 범위 내에서 제한 없이 가능
지급보증	개설은행의 지급보증	발행은행의 지급보증 없음
공급실적의 수출실적 인정여부	"무역금융취급세칙" 및 "대외무역관리규정"상의 수출실적으로 인정	
공급실적에 의한 무역 금융 수혜가능 여부	무역금융 수혜가능	

부가가치세법상 영세율 적용 가능 여부	영세율 적용 가능
관세환급 가능 여부	관세환급 가능
발급회수	차수 제한 없이 발급 가능

(6) 외화획득의 범위

외화획득은 다음의 하나에 해당하는 방법에 의한다.
① 수출
② 국제연합군 기타 외국군 기관에 대한 물품의 매도
③ 관광
④ 용역 및 건설의 해외 진출
⑤ 국내에서 물품을 매도하는 것으로서 산업통상자원부장관이 정하여 고시하는 기준에 해당 하는 것
　가. 외국인으로부터 **외화를 받고** 국내의 보세지역에 물품을 공급하는 경우
　나. 외국인으로부터 **외화를 받고** 공장건설에 필요한 물품을 국내에서 공급하는 경우
　다. 정부, 지방자치단체 또는 정부투자기관이 외국으로부터 받은 차관자금에 의한 국제경쟁입찰에 의하여 국내에서 유상으로 물품을 공급하는 경우(대금결제통화 종류불문)
　라. **외화를 받고** 외항선박(항공기)에 선(기)용품을 공급하거나 급유하는 경우
　마. 절충교역거래(Off Set)의 보완거래로서 외국으로부터 외화를 받고 국내에서 제조된 물품을 국가기관에서 공급하는 경우
　바. 무역거래업자가 외국의 수입업자로부터 수수료를 받고 행한 수출알선은 외화획득행위에 준하는 외화획득행위로 본다.

(7) 외화획득용제품의 수입

「외화획득용제품」이라 함은 수입한 후 생산과정을 거치지 아니하는 상태로 외화획득에 제공되는 물품을 말하며, 그 범위는 다음과 같다.
① 한국관광용품센타가 수입하는 식자재 및 부대용품, 즉 관광호텔용 물품 (승인기관 : 문화체육 관광부장관)
② 수입물품업자가 수입하는 선용품
③ 군납업자가 수입하는 군납용물품

 오답노트

1. 수출입공고
가. 위탁판매무역(consignment trade)에 의한 물품의 수출입은 수출입공고 적용대상이 아니다.(x)
  → 위탁판매수출, 위탁가공무역, 임대수출 등은 수출대금회수 여부의 불투명성, 외환 도피 등의 우려가 있으므로 수출입공고 적용 대상이다.
나. 수출입 공고상 품목 분류 방식은 BTN방식과 HS방식을 혼용하고 있다.(x)
  → 수출입 공고상 품목 분류 방식은 HS방식으로 운용되고 있다.
다. 수출입공고제도는 무역상품에 대한 관리 제도로 관세법에 근거를 두고 있다.(x)
  → 수출입공고제도는 대외무역법에 근거를 두고 있다.

2. 수출입실적
가. 대외무역법상 내수용 원료기재의 국내 공급액은 수출실적에 해당된다.(x)
  → 수출실적이라 함은 산업통상자원부장관이 정하여 고시하는 기준에 해당하는 수출통관액, 입금액, 가득액과 수출에 제공되는 외화획득용 원료, 기재의 국내공급액을 말하며 수출통관액은 FOB가격을 기준으로 한다. 국내소비를 위한 내수용 국내 공급액은 수출실적에 해당되지 않는다.
나. 원양어로 현지경비의 수출실적의 인정기준은 외국환은행 입금액이다.(x)
  → 원양어로에 의한 수출 중 현지경비 사용분은 외국환은행 확인분이다.
다. 해외사업자금용도로 미 달러를 해외에 송금한 경우 수출에 해당된다.(x)
  → 해외사업자금용도로 단순히 송금하는 것은 수출입거래와 상관없으므로 수출에 인정되는 거래가 아니다.
라. 외국인수 수입의 경우 수입실적은 FOB 수입통관가격이다.(x)
  → 외국인수수입과 용역 또는 전자적형태의 무체물의 수입에 대한 수입실적은 외국환은행의 지급액으로 한다.
마. 대외무역법상 산업설비수출의 인정금액은 CIF기준 미화 30만 달러 이상이다.(x)
  → 대외무역법상 산업설비수출의 인정금액은 본선인도(FOB)가격으로 미화 50만 달러 상당액 이상인 설비와 일괄수주방식(turn-key)에 의한 수출이다.

3. 원산지 표시제도
가. 완전 생산 기준이란 당해 물품의 일부를 실제로 생산한 국가를 원산지로 인정하는 것이다.(x)
  → 완전 생산 기준이란 수입물품의 전부가 하나의 국가에서 채취 또는 생산된 물품인 경우에는 그 국가를 당해 물품의 원산지로 인정하는 것이다.
나. 한 나라의 영역에서 수렵, 어로로 체포한 물품은 실질적 변경기준을 적용한다.(x)
  → 한 나라의 영역에서 수렵, 어로로 체포한 물품은 완전생산기준을 적용한다.
다. 완전 생산 기준은 가공공장 기준과 부가가치 기준이 있다.(x)
  → 가공공장 기준과 부가가치 기준은 실질적 변형을 수행한 기준이다.
라. 수입 후 실질적 변형을 일으키는 제조공정에 투입되는 물품은 실수요자 사용여부와 관계없이 원산지 표시 면제대상이 된다.(x)
  → 대외무역법상 수입 후 제조공정에 투입되는 부품 및 원재료로서 실수요자가 직접 수입하여 사용하는 경우엔 원산지 표시대상면제물품이다.
마. 수입된 물품의 하자보수용 수리부품(유상, 무상 포함)은 원산지증명서의 제출을 면제받을 수 있다.(x)
  → 상기 물품은 원산지증명서 면제대상이 아니다.
바. 제조가공과정을 통해 수입 원료의 세번과 다른(HS 10단위 기준) 물품이 생산되어야 한다.(x)
  → 원산지 판정기준에서 실질적 변형을 수행한 국가를 원산지로 할 경우, 제조가공 과정을 통해 수입 원료의 세번과 다른(HS6단위기준)물품이 생산되어야 한다.
사. 실질적인 변형을 일으키지 않는 제조공정에 투입하는 부품 및 원재료를 수입 후 실수요자에게 직접 공급하는 경우

원산지를 표시하여야 한다.(x)
→ 수입 후 제조공정에 투입되는 부품 및 원재료로서 실수요자가 직접 수입하는 경우(실수요자를 위하여 수입을 대행하는 경우 포함)에는 원산지 표시면제 대상물품이다.

아. 적절한 원산지 표시방법의 확인은 수입되기 전에 요청할 수 없다.(X)
→ 원산지표시에 대하여 불명확한 경우 원산지 사전판정제도를 통하여 확인을 요청할 수 있다.

자. 원산지인증수출자는 수출입서류의 보관의무가 면제된다.(x)
→ 원산지인증수출자라 하더라도 수입자, 수출자, 생산자가 보관하여야 하는 서류의 보관의무는 면제되지 않는다. 따라서 인증수출자라 하더라도 수출상대국의 원산지 사후검증에 대비하여 5년간 원산지 증빙 관련 서류를 보관, 관리해야 한다.

4. 외화획득용 원료 및 기재의 수입

가. 외화획득용 원료는 소요량의 범위 내에서 수입 가능하다.(x)
→ 외화획득용 원료는 수량의 제한이 없으며 수입부담금을 면제한다.

나. 분기별 미이행률이 5% 이하이고 그 금액이 미화 1만 달러 이하인 경우 사후관리가 면제된다.(x)
→ 외화획득용 원료의 사후관리 면제대상으로는 ㉠품목별 외화획득 이행의미의 미이행률이 10% 이하인 경우, ㉡외화획득 이행의무자의 분기별 미이행률이 10% 이하이고 그 미이행 금액이 미화 2만 달러 상당하는 금액 이하인 경우이다.

제19장 관세법

관세(customs duties 또는 tariff)란 관세선(customs frontier; customs line)을 통과하는 상품에 대하여 부과하는 세금을 말한다. 여기서 관세선이란 관세 부과를 위한 추상적인 기준선으로서, 정치적인 국경선과 반드시 일치한다고는 볼 수 없다. **관세는 수출세, 수입세, 통과세로 구분**된다. 오늘날 수출상품이나 통과상품에 관세를 부과하는 나라는 거의 찾아보기 힘들며, 일반적으로 관세라 하면 수입세를 말한다. 현행 우리나라의 관세법은 **관세의 과세물건은 수입물품임을 규정함으로써 수입세만을 부과·징수**하고 있다.

01 과세방법에 의한 관세의 분류

(1) 종가세(Ad Valorem Duties)

수입물품의 가격을 관세액 산정의 기초로 한다. 우리나라의 관세율표는 대부분 종가세로 되어 있다.

※ 관세액 = 과세가격 × 관세율

(2) 종량세(Specific Duties)

과세표준을 수입물량의 수량을 기초로 한다.
현행 관세율표상 종량세 대상물품은 영화용 필름과 비디오 테이프이다.

※ 관세액 = 수량 × 단위수량당 세액

02 관세법상의 용어의 정의

(1) 수입

관세법에서 **수입이라 함은 외국물품을 우리나라에 반입하거나 우리나라에서 소비 또는 사용하는 것을 말한다.

(2) 수출

관세법에서 **수출이라 함은** 내국물품을 외국으로 반출하는 것을 말한다.

(3) 외국물품

관세법상 외국물품이라 함은 다음의 것을 말한다.
① 외국으로부터 우리나라에 도착된 물품으로서 **수입신고가 수리되기 전의 것**
② 외국의 선박 등에 의하여 공해에서 채포된 수산물 등으로서 수입신고가 수리되기 전의 것
③ 수출신고가 수리된 물품
④ 보세구역에서 보수작업으로 외국물품에 부가된 내국물품

(4) 내국물품

① 우리나라에 있는 물품으로서 외국물품이 아닌 것
② 우리나라의 선박 등에 의하여 공해에서 채포된 수산물 등
③ 입항 전 수입신고가 수리된 물품
④ 수입신고수리 전 반출승인을 얻어 반출된 물품
⑤ 수입신고 전 즉시반출신고를 하고 반출된 물품

03 관세의 과세요건과 관세율

(1) 과세요건

조세를 징수하기 위해서는 일정한 요건을 갖추어야 하는데, 이러한 요건을 과세요건이라 한다.
① 관세징수의 4대 요건
　과세물건, 납세의무자, 과세표준, 관세율
② **관세법상 과세표준이라 함은 종가세의 과세표준이 되는 수입물품의 과세가격을 말한다.**
③ 세액 산출결과 **납부세액이 10,000원 미만일 때는 세관장은 이를 징수하지 않는다.**

(2) 과세물건확정의 시기

무역거래에선 물품의 선적과 양륙시기 또는 수입신고 시기가 상당히 차이가 날 경우가 있다. 수입신고 시에 물품의 변질, 도난, 손상 등의 변화가 있을 수 있으며 계약내용대로 물품이 선적되지 않을 수도 있다. 이런 여러 변수를 고려하여 어느 시점의 물품의 수량 또는 성질을 기준으로

하여 과세물건을 확정할 것인가 하는 것이 과세물건 확정의 시기이다.
① 일반물품(제품과세) : **수입신고할 때의 물품의 성질과 수량에 의하여 부과**된다.
② 보세공장에서 제조된 물품을 수입하는 경우(원료과세) : 사용신고 전에 미리 세관장에게 해당 물품의 원료인 외국물품에 대한 과세의 적용을 신청한 때에는 **사용신고를 하는 때의 그 원료의 성질 및 수량에 의하여 관세를 부과**한다.

(3) 수입물품의 범위

관세의 과세객체인 수입물품에는 유체물과 무체물이 있다. 그 중에서 유체물만이 과세객체가 되고, 유체물 가운데도 사체와 같은 무가치물은 과세대상이 되지 않는다.(**전자적 형태의 무체물은 과세대상에 해당되지 않음을 주의**!) 또한 전자적 수단을 통해 주문된 전자상거래 물품이라 하더라도 Off Line에 의해 물품이 수입될 때는 과세대상이 된다. 예를 들어 mp3 음악이나 소프트웨어를 다운로드 받았다면 이는 과세대상이 아니지만 mp3파일이 담겨있는 mp3 player나 소프트웨어가 담겨있는 CD title은 과세대상이 된다.

> **Check Point**
> ● **전자상거래물품의 수입신고, 검사 및 심사**(전자상거래물품 등의 특별통관절차에 관한 고시, 관세청)
> ① 전자상거래물품의 수입신고
>   수입대행형 거래물품의 수입신고는 다음 각 호와 같이 한다.
>   - **수입신고서상 납세의무자는 국내구매자로 신고하고**, 수입을 대행한 전자상거래업체의 상호와 특별통관대상업체 지정번호를 수입자란에 함께 기재한다.
> ② 특급탁송으로 물품을 수입하는 때에는 화물운송장, 송품장 등에 수입을 대행한 전자상거래업체의 상호·도메인주소·연락처 또는 지정번호와 당해물품 거래유형을 기재하여야 한다. 다만, 화물운송장에는 전자상거래업체의 상호와 지정번호만을 기재할 수 있다.
> ③ 우편으로 물품을 수입하는 때에는 당해물품이 전자상거래물품임을 알 수 있도록 우편물 외포장에 스티커를 부착하고, 소포신고서 또는 스티커에 전자상거래업체의 상호, 도메인주소, 연락처 또는 지정번호와 당해물품의 품명·수량·가격 및 거래유형을 표기한다.
> ④ 수입쇼핑몰형 거래물품의 수입신고는 다음 각 호와 같이 한다.
>   - **수입쇼핑몰형 거래물품을 수입하는 전자상거래업체는 자기명의로 수입신고 및 납세신고를 하여야 한다.**
> ⑤ 수입대행형 거래물품은 개인 구매자가 실화주가 되는 것으로 이 경우 해외에서 개인에게 직접 배송되며, 개인이 해외사이트에서 구매하는 것과 동일한 것으로 간주되어 15만원 이하의 면세통관이 가능하다. 다만, **수입쇼핑몰형은 화주가 쇼핑몰이므로 판매용으로 간주되어 면세가 안되므로 소액물품면세대상이 아니다.**

(4) 과세환율

① 과세환율의 의의

송장, 선하증권 등 과세가격을 결정하는 자료에 표시된 외국통화를 원화로 환산하여 그 환산금액에 관세율을 곱하여 관세액을 산출하는데, 이와 같이 과세가격 결정에 소요되는 환율을 과세환율이라 한다.

② 과세환율의 적용시기

과세가격을 결정함에 있어 외국통화로 표시된 가격을 내국통화로 환산할 때에는 **적용법령의 시기(보세건설장 반입물품의 경우에는 수입신고일)가 속하는 주의 전주(前週)의 기준환율 또는 재정환율을 평균하여 관세청장이 그 율을 정한다. 일주일 단위로 매주 토요일에 관세 환율을 정하여 고시하며 이를 일요일부터 다음주 토요일까지 적용한다. 따라서 수입신고한 날로부터 역산하여 전주에 고시된 환율이 과세환율이 된다.**

(5) 관세율표

관세율이라 함은 세액을 결정함에 있어 과세표준에 대하여 적용하는 비율을 말한다. 관세의 세율은 관세법의 별표인 관세율표에 규정되어 있다. **관세는 원칙적으로 수입신고 당시의 법령에 의하여 부과된다.**

① 관세율표의 분류

현행 관세율표는 **국제통일 상품명 및 코딩시스템**(The Harmonized Commodity Description and Coding System)에 의해 분류되는데, 통칭 「Harmonized System」이라고 하며 약칭으로 **HS Code** 라고 부른다. 대분류는 21개의 부(section)로 나누어져 있다.

② 품목분류 사전회시

수출입물품이 어떤 품목에 분류되는지 의문이 있을 경우 관세청장에게 질의하여 수출입규제의 해당여부 및 세율과 세액을 미리 알아두도록 할 경우 관세청장에게 HS번호의 질의를 하여 회답을 받을 수 있는 제도를 말한다.

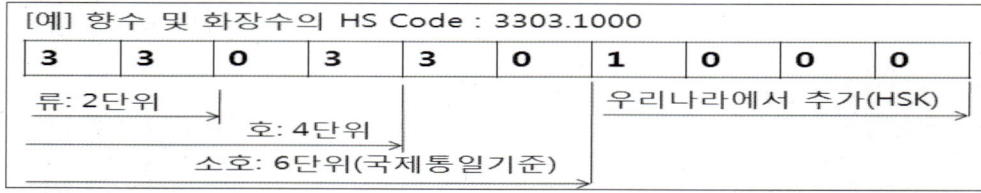

[그림 19-1] HS Code의 예

[표 19-1] HS 분류구조 예

구 분	분류단위	명 칭	분류의 기준	개 수
대분류	–	부(section)	산업별, 기술제품으로 수평배열	21
중분류	2	류(chapter)	상품의 군별 구분	96
소분류	4	호(heading)	동일류 내 품목의 종류별, 가공도별	1,244
세분류	6	소호(sub-heading)	동일호 내 품목의 용도, 기능 등	5,225
세세분류	10	–	소호품목을 통계, 관세부과 목적상 필요	11,261

호	소호	세세분류	품 명(description)
0102		부(section)	소(Live bovine animals)
	10	류(chapter)	1. 종우(Pure-bred breeding animals)
		1000	젖소(milch cows)
		2000	육우(beef cattle)
			기 타(Other)
	90		2. 기 타(other)
		1000	젖 소(milch cows)
		2000	육 우(beef cattle)
		9000	기 타(Other)

(6) 과세가격 결정방법

① **당해물품의 거래가격을 기초로 한 과세가격 결정방법 - 제 1 방법** 과세평가에 있어서 가장 기본적이고 원칙적인 방법이며 여기서 거래가격이라는 것은 수입 거래에 대하여 그 물품의 수입국에 수출판매 되는 때에 구매자(수입자)가 판매자(수출자)에 대하여 직접 또는 간접으로 지급하였거나 지급할 금액의 총액으로 거래 요건을 갖춘 물품에 대하여 **실제로 지급되는 금액에 조정요소를 가감하고 운임, 보험료를 가산하여 결정하는 방법**이다.

② **동종·동질물품의 거래가격을 기초한 과세가격 결정방법 - 제 2 방법**
　제1방법으로 과세가격을 결정할 수 없는 때에는 제2방법을 따른다.

③ **유사물품의 거래가격을 기초로 한 과세가격 결정방법 - 제 3 방법**
　제1방법 내지 제2방법으로 과세가격을 결정할 수 없는 때에는 제3방법을 따른다.

④ **국내판매가격을 기초로 한 과세가격 결정방법 - 제 4방법**
제1방법 내지 제3방법으로 과세가격을 결정할 수 없는 때에는 4방법을 따른다.

⑤ **산정가격을 기초로 한 과세가격 결정방법 - 제 5 방법**

⑥ **합리적인 기준에 의한 과세가격 결정방법 - 제 6 방법**

04 납세의무자

(1) 원칙적 납세의무자

　수입신고를 한 물품에 대하여는 그 물품을 수입한 화주가 원칙적으로 납세의무자가 되며 수입한 화주라 함은 다음의 자를 말한다.
 ① **물품의 수입을 위탁받아 대행수입한 경우에는 수입을 위탁한 자**
 ② 수입물품을 **수입신고 전에 양도한 때에는 양수인**
 ③ 상업서류(상업송장, 선하증권 등)에 기재된 수하인
 ④ 법원 임의경매 절차에 의하여 경락받은 물품은 **그 물품의 경락자**

(2) 연대납세의무자

당해 물품을 수입한 화주의 주소 또는 거소가 불명하거나 신고인이 화주의 소재를 명백히 하지 못할 때에는 그 신고인이 당해 물품을 수입한 화주와 연대하여 당해 관세를 납부하여야 한다. 신고인이란, 수입신고를 신청한 수입신고서상에 기재된 통관절차를 수행하는 자로서 관세사, 관세사법인, 통관취급법인을 말한다.

05 탄력관세(Flexible Tariff System)의 종류

관세율은 관세법과 같이 조세법률주의 원칙에 따라 입법사항으로서 국회의 심의·의결을 거쳐 결정 또는 변경되어야 한다. 그러나 급격하게 변동하는 국내외적 경제, 무역의 환경변화에 신속하게 대처할 목적으로 관세율의 변경권을 국회가 행정부에 위임하여 행정권의 세율을 탄력적으로 변경·운영할 수 있도록 한 것을 탄력관세제도라 한다.

(1) 덤핑방지관세(anti-dumping duty)

외국의 생산자가 부당하게 낮은 가격으로 수출함으로써 국내 산업에 피해를 야기한 경우, 그 덤핑행위를 시정하고 국내 산업 피해를 구제하기 위하여 관세를 부과하는 제도이다. 국내산업의 피해여부 조사는 **산업통상자원부 산하의 무역위원회가 실시**한다.

(2) 보복관세(retaliative tariff)

문자 그대로 보복을 위한 관세이며 교역상대국이 자국의 수출물품 또는 선박, 항공기 등에 대하여 제3국보다 불리한 대우를 하는 경우에 그 교역상대국으로부터 수입되는 물품에 대하여 할증, 부과하는 관세를 말한다. 보복관세부여 대상국가로부터 수입되는 물품에 대하여 피해 상당액 범위 안에서 관세를 부과한다.

(3) 긴급관세(emergency tariff)

특정물품의 수입 증가로 인하여 동종물품 또는 직접적인 경쟁 관계에 있는 물품을 생산하는 국내 산업이 심각한 피해를 받거나 받을 우려가 있고 당해 국내 산업을 보호할 필요가 있다고 인정될 때 국내외 가격차에 상당하는 비율의 범위 안에서 관세를 추가하여 할증·부과하는 관세를 말한다. 이러한 **긴급관세제도는 WTO에서도 인정되는 제도**로서 긴급조치 중의 하나이다.

(4) 상계관세(countervailing duty)

수출국에서 제조·생산 또는 수출에 관하여 직·간접으로 보조금(subsidy)·장려금을 받은 물품이 수입되어 국내 산업이 실질적인 피해를 받거나 받을 우려가 있는 경우에 당해 국내산업을 보호할 필요가 있다고 인정될 때 수입국에서 그 경쟁력을 상계하기 위하여 부과하는 일종의 할증관세이다.

(5) 계절관세(seasonal duty)

농산품 등과 같이 계절에 따라 가격 변동이 심한 물품인 경우 이러한 물품의 동종물품, 유사물품 또는 대체물품이 수입될 때 이들 물품의 관세율을 계절 구분에 따라 할증 또는 할인하여 부과하는 관세를 말한다.

(6) 할당관세(quota tariff)

특정 물품이 정부가 정한 일정 수량의 범위 내에서 수입될 때에는 저세율의 관세를 부과하고, 일정수량을 초과하여 수입될 때에는 고세율의 관세를 부과하는 관세제도로서, **이중관세율제도**라고도 한다.

(7) 편익관세(Beneficiary Duty)

편익관세란 국제조약에 의거하여 편익을 받지 아니하는 국가에서 수입하는 물품에 대하여 이미 체결된 조약에 의한 편익을 부여하는 것을 말한다. **편익관세는 교역 상대국과의 협정과 관계없이 대통령령으로 정부가 일괄적으로 대상 국가와 물품, 적용세율, 적용방법 등을 정한다.** 수입국에서 일방적으로 최혜국대우의 범위 내에서 편익을 주는 것으로, 상대국에서는 편익에 대해 요청할 권리가 없다.

(8) 일반특혜관세(GSP, Generalized System of Preference)

개발도상국의 경제발전을 도모하기 위하여 수입하는 물품에 대하여 무관세나 기본세율보다 낮은 세율을 적용하는 것이 일반특혜관세이다. GSP는 지역 제한 없이 일반적으로 적용되며 무차별, 비호혜적으로 특혜관세가 부여된다는 점에서 자유무역협정이나 관세동맹과 같은 차별적·호혜적인 특혜관세협정과 구분된다.

> **Check Point**

● **비관세 장벽(NTB ; Non Tariff Barrier)**
　수입물품에 대하여 관세와 내국세 등의 조세를 부과하는 이외의 수단을 가하여 수입제한을 하는 것을 말한다. 이를테면, 수입상품의 가격을 제한하거나 또는 국내외 수입업자에게 비용이나 위험부담을 증가시키는 조치들이 포함된다. 특별히 국제기구 등에서 허용되지 않는 한 현행 WTO에선 이를 허용하지 않는다.

● **ISD(Investor-State Dispute Settlement; 투자자 국가제소 제도)**
　ISD조항은 투자를 유치한 정부가 투자협정상 의무 위반, 투자계약 등을 위배하여 투자자에게 손실이 발생한 경우, 투자자가 투자유치국 정부를 상대로 국내법원 제소 또는 국제중재를 요청할 수 있도록 한 제도이다. ISD 제도를 통해 투자 대상국의 사법제도에 의존하지 않고, ICSID(International Center for Settlement of Investment Dispute, 국제투자분쟁해결센터), UNCITRAL(United National Commission on International Trade Law, 유엔국제상거래법 위원회) 등 제3의 판정부를 통한 공정한 판결이 가능하다. 더불어 공중보건·안전·환경 및 부동산가격 안정화와 같은 정당한 공공정책은 ISD대상이 아님을 협정문에 명시하였다.

● **스파게티볼 효과(Spaghetti Bowl Effect)**
　자유무역협정(FTA)의 확산에 따라 여러 나라와 동시에 FTA를 체결하면 나라마다 다른 원산지규정과 통관절차, 표준 등을 확인하느라 시간과 비용이 증가하여 오히려 FTA의 체결효과가 기대보다 떨어지는 현상을 말한다. 각 나라마다 다르게 적용되는 FTA 규정이 마치 스파게티 가닥처럼 얽히고설켜 있는 현상을 빗대어서 부르는 말이다.

06 관세율의 적용순서

어떤 수입물품에는 둘 이상의 관세율이 서로 경합되는 경우가 있는데, 이러한 경우 실제로 적용되는 세율을 실행세율이라고 한다. 관세율은 다음과 같은 순위표에 따라 적용된다.

[표 19-2] 관세율의 적용 순서

순위	관세율의 종류	제한사항
1	덤핑방지관세(+), 긴급관세(+), 상계관세(+), 보복관세, 농림축산물에 대한 특별긴급관세	최우선적으로 적용 *(+)표시는 실행관세에 해당 관세를 추가하여 부과
2	FTA 협정관세	이하의 세율보다 낮은 경우 우선 적용
3	WTO 일반양허관세/ WTO 개도국 간 양허관세 아태무역협정관세(APTA) UNCTAD 개발도상국 간 협정관세 특정국가와의 관세협상에 따른 국제협력관세 편익관세	이하의 세율보다 낮은 경우 우선 적용
4	WTO 일반양허관세 중 농림축산물 아태무역협정관세 중 녹차의 일반양허관세	이하의 세율보다 낮은 경우 우선 적용. 단, 잠정관세 및 기본관세보다는 높더라도 우선 적용
5	조정관세/ 계절관세/ 할당관세	이하의 세율보다 우선 적용. 단, 할당관세는 GSP세율보다 낮은 경우에만 우선 적용
6	최빈개발도상국에대한특혜관세(GSP)	이하의 세율보다 우선 적용
7	잠정관세	기본관세보다 우선 적용
8	기본관세	

Check Point
● **관세율 적용의 우선순위에 대한 예시**

① 쌀 : 기본세율   잠정세율   WTO협정세율
         15%   10%   20%
  - 협정세율은 기본세율보다 낮은 경우에만 우선 적용되고 잠정세율은 기본세율보다 우선하므로, 잠정세율 10%를 적용한다.

② 수박 : 기본세율   잠정세율   WTO협정세율   계절관세
          30%   20%   10%   60%
  - 계절관세는 협정세율보다 적용순위가 낮으므로 WTO 협정세율을 우선 적용한다.

③ 기본관세율이 8%, 긴급관세율이 10%, 잠정세율이 5%인 경우의 실제 적용세율
   잠정관세율은 기본관세율보다 우선 적용되므로 실제 적용세율은 5% 이다. 여기에 할증세율인 긴급관세율 10%를 더해야 하므로 실제로 적용되는 세율은 15% 이다. 할증되는 세율에는 긴급관세와 덤핑방지관세, 상계관세가 있다.

● **여행자 휴대품의 면세범위(면세한도)**
① 술, 향수, 담배
   주류 2병(전체 용량이 2L이하로서 400달러 이하), 향수 60ml, 담배 200개비(1보루)
② 여행자 1명이 반입한 여행자 휴대품으로서 각 물품의 과세가격 합산금액이 미화 800달러 이하
   단 농림수산물, 한약재 등은 10만원 이하로 한정하며 품목별로 수량 또는 중량의 제한이 있다.
③ ①항과 ②항은 별개로 취급한다. 즉 ②항 금액에 ①항은 포함되지 않는다.
④ 면세범위 초과물품을 자진신고 시 가산세 20%를 적용받는다. 신고없이 입국하다 적발되면 최소 3배 이상을 더 납부하게 되므로 자진신고를 하는 것이 좋다.

07 간이세율과 합의세율

(1) 간이세율

수입물품에는 관세뿐만 아니라 여러 종류의 내국세가 부과되는데 세액 산출의 번거로움을 피하기 위하여 여행자휴대품과 같이 빈번히 수입되는 소액물품 등에 여러 종류의 세율을 통합한 하나의 세율을 적용하여 과세하는 것이 간이세율이다.

[표 19-3] 간이세율의 적용과 비적용

간이세율 적용대상물품	간이세율 적용제외물품
가. 여행자 또는 외국에 왕래하는 운수기관의 승무원이 휴대하여 수입하는 물품 나. 우편물. 다만 수입신고를 하여야 하는 것을 제외한다. 다. 외국에서 선박 또는 항공기의 일부를 수리 또는 개체하기 위하여 사용된 물품 라. 탁송품 및 별송품	가. 관세율이 무세인 물품과 관세가 감면되는 물품 나. 수출용 원재료 다. 관세법 범칙행위에 관련된 물품 라. 종량세가 적용되는 물품 마. 부과고지 대상물품 및 탄력관세적용물품

(2) 합의세율

일괄 수입신고된 물품으로서 **물품별 세율이 상이한 경우에는 화주의 신청에 의하여 그 세율 중**

가장 높은 세율을 적용하여 신속통관과 행정의 능률화를 기하려는 제도가 합의세율제도이다. 합의에 의한 세율을 적용한 경우 사전에 납세의무자의 합의가 있는 것으로 간주하여 이의신청, 심사청구 및 심판청구와 같은 행정상 쟁송을 할 수 없다.

08 통관(Clearance)

통관(customs clearance)이란 수출입하고자 하는 물품이 관세법상의 제반절차 즉, 세관에 **수출·수입·반송**의 신고를 하고 법령 규제사항을 세관에서 확인 후 신고수리를 하는 일련의 과정을 말한다.

(1) 수입의 개념

관세법에서 수입이라 함은 다음에 해당되는 물품을 우리나라에서 인취하는 것을 말한다.
① 외국으로부터 우리나라에 도착된 물품 (외국 선박 등에 의해서 공해에서 채포된 수산물품 포함)
② 수출신고가 수리된 물품

(2) 수출의 개념

관세법상 수출이란 내국물품을 외국으로 반출하는 것을 말한다.
① 수출신고가 수리된 물품은 수출신고수리일로부터 30일 이내에 선(기)적하여야 한다.
② 1년의 범위 내에서 연장이 가능하다.
③ 수출신고수리물품을 **수출신고수리일로부터 30일** 내에 선(기)적하지 아니한 경우에는 수출신고수리를 취소할 수 있다.

(3) 반송의 개념

반송이란 국내에 도착한 외국물품이 수입통관절차를 거치지 아니하고 다시 외국으로 반출되는 것을 말한다.

(4) 수입이 아닌 소비

외국물품을 국내에서 소비 또는 사용하는 것은 국내에 인취된 것으로 간주하여 수입으로 본다. 그러나 다음의 외국물품은 수입신고수리를 받지 아니하고 소비 또는 사용한다 할지라도 그 소비 또는 사용을 수입으로 보지 않는다.
① **선용품·기용품을 운수기관 내에서 그 용도에 따라 소비 또는 사용하는 경우**
② **여행자가 휴대품을 관세통로·운수기관에서 소비 또는 사용하는 경우**
③ 관세법의 규정에 의하여 인정된 바에 따라 소비 또는 사용하는 경우

> **Check Point**
> ● 관세법상 지식재산권 보호제도
> 지식재산권 보호대상 : 상표권과 저작권(저작인접권 포함), 프로그램저작권, 품종보호권, 지리적표시권, 특허권, 디자인권.
>
> ● 지리적 표시권
> 프랑스 코냑, 샴페인이나 영국 스카치 위스키처럼 상품의 특성, 품질, 명성 또는 그 밖의 특성이 특정한 지역에서 발생된 경우 그 지역을 상품의 원산지로 표시할 수 있는 권리를 말한다. 지리적 표시를 보호하는 것은 지리적 표시에 있어서 허위나 오인을 유발시키는 상표를 사용함으로써 원래의 상품 생산자나 소비자가 피해를 입는 것을 방지하기 위함이다. 지역의 명칭과 일체가 된 브랜드 상품에 대해서는 유사상품의 브랜드 침해로부터 국·내외적으로 보호할 필요가 있다. 이를 세계무역기구(WTO)의 TRIPs협정은 "지리적 표시(geographical indication ; GI)"라는 명칭으로 규정, 새로운 지식재산권의 하나로 인정하고 있다.

(5) 수입통관절차

수입통관이란 수입하고자 하는 자가 **당해 물품을 선적한 선박이 출항하기 전, 입항하기 전, 당해 물품이 보세구역에 도착하기 전 또는 당해 물품을 보세구역에 반입장치한 후 세관장에게 수입신고**를 하고, 세관장은 수입신고가 적법하게 이루어진 경우에 지체 없이 수입신고를 수리하여 수입신고필증을 교부하여 물품이 반출될 수 있도록 하는 일련의 과정을 말한다.

[표 19-4] 수입신고시기에 따른 통관절차

구 분	출항 전 신고	입항 전 신고	보세구역 도착 전 신고	보세구역 장치 후 신고
신고시기	수출국 출항 전	수출국 출항 후 하선신고 전	입항 후 보세구역 도착 전	보세구역 장치 후
신고대상물품	1. 항공기로 수입되는 FCL 화물 2. 선박을 이용하여 일본, 중국, 대만, 홍콩에서 수입되는 FCL화물	FCL 화물만 해당	모든 수입물품	모든 수입물품
신고세관	입항예정지 세관	입항예정지 세관	보세구역 관할세관	보세구역 관할세관

> **Check Point**
> ● 관세청 전자통관시스템(유니패스; UNI-PASS)
> 관세청의 전자통관시스템인 유니패스는 수출입 물품신고와 세관검사, 관세환급, 세금납부 등의 수출입 통관절차를 온라인과 인터넷을 통해서 원스톱(one-stop)으로 처리할 수 있다. 현재 수출입신고는 VAN/EDI 방식의 KTNET 무역자동화 시스템이나 인터넷 기반의 관세청 UNI-PASS 시스템을 통해 이루어지고 있다.
>
> ● 입항전수입신고
> 입항전수입신고가 된 물품은 우리나라에 도착된 것으로 본다. 입항전수입신고는 당해 물품을 적재한 선박 또는 항공기가 그 물품을 적재한 항구 또는 공항에서 출항하여 **우리나라에 입항하기 5일전(항공기의 경우 1일전)부터 할 수 있다.** 다만, 다음 물품은 당해 물품을 적재한 선박 등이 우리나라에 도착된 후에 수입신고하여야한다.
> ① 법령 개정에 따라 새로운 수입요건의 구비가 요구되거나 당해 물품이 우리나라에 도착하는 날부터 높은 세율이 적용되도록 입법 예고된 물품
> ② 수입신고하는 때와 우리나라에 도착하는 때의 물품의 성질과 수량이 달라지는 물품

(6) 수입신고의 절차

수입신고는 EDI수입통관시스템(CEDIM ; Customs EDI for import)을 이용하여 이루어지며 현재 수입신고는 형식상 완전한 형태의 EDI방식 즉, 모든 수입신고서류를 전자서류로 제출하는 방식인 P/L(paperless)신고와 수입신고서를 EDI로 전송한 다음 종이문서를 별도로 제출하는 서류신고의 두 가지로 구분 운영되고 있으나 대부분 P/L방식으로 신고가 이루어지고 있다. **수입신고의 단위는 B/L 1건에 대하여 수입신고 1건으로 한다.**

(7) 수입신고인

관세사, 관세사법인, 통관취급법인 또는 수입화주의 명의로 해야 한다.

(8) 수입신고기간

① 반입일로부터 30일 내의 신고의무

수입하고자 하는 물품을 지정장치장 또는 보세창고에 반입하거나 타소장치한 자는 반입일 또는 타소장치허가일로부터 30일 이내에 수입신고를 하여야 한다.

② 가산세 부과

관세청장이 정하는 물품에 대하여 물품을 수입하는 자가 반입일 또는 타소장치 허가일로부터 30일 내에 수입신고를 하지 않는 경우에는 당해물품의 과세가격의 2/100에 상당하는 금액을 가산세로 징수한다.

(9) 관세의 납부

① 신고납부방식

납세의무자가 스스로 납부하여야 할 관세의 과세표준, 세율 및 납부세액을 결정하여 세관장에게 신고함으로써 관세채권이 확정되는 방식이며 자진신고납부제도라고도 한다. **관세의 징수는 납세의무자의 자진신고에 의한 납세를 원칙으로 하며, 원칙적인 관세채권의 확정방식이다.** 부과고지물품을 제외한 모든 수입물품이 신고납부대상이 된다.

② 세액심사

가. 원칙 : 수입신고 수리 후 세액심사(사후세액심사)
나. 예외 : 수입신고 수리 전 세액심사(사전세액심사)
  신고한 세액에 대하여 관세채권확보가 곤란한 다음의 경우에는 수입신고를 수리하기 전에 이를 심사한다.
- 법률 또는 조약에 의하여 관세 및 내국세의 감면을 받고자 하는 물품

- 관세의 분할납부를 하고자 하는 물품
- 관세 체납 중에 있는 자의 물품(단 체납액이 10만원 미만이거나 체납기간 7일 이내에 수입신고하는 경우는 제외한다)
- 불성실신고인이 수입하는 물품

③ 납부기한

납세의무자는 **납세신고가 수리된 날로부터 15일 이내에 당해 세액을 세관장에게 납부**하여야 한다. 납세의무자는 수입신고 수리 전에도 당해 세액을 납부할 수 있다.

가. 신고납부를 한 경우 : 납세신고수리일로부터 15일 이내
나. 부과고지에 의한 납세고지를 한 경우 : 납세고지를 받은 날로부터 15일 이내
다. 수입신고 전 즉시반출신고를 한 경우 : 수입신고한 날부터 15일 이내
라. **부족세액이 발견되어 세관장이 납세고지한 경우 : 해당 납세고지서를 받은 날부터 15일 이내**
마. 납세의무자가 납세신고를 하고 납세담보를 제공한 경우 : 수입신고 수리일로부터 15일 이내

(10) 세액의 정정

① 세액의 정정

납세신고한 세액을 납부하기 전에 당해 세액에 **과부족**이 있는 것을 안 때에는 납세신고한 세액을 정정할 수 있다.

② 세액보정

납세의무자는 신고납부한 세액에 **부족**이 있거나 과세가격 또는 품목분류 등에 오류가 있는 것을 안 때에는 신고납부한 세액의 보정을 세관장에게 신청할 수 있다.

가. 보정기간은 납부일로부터 6월 이내이며, **이 경우 가산세는 적용되지 않는다.**
나. 납부기한은 당해 보정신청을 한 날의 다음날까지이다.

③ 수정신고

보정기간 경과 후 신고납부한 세액에 부족이 있는 때에는 수정신고를 할 수 있다.

가. 납부일

납세의무자는 추가 납부할 세액에 가산세를 포함하여 수정신고한 날의 다음 날까지 납부하여야 한다.

나. 수정신고 시의 가산세(신고불성실가산세)

원칙[일반] : 부족(미납)세액의 10% + 신고불성실가산세
예외[부당] : 부족(미납)세액의 40% + 신고불성실가산세

※ 신고불성실가산세 = 부족세액 × 납부기한의 다음날부터 납세고지일까지의 기간 × 1만분의 2.5의 이자율

④ 경정청구

납세의무자는 **신고납부한 세액이 과다한 것을 안 때**에는 납세신고를 한 날로부터 5년 이내에 신고한 세액의 경정을 세관장에게 청구하여 차액을 돌려받을 수 있다.

⑤ 경정

경정은 세관장이 직권으로 세액을 정정하는 것이며, 과부족이 있는 경우 이를 정확한 세액으로 변경하는 것을 말한다. 세관장은 납세신고·신고납부·경정청구한 세액에 과부족이 있음을 안 때에는 그 세액을 경정할 수 있다. 추가납부세액은 납세고지를 받은 날로부터 15일 이내이다.

- **수정신고에서 '일반'과 '부당'의 적용**
  원칙[일반] : 고의가 아닌 실수 등으로 인한 선의의 납세자를 보호하기 위하여 적용
  예외[부당] : 허위나 부당신고에 해당할 경우
  － 납세자가 이중 송품장 등 허위증빙이나 허위문서를 작성·수취하거나 세액심사에 필요한 자료를 파기하는 등 악의적인 방법을 통해 세액을 과소신고하는 경우

- **납부지연가산세**
  관세를 납부기한까지 납부하지 아니한 때에는 가산세가 부과된다. 납부기한 경과에 따른 가산세는 다음과 같이 부과된다.
  ㉠ 1차 가산세
  관세를 납부기한까지 완납하지 아니한 때에는 그 납부기한이 경과한 날로부터 체납된 관세에 대하여 100분의 3에 상당하는 가산세를 징수한다.
  ㉡ 중가산세
  체납된 관세를 납부하지 아니한 때에는 납부기한이 경과한 날부터 매 1월이 경과할 때마다 체납된 관세의 1,000분의 12에 상당하는 가산세를 1차 가산세에 가산하여 징수한다. 다만, 중가산세를 가산하여 징수하는 기간은 60개월을 초과하지 못한다.
  ㉢ 중가산세의 부적용
  중가산세에 대한 규정은 체납된 관세(세관장이 징수하는 내국세가 있을 경우는 그 금액을 포함한다)가 100만원 미만인 경우에는 이를 적용하지 아니한다.

- **신고불성실가산세와 납부지연가산세의 차이점**
  둘 다 금전적인 압박을 통하여 위반행위를 시정하고, 위반행위의 발생을 방지하는 데 궁극적인 목적이 있다. 부과 주체는 세관장이며 그 부과 근거는 관세법령에 있다.
  가. 신고불성실가산세 : 협력의무 불이행시의 행정벌적 성격의 경제적 제재
  나. 납부지연가산세 : 관세의 납부기한 경과에 따른 연체세

(11) 납세의무의 소멸

납세의무의 소멸이란, 특정 요건의 충족으로 인하여 납부의 의무가 없어지는 것을 의미한다. 관세·가산세 또는 체납처분비를 납부할 의무는 다음에 해당하는 때에는 소멸한다.

① 관세의 납부·담보의 충당·관세부과의 취소가 있을 때
② 관세의 제척이 만료되었을 때
　가. 관세의 과세권자가 관세부과를 할 수 있는 법정기간 동안 관세부과권을 행사하지 않으면 납세의무는 소멸하게 된다.
　나. 제척기간의 기산일은 수입신고한 날의 다음 날이다.
　다. 관세는 당해 관세를 부과할 수 있는 날로부터 5년이 지난 후에는 부과할 수 없다.
　라. 다만 부정한 방법으로 관세를 포탈하였거나 환급을 받은 경우 또는 불성실 신고로 납부세액이 부족한 경우의 제척기간은 10년이다.
③ 관세징수권의 소멸시효가 완성된 때
　관세의 징수권은 이를 행사할 수 있는 날부터 5년간 행사하지 아니하면 소멸시효가 완성되어 징수권을 행사할 수 없다.
④ 소멸시효의 중단
　시효의 중단이라 함은 시효가 진행되다가 어떤 사유에 의하여 그 진행이 멈추고 시효가 새로이 진행되는 것을 말한다. **시효의 중단 사유로는 납세고지, 경정처분, 납세독촉(납부최고를 포함한다), 통고처분, 고발, 공소제기, 교부청구, 압류가 있다.**

(12) 즉시반출제도

① 즉시반출제도의 의의

　즉시인도제도라고도 하며, 긴급히 사용하여야 할 원자재 등의 관련서류가 미비하여 통관이 되지 않는 문제를 해결하기 위하여 반출신고하고 물품은 사용한 후 수입신고하는 제도를 즉시 반출제도라고 한다.

② 즉시반출제도의 절차

　반출신고 시 담보를 제공하여야 하며, 반출신고의 시기는 수입물품에 대한 적하목록이 제출된 이후이다. 즉시반출제도를 이용하고자 하는 수입업체는 사전에 세관으로부터 즉시반출업체 지정을 받아야 하며 즉시 반출·사용 후 10일 이내에 정식으로 수입신고(납세신고)를 하면 의무가 종결된다.

③ 관세의 납부

　반출신고 후 10일 이내에 수입신고를 하지 아니하는 경우에는 세관장이 관세를 징수하며 이 때 **관세액의 20%에 해당하는 가산세를 징수**할 뿐 아니라 즉시 반출절차를 적용받을 수 있는 업체 또는 물품의 지정을 취소할 수 있다.

- **ATA Carnet**
  ① ATA Carnet 제도의 의의
  　ATA Carnet는 Admission Temporaire(불어)와 Temporary Admission(영어)의 합성어이며 Carnet는 불어로 표(증서)라는 뜻으로 물품의 무관세임시통관증서이다. ATA협약 가입국 간에 일시적으로 물품을 수입/수출 또는 보세운송하기 위하여 필요로 하는 복잡한 통관서류나 담보금을 대신하는 증서로서 통관절차를 신속하고 편리하게 하는 제도이다. 따라서 ATA까르네를 이용하면 통관 시 부가적인 통관서류의 작성이 필요 없음은 물론 관세 및 부가세, 담보금 등을 수입국 세관에 납부할 필요가 없으므로 ATA협약 가입국 어느 나라에서나 신속하고 원활한 통관을 할 수 있다.
  ② ATA Carnet의 기간과 절차
  　ATA Carnet의 유효기간은 발급일로부터 최장 1년이며 유효기간을 연장할 수 없다. 유효기간에도 불구하고 수입국 세관이 재수출기간을 정한 경우에는 동 기간 내에 수출되어야 한다. ATA Carnet의 보증 및 발급기관은 대한상공회의소이다.
  ③ **ATA Carnet로 통관이 가능한 물품**
  　상품견본(Commercial Samples), 직업용구(Professional Equipment), 전시회(Fairs/Exhibitions)의 용도로 물품을 해외에서 사용 후, 우리나라로 다시 가져올 물건에 대해서는 광범위하게 사용할 수 있다. 다만, 농산물, 식료품, 위험물품, 소모품 등 부패의 우려가 있거나 1회용품 또는 반입국이 수입금지하고 있는 물품에 대해서는 사용할 수 없다.

- **C/S(Cargo Selectivity)**
  수입신고되는 모든 물품의 우범성(High Risk)에 대한 사전분석 및 평가를 통해 검사의 효율성을 높이고자 하는 검사대상 선별기법을 말한다. C/S 수행결과로 검사대상 여부와 사전세액 심사대상 여부가 결정되고 검사 및 검사담당자에게 자동으로 배부된다.

- **수출입관련 서류의 보관**
  수입관련서류는 수입신고수리일로부터 5년, 수출관련서류는 수리일로부터 3년간 보관하여야 한다.

09 관세의 환급

(1) 관세환급의 의의

① 관세환급의 의의
　관세환급이란 세관에서 일단 징수한 관세 등을 특정한 요건에 해당하는 경우에 그 일부 또는 전부를 환부하여 주는 것을 말하는데 관세법에 의한 환급과 환급특례법에 의한 환급이 있다.

② 관세법상의 환급의 종류
　가. **과오납금의 환급**
　나. 위약물품에 대한 환급
　다. 지정보세구역 장치물품의 멸실 등으로 인한 환급

라. 환급청구를 할 수 있는 기한은 환급을 청구할 수 있는 날로부터 5년 이내이다. 이 기간이 지나면 소멸시효가 완성되어 환급청구권을 행사하지 못한다.

(2) 과오납금의 환급

① 과오납금 환급의 의의
착오로 인하여 납부하여야 할 세액보다 과다하게 납부하였음을 사후에 발견하고 이를 납세의무자에게 돌려주는 것을 말한다.
② **세관장이 확인한 과오납금은 납세의무자의 청구가 없는 경우에도 이를 환급하여야 한다.**
③ 과오납금을 과다환급하여 다시 이를 징수할 경우는 가산금을 부과한다. 이때 가산금의 이율은 은행업의 인가를 받은 금융기관으로서 서울특별시에 본점을 둔 금융기관의 1년 만기 정기예금 이자율의 평균을 감안하여 관세청장이 정하여 고시하는 이자율로 한다.

(3) 위약물품에 대한 환급

① 위약물품에 대한 환급의 의의
수입신고가 수리된 물품이 계약내용과 상이하여 수출자에게 반송하거나 세관장의 승인을 얻어 멸각 또는 폐기하는 경우에 이미 납부한 관세의 전부 또는 일부를 환급하는 것을 말한다.
② 위약물품 관세환급의 충족 요건
- **수입신고가 수리되고 관세가 납부된 물품이어야 한다.**
- **수입물품이 계약내용과 상이한 물품이어야 한다.**
- **수입신고 당시의 성질과 형상이 변경되지 아니하여야 한다.**
- 수입신고일로부터 1년 내에 그 물품을 보세구역에 반입하여야 한다.

(4) 지정보세구역 장치물품의 멸실 등으로 인한 환급

멸실물품의 환급이란 소정의 관세를 납부한 물품 또는 사후납부대상물품으로서 수입신고가 수리된 물품이 수입신고수리 후 계속 지정보세구역에 장치되어 있는 중에 재해로 인하여 멸실되거나 변질 또는 손상으로 인하여 그 가치가 감소된 때에 이미 납부한 관세의 전부 또는 일부를 환급하는 것을 말한다.

10 관세환급특례법

(1) 관세환급특례법상 관세환급의 의의

환급특례법상에서의 관세환급이란 수출용 원재료를 수입하는 때에 납부하였거나 납부할 관세 등을 관세법의 규정에도 불구하고 수출자 또는 수출물품의 생산자에게 되돌려 주는 것을 말한다. 일반적으로 수출이라 함은 우리나라에 있는 내국물품을 외국으로 반출하는 것을 말하지만, 현행 환급특례법에서는 환급대상수출을 일반유상수출 이외에도 **무상수출, 국내에서의 외화판매, 외화공사 및 보세공장 등에의 물품공급까지를 포함**한다.

(2) 관세환급의 배경과 효과

① 이중과세의 방지

원자재를 수입하여 제품을 생산해서 수출하게 되면 수입한 수출용 원자재는 국내에서 사용·소비되지 않고 해외에서 소비된다. 물품의 소비행위에 대하여 과세하는 소비세를 수출되는 재화에 대하여 부과·징수할 경우 당해 수출국뿐만 아니라 그 물품을 수입하는 국가에서도 소비를 이유로 또 다시 소비세를 부과하게 되어 하나의 소비 행위에 대하여 이중과세하는 결과가 초래된다. 이를 조정하기 위해 수출되는 물품에 대하여는 수출국 내에서 부과된 제소비세를 환급하는 것이다.

② 수출지원 및 촉진

수출되는 물품에 사용된 원재료가 수입되는 시점에 부과된 조세를 환급함으로써 조세부과로 인한 수출가격의 인상을 배제하는 것으로 수출을 지원하는 것이다. 즉, 수출물품이 부담한 원자재의 세액을 환급해 주면 수출물품의 가격이 저렴하게 되어 수출을 촉진할 수 있게 되는 것이다.

③ 국산원재료의 사용 촉진

수출용 원재료에 대한 사전면세제도에서 일단 관세를 납부하고 일정요건을 충족한 경우에 사후에 납부한 관세 등을 환급하는 환급제도는 수출용 원재료에 대하여 관세를 부과함으로써 국내시장에서의 관세액만큼의 물품가격을 인상시켜 동종의 국내 산업을 보호하게 되고, 수출업자에게는 수입 시로부터 수출 후 환급을 받을 때까지 동액의 이자부담을 주게 되어 가능한 한 불요불급한 외국원재료의 수입을 억제하는 효과가 있다. 따라서 국산원재료의 사용 및 개발을 촉진하는 효과가 있다.

(3) 관세환급의 방법

① 간이정액환급제도의 의의

간이정액환급제도는 중소기업의 수출을 지원하고 환급절차를 간소화하기 위하여 도입된 제도이다. 최근 **2년간 매년도 환급액이 6억원 이하인 중소기업에서 제조한 수출물품**에 대한 환급액산출 시에 정부가 정하는 일정 금액을 수출물품 제조에 소요된 원재료의 수입 시 납부세액으로 보고 환급액 등을 산출토록 한 제도이다.

가. 간이정액환급제도의 절차

비적용승인일로부터 2년 이내에는 다시 간이정액 환급율표 적용신청을 할 수 없고 2년이 지나 다시 간이정액환급율표를 적용하는 경우에는 적용승인일로부터 2년 이내에는 간이정액 환급율표의 비적용승인을 받을 수 없다.

나. 환급액의 산출

수출금액 FOB 10,000원 당 환급액으로 결정하며(종가환급), 원상태 수출은 간이정액 환급대상이 아니다.

※ 환급액 = (FOB 원화금액×간이정액환급률표의 해당금액)÷10,000원

[표 19-5] 간이정액환급율의 예 [관세청고시 2023.6.30 현재]

세 번(HS10단위)	품 명	10,000원 당 (환급액/원)
2005.99-1000	김 치	180
3303.00-1000	향 수	100
3304.99-2000	메이크업용 제품류	60
3304.99-3000	어린이용 제품류	70

③ 개별환급제도

수출물품을 제조하는 데 소요된 원자재의 수입 시 납부한 관세 등의 세액을 소요 원재료별로 개별적으로 확인하여 환급금을 산출하는 방법으로서 원재료 수입 시의 납부세액을 정확하게 환급할 수 있다는 장점이 있는 반면, 구비서류가 복잡하고 환급금 산출에 많은 시일이 소요되는 것이 단점이다. **개별환급방법에 의하여 관세를 환급할 경우 납부세액을 증명하는 서류로는 수입신고필증, 기초원재료납세증명서, 분할증명서, 평균세액증명서가 있다.**

(4) 수출용 원재료의 국내거래

수출용원재료를 수입한 자가 직접 수출물품을 제조하여 수출하는 직수출의 경우를 제외하고는 수출용원재료의 수입자와 동 원재료로 제조된 물품의 수출자가 다르게 되는데 이 경우 수입업체 및 수출업체 간의 원재료 상태 또는 이를 제조·가공한 상태에서 양도·양수가 있었다고 할 수 있는데 이를 수출용원재료의 국내거래라 한다.

① 기초원재료 납세증명제도

기초원재료납세증명서(기납증)는 **수입된 원재료로 국내생산된 물품**을 다음 단계의 중간 원재료 생산업체 또는 수출물품 생산업체에 공급하는 경우, 당해 물품을 수입할 때 납부한 관세액을 증명하는 서류이므로 **기납증의 용도는 수입신고필증과 동일한 역할**을 하게 된다. 수입된 원재료가 내수용으로 판매된 것이 아니라 수출을 위해서 사용된 국내가공된 원재료로 쓰였을 경우, 원재료 가공공급업체가 수입 시 납부한 관세액을 환급받기 위한 증명서류로 이해를 하면 되겠다.

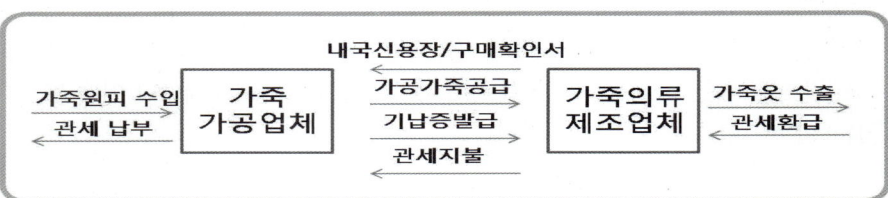

[그림 19-2] 기납증의 발급흐름

가. 발급대상 물품
- 수입원재료를 사용하여 생산한 물품
- 수입원재료와 중간원재료를 사용하여 생산한 물품
- 수출물품의 중간원재료를 사용하여 생산한 물품

나. 기초원재료납세증명서를 발급할 수 있는 자
- 세관장
- 관세사
- **물품의 공급자**

다. 기초원재료납세증명서 적용제외물품
- **원상태수출물품**
- 비적용업체로 승인 받은 수출업체에서 제조한 수출물품
- **수탁가공 수출물품**
- 수출신고필증에 제조자를 「미상」또는「완제품공급자」로 기재한 수출물품

② 분할증명서 제도

가. 분할증명서의 의의

외국으로부터 수입한 원재료를 제조·가공하지 않고 수입한 상태대로 수출용원재료로 국내 공급하는 경우에 공급자의 신청에 의거 세관장이 증명하는 제도이다. 분할증명서는 하나의 수입신고필증 또는 기납증으로 둘 이상의 환급기관에서 동시에 환급을 받거나 기납증을 발급 받기 위한 경우, 수입 또는 국내 거래로 공급받은 원재료의 전부 또는 일부를 추가적인 가공 없이 원상태 그대로 수출용원재료로 공급하는 경우에 필요하다.

나. 분할증명서의 적용

분할증명서는 원상태로 공급하는 때에 발급되는 것이므로 **소요량증명서류가 필요하지 아니하며, 정액환급율표도 적용되지 않는다.** 수입신고필증상의 단위당 납부세액에 공급수량을 곱하여 산출한다.

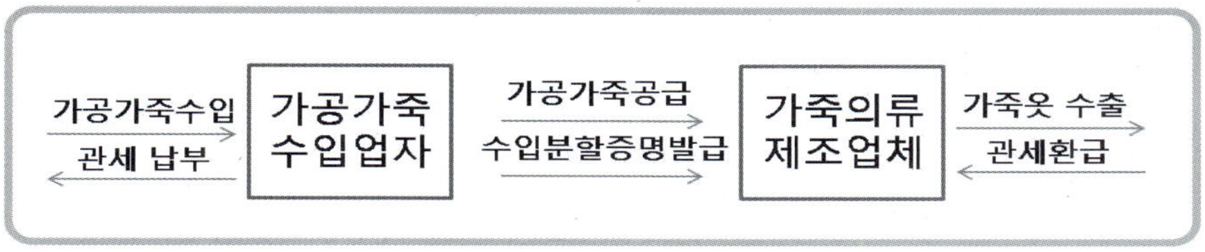

[그림 19-3] 분할증명서의 발급흐름

 오답노트

1. C/S란 성질상 전염병, 질병 등과 관련된 검역검사를 말하며, 검사에 오랜 시일이 소요된다.(×)
   → C/S(Cargo Selectivity)란 우범화물 선별을 말하며 위장수출, 불법수출 등의 범죄에 관련된 화물을 선별하는 과정이다.
2. 관세평가제도는 일단 징수한 관세를 평가한 후 수출지원을 위한 수출용 원자재에 부과한 관세를 되돌려 주는 제도이다.(×)
   → 관세평가는 수입물품에 대하여 정하여진 원칙에 따라 관세의 과세가격을 결정하는 일련의 절차를 말한다. 상기 지문은 관세환급특례법상의 관세환급에 대한 설명이다.
3. 우리나라 종가세의 과세표준은 물품가격 + 도착항까지의 운임 + 도착항까지의 보험료이다.(×)
   → 종가세의 과세표준은 물품가격 + 선적까지의 비용 + 도착항까지의 운임 + 도착항까지의 보험료이다.
4. 외국에서 국내 소속 여객기에 급유된 유류는 관세법상 수입으로 간주하고 과세한다.(×)
   → 관세법상의 과세는 국내에서의 관세선 통과여부로 결정한다. 국내 소속 외국기라 하더라도 급유 행위는 외국에서 이루어졌으므로 관세법상 수입도 아니며 과세대상도 아니다.
5. 보세창고에 장치된 물품을 국내수출업자에게 공급한 경우 영세율이 적용된다.(×)
   → 보세창고에 장치된 물품을 국내수출업자에게 공급한 경우 수출 또는 외화획득목적임을 확인할 수 없으므로 영세율이 적용되지 않는다.
6. 수입신고 후 납세의무자가 신고납부한 세액이 부족한 것을 알았을 경우에는 보정신고를 할 수 있으며, 신고납부한 세액이 과다한 것을 안 경우 수정신고를 할 수 있다.(×)
   → 신고납부한 세액이 과다한 것을 안 경우에는 수정신고가 아니라 경정청구를 할 수 있다. 수정신고는 보정기간 경과 후 세액을 정정하여 신고하는 행위를 말한다.
7. 관세청에 상표권을 신고하면 처리일로부터 상표권의 보유기간까지 유효하다.(×)
   → 상표권 신고의 유효기간은 효력발행일로부터 10년으로 하되, 상표권 유효기간이 10년 이내에 만료되는 경우에는 유효기간만료일로 한다.
8. 인터넷 기반의 관세청 UNI-PASS 시스템을 이용한 수출입신고의 경우 전자인증은 불필요하다.(×)
   → 관세청의 UNI-PASS 시스템을 이용하기 위해선 공인인증서를 통한 전자인증을 하고 등록을 해야 한다.

제20장 전자무역

전자무역이란 인터넷을 통하여 거래상대방의 거래상품을 탐색하고, 거래상대방과 정보를 교환하여 무역거래를 성사시키는 것을 말한다. 이는 시간과 공간, 장소의 제약 없이 전 세계의 수출입업체, 제조업체, 소비자들이 인터넷환경을 통하여 직접적으로 접촉하여 상거래를 하는 것을 의미한다. 여기서 인터넷 환경이라 함은 EC21, EC Plaza, Alibaba, buykorea 등의 전자상거래 웹사이트를 의미하며 이를 총괄하여 e-market place라 부른다.

[표 20-1] 전통적 무역과 전자무역의 비교

구분	전통적 무역	전자무역
거래처선정	무역 관련 기관 또는 단체를 통한 거래알선의뢰, 해외직접방문, 국내외 무역전시회 참가 등	인터넷을 통하여 국내외 무역거래 알선사이트 등을 정보검색, 사이버박람회 참가
거래채널	기업 → 무역업자 → 기업	· 기업 → 수출입에이전트 → 기업 · 기업 ↔ 기업 · 기업 ↔ 소비자
거래제의방식	전화, 서신, 팩스, 대면접촉을 통함으로써 상대적으로 고비용이면서 느린 의사교환	웹사이트, 이메일, 메신저 기능 등을 통하여 상대적으로 저비용이면서 신속한 의사교환
마케팅 및 시장조사	· 상대방의 의사와 관계없는 일방적 마케팅 · 무역거래알선기관 이용, 현지조사	· 쌍방향 1:1 상호 마케팅 · 수출입통계, 시장조사항목 등을 웹사이트를 통하여 수집
고객관련정보	오프라인취득 정보를 재입력해야 함	온라인으로 즉시 입력함으로써 재입력이 필요없는 디지털 데이터
거래대상지역	일부지역	전 세계
계약교섭	가격표(price list), 상품목록(catalog), 견본(sample) 등을 동봉하여 제시	· 첨부파일로 전자카탈로그, 견본이미지 및 명세서 전송 · 링크로 자사의 홈페이지로 연결유도 · 상대 웹사이트 방문으로 정보 확인
계약체결	letter, cable, fax, telex, 상호대면	email(법적효력문제 있음), Internet Fax로 교환
대금결제	송금결제, 추심 및 신용장결제	· 소량화물 : 신용카드결제 · 대량화물 : 신용장, 추심 및 trade card, Bolero 시스템 활용
물류 및 운송	· 운송주체별 개별 확인 등 제한적 전자화 · 국제특송, 해상운송, 항공운송, 복합운송 등	· 물류추적활용시스템을 통한 포괄적 전자화 · 운송방식은 기존과 동일하지만 디지털재화는 인터넷 네트워크 전송
통관	종이문서 형태로 세관에 신고서류 제출	EDI를 통한 신고서류 제출

01 무역자동화

무역자동화란 전통적인 문서교환 방식을 새로운 전자문서교환(EDI: Electronic Data Interchange) 방식에 의해 컴퓨터로 빠르게 무역 업무를 처리하는 것이다. 종래에 일일이 서류를 직접 들고 은행, 수출입단체, 세관 등을 다니거나 우편, FAX 등을 통해서 처리하던 것을 정보기술수단인 EDI 시스템을 통하여 전자적으로 처리하는 것을 의미한다.

이는 궁극적으로 수출입에 관련된 각종 행정 및 상거래 서류를 컴퓨터가 읽을 수 있는 표준화된 전자문서의 형태로 바꾸어 교환함으로써 종이서류 없는 무역(Paperless Trade)을 실현함을 뜻한다.

02 EDI에 의한 무역업무 처리체계

EDI시스템은 무역자동화사업자인 KTNET(한국무역정보통신)에서 운용하는 전자무역플랫폼인 유트레이드허브(www.utradehub.or.kr)를 통하여 수출입절차 전반에 걸쳐 무역업체와 무역유관기관을 유기적으로 연결하여 무역관련 각종 전자문서와 무역정보를 24시간 Non-Stop으로 중계, 전송하게 된다. 또한 수출입통관 업무, 관세환급 업무 등은 반드시 EDI를 거쳐야 되는 것은 아니며 인터넷기반의 관세청 전자통관시스템인 UNI-PASS를 통해서도 신청이 가능하다.

- **KTNET(한국무역정보통신)의 uTradeHub**

  uTradeHub는 2008년 8월에 시행된 세계 최초의 웹 기반 전자무역 통합서비스로서 무역서비스뿐만 아니라 마케팅 정보까지 원스톱(one-stop)으로 제공하고 있다. 세계 최초로 수출환어음매입 온라인서비스(e-Nego)와 전자선하증권(e-B/L) 소유권 및 유통관리 서비스도 새롭게 제공됨으로써 무역프로세스 전반에 대한 전자무역서비스 지원 체제가 완성되게 됐다. 무역포탈(uTradehub)을 통하여 선적요청, 선하증권, 원산지증명서, 적하보험, 환어음 등 유관기관 방문 없이 서류제출 및 서류접수가 가능하여, 은행이나 수출입 관련 기관을 방문할 필요 없이 언제 어디서나 복잡한 무역업무를 볼 수 있다.

- **세관 통관업무의 인터넷서비스**
  ① 현재 통관업무의 인터넷서비스는 미화 1,000불 이하의 국제우편물 반입의 경우 인터넷으로 간이통관이 가능하다.
  ② 국제우편물 이외의 물품통관은 EDI 시스템을 이용해야 한다.
  ③ 국제우편물 반입 시 간이통관은 일반적으로 수입신고를 거치지 않고 '구매영수증' 제출만으로 통관이 가능하다.

● **신용장의 전자적 통지**

　　KTNET은 SWIFT에 의한 신용장 통지 업무를 EDI방식으로 서비스 하고 있다. 국내 통지은행은 해외 개설은행으로부터 수신한 SWIFT전문을 전자문서로 변환하여 KTNET을 통하여 국내 수익자(수출자)에게 송신하며 수익자는 통지받은 수출신용장을 출력하여 사용한다. 따라서 EDI L/C는 e-L/C처럼 전자적으로 통지되지만 종이신용장으로 출력하여 사용하여야 하므로 종이신용장이 필요 없는 e-L/C와는 다르다.

● **전자수입화물선취보증서(e-L/G) 와 전자인도지시서(e-D/O)**

　　e-L/G(전자수입화물선취보증서)는 신청인 및 운송인에게 은행은 전자서류로 L/G를 발행하고 선사는 시스템접속을 통하여 정상적인 발행여부를 확인한다. 이 과정을 마친 후 운송사는 e-D/O(전자인도지시서)를 발급하게 되어 화주는 직접 운송사를 방문하지 않고도 전자화물인도지시서를 발급받을 수 있다. D/O 발급 내용이 화주, 포워더, 창고에 실시간으로 전자적으로 자동 통지된다. 지금까지 선사와 창고업체간의 분쟁의 불씨가 되어온 D/O의 위조 및 변조를 원천적으로 봉쇄할 수 있어 수입화물 무단반출 사고가 방지되고 보세창고업체에 대한 D/O 정보의 실시간 제공으로 물류전산화가 촉진되어 창고 운영 효율화가 가능해진다.

03 전자계약

(1) 전자적 의사표시

　　전자적 의사표시란 의사표현의 수단이 컴퓨터와 같은 정보처리장치에 의하여 전자적인 방법으로 표시되거나 네트워크 등을 통하여 전달되는 의사표시라 정의할 수 있다.

(2) 전자계약

① 전자계약의 의의

　　전자계약이란 일정한 법률효과의 발생을 목적으로 두 사람 이상의 당사자가 전자적 의사표시의 합치에 의거하여 성립하는 법률행위를 의미한다.

② 전자계약의 성립

　　지속적인 정보기술의 발달로 청약과 승낙이 동시에 이루어져 실시간에 계약이 체결되므로 **전자계약에서는 청약과 승낙 모두 도달주의를 채택**하고 있다. 우리나라의 전자거래기본법에서는 전자문서는 전자적 형태로 되어 있다는 이유로 문서로서의 효력이 부인되지 아니한다고 규정하여 전자적 의사표시에 법적효력을 부여하고 있다.[전자거래기본법 제4조]

(3) 전자문서의 송신·수신의 시기[전자거래기본법 제6조]

① 전자문서는 수신자 또는 그 대리인이 당해 전자문서를 수신할 수 있는 정보처리시스템에 입력된 때에 송신된 것으로 본다.
② 전자문서는 다음에 해당하는 때에 수신한 것으로 본다.

가. 수신자가 전자문서를 수신할 정보처리시스템을 지정한 경우에는 지정된 정보처리시스템에 입력된 때. 다만, 전자문서가 지정된 정보처리시스템이 아닌 정보처리시스템에 입력된 경우에는 수신자가 이를 출력한 때를 말한다.

나. 수신자가 전자문서를 수신할 정보처리시스템을 지정하지 아니한 경우에는 수신자가 관리하는 정보처리시스템에 입력된 때

③ 전자문서는 작성자 또는 수신자의 영업소 소재지에서 각각 송신 또는 수신된 것으로 본다. 이 경우 영업소가 2 이상인 때에는 당해 전자문서의 주된 관리가 이루어지는 영업소 소재지에서 송신·수신된 것으로 본다. 다만, 작성자 또는 수신자가 영업소를 가지고 있지 아니한 경우에는 그의 상거소에서 송신·수신된 것으로 본다.

(4) 전자적 의사표시의 하자[UNCITRAL 모델법]

① 전자적 의사표시를 함에 있어서 컴퓨터의 오작동 또는 진의 아닌 의사표시를 한 경우이거나 상대방이 제3자의 사기나 협박 등을 이유로 전자매체에 입력된 자료 자체에 하자가 발생한 경우, 취소할 수 있다.

② 컴퓨터 프로그램의 오작동으로 인해 잘못된 가격이나 수치가 상대방에게 전달된 경우와 같이 전자적 의사표시의 하자가 발생한 경우에는 표시상의 착오로 보아 의사표시를 취소할 수 있다.

③ 정보통신망의 문제로 전자적 의사표시의 전달 오류가 발생한 경우에는 전자적 의사표시의 하자로 볼 것이 아니라 의사표시자의 책임하에 전자적 의사표시가 도달하지 않는 것으로 보는 것이 타당하다.

04 전자인증

(1) 전자인증의 의의

인증이란 정보를 보내오는 사람이 실제 정보와 일치 하는지를 인증키를 통하여 신원을 확인하는 것을 말한다. 전달될 내용을 보낼 사람과 받을 사람이 모두 미리 알고 있는 상황하에서 보내는 사람이 그 내용을 **자신의 개인키(Private Key)를 이용하여 공개키 암호화 방식으로 보낸다.** 전자인증의 경우 여러 가지 암호 방식이 있지만 일반적으로 **비대칭형 암호방식을 기반으로 하는 전자인증이 국제표준화**되고 있다.

(2) 기밀성(Confidentiality)

기밀성은 메시지내용을 제3자가 획득하지 못하도록 하는 것으로서 전자결제를 위하여 은행

계좌번호와 그 비밀번호, 또는 신용카드, 휴대전화를 인터넷을 통하여 판매자에게 전달할 때 암호화(encryption)하여 전송함으로서 도청자가 그 내용을 얻어내더라도 풀지 못하도록 하는 것이다. 개인정보 유출을 방지하여 프라이버시를 보호하도록 하는 것이 궁극적 목적이다.

(3) 무결성(Integrity)

무결성이란 정보가 전송 도중에 훼손되지 않았는지의 여부를 확인하는 것이다. 무결성은 메시지 다이제스트(Message Digest)를 암호화하여 보냄으로써 구현될 수 있다.

(4) 부인방지(Non-reputation)

정보제공자가 정보제공 사실을 부인하는 것을 방지하는 것을 부인방지라고 한다. 부인방지의 관점에서 보면 자신의 개인키로 암호화하여 정보를 보낸 사람이 나중에 그러한 정보를 보낸적이 없다고 부인하면, 정보를 받은 사람은 그 암호화된 정보를 제시함으로써 이러한 주장에 대응할 수 있다.

(5) 전자서명(Digital Signature)

전자서명이라 함은 서명자를 확인하고 서명자가 당해 전자문서에 서명을 하였음을 나타내는데 이용하기 위하여 당해 전자문서에 첨부되거나 논리적으로 결합된 전자적 형태의 정보를 말한다.[전자서명법 제2조]

05 전자무역의 결제시스템

전자결제는 인터넷 등의 전자적인 장치를 통해 결제하는 것을 말한다. 국제 상거래에서 필수적인 요소로서 구매자와 판매자 사이에서 발생하는 온라인상의 화폐 교환이라 정의할 수 있다. 이는 일반적으로 은행이나 전자결제 대행업체에 의하여 지원되고 그 형태는 신용카드, 전자수표, 전자화폐와 같은 디지털 금융수단이 활용된다.

(1) 전자무역의 결제시스템

① **볼레로프로젝트(Bolero Project)**

가. 볼레로프로젝트의 설립과 목적

볼레로프로젝트는 1994년 홍콩, 네덜란드, 스웨덴, 영국, 미국의 해상운송회사, 은행, 통신회사 등이 참여하여 콘소시움 형태로 시작되었다. **볼레로는 선하증권을 포함한 종이서류를 전자메시지로 전환하여 안전하게 교환할 수 있는 기반을 제공하는 것을 목표로** 하고 있다.

나. 볼레로의 구성

볼레로는 상품 계약, 운송계약, 보험계약 등 자산에 대한 소유권에 관련된 문서의 전자적 교환에 필요한 법적 규정을 위해 Rule Book 이라는 계약규정집을 제정하고 있다. **Rule Book 은 볼레로 서비스 참여자들 간의 계약관계를 규정한 다자간 계약 체계이며 볼레로 서비스에 참가하기 위해서는 의무적으로 Rule Book 에 서명해야 한다.**

② 트레이드카드(Trade Card)

가. 트레이드카드의 설립과 목적

세계무역센터협회가 발의하고 현재 트레이드 카드사가 추진하는 Trade Card 시스템은 수출입 서류의 전송과 대금 결제 방법을 전자화하는 사업을 의미한다. 이미 주지한 바와 같이 가장 완전하고 효율적인 결제수단이어야 할 신용장도 적지 않은 문제점을 가지고 있으므로 이를 대체할 완벽한 결제수단을 지향하기 위하여 등장하게 되었다. 신용장 개설은행의 서류점검에 해당하는 기능을 Trade Card 시스템이 수행하여 은행은 단지 자금의 공여만을 담당하는 역할에 국한된다.

나. 트레이드카드의 이용절차

수입업자는 금융기관에 신용공여한도를 신청하고, 은행은 신용평가의 과정을 거쳐서 신용공여한도를 설정하는데, COFACE(프랑스의 신용보증보험회사) 또는 GE Commercial Service등이 있으며 이러한 금융기관을 Funder(Bank)라고 칭한다.

(2) 볼레로 프로젝트와 Trade Card 와의 비교

전자무역의 상업적 실용을 추진하고 있는 대표적 시스템인 Bolero Project 와 Trade Card System을 상호 비교하면 두 시스템 모두 최선의 기술과 표준을 채택하고 있으며, 궁극적으로 모든 무역서류의 전자화와 그 중계 역할을 수행하겠다는 목표는 동일하다. 그러나 제공하고자 하는 서비스의 방향은 차이가 있다. 즉, **Bolero Project에서는 전자식 선하증권의 유통을 중심으로 하여 무역서류의 전자화를 추진하는데 비하여 Trade Card System 에서는 무역대금의 결제 과정에서 신용장을 배제하고 시스템 내에서의 계약의 체결 및 이행을 증명하는 서류의 제공, 서류의 일치 여부 점검 및 대금 지급의 수권지시 등을 수행**한다.

06 전자무역관련 법규 - 중요도에 따른 발췌

(1) 전자문서 및 전자거래기본법

● 제7조 (작성자가 송신한 것으로 보는 경우)

① 작성자의 대리인 또는 자동으로 전자문서를 송산수신하도록 구성된 컴퓨터프로그램 그 밖의 전자적 수단에 의하여 송신된 전자문서에 포함된 의사표시는 작성자가 송신한 것으로 본다.

② 전자문서의 수신자는 다음 각 호의 1에 해당하는 경우에는 전자문서에 포함된 의사표시를 작성자의 것으로 보아 행위할 수 있다.
　　1. 전자문서가 작성자의 것이었는지를 확인하기 위하여 수신자가 미리 작성자와 합의한 절차를 따른 경우
　　2. 수신된 전자문서가 작성자 또는 그 대리인과의 관계에 의하여 수신자가 그것이 작성자 또는 그 대리인의 의사에 기한 것이라고 믿을 만한 정당한 이유가 있는 자에 의하여 송신된 경우
③ 제2항의 규정은 다음 각 호의 1에 해당하는 경우에는 이를 적용하지 아니한다.
　　1. 수신자가 작성자로부터 전자문서가 작성자의 것이 아님을 통지받고 그에 따라 필요한 조치를 취할 상당한 시간이 있었던 경우
　　2. 제2항제2호의 경우에 전자문서가 작성자의 것이 아님을 수신자가 알았던 경우 또는 상당한 주의를 하였거나 작성자와 합의된 절차를 따랐으면 알 수 있었을 경우

● 제8조 (수신한 전자문서의 독립성)
수신한 전자문서는 문서마다 독립된 것으로 본다. 다만, 수신자가 작성자와 합의된 확인절차를 따르거나 상당한 주의를 하였더라면 동일한 전자문서가 반복되어 송신된 것임을 알 수 있었을 경우에는 그러하지 아니하다.

● 제9조 (수신확인)
① 작성자가 수신확인을 조건으로 하여 전자문서를 송신한 경우 작성자가 수신확인통지를 받기 전까지는 그 전자문서는 송신되지 아니한 것으로 본다. 이 경우 민법 제534조의 규정은 적용하지 아니한다.
② 작성자가 수신확인을 조건으로 명시하지 아니하고 수신확인통지를 요구한 경우 상당한 기간(작성자가 지정한 기간 또는 작성자와 수신자 간에 약정한 기간이 있는 경우에는 그 기간을 말한다) 내에 작성자가 수신확인통지를 받지 못한 때에는 작성자는 그 전자문서의 송신을 철회할 수 있다.

(2) 전자무역촉진에 관한 법률

① 제7장 전자무역문서의 보안 및 관리
제20조 (전자무역문서 및 무역정보에 관한 보안)
- 누구든지 전자무역기반사업자, 전자무역전문서비스업자, 무역업자와 무역유관기관의 컴퓨터파일에 기록된 전자무역문서 또는 데이터베이스에 입력된 무역정보를 위조 또는 변조하거나 위조 또는 전자무역문서 또는 무역정보를 행사하여서는 아니 된다.
- 누구든지 전자무역기반사업자의 컴퓨터 등 정보처리장치에 거짓 정보 또는 부정한 명령을 입력하여 정보처리가 되게 하는 등의 방법으로 증명서를 발급되게 하여서는 아니 된다.
- 누구든지 전자무역기반사업자, 전자무역전문서비스업자, 무역업자와 무역유관기관의 컴퓨터파일에 기록된 전자무역문서 또는 데이터베이스에 입력된 무역정보를 훼손하거나 그 비밀을 침해하여서는 아니 된다.
- 전자무역기반사업자의 임원 또는 직원이거나 임원 또는 직원이었던 자는 업무상 알게 된 전자무역문서 또는 무역정보에 관한 비밀을 누설하거나 도용하여서는 아니 된다.
- **전자무역기반사업자는 전자무역문서 및 데이터베이스를 3년 동안 보관하여야 한다.**

 오답노트

1. 영상 디지털 자료로 문화체육관광부장관이 정하여 고시하는 것은 전자적 형태의 무체물에 속한다.(x)
　→ 전자적형태의 무체물이라 함은 소프트웨어, 부호, 문자, 음성, 음향, 이미지, 영상 등을 디지털방식으로 처리한 자료, 정보, 그것의 집합체를 산업통상자원부장관이 정하여 고시하는 것을 말한다.
2. 전자무역에 의해 계약체결, 운송물류 및 대금결제가 전자적으로 이루어지고 있다.(x)

→ 계약체결과 대금결제는 온라인을 통하여 전자적으로 처리가 되지만, 운송물류는 전자적 무체물 이외에는 도로, 해상, 철도, 항공기 등을 통해 오프라인을 이용하여 진행된다.
3. 전자메시지의 도달 시기는 발신자가 관리하는 정보처리시스템에 입력된 때이다.(x)
  → 전자메시지의 도달 시기는 수신자가 관리하는 정보처리시스템에 입력된 때이다.
4. 전자무역은 무역의 일부가 아닌 전부가 전자무역 문서에 의해 처리되는 거래이어야 한다.(x)
  → 전자무역은 무역의 일부 또는 전부가 전자무역 문서에 의해 처리되는 거래이어야 한다.
5. 무역업자가 전자무역 기반시설을 통해 전자무역 문서로 처리한 경우는 무역관련 법령 등이 정한 절차와는 별도로 처리된다.(x)
  → 무역관련 법령 등이 정한 절차에 따라 처리된 것으로 본다.
6. 전자무역기반사업자는 전자무역문서 및 데이터베이스를 5년 동안 보관하여야 한다.(x)
  → 5년이 아니라 3년이다.
7. 전자적 형태의 무체물과 서비스도 전자무역의 범위에 포함되나, 수출실적으로는 인정되지 않는다.(X)
  → 대외무역법에서는 전자적 형태의 무체물에 대하여도 수출실적으로 인정하고 있다.

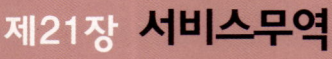

제21장 서비스무역

01 서비스무역의 개요

서비스무역(Service Trade)이란 유통, 금융, 운수, 여행, 건설, 정보통신 등 상품 무역 이외의 서비스업의 국제거래를 가리킨다. 운송서비스, 보험서비스, 금융서비스, 계약과 관련된 법률자문서비스, 기술서비스 등이 모두 포함되는 개념이다. 무형의 서비스는 계량화하거나 표준화하기 어렵기 때문에 물품의 거래에 비해 그 수출입형태가 더 복잡하다. 일반재화의 경우 물품에 포함된 경제적 가치를 객관적으로 평가할 수 있지만, 서비스의 경우에는 만족도와 제공 수준에 따라 그 가치가 달라질 수 있으므로 서비스 가치의 객관화가 어렵다. 서비스 기능과 서비스 제품으로만 거래되는 것은 아니며 음반, 서적, DVD타이틀 등과 같이 서비스 제품이면서도 제조업 제품의 성격을 갖는 경우도 있다.

(1) 서비스무역의 유형

GATS(General Agreement on Trade in Services; 서비스교역에 관한 일반협정) 제1조 2항에서는 서비스무역을 다음과 같이 정의하고 있다.

① **서비스의 국경 간 공급(Cross-Border Supply)**

서비스의 소비자(수요자)와 생산자(공급자)의 이동이 없이 서비스만 국경을 넘어 공급되는 것을 말한다. 국제전화, 원격교육, 원격진료, 통신수단에 의한 지식 및 자문의 제공 등이 있다.

② **서비스의 해외소비(Consumption abroad)**

외국의 소비자가 서비스를 공급하는 국가에 가서 서비스를 구매하거나 사용하는 것을 의미한다. 외국관광객에 대한 관광서비스, 외국 환자에 대한 의료서비스, 외국학생에 대한 교육서비스, 외국항공기나 선박에 대한 수리서비스 등이 여기에 해당한다.

③ **서비스의 상업적 주재(Commercial Presence)**

서비스를 공급할 목적으로 어느 국가의 영토 내에서 법인의 설립이나 인수 또는 유지, 자회사나 지사를 설립하여 공급하는 서비스를 말한다.

④ **자연인의 이동(Presence of natural persons)**

서비스를 공급하는 국가의 인력이 다른 국가의 영토 내로 이동하여 서비스를 공급하는 것을 말한다. 패션모델의 외국 광고 출연, 서비스 공급기업 직원의 주재, 개인근로자의 일시적 주재 등이 여기에 해당한다.

02 서비스무역에 관한 일반협정

　WTO 출범전의 GATT(관세와 무역에 관한 일반협정 ; General Agreement on Tariff and Trade) 체제에서는 주로 상품무역만을 대상으로 하여 무역장벽을 제거하기 위한 다자간 협상을 통하여 상품 무역 분야에서의 관세인하에만 초점을 맞추어 왔다. 그러나 1970년대 이후 세계경제에서 서비스무역이 차지하는 비중이 커지면서 서비스무역의 성장에도 불구하고 이에 대한 다자간 규범이 없어서 무역장벽과 무역불균형이 심해졌다. 이에 따라 국가간의 분쟁이 증가하자 이의 해결을 위하여 1986년 우루과이라운드에서 지적소유권과 함께 가장 중요하게 취급되었고 서비스교역을 대상으로 본격적인 규범화 작업이 진행되었다. 그 결과로 2000년에 WTO GATS (General Agreement on Trade in Service ; 서비스무역에 관한 일반협정)이 체결되었다. GATS는 1995년 1월 1일부터 발효되었고, 같은 날 발효한 "WTO(세계무역기구) 협정"의 일부가 되었다. 우리나라도 같은 날 동 협정에 회원국으로 가입하였다.

(1) 최혜국대우(MFNT; most-favored-nation treatment)

　최혜국대우란 통상·항해조약 등에서 한 나라가 어떤 외국에 부여하고 있는 가장 유리한 대우를 상대국에도 부여하는 것을 말한다. GATS에서는 회원국이 한 국가에게 부여한 대우보다 불리하지 않은 대우를 다른 회원국에게도 즉시 그리고 무조건적으로 부여하도록 하고 있다. 하지만 정부기능 수행상 제공되는 서비스나 정부기관들에 의하여 조달되는 서비스의 경우에는 일정한 조건하에서 최혜국대우원칙의 적용이 배제된다. 이는 이른바 무임승차를 방지하기 위한 것으로서 특정서비스를 개방하지 않은 국가는 자국시장을 개방하지 않더라도 무임승차(free rider)를 통해 타국시장의 개방으로 인한 이익만을 취할 우려가 있기 때문이다. 이 경우 최혜국대우원칙을 일률적으로 적용하는 것이 불공정할 수도 있다. 최혜국대우적용원칙의 배제대상은 다음과 같다.
① 공공질서의 보호, 인간, 동식물의 생명 및 건강보호 등을 위하여 필요한 경우
② 긴급제한수입조치나 국제수지 관련 긴급수입조치 등에 따라 제한이 필요한 경우

(2) 공개주의

　각 회원국은 서비스협정의 운영에 관련되거나 영향을 미치는 조치들을 늦어도 발효 전까지 즉시 공표하여야 하며, 서비스무역에 관련되거나 영향을 미치는 국제협정에 서명을 한 경우에도 이를 공표하여야 한다. 그러나 정보를 공개할 경우 법집행을 방해하거나 공익에 위반될 경우, 또는

기업의 상업적 이익을 침해하는 결과를 초래하는 경우에는 그러한 비밀정보제공의 의무에서 제외된다.

(3) 국내 규제

서비스무역은 상품 무역과는 달리 국내의 규제 조항들의 존재 및 강도 여부에 따라 서비스의 자유화에 영향을 미칠 수 있기 때문에 중요한 의미를 가진다. 서비스무역에 영향을 미치는 개별 국가의 국내 규제가 주요한 무역장벽 수단으로 작용할 수 있기 때문에 '객관적이고 투명한 기준'으로 집행하도록 하고 있다. 국내 규제를 위한 자격요건과 취득절차, 기술표준 및 인가요건 등은 불필요한 무역장벽이 되지 않도록 해야 한다.

(4) 자격의 인정

자격의 인정은 한 회원국에서 취득한 전문직 자격을 다른 회원국에서 인정하는 것을 의미한다. 법무, 회계, 예술, 의료서비스, 경영컨설팅 등의 전문 직업 서비스의 경우 이들 자격을 소유한 전문가가 외국에서 서비스 활동을 할 때 이들이 취득한 자격증을 해당 국가에서도 인정해 주어야 한다는 것이다. GATS는 자격 인정에 대한 것은 국내 문제이므로 강제적이거나 의무적으로 규정하고 있지는 않다. 자격을 인정하는 방법으로는 다음과 같은 방식이 있다.
① 어느 국가가 자발적으로 외국의 자격증을 인정해 주는 일방적인 방법
② 상대국이 자국의 자격증을 인정해 주는 조건으로 상대국의 자격증을 인정해 주는 방법
③ 각국의 자격인정제도를 통일시키는 방법

(5) 독점 및 배타적 서비스공급자

각 회원국은 자국영역 내의 모든 '독점 및 배타적 서비스공급자(monopolies and exclusive service providers)'가 관련 시장에서 독점 및 배타적 서비스를 제공함에 있어 최혜국대우와 구체적 약속에 따른 회원국의 의무에 부합되는 방식으로 행동하도록 보장하여야 한다. 독점서비스공급자란 국내시장에서 국가로부터 서비스를 독점적으로 공급할 수 있도록 인가받은 공공 또는 민간의 사업체를 말한다.

(6) 지급 및 이전

각 회원국은 자유로운 서비스의 거래가 이루어질 수 있도록 경상거래에 대한 지급 제한을 하지 않도록 하고 있다. 즉 서비스의 대가에 따른 지급, 급료송금, 영업이익 송금을 제한하지 않도록 한다. 또한 국제수지 관련 긴급수입 제한이나 국제통화기금(IMF)의 요청이 있는 것을 제외하고 자회사나 지사 설립을 위하여 필요한 자본금을 반입하거나 기업청산에 따른 자본금을 반출하는 경우 자본이동을 제한하지 못하도록 하고 있다.

(7) 보조금(Subsidy)

각 국의 정부는 정부의 정책목적을 위하여 금융서비스, 통신서비스, 철도운송과 해상운송 서비스 등과 같은 주요한 서비스사업에 대하여 다양한 형태의 보조금을 지원하는 경우가 있다. 보조금에 따른 피해 여부를 산정하기가 어렵기 때문에 보조금 지급과 관련하여 GATS에서 정한 실질적인 의무규정은 없다. 그러나 서비스분야의 보조금은 서비스교역에 왜곡된 효과를 미칠 수 있다는 점에서 회원국의 보조금지급으로 인하여 불이익을 당한 회원국은 보조금 지급 회원국에게 협의 요청이 가능하다.

> **Check Point**
>
> **1. 보조금의 정의**
> 보조금(subsidy)이란 정책당국이 특정한 정책목표를 달성하기 위하여 산업 및 기업 활동에 제공하는 각종 지원을 의미한다. WTO 보조금협정에서는 정부 또는 공공기관의 재정지원이 있거나 소득 또는 가격지원으로 인해 수혜자에게 혜택이 주어지는 경우를 보조금으로 간주하고 있다. 보조금의 종류에는 금지보조금, 조치가능보조금, 허용보조금이 있다.
>
> **2. 보조금의 특정성**
> 보조금의 사후적이고 실질적인 이용 가능성에 대한 규정은 다음의 4가지로 요약된다.
> ① 제한된 숫자의 특정 기업에 의한 보조금의 사용계획
> ② 몇 개의 특정 기업에 의해 보조금이 주로 사용되는 경우
> ③ 몇 개의 특정 기업에게만 불균형적으로 많은 금액의 보조금이 사용된 경우
> ④ 특정 지역 내의 기업에게 제공되는 지역보조금
>
> **3. 허용보조금**
> 정당한 산업지원책으로서 보조금 지급이 허용되는 것이다. 특정성이 없기 때문에 일반적으로 이용 가능한 보조금이다. 따라서 이러한 허용보조금에 대해서는 어떠한 형태의 대응조치도 취할 수 없다. 허용보조금의 유형으로 특정성이 없는 보조금, 연구개발지원보조금, 지역개발지원보조금, 환경보조금 등이 있다.

(8) 정부조달

서비스무역협정(GATS)은 정부조달에 관한 규제에는 적용되지 않는다. 즉, 정부가 구매하고 상업적 판매에 사용되지 않는 정부구매(government procurement)에 대한 법률(laws), 규정(regulations), 요건(requirement)에는 최혜국대우, 시장접근 및 내국민대우원칙이 적용되지 않는다. 그러나 공개주의 등 다른 의무는 적용된다.

(9) 개발도상국의 참여 증진

개도국들은 서비스산업에 대하여 선진국들보다 경쟁력이 약하므로 서비스무역을 규율하는 국제협정의 제정에 소극적인 입장을 보여 참여에 적극적이지 않았다. 미국 등 서비스분야의 선진국들은 개도국의 참여가 있어야 서비스무역이 증진된다는 점을 인식하고 개도국의 참여를 증진하기 위한 고려사항을 제시하였다. 즉 개도국과의 양허협상 시 개도국의 국내서비스공급능력과 효율성

및 경쟁력 강화, 유통망과 정보망에 대한 개도국의 접근 개선 등을 고려하도록 하고 있다.

> **Check Point**
>
> ● **WTO와 FTA(자유무역협정 ; Free Trade Agreement)의 차이점**
> WTO(세계무역기구)는 세계 전체가 참여하는 무역자유화를 추구하며, 지역경제 통합은 일부 국가들 사이에서의 무역자유화를 추구하는 것으로 이의 한 형태가 최근 체결되고 있는 FTA(Free Trade Agreement)이다. FTA는 국가 간 상품의 자유로운 이동을 위해 모든 무역 장벽을 제거해 자유무역을 실현시키는 협정이다. 세계무역기구체제와 자유무역협정의 차이점은 다음과 같이 요약할 수 있다.
> ① WTO가 모든 회원국에게 최혜국대우를 보장해 주는 **다자주의를 원칙**으로 하는 세계무역체제인 반면, FTA는 **양자주의 및 지역주의적인 특혜무역체제**로, 회원국에만 무관세나 낮은 관세를 적용한다.
> ② FTA의 경우 시장이 크게 확대되어 비교우위에 있는 상품의 수출과 투자가 촉진되는 무역창출효과가 있다. 그러나 동시에 역내국간의 관세 철폐로 생산비가 낮은 역외국에서 수입하던 상품을 생산비가 더 높은 역내국에서 수입하게 됨으로써 발생하는 **무역전환효과(trade diversion effect)**도 발생한다. 또한 협정대상국에 비해 경쟁력이 낮은 산업은 문을 닫아야 하는 상황이 발생할 수도 있다는 점이 단점으로 지적된다.
> ③ **WTO는 다자간, FTA는 양자 간 협상을 원칙**으로 한다.
> ④ WTO는 협정이행의 유효기간에 대하여 저개발국에게 혜택을 부여하고 있다.
> ⑤ WTO 산하 복수국 간 무역협정으로는 민간항공기 교역협정, 국제쇠고기협정 및 정부조달협정이 체결되어 발효되고 있다.
> ⑥ WTO 체제에서는 **1품목 1세율 구조**, 수입물품에 대해 단일한 관세율이 적용되고 세이프가드·반덤핑 등을 무역구제 수단으로 활용된다. 이에 반해 FTA 체제는 **1품목 다세율 구조**, 동일한 수입물품에 대해 협정별로 다른 관세율이 적용되고 원산지 검증을 무역구제수단으로 활용하는 것이 특징이다.
>
> ● **TRIPs(Agreement on Trade-Related Aspects of Intellectual Property Rights)**
> ① TRIPs의 구성
> TRIPs 협정은 무역관련 지적재산권에 관한 협정으로 지식재산권과 관련된 국제조약이다. 세계무역기구(WTO)회원국 모두에게 적용된다는 점에서 개별적인 협약과 다르다. 이 규범은 기존의 지적재산권 관련 협약이 속지주의에 따른 내국민 대우만을 보호대상으로 삼은 것과는 대조적으로 최혜국대우를 원칙으로 한다.
> ② 저작권의 시효에 대한 규정
> 본 조약에서 **저작권은 최소한 저작자의 생존기간과 사후 50년까지 보호한다. 공동저작물의 보호기간은 맨 마지막으로 사망한 저작자를 기준으로 산정**하므로 일반저작물보다 보호기간이 길어질 수 있다. 방송사업의 경우 보호기간은 적어도 20년간으로 정하고 있으나, 실연가(가수, 연주자, 지휘자 등)나 음반제작자의 권리는 50년이다.
> ③ 보호기간의 산정
> 보호기간의 산정은 음반이나 음반화된 실연의 경우에는 공연이 된 날, 음반화되지 않은 실연의 경우에는 실연된 날, 그리고 방송의 경우에는 방송된 날이 각각의 속하는 연도의 말부터이다. **의장권의 보호기간은 최소 10년, 상표권은 최소 7년**이다.

03 판매점·대리점 계약

수출입거래를 효율적으로 진행하기 위해선 여러 가지 비용과 노력 그리고 시간이 많이 든다. 기업과 최종소비자 사이에서 능력 있는 해외 대리점을 잘 선정하고 장기적인 파트너십을 관리하면 해외 출장비, 광고비, 마케팅 비용 등을 절감할 수 있을 뿐만 아니라 단기간 내에 수출주문을 받게 되는 효과를 거둘 수 있다. 특히 대기업의 경우 자본력과 정보력을 기반으로 해외 주요시장에 자사의 현지 판매 법인을 설립하여 수출 극대화가 가능하지만 중소기업은 현실적으로 어려우므로 더욱더 해외 대리점의 필요성이 부각된다.

(1) 대리점(Agent)과 유통업자(Distributor)

① 대리점

가. 대리점은 단순히 해외시장에서 제조업체를 대표하는 독립적인 중개상이다.

나. 해외공급업체(principal)의 대리인으로서 **제조업체의 상품에 대한 상표권을 갖지 못하고, 일정량의 견본을 제외하고는 그 제품의 재고를 보유하거나 소비자들에게 신용판매를 할 수 있는 권한이 없다.**

다. 기술적인 상담에 응하거나 애프터서비스에 관한 활동도 하지 않는다.

라. 근본적으로 판매인에 불과하며 자신의 자금 부담과 법적 책임이 없고 중개수수료(commission) 획득을 목적으로 한다.

② 유통업자

가. 대리점과 달리 유통업자(배급업자)는 제조업체의 제품에 대한 상표권을 갖고 있는 독립적인 상인이다.

나. 전적으로 자신의 자금부담(수입자금 등)과 판단(위험부담 감수)으로 수입을 하여 실수요자에게 판매함으로써 판매차익(수입가 - 판매가) 획득을 목적으로 한다.

다. 유통업자는 자신의 비용으로 재고를 보유하고, 광고 활동을 전개하며 주문을 받고 실제로 물품을 배달하고 애프터서비스까지 수행한다.

(2) 해외판매점 계약의 주요 점검사항

① 독점권의 부여여부

ABC shall appoint Agent as its sole & exclusive sales agent of the Product in France and all inquiries and transaction of the Product under this agreement by ABC shall be processed only through XYZ during the term of this Agreement

ABC사는 XYZ사를 프랑스 내 제품의 독점판매대리점으로 지정한다. 그리하여 본 계약기간 내 모든 거래는 오로지 XYZ를 통해서만 이루어진다.

② 대리점 계약의 지역적 범위 설정

Sales Territory covered under this Agreement shall be expressly limited to UK and Italy(hereinafter called "Territory").

본 계약에서 관할하는 판매지역은 명백히 영국과 이탈리아(이하 "지역"이라 칭한다)에 한정한다.

③ 시장 정보제공의 의무

대리점에 대해 정기적으로 고객을 방문하고 고객과의 상담 보고서를 제출하도록 요구하거나, 지속적인 시장 조사 의무를 부과하고 보고서를 제출하도록 할 수도 있다. 협상력이 강한 제조업체의 경우 대리점에 독점권을 주는 대가로서 요구할 수 있는 부분이기도 하다.

The Agency shall take all steps necessary and shall use its best commercial efforts to further the promotion, marketing and sale of the Products and Services in the Territory. The Agency shall market the Product and Services to their commercial contacts. (a) The Agency shall also prepare and submit to the ABC company a quarterly progress report describing the Representatives's status with regard to prospective Customers.

대리점은 관할지역에서의 제품과 서비스의 촉진 활동, 마케팅 및 영업을 증진시키기 위해 모든 필요한 조치를 취해야 하며 최선의 상업적 노력을 기울여야 한다. 대리점은 제품과 서비스를 그들의 상업적 거점에서 영업해야 한다. 대리점은 또한 잠재 고객에 관한 대리점의 상황을 설명하는 매 분기별 진도보고서를 준비해 ABC 회사에 제출하여야 한다.

④ 수수료율(Commission Rate)

판매점의 경우엔 사전에 정해진 고객 가격이 있는 경우 그로부터 몇 %를 할인해서 구매하는 권리가 주어지는 것이 보통이다. 대리점의 경우에는 영업의 대가로 판매액에 일정 비율의 수수료를 곱해 계산한 뒤 대리점의 청구를 통해 지급되는 것이 일반적이다.

4.1 The commission rate is agreed at five(5)% of the Contract amount and will accrue to Agent's account as of the date of shipment by "Company".
4.2 No commission shall accrue to Agent based on orders not accepted by "Company" or on orders cancelled prior to delivery by "Company".

4.1 수수료율은 계약금액의 5%로 합의한다. 그리고 본사의 선적일자를 기준하여 대리점의 계좌에 적립된다.
4.2 본사가 수락하지 않은 주문이나 본사가 취소한 주문에 대한 수수료는 대리점에게 지급되지 아니한다.

⑤ 계약기간 및 갱신

This Agreement shall be valid in force for a period of ten(10) years commencing from the date first above written. Unless either party gives the other party at least two(2) months before the expiration of this Agreement a written notice of intention to terminate, the Agreement shall be extended for a further period of five(5) years subject to the validation of the government's approval of the parties.

본 계약은 서두의 첫 명기일자로부터 10년간 유효하며 어느 일방이 본 계약만료 2개월 전 계약종료의 의사를 표시하지 않는 한 정부의 비준을 조건으로 하여 추가 5년간 연장된다.

⑥ 경쟁제품 취급제한 의무

The Distributor shall not, directly or indirectly, through another party, purchase, import, export, sell, distribute, or otherwise deal in products competitive with the Contract Products in the Territory.

판매점은 직접적이든 간접적이든 타 당사자를 통해 구매하거나 수출입, 판매 또는 배포 또는 다른 방식으로 지역 내에서 계약상 제품과 경쟁되는 제품을 취급해서는 안 된다.

⑦ 최소구매(판매)수량 의무(Minimum Order Obligation, Minimum Sales Obligation)

독점권을 주는 대신 월간 또는 일정 규모 이상의 구매를 지속해야 한다는 조건을 내걸 수 있다.

7.1 Distributor shall guarantee the minimum purchase of the Products from Supplier in not less than the following amount on a FOB Korean ports basis.
  (i) first quarter of 2016 [USD 100,000]
  (ii) second quarter of 2016 [USD 200,000]
  ....

7.2 If Distributor fails to purchase the minimum amount as stipulated in Article 7.1, Supplier may terminate this Agreement by a written notice as provided for in Article 13.1 or may treat this Agreement as non-exclusive distributorship one and appoint other distributors in the Territory.

7.1 판매권자는 제조업자로부터 FOB 가격으로 다음 금액 상당의 최소한도의 구매를 할 것을 보증한다.
  (i) 2016년도 1/4 분기 : 미화 100,000 달러
  (ii) 2016년도 2/4 분기 : 미화 200,000 달러
  ....

7.2 판매권자가 제 7조 1항에 규정된 최소 구매량을 구매하지 않은 경우에는 제조업자는 제13조 1항에 규정된 서면통지를 함으로써 이 계약을 종료시킬 수 있거나 비독점 계약으로 간주하여 여타 판매점을 지명할 수 있다.

⑧ 통지조항(Notice)

발신주의와 도달주의 중 어느 것을 적용할지 명시하여야 한다.

Notice must be deemed to have been given on the date of mailing except the notice of change of address which must be deemed to have been given when received.
통지는 발송 당일 수취되어진 것으로 간주되어야 한다. 단, 주소 변동통지는 도달되었을 때 수취된 것으로 간주한다.

⑨ 중재조항(Arbitration)

⑩ 준거법조항(Governing Law)

⑪ 불가항력조항(Force Majeure)

Check Point
● 권리소진원칙의 제외

권리소진의 원칙(exhaustion doctrine)은 지식재산권의 권리자가 지식재산의 이용을 다른 사람에게 양도하게 되면 원 권리자의 권리는 소진되어 자신의 권리를 상실하게 되는 것을 말한다. 권리를 양도받은 자는 이 권리나 기술을 이용하여 신제품을 생산해서 원 권리자의 국가로 수출도 가능하다. 권리소진원칙을 인정할 경우 기술을 수출한 국가는 불리하고, 기술을 수입하여 수출하는 국가는 유리하게 된다. TRIPs 협정에서는 권리소진원칙의 인정여부를 결정하지 않고 회원국들이 자유롭게 결정할 수 있도록 하고 있다.

제22장 기술무역

01 기술실시계약(License Agreement)

　기술실시계약 또는 국제라이선스계약이란 기술제공기업(licensor)이 보유하고 있는 특허, 노하우, 기술, 상표(brand)등과 같은 무형자산을 다른 국가의 기업 즉, 기술도입기업(Licensee)이 일정한 조건하에서 활용할 수 있는 권리를 허용하고 그 대가로 로열티(Royalty)나 다른 형태의 보상을 지급받기로 하는 내용의 계약 협정을 말한다.

(1) 기술실시계약의 장단점

장점	단점
진출국 정부의 규제와 무역장벽을 피할 수 있다.	자사의 브랜드나 기술에 대한 보호와 통제가 어렵다.
현지경험 미숙으로 인한 리스크를 피할 수 있다.	기술도입자(Licensee)가 추후 경쟁자가 될 수 있다.
현지적응비용을 현지기업에 전가할 수 있다.	이전기술의 범위 및 허용 정도에 따른 분쟁이 발생할 수 있다.
완제품보다는 반제품의 수출이 용이하다.	계약기간 중 다른 진입 방법을 사용하기 곤란할 수 있다.
현지정보를 입수하기 용이하다.	이익이 작고(보통 5%의 로열티), 유연성이 떨어진다.

(2) 로열티의 종류

　로열티란 기술 도입 기업이 특정 기술을 도입하는 대가로 부담하는 직접 비용으로 다음과 같은 형태가 있다.

① 선불금(Initial Payment)
　가. 계약기간 동안 노하우와 기술정보에 대한 권리금
　나. 연구개발비의 일부
　다. 실시료 미지불에 대한 보증금

② 경상기술료(Running Royalty ; 정률실시료)와 고정기술료(fixed payment)

　기술료 지불에 있어서 선불금의 비중을 낮춰주고 대신 총 계약기간 중 계약제품의 생산판매액(Sales Amount)의 일정수수료를 적용하여 지급받는 대가이다. 이에 반해 고정기술료(fixed payment)는 라이선스에 대한 대가를 1회에 한하여 전부 지급하는 방식이다.

③ 최저기술료(Minimum Royalty)

시장 여건의 변화와 상관없이 정기 또는 지불 연도마다 일정 금액의 지불을 의무화한 방식이다. 기술제공자의 위험부담은 감소되지만 기술도입자에게는 불리한 조항이다.

④ 최고기술료(Maximum Royalty)

기술도입자가 최저기술료의 위험부담을 고려하여 동 위험을 상쇄할 목적으로 로열티의 지불 총액이 일정금액을 상회하는 경우, 그 초과분에 대해서는 지불을 면제받기 위한 것이다.

⑤ 일시불(Lump Sum Payment)

기술료의 산출 근거가 없거나 또는 기술제공자가 판매량에 관계없이 일정 금액을 일시에 받음으로써 기술제공자의 대금 회수가 보장된다.

02 라이선스계약의 종류

(1) 독점라이선스 계약(Exclusive Licensing)

계약상 특정된 지역(Territory)에 대해 다른 사업자에게 동일한 내용의 라이선스 사용 권리를 부여하지 않기로 하고 체결되는 계약이다. 우리나라에서는 특허의 전용실시권이 인정되고 있으며, 등록을 함으로써 효력이 발생한다. 반대로 비독점 라이선스계약은 다수의 기술도입자(Licensee)가 존재할 수 있으며, 기술도입자 간의 경쟁이 발생할 수 있다. 기술도입자는 낮은 기술도입료를 주장할 수 있다.

> For the term of this Agreement, Licensor hereby grants to Licensee an exclusive license to us the Patent Rights, Proprietary Information and Trademarks to manufacture and use the Products in the Territory.
>
> 기술제공자는 기술도입자에게 계약기간 내에 계약제품의 제조, 사용과 관련된 기술제공자의 계약특허권, 자산정보 및 상표권을 사용할 수 있도록 독점적 실시권을 허락한다.

(2) 교차라이선스 계약(Cross Licensing)

기술제공자와 기술도입자가 특정되지 않고 각자가 갖고 있는 기술을 상호 간에 교환하여 실시하는 형태의 계약이다. 다른 기업이 보유한 첨단 기술은 로열티를 주고도 도입하기 어렵다. 그러나 자사가 첨단 기술을 보유하고 있을 때에는 그것을 타사의 첨단 기술과 교차 라이선싱을 통하여 상호 교환함으로써 획득할 수 있다. 양 당사자 간에 반드시 필요한 기술이 무엇인지, 그 가치는 어느 정도인지 사전에 정의되어야 한다.

(3) 하청라이선스 계약(Sub Licensing)

　기술도입자가 부여받은 권한 범위 내에서 제3자에게 실시권(Sub-license ; 재실시)을 허용하는 계약이다. 우리나라 특허법에서의 전용 실시권제도하에서는 전용 실시권자는 자신의 권리 이내에서 타인에게 그 내용을 재실시할 수 있다.

(4) 패키지라이선스 계약(Package Licensing)

　기술과 제품이 결합되어 라이선싱 되는 형태의 계약인데, 기술과의 직접적 연관성이 없는 제품이 결합되는 경우에는 거부할 필요가 있다. 기술제공자의 우월적 지위를 이용한 강제실시권은 공정거래규정에 위반될 수 있으며, 특히 기술과 함께 비핵심 부품의 끼워 팔기가 요청되는 경우도 있다.

> **Check Point**
>
> ● 라이선스계약에 사용되는 용어
>
> ① **grant back(개량기술전환)**
> 　grant(그랜트)란 특허, 기술 등 지적재산권의 사용 또는 실시의 권리를 상대방에게 부여, 허락한 것을 말한다. 여기에 back이 추가되어 grant-back 이 되면 사용 또는 실시의 권리를 기술도입자(Licensee)가 역으로 다시 기술제공자(Licensor)에게 부여, 허락하게 된다. 대부분의 기술제공자는 계약사항으로 본 조항의 도입을 규정하고자 하는 경향이 있다. 그러나 이럴 경우 기술도입자(실시권자)의 기술개량의욕을 저해하고 공정한 거래질서의 확립에도 장애가 될 수 있다. 따라서 대부분의 선진국에서는 본 조항을 불공정거래의 단속 차원에서 금지, 제한하고 있다. 우리나라도 기술의 대가없이 기술제공자에게 일방적으로 보고 또는 통지하도록 하는 경우는 불공정 혐의가 큰 것으로 간주하여 제한을 가하고 있다.
>
> ② **paid-up royalty(선불실시료)**
> 　실시허락의 대상이 된 특허, 노하우 등의 존속 기간 중 또는 유효 수명 기간 중에 발생할 것으로 예상되는 실시료(기술대가)의 합계액을 정액으로 산출 표시하고, 그러한 정액을 실시료로 미리 산정해 지불하는 방식이다.
>
> ③ **due diligence(실사)**
> 　특허와 관련해서, M&A에서의 가치 실사와 마찬가지로 Licensor의 입장에서 Licensee가 작성한 Royalty Report에 대한 실사를, Licensee의 입장에서는 Licensor 가 보유한 기술의 실제를 조사하는 것을 말한다.
>
> ④ **first refusal right(우선거부권)**
> 　기술도입자인 Licensee의 입장에서 당해 계약 범위에 포함되지는 않지만, Licensor 가 가지고 있는 다른 기술에 대해서도 계약지역 내에서의 실시가 일어나게 되면, 제3자에 앞서 실시자가 먼저 자사가 실시할 수 있는지 여부를 결정할 수 있는 권리이다.
>
> ⑤ **grossing-up(역산합계)**
> 　기술 실시로 발생된 기술료 소득에 대한 세금을 지급자인 Licensee 가 납부하도록 하는 경우가 있는데, 이때 지급자가 실제로 부담해야 할 금액을 역산하여 기술제공자와 재조정하는 것을 말한다.
>
> ⑥ **as-is-base(있는 대로)**
> 　계량이나 조정 없이 '있는 그대로'의 기술을 실시하는 것으로 기술제공자인 Licensor가 스스로의 책임을 경감시키기 위해 반드시 삽입하는 문구 중의 하나다
>
> ⑦ **tie in 조항(연결거래조항)**
> 　Package Licensing에서처럼 실시 대상이 되는 기술과 함께 제품이나 부품, 또는 다른 기술을 끼워 파는 형태이다. 직접성이 없는 기술이나 부품을 끼워 파는 형태라면, 위법성의 소지가 있다.
>
> ⑧ **have made 조항(제3자 생산조항)**
> 　기술의 실시자가 직접 생산하는 것이 아니라 아웃소싱을 통해 제3자로 하여금 생산과 제조를 진행할 수 있는데, 이러한 합의가 이루어지는 조항이다.

⑨ **FRAND(Fair, Reasonable & Non-Discriminatory)**
표준특허는 로열티를 지불하면 누구든지 이용할 수 있다는 원칙을 말하며 특허기술 독점 방지를 위해 유럽통신표준연구소(ETSI)에서 제정했다. 특허기술 사용에 관한 예외 조항을 말한다. 즉 특허가 없는 업체가 표준특허로 제품을 만들고 이후 특허 사용료를 내는 권리를 의미하며, 특허권자의 무리한 요구로 타업체의 제품생산을 방해하는 것을 막기 위한 제도이다. 삼성과 애플 간의 특허분쟁에서 쟁점이 되기도 했고, 미국 퀄컴사의 특허 횡포에 공정거래위원회에서 과징금을 부과하기도 했다.

03 플랜트수출계약

플랜트(Plant)란 각종 공장 건설을 위한 설비, 기계부품 등의 산업설비를 말한다. 대외무역법에서는 산업설비·기술용역 및 시공을 포괄적으로 행하는 수출(「일괄수주방식에 의한 수출」)을 플랜트수출이라고 정의하고 있다. **플랜트수출에서의 분쟁해결을 위한 방법으로는 통상적으로 FIDIC의 조건에 따른 중재를 이용**하고 있다.

(1) 플랜트수출의 특징

플랜트수출(Plant Export)은 거래금액이 크므로 발주자로서는 적절한 자금조달의 방법을 마련하는 것이 중요하다. 수주자로서는 발주자의 자금조달 방법에 따라 대금 회수의 가능성을 점검해야 하고, 수출대금 회수를 위하여 발주자의 모회사나 은행의 보증을 받아 두는 것이 좋다. 플랜트수출은 그 이행과정이 장기간이고 환율변동, 원자재가격의 변동, 플랜트수입국(설치국)의 정치, 환경 변화 등의 여러 가지 위험요소가 산재해 있으므로 상당한 주의를 기울여야 한다. **플랜트수출계약의 가장 일반적인 체결 방식은 경쟁입찰이다. 대체로 입찰절차는 입찰공고와 사전자격심사 → 입찰 참가자의 결정 → 입찰권유와 입찰 → 낙찰자 결정 등의 진행과정을 거친 후 정식계약서를 작성한다.**

(2) 플랜트수출의 컨소시엄계약(Consortium Contract)

컨소시엄계약은 복수의 당사자가 단기간 내에 한정된 사업목적의 달성을 위하여 역할분담계약에 의한 공동수주와 계약이행을 위한 공동사업관계의 한 형태이다.

① Join & Several Contract : 참여하는 기업이 각자 자신이 참여하는 부분에 대하여만 개별적으로 계약을 체결하지만 책임은 참여기업이 연대하여 부담하는 계약
② Main Subcontract : 1개 기업만이 수주하지만 발주자의 동의를 얻어서 하도급을 줄 수 있는 계약
③ Joint Venture(합작투자) : 국적이 다른 둘 이상의 자연인, 법인, 정부 등이 특정사업의 목적 수행을 위해 자본, 기술, 인력 등을 공동투자할 것을 내용으로 하는 계약이다. 합작투자계약은 기술, 자본, 인력, 노하우 등이 모두 결집되어야 하는 벤처산업이나 고도기술산업, 개발비용이 크게 요구되는 사회기반산업 등의 투자에 적합하다.

WHEREAS, ABC is engaged in the business of promoting the sale and distribution of various goods in Korea ; and
WHEREAS, XYZ is engaged in the business of manufacturing and selling the computers and possesses valuable technology, considerable skill and experience relating to the design and manufacture thereof in the United States ; and WHEREAS, the parties hereto desire to establish a company in Korea, for the principal purpose of engaging in the business of manufacturing and selling of the computer,
NOW, THEREFORE, for and in consideration of the premise and mutual covenants herein contained, ABC and XYZ hereby agree as follows ;

ABC 는 한국에서 각종 제품의 판매와 유통업을, 그리고 XYZ는 미 합중국에서 컴퓨터의 디자인, 제조에 관한 기술과 경험을 보유하고 컴퓨터의 제조와 판매업을 영위하고 있는 바, 이 계약의 당사자들은 컴퓨터의 제조와 판매를 주된 목적으로 하는 회사를 한국 내에서 설립하고자, ABC 와 XYZ은 이 계약에 포함한 약속과 상호 약정을 약인으로 하여 다음과 같이 합의하는 바이다. - 합자투자계약서(Joint Venture Agreement)의 서두부분이다.

04 국제턴키프로젝트

(1) 국제턴키프로젝트의 의의

턴키프로젝트(turnkey project)란 기업이 해외에서 공장이나 기타 산업시스템을 발주 받아 설계·건설한 다음에 가동할 준비가 되면 공사발주자에게 인도하기로 하는 계약형태이다. 플랜트 판매뿐만 아니라 플랜트시공까지를 인수하므로 플랜트수출이라 하면 통상적으로 턴키계약을 의미한다. 발전소, 정유소, 공항 등을 건설하여 가동직전의 단계에서 발주자에게 넘겨주는 방식을 취한다.

① 원도급계약(general contract)
　주문자와 직접 공사계약을 하는 도급계약
② 수의계약(private contract)
　경쟁이나 입찰의 방법을 쓰지 않고 임의적으로 상대방을 골라서 체결하는 계약

(2) 국제턴키프로젝의 특징

건설 및 엔지니어링 능력이 부족한 산유국이나 개발도상국을 대상으로 많이 활용되고 있다. 턴키프로젝트는 발주자가 주로 정부나 대규모 국영기업체인 관계로 계약조건이 까다롭다. 따라서 턴키프로젝트는 계약취소, 강압적인 재협상, 하자 및 이행지체에 대한 은행의 보증 요구 등과 정치적 위험이 따를 수 있다. 공사기간이 장기간이므로 계약기간 중 정치적변화로 계약이 중단되거나 지불이 중지되는 경우도 있다.

(3) 국제턴키프로젝트의 리스크 관리

① 계약서에 중재나 불가항력 조항을 설정

② 보험을 통한 위험의 회피
③ 컨소시엄을 구성하여 위험부담을 분담시키는 방법

> **Check Point**

● **턴키건설계약방식의 종류**

가. BOT(Build-Own-Transfer) 방식 : 사회기반시설의 준공 후 일정 기간 동안 사업시행자에게 당해 시설의 소유권이 인정되며 그 기간의 만료 시 시설소유권이 국가 또는 지방자치단체에 귀속되는 방식
나. Lump sum contract : 정액계약(Fixed price contract)라고도 하며 규정된 제품(공사/ 서비스)에 대한 대가가 확정된 계약
다. Consortium Contract : 복수의 당사자가 단기간 내에 한정된 사업목적의 달성을 위하여 역할분담계약에 의한 공동수주와 계약이행을 위한 공동사업계약

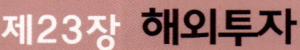

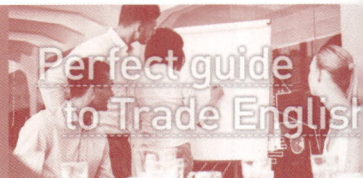

제23장 해외투자

해외투자란 국제간 장기자본 이동의 한 형태로서 어느 기업이 해외에서 장래의 수익창출을 목적으로 외국에 자본을 투자하여 사업을 하는 것을 말한다. 해외투자의 형태로는 크게 해외직접투자(FDI; Foreign Direct Investment)와 해외간접투자(Portfolio Investment)가 있다.

01 해외직접투자

해외직접투자(FDI)란 기업이 해외에서 경영참여나 지배권을 행사함으로써 직접 사업을 수행하기 위하여 투자하는 것을 말한다. 우리나라에서는 통계적인 목적으로 일반적으로 해외기업의 주식을 20% 이상 소유하는 것을 해외직접투자라고 정의하고, 20% 미만의 주식소유는 단순한 증권투자와 같은 포트폴리오투자로 간주한다. 해외직접투자의 방법으로는 신설투자, 합작투자, 기업 인수합병(M&A) 등의 유형이 있다. 해외직접투자는 자본뿐 아니라 무형의 경영자원인 기술, 특허, 상표, 경영 노하우 등의 기업자원이 패키지 형태로 해외에 이전되는 특징이 있어서 기업의 해외 진출방식 중에 가장 위험도가 높다고 할 수 있다.

(1) 해외직접투자의 동기

① 경쟁우위의 활용

기업이 보유하고 있는 기술, 브랜드, 마케팅 능력 등이 경쟁우위를 갖고 있을 때 이를 내국시장뿐만 아니라 해외시장까지 확대하여 진출함으로써 더 큰 수익을 기대할 수 있다.

② 기술 및 경영자원의 내부획득

기업이 해외경영을 하는 데 필요한 지적자산과 원자재 등의 거래를 수행함에 있어서 시장을 통하여 구매하고 활용하는 것보다 어느 외국기업이 갖고 있는 기술이나 브랜드와 같은 경영자원을 인수하여 활용하는 것이 훨씬 효율적일 수 있다. 예를 들면 SONY는 일본의 대표적인 전자제품 생산업체이지만 컬럼비아 영화사와 같은 미국 기업을 인수함으로써 연예오락부문으로 사업영역을 넓힐 수 있었다.

③ 환율 및 무역장벽의 회피

해외직접투자는 보호무역 장벽의 우회수단으로 사용될 수 있다. 해당 국가가 자국의 특정 산업을 보호하기 위하여 활용하는 관세나 비관세장벽을 회피할 수 있다. 현지에서 직접 생산하여 판매함으로써 환율변동의 취약점을 상당 부분 해소할 수 있다.

④ 생산효율 추구

생산효율을 높이기 위해 생산비용이 낮은 지역에 투자를 함으로써 원가상의 우위를 이룩할 수 있다. 유리한 입지에 생산시설을 집중 배치함으로써 규모의 경제를 실현할 수 있다. 수출 물류비가 높은 경우에는 현지에서 생산하는 것이 가격경쟁력을 높여 주게 된다.

(2) 해외직접투자의 특징

① 해외에서 단순히 이자나 배당소득만을 목적으로 하는 해외간접투자와는 달리, 해외사업에 대하여 직접적으로 영향력을 행사하여 경영권 지배를 목적으로 한다.
② 해외직접투자는 자본 이동뿐만 아니라 공장이나 설비와 같은 유형자본, 기술이나 경영기법, 특허, 노하우 등의 무형자원 그리고 경영자나 기술인력과 같은 인적자원을 포함한 포괄적인 이전을 의미한다는 점에서 수출이나 라이선싱과는 구별된다.
③ 해외직접투자는 국내기업이 수출 및 해외지향 경영에서 다국적기업 및 글로벌기업으로 전환하기 위한 필요조건이다.

- **과소자본(thin-capitalization)**
  내국법인이 세부담을 줄이기 위해 자기자본을 확충하는 대신 국외지배주주로부터 차입금을 과다하게 조달하는 것
- **이전가격(transfer pricing) 조작**
  다국적 기업 전체로서의 세후 순소득 극대화를 위해 특수 관계기업 간의 거래가격을 조작하여 세부담률이 높은 국가에서 세부담률이 낮은 국가로 소득을 이전하는 것
- **조세협약의 편승(treaty shopping)**
  조세조약의 당사국이 아닌 제3국의 거주자가 조약체결국에 경제적 실체가 없는 회사를 설립하거나 거래를 위장함으로써 조세조약상의 혜택을 부당하게 이용하는 행위
- **조세피난처(tax-heaven)**
  세금이 타국에 비해서 현저하게 낮거나 없는 국가나 지역

(3) 해외직접투자의 장단점

① 해외직접투자의 장점

㉠ 가격경쟁력의 강화
  현지국의 장소적 이점과 노동, 원료, 토지 등을 저렴하게 이용할 수 있어서 생산원가를 절감할 수 있다.

　　ⓒ 현지 소비자의 만족도 제고
　　　현지 소비자의 욕구나 구매행동을 정확히 파악하여 마케팅에 적용할 수 있기 때문에 해외 소비자의 만족도를 높일 수 있다.
　　ⓒ 현지국이 제공하는 인센티브수혜
　　　해외직접투자는 투자국의 고용을 촉진하고, 기술발전 및 산업발전, 조세수입 등이 증대하므로 투자유치를 위하여 현지 정부나 단체는 많은 혜택을 부여하며 치열한 경쟁을 하고 있다.
　　ⓔ 글로벌제품의 생산·마케팅촉진
　　　여러 국가에 산재해 있는 자회사들을 네트워크로 연결하여 운영함으로써 표준화된 글로벌 제품을 저렴하게 생산하고 마케팅할 수 있다.
　　ⓜ 해외에 존재하는 보완적 자산의 확보
　　　M&A나 합작투자를 통하여 현지 시장국의 유통경로, 마케팅 노하우, 부품공급처 등을 해외직접투자를 통하여 확보함으로써 투자기업의 경쟁력을 높일 수 있다.

② 해외직접투자의 단점
　　㉠ 해외직접투자는 기업자원이 많이 투자되는 진출방법이므로 그만큼 투자위험도 크다.
　　ⓒ 해외직접투자는 현지국에 미치는 영향이 크기 때문에 현지국의 정부나 국민으로부터 많은 요구와 제약을 받는다. 따라서 그만큼 정치적 위험(몰수, 수용, 규제)에 노출되는 위험이 크다.
　　ⓒ 해외직접투자는 외국비용(foreign cost)을 상쇄할 수 있는 기업특유의 우위를 갖지 않으면 성공하기 어렵다.

Check Point

● **외국비용(Foreign Cost)**
　해외의 기업이 어떤 외국에 진출하여 사업을 진행할 경우 국내와는 다른 생소한 환경에 직면하게 된다. 법률, 문화, 제도, 언어, 관습, 공공기관과의 관계 등이 다르기 때문에 이에 적응하고 극복하기 위해선 상당한 시간과 비용을 지불 하게 된다. 이렇게 현지기업은 지출하지 않아도 되는 비용을 외국기업은 지출하게 되는데, 이를 외국비용이라고 한다.

02 국제프랜차이징

(1) 국제프랜차이징(Franchising)의 개념

　　국제프랜차이징이란 공여기업(가맹본부; franchisor)이 상표나 상호의 사용권과 더불어 관리시스템까지 가맹기업(가맹점;franchisee)에게 일괄 제공하여 운영을 지원해주고, 가맹기업은 일정지역에서 점포나 판매시설을 제공하여 양자가 공동으로 경영에 참가하는 방식이다. 라이센스계약이 기술이나 브랜드만을 일정기간 동안 공여하는 것에 비해 프랜차이즈는 품질관리, 사업체의 조직 및 운영에 대한 지원, 마케팅 지원 등 프랜차이즈 공여기업이 프랜차이즈 수여기업을 직접적으로 관리하거나 통제한다. 패스트푸드 기업이 대표적이다.

(2) 국제프랜차이징의 장단점

① **장점**

  가. 공여기업이 좋은 이미지를 갖고 있으면 적은 자본으로 해외시장 진출과 확대가 가능하다.
  나. 프랜차이징은 표준화된 전략을 갖고 있으므로 전 세계적으로 통일된 이미지를 유지할 수 있고, 비용 면에서도 규모의 경제효과를 얻을 수 있다.
  다. 프랜차이즈 가맹업체는 일정수수료만 지불하고 나머지 영업수익은 자사의 이익이 되므로 각 매장이 자발적으로 매출증대를 위한 노력을 하게 된다.
  라. 좋은 이미지의 공여기업이 갖고 있는 노하우를 이용함으로써 가맹기업은 사업에 대한 위험부담을 경감할 수 있다.

② **단점**

  가. 기술이나 노하우가 유출되어 경쟁자를 양성할 가능성이 있다.
  나. 브랜드에 대한 이미지가 훼손될 가능성이 있다.
  다. 독립적인 운영주체인 가맹기업에 대한 경영통제의 한계가 크다
  라. 프랜차이즈에 대한 현지국 정부의 규제 등과 같은 단점이 있다.
  마. 공여기업의 획일화된 통제가 현지 사정에 맞지 않을 경우에는 가맹기업과 갈등의 소지가 커질 수 있다.

제24장 Various Expressions

거래별 절차에 따라 상투적으로 사용되는 구문들이다. 실제 출제되는 지문이 무엇에 관한 것인지를 반사적으로 알 수 있도록 자주 읽어 두시기 바란다. 여기에 수록된 각 단계별 예문이 어떤 거래 절차 단계에서 쓰이는지, 매매당사자, 화주와 운송인, 보험계약자와 보험자 등 무역관련 당사자 중 누가 작성한 것인지를 주의 깊게 살펴야 한다.

01 자사의 소개와 소개의뢰를 요청하다

(1) 자사의 소개

◆ We are a well-established manufacture and exporter of Digital Cameras having been in this line of business for over 15 years.
「당사는 동 업계에서 15년 이상 디지털 카메라를 생산하고 수출해 온 중견업체입니다.」

◆ Since 1985, we have engaged in the export of drilling machines of Korean origin and are fully equipped to serve you in obtaining your requirements.
「1985년 이래, 당사는 한국산 드릴링머신의 수출업을 했으며 귀사의 요구에 맞추어 서비스할 수 있는 모든 설비를 갖추고 있습니다.」

◆ We have enjoyed a good reputation for exporting various types of home appliances for the past 10 years.
「당사는 지난 10년간 다양한 종류의 가전제품을 수출하는 회사로 명성을 누리고 있습니다.」

(2) 거래선 소개의뢰

◆ Any information you can provide us concerning wholesalers or distributors who may be interested in handling our line of products will be greatly appreciated.
「당사의 제품을 취급하는 데 혹시 관심이 있는 관련 도매업자나 판매대리점이 있으면 관련 정보를 제공해 주셨으면 고맙겠습니다.」

◆ We would like to **expand** our business to your market, but don't have good connections there.
「당사는 귀국의 시장으로 당사의 사업을 확장하고 싶지만, 그곳에 좋은 거래선이 없습니다.」

◆ As we want to offer you our services as a trading partner, please **grant** us **a sole agency**.
「무역거래처로서 당사의 서비스를 귀사에 제공하기를 원하므로, 당사에 독점대리권을 주시기 바랍니다.」
 ▶ a sole agency: 독점대리권(점) : an exclusive agency
 ▶ Exclusive Sales Contract : 독점판매계약서
 ▶ grant : 허용하다. 승인하다.
 ▶ distributorship agreement : 특약판매점계약

(3) 상대방을 알게 된 경위의 소개

◆ **Your name has been recommended to us by** the New York Chamber of Commerce as a large importer of Korean Cotton goods in U.S.A.
「귀사를 미국의 한국산 면제품의 대형 수입업자로 뉴욕상공회의소를 통해서 추천받았습니다.」

◆ Your advertisement **in the May issue of FORTUNE** indicated that your pocket-size Electronic Calculator, HANSANG Digital, has just been put on sale in the United Sates.
「포춘지 5월호의 귀사광고를 통해서 귀사의 포켓사이즈, 한상 디지털 전자계산기가 미국에서 판매중이라는 사실을 알게 되었습니다.」

◆ We **owe** your name and address **to** the Chamber of Commerce in your city.
「귀 도시의 상공회의소를 통해서 귀사의 이름과 주소를 알게 되었습니다.」
 ▶ owe A to B : A를 B를 통하여 알게 되다, B에게 A를 빚지다
 ▶ be indebted to A for B : A를 통하여 B를 알게 되다
 ▶ Through the courtesy of A : A 덕분에, A를 통하여

02 신용조회(Credit Inquiry)

(1) 조회처(credit references)의 제시

◆ **As for** our credit standing and activities, please refer to the Kookmin Bank, Seoul.
「당사의 신용상태와 사업 활동에 관해서는 서울의 국민은행에 조회해 보시기 바랍니다.」

◆ To check **our ability to meet** financial obligations, you may contact the following companies.
「재정책무를 완수하고자 하는 당사의 능력을 점검하기 위하여, 귀사는 다음의 회사에 연락해 보시기 바랍니다.」

(2) 신용정보를 요청하다

◆ Would you please furnish us with information regarding their financial standing?
「당사에 이 회사의 재정 상태에 관한 정보를 제공해 주시겠습니까?」

◆ Your bank was referred to us as a trade reference by ABC Co., Inc., East 55 Lexington Avenue, Manhattan, New York, who is interested in importing our products.
「당사의 제품을 구매하는 데 관심이 있는 ABC Co., Inc., East 55 Lexington Avenue, Manhattan, New York, 에서 귀 은행을 거래조회처로 알려주었습니다.」

◆ Any information you may give us will **be treated in strict confidence**.
「귀사가 당사에 제공하는 어떤 정보라도 극비로 취급될 것입니다.」

> ▶ A를 극비로 다루다
> treat A strictly(absolutely)
> treat A as strictly confidential
> keep A confidential
> consider A (absolutely) confidential
> be held confidential
> strictly confidence (X) → strict confidence [명사수식은 형용사]
> strict confidential (X) → strictly confidential[형용사의 수식은 부사]

◆ We assure you that any information you give us will **be kept in the strictest confidence**, and that you will have **no responsibility for** the information provided.
「귀사가 회답주신 모든 내용은 극비에 붙일 것이며, 제공된 정보로 인하여 절대로 귀사에게 폐를 끼치지 않을 것임을 약속드립니다.」

(3) 신용조회에 대한 회신

◆ Our relation with the firm is small, so we cannot give you sufficient information and an accurate opinion.
「이 회사와의 거래 규모가 작아서, 당사는 충분한 정보와 정확한 의견을 드릴 수 없습니다.」

◆ **XYZ** company is **one of the most reliable** customers and their credit standing is quite stable.
「XYZ회사는 가장 믿을 만한 고객 중의 하나이며 신용상태도 아주 안정적입니다.」

> ▶ reliable = dependable = believable = responsible ; 믿을 만한

◆ As they always have settled the account **on time**, we believe they **are good for** this amount.
「동사가 항상 제때에 계정을 청산하여 왔기 때문에 당사는 동사가 이 금액을 지급할 수 있다고 믿습니다.」

▶ on time : 제 시간에   ▶ settle the account : 계정을 청산하다, 해결하다

◆ The firm **enjoys an absolute confidence** among the business circles here.
「그 회사는 이곳의 사업계에서 절대적인 신용을 누리고 있습니다.」
▶ 절대적인 신용 : unlimited credit, excellent reputation

◆ Most of the firm's suppliers **either** give them only very short credit for limited sums **or** make deliveries **on a cash basis**.
「그 회사의 대부분 공급자들은 한정된 금액에 대해 최단기 신용공여를 하거나 현금조건으로 인도하고 있습니다.」
▶ very short credit : 최단기 신용공여(외상기일을 짧게 준다는 의미)   ▶ on a cash basis : 현금조건
▶ either A or B : A 이거나 B   cf. neither A nor B : A도 B도 아니다.

◆ We would advise you to proceed with caution in your dealings with the firm in question.
「당사는 귀사가 문제의 그 회사와 거래하실 때는 주의해서 진행하시길 권고합니다.」

◆ Any statement on the part of this bank or any of its officers as to the standing of any person, firm, or corporation, is given as a mere matter of opinion for which no responsibility, in any way, is attached to this bank or any of its officers.
「개인, 상사, 또는 법인의 신용상태에 관하여 은행 또는 그 직원이 말씀드리는 것은 단지 하나의 의견에 지나지 않습니다. 당행 또는 그 직원은 이에 대해서 어떠한 책임도지지 않습니다.」

03 거래의 제의와 답신(Business Proposal)

(1) 거래의 조회

◆ We are writing to you **with a keen desire to open an account with** you.
「귀사와 거래관계를 맺고 싶은 강렬한 열망을 안고 이 편지를 씁니다.」

◆ 제품과 관련된 정보나 견적을 요구한다.
 - Would you please send me a price list by airmail?(mail/ fax/ email)
 - Please could you send us a brochure and a quotation?
 - We would **be grateful** if you could send us specifications on the product.
 - Would you please send your **quotation for** 10 units of your product?
 - We would like to receive your lowest quotation C.I.F Incheon.
    ● quotation : 견적서
    ● specification : 사양서. 부품의 교환으로 제품의 성능이나 가격이 변동되는 제품, 이를테면 컴퓨터 등의 조립제품사양을 나타낼 때 쓰인다. description 은 물품의 명세서이다.

◆ If you can offer us your **best quality goods at competitive prices**, we are prepared to **enter into business relations with** you.
「귀사가 최고품질의 상품을 경쟁적인 가격으로 제공해 주신다면 귀사와 거래관계를 맺을 용의가 있습니다.」

◆ We are confident that **a trial order** would **convince** you that, at the price quoted, the goods we are offering are **excellent value for money**.
「시험주문을 하신다면 당사가 제공하는 물품이 금액에 어울리는 훌륭한 가치가 있다는 것을 확신시켜드릴 자신이 있습니다.」
  ▶ **convince** : 확신시키다, 납득시키다
  ▶ **value for money** : 금액에 어울리는 가치가 있는, 금액에 상응하는

(2) 거래조회에 대한 답신

◆ If you **place bulk orders**, we will be able to offer you **the lowest possible prices**.
「대량주문의 경우에는 가능한 최저가격으로 드리겠습니다.」

> **Check Point**
> ● 가격에 대한 표현
>   ▶ 최저가격 : the lowest price, rock-bottom price, floor price
>   ▶ 소매가격 : retail price,   ▶ 도매가격 : wholesale price, 도[소매]업자 : wholesaler[retailor]
>   ▶ 현물가격 : spot price   ▶ 시장가격 : current market price, prevailing price
>   ▶ 합리적인 가격 : [reasonable, moderate, inexpensive, competitive, attractive] price.

◆ If you need more detailed information about our company and our products, please **feel free to** contact me.
「당사 및 당사의 제품에 관해 더 자세히 알고 싶으면 본인에게 연락주시기 바랍니다.」

◆ We regret that we will not be able to be of help to you this time, but **look forward to the opportunity to do business with you** in the future.
「이번에는 귀사에게 도움이 되지 못함을 유감으로 생각합니다만, 앞으로는 거래를 할 수 있게 되기를 희망합니다.」

◆ We may **place a substantial order** with you **on regular basis** if your prices are really competitive.
「귀사의 가격이 실제 경쟁력이 있다면 정기적인 주문조건으로 대량주문을 할 수 있습니다.」
  ▶ **substantial order**는 대량주문을 의미한다. considerable order라고도 한다.

◆ As we **are closely connected with** reliable wholesalers here, we can **do considerable import business with** you.

「이곳의 신뢰할 만한 도매업자들과 긴밀한 관계가 있으므로 귀사와 상당히 많은 수입거래를 할 수 있습니다.」

◆ Our prices are all subject to change on February 10 because there is every indication that the cost of material is increasing.
「원재료의 가격이 오르고 있다는 여러 가지 징후가 있기 때문에 모든 가격은 2월 10일에 변경하기로 되어 있습니다.」

◆ There is a tendency of price rising very rapidly and if you miss this opportunity, you may not be able to obtain this article even at higher prices.
「가격이 급속이 오르는 경향이 있어서 귀사가 이 기회를 놓치시면 더 높은 가격으로도 본 품목을 구하지 못할 수도 있습니다.」

04 오퍼와 카운터오퍼

(1) 오퍼의 제시

◆ We are pleased to make a firm offer for 2,000 LCD-TV sets, Model KU-034 subject to your acceptance reaching us by December 15.
「귀사의 승낙이 12월 15일까지 당사에 도착하는 것을 조건으로 하여 모델 KU-034, LCD TV, 2천 대에 대하여 확정 청약합니다.」

◆ We offer you the above items **subject to being unsold** as they are **the final stock now out of production**.
「위의 품목들은 현재 생산되고 있지 않은 최종 재고품이므로 재고잔유조건부조건으로 오퍼합니다.」

◆ As the offer **is based on** the exchange rates **effective on** July 20, **the total price is subject to change**.
「오퍼 가격은 7월 20일 현재의 환산율에 의한 것이므로 합계금액이 변할 수도 있습니다.」
  ▶ offer subject to make fluctuation(시장변동조건부) 형태의 청약이다.

◆ We have been **compelled to raise** our prices due to **increased labor costs**.
「인건비의 상승으로 부득이 하게 가격을 인상할 수밖에 없습니다.」
  ▶ be compelled to = be forced to : 어쩔 수 없이 ~ 하다. (reluctantly)

(2) 카운터오퍼

◆ Because of the current exchange rate, many other suppliers have offered us prices **nearly 15 percent lower than yours.**
「현재의 환율에 비추어, 다른 공급자들 중에는 귀사가 요구하는 가격보다 15 퍼센트 가까이 낮은 가격을 제시해 온 회사도 많습니다.」

◆ In reply to your offer, we would like to ask you to **reconsider** the price.
「제시하신 오퍼에 관하여 가격의 재검토를 부탁드립니다.」

◆ Your allowance would **enable** us **to** maintain **the low selling prices** that have been **an important reason for the growth of our business.**
「귀사에서 가격을 할인해 주시면 당사의 사업성장에 중요한 동기가 되어온 저판매가격을 유지할 수 있습니다.」

◆ We would like to do business with you but find your prices a little high according to the current market situation. Therefore, if you can give us a 5% discount, we would like to place an order for 2,000 units.
「당사는 귀사와 거래를 하고 싶지만 현 시장상황에서 볼 때 귀사의 가격이 조금 높습니다. 그러므로, 귀사가 5% 할인해주시면 당사는 2천 개를 주문하겠습니다.」

(3) 카운터오퍼에 대한 카운터오퍼

◆ The discount you asked for in your counter-offer of October 3 **pushes** the price **far below** the current market price.
「10월 3일부 귀사의 카운터 오퍼로 요구하신 가격은 현재의 시장가격보다 훨씬 밑도는 것입니다.」

◆ Please note that your **limit price barely** covers the cost of production.
「귀사의 지정가격은 거의 생산원가라는 점을 알아주시기 바랍니다.」

◆ **Upon receipt of** your confirmation of this counter offer, we will open an L/C 30days **prior to** the shipping date with an expiry date 10 days after shipping date.
「이 반대오퍼에 대한 귀사의 확인서를 받는 즉시 만기일자는 선적일 후 10일로 하고 선적일자보다 30일 전에 신용장을 개설하겠습니다.」

◆ If our offer is not acceptable, we must switch to other clients in Malaysia, where lager quantities of this item are now being exported at a higher price. As our stock is running low, you are urged to accept the best price such as this before the date of expiry.

「당사의 오퍼를 수락할 수 없다면, 당사는 말레이시아의 다른 고객으로 연결해야 합니다. 여기서는 본 품목이 더 높은 가격으로 더 많이 수출되고 있습니다. 당사의 재고가 소진되고 있으므로, 유효기간 만료 전에 이렇게 좋은 가격을 수락하시길 촉구합니다.」

Check Point
● 재고에 관한 표현
- ▶ 대량재고 : heavy[ample, large] stock[inventory, backlog].
- ▶ 재고가 있다[없다] : They are in stock [out of stock].
  The goods[items, articles] are out of stock.
  The goods are not available.
  The goods are running out [재고가 소진되어 간다].
  The goods are exhausted [재고가 완전히 소진되었습니다].

◆ We regret we are quite unable to allow even the smallest reduction in price.
「당사는 가격에서 아주 작은 할인이라도 허용할 수 없어서 유감입니다.」

05 주문과 계약(Sale and Contract)

◆ We have received with thanks your letter of July 10 together with samples of silk neckties, and are now pleased to place the following order with you as a trial.
「실크넥타이 견본과 함께 보내주신 귀사의 7월 10일자 서신 잘 받았으며, 시험적으로 다음과 같이 주문합니다.」

◆ We **apologize for** being unable to accept your order. We do hope that we can **be of service** to you in the future.
「이번에는 주문에 부응하지 못해서 대단히 죄송합니다. 앞으로 기회가 있을 때에는 꼭 도움이 될 수 있기를 바랍니다.」

◆ Due to **the rush of orders**, goods are **almost out of stock**.
「주문이 쇄도하고 있어서 재고가 거의 없습니다.」
▶ Due to ; Owing to, because of, on account of, by reason (virtue) = ~으로 인하여, ~때문에

Check Point
● 주문의 종류
① trial order : 시험주문
   대량주문을 하기 전에 판매성공 및 제품품질을 측정하기 위하여 소량의 제품을 주문하는 것을 말한다.
② initial order : 최초주문
   거래가 성사되어 본격적인 주문이 이루어지는 첫 거래를 말한다
③ repeat order : 재주문
④ small order : 소량주문
⑤ large (heavy, substantial, bulk, considerable) order : 대량주문

06 신용장(Letter of Credit), 추심과 결제

(1) 신용장 개설

◆ We advise you that we have established an irrevocable letter of credit No. NSK-0987 with the Shinhan Bank, in your favor for US$ 12,000.00.
「당사는 12,000달러에 대하여 귀사를 수익자로 하는 취소불능신용장 No. NSK-0987를 신한은행에서 개설하였음을 통지해 드립니다.」

◆ We have instructed our bankers to open an irrevocable transferable credit so that you can ship the goods before the end of this month.
「당사는 귀사가 이달 말 전까지 물품을 선적할 수 있도록 취소불능 양도가능신용장을 개설할 것을 당사의 거래은행에 지시하였습니다.」

◆ We hereby **engage with** drawers that **drafts drawn in conformity with** the terms of this credit will be duly honoured **on presentation**.
「이로써 당 행은 본 신용장조건에 따라 발행된 환어음이 제출되는 즉시 정히 지급될 것임을 발행인과 약정하는 바입니다.」[engagement clause : 지급확약문언]
▶ in conformity with : ~에 따라, ~을 준수하여(comply with ~)
▶ be duly honored (on presentation and surrender) : (제시와 양도 시에) 정히 지급되다.

◆ **It is our custom to trade** on an irrevocable credit, **under which** we draw a draft at 30 d/s.
「취소불능 신용장에 의거 거래하는 것이 당사의 관례이며 이에 의거 당사는 일람 후 30일 출급 환어음을 발행합니다.」
▶ It is our custom to trade = It is our business policy.
▶ at 30 d/s = at 30 days after sight : 일람 후 30일 출급환어음

◆ If you hand over shipping documents and drafts which **strictly conform with** the letter of credit No. 4567, we will **protect the drafts upon presentation**.
「귀사가 신용장 제 4567호와 엄격하게 일치하는 선적서류와 환어음을 인도하는 경우 당사는 제시 시에 환어음을 인수, 지급할 것입니다.」
▶ protect : (어음을) 인수(지급)하다(=honor), 지불준비를 하다.
protest(지불을 거절하다)라고 출제되어 혼동을 유발한다.

(2) 신용장개설 독촉

◆ We regret to say that we have received no banker's advice yet in spite of hearing the advice of the letter of credit from you.
「당사는 귀사로부터 신용장개설통지를 들었음에도 아직까지 은행의 통지문을 받지 못해서 유감입니다.」

◆ The letter of credit to cover our contract has not yet reached us, although the shipment is to be made by the end of this month. We would appreciate it if you establish an L/C immediately.
「선적을 이달 말에 하도록 되어 있는데, 당사의 계약 건에 대한 신용장이 아직 당사에 도착하지 않았습니다. 즉시 신용장을 개설해 주시면 감사하겠습니다.」

◆ Despite the fact that you placed an order with us for ball bearings with the special instruction of prompt shipment, your letter of credit has not yet reached us.
「귀사는 특별선적지시서와 함께 볼베어링을 주문했음에도, 귀사의 신용장이 아직 당사에 도착하지 않고 있습니다.」

(3) 신용장의 조건변경 요청

◆ **Under these circumstances,** we will ask you to **extend the expiry date** on the L/C **to the end of December**.
「이러한 상황에서, 신용장의 유효기일을 12월 말까지 연장하도록 요청하지 않을 수 없습니다.」
▶ extend A to B : A를 B까지

◆ We ask you **to extend** both the latest shipping date and the expiry date **to** July 30 and August 15, **respectively**.
「최종 선적기일과 신용장 유효기일을 각각 7월30일과 8월15일로 연장해 줄 것을 요청합니다.」
▶ respectively : 각각, 따로 따로

Check Point
● 신용장의 만기일에 대한 표현
[예문] 이 신용장의 만기일은 6월 30일까지 입니다.
This L/C expires on June 30.
This L/C is valid[open, available, effective, good, in effect] until[up to, till] June 30
The expiry date of this L/C is June 30.
The expiration of this L/C is June 30.

◆ The vessel you arranged has not arrived yet at Busan. Therefore, we wish to ask you to extend the validity of the L/C by two weeks until March 10.
「귀사가 수배하신 선박이 아직 부산에 도착하지 않았습니다. 그래서 당사는 3월 10일까지 2주간 신용장의 유효기일을 연장해 주시길 바랍니다.」

07 운송과 보험

(1) 운송회사에 대한 조회와 선적통지

◆ Please book the shipping space for our cargo of 2,500kgs on your ship M/S Poseidon scheduled to leave Busan on the 10th of this month and sail for Shanghai.
「이달 10일에 부산항을 출항하여 상하이로 떠나기로 되어 있는 귀사의 포세이돈 호에 당사의 화물 2,500kgs을 선적할 수 있도록 선복을 예약해 주시기 바랍니다.」

◆ Please let us know your lowest rate of freight for 120 cartons of cosmetics to be shipped during July from Gwangyang to New York via Panama Canal.
「7월 중에 파나마 운하를 경유하여 광양에서 뉴욕으로 선적될 화장품 120박스에 대한 귀사의 최저운임요율을 알려 주시기 바랍니다.」

◆ The cargo is composed of 60 cartons of drilling machines, weighing 2,000kgs and measuring 40 cubic meters.
「화물은 드릴링 머신 60박스로 구성되어 있으며 무게는 2천 Kgs, 용적은 40CBM입니다.」

◆ We inform you that your order of May 1 will be shipped **on "Evergreen 11" leaving New York** on or about October 30.
「10월 30일 경에 뉴욕을 출항하는 "Evergreen 11" 호에 귀사의 5월 1일자 주문품이 선적될 것임을 알려드립니다.」

▶ leave가 「출항하다」의 의미로 쓰일 때는 전치사 from을 붙이면 안 된다. leave Busan : 부산을 출항하다.
▶ leave for Busan : 부산을 향하여 출항하다. (= clear for Busan)
▶ sail from London : 런던을 출항하다. sail for London : 런던으로 출항하다.

(2) 선적지시(Shipping Instruction)

◆ Packing in tough wooden cases is essential. Cases must be nailed, and secured by overall metal strapping.
「포장은 단단한 나무케이스로 해야 합니다. 케이스는 반드시 못질을 해야 하고 전체를 강철띠로 두르셔야 합니다.」

◆ As the goods will be checked up at customs, the cases must be of a type which can be easily opened and fastened at once after checking.
「동 물품은 세관에서 검사를 받을 것이므로, 케이스는 반드시 쉽게 열리고 검사가 끝나면 결박할 수 있는 형태가 되어야 합니다.」

◆ All boxes must be marked in the same manner as before, but please number them consecutively starting from No.1
「모든 박스는 반드시 전과 동일한 방법으로 화인을 해 주시되, 1번부터 시작해서 연속적으로 번호를 넣어 주세요.」

◆ Please mark a triangle with "BEC" inscribed in capital letters on all cases and send to our forwarding agent's warehouse in Busan.
「모든 케이스에는 삼각형을 표시해 주시고 그 안에 BEC라고 대문자로 새겨서 부산에 있는 당사의 포워딩 대리인의 창고로 보내주십시오.」

(3) 선적지연과 운송수단의 변경

◆ Your consignment of New Zealand beef **is being held up** because it does not have **a certificate clearing it through quarantine**.
「검역소에서 통관을 위한 검역증명서를 발급받지 못해서 귀사의 탁송품, 뉴질랜드 산 쇠고기가 현재 통관 보류되어 있습니다.」

◆ We would like to request that an adjustment be made in the shipping dates as **typhoon season is rapidly approaching** and **we do not wish to risk damage** to our order of merchandise.
「태풍 시즌이 급박하게 다가오고 있으므로 선적일로 예정된 날짜를 조정해 주실 것을 요청드리며 당사의 주문품이 손상을 입는 위험을 피하고자 합니다.」

◆ As we need these goods as soon as possible, if you are not able to dispatch them by ship by the beginning of next month, we would appreciate it if you could air freight them.
「이 상품들이 빨리 필요하므로, 귀사가 다음 달 초까지 이 물건들을 선적하여 발송할 수 없다면 항공으로 보내주시면 감사하겠습니다.」

◆ The factory strike **prevent** us **from** shipping your order No.478 in due time. We will keep in touch with the manufacturers and make every effort to prevent further delay.
「공장의 파업 때문에 귀사의 주문품 No.478을 선적하지 못했습니다. 당사는 제조사와 연락을 해서 더 이상의 지연이 없도록 만전을 기하겠습니다.」

◆ All Korean dock workers have been **on strike** for the past two weeks and there is no sign of the strike letting up. We hope you will understand that these circumstances are beyond our control as indicated in the enclosed certificate.
「한국의 모든 부두근로자가 지난 2주간 파업을 해왔으며 파업이 수그러들 조짐이 보이지 않습니다. 당사는 첨부된 증명서에서 입증하듯이 당사가 어찌할 수 없는 이런 상황을 귀사가 이해해 주시길 바랍니다.」

(4) 적하보험의 조회와 의뢰

◆ Please quote us the insurance rate against All Risks on general merchandise for US$18,000 from Busan to Seattle during April.
「4월 중 부산에서 시애틀로 가는 잡화물 18,000 달러에 대하여 전위험담보조건으로 보험요율을 견적해 주시기 바랍니다.」

◆ We have received your notice that you will effect the insurance at 0.22%. As we are satisfied with the rate quoted, please open insurance and send us the insurance policy at once.
「귀사가 0.22%의 요율로 부험계약을 체결할 것이라는 통지를 받았습니다. 당사는 견적요율에 만족하므로, 보험계약을 체결하시고 당사에 보험증권을 즉시 보내주시기 바랍니다.」

◆ Please cover 110% of the invoice value for 1,500 pieces of Navigation on Institute Cargo Clauses (B) including W/SRCC.
「전쟁/파업, 폭동, 소요를 포함한 협회적하약관 (B)로 하여 내비게이션 1,500대의 송장금액에 대하여 110%로 부보해주십시오.」

08 Collection [추심]

(1) 대금지급의 독촉

◆ This is to remind you that your remittance of our second quarter's commission is now more than two months overdue.
「당사의 2/4분기 수수료에 대한 귀사의 송금이 2개월 넘게 경과되어 있음을 알리고자 합니다.」

◆ Your account is now two months **overdue**. Please **favor** us **with** your check for US$200.
「귀사의 계정은 현재 2달이나 기간이 경과되었으니 미화 200달러의 수표를 보내 주시기 바랍니다.」

◆ If we do not receive payment by the end of this month, we will have **to pursue a legal action against** your company.
「만일 이달 말까지 모든 미불금을 정산하지 않으면 귀사에 대하여 법적인 조치를 강구할 수 밖에 없습니다.」
> ▶ 법적인 조치 : a legal action, a legal proceeding

◆ We are most anxious to **avoid doing anything from** which your credit and reputation might suffer and are prepared to give you a further opportunity **to put matters right**. We, therefore, propose you to **clear your account** until the end of June.
「당사는 귀사의 신용과 평판에 손해를 입힐지도 모르는 어떤 행위도 피하고 싶으며, 귀사에 문제를 정정할 추가적인 기회를 제공할 용의가 있습니다. 따라서 당사는 귀사가 6월 말까지 귀사 계정을 청산할 것을 제안합니다.」
> ▶ be anxious to : ~을 갈망하다, 열망하다. ▶ clear account : 대금을 청산하다, 결제하다.

(2) 지급연기

◆ We regret that our temporary financial difficulties prevent us from meeting your draft at maturity. We will, however, make every effort to pay you either the whole or part of the amount before July 1.
「당사는 일시적으로 재정적인 어려움이 있어서 귀사의 어음을 만기일에 결제할 수 없어서 유감입니다. 당사는, 그러나, 7월 1일까지 전부이든 부분적이든 결제를 하기 위하여 노력하고 있습니다.」

◆ We shall allow you a further extension of another month to help you out of your present difficulty.
「당사는 귀사가 현재의 어려움에서 나올 수 있도록 한 달간의 추가연장을 허용해 드립니다.」

09 Complaints and Claim

(1) 수취물품에 대한 불만제기

◆ We have to draw your attention to the fact that the goods don't correspond to the sample which you sent us at the time of contract.
「당사는 물품이 계약당시에 귀사가 당사에 송부한 견본과 일치하지 않다는 사실에 귀사의 주의를 촉구합니다.」

◆ When comparing the goods received with the sample, we found that the color is not the same as that of the sample.
「수취한 물품을 견본과 비교해 보니, 색상이 견본의 그것과 같지 않습니다.」

◆ To our regret, the case contains only 8 bottles instead of 10 as entered on the invoice.
「유감스럽게도, 케이스에는 송장에 기입된 10개 대신에 8병만 들어 있습니다.」

◆ This is to inform you that we have received 30 cartons of vacuum cleaners shipped by M/S Kingdom V-3, but have found cartons No.10 and 11 badly damage. An examination has shown that damage occurred in transit.
「킹돔 3호에 선적된 진공청소기 30박스를 받았지만 10번과 11번 박스가 심하게 손상되어 있음을 알려 드립니다. 이 손상은 운송 중에 일어난 것으로 조사되었습니다.」

◆ These damages have obviously been due to your defective packing of the goods because they were packed without any padding.
「이러한 손상은 명백하게도 귀사의 부적합한 물품포장에서 기인한 것인데 완충제가 전혀 없이 포장되었기 때문입니다.」

◆ We believe that the case was too fragile and that the packing was not sufficient for export shipment.
「당사는 케이스가 너무 연약하고 포장이 수출품선적에는 충분하지 않았다고 생각합니다.」

(2) 대책의 요청

◆ This is the second time we have written to you about the same matter. We would like to have some assurance that you have taken steps to avoid a recurrence of this problem.
「동일한 사안에 대하여 귀사에게 두 번째 씁니다. 귀사가 이 문제가 다시 발생하는 것을 방지하기 위한 확실한 조치를 취한다는 보장을 받고자 합니다.」

◆ We, therefore, leave it to your opinion whether you will grant 20% allowance or take back the goods, and ask you to fax to us your decision.
「당사는, 그러므로, 귀사가 20%의 가격공제를 할 것인지 아니면 반품할 것인지 귀사의 의견을 따르고자 하며 귀사의 결정을 팩스로 당사에 알려주시기 바랍니다.」

◆ In these circumstances, we have to claim compensation of US$10,000 from you for damage.
「이러한 상황에서, 당사는 손상에 대하여 귀사로부터 1만 달러의 배상을 청구합니다.」

◆ The customers make a claim on my company for the damage.
「고객들이 당사에 그 손해에 대하여 클레임을 제기하였습니다.」

[클레임을 제기할 때 쓰는 표현]
  lodge[effect, enter, make, place, submit] a claim for the damages[the loss, the inferior quality]

against(with) a person = 손상[손실, 불량품]에 대하여 클레임을 제기하다.

(3) 경위의 설명

◆ As soon as we received your letter, we contact the shipping agents to check into the matter and asked our shipping department to trace this matter thoroughly.
「귀사의 서신을 받자마자, 당사는 이 문제를 조사하기 위하여 선적대리인에게 연락을 했으며 당사의 선적부에 이 문제를 철저히 조사하라고 요청했습니다.」

◆ The damage by fungus seems to have been on account of the fact that the goods were exposed in the broken cases to humidity upon landing.
「곰팡이로 인한 손상은 파손된 케이스에서 물품이 양륙될 때 습기에 노출되었기 때문입니다.」

◆ The great pressure of orders for these goods since you placed an order has made it impossible to produce as we wish, although all of our automated lines have been fully operated day and night.
「당사의 자동화라인이 밤낮없이 완전히 가동되었음에도, 귀사가 주문한 이래 본 물품의 주문이 폭주하여 당사가 바라는 대로 생산하는 것이 불가능했습니다.」

(4) 클레임 제기에 대한 반박

◆ We must **disclaim all liabilities** in this case. In support of this statement we point out that we hold clean B/L.
「이 경우 당사는 모든 책임이 면제됩니다. 이를 뒷받침하기 위해서 당사는 무사고 선하증권을 갖고 있음을 밝혀 둡니다.」
   ▶ disclaim : 면책되다.   ▶ liability : 책임, 의무, 부채

◆ As goods were packed **with great care**, we can only conclude that our shipment was **stored or handled carelessly in the course of transit**.
「제품은 세심한 주의를 해서 포장되었으므로 당사는 당사의 선적품이 운송과정에서 부주의하게 다루어졌다고 결론지을 수 있습니다.」
   ▶ in the course of transit : 운송도중에 (=en route, on the way)

◆ The delayed shipment is wholly **attributable to** the absence of timely instructions.
「선적이 지연된 것은 전적으로 귀사의 지시서가 제때에 보내지지 않았기 때문입니다.」
   ▶ delayed shipment : 지연된 선적   ▶ wholly : 전적으로 (= entirely, completely)
   ▶ attributable to : ~ 하기 때문에, ~ 에 기인하여   ▶ timely : 제때에

◆ The signature on the loading documents shows that everything was in order at the time

the goods were packed onto the ship.
「운송서류의 서명에서 보듯이 물품은 선박에 적재될 당시 아무런 이상이 없었습니다.」

◆ We can only assume that the shipment suffered the damage you mentioned while it was being unloaded or while it was being trucked to your warehouse.
「당사는 선적품은 귀사가 언급한 손상이 양륙 중에 일어났거나 아니면 귀사의 창고로 트럭운송될 때 일어난 것으로 추정할 뿐입니다.」

◆ We have enclosed copies of documents which will prove that the goods left port in good condition.
「당사는 물품이 항구를 떠날 때 아무런 이상이 없었음을 입증하는 서류들을 동봉합니다.」

◆ We feel that the shipping company is responsible for the shortage and we suggest that you take up the matter with them rather than us as we have obtained a clean B/L.
「당사는 수량부족은 선박회사에 책임이 있다고 생각하며 당사는 무사고선하증권을 보유하고 있으므로 당사보다는 선박회사에 이 문제를 제기하시기 바랍니다.」

(5) 해결방안의 제시

◆ Concluding that further delay would only lead to our mutual loss, we decided to **meet you halfway** by withdrawing our proposal.
「더 지연되면 상호 간 손실을 초래할 뿐이라는 결론을 내렸기 때문에 당사는 당사의 제의를 철회함으로써 귀사와 타협할 것을 결정했습니다.」
▶ meet one halfway : 타협하다, 양보하다.

◆ We would like **either** to send you the right goods as soon as possible **or** to give you **a special allowance of 20% off the invoice amount**.
「이번 클레임을 해결하기 위해 가능한 한 빨리 올바른 상품을 보내거나 송장금액의 20%를 특별 공제해 드리고자 합니다.」

◆ May we ask you keep the goods to save the return freight if we make you an extra allowance of 20%?
「반송운임을 절약하기 위하여 당사가 20%의 추가공제를 해 드리면 물품을 보관하실 것을 요청해도 되겠습니까?」

◆ In order to adjust this matter, we will refund the amount you paid for invoice No. 345, and reimburse you for the cost of shipping the goods back to us.
「이 문제의 조정을 위하여, 당사는 청구서 No.345에 대하여 귀사가 지급한 금액을 환불해 드리고, 당사에 물품을 반송하는 비용을 배상해 드리겠습니다.」

(6) 상대방 요구의 거절 및 맺음말

- Please adjust your claim to 10% instead of 20%, which is quite unreasonable from our point of view.
  「귀사의 배상청구를 20% 대신에 10%로 조절해 주시기 바랍니다. 이는 당사의 관점에서 볼 때 너무나 불합리한 것입니다.」

- Upon looking into the matter, we find that we sent you goods exactly equal to the sample ; we therefore are unable to consider your demand for a discount.
  「이 문제를 조사한 다음, 당사는 견본과 똑같은 물품을 귀사에 송부했으므로 귀사의 할인요구를 수용할 수 없습니다.」

- We would like to suggest that this claim be settled in accordance with the arbitration rules of the Korean Commercial Arbitration Board.
  「당사는 한국상사중재위원회의 중재법에 따라 본 클레임을 해결할 것을 제안합니다.」

- Again let us apologize for the delay and let us assure you that measures have been taken to prevent a repetition, so that a similar situation will not arise.
  「지연에 대하여 다시 한 번 사과드리며 반복되는 일이 없도록 조치를 취했으며 유사한 상황이 발생하지 않도록 하겠습니다.」

- We are glad that we could come to such an amicable agreement. We hope that through this occasion we can strengthen our friendship.
  「당사는 우리가 이렇게 우호적인 협의에 이르게 되어 기쁩니다. 당사는 이번 경우를 통하여 우리의 우정이 단단해지길 바랍니다.」

- If you need anything else, we will be more than happy to assist you in any way we can.
  「다른 어떤 것이 필요하시면, 당사가 할 수 있는 어떤 것이든 기꺼이 도와드리겠습니다.」

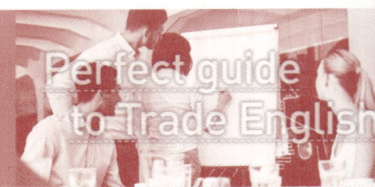

제25장 Business Writing과 출제유형분석

무역영어 1급에서 출제되는 지문들은 상당히 장문이고 복합적인 내용을 담고 있어서 제한시간 내에 풀기 위해선 상당한 실력의 독해력이 있어야 한다. 또한 작성자(writer)와 수신자(reader)사이의 적절한 대응문구를 찾는 문제가 많이 등장하므로 무역단계별 진행 상황에 대한 전체적인 이해를 요구하고 있다. 이에 대비하여 **여기서 제시된 서신들은 시험의 출제 패턴에 익숙해질 수 있게끔 가급적 거래상대방이 서로 응답하는 형식으로 쌍을 이루도록 구성되었다.** 가장 빈출되고 앞으로 출제될 것이라고 예측되는 문장들만 가려 뽑았으므로 실제 시험에서 많은 효과를 볼 수 있으리라 확신한다.

앞장(Various Expressions)에 있는 단문의 숙지만으로도 충분히 이해가 될 수 있는 문장으로 구성되었다. 정확한 해석이나 지엽적인 문법에 집착하지 말고, 전체의 흐름을 파악한다는 느낌으로 빠른 시간 내에 여러 번 반복하여 읽어서 비즈니스레터의 문장 구성에 익숙해 주길 바란다.

다음의 질문 유형들을 생각하면서 읽어두면 시험에 큰 도움이 될 것이다.

Tip 1. 문장의 논리전개를 생각한다. - 문장을 순서대로 연결하기

작성된 서신의 문장을 순서 없이 나열하여 논리적으로 재구성하는 문제가 많이 출제된다. 모든 서신은 인사말(서두)과 함께 편지를 쓴 이유와 목적, 실제적인 내용, 맺음말의 순서로 구성되어 있음을 잘 알고 재배열할 때는 이러한 순서대로 구성하여야 한다. 항상 문장의 시작 부분과 마지막 부분부터 찾아야 하며 가장 효율적인 방법은 마지막 맺음말 부분을 찾는 것이다.

- Please put the sentences below in the most appropriate order.
- Put the sentences in the correct order.
- Which of the following best puts the sentences (A)~(D) in order?

Tip 2. 누가 누구에게 보내고 누가 답장을 한 것인가?

무역거래의 관계 당사자들 - 매매당사자, 본사와 대리점, 화주와 운송인, 보험계약자와 보험자 등 - 중에서 누가 작성하고 누구에게 보내는 것인지를 잘 살펴야 한다. 작성자와 수신자 사이의 적절한 대응 문구를 찾는 문제도 많이 등장한다.

- Which of the following CANNOT be included in a reply to the letter?
- Who is Ms. ABC most likely to be?
- Which of the following is LEAST likely to be included in a reply to the letter above?

Tip 3. 무역단계별 상황을 파악해 본다.

지문의 전후 상황을 상상해 본다. 어떤 단계에서 작성된 지문이며, 이 지문의 전단계와 이후에는 어떤 상황으로 전개될 것인지를 생각해 본다.

- Which of the following is MOST likely to appear right BEFORE the passage below?
- Which of the following is MOST likely to come before the passage below?

Tip 4. 어떤 식으로 답장을 작성하고, 상대방은 어떻게 반응할 것인가를 생각한다.

제시된 지문의 상황에 따라 자신이 관련 당사자라고 생각해본다. 상대방의 요구나 제안에 어떻게 응답하고, 자신의 답신에 대하여 상대방이 취할 수 있는 반응에 대해서 생각해본다.

- Which of the following is MOST likely to be mentioned in the previous letter?
- Which of the followings is NOT APPROPRIATE as part of the reply to the letter below?

Tip 5. 지문의 내용을 파악하고 상황을 추론해 본다.

이런 유형의 문제는 전체 내용을 파악한 다음 답을 찾아야 하는 경우가 많아서 시간을 많이 요구한다. 빠른 시간에 내용을 파악해야 하므로 속독능력이 요구된다. 제시문의 작성자와 반대인 상황을 묻는 내용이 많으므로 누가 어떤 목적을 갖고 작성했는지 주의 깊게 파악해야 한다.

- Which statement CANNOT be inferred from the dialogue?
- Which of the following is AGAINST the logic from the letter?
- Which of the following fits LEAST in the letter below?
- Which of the following is NOT TRUE according to the letter below?
- According to the flow of the letter, where is the MOST appropriate place for the sentence below?

Tip 6. 수식어구와 특정 표현의 사용, 어법에 주의한다.

주로 지문을 제시하고 빈 칸 채우기, 밑줄친 부분을 다른 말로 바꾸기(변용하기), 서로 다른 의도를 갖고 있는 문장의 형태 등을 묻는 형식으로 출제된다. 다양한 형태로 매회 3~5문항 정도 출제될 정도로 전통적인 형식의 문제이다. 주로 전치사의 쓰임, 특정 전문용어나 상용구문의 삽입, 수동태와 능동태의 쓰임 등을 묻는다.

- Which of the following is NOT appropriately rewritten to have the same meaning?
- Which of the following best completes the letter?
- Which of the following fits in the blanks?
- Which of the following most INCORRECTLY paraphrase the underlined?

Tip 7. 지문의 주제를 생각해본다.

이러한 형태의 문제는 무역관련 자격증 시험뿐만 아니라 토익 등 대다수 어학시험에서 자주 활용되는 유형이다. 평소 꾸준한 독해실력이 바탕이 되어 있어야 하며 무역관련 서신이나 문장을 자주 읽어서 주제어, 핵심구문을 찾는 연습을 많이 해두어야 한다.

- What is the subject of the letter?
- Which of the following is the BEST title for the passage?

Tip 8. 낯선 것은 미룬다.

무역영어의 1, 2교시 과목인 영문해석과 영작문 50문항은 대부분 무역관련 내용이 출제되지만 2~3 문항 정도는 무역외 관련 분야에서 출제된다. 주로 토익에서 많이 다루는 경제, 경영, 세미나, 인수·합병 등에 관한 내용이 출제된다. 문장이 어렵고 낯선 용어가 많이 등장하며 문장이 길다는 특성을 갖고 있다. 이는 수험생의 심리적 압박을 가중시키기 위해 전략적으로 출제되는 문제이므로 자신의 영어실력을 넘는 문제라고 판단되면 과감히 건너뛰고 나중에 시간이 있을 때 다시 보던가, 아니면 그날의 럭키 넘버로 해결하는 것이 현명하다. 무역이론, 실무 등을 공부하면서 익혔던 낯익은 용어로 구성된 문제에 집중해야 한다. 비중도 미미한 이런 문제를 해결하려고 하면 시간을 많이 소비하여 정작 풀 수 있는 가벼운 문제를 놓치게 된다.

이 원칙은 제3교시 무역실무 과목을 대할 때에도 똑같이 적용된다.

● 기출예문 01

Here's an especially handy two-in-one reference volume. The top half of every page serves as a standard dictionary, while the bottom half is a thesaurus that presents selected words from the dictionary section and gives a list of synonyms for each. This (A)dictionary-thesaurus combination offers definitions of more than 50,000 words and phrases, augmented with over 80,000 synonyms. (B) Headwords in both sections are printed in color. (C)Each dictionary headword is designed by its part-of-speech and comes with one or more definitions. Every thesaurus headword - in addition to its (D)list of synonyms - comes with an example sentence that uses the word in context. Corresponding dictionary and thesaurus entries are always cited on the same page for fast, easy reference.

● 기출예문 02

Around 1910, the term marketing was added to the familiar terms distribution, trade, and commerce. Two of the people were instrumental in initially stating this concept were Ralph Starr Butler and Arch W. Shaw. Shaw distinguished three basic operations in business: production, distribution, and administration. Recalling Bohm-Bawerk's concept that business is concerned with motion of one sort or another, Shaw conceived marketing as "matter in motion". During the ten years following 1920, principles of marketing were first presented in book form, building upon foundations laid previously. Scattered concepts and tentative generalizations were integrated and much new material was incorporated into contemporary thinking. Paul was the first to actually use the title Principles of Marketing. During the 1920, many "principles" books were published. A tendency observed during the 1930s was the simplification of theoretical writings with a view to their use for elementary academic purposes. During this time, marketing grew as an academic discipline.

● 기출예문 03

Although telecommuting is still relatively unusual in companies, the number of people working from home rose more than sixty per cent between 2005 and 2009. The arrangement is supposed to have various benefits. For example, a Stanford study found that Chinese call-center employees who worked from home were thirteen per cent more productive.

Yet, most studies of telecommuting focus on it affects employees. Less often discussed is how telecommuting affects employers. The research on this suggests that the costs of telecommuting dwarf its benefits. On the simplest level, telecommuting makes it harder for people to have the kinds of interaction crucial to the way knowledge moves through an organization.

Digital communication tends to be very good for planned interactions, like formal meetings. But a lot of the value of working with people comes from all those interactions that are not planned. The fundamental point is that much of the value that gets created in a company comes from the ways in which workers teach and learn from each other.

Letter 1. 거래선 소개의뢰

Gentlemen :

We have been established here for over twenty years as exporters of Cotton goods. We have about 15years experience in this line of business and enjoy a high reputation in Korea for providing high-quality products.

Now we are interested in expanding our business to overseas markets and wish to establish business relations with qualified firms in your country. We would appreciate it if you would introduce us to reliable distributors or agents who are interested in marketing our products in your area.

Should you require any references regarding our standing and reputation we would like to recommend that you contact the following bank :

We look forward to your kind cooperation.
Very truly yours,

[Tips]
▶ in this line of business : 동 업계에서, 동 상품에서
▶ Should you require = if you require

Letter 2. 거래선 소개의뢰에 대한 답장

Dear Mr. Kim,
Thank you very much for your letter of March 7, 2018 expressing your desire to establish trade relations with firms in our country.

We are sure that you will be pleased to know that we mentioned your letter in the February 25th issue of "Trader's Club", our weekly magazine, which reaches thousand of merchants within the city of Mumbai and surrounding areas. You should henceforth expect to hear directly from interested firms.

We hope we can be of assistance to you. Please don't hesitate to ask us of anything further we can do for you.

[Tips]
▶ expressing your desire to establish : ~을 구축(수립)하고자 하는 당신의 의사를 표현한
▶ be of assistance : 당신에게 도움이 되다.   ▶ henceforth : 지금부터, 앞으로(from now on)

Letter 3. 거래선 소개의뢰 후 조회서신

Dear Steve,

We have recently learned from the "Trader's Club" bulletin of the New Delhi Chamber of Commerce that you wish to find a distributor for your product line within India.

We are very pleased to take this opportunity to introduce to you our company. For more than 15 years we have been importing and distributing cotton goods from various sources located in South-East Asia and North America.

We are always looking for ways and opportunities to expand our business activities. It has now come to our attention that there are available similar products from your country.

We are very interested in reviewing your product line to see how it can be suitable within our product range. We are especially interested in Men's Cotton Shirts.

If the quality is good and prices are competitive, we can assure you of a large volume of sales. Would you please send us samples and catalogs of your products together with trade terms?

We are looking forward with interest to your immediate reply.

Sincerely yours,

[Tips]
- bulletin : 회보, 고시
- take this opportunity to : ~ 할 기회를 갖다.
- come to our attention : 우리의 주의를 끌다, 우리가 관심을 갖게 하다
- business activities : 사업활동
- together with ~ : ~ 와 함께

Letter 4. 대리점지정 요청을 위한 조회

Dear Mr. Kallahan,

We have heard from our office in Ohio that you manufacture a wide range of high quality PCB drilling machines with good reputation and you are thinking of expanding your business into Asian Market. We understand that you have not yet been represented here and so we would like to offer our services as the sole distributing agent marketing your fine products in Korea.

We have been established here and in a fairly large way for the last ten years, during which time we have imported a wide range of electronic components from overseas and are supplying them to numerous end-products manufacturers in Korea and South-East Asia area. We also have had a lot of experience in representing foreign manufacturers including several internationally well known companies.

The PCB drilling machines market here both in Korea and South-East Asia is expanding rapidly. We estimate the demand for the machines will increase continuously for several years to come; on the other hand the competition in this field will be more and more intense. Considering these facts, we feel that the best way for you to penetrate our market is to take advantage of our sales network which we have spent the past several years developing.

Should you feel willing to make an arrangement with us, Shinhan Bank in Busan will give you any information you need with regard to our financial standing.

We are looking forward to hearing favorably from you soon, and trust that a mutually pleasant relationship may shortly be established.

Yours sincerely,

[Tips]
- PCB drilling machines : 회로설계 드릴링머신
- in a fairly large way : 꽤 큰 규모로
- penetrate : 진입하다, 침투하다, 뚫다
- take advantage of : ~을 기회로 삼다, ~의 이점을 이용하다.
- mutually pleasant relationship : 상호 간 좋은 관계
- sole distributing agent : 독점판매 대리인
- with regard to : ~에 관하여

Letter 5. 대리점지정 요청에 대한 답신

Dear Mr. Kim,

Thank you for your letter of July 10 expressing your desire to act as our agent in Korea and South-East Asia area. Although we very much appreciate your interest in our products, we are sorry that we are unable to accept your offer.

The reason is simply that we already have a distributor who handles all our products in the area you mentioned. This distributor has been handling our products on an exclusive basis covering the entire South-East Asia as well as Korea region for more than a few years and we are thoroughly satisfied with their services to date.
We, therefore, are sorry to inform you that we have no immediate plans to make any changes.

If you have any further interest in our products, we would like to refer you to our agent in your country :

Ms. Lee Chansook
24, Sambongro, Jongno-gu,
Seoul, Korea

Thank you very much for your inquiry.

[Tips]
- act as our agent : 당사의 대리인으로서 활동하다
- on an exclusive basis : 독점계약으로
- to date : 지금까지
- refer you to : 당신이 ~ 에게 문의(조회)하도록 하다

Letter 6-1. 은행신용조회 요청

Gentlemen and Ladies :

Your bank has been given as a reference by the following company, in their proposal to open a new business connection with us.

Nakamura Corporation
24, Chiyoda-Ku
Tokyo, Japan

We would be much obliged if you would furnish us with such information as you may deem necessary for us to make some evaluation regarding their credit worthiness.

We are particularly interested in knowing what line of business they are mainly engaged in and, if possible, your candid opinion regarding their financial responsibility, their mode of doing business, and the reputation they enjoy in your community. We would also be grateful for any other pertinent information you could furnish us.

Please be assured that any information you may give us will be held in strict confidence, and any expense to be incurred in connection with this inquiry will be gladly paid by us upon receipt of your bill.

We would very much appreciate it if you would give prompt attention to this matter.

Yours very truly,

[Tips]
- reference : 조회처, 문의처
- furnish us with : ~을 우리에게 제공하다
- candid opinion : 솔직한 의견
- mode of doing business : 사업운영방식
- make some evaluation : 몇 가지 평가를 하다
- be much obliged : 대단히 감사하다
- deem necessary : 필요하다고 생각하는
- be mainly engaged in : ~ 에 주로 종사하는
- prompt attention : 신속한 배려, 즉석의 조치

Letter 6-2. 은행신용조회 요청에 대한 답신

Gentlemen :
RE : Nakamura Corporation

As per your request of Aug 2, 2024, we are pleased to furnish you with the following summary of Nakamura Corporation.

The company you inquired of is one of the most well established firms within their industry here in Japan. Commencing operation in 1990 as manufacturers of mobile phone components, the company has been doing business on a large scale and has many good business relations both at home and abroad.

They have had an account with us since February, 1995. Since then we have been maintaining an excellent business relationship with them to our complete satisfaction.
The managing staff of the company is well-known to us and we have high confidence in their character, integrity, and financial responsibility.

We consider that Nakamura Corporation is a respectable company of good standing and quite reliable for normal business engagements.

We wish it to be understood that the above information is supplied confidentiality without any responsibility on our part and any opinion expressed herein is subject to change without notice.

We trust this information will prove helpful and assure you of our pleasure in being of assistance.

[Tips]
- as per : ~ 에 대해서
- integrity : 성실성, 진실성
- without notice : 통지 없이
- prove helpful : 도움이 되길
- our pleasure in being of assistance : 도움이 되었으면 좋겠습니다
- to our complete satisfaction : 우리는 아주 만족하여
- normal business engagements : 통상적인 거래 약속
- any opinion expressed herein : 여기에 밝힌 의견

Letter 7-1. 오퍼에 대한 반대오퍼

Dear Mr. Lee,

Thank you very much for your offer of March 10 and for sample of the Digital Camera DK-234 which you kindly sent us.

We are favorably impressed with the quality of your products which we believe are perfectly suited to the needs of the customers here.

However, we feel the prices of your products appear to be somewhat on the high side with regard to the market here. Please understand that the market here is very tight because there are so many Digital Cameras imported from Japan, Taiwan and China. In order for us to maintain competitiveness in this type of market, we need a steady supply of products at prices which are appropriate for the market.

May we ask you to reduce the unit price to US$110.00? This would greatly facilitate our ability to introduce your products to our customers. If you would be able to meet our request we are confident that we will be able to place orders with you on a regular basis.

We hope that you will take advantage of this occasion so that you will benefit from the expanding market.

We are awaiting your consideration and favorable reply.

Very truly yours,

[Tips]
- favorably impressed : 좋은 인상을 받다
- very tight : 경쟁이 치열한
- meet our request : 요구에 응하다
- on a regular basis : 규칙적으로, 계속적으로
- somewhat : 다소간, 약간
- facilitate : 촉진하다, 쉽게 하다

Letter 7-2. 반대오퍼에 대한 반대오퍼

Dear Mr. Parker,

We received your letter dated March 15 requesting a price reduction for our offer.

Unfortunately, we are not able to meet the price which you suggested for our Model DK-234, Digital Camera. Please understand that we would very much like to help you in this matter but we have already cut the price down to the absolute minimum.

As an excellent substitute for the article, we recommend you our Model DK-678 which is very similar to Model DK-234 in quality but at a lower price.
We are ready to offer you a special discount of 3% on our Model DK-678 to help you introduce it to the market. That would lower the price to US$ 94.00 per unit.

We truly hope you will take this advantage of this offer, which we will gladly honor until the 20th of March.

Letter 7-3. 반대오퍼에 대한 승낙

Dear Mr. Lee,

We are pleased to accept your offer of March 16 for 1,500 units of Model DK-678, Digital Camera, at a unit price of US$94.00 FOB Busan. Enclosed you should find our Purchase Order No. 980.

In order to cover the amount of this purchase we will arrange with our bankers an irrevocable sight letter of credit to be opened in your favor within a week.
When the goods are ready for shipment, please inform us, and we will send you detailed shipping instructions.

Since this transaction is very important for us, we would like to ask you to give it your utmost attention.

Sincerely yours,

Letter 8-1. 신용장의 개설통지

Dear Mr. Hong,

We are pleased to have received your Sales Note No. 5677 of March 25, 2024. Having found it correct, we signed it and sent the duplicate by DHL express on April 3.

We have already instructed CITI Bank, Washington to open an irrevocable letter of credit at sight in your favor the amount of US$16,000.00. The advising bank, Shinhan Bank in Busan, will transmit it to you within a couple of days.

We believe that you will execute our order in perfect condition according to the instruction specified in the L/C. As the products are urgently required, we would like to ask you to ship the goods by the earliest possible vessel.

We hope you will do everything possible to expedite the shipment

[Tips] ▶ expedite : 진척[촉진]시키다   ▶ execute : 이행하다

Letter 8-2. 신용장의 개설독촉

Dear Mr. Parker,

Thank you very much for your order No. 5677 of April 4, 2024.

However, we would like to draw your attention to the fact that we have not received the letter of credit covering your order.

Since we have a very limited amount of time to ship the goods during May we must urge our producers to expedite an early delivery of the goods. However, we cannot proceed without receiving your L/C. It will be impossible for us to secure the goods on time if we do not receive the L/C by April 10.

Therefore, we need you to open your L/C immediately. When we receive it we will make the arrangements for your order as quickly as possible.

Letter 8-3. 신용장의 정정요청

We received with thanks your letter of credit No. SY-9023 covering your order No. 5677 for Digital Cameras, Model DK-678.

Upon checking it, however, we found it stipulated that transshipment be prohibited. Owing to the fact that no direct vessel to Seattle is available from here, transshipment at Nagoya is necessary.

We, therefore, request that transshipment be allowed and send us an amendment notice for the L/C replacing the clause, "transshipment is prohibited" with the clause, "transshipment is allowed".

Please note that the amendment notice should reach us by the end of this month at the latest in order for the shipment to be made on time.

[Tips] ▶ amendment notice : 조건변경통지서   ▶ stipulate : 규정하다, 명시하다

Letter 8-4. 신용장의 기간연장 요청

We regret to inform you that there will be a delay in the shipping of your order No. 5677 due to circumstances beyond our control.

Our supplier has informed us that the work has been suspended for two weeks because of temporary labor strikes and so he was not able to meet the delivery date as previously arranged.

The strike ended yesterday and the supplier had assured us that he would give a special priority to deliver the goods as soon as possible.
However, a delay in shipment seems inevitable. We estimate that the delivery to us will be delayed by about two weeks and the shipping date will pass the scheduled shipping date of May 3.

Under these circumstances, we would like to ask you to extend the shipping and expiry date of the L/C respectively as follows :

[Tips] ▶ suspend : 보류[연기]하다, 중지하다.   ▶ special priority : 특별우선권

Letter 9-1. 선박 조회

Dear Sir :

We have 1,500 sets of PCB drilling machines weighing about 600kgs and measuring about 400 CBM for shipment from Busan to Seattle.

Would you please give us a sailing schedule and quote us the lowest rate of freight inclusive of lighterage, landing charges, dock dues, and all other expense and charges for them?

Your prompt reply will be highly appreciated.

[Tips] ▶ inclusive of : ~을 포함하여   ▶ special priority : 특별우선권
▶ lighterage, landing charges, dock dues : 부선료, 양륙비, 부두사용료

Letter 9-2. 선박 조회에 대한 답신

Dear Mr. Hong,

Thank you for your inquiry of April 27. We are pleased to inform you of our sailing schedule and freight rate for your cargo.

The nearliest vessel is the King Star which is due to sail on May 7. The second vessel available is scheduled to sail on May 12. The goods should have reached us by the 5th of May for the first vessel, or the 10th of May for the second vessel.

The freight from Busan to Seattle is US$ 25.00 per CBM, which is the lowest rate we can quote.

Please find enclosed our shipping request form, complete it, and return it to us as soon as possible.

[Tips] ▶ shipping request form : 선복요청서 양식

Letter 9-3. 선적기간 연장 요청

Dear Mr. Parker,

We are sorry to inform you that it has become impossible to complete the shipment of your order No.5677 within the stipulated date on account of a typhoon.

We have already completed everything for your order and all of the goods were ready for shipment. However, a typhoon struck the south part of the Korean peninsula on May 6 and the M/S King Star, the vessel chosen for your goods, suffered serious damage and her May 7th departure was cancelled indefinitely.

Moreover, because of disaster, a considerable amount of cargo has been congested and it has become quite difficult to secure any shipping space.

Under these circumstances, a shipment delay of about half a month is unavoidable. However please rest assured that we will do everything possible to forward the goods as soon as possible.

In the meantime, we hope you will agree to extending the shipping date until the 25th of May.

Though the delay is beyond our control, we are none the less sorry for the inconvenience this must be causing you.

We appreciate your patience in this matter and we look forward to your cooperation.

[Tips]
- on account of : ~ 때문에
- disaster : 천재지변, 재앙
- unavoidable : 피할 수 없는
- meantime : 그 동안에, 한편
- indefinitely : 무기한으로
- congested : 혼잡한, 정체된
- please rest assured : 안심하십시오
- none the less(nonetheless) : 그래도, 역시, 그러함에도

Letter 10-1. 보험 가입 요청

Dear Sir :

We are writing this letter to request that you insure the shipment against All Risks, including War Risks, to the value of US$15,000.00 for 1,500 sets of Digital Camera at the rate of 1.05% as you quoted us by fax on the May 2.

The goods will be loaded on the M/S Poseidon sailing from Busan to Seattle on May 15.

Enclosed please find a copy of the commercial invoice and we will remit payment to your bank account for the premium upon receipt of your bill.

Please be good enough to insure our cargo immediately and send us the policy as soon as possible.

[Tips]
- insure against : ~ 의 조건으로 보험에 들다.
- to the value of : ~ 의 가액에 대해서(여기선 보험금액)
- at rate of : ~ 의 보험요율로
- premium : 보험료

Letter 10-2. 적하보험 부보 사실의 통지

Dear Mr. Hong,

Thank you for your letter of May 6. As you requested, we are pleased to inform you that we have effected insurance against All Risks, including War Risks at the rate of 1.05% to the value of US$15,000.00.

Enclosed is a copy of the pertinent insurance policy. Please check to see if everything is to your satisfaction.

Also enclosed is the invoice totaling US$ 157.50 and our bank account information. Please transfer the appropriate amount for the premium to our account.

Thank you very much and it is always a great pleasure for us to serve you.

[Tips]
- effect insurance : 보험에 들다
- pertinent insurance policy : 관련 보험증권
- totaling : 총액이 ~ 인

Letter 11. 수출대금 환어음 발행 통지

Dear Mr. Parker,

We are glad to inform you that we have shipped 1,500sets of our Digital Cameras, order No. 5677 via the M/S Poseidon sailing from Busan on May 15.

To cover the shipment, we have drawn our draft on CITI Bank, Washington, at sight for the invoice amount of US$15,000.00 under L/C No. ARK15690 and negotiated it with Shinhan Bank, Busan. We kindly ask you to protect the draft by the L/C issuing bank upon presentation.

All shipping documents are being forwarded to CITI Bank, Washington through our negotiating bank, and we are enclosing a copy of the shipping documents as requested.

[Tips]
- to cover the shipment : 선적대금조로
- under the L/C : 신용장에 의거하여
- protect the draft : 어음을 결제하다
- draw draft on ~ : ~를 지급인으로 하여 환어음을 발행하다
- for the invoice amount of : ~ 의 송장금액에 대해서

Letter 12. 대금지급 연기 요청

Dear Mr. Hong,

Thank you for your letter of June 17 reminding us that our payment for your invoice No.1234 is overdue.
We have been unexpectedly faced with some difficulties collecting payment from some of our customers. As a result, we are experiencing a temporary inability to meet our payment obligations.

We would be very grateful if you would grant us a delay of one month to make the payment on your invoice. You may be certain that we will be able to settle our outstanding balance by July 25.
We hope you will excuse us for the delay and ask for your patience.

[Tips]
- reminding : 상기시키다, 일깨우다
- inability : 무능, ~를 할 수 없는 상태
- excuse : 참아주다, 용서하다
- overdue : 연체된, 지불기일이 지난
- you may be certain that : ~을 확신해도 좋다

Letter 13-1. 대금지급 독촉(Friendly reminder)

We write to inform you that we do not appear to have received payment for our invoice No. 1234 amounting to US$15,000 for the PCB drilling machines you ordered on July 2.

The payment was due on August 2. We are sure that this is an oversight on your part but must ask you to give the matter your prompt attention.

If payment has already been made, kindly disregard this notice. Should you have any queries about your account, please do not hesitate to contact us.

[Tips] ▶ oversight : 간과하다, 실수로 빠트리다   ▶ query : 질문, 의문

Letter 13-2. 대금지급 독촉(Firm reminder)

We are disappointed that we have not received any answers from you in response to our repeated requests of US$15,000 which is now two month overdue for payment.

Because you are a valued customer who has always been prompt in paying bills on time, we are wondering why we have not heard from you about this balance. However, we are also sure that you do not want to lose our credit standing.

[Tips] ▶ valued customer : 소중한 고객   ▶ balance : 잔액, 미불금(outstanding balance)

Letter 13-3. 대금지급독촉의 최후통첩(Ultimatum or Final)

This is to inform you that after five reminders and several telephone calls, you still have not made any effort to settle your past due account of US$15,000.

If we do not receive your remittance in full by the end of this month, we will find it necessary to take legal procedures to protect ourselves. Therefore, we are now putting the matter into the hands of our attorney.

Please understand that we are very reluctant to take this action, but in consideration of the circumstances, we find no alternative.

[Tips]   ▶ legal procedures : 법적절차   ▶ reluctant : ~을 꺼려하는
▶ put the matter into the hands of our attorney : 당사의 변호사에게 넘기다

Letter 14-1. 계약위반 물품에 대한 클레임 제기

We inform you that we have received the Ladies Shoes materials for our order No. 9788 shipped via M/S Kingdom.

Upon unpacking the cases, we found that the quality was far inferior to the sample on which we placed the order.

The materials are quite unsuited to the needs of our customers so we have no choice but to ask you to take them back and replace them with materials of the quality ordered. If this is not possible, then we are afraid we will have to cancel our order and ask you to reimburse us for the amount we deposited for the order.

If you contrast the enclosed sample of your shipment with the original sample, we are sure you will agree to this inferiority of the goods.

We are ready to return the whole lot at your expense. If you have a better way to settle, please let us know immediately.

[Tips]
- inferior to : ~보다 열등(열악)한
- reimburse : 상환하다
- replace A with B : A를 B로 대체하다
- quite unsuited : 전혀 적합하지 않다

Letter 14-2. 계약위반 물품에 대한 클레임 제기에 대한 답신

We deeply regret to learn from your letter of September 10 that you are not satisfied with the goods which we shipped on September 2 for your order.

Please understand that this is a very unusual case for us, so we are very concerned about any inconvenience we may have caused you.

Upon receipt of your letter, we contacted the manufacturers to check into the matter and asked our shipping department to trace this matter thoroughly.

As the matter is under investigation now, we are not yet able to make clear our position. As soon as the result of this investigation is determined, we will contact you again and discuss how this problem can be solved. It goes without saying that we are ready to take responsibility if we are found to be at fault.

In the mean time we would like to ask you to send us by airmail a couple of samples of each of the goods, at our expense, for our inspector to examine.

[Tips]
- very unusual case : 아주 드문 경우
- thoroughly : 철저하게
- it goes without saying that : 말할 것도 없이
- at our expense : 당사의 비용으로

| 제25장 | Business Writing과 출제유형분석 **295**

Letter 15-1. 물품 파손에 대한 클레임 제기

We thank you for having shipped our order No.9910 for PCB drilling machines via M/V Koreana, however, we regret to inform you that 7cases were found to be crushed and their contents badly damaged.

We found that the cases were too fragile and the packing was insufficient for ocean transportation and so the contents of the crushed cases were broken and are now in an unsaleable condition. We enclose the authorized surveyors report showing the damage to be the result of poor packing.

We ask you, therefore, either to send us your replacement right away by air freight at your expense or to reimburse us US$ 12,000 to cover the price of the damaged goods and our losses accrued for the import duty and charges of the inspector.

[Tips]　▶ fragile : 연약한　　　　　　　　▶ authorized surveyors report : 공인검사관의 보고서

Letter 15-2. 물품 파손 클레임 제기에 대한 반박

Thank you very much for your fax of yesterday informing us that the goods supplied to you were damaged upon delivery. Because you may think that we should be responsible for the damage of this consignment, we must clarify our position as follows :

Firstly, the goods were inspected thoroughly by us before packing and loaded onto the vessel in perfect condition. The clean on board B/L shows that everything was in order at the time the goods were loaded onto the vessel.

Secondly, the packaging was in full compliance with the standards of packing for international ocean transportation and the specification of the packaging were agreed upon by you in the contract.

Thirdly, since this transaction is based on FOB, we are free from any liabilities for the shipment upon loading onto your designated vessel.

Fourthly, we are of the opinion that the damage done to the goods was caused by rough handling during the voyage or during unloading at your port.

Under these circumstances, we would suggest that you file a claim with the insurance company or shipping company. You may trust that we will cooperate with you in expediting the process of your claim of loss

If you need any further assistance, we will be more than happy to assist you in any way we can.

[Tips]　▶ clarify our position : 당사의 입장을 명확히 하다　▶ in full compliance : 완전히 ～ 에 따라
　　　　▶ your designated vessel : 귀사가 지정한 선박　　　▶ file a claim with : ～ 에게 손해배상을 제기하다

Letter 16-1. 물품 인도지연에 대한 클레임 제기

We inform you that we cannot accept our order because they arrived nearly one month past the agreed upon delivery date. We had already pressed you for these goods in two previous letters dated July 10 and August 5 in which we strongly advised that the goods should arrive here by the end of August in order for us to sell them during the autumn season.

Our failure to receive the goods on time has brought upon us serious problems. We cannot evade not only the great confusion in our business schedule of this year but also the loss of our credit to our business associates.

We are enclosing a financial statement of our losses by this delay, and asking you to arrange the compensation without delay. In the meantime we are holding the goods at your disposal awaiting your reply.

[Tips]
- press : 강조하다, 밀다, 재촉하다
- financial statement : 금전계산서, 계산서
- business associates : 사업거래처, 사업거래선
- at your disposal : 귀사가 임의처분할 수 있도록

Letter 16-2 물품 인도지연 클레임에 대한 답신

Please accept our sincere apologies for this matter.

Please allow us to explain. Last month, there was a series of nationwide labor strikes here in Korea which lasted for 10 days. Due to this, we experienced a shortage of materials needed for the production of our goods.

Despite all our best efforts, we were not able to secure some key materials in time to meet our planned production schedule. And even though we sped up production after obtaining the materials, it was impossible for us to ship on time.

To date, we have enjoyed a reputation of punctuality, but this time, we regret that we could not avoid a delay of delivery in spite of our best efforts.

Although the delay was mostly attributable to a cause beyond our control, we offer our sincere apologies for it. As a result, we are ready to compensate your loss caused by the late delivery and will be grateful if you accept the goods with a 20% reduction of price. We are expecting that this will be a satisfactory solution and we assure you that this sort of incident will not occur again.

[Tips]
- a series of nationwide labor strikes : 일련의 전국적인 파업
- attributable to : ~ 에 기인하는
- speed up : 박차를 가하다, 속도를 내다
- planned production schedule : 계획된 생산일정
- occur : 발생하다

Business Writing 예문 해석

Letter 1. 거래선 소개의뢰	안녕하십니까, 　당사는 면제품의 수출업체로서 설립된 지 20년이 넘었습니다. 　당사는 이 분야에서 약 15년의 경력을 갖고 있으며 고품질 제품을 공급함으로써 한국에서는 높은 평판을 누리고 있습니다. 　현재 당사는 해외시장으로 당사의 사업을 확장하고자 하여 귀국의 실력있는 업체와 거래관계를 맺고자 합니다. 　귀지역에서 당사의 제품을 판매하는 데 관심이 있는 신뢰할만한 판매업체나 대리점을 소개해 주시면 대단히 감사하겠습니다. 　당사의 신용도와 평판에 대한 어떠한 자료가 필요하시면 다음의 은행으로 연락해 주시기 바랍니다. 　··· 협조해 주시길 바랍니다.
Letter 2. 거래선 소개의뢰에 대한 답장	안녕하십니까, 　우리나라의 기업과 거래관계를 맺고자 하시는 희망이 담긴 귀사의 2024년 3월 7일자 서신을 잘 받았습니다. 　뭄바이 시와 근방의 수천 명의 상인에게 전달되는 당사의 주간지 "트레이더스 클럽" 2월 25일호에 귀사의 서신을 실었습니다. 관심을 갖고 있는 회사로부터 직접 연락이 올 것입니다. 　귀사에게 도움이 되길 바랍니다. 당사가 줄 수 있는 어떠한 추가 사항이라도 언제든 연락 주십시오.
Letter 3. 거래선 소개의뢰 후 조회서신	안녕하십니까, 　당사는 최근 뉴델리 상공회의소를 통해서 귀사가 인도 지역에서 귀사 제품의 공급업체를 찾는다는 것을 알게 되었습니다. 　당사를 귀사에게 소개할 수 있는 기회를 갖게 되어 반갑습니다. 15년 넘게 당사는 동남아시아와 북미 지역의 다양한 거래선으로부터 면제품을 수입하고 공급해 왔습니다. 당사는 항상 당사의 사업영역을 넓힐 기회를 찾고 있습니다. 귀사로부터 이제야 유사한 제품을 구할 수 있음을 알게 되었습니다. 　당사는 귀사의 제품이 우리가 판매할 물품에 해당되는지를 보기 위해 귀사의 제품군을 검토해보고 싶습니다. 당사는 특히 남성용 면셔츠에 관심이 있습니다. 　품질이 우수하고 가격이 경쟁적이라면, 당사는 대량 주문을 하겠습니다. 거래조건과 함께 견본과 귀사 제품의 카타로그를 보내주십시오. 　곧 연락을 주실 것을 관심을 갖고 기다리겠습니다.
Letter 4. 거래선 소개의뢰	캘러한 씨 안녕하십니까, 　당사는 귀사가 광범위한 고품질 PCB 드릴링 머신을 생산하는 것으로 평판이 높고 귀사의 사업을 아시아 시장으로 확대하려고 생각하고 있음을 오하이오에 있는 당사의 사무실로부터 알게 되었습니다. 당사는 귀사가 아직 이곳에 대리점이 없다고 생각해서 한국에서 귀사의 뛰어난 제품을 판매하는 독점대리점으로서 당사의 서비스를 제공하고자 합니다. 　당사는 이곳에 설립된 이후 해외에서 여러 종류의 전자부품을 수입해서 지난 10여

	년 동안 꽤 큰 규모로 한국과 동남아시아 지역의 많은 최종 제품 제조업체에 이를 공급해 왔습니다. 당사는 몇몇 국제적으로 널리 알려진 업체를 포함해서 외국 업체를 대리한 많은 경험이 있습니다. 　한국과 동남아시아의 이곳 PCB 드릴링 머신 시장은 급속히 팽창하고 있습니다. 당사가 어림해 보건데 이 장비의 수요는 앞으로 수년간 지속적으로 증가할 것입니다; 즉 이 분야의 경쟁이 갈수록 치열해 질 것입니다. 이러한 점을 고려해 볼 때, 귀사가 우리의 시장을 뚫기 위한 가장 좋은 방법은 당사가 지난 수년간 구축해 온 당사의 판매망을 활용하는 것입니다. 　당사와 협의할 생각이 있으면, 신한은행 부산지점에서 귀사가 필요로 하는 당사의 신용상태에 대한 어떠한 정보라도 귀사에게 제공할 것입니다. 　귀사로부터 곧 호의적인 답장이 오길 바라며, 짧은 시간에 상호 좋은 관계가 이루어지길 바랍니다.
Letter 5. 대리점 지정 요청에 대한 답신	안녕하십니까, 한국과 동남아시아 지역에서 당사의 대리점 역할을 하고 싶다는 희망을 말씀하신 귀사의 7월 10일자 서신을 잘 받았습니다. 당사 제품에 관심을 가져주신 데 대해 대단히 감사하지만, 귀사의 제안을 받아들일 수 없어서 미안합니다. 　이유는 단순하게도 당사는 이미 귀사가 언급하신 지역에서 당사의 제품을 취급하는 공급업체를 갖고 있습니다. 이 공급업체는 수년 넘게 한국뿐만 아니라 동남아시아 전 지역을 독점 취급하는 것을 기본으로 해서 당사의 제품을 취급해왔으며 지금까지 이 업체의 서비스에 아주 흡족해하고 있습니다. 당사는, 그러므로, 지금 당장 어떠한 변경을 할 계획이 없음을 알리게 되어 미안합니다. 　당사 제품에 추가 관심 사항이 있으면, 귀국에 있는 당사의 다음 대리점에 조회해 주십시오. 　이창숙 종로구 삼봉로 24 서울, 한국 조회해 주셔서 대단히 감사합니다.
Letter 6-1. 은행 신용조회 요청	안녕하십니까, 　당사와 새로운 거래 관계를 맺자고 제의를 해 온 다음 회사로부터 귀행을 신용조회처로 받았습니다. 　㈜나카무라 치요다구 24 동경, 일본 　귀행이 이 회사의 신용도에 관한 평가를 함에 있어서 필요하다고 생각하는 정보를 당사에 제공해 주시면 대단히 감사하겠습니다. 　당사는 특히 이 회사가 주 업무로 하고 있는 사업이 무엇인지 그리고, 가능하면, 이들의 재무 책임, 사업 태도, 그리고 귀행 지역에서의 이 회사에 대한 평판에 관한 귀행의 솔직한 의견에 관심이 있습니다. 당사는 또한 귀행이 당사에 제공하는 다른 적절한 정보를 주시면 감사하겠습니다. 　귀행이 당사에 주는 어떠한 정보라도 극비로 취급할 것이며 이 조회와 관련하여 발생한 어떤 비용이라도 청구서를 받는 즉시 지급할 것입니다. 　이 건에 대해 신속한 주의를 기울여 주시면 대단히 감사하겠습니다.

Letter 6-2. 은행 신용조회 요청에 대한 답신	안녕하십니까, 　제목 : ㈜나카무라 　귀사의 2024년 8월 2일자 요청과 관련하여, 당행은 다음과 같이 ㈜나카무라에 대한 요약 자료를 제공합니다. 　귀사가 조회하신 이 회사는 일본의 업계에서는 아주 견실한 회사입니다. 휴대폰 부품 제조업체로서 1990년대에 사업을 시작한 이래, 이 회사는 대규모로 사업을 해왔으며 국내외로 좋은 거래처를 많이 갖고 있습니다. 　이 회사는 1995년 2월부터 당행과 거래를 해왔습니다. 이후 이 회사와 아주 만족스럽게 거래 관계를 잘 유지해왔습니다. 이 회사의 임직원들을 당행은 잘 알고 있으며 이들의 인격, 성실성, 그리로 재무 책임에 대해서 자신할 수 있습니다. 　당행은 ㈜나카무라는 통상적인 거래 약속에 있어서 아주 뛰어나고 신뢰할 만한 회사로 보고 있습니다. 　당행은 상기 정보는 저희 측의 어떠한 책임도 없이 극비로 제공됨을 양해해 주시기 바라며 여기에 언급한 의견은 사전 통지 없이 변동될 수도 있습니다. 　당행은 이 정보가 유용하길 바라며 도움이 되었으면 좋겠습니다.
Letter 7-1. 오퍼에 대한 반대오퍼	안녕하십니까, 　귀사가 디지털 카메라 DK-234 견본과 함께 보내주신 귀사의 3월 10일자 오퍼를 잘 받았습니다. 　당사는 귀사 제품의 품질이라면 이곳 소비자의 요구에 딱 맞을 것이라는 좋은 인상을 받았습니다. 　그러나, 당사는 귀사 제품의 가격이 이곳 시장과 관련해서는 조금 높아 보인다고 생각합니다. 이곳의 시장은 일본, 대만 그리고 중국에서 수입된 많은 디지털 카메라 때문에 매우 경쟁이 치열하다는 것을 알아주시기 바랍니다. 이런 시장에서 당사가 경쟁력을 유지하려면, 이 시장에 적절한 가격대의 제품을 꾸준히 공급해야 합니다. 　개당 110달러로 가격을 낮춰줄 수 있겠습니까? 이렇게 해주시면 귀사의 제품을 당사의 고객에게 소개하는 데 아주 수월할 것입니다. 당사의 요구를 수락해 주시면 정기적으로 귀사에게 주문할 수 있을 것이라 자신합니다. 　당사는 귀사가 이 기회를 잘 이용해서 시장을 확대하는 데 도움이 되길 바랍니다. 귀사의 배려와 우호적인 답신을 기다립니다.
Letter 7-2. 반대오퍼에 대한 반대오퍼	안녕하십니까, 　당사의 오퍼 가격을 낮춰달라고 요청하신 귀사의 3월 15일자 서신을 잘 받았습니다. 아쉽게도, 당사는 당사의 디지털 카메라 모델 DK-234에 대해 귀사가 제의하신 가격을 수용할 수 없습니다. 이건에 대해 귀사를 도와드리고 싶은 마음은 간절하지만 당사는 이미 최저 수준으로 가격을 낮추었기 때문에 그렇다는 것을 이해해주세요. 　이 품목의 뛰어난 대체품으로서, 당사는 품질 면에서는 모델 DK-234와 유사하지만 가격은 더 낮은 모델 DK-678을 추천합니다. 당사는 귀사가 이 제품을 시장에 소개하는데 도움이 될 수 있도록 모델 DK-678을 특별히 3% 할인된 가격으로 제공해드립니다. 이렇게 하면 개당 94달러로 가격이 낮아지는 것입니다. 　당사는 진심으로 이 제안을 받아주시길 바라며, 3월 20일까지 답신을 주시기 바랍니다.
Letter 7-3. 반대오퍼에 대한 승낙	안녕하십니까, 　당사는 부산항 인도조건 개당 94달러로 하여 모델 DK-678 ,1500대에 대한 귀사의

| | 3월 16일자 오퍼를 수락합니다. 당사의 매입주문서 No.980을 동봉합니다.
　이 구매대금의 결제를 위해 당사는 일주일 이내에 당사의 거래은행이 취소불능 일람출급 신용장을 개설할 수 있도록 조치하겠습니다. 물품의 선적이 준비되면 알려주세요. 그러면 자세한 선적지시서를 보내드리겠습니다.
　이 거래는 당사에게 아주 중요하므로, 귀사가 최선을 다해 주시기 바랍니다. |
|---|---|
| Letter 8-1.
신용장의 개설통지 | 안녕하십니까,
　귀사의 2024년 3월 25일자 매매계약서 No.5677을 잘 받았습니다. 이를 확인하고 서명해서 4월 3일 DHL특송으로 부본을 보냈습니다.
　당사는 이미 시티은행 워싱톤지점에 귀사를 수익자로 하는 16,000달러짜리 취소불능 일람출급 신용장을 개설하도록 지시하였습니다. 통지은행인 신한은행 부산지점이 수일 내로 귀사에게 전송할 것입니다.
　당사는 귀사가 이 주문을 신용장에 규정된 조건에 따라 잘 이행해 주길 바랍니다. 물품이 시급히 필요하므로, 가장 먼저 이용할 수 있는 선박 편으로 선적해주시길 바랍니다.
　이 선적을 이행함에 있어서 최선을 다해 주시기 바랍니다. |
| Letter 8-2.
신용장의 개설독촉 | 안녕하십니까,
　귀사의 2024년 4월 4일자 주문서 No.5677을 잘 받았습니다.
그러나 당사는 귀사의 주문을 결제할 신용장을 아직 받지 못했다는 사실에 대해 귀사의 주의를 촉구합니다.
　5월 중에 물품을 선적하려면 시간이 얼마 없기 때문에 물품을 조기 인도하려면 당사의 제조업체를 독촉해야 합니다. 그러나 귀사의 신용장이 없으면 이 일을 진행할 수 없습니다. 4월 10일까지 신용장을 받지 못하면 제때에 물품을 확보할 수 없습니다.
　그러므로, 당사는 즉시 신용장을 개설할 것을 요청합니다. 당사가 이를 받으면 가능한 빨리 귀사의 주문을 처리하겠습니다. |
| Letter 8-3.
신용장의 정정 요청 | 　당사는 디지털 카메라 모델 DK-678에 대한 귀사의 주문서 No.5677을 결제하기 위한 귀사의 신용장 No.SY-9023을 잘 받았습니다.
　그러나 이를 살펴보니, 환적을 금지한다고 규정되어 있었습니다. 여기서 시애틀로 직행하는 선박이 없기 때문에 나고야에서 환적을 해야 합니다.
　그러므로, 당사는 환적을 허용해 줄 것을 요청드리고 신용장의 "환적을 금지한다"라는 조항을 "환적을 허용한다"라는 조항으로 교체하는 신용장의 조건변경통지서를 보내주시기 바랍니다.
　조건변경통지서가 늦어도 이달 말까지 당사에 도착해야 선적이 제때에 될 수 있음을 유념해 주세요. |
| Letter 8-4.
신용장의 기간 연장 요청 | 　당사가 통제할 수 없는 상황으로 인해 귀사의 주문서 No.5677의 선적이 지연됨을 알리게 되어 유감입니다.
　당사의 공급업체가 당사에 알려오길 일시적인 근로자 파업 때문에 2주간 작업이 중지되어 이전에 합의된 대로 인도 일자를 맞출 수 없다고 합니다.
　이 파업이 어제 종료되어 공급업체는 가능한 한 빨리 최우선적으로 물품이 인도될 수 있도록 하겠답니다. 그러나 선적 지연은 불가피해 보입니다. 당사가 어림해 볼 때 당사에게 약 2주정도 지연되어 인도될 것이며 그러면 선적일자가 원선적일자인 5월 3일을 넘길 것입니다.
　이런 상황에 따라, 신용장의 선적일자와 유효기일을 다음과 같이 각각 연장해 주시기 바랍니다 : |

Letter 9-1. 선박 조회	안녕하십니까, 　당사는 부산에서 시애틀로 가는 화물이 있는데 무게는 약 600kg 그리고 용적은 약 400CBM 정도 되는 드릴링 머신 1,500세트 입니다. 　운항 일정을 알려주시고 부선료, 양륙비, 부두사용료, 그리고 기타 비용과 할증료를 포함한 가장 낮은 운임으로 견적해 주십시오. 　빠른 답변 주시면 대단히 감사하겠습니다.
Letter 9-2. 선박 조회에 대한 답신	안녕하십니까, 　귀사의 4월 27일자 조회 서신을 잘 받았습니다. 당사의 운항 일정과 귀사 화물에 대한 운임을 알려드립니다. 　가장 먼저 이용할 수 있는 선박은 5월 7일 출항 예정인 킹스타 호입니다. 두 번째로 이용 가능한 선박은 5월 12일 출항 예정입니다. 첫 번째 선박을 이용하려면 5월 5일까지 화물이 저희에게 도착해야 하며 그렇지 않으면 두 번째 선박을 이용하기 위해 5월 10일까지 도착해야 합니다. 　부산서 시애틀로 가는 운임은 CBM당 25달러이며, 이는 당사가 견적할 수 있는 최저 요율입니다. 　선적요청서 양식을 동봉하니 이를 작성하셔서 가능한 한 빨리 당사로 보내주시기 바랍니다.
Letter 9-3. 선적기간 연장 요청	안녕하십니까, 귀사의 주문서 No.5677의 선적이 태풍으로 인해 규정된 기일 내에 선적할 수 없게 되었음을 알리게 되어 송구합니다. 　당사는 귀사의 주문을 이미 완성하고 물품 일체의 선적 준비를 끝냈습니다. 그러나 태풍이 5월 6일 한반도의 남부를 강타하여 귀사의 물품을 선적하기로 정해졌던 킹스타 호가 심한 손상을 입어서 5월 7일 출항이 무기한 취소되었습니다. 　게다가, 이 재해로, 상당한 화물이 적체되어 어떤 다른 선복을 확보하기도 매우 어렵게 되었습니다. 　이러한 상황에서, 약 보름 정도의 선적지연은 불가피합니다. 그러나 가능한 빨리 물품이 인도될 수 있도록 최선을 다할 것이니 안심하시기 바랍니다. 　아울러 선적일을 5월 25일까지로 연장하는데 귀사가 동의해 주시길 바랍니다. 이 지연은 저희가 통제할 수 없는 것이긴 하지만, 이로 인해 귀사에 끼친 불편함에 대해 죄송합니다. 　이 건을 잘 참아주셔서 감사드리며 협조를 바랍니다.
Letter 10-1. 보험 가입 요청	안녕하십니까, 　당사는 귀사가 5월 2일 팩스로 당사에 견적해 주신 바와 같이 전쟁위험을 포함한 전위험 담보 약관으로 하여 1.05% 보험요율에 디지털 카메라 1,500세트, 1만 5천 달러의 선적품에 대한 보험을 가입해 줄 것을 요청드립니다. 　물품은 5월 15일 부산서 시애틀로 출항하는 포세이돈 호에 선적될 것입니다. 　상업송장 한 부를 동봉하며 귀사의 청구서를 받는 즉시 보험료를 귀사의 은행 계좌로 송금할 것입니다. 　즉시 당사의 화물에 대한 보험계약을 체결해주시고 가능한 한 빨리 보험증권을 보내주세요.

Letter 10-2. 적하보험 부보 사실의 통지	안녕하십니까, 　귀사의 5월 6일자 서신 잘 받았습니다. 요청하신대로, 당사는 전쟁위험을 포함한 전위험 담보 조건으로 1만 5천 달러의 보험가액에 1.05%의 보험요율로 해서 보험계약을 체결하였습니다. 　관련 보험증권 한 부를 동봉합니다. 모든 것이 잘 되었는지 확인해 보세요. 또한 총액 157.50달러짜리 청구서와 당사의 은행 계좌 정보를 동봉합니다. 　보험료에 대한 이 금액을 당사의 계좌로 송금해 주세요. 　대단히 감사하며 귀사를 항상 최선을 다해 모시겠습니다.
Letter 11. 수출대금 환어음 발행 통지	안녕하십니까, 　당사는 5월 15일 부산을 출항하는 포세이돈 호 편에 귀사의 주문서 No.5677 디지털 카메라 1,500세트를 선적하였음을 알려드립니다. 　이 선적대금조로, 당사는 신용장 No.ARK15690에 따라 1만 5천 달러 청구금액에 대해 일람출급으로 워싱턴 시티은행을 지급인으로하는 환어음을 발행하였고 신한은행 부산지점에 매입을 의뢰하였습니다. 개설은행으로 서류가 제시되면 이 환어음을 결제해 주시기 바랍니다. 　모든 선적서류는 당사의 매입은행을 통해 시티은행 워싱톤지점으로 전달중이며, 요청하신 대로 선적서류 1부를 동봉합니다.
Letter 12. 대금지급 연기 요청	안녕하십니까, 　당사의 지급에 대한 귀사의 청구서 No.1234의 지급이 기한을 넘겼음을 알리는 귀사의 6월 17일자 서신 잘 받았습니다. 당사는 몇몇 고객으로부터 대금을 회수함에 있어서 뜻밖의 어려움에 처해있습니다. 이로 인해, 당사는 지급 의무를 이행하는 데 일시적인 어려움을 겪고 있습니다. 　귀사의 청구서 대금 지급을 한 달 연기해주시면 대단히 감사하겠습니다. 당사가 7월 25일까지는 당사의 미불 잔액을 처리할 것이라고 믿으셔도 됩니다. 　지연을 이해해주시고 조금만 참아주시길 바랍니다.
Letter 13-1. 대금지급 독촉	귀사가 7월 2일 주문하신 PCB드릴링 머신 총액 1만 5천불에 대한 당사의 청구서 No.1234에 대한 지급을 아직 받지 못했음을 알려드립니다. 　이 대금의 지급일은 8월 2일이었습니다. 당사는 귀사 측에서 빠트리신 게 아닌가 생각합니다만 이건에 대해 귀사가 신속히 처리해 주실 것을 요청합니다. 　이미 송금을 하셨다면 이 통보는 무시하십시오. 귀사의 계정에 대해 어떤 의문이 있으면, 언제든 저희에게 연락 주십시오.
Letter 13-2. 대금지급 독촉	당사는 두 달씩이나 지급기일을 넘긴 1만 5천불에 대한 당사의 거듭된 요청에 대한 어떠한 답장도 귀사로부터 받지 못해서 매우 실망입니다. 　귀사는 대금 지급을 제때에 신속히 해왔던 소중한 고객이었기 때문에, 당사는 왜 아직까지 귀사가 이 미불금에 대해 답을 주지 않는지 궁금합니다. 　그러나 당사가 갖고 있는 귀사에 대한 신용도를 잃는 것을 귀사가 원치 않는다고 생각합니다.

Letter 13-3.
대금지급 독촉의 최후통첩
	이것은 다섯 번의 독촉장과 몇 번의 통화 뒤에 말씀드리는 것인데, 귀사는 아직 지난 미불금 1만 5천불을 해결하기 위한 어떠한 노력도 하지 않고 있습니다.
	  이달 말까지 전액을 당사가 받지 못하면 당사가 스스로 대금을 회수하기 위하여 필요한 법적 절차를 찾을 것입니다. 따라서 당사는 당사의 변호사에게 이 건을 넘길 것입니다.
	  당사는 이러한 조치를 취하고 싶지 않지만, 상황을 고려해볼 때, 다른 방법이 없음을 이해해 주시기 바랍니다.

Letter 14-1.
계약위반 물품에 대한 클레임 제기
	당사는 킹돔 호에 실린 당사의 주문품 No.9788, 여성용 신발 원료를 받았음을 알려드립니다.
	  포장을 열어보니, 품질이 당사가 주문했던 견본에 비해 너무 열악합니다.
	  원료는 당사 고객의 요구와 너무 맞지 않아서 이들을 귀사가 다시 가져가시고 주문 품질의 원료로 교체해 주실 것을 요청합니다. 이것이 가능하지 않다면, 당사의 주문을 취소하고 당사가 주문 시 예치했던 금액을 돌려주시기 바랍니다.
	  원견본과 귀사의 선적품 견본을 대조해 보시면, 물품의 불량에 대해 귀사도 동의하실 것입니다.
	  귀사의 비용으로 전체 물량을 반송할 것입니다. 이의 처리를 위한 더 좋은 방법이 있으면 즉시 알려주십시오.

Letter 14-2.
계약위반 물품에 대한 클레임 제기에 대한 답신
	당사가 9월 2일부로 선적한 귀사의 주문품에 대해 귀사가 불만스러워 한다는 것을 9월 10일자 귀사의 서신을 통해 알게 되어 대단히 유감입니다. 이것은 저희에게 있어서 극히 드문 일임을 양해해주시고, 귀사에게 불편을 끼쳐드려 매우 송구합니다.
	  귀사의 서신을 받고, 당사는 제조업체에게 이건을 조사해보라고 연락했으며 당사의 선적부에 이것을 철저히 추적해보라고 요청해놨습니다.
	  현재 조사가 진행 중이므로, 당사는 아직 당사의 입장을 분명히 하기 어렵습니다. 조사의 결과가 나오는 대로, 다시 귀사에 연락드려서 어떻게 이 문제를 해결할 것인지 의논하겠습니다. 말할 것도 없이 당사의 잘못으로 드러나면 당사가 모든 책임을 지겠습니다.
	  또한 당사의 검사관이 검사할 수 있도록 각 물품의 견본 몇 개를, 당사의 비용 부담으로 하여, 항공편으로 보내주시기 바랍니다.

Letter 15-1.
물품 파손에 대한 클레임 제기
	코리아나 호를 통해 당사의 주문품 No.9910 PCB드릴링 머신을 선적해 주셔서 감사합니다. 그러나 케이스 7개가 부서졌고 내용물이 심하게 손상되었음을 알리게 되어 유감입니다.
	  케이스가 너무 연약했고 포장도 해상운송에 부적합해서 부서진 케이스의 내용물이 파손되어 판매할 수 없는 상태입니다. 손상이 포장의 부실로 인한 것임을 보여주는 공인검사관의 보고서를 동봉합니다.
	  당사는 그러므로 귀사의 비용 부담으로 하여 항공편으로 즉시 교체품을 보내주시든가 아니면 손상 물품의 가격과 수입관세로 지불한 당사의 손실금 그리고 검사관의 비용에 따른 12,000불을 상환해 주시기 바랍니다.

Letter 15-2. 물품 파손 클레임 제기에 대한 반박	귀사에게 공급한 물품이 손상된 채로 인도되었음을 알리는 귀사의 팩스를 어제 잘 받았습니다. 이 선적품의 손상에 대해 당사가 책임을 져야한다고 귀사가 생각하고 있기 때문에, 당사는 다음과 같이 입장을 분명히 하고자 합니다.:

	첫째로, 물품은 포장 전에 철저히 검사했으며 아무 이상 없이 선박에 적재되었습니다. 무사고 선하증권이 물품이 선박에 적재될 당시 아무런 이상이 없었음을 보여주고 있습니다. 둘째로, 포장은 국제해상운송에 적합한 표준포장을 준수했으며 포장의 세부 명세도 계약서상에 귀사가 동의했습니다. 셋째로, 이 거래는 FOB조건으로 진행되었기 때문에, 귀사가 지정한 선박에 물품이 적재된 후에는 당사는 아무런 책임이 없습니다. 넷째로, 당사는 물품에 발생한 손상이 항해 중 또는 귀국의 항구에서 양하될 때 부주의한 취급으로 발생한 것이라는 의견을 갖고 있습니다. 이러한 상황에서, 귀사가 보험회사 또는 선사에 손해배상을 청구할 것을 권해드립니다. 귀사가 손해배상을 청구함에 있어 당사는 귀사를 도울 것입니다. 어떤 추가적인 도움이 필요하시면, 기꺼이 당사가 할 수 있는 한 돕겠습니다.
Letter 16-1. 물품 인도 지연에 대한 클레임 제기	물품이 합의된 인도일을 1개월이나 넘어서 도착하였기 때문에 당사의 주문품을 받을 수 없음을 알려드립니다. 당사는 이미 7월 10일과 8월 5일에 두 번씩이나 사전에 서신을 보내 가을 시즌 동안에 물품을 판매하려면 물품이 반드시 8월 말까지는 도착해야 한다고 강력히 이미 귀사에게 강조했습니다. 제때에 물품을 받지 못해서 당사는 심각한 문제에 빠졌습니다. 당사는 올해의 판매 일정에 큰 혼란뿐만 아니라 당사의 거래처에 대한 신망을 잃게 되었음을 피할 수 없게 되었습니다. 당사는 이 지연으로 인한 당사의 손해보상청구서를 동봉하며 즉시 보상해 주길 바랍니다. 아울러 당사는 귀사의 답신을 기다리면서 귀사의 처분을 위해 물품을 보관하고 있습니다.
Letter 16-2. 인도 물품 지연 클레임에 대한 답신	이 건에 대해 심심한 사과의 말씀을 드립니다. 당사의 설명을 들어보십시오. 지난달, 한국에서 일련의 전국적인 파업이 일어나 10일간이나 지속되었습니다. 이로 인해, 당사는 주문품 생산에 필요한 원료의 부족을 겪었습니다. 최선을 다했음에도, 당사가 계획한 제조 일정을 제때에 맞추기 위한 핵심 원료를 확보할 수 없었습니다. 그래서 원료를 확보한 후에 생산에 박차를 가했음에도 제때에 선적할 수 없었습니다. 지금까지, 당사는 정시 인도로 평판이 좋았지만 이번에는 최선을 다했음에도 인도 지연을 피할 수 없었다는 것에 대단히 유감입니다. 비록 이번 지연이 대부분 당사의 불가항력에 기인한 것이긴 하지만, 이에 대해 심심한 사과의 말씀을 드립니다. 결과적으로, 당사는 인도 지연에 따른 귀사의 손실을 보상해 드리고자 하니 가격을 20% 낮추는 것으로 하여 귀사가 물품을 받아주시면 감사하겠습니다. 이것이 만족스러운 해결책이 되길 바라며 이런 일이 다시 발생하지 않도록 하겠습니다.

제2부 기출해설

퍼펙트
무역영어 1급
Perfect guide to Trade English

Part 1

Warm Up
무역실무 기초다지기

Warm Up
무역실무 기초다지기

　기출문제 해설에 앞서서 대하게 되는 'Warm up' 부분은 무역실무 문제에 대비하여 가장 기본이 되면서도 빈번하게 출제되고 응용되어 나올 수 있는 문제들만 엄선하였습니다. 무역실무 부분의 출제 경향과 유형을 전체적으로 파악할 수 있도록 구성하였습니다. 무역영어의 무역실무는 국제무역사의 무역실무와 달리 문항 수는 적으면서(국무사는 120문항) 범위는 오히려 더 넓어서 영어 부분보다 더 어렵게 느껴질 수 있습니다. 무역실무 부분의 문제를 많이 대함으로써 실제 출제되는 문제에 대한 응용력을 기르기 위하여 구성된 부분이므로 warm up 부분을 꼼꼼히 풀어보면 무역실무 문제 풀이에 상당한 효과가 있을 것입니다. 무역실무 파트는 무조건 10문항 이상을 득점하여 과락(40점 미만)을 면하고, 25문항 중 18~20개 문항 정도의 득점을 목표로 하는 것이 학습 분량의 부담을 줄이면서 효율적인 시간 안배를 할 수 있습니다.

　문제의 구성은 1급 위주로 편성하였으나 문제의 유형은 2급까지 폭넓게 적용될 수 있도록 구성하였습니다. 2급을 준비하는 수험생이라 하더라도 1급을 위주로 공부를 하는 것이 2급을 취득하는데도 훨씬 효과적이며 무역영어 1급과 국제무역사를 준비할 수 있는 확장성을 가질 수 있습니다. 아울러 기출문제를 무조건 외우려 하기보다는 무역의 개념과 용어를 정확히 이해하고 이를 바탕으로 기본적인 영어실력을 배양하는데 많은 시간을 들여야 합니다.

　무역실무 파트는 문항 수에 비해서 범위가 대단히 넓기 때문에 모든 실무 분야를 준비하기엔 상당히 어려운 과목입니다. 무역영어 1급에서 탈락하는 수험생의 대다수는 영어보다는 무역실무 부분의 과락 때문입니다. 본 장에서는 기출 응용 문제와 향후 출제 가능성이 있는 예상문제들로 구성하였습니다. 기본에서 고급까지 골고루 망라되어 있으므로 기출문제와 더불어 숙지하면 많은 도움이 될 것입니다.

※ 다음 문제를 읽고 알맞은 것을 하나 골라 답안카드의 답란(①, ②, ③, ④)에 표기하시오

01 다음은 승낙의 일반적인 요건을 설명한 것이다. 적절하지 않은 것은?

① 승낙은 절대적이고 무조건적이어야 한다.
② 승낙은 반드시 서면성을 갖추어야 한다.
③ 승낙은 약정된 기간 내에 이루어져야 한다.
④ 승낙은 청약의 조건과 완전히 일치하여야 한다.

해설 청약에 대한 승낙은 불요식이나 요식 둘 다 가능하므로 반드시 서면성(written)을 갖출 필요는 없다. 따라서 승낙방법에 대해 특정되지 않은 경우에는 구두, 전화 등의 합리적인 방법과 수단으로도 가능하다. 이 문제는 지문과 보기 전체가 영문으로도 출제되므로 잘 숙지해 두자.

02 다음 중 간이세율 적용제외물품이 아닌 것은?

① 수출용 원재료
② 관세법 범칙행위에 관련된 물품
③ 종량세가 적용되는 물품
④ 탁송품 및 별송품

해설 탁송품 및 별송품은 간이세율 적용대상 물품이다. 이외에 간이세율 적용대상물품으로는 ① 여행자 또는 운송수단의 승무원이 휴대, 수입하는 물품, ② 우편물(수입신고를 받아야 하는 것은 제외), ③ 외국에서 선박, 항공기의 일부를 수리, 개체하기 위하여 사용한 물품이 있다.

03 대외무역법상 외화획득의 범위에 포함되는 것은?

① 부산항에 입항한 외국선박에 원화를 받고 선용품을 공급하는 경우
② 외국인으로부터 원화를 받고 보세구역으로 지정되어 있는 국내의 공장에 납품하는 경우
③ 외국인으로부터 외화를 받고 국내에서 국내영업에 필요한 물품 등을 공급했을 경우
④ 중개무역을 통하여 외국의 수입업자로부터 수수료를 받고 행한 수출알선

해설 ①, ②항은 모두 원화를 외화로 바꾸면 외화획득의 범위에 포함된다.
③ 외화를 받고 국내거래를 했다 하더라도 보세지역이나 공장건설에 필요한 물품 등을 공급한 경우에 한해서만 외화획득의 범위로 인정한다.

01.② 02.④ 03.④ **정답**

04 전략물자에 대한 설명으로서 틀린 것은?

① 전략물자의 수출허가를 받은 경우에는 수출승인을 얻은 것으로 한다.
② 전략물자를 수출할 경우엔 수출신고서에 해당물품의 HS코드를 기재하여야 한다.
③ 전략물자를 수입하는 경우에는 허가가 필요하지 않고 확인, 신고, 통보, 문서보관의 의무만 있다.
④ 수입목적확인서를 받은 경우 유효기간은 발급일로부터 1년 이내이다.

해설 전략물자는 HS코드로 분류되지 않아 분류작업이 시도되고 있다.

05 수출입공고와 통합공고에 대한 설명으로서 틀린 것은?

① 통합공고상의 물품이라도 수출입승인 대상품목은 수출입승인과 요건을 갖추어야 한다.
② 수출입공고는 물품의 수출입을 규제하는 것으로서 수시로 공고한다.
③ 하나의 수출 또는 수입에 대하여 2이상의 승인을 얻어야 하는 경우 행정편의를 위하여 어느 한쪽의 승인을 얻으면 요건을 갖춘 것으로 한다.
④ 수출입공고, 통합공고의 대상물품은 신품 및 중고품 모두 해당된다.

해설 하나의 수출 또는 수입에 대하여 2이상의 승인을 얻어야 하는 경우 각각 승인은 독립적으로 얻어야 한다. 이 경우 두 번째 이후의 승인기관의 장은 수출입승인서상 여백에 승인사항을 표시한다.

06 보세구역에서 지정장치장에 장치하는 물품에 해당되지 않는 것은?

① 수입신고수리를 받고자 하는 외국물품
② 내국운송승인을 받고자 하는 내국물품
③ 보세공장 반입물품으로서 검사대상물품
④ 통관을 하고자 하는 물품으로서 검사대상으로 지정된 물품

해설 지정보세구역에는 지정장치장과 세관검사장이 있다. 지정장치장은 소극적 보세구역의 일종으로서 통관하고자 하는 물품을 일시 장치하기 위한 장소로 세관장이 지정한 구역을 말한다. 통관을 하고자 하는 물품으로서 검사대상으로 지정된 물품은 지정장치장이 아니라 세관검사장에 장치하여야 한다.

정답 04.② 05.③ 06.④

07 비엔나협약(CISG)의 특징으로서 거리가 먼 것은?

① 국제적인 상거래의 현실을 반영하는 포괄적인 법체계로 구성되어 있다.

② 매매목적물의 소유권이전에 대하여는 각국의 법률에 맡기고 본 협약에서는 규정하지 않고 있다.

③ 국내물품거래가 아닌 국제 간의 거래여야 하며 물품의 매매에만 적용된다.

④ 매매계약에 대해선 상사계약, 매매계약의 당사자로서는 상인의 거래로 한정하고 있다.

해설 ① CISG는 몇몇 주요 국가들의 매매법 규정을 취사선택한 것이 아니라, 국제적인 상거래의 현실을 반영하는 포괄적인 법체계로 구성되어 있다.
② CISG는 매매목적물의 소유권이전에 관해선 각국의 법률이 다양하게 규정하고 있으므로 각국의 법률에 맡기고 있다.
④ CISG는 매매계약이 상사계약인지, 매매계약의 당사자가 상인인지의 여부는 묻지 않고 있다.

08 다음 중 신용장의 지급 확약에 관한 설명으로 옳지 않은 것은?

① 모든 신용장에는 일람지급, 연지급, 인수 또는 매입 중에서 어느 유형으로 사용가능한지를 명확히 표시하여야 한다.

② 신용장이 발행은행에서만 사용 가능한 것으로 규정하고 있지 않은 한 모든 신용장은 지급, 연지급확약, 환어음의 인수 또는 매입이 수권된 지정은행을 지정하여야 한다.

③ 자유매입신용장의 경우에는 어떤 은행이라도 지정은행이 된다.

④ 매입신용장에서 서류의 제시는 반드시 확인은행(있는 경우) 또는 기타 지정은행 앞으로만 행하여야 한다.

해설 자유매입신용장(freely negotiated L/C, general L/C, open L/C)의 경우에는 수익자는 거래가 편리한 아무 은행에서나 서류를 제시하고 환어음의 매입을 요청할 수 있다.
④ 확인은행은 독립적인 지급확약을 행하는 은행이지 서류를 심사하는 은행이 아니다. 또한 서류의 제시를 반드시 지정은행 앞으로만 행하는 것은 아니다. 지급은행의 지정유무에 따라 자유로이 매입은행을 선택할 수도 있으며 지급은행이 정해져 있다면 그 지정은행 앞으로 서류를 제시하여야한다.

07.④ 08.④ **정답**

09 다음 중 신용장거래에서 선적(shipment)의 의미에 해당되지 않는 것은?

① date of discharge ② taking in charge ③ date of pick-up ④ dispatch

해설
① discharge 는 물건을 선적지에 내려놓는, 「양륙하다」란 의미이다.
② taking in charge : 수탁으로서 복합운송에서 선적을 위하여 물건을 수취하였음을 의미한다. 주의할 것은 LCL화물에선 수탁선하증권은 수리하지 않으며, 선적일로 간주되지 않는다.
③ date of pick-up : 운송을 위하여 수취한 날짜. 이를 테면 FeDex, EMS, DHL 직원이 배달을 위하여 물건을 수취하였다면 이는 선적일로 간주되는 것이다.
④ dispatch : 탁송의 의미로서 실제 물건이 발송되었음을 의미한다.

10 신용장상 선적기일이 5월 10일, 유효기일이 5월 20일, 운송서류제시기한은 선적일로부터 10일 이내로 되어 있는 경우에 실제 선적이 5월 8일에 이루어졌다면 은행에 운송서류가 제시되어야 할 최종기일은?

① 5월 10일 ② 5월 20일 ③ 5월 18일 ④ 5월 25일

해설
모든 신용장은 선적서류의 발행일로부터 은행에 서류를 제시해야 하는 제시기간을 명시해야 한다. 제시기간이 없을 경우 은행은 선적서류 발행 후 21일이 지나 제시된 서류는 거절한다. [UCP600 제14조 c]
– 운송서류 제시기한은 선적일로부터 10일이므로 5월 8일부터 10일이 지난 5월 18일까지가 제시기한이다.

11 신용장거래에서 분할선적과 할부선적에 관한 설명 중 틀린 것은?

① 분할선적을 금지하지 아니하는 경우에는 분할선적은 허용된다.
② 할부선적 1회분 내에서 분할 선적을 허용하고 있지 않으면 할부기간 내의 분할선적도 금지된다.
③ 3회의 할부선적을 요구하는 경우에 1회분은 선적기간 내에 선적되었으나 만일 2회분이 선적기간 내에 선적되지 못하였다면 1회분 및 2, 3회분의 선적분도 모두 무효가 된다.
④ 분할선적이 허용되는 경우에는 분할 횟수에 관계없이 선적이 허용된다.

해설
일정기간 내에 할부에 의한 어음발행 또는 선적이 신용장에 명시되어 있고 어떠한 할부분이 그 할부분을 위하여 허용된 기간 내에 어음발행 또는 선적되지 아니한 경우에는, 그 신용장은 그 할부분과 그 이후의 모든 할부분에 대하여 효력을 상실한다. [UCP600 제41조]
– 1회분은 신용장조건에 맞게 선적되었으므로 인정된다. 그러나 2,3회분은 모두 무효가 된다.

정답 09.① 10.③ 11.③

12 무역계약에서의 품질조건에 관한 다음 설명 중 옳은 것은?

① Rye terms는 곡물류의 선적품질조건을 가리킨다.
② FOB조건 등의 선적지 인도조건의 경우는 선적품질조건(Shipped quality terms)을 원칙으로 한다.
③ 대량생산이 가능한 물품은 표준품매매를 원칙으로 한다.
④ G.M.Q.(good merchantable quality)조건은 주로 곡물류의 선물매매에 이용된다.

해설 ① Rye terms : 양륙품질조건.   ③ 표준품매매 : 농수산물이나 임산물, 광물 등에 주로 사용한다.
④ 판매적격품질조건 (good merchantable quality, GMQ) :
목재, 수산물 등에 이용되는 매매조건이며 양륙품질조건이다. 품질의 입증은 매수인이 해야 한다.

13 다음 중 해외지사유지경비를 송금하고자 할 경우 외국환은행에서 적용하게 되는 환율은? (단, 송금수수료는 제외함)

① 전신환매도율   ② 전신환매입률
③ 현찰매도율   ④ 일람출급환어음매입률

해설 환거래는 항상 은행의 입장에서 생각해봐야 한다. 입금된 외화수출대금을 원화로 교환하면 은행의 입장에선 고객(수출자)로부터 외화를 매입하게 되는 것이다. 반면에, 해외로 송금을 하거나 수입자금을 결제하기 위해선 우리 돈을 외화로 바꿔야 하므로 결국 은행으로부터 외화를 매입하므로 은행의 입장에선 고객에게 외화를 매도하게 되는 것이다.
전신환으로 송금할 때 적용되는 환율이 전신환매도율에 해당된다.

14 WTO와 FTA의 차이점에 대한 설명으로 옳지 않은 것은?

① WTO는 세계 전체가 참여하는 무역자유화를 추구한다.
② FTA는 협정대상국에 비해 경쟁력이 낮은 산업을 더 성장시킬 수 있는 장점이 있다.
③ FTA는 양자주의 및 지역주의적인 특혜무역체제의 성격을 갖고 있다.
④ WTO는 모든 회원국에게 최혜국 대우를 보장해주는 다자주의를 원칙으로 하고 있다.

해설 FTA의 경우 시장이 크게 확대되어 비교우위에 있는 상품의 수출과 투자가 촉진되는 무역창출효과가 있다. 그러나 동시에 역내국 간의 관세 철폐로 생산비가 낮은 역외국에서 수입하던 상품을 생산비가 더 높은 역내국에서 수입하게 됨으로써 발생하는 무역전환효과도 발생한다. 또한 **협정대상국에 비해 경쟁력이 낮은 산업은 문을 닫아야 하는 상황이 발생**할 수도 있다는 점이 단점으로 지적된다.

12.② 13.① 14.② **정답**

15 UCP600상 개설은행의 서류심사에 대한 규정으로서 틀린 것은?

① 신용장에서 요구하지 않는 서류에 대해선 심사하지 않고 제시인에게 반송하거나 아무런 책임부담없이 송부한다.
② 신용장의 유효기간이 경과한 후라도 서류를 다시 보완하면 은행은 이를 심사한다.
③ 개설은행은 지급을 거절하기로 결정한 경우에는 제시인에게 그러한 취지를 1회만 통지하여야 한다.
④ 개설은행은 독자적인 판단으로 개설의뢰인과 불일치에 대한 권리포기의 여부를 교섭할 수 있다.

해설 신용장의 유효기간이 경과한 경우에는 서류를 보완하여 개설은행에 다시 제시할 수 없다.

16 최대부보조건인 ICC(A/R) 또는 ICC(A)에서 부가적으로 담보되는 위험은?

① 보험계약자 또는 피보험자의 고의 또는 불법행위로 인한 일체의 손해
② 동맹파업 및 폭동, 소요에 기인하는 손해
③ 보험목적물의 고유의 하자 또는 성질로 인해 발생하는 손해
④ 운송인의 지연으로 인한 손해

해설 동맹파업, 폭동, 소요는 원래 면책위험이지만 부가담보(즉 특약)에 의해서 보험자가 담보하는 위험이다.

17 협회적화약관에서 면책위험에 해당하지 않는 것은?

① 자연소모   ② 지연   ③ 전쟁위험   ④ 투하

해설 협회적화약관에서 「투하(jettison)」는 어떤 조건이든 담보되는 사항이다.

> **Check Point**
> ● 신협회적화약관상의 면책위험
>   ■ 피보험자의 고의적인 불법행위
>   ■ 통상의 누손, 통상의 중량손 또는 용적손 또는 자연소모
>   ■ 포장 혹은 준비의 불충분 또는 부적합에 기인한 멸실, 손상 또는 비용
>   ■ 보험목적물의 고유의 하자나 성질에 기인한 멸실, 손상 또는 비용
>   ■ 지연에 근인한 멸실, 손상 또는 비용
>   ■ 본선의 소유자, 관리자, 용선자, 또는 운항자의 지급불능 또는 금전상의 채무불이행으로 인하여 발생한 멸실, 손상 또는 비용
>   ■ 원자력 또는 핵무기의 사용으로 인하여 발생한 멸실, 손상 또는 비용

정답 15.② 16.② 17.④

18 다음 중 보험서류에 관한 설명으로 옳지 않은 것은?

① 복합운송이 이루어질 경우 보험서류상의 담보는 운송서류상에 표시된 본선적재 또는 발송 또는 수령일보다 늦은 일자로 발행된 보험서류는 수리된다.
② 일반적으로 보험중개인이 발행한 부보각서(Cover Note)는 수리되지 아니한다.
③ 보험서류상의 부보금액은 최소한 CIF가격의 110%이상 이어야 한다.
④ CIP조건에서 보험서류상의 피보험자(assured)는 특별한 명시가 없는 한 수출상의 명의로 발행된다.

해설 보험서류상의 담보는 본선적재 또는 발송, 수령일보다 앞서서 이루어져야 한다.

19 해상적화보험에서 "Actual Total Loss"로 인정하는 사유 중 잘못 설명된 것은?

① 선박의 수선비가 수선후의 선박가액을 초과하는 경우
② 보험목적물이 완전히 파괴되어 멸실한 경우
③ 피보험자가 보험목적물을 탈취당하여 다시 찾을 수 없는 경우
④ 보험목적물이 물적으로 존재하고 있으나 심하게 손상된 경우

해설 현실전손(Actual Total Loss ; ATL) : 피보험목적물의 실질적인 멸실, 성질의 상실, 목적물에 대한 소유권의 박탈, 선박의 상당기간 불명일 때 현실전손으로 처리한다. ①번은 추정전손(constructive total loss)에 관련된 사항이다.

20 market claim이란 무엇을 뜻하는가?

① 매매당사자의 과실 또는 태만으로 발생하는 사후적 claim
② claim을 제기할 만한 사유가 없음에도 사소한 하자를 구실로 제기하는 부당한 claim
③ 계약 당초부터 계약내용의 이행의사가 없음에도 일단 계약을 체결하였다가 제기하는 상대방 가해목적의 악질적 claim
④ 국제무역거래에서 흔히 일어날 수 있는 품질불량이나 수량부족 등의 통상적인 claim

해설 「market claim」은 시황클레임(fluctuation) 이라고도 한다. 매수인에게 거의 손해를 입히지 않는 정도이거나 또는 그 손상이 사소하여 평소 같으면 클레임이 되지 않을 정도의 작은 과실임에도 매수인이 과장하여 가격인하를 요구하거나 물품대금 지불을 지연·거절하는 경우의 클레임이다. 주로 상품시가의 하락 때문에 매수인이 입는 경제적 손실을 메우기 위하여 제기하는 클레임이다.

18.① 19.① 20.② **정답**

21 다음 중 중재(arbitration)의 특징을 열거한 것으로 잘못된 것은?

① 중재는 국제적인 단심제이므로 어느 나라에서 중재 판정이 내려졌다 해도 그것이 최종적인 것이 되므로 판정결과에 불복하여 다시 중재신청을 할 수 없다.
② 중재는 그 절차가 공개되므로 공정한 분쟁해결을 도모할 수 있다.
③ 중재는 당사자 간에 중재에 의하여 분쟁을 해결하자는 중재합의가 있어야만 가능하다.
④ 중재판정의 결과는 외국의 어느 나라에서든 법원의 간단한 집행판결만을 거쳐 강제집행할 수 있다.

해설 중재제도는 자유합의에 의한 평화로운 분위기에서 비공개적인 절차에 의한다. 또한 심문과정에서 기업체의 대외기밀이나 사업전략 등이 유출될 수 있고 기업의 명예가 손상될 수 있으므로 심문절차도 비공개된다.

➡ **Check Point**
● 상사중재제도의 정리
㉠ 단심제이며, 중재판정은 최종적인 것이다.
㉡ 비공개이다.
㉢ 중재협약에 가입되어있는 나라에서만 국제적인 효력이 있다.
㉣ 사전중재합의와 사후중재합의가 있다.
㉤ 어느 일방이 중재를 거부하면 성립되지 않는다.

22 다음 중 중재가 원활히 이루어지는 데 필요한 기본적인 조건인 중재의 3요소에 해당하지 않는 것은?

① 이용하는 중재기관   ② 중재절차
③ 적용되는 중재규칙 또는 준거법   ④ 중재가 행해지는 장소

해설 중재성립의 3요소는 중재기관, 준거법, 중재지이다.

23 다음 중재계약에 관한 설명 중 잘못된 것은?

① 중재계약은 분쟁발생 후에는 체결될 수 없다.
② 중재계약에는 중재장소, 중재규칙, 중재기관 등이 명시된다.
③ 중재계약은 원칙적으로 서면에 의한 합의가 있어야 한다.
④ 중재계약에서는 중재인을 지정하지 않아도 된다.

해설 분쟁에 대비한 중재합의는 사전, 사후 모두 가능하다. 사전합의는 계약당시 계약서의 이면에 분쟁을 중재로 해결하기로 약정하는 것이고 사후합의는 이미 발생된 분쟁의 해결이 여의치 않을 때 이를 중재로서 해결하기로 사후합의하는 것이다.

정답 21.② 22.② 23.①

24 수입업자가 신용장개설은행에게 수입상품의 대금을 선적서류 인수 전에 결제하지 못해 선적서류를 인수하지 못하는 경우 신용장개설은행이 수입업자에게 대금결제를 받기 전에 상품인수를 허용하기 위하여 발급하는 서류를 무엇이라 하는가?

① T/R(Trust Receipt)
② S/R(Shipping Request)
③ S/O(Shipping Order)
④ L/G(Letter of Guarantee)

해설 Check Point 참조

> **Check Point**
> ● S/R(Shipping Request ; 선적요청서)
>   수출상이 선박회사를 상대로 선적요청서를 제출함으로써 물품선적을 위한 space(선복)을 예약한다.
> ● S/O (Shipping Order ; 선적지시서)
>   물품을 인도받은 선박회사는 선장으로 하여금 상품을 본선에 적재하게 되는데 이 때 내리는 지시서를 말한다.
> ● L/G (Letter of Guarantee ; 수입화물선취보증서)
>   선하증권이 도착하기 전 이미 도착된 화물을 찾기 위하여 은행에 요청하여 발급받는 증명서

25 다음 중 대외무역법상 수출실적에 해당되지 않는 것은?

① 수출통관액 ② 입금액 ③ 가득액 ④ 내수용 원료기재의 국내 공급액

해설 「수출실적」이라 함은 산업통상자원부장관이 정하여 고시하는 기준에 해당하는 수출통관액·입금액·가득액과 수출에 제공되는 외화획득용 원료·기재의 국내공급액을 말하며 수출통관액은 FOB가격을 기준으로 한다. 내수용 원료기재는 국내소비를 위한 것이므로 수출로 인한 가득액이 없기 때문에 수출실적에 해당되지 않는다.

[문제 26~27] 다음은 수출통관에 관한 내용이다. 물음에 답하시오.

(주)한미상사는 수출품을 세관에 EDI 방식의 수출 신고를 준비하고 있다.
통상 세관에서는 이 경우 수출 신고된 내용을 면밀히 검토하여 C/S를 한 후 수출 신고 수리를 한다.

26 EDI 방식의 수출신고에 대하여 맞는 것은?

① Paperless 방식을 원칙으로 한다.
② 물품의 생산이 완료된 후라야 수출신고를 할 수 있다.
③ P/L 방식에서 관세환급 대상의 물품도 적용대상이 된다.
④ EDI 회선으로만 수출신고가 가능하다.

해설 무역자동화에 있어서 전자문서교환방식(EDI ; Electronic Data Interchange)이란 수출입에 관련된 각종 행정 및 상거래 서류를 컴퓨터가 읽을 수 있는 표준화된 전자문서의 형태로 바꾸어 교환함으로서 종이서류 없는 무역(P/L; paperless trade)를 실현함을 뜻한다.

24.① 25.④ 26.① **정답**

해설
② 수출신고일로부터 30일 이내에 적재하면 되므로 30일 이내 적재만 가능하면 생산완료 전 수출신고도 가능하다.
③ 위약물품, 원상태 수출등의 환급을 위한 물품은 서류를 제출해야 하고 현품검사를 하므로 P/L신고 대상이 아니다.
④ EDI 시스템을 이용하기 곤란한 경우 인터넷으로 관세청에서 운영하는 UNI-PASS를 통해 수출자가 직접 수출신고를 할 수도 있다. UNI-PASS를 이용하기 위해서는 일단 한 번은 세관을 방문하여 신청해야 한다.

27 C/S에 관련하여 설명이 맞는 것은?

① 관세환급 대상 여부를 정밀 검사하는 과정이며, 이미 환급받은 화물에 대해서는 수출신고를 취소할 수 있다.
② 화물의 성질상 전염병, 질병 등과 관련된 검역검사를 말하며, 검사에 오랜 시일이 소요된다.
③ 우범화물 선별을 말하며 위장수출, 불법수출 등의 범죄에 관련된 화물을 선별하는 과정이다.
④ 수출업체에 대한 과거 관세납부의 성실성 여부를 면밀하게 검사하는 과정이며, 부적격 업체의 경우 수출신고를 취하한다.

해설
● C/S(Cargo Selectivity)
수입신고되는 모든 물품의 우범성(High Risk)에 대한 사전분석 및 평가를 통해 검사의 효율성을 높이고자 하는 검사 대상 선별기법을 말한다. C/S 수행결과로 검사대상 여부와 사전세액 심사대상 여부가 결정되고 검사 및 검사담당자에게 자동으로 배부된다.

28 한국의 A사가 외화획득용 원료(수출용원자재)를 직수입하고 완제품을 생산 및 수출하여 직접 외화획득의 이행을 하는 경우 외화획득의 이행기간은 언제까지인가?

① 수입 통관일부터 1년
② 수입 통관일부터 2년
③ 양수일로부터 1년
④ 수출 신고일로부터 2년

해설 대외무역법상 외화획득용 원료·기재를 수입한 자가 직접 외화획득의 이행을 하는 경우의 외화획득 이행기간은 수입통관일로부터 2년이다. 외화획득용 원료를 다른 사람으로부터 양수한 경우는 양수일로부터 1년이다. ①, ④에 해당되는 경우는 없다.

29 다음 중 플랜트수출의 컨소시엄 계약의 형태가 아닌 것은?

① Join & Several Contract
② Main Subcontract
③ Joint Venture
④ Mergers & Acquisitions

해설 M&A(Mergers & Acquisitions; 인수와 합병)는 타 기업을 인수, 합병함으로써 대상기업의 자산이나 주식을 취득하여 경영권을 획득하고 두 개 이상의 기업이 결합하여 하나의 기업이 되는 것을 의미한다. 플랜트수출 계약을 위해 기업이 연합하여 공동으로 진출하는 컨소시엄 계약과는 관계가 없다.

정답 27.③ 28.② 29.④

30 외환 선물환 리스크 관리기법 중에서 외화자금의 흐름, 곧 자금의 유입과 지급을 통화별, 만기별로 일치시킴으로써 외화자금 흐름의 불일치에서 발생할 수 있는 환차손 위험을 원천적으로 제거하는 환 리스크 관리기법을 무엇이라고 하는가?

① Matching   ② Leading   ③ Lagging   ④ Hedging

해설 아래 세부설명 참조

> **Check Point**
>
> ● 환리스크 관리기법
> ㉠ 맷칭(Matching)
>   외화자금의 유입과 지급을 통화별, 만기별로 일치시킴으로써 환위험을 제거하는 기법으로 수출과 수입을 동시에 하는 업체에서 활용할 수 있다.
> ㉡ 리딩(Leading)과 래깅(Lagging)
>   외화자금 흐름의 결제시기를 의도적으로 앞당기거나(Leading) 지연시킴으로써(Lagging) 환율변동에 따른 환차손을 극소화하거나 환차익을 극대화하기 위한 기법으로 거래상대방의 협조가 가능한 그룹기업 간에 이용된다. 예를 들어 현재 환율이 USD1 = 1,000KRW인데 환율이 상승한다면 수출상의 입장에서는 수출대금의 회수(은행의 입장에선 매입)를 늦춘다면 더 많은 한국환을 지급받을 수 있게 되는데 이렇게 수출업체가 매입환율금을 극대화하는 것을 Lagging 이라 한다. 반대로 수입상의 입장에선 환율의 인상이 계속 된다면 수입대금의 결제로서 더 많은 한국환을 지불하게 되므로 환율이 오르기 전에 결제의 시기를 앞당기게 되는데 이를 Leading 이라 한다.
> ㉢ 상계(Netting)
>   주로 다국적기업의 본·지점 간 또는 지사 상호 간에 발생하는 채권, 채무관계를 개별적으로 결제하지 않고 일정기간 경과 후에 서로 상계한 후 그 차액만을 정기적으로 결제하는 기법.

31 다음 "Bolero"에 대한 설명 중 틀린 것은?

① 선화증권 전자등록기구이다.
② 비중립적이나 규약집(Rule Book)에 의해 전자거래 규칙을 확립하고 있다.
③ Bolero XML에 의한 표준화된 문서를 구현한다.
④ Bolero 시스템은 핵심메시지전송 기반구조, 권리등록소 사용자 데이터베이스, 사용자 자원지원 및 사용자 시스템으로 구성되어있다.

해설 볼레로는 1994년 해상운송회사, 은행, 통신회사 등이 선하증권을 포함한 수출입관련서류를 전자화하여 데이터의 중앙일괄등록과 인증을 통하여 전자적 유일성을 확보하고 무역서류전반에 걸친 전자화를 추구하고 있는 프로젝트이다. SWIFT와 TT Club이 중심이 되어 출자한 별도의 조직을 설립하여 중앙등록기관으로 활동하는 중립적인 특성을 갖고 있다. 볼레로서비스에 참여하기 위해서는 의무적으로 Rule Book(계약규정집)에 서명해야 한다.

30.① 31.② **정답**

32 다음 중 수입물품에 대한 원산지표시 면제대상이 아닌 것은?

① 외화획득용 원료 및 시설기재로 수입되는 물품
② 견본품(진열·판매용이 아닌 것에 한함) 및 여행자 휴대품
③ 일반특혜관세(GSP)적용 대상 물품
④ 수입된 물품의 하자보수용 물품

해설 일반특혜관세(GSP), 편익관세 등의 적용물품이라고 해서 원산지표시가 면제되는 것은 아니다.

33 다음 중 대외무역법상 원산지표기로 인정될 수 없는 것은?

① Made in New Zealand
② Fabric made in Italy
③ 인도네시아 산
④ Product of Japan

해설 Fabric made in Italy란 직물(Fabric)이 이태리제라는 것이지 원산지가 이태리로 표시된 것으로 볼 수 없다. 원산지에 혼동을 줄 수 있는 표시는 허위표시로 처벌을 받거나 미표시로 간주한다.

34 신용장의 전자적제시를 위한 eUCP에 대한 설명이다. 적절하지 않은 것은?

① eUCP는 UCP의 보칙이기 때문에 UCP의 개정과 연동되어 버전도 함께 변동된다.
② eUCP는 완전히 전자적으로 제시하거나 또는 종이문서와 전자적제시를 혼용할 수 있다.
③ eUCP는 특정기술 및 개발되고 있는 전자상거래시스템과 독립적으로 기술중립을 견지하고 있다.
④ eUCP의 모든 조항은 특별히 전자적제시와 관련된 경우를 제외하고는 UCP의 조항과 일치한다.

해설 신용장에 eUCP를 적용하는 취지의 준거문언이 있을 경우에는 eUCP의 버전을 반드시 명기하여야 한다. eUCP와 UCP는 별개의 것이 아니라 eUCP는 문서기반 신용장규칙의 내용을 중심으로 하여 부칙형태로 만들어졌다. 전자무역 등의 기술의 발전으로 개정이 필요할 경우에 대비하여 후속버전이 나올 수 있도록 버전번호를 부여하여 만들어졌으나 UCP의 개정과는 별개로 버전번호가 부여된다.

35 세액산출결과 세관장이 징수하지 않는 세액은 얼마인가?

① 5,000원 미만
② 15,000원 미만
③ 10,000원 미만
④ 1,000원 미만

해설 세액산출결과 납세의무자가 납부하여야 하는 세액이 10,000원 미만인 때는 세관장이 이를 징수하지 않는다.

정답 32.③ 33.② 34.① 35.③

36 관세행정의 간소화를 위하여 여러 종류의 세액을 통합한 하나의 세율을 적용하여 과세하는 것을 무엇이라 하는가?

① 합의세율　　② 잠정세율　　③ 통합세율　　④ 간이세율

해설 수입물품에는 관세뿐만 아니라 여러 부가세를 비롯한 여러 내국세가 부과되는데 여행자 휴대품과 같이 수입금액이 작고 사소한 물품의 경우 여러 종류의 세율을 통합한 하나의 세율을 적용하여 관세하는 것이 간이세율이다. 반면에 일괄 수입신고된 물품으로서 물품별 세율이 상이한 경우에는 화주의 신청에 의하여 그 세율 중 가장 높은 세율을 적용하여 신속통관과 행정의 능률화를 기하려는 제도가 합의세율이다.

● 잠정세율 [暫定稅率, provisional tariff]
　기본세율을 잠정적으로 수정한 세율을 잠정세율이라 한다. 특정화물에 대해 기본세율을 수정할 필요가 있을 때 적용하는 세율로 대개 대량으로 수입할 때 발생된다. 수입업자에게 일정한 기간에 한하여 기본세율보다 낮은 세율을 적용하며, 설정 사유가 소멸되는 경우에는 즉시 기본세율로 환원되고, 기본세율에 우선하여 적용된다는 특징을 지닌다. 통합세율이란 용어는 없다.

37 조정관세의 기능으로 보기 어려운 것은?

① 수입자동승인품목으로 지정된 물품의 급격한 수입을 제한
② 물가안정
③ 국내산업 저해 대처
④ 국민보건과 소비자의 보호

해설 물가안정을 위한 관세는 할당관세(Quota Tariff)의 기능이다. 할당관세란 특정물품이 정부가 정한 일정수량의 범위 내에서 수입될 때에는 저세율의 관세를 부과하고, 일정수량을 초과하여 수입될 때에는 고세율의 관세를 부과한다.

38 과세물건의 확정시기에 있어서 과세표준을 결정하는 기준은?

① 수입신고할 때의 수입물품의 성질과 수량에 의하여 부과한다.
② 수입신고 수리전의 수입물품의 성질과 가격에 의하여 부과한다.
③ 수입신고할 때의 수입물품의 품질과 수량에 의하여 부과한다.
④ 수입신고 수리후의 수입물품의 성질과 수량에 의하여 부과한다.

해설 관세물품의 확정시기에서 과세표준은 수입신고할 때의 수입물품의 성질과 수량에 의하여 부과한다.

39 물품을 적재한 선박 및 항공기의 입항전 수입신고는 언제까지 할 수 있는가?

① 선박 : 7일전　항공기 : 2일전　② 선박 : 5일전　항공기 : 3일전
③ 선박 : 5일전　항공기 : 1일전　④ 선박 : 3일전　항공기 : 1일전

36.④　37.②　38.①　39.③　**정답**

해설 입항전수입신고는 당해 물품을 적재한 선박 또는 항공기가 그 물품을 적재한 항구 또는 공항에서 출항하여 우리나라에 입항하기 5일전(항공기는 1일전)부터 할 수 있다.

40 수출신고의 요건으로서 다음 중 법령과 거리가 먼 것은?

① 수출신고는 화주, 관세사, 수출자, 수출위탁자 및 완제품공급자 등의 명의로 할 수 있다.
② 수출신고의 연장은 1년의 범위 내에서 연장가능하다.
③ 수출신고가 수리된 물품은 수출신고수리일로부터 30일 이내에 선(기)적해야 한다.
④ 수출신고의 취하는 당해 물품이 항공기 또는 선박에 적재된 이후에는 취하할 수 없다.

해설 수출신고의 취하는 수출신고 이후부터 당해 물품을 선적한 항공기 또는 선박이 출항하기 전까지 가능하다.

41 환리스크 관리전략에서 기업의 내부적 관리전략에 속하지 않는 것은 다음 중 어느 것인가?

① 상계   ② 리딩과 래깅   ③ 선물환계약   ④ 수출입통화다변화

해설 선물환계약은 기업의 자체전략이 아니라 환위험에 대하여 외부적으로 금융기관 등과 약정하여 관리하는 외부전략이다.

42 플랜트수출계약에서 수주자의 본질적 의무가 아닌 것은?

① 플랜트 완성 및 인도 의무   ② 이행선수금 의무
③ 이행기일의 준수 의무   ④ 하자보수 담보책임 의무

해설 플랜트수출계약의 이행에 앞서 이행선수금을 지급하는 것은 발주자(시행자)의 의무이지 수주자(시공자)의 의무가 아니다.

43 비엔나협약(CISG)과 인코텀즈의 비교로서 틀린 것은?

구 분	비엔나협약	인코텀즈
①계약의 성립	있음	없음
②소유권의 이전	없음	없음
③계약의 유효성	없음	없음
④계약위반의 구제	없음	있음

해설 ① 비엔나협약에서는 청약과 승낙에 의한 계약 성립에 관한 원칙규정이 있으나 인코텀즈는 관련조항이 없다.
②, ③ : 비엔나협약과 인코텀즈 모두 소유권의 이전과 계약의 유효성 문제에는 관여하지 않는다고 규정하고 있다.
④ 비엔나협약에서는 당사자의 계약위반에 대한 구제수단에 대하여 상세한 규정을 두고 있으나 인코텀즈는 관련 조항이 없다.

정답 40.④   41.③   42.②   43.④

44 EXW 조건에 대한 설명으로서 잘못된 것은?

① 별도의 합의가 없는 한, 매도인은 매수인이 적재할 차량을 수배해야 한다.
② EXW조건의 뒤에는 보통 매도인의 구내를 기재한다.
③ 매매목적물이 현존하는 장소에서 현물을 인도하므로 국내거래에 적합하다.
④ 매수인은 물품을 인수한 후 목적지까지의 물품에 관한 모든 위험과 비용을 부담하여야 한다.

해설 별도의 합의가 없는 한, 매도인에게는 매수인에게 적재차량을 수배해 줄 의무가 없으며, 매수인이 제공한 차량에 물품을 적재할 책임도 없다.

45 FCA 조건에 대한 설명으로서 잘못된 것은?

① 이 조건의 뒤에는 지정인도장소로서 매도인의 구내 또는 그 밖의 장소를 표시한다.
② 인도장소가 매도인의 구내일 경우에는 매도인은 운송수단에 적재의무가 없다.
③ 인도장소가 매도인의 구내가 아닌 경우에는 매도인의 운송수단에 적재되어 있는 상태로 지정된 운송인에게 인도하여야 한다.
④ 인코텀즈2020에서는 컨테이너의 적부비용 부담에 관한 내용은 규정하지 않고 있다.

해설 매수인에 의해 지정된 인도장소가 매도인의 구내일 경우 매도인은 매수인이 제공한 운송수단에 물품을 적재하여 인도해야 한다. 그 밖의 장소인 경우 물품이 매도인의 운송수단에 적재되어 있는 상태로(즉 양하하지 않은 상태로), 매수인이 지정한 운송인 또는 그 밖의 당사자에게 인도하면 된다. 인코텀즈2020에서는 컨테이너를 운송수단에 적재하는 비용에 관하여는 명시규정을 두고 있지 않으므로 이에 관하여는 계약에 명확히 정해 둘 필요가 있다.

46 다음의 괄호 안에 알맞은 쌍으로 이루어진 정형거래조건은 무엇인가?

( )조건은 지정목적지에서 수입통관을 필하지 않은 계약물품을 도착된 운송수단으로부터 양하하지 않은 상태로 매수인의 임의처분상태로 인도하지만, ( )조건에서는 운송수단으로부터 물품을 양하하여 매수인의 임의처분상태로 물품이 인도된다.

① CPT - DPU ② DPU - DAP ③ DAP - DPU ④ DPU - DDP

해설 DAP(Delivered At Place ; 목적지인도)조건과 DPU(Delivered At Place Unloaded ; 도착지 양하인도)조건의 주된 차이점은 인도조건이다. DAP조건의 경우에는 지정장소에서 운송수단에서 양하하지 않은 상태로 매수인의 임의처분상태로 인도한다. 반면에 DPU에서는 지정목적지에서 운송수단으로부터 물품을 양하하여 매수인의 임의처분상태로 인도하여야 한다.

44.① 45.② 46.③ **정답**

47 인코텀즈2020상 D조건에 대한 설명으로서 틀린 것은?

① 매도인은 자신의 비용으로 보험계약을 체결할 의무가 있다.
② 매도인은 계약상 물품의 목적지 도착을 보증하며, 물품이 인도되어야 할 장소에 도착하지 않으면 계약위반이다.
③ 매도인은 물품을 매수인에게 인도하기 위해서 합의된 목적항 또는 목적지까지 운송하여야 한다.
④ 매도인은 물품의 운송을 위하여 적절한 운송계약을 체결하여야 한다.

해설 D조건의 경우 매도인은 보험계약을 체결할 의무를 부담하지 않는다. 매도인은 통상 자신의 이익을 위해 물품의 인도장소까지 보험계약을 체결하지만 그것이 인코텀즈2020에서 규정하고 있는 매매계약상의 의무는 아니니다.

48 인코텀즈2020상 선적전 검사(PSI)에 대한 설명으로서 틀린 것은?

① 선적전 검사란 수입국이 지정한 통관에 필요한 검사증명서를 발급하는 제도로서, 일부 개발도상국이 이것을 채용하고 있다.
② 수출국의 모든 강제적인 선적전 검사의 비용은 원칙적으로 매수인의 부담이다.
③ 매수인은 수출국 당국이 요구하는 검사를 제외하고 선적전 검사비용을 지급하여야 한다.
④ EXW조건에서는 수출국 당국이 강제규정으로 선적전 검사를 요구할 때라도 매수인이 이 비용을 부담하여야 한다.

해설 ②수출국의 모든 강제적인 선적전 검사의 비용은 원칙적으로 매도인의 부담이다. 그러나 EXW조건의 경우는 수출국 당국이 요구하는 검사라도 모든 검사비용을 매수인이 부담하여야 한다.
③수출국이 요구하는 선적전 검사 이외에 별도로 매수인이 선적전 검사를 요구할 경우의 비용은 매수인이 부담해야 한다.

49 기술 실시 계약의 장점이라고 보기 어려운 것은?

① 진출국 정부의 규제와 무역장벽을 피할 수 있다.
② 현지 적응 비용을 현지 기업에 전가할 수 있다.
③ 현지 정보를 입수하기 용이하다.
④ 계약 기간 중 다른 진입 방법을 사용하기 쉽다.

해설 기술 실시 계약(국제라이선스계약)은 한 번 체결되면 계약 기간 중에는 다른 방법을 도입하기 곤란하므로 현지 사정에 따른 변화에 탄력적으로 대응할 수 있는 유연성이 떨어진다. 또한 기술도입자(licensee)가 추후 경쟁자로 등장할 수도 있다.

정답 47.① 48.② 49.④

50 비엔나협약상 매수인의 계약위반에 대한 매도인만의 구제방법에 해당하는 것은?

① 특정의무 이행청구권 ② 물품명세확정권
③ 대금감액청구권 ④ 하자보완청구권

해설 물품명세확정권이란 매수인이 약속된 기일까지 특정사항을 통지하지 않아서 계약기간 내에 물품의 생산이나 인도가 어려울 경우, 매도인이 매수인의 요구 사항을 참작하여 스스로 특정할 수 있는 권리를 말한다. 특정의무이행청구권은 매도인과 매수인의 공통구제방법이고 대금감액청구권, 하자보완청구권은 매수인만의 구제방법이다.

51 정보보안의 요소 중 정보를 교환하는 실제 당사자로서의 신원을 확인하는 것으로 정보의 근원을 보증하는 요소는?

① confidentiality ② integrity
③ certificate authority ④ authenticity

해설 진정성(authenticity)은 정보를 교환하는 실제 당사자로서의 신원을 확인하는 것으로서 정보의 근원을 보증함을 말한다.
▶ confidentiality(기밀성) : 메시지내용을 제3자가 획득하지 못하도록 하는 것
▶ integrity(무결성) : 정보가 전송도중에 훼손되지 않았는지의 여부를 확인하는 것
▶ certificate authority : 인증기관

52 다음 중 보세운송의 신고 또는 승인을 받아야 하는 경우는?

① 부산항에 입항한 수입물품을 서울의 자가장치장까지 운송하고자 하는 경우
② 외국무역선이 재해로 인하여 하선한 외국물품을 보세구역, 개항, 세관 등으로 운송하고자 하는 경우
③ 부산항에 입항한 외국무역선에 적재된 곡물의 일부를 부산세관에서 통관한 후 그 통관된 곡물을 당해 외국무역선으로 인천항에 운송하고자 하는 경우
④ 서울세관에서 수출신고가 수리된 물품을 부산항에서 선적하려는 경우

해설 ② 조난물품의 운송에 해당하므로 보세운송 신고 또는 승인의 대상이 아니다.
③ 내국운송에 관한 것으로서 보세운송사항이 아니다.
④ 수출신고가 수리된 물품을 선(기)적하기 위하여 행하는 내륙운송은 보세운송의 절차를 생략한다.

50.② 51.④ 52.① **정답**

53 기술도입자가 부여받은 권한 범위 내에서 제3자에게 기술의 실시권을 허용하는 계약을 무엇이라고 하는가?

① Exclusive Licensing
② Cross Licensing
③ Sub Licensing
④ Package Licensing

해설 하청라이선스 계약(Sub Licensing)에 대한 설명이다. 우리나라 특허법에서는 전용 실시권자는 자신의 권리 이내에서 타인에게 그 내용을 재실시(Sub-Licensing)할 수 있도록 허용하고 있다.
▶ Exclusive Licensing : 독점라이선스계약
▶ Cross Licensing(교차라이선스 계약) : 기술제공자와 기술도입자가 특정되지 않고 각자가 갖고 있는 기술을 상호 간에 교환하여 실시하는 형태의 계약
▶ Package Licensing(패키지라이선스 계약) : 기술과 제품이 결합되어 라이선싱 되는 형태의 계약. 기술 제공을 이유로 비핵심 부품의 끼워 팔기 등이 요구되는 경우가 있다.

54 (주)한미통상은 인도네시아로부터 다음과 같이 기재된 신용장을 수취하였다. 부산항에서 9월 5일 선적을 하고 네고업무를 진행함에 있어서 그 해석이 틀린 것은? [요일은 무시]

31D	Date and Place of Expiry	: 250930 South Korea
41A	Available with	: with any bank by negotiation in Seoul
42C	Drafts at	: Sight for 100PCT of Invoice Value
44C	Latest Date of Shipment	: not later than September 10 2025
45A	Description of Goods	: 1,000sets of COOKWARE
47A	Additional Conditions	: Freight and Insurance to be arranged by the beneficiary Short Form Bill of Lading are not acceptable
48	Period for Presentation	: within 10days after shipment/despatch but within the validity of the credit.

① 수출상은 서울소재 어느 은행에서나 환어음매입의뢰가 가능하다.
② 수출상은 2025년 9월 6일부터 2025년 9월 30일까지 선적서류를 제시하면 된다.
③ 신용장의 유효기일이 9월 30일까지라도 2025년 9월 17일에 선적서류를 제시하는 것은 하자이다.
④ 수출상은 운임과 보험을 수배하여야 하며 약식선하증권은 수리되지 않는다.

해설
① 「with any bank」라고 되어 있으므로 수익자는 어느 은행에서나 매입을 의뢰할 수 있다.
② 48 Period for Presentation(서류제시기간)에 따르면 서류제시기간은 신용장의 유효기일 이내에서 선적일로부터 10일 이내이다. 실제 선적일은 2021년 9월 5일이므로 서류 제시는 선적일인 해당일은 제외하고 2025년 9월 15일까지 해야 한다
③ ②항과 마찬가지로 서류는 선적일로부터 10일 이내에 제시해야 하므로 9월 15일 이후에 제시하면 하자이다.

정답 53.③ 54.②

55 O/A(Open Account)에 대한 다음의 설명 중 틀린 것은 ?

① 환리스크커버와 비용절감 차원에서 보면 수출자와 수입자에게 모두 유리한 방식이라 할 수 있다.
② 물품선적 후 일정 기간이 경과된 이후에 대금을 지급한다는 점에서 외상거래라 할 수 있다.
③ 수출상은 선적 후 선적서류를 은행을 경유하여 수입자에게 송부하고 이를 장부에 기장한 후 일정 기간 경과 후 대금을 회수한다.
④ 다른 결제방식에 비하여 결제관련 수수료가 가장 낮다.

해설
① 청산계정(O/A ; Open Account)은 주로 은행의 개입이 없어서 수수료를 절감할 수 있으며, 환리스크 등의 대처에 용이하다.
③ 수출상은 선적 후 <u>은행 경유 없이 선적서류를 바로 수입상에게 송부</u>하고 이를 장부상에 기재하여 일정시점에서 서로 상계하고 차액만을 정산하기도 한다.
④ 청산계정은 주로 본사와 지사 간의 거래에 사용되며, 빈번한 결제를 일괄정산하게 되므로 수수료가 가장 낮다.

56 신용장에서 요구하는 B/L 조항이 다음과 같이 표시되어 있는 경우, 이에 대한 해석으로서 틀린 것은?

> 2/3 sets original clean on board ocean bills of lading made out to order, endorsed in blank marked freight prepaid notify applicant with full address and mentioning this DC No.

① 선하증권에 최초로 배서해야할 사람은 수익자(송화인)이다.
② 은행에 선하증권 전통을 제시해야 하므로 개설의뢰인에게 신용장조건변경을 요청해야 한다.
③ 선하증권에는 운임을 선지급했다는 문언이 있어야 한다.
④ 선하증권의 배서에서 피배서인은 공란으로 두어야 한다.

해설
「운임선급 표시 백지배서되고 개설의뢰인의 전체 주소를 기명하여 착화통지처로 하여야 하며, 신용장 번호를 기재하고, 지시식으로 작성된 전통의 무사고 본선적재 해양선하증권」
① 「To order」는 지시식선하증권이며 「To the order of (shipper)」를 의미한다. 따라서 최초의 배서인은 수익자(송화인)이다.
② 제시된 신용장조건에 따라 은행에는 선하증권 2통만을 제시하고 1통은 개설의뢰인에게 우편특송으로 송부하게 된다. 보기의 조건에 따라 수익자는 그대로 이행하면 되므로 개설의뢰인에게 조건변경을 요청할 필요가 없다.
③ marked freight prepaid라 표시된 경우에는 운임 선지급의 문언이 B/L상에 나타나야 한다.
④ 「endorsed in blank(백지배서)」란 B/L에 피배서인(양수인)을 지정함이 없이 배서하라는 뜻이며 수출상의 배서만 있으면 되고 누구 앞이라고 기명배서하면 안 된다. 즉 피배서인은 공란으로 두어야 한다.

55.③ 56.② **정답**

57 서비스 무역의 형태가 아닌 것은?

① 외국기업이 국내기업의 주식을 매입하여 인수하는 형태
② 우리나라의 환자가 미국의 병원에서 수술을 받은 형태
③ 우리나라의 기업이 외국의 통신사업체에 고성능 서버를 수출한 형태
④ 외국의 스포츠전문 방송사가 한국의 방송사와 제휴하여 경기를 중계하는 형태

해설 보기 ③과 같이 대금을 지급하고 양도가능한 물품의 소유권을 이전하는 형태는 서비스 무역이 아니라 물품을 매개로 하는 유형무역이다.
　서비스의 공급 또는 소비가 국경을 넘어서 이루어질 때 서비스무역(Service Trade)이라고 한다. 서비스무역은 서비스의 소비자가 물적 재화로부터 얻는 만족과는 달리 어떤 서비스 또는 노동이 국경을 넘어 소비자에게 만족을 제공하는 행위나 일국의 거주자에 의해 생산된 서비스가 다른 국가의 거주자에 의해 생산, 수취, 지불되는 행위를 말한다. 일반 재화는 다른 경제단위 사이의 경제적 교환에 의하여 소유권이 이전되지만, 서비스는 이러한 소유권의 이전이 일어나지 않는다.

58 다음은 중재에 대한 설명이다. 가장 올바르게 설명하고 있는 것은?

① 화해나 조정이 성립되어도 최종적으로는 중재판정이 있어야 효력을 발생한다.
② 우리나라 중재법에서는 중재판정의 불복은 대법원을 통해서 재심청구소송을 낼 수 있도록 하고 있다.
③ 중재합의는 반드시 서면으로 작성되어야 하며 전보나 텔렉스로 합의된 중재합의는 인정되지 않는다.
④ 뉴욕협약에 따르면 당사자간의 준거법 지정이 없는 경우에는 특별한 합의가 없는 한 중재지의 언어를 사용하도록 하고 있다.

해설 ① 조정은 중재규칙상 한시적으로 시도될 수 있고, 일단 화해나 조정이 성립되어 판정문에 기재되면 중재판정과 동일한 효력 즉, 법원의 확정판결과 동일한 효력을 가진다.
② 중재판정은 단심제이므로 중재판정이 불법적인 행위에 기인하지 않는 한 이에 불복하여 재심청구를 할 수 없다.
③ 분쟁은 법률문제로서 당사자가 서명한 계약서 그 자체에 중재조항이 포함되어야 한다. 당사자가 상호 교환한 전보나 텔렉스 중에 중재합의가 들어 있다면 이는 중재합의로 인정된다.
④ 당사자 간에 중재지가 어느 곳으로 결정되느냐에 따라 당사자의 경비와 편의 그리고 중재절차 진행에 영향을 줄 수 있다. 중재에 사용될 언어도 당사자 간에 특별한 합의가 없는 한 중재지의 언어가 사용되고, 중재에 적용될 준거법도 중재지법이 중재절차에 적용되므로 중재지 결정을 놓고 당사자 간의 이해가 첨예하게 대립될 수 있다.

정답 57.③ 58.④

59 선하증권에 대한 설명으로서 적절하지 않은 것은?

① 선하증권의 발행일과 본선적재부기일이 서로 다른 경우에는 본선적재부기일이 우선된다.
② 실무적으로는 계약관계와 운송책임의 확실한 구분을 위하여 대부분 Short Form B/L 보다는 Long Form B/L을 대부분 사용한다.
③ Surrender B/L 은 Original B/L 없이도 수입자의 물품인출을 가능하게 하며 주로 단거리항해운송에 많이 이용된다.
④ 기명식선하증권은 기명된 자만이 배서에 의해서 양도할 수 있다.

해설 ② 실무적으로는 필수사항만 간단히 기재되어 있는 Short Form B/L을 많이 사용한다.
③ Surrender B/L 은 주로 단거리 항해운송에 많이 쓰이며 신용장방식에서는 은행이 동의하지 않는 한 사용할 수 없다. 중국, 일본 등의 단거리 항해운송 시 원선하증권(Original B/L)보다 물품이 먼저 도착하는 경우 신속한 통관을 위하여 사용한다. 보통 수출자가 Surrender B/L을 팩스로 수입자에게 전송하여 수입자의 물품인출을 가능하게 한다.

60 일부보험이란 보험목적물의 가액 일부만을 보험에 붙인 경우이다. 다음과 같은 손해가 발생시 청구할 수 있는 보험금은 얼마인가?

> 부산에서 자카르타로 향하던 기계가 선박의 침수로 인하여 해상손해를 입었다. 보험가액은 US$200,000, 보험금액은 US$100,000이다. 손해를 입은 피해액은 US$60,000이다.

① US$12,000　② US$16,000　③ US$30,000　④ US$60,000

해설 보험금액보다 보험가액이 크므로 일부보험이다. 일부보험에서 보험사고가 발생하면 피보험자는 보험가액에 대한 보험금액의 비율에 따라서 보상을 받게 된다.
· 보상액(보험금) = 손해액 X 보험금액/보험가액 = (US$ 60,000 X US$100,000) /US$200,000
　　　　　　　　 = US$ 30,000

61 신용장거래에서 인정되는 서류의 원본 및 사본의 인정기준에 대한 설명 중 틀린 것은?

① 'Commercial Invoice in one copy'는 사본 1통을 요구하는 것으로 간주된다.
② 'Commercial Invoice in triplicate'는 적어도 원본 1통 및 나머지 통수의 사본제시에 의하여 충족된다.
③ 'Full set of clean on board marine bill of lading…'에서는 발행된 전통을 제시하는 것으로 간주된다.
④ 1통 이상의 원본으로 발행된 서류는 'First Original', 'Second Original'과 같이 표시될 수 있다.

해설 신용장에서 「Commercial Invoice in one copy」로 표시된 경우 이는 원본 1통을 요구하는 것으로 간주된다.

59.② 60.③ 61.① **정답**

62 원화가 달러에 대하여 평가절하 될 경우 국내경제에 미치는 영향이 아닌 것은?

① 수출기업의 이익이 증가하고, 수입기업의 부담이 늘어난다.
② 해외여행객의 국내입국이 늘어나고, 국내여행객의 해외이동이 줄어든다.
③ 외상수입이 감소하고 해외기업의 국내투자가 늘어난다.
④ 외화차입금에 대한 이자가 감소하여 상환부담이 줄어든다.

해설 원화의 달러대 평가절하는 원화의 가치가 달러보다 떨어졌다는 것을 의미한다. 외화를 차입한 사람은 원화로 달러를 매입하여 상환할 경우 원화를 더 많이 지급해야 하므로 대외부채의 상환부담이 커지게 된다. 그러나 달러를 매도할 경우 더 많은 원화수입을 기대할 수 있으므로 수출은 증가한다. 반면 수입은 감소하게 되고, 해외여행객이나 외국유학 등은 줄어드는 반면에 외국인여행객의 국내관광은 증가하므로 국제수지가 좋아진다.

63 다음 중 대외무역법상 외화획득의 범위에 포함되지 않는 것은?

① 용역 및 건설의 해외진출
② 원화를 받고 외항선박에 선용품을 공급하거나 급유하는 경우
③ 외국인으로부터 외화를 받고 국내의 보세구역에 물품을 공급
④ 국제연합군 기타 외국군 기관에 대한 물품의 매도

해설 외항선박(항공기)에 선(기)용품을 공급하거나 급유하는 경우엔 원화가 아닌 외화를 받아야 외화를 획득한 것으로 한다.

64 다음 원산지 표시방법에 관한 설명으로서 틀린 것은?

① 수입물품의 원산지표시는 한글, 한자 또는 영문으로 표시하여야 한다.
② 견본품 및 수입된 물품의 하자보수용 물품은 원산지표시가 면제된다.
③ 외교관면세대상물품은 유통을 방지하기 위하여 원산지표시가 의무화되어 있다.
④ 수입물품의 크기가 작아 원산지표시가 힘들 경우 국명만을 표시할 수 있다.

해설 외교관면세대상물품은 상업용으로 거래되는 물품이 아니므로 원산지표시가 면제된다.

65 다음 중 비용손해에 해당되지 않는 것은?

① 구조비와 구조료   ② 특별비용
③ 선박충돌 손해배상책임   ④ 손해방지비용

해설 선박충돌 손해배상책임은 배상책임손해이다.

정답 62.④ 63.② 64.③ 65.③

66 신용장상의 항공화물운송장(AWB)에 대한 설명으로서 틀린 것은?

① 신용장에서 전통의 AWB을 요구할 경우 발급된 운송서류 모두를 제시하여야 한다.
② 신용장에서 AWB을 요구한 경우 House AWB을 제시해도 운송주선업자가 항공운송인 또는 그 대리인으로 행동하고 있다는 표시가 있다면 수리된다.
③ 항공기가 동일한 날짜 및 목적지를 향하여 출발하더라도 하나 이상의 항공기에 선적되면 분할선적으로 간주된다.
④ 신용장에서 요구한 AWB 대신에 Air Consignment를 제시해도 수리된다.

해설 ① 신용장에서 전통의 AWB을 요구하더라도, 송화인용 원본(original for consignor/shipper)이 제시되어야 한다. 즉 송화인용 원본 1통만 제시하면 원본 전통을 제시한 것으로 보아 은행은 이를 수리한다.
④ UCP600 제23조에서는 적용될 수 있는 항공서류의 명칭은 Air Waybill, Air Consignment(항공화물수취 증)로 규정하고 있다. 두 운송서류 모두 같은 기능을 갖고 있다.

67 해운동맹의 화주구속수단으로서 일정기간(통상 6개월) 동맹선에만 선적한 화주에 대하여 그 지급한 운임의 일부를 환불하는 방법을 무엇이라고 하는가?

① 계약운임제(contract rate system)
② 운임연환불제(deffered rebate system)
③ 운임할려제(fidelity rebate system)
④ 공동계산제(pooling system)

해설 ① 계약운임제는 이중운임제도(dual rate system)이라고도 한다. 해운동맹에 속하는 선박에 선적할 것을 계약한 화주에 대하여 낮은 운임을 적용하는 방법이다.
② 운임연환불제는 운임할려제에 연속하여 유보기간이 없이 일정기간 경과 후에 그 환불금 전액을 화주에게 한 번에 지급한다.
④ 공동계산제는 해운동맹 각사가 일정기간 내에 획득한 운임에서 순운임수입을 미리 정한 배분율에 따라 동맹선사 간에 배분하는 방법이다.

68 외화획득용 원료·기재의 수입에 관한 특혜사항을 설명한 것으로서 맞지 않는 것은?

① 보세운송의 승인을 면제받는다.
② 수량의 제한이 없으며 수입부담금을 면제받는다.
③ 무역금융을 지원받고 관세환급 등의 금융, 세제상의 우대를 받을 수 있다.
④ 수출입공고 등에서 수입이 제한되는 물품이라도 제한요건을 충족하지 않고 수입이 가능하다.

해설 외화획득용 원료·기재라 하더라도 외국물품 상태로 보세운송을 할 경우엔 세관장의 승인을 얻어야 한다.

66.① 67.③ 68.① **정답**

69 해상운임의 종류에 대한 설명으로서 틀린 것은?

① 귀금속 등을 포함한 고가운임은 손상이 발생한 경우 그 배상액도 크기 때문에 종가운임을 적용한다.
② 정기선운임의 최저운임은 1ton 또는 1CBM이다.
③ 동맹선사가 비동맹선사와의 경쟁에 용이하게 위하여 품목별로 별도운임을 정하여 적용하는 것을 commodity rate라 한다.
④ 톤당 운임에 기초한 운임산정방법의 번거로움을 줄이기 위해 컨테이너당 적용되는 운임을 Box Rate 라 한다.

해설 품목별운임(commodity rate)은 운임요율상에 종류별로 명시한 운임률을 적용하는 운임을 말한다.
③항은 open rate(경쟁운임)에 대한 설명이다.

70 항공화물의 운임체계에 대한 설명으로서 틀린 것은?

① 특정품목할인요율(SCR)은 통상 특정구간의 특정품목에 대하여 일반화물요율(GCR)보다 높은 수준으로 설정되어 있다.
② 일반화물요율은 최저운임, 기본요율, 중량 단계별 할인요율로 구성되어 있다.
③ 품목분류요율(CCR)은 일반화물요율(GCR)과 비교하여 크거나 작거나 간에 일반화물요율보다 우선하여 적용한다.
④ 일반화물요율은 품목분류요율이 적용되는 화물을 제외하고 모든 화물의 운송에 적용되는 가장 기본적인 요율이다.

해설 특정품목할인요율(SCR)은 통상 특정구간의 특정품목에 대하여 일반화물요율(GCR)보다 낮은 수준으로 설정되어 있다.
● 특정품목할인요율(Specific Commodity Rate ; SCR)은 특정구간에서 동일품목이 계속적으로 반복하여 운송되는 품목에 대하여 적용하는 할인요율이다.
● 품목분류요율(Commodity Classification Rate ; CCR)은 특정구간의 특정품목에 대하여 적용되는 요율로서 보통 일반화물요율에 대한 할증/할인의 형태로 적용된다. 해당품목으로는 신문, 잡지 등의 정기간행물이나 항공기내에 휴대하지 않는 비동반 수화물(Baggage Shipped as Cargo) 등이 있다.

71 패키지라이센싱 계약에서 기술과 함께 부품 등을 끼워 파는 행위를 무엇이라고 하는가?

① tie in 조항   ② grant back   ③ as-is-base   ④ paid-up royalty

해설 tie in 조항(연결거래조항)에 대한 설명이다. 직접성이 없는 기술이나 부품을 끼워 팔기할 경우 위법성의 소지가 있다.
▶ grant back : 개량기술전환   ▶ paid-up royalty : 선불실시료
▶ as-is-base : 있는 대로(계량이나 조정없이 있는 그대로의 기술을 실시하는 것

정답 69.③ 70.① 71.①

72 다음 중 Incoterms(2020)에 대한 설명으로 옳지 못한 것은?

① 인코텀즈는 버전에 따라 조건이 상이하므로 "Incoterms 2020 에 따름"과 같은 표시를 함으로서 해석상의 혼동을 막는 것이 권장된다.
② 인코텀즈와 비엔나협약은 모두 임의규정이지만 두 규정이 충돌할 경우엔 인코텀즈가 우선한다.
③ FCA조건에서는 물품인도장소의 선택을 자유롭게 하기 위하여 물품인도장소를 2개 형태로 구분하고 있다.
④ FCA 조건에서는 물품인도의 장소가 매도인의 영업장일 경우에만 적재의 의무를 부담한다.

해설
① 인코텀즈는 버전에 따라 의무가 상이한 조건이 있다. 매도인은 Incoterms 2010, 매수인은 인코텀즈2020을 염두에 두고 계약을 체결할 경우에는 혼동이 올 수 있으므로 버전을 표시하는 것이 추후 분쟁예방을 위해서 합리적이다.
② 인코텀즈나 비엔나협약 모두 임의규정이고 강행법이 아니다. 두 규정이 충돌할 경우는 없겠지만 비엔나협약은 포괄규정이므로 일반적 국제관습인 인코텀즈가 우선한다.
③ FCA 조건에서는 물품인도장소를 매도인의 구내(영업장)와 매도인의 구내가 아닌 그 밖의 장소인 2개 형태로 구분하고 있다.
④ FCA 조건에서는 물품인도장소가 매도인의 구내이든 아니든 모두 운송수단에 적재하여 인도해야 할 의무가 있다.

73 다음 중 신용장의 양도에 대한 설명으로서 틀린 것은?

① 무역업 고유번호가 없는 자가 신용장을 받아서 무역업 고유번호가 있는 자에게 수출이행을 위해 양도할 수 있다.
② 원신용장의 조건이 변경된 경우 양수인은 변경된 조건을 거절할 수 있다.
③ 양수인은 양도인을 대신하여 자기명의로 원신용장에 대한 조건변경을 신청할 수 있다.
④ 양도를 통하여 중간차익의 취득을 목적으로 양도가 이루어질 수 있다.

해설 신용장 조건변경의 당사자는 양도인이므로 양수인은 자기명의로 조건변경을 신청하거나 승낙할 수 없다. 분할양도의 경우 최초의 수익자가 조건변경 승인권을 행사할 수 있다. 또한 원신용장의 조건이 변경된 경우 양수인은 변경된 조건의 수락을 거절할 수 있다.

74 다음 중 관세법상 반송에 해당되지 않는 것은?

① 보세구역에 반입된 물품이 계약과 달라 원수출국으로 반출하는 경우
② 환적을 위해 보세구역에 반입되어 재포장을 거친 후 반출되는 경우
③ 수입신고를 하였으나 다른 사유로 통관이 보류된 물품
④ 수입을 목적으로 하지 아니하고 우리나라를 경유하는 중계무역 물품

72.④ 73.③ 74.④ **정답**

해설 | 통과물품은 적하목록상 처음부터 화주가 외국으로 되어 있기 때문에 우리나라를 단순히 통과하는 중계무역 물품은 반송신고의 대상이 아니다.

75 분할증명서 제도에 대한 설명으로서 틀린 것은?

① 외국으로부터 수입한 원재료를 제조·가공하지 않고 수입한 상태 그대로 수출용원재료로 공급할 때 세관장이 이를 증명하는 제도이다.
② 분할증명서의 발급에는 정액환급율표가 적용되지 않는다.
③ 수입신고필증상의 단위당 납부세액에 공급수량을 곱하여 양도세액을 산출한다.
④ 분할증명서를 발급받기 위해선 소요량증명서류를 구비해야 한다.

해설 | 분할증명서는 원상태로 공급하는 때에 발급되는 것이므로 소요량증명서류가 필요하지 않으며, 정액환급율표 도 적용되지 않는다. 즉 추가 가공 없이 원재료 그대로 공급하므로 소요량을 산정할 수 없다.

76 다음 중 수출입공고, 통합공고의 적용제외 대상이 아닌 것은?

① 국방부납품물품
② 외국선박에 공급하는 선용품
③ 중계무역물품
④ 외국인도수출물품

해설 | 국내에서 유통되거나 소비되지 않는 물품은 수출입공고나 통합공고의 적용을 받지 않는다. 국방부납품물품 은 국내에서 소비하거나 공급을 하는 물품이므로 수입 시 동 공고의 적용을 받아야 한다.

77 포페이팅(Forfaiting)거래에 대한 설명으로서 틀린 것은?

① 포페이팅은 신용장거래의 인수와 유사하나 인수에 비하여 기간이 장기이고 어음소구권 이 없다는 점이 다르다.
② 연지급신용장에 의한 결제방식은 포페이팅 방식을 이용할 수 없다.
③ 신용장거래가 아닌 경우에는 수입자 거래은행이 수출자가 발행한 환어음에 지급보증 (Aval)을 한 후에 수출자 거래은행에서 포페이팅을 제공한다.
④ 포페이팅의 할인대상증권은 현재 환어음과 약속어음에 국한하고 있다.

해설 | Usance L/C(기한부신용장)나 Referred Payment L/C(연지급신용장)의 경우 은행은 자금회수에 시간이 오 래 걸리므로 수입국가의 금융 불안 등을 이유로 신용장매입을 회피하는 경우가 생길 수 있다.
이 경우 포페이팅이란 선진금융기법을 이용, 시중은행보다 저렴한 환가료와 무소구권으로 조기에 수출자금 을 회수할 수 있다. Forfaiting은 수출업체들의 수출대금 미회수의 불안을 해결하는 최선의 방법 중의 하나이 다. 은행을 통하는 것보다 환가료가 싸다는 점 이외에도 고위험지역에 대한 수출시 위험에서 벗어날 수 있 다는 큰 장점이 있기 때문에 중소기업의 무역금융시장활용에 도움이 많이 된다.

정답 75.④ 76.① 77.②

78 국제팩토링결제방식에 대한 설명으로서 틀린 것은?

① 팩토링에는 소구불능팩토링과 소구가능팩토링의 두가지 방식이 있다.

② 선지급팩토링(advance factoring)이란 수출팩터가 매입한 채권에 대하여 만기일 이전에 대금을 선지급해 주는 팩토링을 말한다.

③ 국제팩토링은 수출상인 customer, 수출팩터, 수입상인 client, 수입국에 주재하는 수입팩터 등 4명의 거래 담당자로 구성하고 있다.

④ 수입팩터로부터 신용한도를 얻은 수입상은 국제팩토링에 가입되어 있는 어느 국가로부터도 신용으로 물품을 구입할 수 있다.

해설 국제팩토링은 **수출상인 client**, 수출팩터, **수입상인 customer**, 수입국에 주재하는 수입팩터 등 4명의 거래 담당자로 구성하고 있다.

79 인코텀즈2020에 대한 설명으로서 틀린 것은?

① FOB, CFR 및 CIF 조건에서 매도인이 물품의 위험으로부터 해제되는 인도시기는 본선의 난간을 통과하거나 본선상에 인도될 때이다.

② 연속매매(string sales)란 적하가 운송되는 도중에 전매되는 거래를 말한다.

③ 인코텀즈2020의 EXPLANATION NOTES FOR USERS(사용자를 위한 설명문)는 인코텀즈의 일부가 아니라, 단지 사용자들이 인코텀즈를 정확하고 효율적으로 사용하는 것을 도와주려는 데 그 목적이 있다.

④ 인코텀즈2020은 국제 및 국내매매계약에서도 쌍방이 적용하여 사용할 수 있도록 하고 있다.

해설
① 인코텀즈2020의 FOB, CFR 및 CIF 조건에서 매도인이 물품의 위험으로부터 해제되는 시점은 물품이 본선 상에 인도될 때(on board the vessel)이다.
② 물품은 운송 도중에도 여러 차례 전매되기도 한다. 이러한 경우 중간에 판매한 매도인은 물품을 「선적」하지는 않는다. 따라서 연속매매의 경우 중간에 있는 매도인은 매수인에 대한 자신의 의무를 물품을 선적하는 것이 아니라 선적된 물품을 조달(procuring)함으로써 이행한다. 실거래에서 물품의 조달은 선적된 물품의 선하증권을 중간에 매도함으로서 물권을 이전하게 된다.
④ 「Indeed, EXW may be suitable for domestic trade, where there is no intention at all to export the goods(사실 EXW는 물품을 수출할 의사가 전혀 없는 국내거래에 적합하다.)」[Incoterms 2020 EXW]

78.③ 79.① **정답**

80 "CIF Sanfrancisco" 라는 조건에서 수출상이 적하보험을 부보하여야 하는 시기로서 가장 적당한 것은 언제인가?

① 수출상(또는 수익자)소재지의 물품보관 장소에서
② CY에서 운송인에게 인도하는 시점에
③ 선적항에서 본선적재 시
④ 목적항인 샌프란시스코에 양륙시

해설 적하보험의 개시는 화물이 보험증권에 기재된 지역의 창고 또는 보관장소를 떠날 때부터 개시된다. 따라서 매도인이 부보의무를 가지고 있는 CIF 조건이나 CIP 조건에서는 매도인의 물품보관 장소에서부터 해당화물을 부보해야 선적전까지의 손해에 대해서도 충분한 대비가 될 수 있다.

81 다음은 UCP600에서 정의되지 않은 표현으로서 ISBP(국제표준은행관행)에서 정한 규정이다. 잘못 설명된 것은?

① "third party documents acceptable"– 환어음을 제외한, 송장을 포함하여 모든 서류들이 수익자가 아닌 자에 의하여 발행될 수 있다.
② "Stale documents acceptable"– 선적일자 후 21달력일이 경과되어 제시된 서류들은 수리될 수 있다.
③ "shipping documents" – 환어음을 포함한 신용장에서 요구하는(운송서류뿐만 아니라) 모든 서류들
④ "exporting country" – 수익자가 거주하고 있는 국가, 또는 상품의 원산지국가, 또는 선적이나 발송이 이루어진 국가

해설 「shipping documents – all documents(not only transport documents), except drafts, required by the credit(**환어음을 제외한**, 신용장에서 요구하는 (운송서류뿐만 아니라) 모든 서류들」[ISBP745 A19 a항]

82 보기의 설명에 해당하는 것은?

> 해외의 기업이 어떤 외국에 진출하여 사업을 진행할 때 현지의 다른 환경에 적응하고 극복할 때까지 지출되는 시간과 비용

① Transfer Pricing　　② Foreign Cost
③ Foreign Direct Investment　　④ Country Marketing

해설 외국비용(Foreign Cost)에 대한 설명이다.
▶ Transfer Pricing(이전가격 조작) : 세부담률이 높은 국가에서 낮은 국가로 소득을 이전하는 것
▶ Foreign Direct Investment(FDI) : 해외직접투자
▶ Country Marketing : 경제적 잠재력은 크지만 인프라가 부족한 특정 국가를 대상으로 한 해외사업전략

정답 80.①　81.③　82.②

83 매도인이 계약이행의무를 위반할 경우 매수인이 매도인에게 행사할 수 있는 구제방법이 아닌 것은?

① 특정의무이행 청구권 ② 대체품인도 청구권
③ 계약해제권 ④ 물품명세확정권

해설 물품명세확정권은 매도인이 매수인에게 행사할 수 있는 구제방법이다.

84 관세법상의 관세환급에 대한 설명으로서 틀린 것은?

① 세관장이 확인한 과오납금은 납세의무자의 청구가 있어야 환급된다.
② 관세법상 관세환급의 소멸시효완성은 5년이다.
③ 위약물품의 관세환급은 수입신고가 수리되고 관세가 납부된 물품이어야 한다.
④ 지정보세구역 장치물품의 멸실 등으로 인한 환급을 받기 위해선 물품이 수입신고 수리 후 계속 지정보세구역에 장치되어야 한다.

해설 ① 세관장이 확인한 과오납금은 납세의무자의 청구가 없는 경우에도 이를 환급하여야 한다. 과오납금을 과다 환급하여 다시 이를 징수할 경우는 가산금을 부과한다. 이때 가산금의 이율은 은행업의 인가를 받은 금융기관으로서 서울특별시에 본점을 둔 금융기관의 1년만기 정기예금 이자율의 평균을 감안하여 관세청장이 정하여 고시하는 이자율로 한다.
② 관세법상의 관세환급은 과오납금의 환급, 위약물품에 대한 환급, 지정보세구역 장치물품의 멸실 등으로 인한 환급이다. 이들의 환급청구권은 이를 행사할 수 있는 날로부터 5년간 행사하지 않으면 소멸시효가 완성되어 환급청구권을 행사하지 못한다.

85 다음의 인코텀즈2020상 정형거래조건 설명 중 가장 올바른 것은?

① CIF 조건에서 매수인이 ICC(B)조건으로 보험조건을 요구할 경우 추가보험료는 매도인의 부담이다.
② 11개 조건에서 매수인이 운송계약을 체결해야 하는 것은 EXW와 F 조건 뿐이다.
③ EXW 조건과 FCA조건의 공통점은 수출통관은 매도인이 해야 하며, 차이점은 수출상의 수거용 차량에의 적재의무 유무에 있다.
④ CFR, CIF 조건은 목적항까지의 운임을 매도인이 부담하여야 하는데 운임에는 목적항에서의 화물처리비용을 포함한다.

해설 ① CIF조건의 경우 당사자 간의 아무런 약정이 없다면 ICC(C), ICC(FPA)조건으로 매도인이 부보하는 것이 원칙이다. 매수인이 기본보험조건보다 보험조건을 상향할 경우 추가보험료는 매수인이 부담하여야 한다.
② 인코텀즈2020상 11조건 중에서 매수인이 운송계약을 체결해야 하는 조건은 EXW와 F조건밖에 없다. 나머지는 모두 매도인이 운송계약을 체결해야 하고, 운임(운송비)은 모두 매도인의 부담이다. 운임(운송비)의 부담은 운송계약의 주체가 부담하는 것으로 이해하면 되겠다.

83. ④ 84. ① 85. ② **정답**

③ EXW(공장인도조건)에서 수출통관은 매수인이 해야 하며 FCA(운송인인도조건)는 매도인이 하므로 수출통관의무자가 서로 다르다. EXW조건은 수거용 차량에의 적재의무는 없지만 FCA조건의 경우 운송인의 수거용 차량에 적재되어 매수인이 지정한 운송인 또는 그 밖의 당사자에게 인도될 때에 매도인의 물품인도의무가 완료된다.
④ CFR, CIF조건에서 비용의 분기점은 목적항까지의 운임이다. 목적항 도착 이후에 부두에서 처리되는 물품의 화물처리비용(terminal handling charges)은 매수인의 부담이다.

86 다음 중 Incoterms(2020)에 대한 설명으로 맞는 것은?
① FCA조건에서 매도인의 구내가 인도장소라도 매도인은 운송인의 수거용 차량에 물품을 적재해야 한다.
② FCA조건에서 인도지점이 구내가 아닌 그 밖의 장소에서 인도할 경우에는 매수인이 지정한 지점에서 물품을 양하한 후 운송인의 운송수단에 적재해야 한다.
③ F 조건에서 매수인은 위험에 대비하여 반드시 보험계약을 체결해야 한다.
④ CFR 조건을 운송수단을 달리하였을 때 대체할 수 있는 조건은 CIP이다.

해설
① FCA조건에서 매도인의 물품인도의무는 크게 두 가지로 나뉜다.
첫째, 매도인은 인도가 매도인의 구내에서 이루어질 경우 운송인의 수거용 차량에 적재된 때에 매도인의 물품인도의무가 완료된다.
둘째, 매도인의 영업장소가 아닌(즉 구내가 아닌), 기타의 경우에는 물품이 매도인의 차량으로부터 양하되지 않은 채 매수인의 임의처분상태로 놓여 졌을 때 매도인의 물품인도의무가 완료된다. 참고로 양하란' 물품을 내려 놓는다' 는 표현이다.
② FCA조건에서 매도인의 「구내(premise)」가 아닌 그 밖의 장소에서 인도한다 하더라도 매도인의 운송수단 상에서 물품을 양하하여 다시 매수인이 지정한 운송인의 운송수단에 적재해야 할 의무는 없다.
③ F조건이라도 매수인이 반드시 물품에 대한 보험계약을 체결해야 하는 것은 아니다. 인코텀즈2010상 부보에 대한 의무규정은 CIF와 CIP 밖에 없다. EXW와 F조건에서는 매수인이 부보를 하여야 하지만 인코텀즈 상에서 이를 의무로 규정한 것은 아니다. 매수인의 보험계약체결 여부는 매수인 자신의 임의선택사항이다.
④ CFR 조건에서 운송수단을 달리 하였을 때, 즉 해상운송에서 복합운송으로 변경할 때 대체할 수 있는 조건은 CPT이다. 해상운송조건인 CIF는 복합운송조건인 CIP 와 대체될 수 있다.

87 다음은 Incoterms(2020) 의 어떤 조항이다. 여기에 해당되는 정형거래조건은 어느 것인가?

> Delivery happens – and risk transfers – when the goods are placed, not loaded, at the buyer's disposal

① EXW ② FCA ③ CPT ④ DPU

해설
「인도는 물품이 적재된 때가 아니라 매수인의 처분하에 놓인 때에 일어난다.」[Incoterms2020 EXW]
– 인코텀즈2020에서 매도인의 운송수단 적재의무가 없는 것은 EXW뿐이다.

정답 86.① 87.①

88 다음은 운임에 추가되는 할증료에 대한 설명이다. 틀린 것은?

① Document Fee 는 수출자는 선하증권 발급비용, 수입자는 화물인도지시서(D/O) 발급비용으로 볼 수 있다.
② 지체료(Detention Charge)는 화주가 허용된 시간 내에 반출된 컨테이너를 지정된 선사의 CY로 반환하지 않을 경우 지불하는 비용이다.
③ 유류할증료는 유가변동에 따라 탄력적으로 할증료를 부과할 수 있도록 하는 제도로, 항공기의 경우 전월 싱가폴 항공유시장 유가(MOPS) 수준과 연동해 화물은 톤당 왕복 기준으로 부과하고 있다.
④ 통화할증료는 선박회사의 공식운임(tariff)에 규정된 통화로 환전할 때 발생할 수 있는 손실을 보전하기 위한 것으로서 기본운임율에 일정한 percentage로서 부과된다.

해설 항공기의 유류할증료는 ㎏당 편도기준으로 부과하고 있다.

89 항공화물운송장에 대한 설명으로서 틀린 것은?

① 해상선하증권이 유가증권인데 반하여 항공운송장은 수취증에 불과하여 운송장을 소지하였어도 화물의 인도를 청구할 수 없다.
② 송하인이 AWB에 보험금액 및 보험가액을 기재한 화주보험을 부보한 경우에는 AWB의 원본 No.3(Original 3 for Shipper)이 보험계약의 증거가 된다.
③ AWB에 유통성을 부여하지 않는 것은 항공화물은 신속하게 수송되기 때문에 유통되어 오는 서류로 화물을 수취할 실질적인 이유가 없기 때문이다.
④ 항공운송장은 IATA 제정 양식에 따라 원본 3매가 발행되며 원본 1은 운송장발행 운송인용이고, 원본 2는 송하인용이며, 원본 3은 수하인용이다.

해설 ① 항공화물운송장은 운송장을 수취하였다 하더라도 본인확인이 되지 않으면 화물인도를 청구할 수 없다.
④ 항공화물운송장(AWB)은 통상 12부(원본3 + 부본9부)로 구성된다. 원본 1은 운송장발행 운송인용이고, 원본2는 수하인용(consignee)이며, 원본 3은 송하인용(shipper)이다.

90 컨테이너 수송의 특징이 아닌 것은?

① 이용화물에 제한이 없어서 전천후로 운송이 가능하다는 편리함이 있다.
② 내구성과 반복사용에 적합한 강도를 가지고 있다.
③ 수송비, 포장비 및 하역비를 절감할 수 있다.
④ 환적이 용이하게 이루어질 수 있는 구조를 가지고 있다.

해설 화물의 높이와 길이에 따라서 컨테이너에 적재할 수 있는 화물에는 제한이 있다. 그리고 벌크화물의 경우에는 운송비가 비싼 컨테이너정기운송을 이용하기 힘들다.

88.③ 89.④ 90.① **정답**

91 다음 중 어느 나라에서 내려진 중재판정(arbitral award)의 효력이 그 나라가 아닌 외국에도 적용될 수 있도록 강제집행을 할 수 있게 한 근거법은 어느 것인가?

① Uniform Commercial Code, 1980
② New York Convention, 1958
③ Unfair Contract Terms Act, 1977
④ York-Antwerp Rules, 1974

해설 외국중재판정의 승인과 집행에 관한 협약(United Nations Convention on the Recognition and Enforcement of Foreign Arbitral Awards)을 「뉴욕협약」이라 하며 회원국끼리는 외국에서도 중재판정이 효력을 발생할 수 있도록 한 국제협약이다.

▶ Uniform Commercial Code : 미국통일상법전   ▶ Unfair Contract Terms Act : [영국]불공정계약조건법

92 선하증권의 발급과 관련하여 적합하지 않은 것을 고르시오.

① 선하증권에 발행일과 본선적재일이 동시에 기재된 경우에는 본선적재일을 선적일로 본다.
② 수취선하증권에 On board notation(본선적재일)표시를 하였더라도 신용장이 On board B/L을 요구하면 본 B/L은 은행에서 수리될 수 없다.
③ 운송인이 환적할 권리를 유보한다고 명시하고 있는 선하증권은 수리된다.
④ Short form B/L도 수리되는 운송서류이다.

해설 신용장에서 특별히 허용하지 않는 한 수취선하증권(Received B/L)은 수리되지 않는다. 그러나 UCP600에서는 신용장에서 특별히 명시하지 않는 한 물품이 본선선적된 일자를 표시하고 있는 본선적재표기 선하증권은 수리되는 운송서류로 규정하고 있다 [UCP600 제20조 a ii항].

93 다음은 무역금융의 융자금 구분에 대한 설명이다. 그 설명이 잘못된 것은?

① 생산자금 : 수출금액 중에서 소요원자재금액을 제외한 금액
② 원자재자금 : 수출용 원자재를 국내 혹은 해외로부터 구매하는 데 소요되는 자금
③ 완제품구매자금 : 생산이나 원자재 구매 없이 생산이 이미 완료된 수출용 완제품을 국내 혹은 해외로부터 구매하는데 소요되는 자금
④ 포괄금융 : 수출물품을 직접 제조, 가공하는 데 필요한 자금을 원자재 또는 생산자금의 용도 구분 없이 일괄 지원하는 금융을 말하며 현금으로 대출한다.

해설 완제품구매자금은 수출용완제품을 국내에서 구매하는 데 소요되는 자금을 말하며 해외구매는 해당되지 않는다.

정답 91.② 92.② 93.③

94 내륙컨테이너기지(ICD)의 장점과 거리가 먼 것은?

① 항만시설과 비교하여 컨테이너장치 시설용 토지 취득이 용이하고 시설비용이 절감되어 컨테이너장치료가 저렴하다.
② 통관검사 후 재포장이 필요한 경우 ICD자체 포장시설을 이용할 수 있다.
③ 본선하역작업의 신속화로 선박의 회항율을 상승시킬 수 있다.
④ 내륙연계수송 강화와 하역작업의 기계화를 통한 노동생산성을 향상시킬 수 있다.

해설 ICD는 항만이 아니라 내륙에 위치해 있는 컨테이너기지이므로 본선하역작업을 수행할 수 없다. ③번 보기는 컨테이너전용부두에 대한 설명이다.

95 신용장거래에 있어서 상업송장의 요건으로 맞지 않는 것은?

① 신용장에 지정된 수익자가 발행하고 개설은행 앞으로 작성되어야 한다.
② 별도의 규정이 없는 한, 상업송장은 서명을 필요로 하지 않는다.
③ 상업송장은 신용장금액의 한도 내에서 작성되어야 한다.
④ 상업송장의 물품명세는 신용장의 명세와 일치하여야 한다.

해설 상업송장은 수익자에 의하여 발행된 것으로 보여야 하며 개설의뢰인 앞으로 작성되어야 한다 [UCP600 제18조 a i,ii].

96 신용장상에 선하증권의 Consignee를 "To our order"라고 표시하라고 지시되어 있는 경우 목적지에서 1차적인 화물의 처분권자가 되는 것은 다음 중 누구인가?

① Applicant ② Issuing Bank ③ Shipping Co. ④ Notify Party

해설 「To our order」는 「당행의 지시에 따라」증권의 권리를 넘긴다는 의미이다. 따라서 선하증권상에 당 행의 지시식으로 작성된 경우 목적지에서 화물의 1차적인 처분 권리는 개설은행에게 있다. 개설은행은 신용장 관련 대금결제가 정리되면 선하증권에 배서하여 개설의뢰인(applicant)에게 이를 양도한다.

97 ATA Carnet 에 대한 설명으로 틀린 것은?

① 까르네 증서를 사용한 경우에는 상공회의소에 즉시 반납하여야 한다.
② 까르네 증서 발급 시 담보금을 현금으로 납부한 경우에는 전액을 돌려받게 된다.
③ 입국시 세관이 지정한 재수출일을 ATA증서의 유효기간이 유효할지라도 까르네 소지인은 반드시 재수출일 이전에 반출하여야 한다.
④ 사용이 정확히 이루어진 까르네는 이행지급보증보험의 해지를 통해 납부한 보험료 전액을 돌려 받을 수 있다.

94.③ 95.① 96.② 97.④ **정답**

해설 까르네 증서의 사용이 정확히 이루어져 사용상의 하자가 없는 경우에는 발급 시 가입한 이행(지급)보증보험을 해지하여 보험의 잔여 기간에 따른 보험료를 보험회사에서 환불받게 된다. 잔여기간에 따른 일부 금액을 돌려받을 수 있다.

98 중계무역에 대한 설명으로 틀린 것은?
① 중계무역항에서 환적되는 경우 원산지를 변경할 수 없다.
② 쿼터적용품목의 경우 중계상이 속한 국가의 쿼터가 적용된다.
③ 통상 중계무역 시에는 물품이 최초수출국에서 최종수입국으로 직송된다.
④ 중개수수료를 목적으로 하는 중개상역과 달리 중계상은 자신의 책임과 비용으로 거래에 개입한다.

해설 중계무역에서 쿼터의 적용을 받는 품목의 경우 최초 수출국의 쿼터를 사용한다.

99 수출상에게 유리한 결제조건의 순서대로 표시된 것은?
① 선불거래방식〉 국제팩토링방식〉 신용장방식〉 D/P〉 Open Account
② 신용장방식〉 선불거래방식〉 국제팩토링방식〉 D/P〉 D/A
③ 선불거래방식〉 신용장방식〉 국제팩토링방식〉 Open Account〉 D/P
④ 국제팩토링방식〉 신용장방식〉 D/P〉 선불거래방식〉 D/A

해설 수출상에게 가장 유리한 결제방식은 대금을 미리 지급받고 계약을 이행하는 선불거래방식이다. 그 다음엔 채권을 양도함과 즉시 전도금융을 받을 수 있는 팩토링방식, 신용장방식이 뒤를 잇게 된다. 가장 불리한 것은 어음발행과 채권설정 없이 물품을 인도하는 청산계정(Open Account)방식이다.

100 단기수출보험에 대한 설명으로서 틀린 것은?
① 결제기간 2년 이내의 수출거래를 대상으로 한다.
② 수입자의 계약파기, 파산, 대금지급지연, 수입국 전쟁, 환거래제한 등으로 수출자가 입게 되는 손실을 보상하는 제도이다.
③ 선적 전에 발생한 손실의 경우에는 선적 직전까지의 손해에 대해서만 보상한다.
④ 연속수출금지조항을 위반한 경우에는 보험자의 면책사항이다.

해설 선적 전 손실은 단기수출보험에서 보상하지 않는 면책위험이다.
● 연속수출금지 면책조항
– 동일한 수출계약 상대방에게 계속적으로 수출하는 경우(보험에 가입하지 않은 수출거래 포함)
– 보험사고 발생건의 선적일로부터 소급하여 1년 이내의 기간 중 만기가 도래한 거래의 수출대금이 결제기일로부터 20일이 경과한 날까지 결제되지 않은 상태에서 수출한 거래에 대하여 발생한 손실
– 신용장방식 수출거래인 경우에는 적용하지 않는다.

정답 98.② 99.① 100.③

Part 2

무역영어 1급
기출해설

제 114회 1급 기출해설
(2019년 제1회)

01 영문해석

01 In what circumstance does the following apply?

> Incoterms 2020 rules include the obligation to procure goods shipped as an alternative to the obligation to ship goods in the relevant Incoterms rules.

① deliver to the carrier
② deliver on board the vessel
③ sale of commodities sold during transit
④ arrange goods at seller's premises

해설 「다음에 적용되는 상황은 무엇인가?」
「인코텀즈 2020규칙은 관련 인코텀즈 규칙에서 물품을 선적할 의무에 대신하는 의무로서 선적된 물품을 조달할 의무를 포함한다.」
①「운송인에게 인도」
②「본선 적재 인도」
③「운송 중 매매물품의 판매」
 - 운송 중인 물품을 중간 과정에서 다른 매수인에게 전매할 수 있는 상황에 대한 인코텀즈 규칙의 규정이다.
④「매도인의 구내에서 물품을 수배」

➡ Check Point
● **연속매매(String Sale)와 조달(procuring)의 의미**
일차산품(commodities)의 매매에서는 매도인이 매수인에게 직판매하는 경우도 있지만 상황에 따라선 적하물이 운송되는 도중에 전매되는 경우도 있다. 이러한 경우 원매도인에게서 물품을 구매하여 중간에 판매한 매도인은 물품이 이미 첫 번째 매도인에 의해 선적되어 있기 때문에, 자신이 물품을 「선적」하지는 않는다. 따라서 연속매매의 중간단계에 있는 매도인은 최종매수인에 대한 자신의 의무를 물품을 선적하는 것이 아니라, 선적된 물품을 「조달(procuring)」함으로써 이행한다. 이렇게 중간에 판매되는 경우를 명확히 하기 위해서 인코텀즈2020에서는 관련 조건(또는 규칙)에서 매도인은 물품을 선적하거나 또는 그 대신 「선적된 물품을 조달할」 수 있는 것으로 규정하고 있다.

정답 01. ③

02
Below is about demand guarantee which is internationally used. Which is wrong?

> A. Demand guarantee is a non-accessory obligation towards the beneficiary.
> B. The guarantor remains liable even if the obligation of the applicant is for any reason extinguished.
> C. The guarantor must pay on first demand with making objection or defence.
> D. URDG758 is an international set of rules produced by ICC governing the rights and obligations of parties under demand guarantees.

① A only   ② A+B only   ③ C only   ④ C+D only

「다음은 청구보증통일규칙에 따른 국제 은행 보증에 대한 설명이다.」
「A. 청구보증은 수익자에 대한 주된, 비부대채무이다.
B. 보증인은 개설의뢰인의 의무가 어떤 이유로 소멸되더라도 법적 책임을 부담한다.
C. 보증인은 첫 번째 지급요구에 대해 지급을 하지 않을 수도 있다.
 - C. 청구보증서가 발행되면 보증인은 1차적으로 지급 책임을 부담한다.
D. URDG758은 청구보증에서 당사자의 권리와 의무를 준거하는 국제상업회의소에서 제정한 일련의 국제규칙이다.」
▶ accessory obligation : 이자, 지연배상금 등의 부대채무
▶ liable : (무엇의 비용을 지불할) 법적 책임이 있는   ▶ for any reason : 어떤 이유로든
▶ extinguish : 소멸하다, (불을)끄다

03
What has a similar function with Demand guarantee?

> A. Surety Bond   B. Commercial L/C   C. Standby L/C   D. Aval

① A only   ② B only
③ C only   ④ all of them

「청구보증과 유사한 기능을 가진 것은 무엇인가?」
청구보증과 가장 유사한 기능을 가진 것은 당사자의 계약불이행에 따른 귀책사유에 대해 배상을 보증하고 있는 보증신용장(Standby L/C)이다.
▶ Surety Bond(보증증서) : 보증이라는 기능에서는 청부보증과 유사하나, 이는 계약과 관련된 것이 아니라 채무를 변제하지 않을 경우에 은행이 지급을 해준다는 채무확인서를 말한다.

02.③ 03.③ **정답**

04 Which is NOT correct according to following situation?

> Goods are taken in charge at Daegu, Korea for transport to Long Beach, California, under a price term "CIP Long Beach, California, Incoterms 2020".

① The seller will arrange transportation.

② The seller will pay for freight to Long Beach.

③ Risk will pass to the buyer upon delivery of the goods to the carrier at Daegu.

④ The Buyer will take risk from the time the goods arrive at Long Beach.

「다음 상황에 대해 옳지 않은 것은 어느 것인가?」
「인코텀즈 2020의 CIP 롱비치, 캘리포니아 가격 조건에 따라 캘리포니아, 롱비치로 운송하기 위하여 한국의 대구에서 물품이 수취되었다.」
①「매도인이 운송을 수배할 것이다.」
②「매도인이 롱비치로 가는 운임을 지불할 것이다.」
③「위험은 대구에서 운송인에게 물품이 인도되는 때에 매수인에게로 이전한다.」
④「매수인은 롱비치에서 물품이 도착하는 때에 위험을 인수한다.」
- CIP조건에서 매도인은 합의된 장소(국내의 인도 장소)에서 물품을 매도인 자신이 지정한 운송인이나 제3자에게 인도할 때 인도의 의무를 다한 것으로 한다. 선지 ③이 인도 의무가 종료되는 시기에 대한 올바른 설명이다.

05 What does the following explain?

> This is non-negotiable transport document and simply evidences that goods are on the way and should only be used when title and financing are not issues. Its function is contract, receipt, and invoice for the goods carried by sea.

① Charter party B/L ② Bill of Lading
③ Air waybill ④ Sea waybill

「다음 설명은 무엇인가?」
「이것은 유통불가 운송서류이며 단순히 물품이 운송될 것임을 입증하고, 권리증권이나 금융 기능으로 발행되지 않는 경우에 사용된다. 이것은 계약서이자 수취증이며 해상 운송 물품에 대한 청구서의 역할을 한다.」
- 해상화물운송장(Sea waybill)에 대한 설명이다.

정답 04.④ 05.④

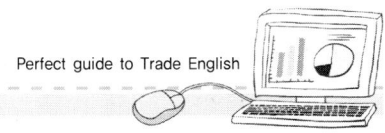

06 If seller and buyer enter into sales contract incorporating 'FCA Busan Container Depot', which of the following transport documents would be acceptable to the buyer?

> A. Air Waybill marked 'freight paid at destination'.
> B. Bill of Lading marked freight paid.
> C. Combined Bill of lading marked freight payable at destination.
> D. Multimodal Bill of lading marked freight paid.

① A only
② A+B only
③ C only
④ C+D only

해설 「매도인과 매수인은 'FCA 부산 컨테이너 터미널'이 명시된 매매계약서를 작성하였는데, 다음 중 어떤 서류가 매수인에게 수리될 수 있는가?」
FCA조건에서 매도인은 수출지의 지정된 장소에서 매수인이 지정한 운송인에게 물품을 인도할 때 위험과 비용의 의무에서 해제된다. 이후의 위험과 비용은 모두 매수인에게로 이전된다. 매수인이 운송비를 착지불(payable)해야 하므로 매도인이 운송비를 선지급(prepaid)했다고 표시된 A, B, D는 FCA규칙에서 발행되는 운송서류에 모두 해당 되지 않는다.

07 Incoterms are a series of pre-defined commercial terms published by the International Chamber of Commerce (ICC) relating to international trade rules. What is WRONG in the explanation of Incoterms 2020?

① Incoterms by themselves do not define where title transfers.
② Incoterms support the sales contract by defining the respective obligations, costs and risks involved in the delivery of goods from the Seller to the Buyer.
③ Incoterms are used in the Sales Contract, suitable INCOTERM rule and place or port are to be specified.
④ DDP and DAP are the Incoterms where the Seller has responsibility for import.

해설 「인코텀즈는 국제무역규칙과 관련하여 국제상업회의소가 제정한 사전에 규정된 일련의 상업 조건이다. 인코텀즈 2020의 설명으로 잘못된 것은 무엇인가?」
①「인코텀즈는 그 자체로 어디서 권리가 이전되는지를 규정하지 않는다.」
②「인코텀즈는 매도인에서 매수인에게로 물품이 인도되는 것과 관련된 각각의 의무와 비용을 규정함으로써 매매계약서를 보완한다.」
③「인코텀즈는 매매계약서에 사용되는데, 적절한 인코텀즈 규칙과 장소 또는 항구가 규정되어야 한다.」
④「DDP와 DAP는 매도인이 수입통관의 의무를 부담하는 정형거래조건이다.」
 - 인코텀즈2020에서 매도인이 수입통관의 의무를 부담하는 규칙은 DDP 뿐이다.

06.③ 07.④ **정답**

08 Below explains Bill of Exchange. Who is the underlined one?

> A bill of exchange is an unconditional order, in writing addressed by *one* person to another, signed by the person giving it, requesting the person to whom it is addressed to pay certain amount at sight or at a fixed date.

① drawer　　② drawee　　③ payee　　④ payer

「다음은 환어음에 대한 설명이다. 밑줄 친 사람은 누구인가?」
「환어음은 한 당사자에 의해 다른 당사자에 대해 서면으로 지시되고 그것을 제공하는 자에 의해 서명되고 지시된 자에게 일람출급 또는 지정일자에 특정 금액을 지급하도록 요구하는 무조건적 지시이다.」
- 환어음에서 서면으로 지급을 지시하는 자는 환어음의 발행자(drawer)이다.

09 What is NOT watching point in application of Incoterms 2020?

① DDP : Some taxes such as VAT are only payable by a locally-registered business entity, so there may be no mechanism for the seller to make payment.

② CPT : The buyer should enquire whether the CPT price includes THC, so as to avoid disputes after arrival of goods.

③ EXW : Although the seller is not obliged to load the goods, if the seller does so, it is recommended to do at the buyer's risk.

④ FOB : If the goods are in containers, FOB may be appropriate.

「인코텀즈2020의 적용에서 주의해야 할 점이 아닌 것은 무엇인가?」
①「DDP : 부가가치세와 같은 세금은 현지 등록 사업자만이 지불할 수 있다. 그래서 매도인은 이를 지급할 수 있는 체계가 아니다」
②「CPT : 매수인은 CPT가격에 THC가 포함되어 있는지를 조회함으로써 물품 도착 후 이에 따른 분쟁을 피할 수 있다.」
③「EXW : 매도인은 물품을 적재할 의무가 없다 하더라도, 매도인이 그렇게 한다면, 이는 매수인의 위험으로 하기를 권고한다.」
④「FOB : 물품이 컨테이너에 적재된다면, FOB가 적합할 수 있다.」
- FOB 조건은 전형적으로 터미널에서 인도되는 컨테이너화물과 같이 물품이 본선에 적재되기 전에 운송인에게 인도되는 경우에는 적절하지 않다. 이러한 경우에는 FCA규칙의 사용이 적합하다.

▶ locally-registered business entity : 현지에서 사업자 등록이 되어 있는 업체

정답　08.①　09.④

10 What is most WRONG in the explanation of global business ?

① Protectionism holds that regulation of international trade is important to ensure the markets protection.
② Tariffs, subsidies and quotas are common examples of protectionism.
③ FDI leads to a growth in the gross domestic product of investing country.
④ As a result of international trade, the market becomes more competitive by bringing a cheaper product to the consumer.

해설 「글로벌 비즈니스에 대한 설명으로 가장 잘못된 것은 무엇인가?」
①「보호무역주의는 국제무역의 규제가 시장을 보호함에 있어서 중요하다고 생각한다.」
②「관세율, 보조금 그리고 쿼터제도는 보호무역주의의 흔한 예이다.」
③「해외직접투자는 투자국의 국내총생산을 증가시킨다.」
  - 해외직접투자는 투자국이 아니라 투자를 받는 국가의 국내총생산을 증가시킨다.
④「국제무역의 결과로, 저렴한 제품이 소비자에게 공급됨으로써 시장의 경쟁이 더욱 치열해 진다.」
▶ protectionism : 보호무역주의

[11~12] Read the following and answer the questions.

> I recently purchased from your catalog OEM Toner Cartridge No. 123 for USD74.99 per piece, which was advertised to be 20 percent below the normal price. I received the toner cartridge two days later and felt completely satisfied with my purchase.
>
> While looking through the Sunday edition of THE BOSTON GLOBE yesterday, I noticed the same toner cartridge selling for USD64.99 at Global Computer Outlet.
>
> You say you won't be undersold on any merchandise. If that's true, I'd appreciate a refund of USD(   ) since we bought 100,000 cartridges. Thank you.
>
> Sncerely,
> Skip Simmons

11 What is MOST suitable for the blank?

① 10   ② 1,000,000   ③ 100,000   ④ 6,499,000

해설 「저는 최근에 귀사의 카타로그에 있는 OEM 토너 카트리지 No.123을 개당 74.99달러에 구매했습니다. 이것은 정상 가격보다 20퍼센트 아래 가격이라고 홍보되었던 것입니다. 저는 이틀 뒤 이 토너 카트리지를 받았고 저의 구매에 대해 아주 만족합니다.
  어제 더 보스톤 글로벌지 일요판을 보다가, 저는 동일한 토너 카트리지가 글로벌 컴퓨터 아웃렛에서 64.99달러에 팔리고 있음을 알게 되었습니다.
  귀사는 어느 제품도 이보다 싸게 팔수는 없다고 했습니다. 이것이 사실이라면, 당사는 카트리지 10만개를 구매했으므로 (   ) 달러를 환불해 주시면 감사하겠습니다.」
- 서신 작성자는 다른 곳에서 64.99 달러에 팔리는 것을 74.99달러에 100개를 구매했다. 개당 10달러를 더 주었으므로 1백만 달러(10달러 x 100,000개)의 환불을 요구하고 있다.
▶ undersell : (경쟁사보다, 가치보다)싸게 팔다

10.③ 11.② **정답**

12 Which is MOST likely to be enclosed in this letter?

① writer's first inquiry letter

② a copy of invoice and Global Computer Outlet's advertisement

③ a copy of catalog

④ a copy of price list which Simmons sent

 「이 서신에 동봉되기 가장 적절한 것은 어느 것인가?」
①「작성자의 최초 조회 서신」
②「청구서와 글로벌 컴퓨터 아웃렛의 광고」
 - 물품을 구매할 때 조회했던 내용과 경쟁사의 가격을 근거로 제시해야 환불 요구의 설득력이 있다.
③「카탈로그 사본」
④「시모스가 보내온 가격표」

[13~14] Read the following and answer the questions.

> I read your ad in the January issue of *Mobile Homes Monthly* looking for Carefree Mobile Homes in the Atlanta area. I would like to learn more about Carefree Mobile Homes and their incentive program for dealers.
> Mobile Homes are very popular in this area, and I am most interested in hearing more about your products and marketing opportunities.

13 What is being sought in Mobile Homes Monthly?

① job offer for technician

② retail dealership

③ customer recruitment for Mobile Homes service

④ promotion to offer special discount

「저는 아틀란타 지역에서 관리가 필요 없는 이동식 주택을 찾는다는 월간 모바일 홈스 1월 호에 실린 귀사의 광고를 보았습니다. 저는 관리가 필요 없는 이동식 주택과 딜러에게 주는 인센티브 프로그램에 대해 더 알고자 합니다. 이동식 주택은 이곳에서 아주 인기가 많아서 저는 귀사의 제품과 판매 기회에 대해 아주 흥미가 있습니다.」
13.「월간 이동식 주택에서 찾는 것은 무엇인가?」
①「기술직 구인」
②「판매 대리점」
 - 월간 이동주택에서는 관리가 필요 없는 이동식 주택을 판매할 딜러를 찾고 있다.
③「이동식 주택 서비스를 체험할 고객 모집」
④「특별 할인을 제공한다는 광고」

정답 12.② 13.②

14 Who is the receiver of the letter?

① magazine editor
② dealer in Atlanta
③ Carefree Mobile Homes company
④ customer center for mobile service

「이 서신의 수신자는 누구인가?」
①「잡지 편집자」
②「아틀란타에 있는 판매상」
③「케어프리 모바일 홈스 사」
 - 아틀란타 현지의 딜러를 구한다는 광고를 보고 작성된 서신이므로 수신자는 케어프리 모바일 홈스 사이다.
④「이동 업무를 하는 고객 센터」

[15~17] Read the following letter and answer the questions.

> I have now received our (A)*assessor*'s report with reference to your claim in which you asked for (B)*compensation* for damage to two turbine engines which were shipped ex-Liverpool on the Freemont on 11 October, for delivery to your customer, D.V. Industries, Hamburg.
>
> The report states that the B/L was *claused* by the captain of the vessel, with a (C)*comment* on cracks in the casing of the machinery.
>
> Our assessor believes that these cracks were the first signs of the weakening and splitting of the casing during the (D)*voyage*, and that this eventually damaged the turbines themselves.
> (   )
> I am sorry that we cannot help you further.

15 Which could NOT be replaced with the underlined (A), (B), (C) and (D) parts?

① A: surveyor   ② B: compliment   ③ C: remark   ④ D: trip

「당사는 10월 11일 리버풀에서 이전에 프리몬트 호에 선적된 터빈 엔진 2대에 대한 (B)*손해보상*으로 귀사가 요청하였던 보험금 청구와 관련된 (A)*보험사정인*의 보고서를 받았습니다.
 보고서에 따르면 선하증권에는 기계의 포장 부분에 금이 가있다는 이 선박 선장의 (C)*조항*이 기재되어 있었다 합니다. 당사의 사정인은 이 금이 (D)*항해* 중 포장을 약하게 하고 갈라지게 만든 1차적 원인으로 보고 있으며, 이로 인해 결국 터빈 자체가 손상을 입었다고 보고 있습니다.
(   )
더 이상 귀사를 도울 수 없게 되어 미안합니다.」
15.「밑줄 친 (A), (B), (C) 와 (D) 부분을 대체할 수 없는 것은 어느 것인가?」
compensation(보상)을 compliment(칭찬, 찬사)로 대체할 수 없다.
▶ assessor's report : 사정인 보고서   ▶ crack : 갈라진 선(금)
▶ with reference to[with regard to, concerning, as to, as for] : ~에 관하여

14. ③ 15. ②   **정답**

16 Which could not be replaced with the underlined claused?

① commentary   ② dirty
③ unclean   ④ foul

「밑줄 친 claused와 대체할 수 없는 것은 어느 것인가?」
B/L 상에 어떤 하자 내용이 표시되었음을 뜻하는 것으로서 이는 화물의 이상 상태를 말한다. 이러한 의미를 commentary(해설, 논평)로 대체할 수는 없다.

17 Which of the following BEST fits the blank in the letter?

① I regret that we can accept liability for goods if they are shipped clean.

② I regret that we cannot accept liability for goods unless they are shipped clean.

③ I am very happy that we accept liability for goods as they are shipped clean.

④ I regret that we cannot accept liability for goods even though they are shipped clean.

「서신의 빈 칸에 가장 잘 어울리는 것은 다음 중 어느 것인가?」
①「당사는 이 화물이 이상없이 선적되었다면 물품에 대한 책임을 진다는 것에 유감입니다.」
②「당사는 이 화물이 이상없이 선적되지 않는 한 물품에 대한 책임을 질 수 없게 되어 유감입니다.」
 - 흐름상 가장 연결이 잘되는 문장이다.
③「당사는 이 화물이 이상없이 선적되었기 때문에 물품에 대한 책임을 지게 되어 기쁩니다.」
④「당사는 이 화물이 이상없이 선적되었다 하더라도 물품에 대한 책임을 질 수 없게 되어 유감입니다.」

18 Under UCP600, what is NOT correct?

- Seller is in Seoul, Korea
- Buyer is in Frankfurt, Germany
- Seller sells USD 100,000.00 worth of goods to Buyer
- Buyer uses Deutche Bank to open the Letter of Credit
- This unconfirmed letter of credit requires a '90 days after sight' draft from the beneficiary.

① The drawer of draft is seller.

② Issuing bank is to reimburse for complying presentation, whether or not the nominated bank purchased before the maturity of draft.

③ The draft shall be drawn on the buyer.

④ The seller may apply silent confirmation.

정답 16.① 17.② 18.③

 「UCP600에 따라, 옳지 않은 것은 무엇인가?」
「- 매도인은 한국, 서울에 있다.
- 매수인은 독일, 프랑크푸르트에 있다
- 매도인은 1천만 달러 상당의 물품을 매수인에게 판매한다
- 매수인은 도이치 뱅크를 이용하여 신용장을 개설한다
- 이 미확인 신용장은 매도인에게 일람 후 90일 출급 환어음을 발행하도록 요구한다.」
① 「환어음의 발행인은 매도인이다.」
② 「개설은행은 환어음 만기일 전에 지정은행이 환어음을 매입했던 안했던 적격제시에 대해 상환을 한다.」
③ 「환어음은 매수인을 지급인으로 하여 발행되어야 한다.」
- 신용장에서 지급인은 개설은행이므로 매수인을 지급인으로 하여 환어음을 발행하면 안된다.
④ 「매도인은 silent confirmation을 신청할 수도 있다.」

19 What kind of charter does the following explain?

> It is a charter, an arrangement for the hiring of a vessel, whereby no administration or technical maintenance is included as part of the agreement.
>
> In this case, the charterer obtains possession and full control of the vessel along with the legal and financial responsibility for it. Also the charterer pays for all operating expenses, including fuel, crew, port expenses and P&I and hull insurance.

① Demise charter ② Voyage charter
③ Time charter ④ Trip charter

 「다음 설명은 어떤 용선계약에 대한 것인가?」
「이것은 승인이나 기술적 유지 관리를 계약상에 포함하지 않고 선박을 빌리는 용선계약을 말한다.
이 경우, 용선자는 선박에 대한 법적 그리고 금융적 책임과 함께 선박의 점유와 완벽한 통제 권리를 갖는다. 또한 용선자는 연료비, 선원, 항구 사용료와 모든 운영비 그리고 선주상호 선체보험을 포함한 일체의 운영비를 지불한다.」
- 나용선계약(Bareboat charter, Demise charter)에 대한 설명이다.
▶ along with : ~에 덧붙여, ~와 마찬가지로
▶ hire : 빌리다, (사람을) 고용하다
▶ possession : 점유, 소유
▶ P&I and hull insurance : 선주상호 선체보험

19. ① 정답

20 What is the MAIN purpose of the letter?

> Dear Mr. Colson:
> Thank you for your application for credit at Barrow.
> We appreciate your interest.
>
> Your personal references are exceptionally good, and your record of hard work indicates that your business prospects are good for the near future.
>
> Unfortunately, at the present, your financial condition only partially meets Barrow's requirements. We cannot extend the USD500,000 open credit you requested.
>
> Please call me at your convenience. I am sure we can set up a program of gradually increasing credit that will benefit both of us. Meanwhile, remember that deliveries on cash purchase are made within two days.
>
> Let me hear from you soon. We are interested in your business venture.

① to praise the good credit report
② to offer the credit increase
③ to deny credit extension
④ to continue the business with the company

「이 서신의 주목적은 무엇인가?」
「안녕하세요, 콜손 씨 :
배로우에 신용 거래를 신청하신 것을 잘 받았습니다.
귀하의 관심에 감사합니다.
　귀하의 개인 이력은 매우 훌륭하며 귀하의 고된 노력을 보면 귀사의 사업 분야는 앞으로 전망이 좋습니다. 아쉽게도, 현재로선, 귀사의 금융 상태가 배로우 사의 요구 조건을 일부분만 충족하고 있습니다. 당사는 귀사가 외상거래로 요청하신 5십만 달러를 연장할 수 없습니다.
　언제든 편하실 때 연락 주십시오. 저는 상호 간에 이익이 될 수 있도록 점진적으로 신용 거래를 늘릴 수 있는 프로그램을 준비해 드리겠습니다. 아울러, 현금 구매하시면 배송은 이틀 이내로 진행됩니다.
　곧 연락 주십시오. 당사는 귀사의 활발한 사업에 관심이 있습니다.」
①「훌륭한 신용 보고서에 대한 칭찬을 위해」
②「신용 거래 금액을 늘리라는 제안을 하기 위해」
③「신용 거래 연장을 거절하기 위하여」
　- 신용 거래(외상거래) 금액을 더 늘려달라는 요청을 거절하기 위해 작성된 서신이다.
④「이 회사와 거래를 계속하기 위하여」

▶ application for credit : 신용거래 신청　　▶ exceptionally : 특별히, 정말, 예외적으로
▶ personal references : 자기소개서, 개인 이력　　▶ business prospects : 사업 전망

정답　20.③

21 Which is NOT correct in accordance with CISG?

① An offer becomes effective when it reaches the offeree.

② An offer, even if it is irrevocable, may be withdrawn if the withdrawal reaches the offeree before or at the same time as the offer.

③ A statement made by or other conduct of the offeree indicating assent to an offer is an acceptance.

④ Silence or inactivity in itself amounts to acceptance.

「CISG에 따라 옳지 않은 것은 어느 것인가?」
①「청약은 피청약자에게 도달한 때 효력이 발생한다.」[CISG 제15조 (1)]
②「청약은 그것이 취소불능한 것이라도 그 철회가 청약의 도달 전 또는 그와 동시에 피청약자에게 도달하는 경우에는 이를 철회할 수 있다.」[CISG 제15조 (2)]
③「청약에 대한 동의를 표시하는 피청약자의 진술 또는 기타의 행위는 이를 승낙으로 한다.」[CISG 제18조 (1)]
④「침묵 또는 부작위 그 자체는 승낙으로 된다.」[CISG 제18조 (1)]
→ Silence or inactivity in itself ***does not*** amounts to acceptance(침묵 또는 부작위 그 자체는 승낙으로 *되지 아니한다*).

22 Which of the following is NOT covered by ICC(C)?

① explosion   ② washing overboard

③ jettison   ④ general average sacrifice

「ICC(C)약관에서 담보하지 않는 것은 다음 중 어느 것인가?」
갑판유실(washing overboard)은 ICC(C)약관에서 담보하는 위험이 아니다.
▶ explosion : 폭발   ▶ jettison : 투하   ▶ general average sacrifice : 공동해손희생

23 What is WRONG with the roles of freight forwarders?

① They act as an agent on behalf of shipper in moving the cargo to the destination.

② They are familiar with the methods of shipment and required documents relating to foreign trade.

③ They have primary responsibility for paying duties and taxes for import customs charges.

④ They assist the customers in preparing price quotations by advising on freight costs, port charges, cost of documentation, handling fee, etc.

21.④ 22.② 23.③ **정답**

 「운송중개인의 역할로 잘못된 것은 무엇인가?」
① 「이들은 화주를 대신하여 대리인으로서 화물을 목적지까지 이동시키는 역할을 한다.」
② 「이들은 배송 방법과 외국 거래와 관련된 필요한 서류 준비에 익숙하다.」
③ 「이들은 수입 관세 비용에 따른 관세와 세금을 납부해야 할 주된 책임이 있다.」
   – 수입관세와 관련된 비용의 주된 책임은 수입상(buyer)에게 있다.
④ 「이들은 운송비, 부두 사용료, 서류 비용, 화물 취급 수수료 등을 알려줌으로써 고객이 가격 견적을 내는 것을 도와준다.」

▶ be familiar with : ~에 익숙하다
▶ primary responsibility : 주요한 책임

24 Under UCP600, what is NOT an appropriate statement for the amendments of Letter of Credit?

① A credit can neither be amended nor cancelled without the agreement of Seller, Buyer and issuing bank.
② The terms and conditions of the original credit will remain in force for Seller until Seller communicates its acceptance of the amendment.
③ If Seller fails to give notification of acceptance or rejection of an amendment, a presentation that complies with any not yet accepted amendment will be deemed to be notification of acceptance of such amendment.
④ Partial acceptance of an amendment is not allowed and will be deemed to be notification of rejection of the amendment.

 「UCP600에 따라, 신용장의 조건 변경에 대한 설명으로 적합하지 않은 것은 무엇인가?」
① 「신용장은 매도인과 매수인 그리고 개설은행의 합의 없이 변경되거나 취소될 수 없다.」
   – 신용장은 개설은행, 확인은행(있는 경우) 및 수익자의 합의 없이 변경되거나 취소될 수 없다. 매수인은 신용장의 조건변경 및 취소와 관련된 당사자가 아니다.
② 「원신용장의 제조건은 수익자가 조건변경에 대한 그 자신의 승낙을 통보할 때까지는 수익자에게 여전히 유효하다.」
③ 「수익자가 조건변경에 대한 승낙 또는 거절의 통고를 행하지 아니한 경우, 아직 승낙되지 않은 조건변경에 일치하는 제시는 수익자가 그러한 조건변경에 대하여 승낙의 통고를 행한 것으로 본다.」
④ 「조건변경의 부분 승낙은 허용되지 아니하며 그 조건변경의 거절의 통지로 본다.」

▶ be familiar with : ~에 익숙하다
▶ primary responsibility : 주요한 책임

정답 24.①

25 The following statement is a part of contract. What kind of clause is it?

> If any provision of this Agreement is subsequently held invalid or unenforceable by any court or authority agent, such invalidity or unenforceability shall in no way affect the validity or enforceability of any other provisions thereof.

① Non-waiver clause ② Infringement clause
③ Assignment clause ④ Severability clause

「다음 내용은 계약서의 일부분이다. 어떤 조항인가?」
「본 계약서의 어느 조항이 법원 또는 관할 당국에 의해 무효로 되거나 강제집행 할 수 없더라도, 그러한 무효 또는 강제집행 불가는 어떠한 다른 조항도 이에 따라 유효성 또는 집행성에 영향을 미치지 아니한다.」
– 가분성조항(Severability clause)에 대한 설명이다. 가분성조항이란 특정 조항이 무효가 되더라도 다른 조항에는 영향이 없도록 함으로써 전체 계약이 무효로 되는 것을 방지하기 위한 조항이다.
▶ Non-waiver clause : 권리불포기조항   ▶ Infringement clause : 권리침해조항
▶ Assignment clause : 계약양도금지조항

02 영작문

26 Which of the following BEST fits the blank?

> In the event of (   ), the assured may claim from any underwriters concerned, but he is not entitled to recover more than the statutory indemnity.

① reinsurance   ② double insurance
③ coinsurance   ④ full insurance

「괄호 안에 가장 잘 맞는 것은 어느 것인가?」
「(   )의 경우, 피보험자는 관련 보험사업자에게 보험금을 청구할 수 있지만, 법적 보상액을 넘어서 청구할 수는 없다.」– 중복보험(double insurance)에 대한 설명이다. 중복보험의 경우 보험자에게 보험금을 청구할 수 있지만 전체 보험금의 청구액이 보험가액을 초과할 수는 없다.
▶ statutory indemnity : 법에 명시된 보상액   ▶ reinsurance : 재보험
▶ coinsurance : 공동보험   ▶ full insurance : 전액보험

25.④ 26.② **정답**

27 Which of the following statements has a different purpose?

① We would advise you to proceed with caution in your dealings with the firm in question.
② We regret that we have to give you unfavorable information about that firm.
③ According to our records, they have never failed to meet our bills since they opened an account with us.
④ You would run some risk entering into a credit transaction with that company.

「서로 다른 목적을 갖고 있는 문장은 다음 중 어느 것인가?」
①「당사는 문제의 회사와 귀사가 거래하는 것에 대해 조심해서 진행할 것을 권고합니다.」
②「당사는 이 회사에 대하여 귀사에게 부정적인 정보를 전하게 되어 유감입니다.」
③「당사의 기록에 따르면, 이 회사는 당사와 거래를 한 이후로 한 번도 채무 변제를 안 한 적이 없습니다.」
 – 신용조회에 대한 답변으로서 오직 ③번만이 우호적인 회신을 하고 있다.
④「귀사는 이 회사와 신용거래를 함에 있어서 위험을 좀 감수해야 할 것입니다.」
▶ with caution : 조심하여, 신중하여
▶ open an account with : ~와 거래를 하다
▶ entering into a credit transaction : 신용거래(외상거래)를 하다

28 Which of the following BEST completes the blanks in the letter?

> We would like to send (A)–Heathrow (B) Riyadh, Saudi Arabia, 12 crates of assorted glassware, to be delivered (C) the next 10 days.

① A: ex,   B: to,   C: within
② A: ex,   B: to,   C: in
③ A: from,   B: through, C: within
④ A: from,   B: through, C: in

「빈 칸에 가장 잘 어울리는 것은 다음 중 어느 것인가?」
「당사는 히드로에서(ex) 사우디아라비아의 리야드로(to) 여러 유리 제품 12개 화물을 10일 이내에(within) 배송해야 합니다.」
▶ ex : ~ 로부터(from)
▶ assorted : 여러 가지의, 갖은

29 Which is the proper Incoterms 2020 term for the following?

> The seller delivers the goods on board the vessel nominated by the buyer at the named port of shipment or procures the goods already so delivered. The risk of loss of or damage to the goods passes when the goods are on board the vessel, and the buyer bears all costs from that moment onwards.

① FAS   ② FCA   ③ FOB   ④ CFR

정답 27.③ 28.① 29.③

해설 「다음 상황에 적절한 인코텀즈 2020은 어느 것인가?」
「매도인은 지정된 선적항에서 매수인이 지정한 선박에 본선 적재하여 인도하거나 이미 그렇게 조달된 물품을 인도할 수 있다. 물품의 멸실 또는 손상의 위험은 물품이 본선에 적재된 때에 이전하며, 매수인은 그러한 시점 이후의 모든 비용을 부담한다.」
- FOB 규칙에 대한 설명이다.

30
The following is related to insurance. What are the proper words to be filled in the blanks A and B?

> In order to recover under this insurance, the (A) must have an insurable interest in the subject-matter insured at the time of (B).

① A: assurer, B: the loss
② A: assured, B: the loss
③ A: assurer, B: the insurance contract
④ A: assured, B: the insurance contract

해설 「다음은 보험과 관련된 것이다. 빈 칸 A와 B를 채우기 적절한 단어는 무엇인가?」
「이 보험에서 피해를 보상받기 위해서, 피보험자(A : assured)는 손해(B : loss)발생 시에는 반드시 보험의 목적에 이해관계를 가져야 한다.」[MIA 제6조]

31
Put the right words in the blanks.

> [Complaint]
> I strongly object to the extra charge of USD9,000 which you have added to my statement. When I sent my cheque for USD256,000 last week, I thought it cleared this balance.
>
> [Answer]
> We received your letter today complaining of an extra charge of USD9,000 on your May statement. I think if you check the statement you will find that the amount (A) was USD265,000 not USD256,000 which accounts for the USD9,000 (B).

① A: due, B: difference
② A: for, B: price
③ A: of, B: charges
④ A: received, B: less

30.② 31.①

 「[불만 제기]
당사는 귀사가 우리의 청구서에 추가한 9천 달러의 추가 비용을 지불할 수 없습니다. 당사는 지난주에 256,000달러짜리 수표를 보냈는데, 이것으로 미불금이 청산되는 것으로 생각했습니다.」
[답변]
당사는 귀사의 5월분 청구서의 9천 달러 추가 비용에 대한 귀사의 불만 서신을 오늘 잘 받았습니다. 귀사가 청구서를 검토해보시면 지불금액(amount due)은 256,000달러가 아니라 256,000달러라서 계산에서 9천 달러 차이(difference)가 난다는 것을 아실 것입니다.」

32 Choose the right word(s) for the blank below.

> (   ) in international trade is a sale where the goods are shipped and delivered before payment is due, which is typically in 30, 60 or 90 days. Obviously, this option is advantageous to the importer in terms of cash flow and cost, but it is consequently a risky option for an exporter.

① A COD transaction ② A CAD transaction
③ An open account transaction ④ A D/P transaction

 「다음 빈 칸에 알맞은 단어를 고르시오.」
「국제무역거래에서 (   )는 물품이 선적되고 보통 30일, 60일 또는 90일이 되는 지급일이 오기 전에, 인도되는 판매 방식을 말한다. 명백하게, 이 방법은 현금 유동성과 비용 면에서 수입상에게 유리하지만, 수출상에게는 당연히 위험한 선택이 된다.」
– 물품은 수입상에게 인도되고 일정한 기간이 경과한 후 대금을 지급받는 청산거래방식(An open account transaction)에 대한 설명이다. 전형적인 외상거래 방식이다.
▶ obviously : 확실히, 분명히 ▶ in terms of : ~ 면에서
▶ consequently : 그 결과, 따라서

[33~34] Read the following and answer.

> While we cannot give you an explanation at present, we are looking into the problem and will contact you again shortly.
> As we are sending out orders promptly, I think these delays may be occurring during (   ). I shall get in touch with the haulage contractors.
> Would you please return samples of the items you are dissatisfied with, and then I will send them to our factory in Daejon for tests.

33 What is the main purpose of the letter above?

① To give complaints in the soonest manner
② To ask for more time to investigate the complaint
③ To investigate the delay with carrier
④ To return samples damaged

정답 32.③ 33.②

 「현재 귀사에게 설명을 드릴 수 없어서, 당사는 이 문제를 조사해보고 조속히 귀사에 다시 연락드리겠습니다. 당사는 주문품을 신속하게 발송하기 때문에, 이 지연은 아마도 (   ) 일어난 것 같습니다. 운송업자에게 연락을 해보겠습니다. 귀사가 실망했다는 그 품목의 견본을 보내주시면, 대전에 있는 당사 공장으로 보내서 검사를 해보겠습니다.」

33. 「상기 서신의 주목적은 무엇인가?」
① 「빠른 일처리에 대한 불만을 제기하기 위해」
② 「불만 사항을 조사하기 위해 더 시간을 달라고 요청하기 위해」
 - 서신을 쓰게 된 동기이다.
③ 「운송인과 함께 지연의 원인을 조사하가 위해」
④ 「손상된 견본을 돌려받기 위해」

▶ haulage contractors : 운송업자　　▶ get in touch with : ~와 연락을 취하다
▶ occur : 일어나다, 발생하다

34 What is best for the blank?

① investigation　　② transit
③ arrival　　④ despatch

 「빈 칸에 가장 잘 맞는 것은?」
운송업자에게 파손의 원인을 알아보겠다는 내용으로 볼 때 물품의 손상은 운송중(during transit)에 일어났음을 유추할 수 있다.

35 Which is MOST appropriate for the blank?

> I was surprised and sorry to hear that your Order No.1555 had not reached you. On enquiry I found that it had been delayed by a local dispute on the cargo vessel SS Arirang on which it had been loaded. I am now trying to get the goods transferred to the SS Samoa which is scheduled to sail for Yokohama before the end of next week.
> (   ).

① I shall remind you if this happens again
② Please keep me be informed of the sailings
③ We can reach an amicable agreement in the near future
④ I shall keep you informed of the progress

34.② 35.④ **정답**

해설 「빈 칸에 가장 적절한 것은 어느 것인가?」
「저는 귀사의 주문품 No.1555가 귀사에게 도착되지 않았다는 연락을 듣고 놀랍고도 미안합니다.」
조사를 해보니 이 물품을 선적한 화물선 아리랑 호에 생긴 문제 때문에 지연이 되었습니다. 저는 지금 이 물품을 다음 주말 전에 요코하마로 출항하기로 되어있는 사모하 호로 이동시키려 하고 있습니다.
(   ).」
① 「다시 이런 일이 일어나면 귀사에게 알려드리겠습니다.」
② 「항해 일정을 제게 알려주십시오.」
③ 「우리는 곧 우호적인 합의에 이를 것입니다.」
④ 「진행 상황을 계속해서 귀사에게 알려드리겠습니다.」

▶ on enquiry : 조사한 결과, 알아 보니

[36~37] Which of the pairs does NOT have the similar intention?

36
① Can you give me some cost estimates on that?
  - I was wondering roughly how much your service would cost.
② I am not convinced that acting on this plan is in the best interests of my team.
  - I am behind this plan 100%.
③ We appreciate your asking us and are willing to comply with your request.
  - Thank you very much for asking. Let me give you a hand, please.
④ We have been forced to withdraw ourselves from this project.
  - We have no choice but to pull ourselves out of the project.

해설 [36~37]「유사한 의도를 갖지 않은 것으로 맺어진 것은 어느 것인가?」
36.
①「그 것에 대한 비용 견적을 주시겠습니까?
  - 귀사의 서비스에 얼마나 비용이 들지 대략이라도 궁금합니다. 」
②「저는 이 계획대로 하는 것이 우리 팀에게 최선의 이익이라는 데에 확신이 없습니다.
  - 저는 이 계획을 100% 믿습니다.」
  - 서로 다른 의미로 연결된 쌍이다.
③「요청에 감사하며 귀사의 요구대로 해 드리겠습니다.
  - 요청에 감사합니다. 기꺼이 도와드리겠습니다.」
④「당사는 이 계획을 철회할 수 밖에 없었습니다.
  - 당사는 이 계획에서 빠져 나오는 것 외엔 달리 방법이 없었습니다.」

▶ comply with : 따르다, 준수하다   ▶ withdraw : 철회하다, 취소하다

정답   36. ②

37 ① The contents of the meeting should be kept strictly confidential.
 - Please keep the things discussed in the meeting to yourself.
② I am not completely against your thoughts.
 - I give my conditional support to your proposal.
③ I am wondering whether you could let me put off the deadline.
 - I would be grateful if you could grant me an extension of the original deadline.
④ The pleasure of your company is requested when we visit them.
 - We hope that all the people in your firm will be very satisfied at this.

① 「미팅의 내용은 극비로 해야 합니다.
 - 미팅에서 논의된 것들은 귀사만 알고 계십시오.」
② 「귀사의 의견에 전적으로 동의하지 않습니다.
 - 저는 귀사의 제안에 조건부로 지원을 하겠습니다.」
③ 「저는 귀사가 당사에게 마감 시간을 연기해 줄 수 있을지 궁금합니다.
 - 저는 귀사가 당사에게 원래의 마감 시간을 연장해 주시면 대단히 감사하겠습니다.」
④ 「저희가 방문할 때 귀사도 함께 해 주시면 감사하겠습니다.
 - 저는 귀사의 모든 직원들이 이에 대해 만족하시리라 믿습니다.」
▶ strictly confidential : 극비로 하다
▶ The pleasure of your company is requested : 함께 해 주시면 감사하겠습니다.

[38~39] Read the following and answer the questions.

> Dear Mrs Johnson
> Thank you for your letter inquiring for electric heaters. I am pleased to enclose (a)<u>a copy of our latest illustrated catalogue</u>.
> You may be particularly interested in our newest heater, the FX21 model. Without any increase in fuel consumption, it gives out 15% (b)<u>more heat than earlier models</u>.
> You will find (c)<u>details of our terms in the price list</u> printed on the inside front cover of the catalogue.
> Perhaps you would consider (   ) to (d)<u>provide you of an opportunity</u> to test its efficiency. At the same time this would enable you to see for yourself the high quality of material.
> If you have any questions, please contact me on 6234917.

38 Which is MOST suitable for the blank?
 ① taking an order   ② placing a volume order
 ③ placing a trial order   ④ to place an initial order

37.④ 38.③ 정답

해설 「안녕하세요, 존슨 씨
전기히터에 대한 귀사의 조회 서신을 잘 받았습니다. 당사의 최근 카탈로그 1부를 동봉합니다.
귀사는 아마도 당사의 최신 히터인 FX21모델에 특히 관심이 갈 것입니다. 어떠한 연료 소비의 증가없이, 이전 모델보다 15% 더 높은 열효율을 제공합니다. 카탈로그 표지 안쪽에 인쇄된 가격표에 당사의 상세한 거래조건이 있습니다. 이것의 성능 테스트를 해볼 기회를 귀사에게 드릴 수 있도록 (   )을 고려해 보시기 바랍니다. 아울러 이를 통해서 최고의 재질도 알게 될 것입니다.
의문이 있으시면, 6234917로 제게 연락 주십시오.」
38.「빈 칸에 가장 잘 어울리는 것은 어느 것인가?
  – 문맥의 흐름상 '시험 주문(placing a trial order)'이 잘 어울린다.
▶ fuel consumption : 연료 소비
▶ efficiency : 효율성, 능률
▶ taking an order : 주문을 받다
▶ placing a volume order : 대량 주문을 하다

39 Which of the following is grammatically INCORRECT?

① (a)　　② (b)　　③ (c)　　④ (d)

해설 「문법적으로 잘못된 것은 다음 중 어느 것인가?」
④ (d) provide you of an opportunity → (d)provide you with an opportunity
▶ provide A with B : A에게 B를 제공하다

40 Fill in the blank with the BEST word(s).

> A written one to pay a determinate sum of money made between two parties is a (   ). The party who promises to pay is called the maker; the party who is to be paid is the payee.

① promissory note　　② letter of credit
③ draft　　④ Bill of Exchange

「빈 칸에 가장 잘 어울리는 단어로 채우시오.」
「대금 지급을 위해 양 당사자 사이에 서면으로 작성된 것은 (   )이다. 지급을 약속한 당사자를 약속어음 발행인이라 하고 지급받을 당사자를 수취인이라고 한다.」
  – 약속어음(promissory note)에 대한 설명이다.
▶ maker : 약속어음 발행인, 제조자

정답　39.④　40.①

41 Which is NOT a good match?

> An insurance document, such as (A), (B) or (C) under an open cover, must appear to be issued and signed by an insurance company, an underwriter or their agents or their (D).

① (A) cover note
② (B) insurance policy
③ (C) insurance certificate
④ (D) proxies

「잘 어울리지 않는 것은 어느 것인가?」
「포괄예정보험에서 (A : cover note -보험승낙서) 또는 (B : 보험증권 - insurance policy) 또는 (C : 보험증명서-insurance certificate)는 반드시 보험자, 보험업자 또는 이들의 대리인 또는 이들의 (D : proxies - 대리업자)에 의해 발행되고, 서명된 것으로 보여야 한다.」
포괄예정보험에서 발행되는 것은 보험통지서(insurance declaration) 또는 보험증명서(insurance certificate) 또는 보험증권(insurace policy)이다.

42 Which is INCORRECT under UCP600?

① The words "from" and "after" when used to determine a maturity date include the date mentioned.
② Banks deal with documents and not with goods, services or performance to which the documents may relate.
③ Branches of a bank in different countries are considered to be separate banks.
④ Applicant means the party on whose request the credit is issued.

「UCP600에서 잘못된 것은 어느 것인가?」
①「from 그리고 after가 환어음의 만기일에 쓰일 경우는 당해 일자를 포함한다.」
 - **include**(포함된다) → exclude(제외된다) from은 당해 일자를 포함하지만 after는 제외된다.
②「은행은 서류와 관련될 수 있는 물품, 용역 또는 이행을 취급하는 것은 아니다.」
③「다른 국가에 있는 어떠한 은행의 지점은 독립된 은행으로 본다.」
④「개설의뢰인이라 함은 신용장이 개설되도록 요청하는 당사자를 말한다.」

43 Choose the INCORRECT one about arbitration?

① Arbitration decisions are final and binding on the both parties.
② Disputes are resolved more quickly by arbitration than by litigation, saving time and cost.
③ Both parties may choose the arbitrators, place, language.
④ Proceedings are open to the public and the arbitral award is disclosed.

41.① 42.① 43.④ **정답**

 「중재에 관하여 잘못된 것을 고르시오.」
① 「중재 결정은 최종적이며 양당사자를 구속한다.」
② 「분쟁은 소송에 비해 중재로 해결하는 것이 더 신속하며 시간과 비용을 절약한다.」
③ 「양당사자는 중재인, 중재 장소, 언어를 선택할 수 있다.」
④ 「중재 절차는 외부에 공개되며 중재판정은 발표된다.」
 - 중재는 비공개로 진행되며 중재판정도 외부로 공개되지 않는다.
▶ proceeding : 절차, 진행   ▶ arbitral award : 중재판정 약속어음 발행인, 제조자

44 What does Blank refer to?

( ) literally means "as it arrives". It is used in contract for shipment of grain in bulk to signify that the consignor will accept the goods in whatever condition they arrive, so long as they were in good order at time of shipment, as evidenced by a certificate of quality issued by an impartial inspection agency.

① GMQ   ② Tale Quale
③ Rye Term   ④ Sea Damaged Term

 「( )은 문자 그대로 "도착한 대로"라는 뜻이다. 이것은 공인검사관이 발행한 품질증명서로 입증하듯이 선적 당시에 물품이 정상인 한 송화인은 화물의 도착 상태가 어떻든 간에 물품이 인수될 것임을 밝히기 위해, 곡물 같은 벌크 화물 선적 계약에 사용된다.」
 - Tale Quale에 대한 설명이다.
▶ literally : 문자 그대로, 그야말로   ▶ signify : 의미하다, 나타내다
▶ impartial inspection agency : 공인검사관   ▶ GMQ : 판매적격품질

45 Which is NOT a replacement for the underlined?

① We shall be compelled to place the matter in the hands of our lawyer.
 (institute legal proceeding for the matter)

② We have to inform you that it is not yet possible for us to meet our obligations.
 (fulfill our commitments)

③ Thank you for writing to us so frankly about your inability to pay your debt.
 (competence to meet your debt)

④ There have, however, been several instances in the past when you have asked for extra time to settle your account. (balance your account)

정답 44.② 45.③

 「밑줄 친 부분을 바꿔 쓸 수 없는 것은 어느 것인가?」
① 「당사는 이 문제를 당사의 변호사에게 넘길 수밖에 없습니다.(이 문제를 법적 절차에 맡기다)」
② 「당사가 당사의 의무를 이행하기엔 아직 어렵다는 것을 알려드립니다.(당사의 약속을 이행하다)」
③ 「귀사의 채무를 변제할 능력이 없다고 솔직히 말씀해 주셔서 감사합니다.(귀사의 채무를 갚을 능력이 있다)」
④ 「그러나 귀사의 계정을 해결하기 위해 귀사가 추가 시간을 요청하신 것이 과거에 몇 번 있었습니다.(귀사 계정의 미불금)」

▶ in hands : 수중에 있는, 현재 다루고 있는   ▶ competence : 능숙함, 능력, 기능
▶ extra time : 추가 시간   ▶ instance : 사례, 경우   ▶ balance your account : 미불계정(외상값)
▶ inability : 무능력, 불능

46 Choose a correct one in O/A payment?

① It is dangerous to use when the importer has favorable payment history.

② It is safe to use if the freight forwarder has been deemed to be creditworthy in order for the trade transaction.

③ O/A is the most advantageous option to the importer in terms of cash flow and cost, but it is consequently the highest risky option for an exporter.

④ O/A means Opening Applicant.

 「청산계정 지급방식에 대해 옳은 것을 고르시오.」
① 「이것은 수입상이 지급을 잘 해왔을 경우에 사용하기 위험하다.」
② 「운송중개인이 무역 거래를 제대로 할 수 있다고 간주되는 경우 사용하는 것이 안전하다.」
③ 「청산계정은 현금 유동성과 비용 면에서 수입상에게 가장 유리한 방법이지만, 수출상에게는 당연히 가장 위험한 방법이 된다.」
④ 「O/A는 Opening Applicant 라는 뜻이다.」
  - O/A는 Opening Account라는 뜻이다.
▶ in terms of : ~라는 면에서

47 What is *THIS*?

> *THIS* is the term used to describe the offence of trying to conceal money that has been obtained through offences such as drugs trafficking.
>
> In other words, money obtained from certain crimes, such as extortion, insider trading, drug trafficking and illegal gambling is 'dirty'.

① money laundering   ② fraud
③ illegal investment   ④ abnormal remittance

46. ③   47. ①   정답

 「*THIS*는 무엇인가?」
「이것은 마약밀매와 같은 범법행위를 통해 번 돈을 감추기 위하여 저지르는 범법행위를 묘사할 때 쓰이는 용어이다. 다시 말해서, 갈취, 내부자 거래, 마약밀매와 불법 도박과 같은 특정 범죄로 벌어들인 "더러운" 돈이다.」 - 돈세탁(money laundering)에 대한 설명이다.
- offence : [위법]범법행위
- conceal : 감추다, 숨기다
- drugs trafficking : 마약밀매
- extortion : 갈취, 강탈

48 According to the letter, what would be MOST suitable for the blank in common?

> We certainly appreciate your interest in Maxoine Sportswear. Nevertheless, I am afraid we cannot give you the information you requested.
> Because we do not sell our garments directly to the consumer, we try to keep _____ between ourselves and our dealers. It is our way of meriting both the loyalty and good faith of those with whom we do business. Clearly, divulging _____ to a consumer would be a violation of a trust.

① our dealer lists   ② our wholesale prices
③ the highest price   ④ our consumers' information

 「서신에 따라, 빈 칸에 공통으로 들어가기 가장 알맞은 것은 무엇인가?」
「당사는 맥소니 소프트웨어에 대한 귀사의 관심에 대해 감사합니다. 그렇지만, 저는 귀사가 요청하신 정보를 드릴 수 없습니다. 왜냐하면 당사는 당사의 의류 제품을 소비자에게 직접 판매하지 않으며, 당사와 당사의 딜러 사이의 (   )을 지키고자 합니다. 당사와 거래를 하는 업체와의 신의와 선의를 지키는 것이 당사의 가치입니다. 명백히, 소비자에게 당사의 (   )을 알려주는 것은 신뢰를 위반하는 행위입니다.」
- 최종소비자에게 판매하지 않으므로 딜러와 맺은 도매가격(our wholesale prices)을 알려줄 수 없다는 내용이다.
- meriting(merit) : 가치, 장점
- loyalty : 충성, 충성심
- good faith : 선의
- divulging : (비밀을)알려주다
- violation of a trust : 신뢰에 대한 위배

정답 48.②

49 Which is most AWKWARD English writing?

① 우리 소프트웨어 제품에 관심을 보여주신 귀사의 4월 8일자 문의에 대해 감사드립니다.
→ Thank you for your inquiry on April 4, expressing interest in our software products.

② 오늘 주문서 No.9087에 대한 배송을 받고 포장을 풀었을 때, 우리는 전 품목이 완전히 파손되었음을 발견했습니다. → Today we received delivery of our order No.9087, and unpacked, we found all items were completely damaging.

③ 신용장의 잔액은 미화 15,000달러이므로 그 범위 내에서 선적해 주십시오. → As the balance of L/C is USD15,000, please make shipment within the amount.

④ 귀사가 신용장의 유효 기간 내에 주문을 이행하지 않았으므로 당사는 신용장을 취소하겠습니다. → As you have not executed the order within the validity of L/C, we will make cancellation of the L/C.

해설 「가장 어색한 영작은 어느 것인가?」
① April 8인데 April 4로 오타가 되어 중복 정답 처리되었다.
② damaging → damaged

50 Which is NOT grammatically correct?

① 귀하가 겪은 불편에 대해 깊이 사과드립니다. → We deeply apologize for the inconvenience you have experienced.

② 2월 20일까지 귀사 부담으로 XT-4879 케이블 모뎀 500개를 항공 화물편으로 보내주시기 바랍니다. → Please send us 500 XT-4879 cable modems by February 20 by air freight at your expense.

③ 귀사의 8월 5일자 주문서에 대한 신용장이 개설되도록 귀사 거래 은행에 신용장 개설을 촉구하여 주십시오. → Please arrange with your bank to open a letter of credit for your order of August 5.

④ 귀사가 주문하신 Model No.289E 재봉틀이 단종되었음을 알려드리게 되어 유감입니다. → We are sorry to inform you of the sewing machine(Model No.289E) you ordered have discontinued.

해설 「문법적으로 옳지 않은 것은 어느 것인가?」
④ you ordered have discontinued → you ordered have **been** discontinued
▶ discontinue : (계속하던 것을)중단하다, (생산을) 중단하다

49.①,② 50.④ 정답

03 무역실무

51 아래 글상자는 무역계약에서 국제상관습의 의의에 관한 설명이다. 공란에 들어갈 내용을 바르게 연결한 것은?

> (ⓐ)의 (ⓑ)은 극히 간결한 형태로 표현되고 있음에도 불구하고, 대량의 무역거래가 신속 안전하게 이행되는 것은 수백 년에 걸쳐서 형성된 (ⓒ)이란 형태의 (ⓓ)에 의하여 (ⓐ)을 보완하여 왔기 때문이다.

① ⓐ 국제상관습 ⓑ 명시조항
　ⓒ 무역계약　ⓓ 묵시조항
② ⓐ 국제상관습 ⓑ 묵시조항
　ⓒ 무역계약　ⓓ 명시조항
③ ⓐ 무역계약　ⓑ 묵시조항
　ⓒ 국제상관습 ⓓ 명시조항
④ ⓐ 무역계약　ⓑ 명시조항
　ⓒ 국제상관습 ⓓ 묵시조항

해설 해설 생략

52 해상보험에서 사용하는 용어에 대한 설명으로 옳지 않은 것은?

① 손인은 손해의 원인으로 좌초, 충돌, 화재 등을 들 수 있다.
② 위험은 손해발생가능성을 말하는 것으로 반드시 손해로 연결되는 것을 말한다.
③ 위태는 손해발생의 가능성을 증가시키는 상태를 말한다.
④ 보험금액은 보험사고 발생 시 보험자가 보상하는 최고한도가 된다.

해설 위험(risk)은 손해발생의 가능성을 말하는 것이지 반드시 손해로 연결되는 것을 말하는 것은 아니다.

정답 51.④ 52.②

53 결제방식에 대한 설명으로 옳지 않은 것은?

① 대금회수와 관련하여 신용장은 안전하지만 국제팩토링은 다소 위험하다.
② 신용장에서는 환어음네고로 결제가 이루어지고 국제팩토링의 경우 전도금융이 이루어진다.
③ 신용장은 일람불환어음이나 기한부환어음을 요구하지만 국제팩토링은 환어음을 요구하지 않는다.
④ 신용장과 추심결제에서 사용되는 서류는 환어음과 선적서류이다.

해설 국제팩토링은 수입상의 신용상태를 수입팩터를 통하여 확인한 후에 이루어지고 수출팩터를 통하여 선지급 받게 되므로 대금 회수가 확실히 보장된다.

54 양도된 신용장의 최종적인 지급의무를 지는 당사자로 옳은 것은?

① 제1수익자
② 신용장 양도은행
③ 개설의뢰인
④ 원신용장 개설은행

해설 여하한 경우라도 신용장의 최종적인 지급 확약자는 개설은행이므로 양도된 신용장이더라도 최종적인 지급 의무는 원신용장 개설은행에게 있다.

55 보험관련 설명 중 옳지 않은 것은?

① 화물보험의 보험기간은 장소로 표시한다.
② 해상보험에서 부보되는 위험은 Warehouse to warehouse Clause에 의한 해륙혼합 위험이다.
③ 소급약관이나 포괄예정보험은 보험계약기간과 보험기간이 일치하게 된다.
④ 전쟁위험의 보험기간은 화물이 육상에 있는 동안에는 해당되지 않는다.

해설 소급약관은 보험계약이 체결되기 전에 발생한 손해까지도 소급하여 보험자가 보상한다는 약관이다. 포괄예 정보험은 장기간에 걸쳐 수출입하는 경우 매 건마다 개별적으로 보험계약을 체결하지 않고 미리 이들 모두를 포함하는 보험계약을 말한다. 이런 성격으로 둘 다 보험계약기간과 보험기간이 일치할 수도 있고 아닐 수도 있다.
■ 보험계약기간
보험계약이 성립해서 소멸될 때까지의 기간을 말하는데, 보험기간과 같을 수도 있고 다를 수도 있다.
■ 보험기간
보험자가 보험사고를 보장하는 기간을 말하며, 보험계약자에게 보험금을 지급할 책임을 지는 기간이다. 일반적으로 보험계약자가 첫 보험료를 지급한 시점부터 시작되는 것으로 인정된다.

53.① 54.④ 55.③ **정답**

56 컨테이너와 관련된 설명으로 옳지 않은 것은?

① 컨테이너선의 대형화는 항구에서의 하역작업에 많은 시간을 요하는 한계성이 있다.
② 컨테이너의 한계성은 컨테이너에 적입하는데 한계상품이나 부적합상품이 있다는 것이다.
③ LCL화물들은 CFS에 반입되어 FCL화물로 혼재되어 목적지별로 분류된다.
④ 컨테이너의 사용으로 포장비용을 줄일 수 있고 선박의 정박일수도 단축할 수 있다.

해설 여러 종류의 화물을 싣고 여러 항구를 항해하는 컨테이너 선의 경우 신속하게 한 번에 대량 화물을 싣고 내려주는 것이 경제성이 뛰어나다는 것이 부각되고 있다. 이에 따라 선박의 대형화를 통해서 컨테이너 선에서도 규모의 경제화가 급속도로 진행되고 있다.

57 추정전손에 대한 설명으로 옳지 않은 것은?

① Constructive Total Loss이라고 하고 해석전손이라고도 한다.
② 화물손해 발행 시, 손상을 수선하는 비용과 화물을 그 목적항까지 운송하는 비용을 합산한 비용이 도착시의 화물 가액을 초과할 것으로 예상되는 경우가 추정전손에 포함된다.
③ 추정전손이 있을 경우에는 피보험자는 그 손해를 분손으로 처리할 수도 있고 보험자에게 보험목적물을 위부하고 그 손해를 현실전손에 준하여 처리할 수도 있다.
④ 선박이 행방불명되고 상당한 기간 경과 후까지 그 소식을 모를 경우는 추정전손으로 처리될 수 있다.

해설 선박이 출항한 후 상당한 기간이 경과했는데도 그 소식을 들을 수 없을 경우에는 선박의 행방불명(missing)으로 간주하고 현실전손으로 인정한다.[MIA 제58조]

58 적하보험에 대한 설명으로 옳지 않은 것은?

① 객관적 위험이 이미 발생했거나 위험이 없는 경우, 보험계약당사자가 이 사실을 모르는 경우에는 보험계약 체결이 가능한데 이러한 보험을 소급보험이라고 한다.
② 보험금액이 보험가액보다 적은 경우의 보험은 일부보험(under insurance)이다.
③ premium은 보험자의 위험부담에 대한 대가로서 피보험자나 보험계약자가 보험자에게 지급하는 금전이다.
④ 피보험자는 보험계약이 체결될 때 보험목적물에 이해관계를 가져야 하나 손해 발생 시에는 보험목적물에 이해관계를 가질 필요는 없다.

해설 피보험이익은 보험사고가 발생할 때까지는 보험계약의 요소로서 보험계약의 체결 시에 확정될 필요는 없으나, 늦어도 보험사고 발생 시에는 확정될 수 있어야 한다.

정답 56.① 57.④ 58.④

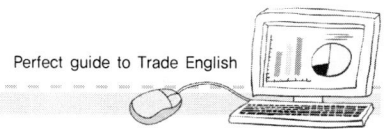

59 아래 글상자 내용은 어떤 원칙에 관한 것인가?

> - UN국제물품복합운송조약에서 채택한 원칙
> - 손해 발생 구간의 확인 여부에 관계없이 동일한 책임 원칙을 적용하지만, 손해 발생 구간이 확인되어 그 구간에 적용될 법에 의한 책임 한도액이 UN국제물품복합운송조약에서의 금액보다 높을 경우 높은 한도액을 적용한다는 원칙
> - 운송 도중 발생한 물품의 멸실이나 손상에 대한 손해배상액은 손해 발생 구간이 판명되면 구간의 단일운송협약상 책임한도액이 적용되며, 손해 발생 구간이 불명일 때는 일반 원칙이 적용되도록 함

① Network Liability System
② Uniform Liability System
③ Modified Uniform Liability System
④ Liability for Negligence

해설 수정단일책임체계(Modified uniform liability system)에 대한 설명이다.
- Network Liability System : 이종책임체계
- Uniform Liability System : 동종책임체계
- Liability for Negligence : 과실책임

60 Incoterms 2020에 대한 설명으로 옳은 것은?

① 매도인과 매수인 간에 강제적으로 적용되는 국제규칙이다.
② 국제매매계약 뿐만 아니라 국내매매계약에도 사용가능하다.
③ 당사자 간에 합의되었더라도, 전자적 형태의 통신은 종이에 의한 통신과는 다른 효력이 부여된다.
④ 물품소유권의 이전 및 계약위반의 효과를 매도인, 매수인 입장에서 각각 다루고 있다.

해설
① 인코텀즈는 임의규정이므로 매매당사자의 합의에 따라 적용을 배제하거나 변경하여 사용할 수 있다.
② 인코텀즈는 EXW규칙의 특성상 국내매매계약에도 사용가능하다.
③ 당사자들이 합의하거나 관습으로 되어 있는 경우, 전자적 형태의 통신이라도 종이통신과 동일한 효력을 부여하고 있다.
④ 인코텀즈에서는 물품소유권의 이전 및 계약위반 등에 대해서는 다루고 있지 않다.

59.③ 60.② **정답**

61 양도가능 신용장에 대한 설명으로 옳지 않은 것을 모두 고르면?

> ㉠ 중계무역은 양도가능 신용장이 발행되는 경우에만 가능하다.
> ㉡ 제2의 수익자가 1개 회사인 경우, L/C금액의 전부를 양도하는 전액양도만 허용된다.
> ㉢ 제1의 수익자는 복수의 제2수익자에게, 분할양도 할 수 있다.
> ㉣ 제2의 수익자가 제3의 수익자에게 양도하는 경우 개설의뢰인과 개설은행 모두에게 사전 양해를 얻는다면 가능하다.
> ㉤ 국내 소재 제2의 수익자에게도 양도하는 경우 local L/C라고 한다.

① ㉠, ㉡, ㉢, ㉣
② ㉠, ㉡, ㉢, ㉤
③ ㉠, ㉡, ㉣, ㉤
④ ㉡, ㉢, ㉣, ㉤

해설
㉠ 중계무역은 양도가능 신용장의 발급과 같은 특정한 결제 방식과 관계없이 진행될 수 있다.
㉡ 신용장의 양도는 제2수익자의 수와 상관없이 신용장 금액의 전부 또는 부분 양도가 모두 가능하다.
㉣ 양도가능 신용장에서는 여하한 경우라도 제2수익자가 다음 단계(제3의 수익자)로 양도할 수 없다.
㉤ Local L/C는 내국신용장을 일컫는 용어로서 양도가능 신용장과는 관계가 없다.

62 B/L 상에 "Shipper's Load & Count"와 같은 문구가 있는 경우, 이에 대한 설명으로 옳지 않은 것은?

① Liner를 이용한 운송이다.
② Container 운송이다.
③ 하역비는 FIO 조건이 적용된다.
④ B/L의 발행일자 외에 선적일자가 별도로 기재되어야 한다.

해설 FCL 화물의 경우 화주는 컨테이너에 자신이 직접 화물을 적입한다. 이에 대해 선사는 화물에 대해 일체의 책임을 부담하지 않는다는 문구를 선하증권 상에 표시하게 되는데 이를 부지약관 선하증권이라고 한다. 통상적으로 "Shipper's Load & Count" 또는 "said to contain" 등으로 표시한다. 하역비는 Berth Terms 조건이 적용된다.

정답 61.③ 62.③

63 청약 등에 대한 내용 설명으로 옳지 않은 것은?

① 주문서도 청약으로 볼 수 있으나 확인(confirmation)이나 승인(acknowledgement)이 있어야 계약이 성립된다.
② 청약조건을 실질적으로 변동시키는 것은 대금지급 변경, 분쟁해결 변경, 인도조건의 조회 등이다.
③ Cross offer는 동일한 조건으로 매도청약과 매수청약이 동시에 이루어지는 것으로 영미법에서는 계약이 성립되지 않는다.
④ 조건부청약은 청약자의 최종확인이 있어야 계약이 성립되며 서브콘 오퍼라고도 한다.

해설 인도조건의 조회는 청약의 조건을 실질적으로 변동시키는 요인이 아니다.
「금액, 결제 조건, 물품의 품질과 수량, 인도의 장소와 시기, 당사자 일방으로 상대방에 대한 책임 범위 또는 분쟁 해결에 관한 부가적 조건 또는 상이한 조건을 제시하면 청약 조건을 실질적으로 변경하는 것으로 본다.」
[CISG 제19조 3항]

64 Frustration에 대한 설명으로 옳은 것은?

① Frustration의 성립요건은 계약목적물의 물리적 멸실, 후발적 위법 등이며 계약목적물의 상업적 멸실은 해당되지 않는다.
② Frustration은 신의성실의 원칙에서의 사정변경의 원칙과 관련이 있다.
③ 주요 공급원의 예기치 못한 폐쇄는 Frustration에 해당되지만 농작물의 흉작, 불작황은 해당되지 않는다.
④ Frustration의 성립은 즉각 소급하여 계약을 소멸시키고 양당사자의 의무를 면제한다.

해설 계약의 좌절(Frustration)은 어떤 원인으로 인하여 계약을 이행하지 못하게 되는 경우를 말한다. 다음의 사항들은 전형적인 Frustration이며 사건의 발생 시점부터 계약은 자동적으로 소멸된다. 그러나 이러한 사항들은 사전에 계약서 상에 미리 당사자가 면책되는 불가항력조항을 명시해 두어야 추후 면책을 받을 수 있다.
가. 목적물의 멸실 – 선박의 화재, 침몰, 폭발 등
나. 불가항력의 발생 – 전쟁의 발발(outbreak of war) 등
다. 정부의 수출입금지 조치와 간섭(interference by the government)
   계약 체결 후 당사국의 법률이나 강행규정의 변동으로 수출입이 금지되는 경우 등

65 신협회적하약관 ICC(B) 조건에서 보상하는 손해로 옳지 않은 것은?

① 쌍방과실충돌
② 공동해손·구조비
③ 약관상 면책사항 이외의 우연적 사고에 의한 손해
④ 본선·부선에의 선적 또는 양륙작업 중 바다에 떨어지거나 갑판에 추락하여 발생한 포장단위당의 전손

해설 약관상 면책사항 이외의 우연적 사고에 의한 손해는 ICC(A/R)에서 담보하는 위험이다.

63.② 64.② 65.③ **정답**

66 복합운송증권의 특징에 대한 설명으로 옳지 않은 것은?

① 화물의 멸실, 손상에 대한 전 운송구간을 커버하는 일관책임을 진다.
② 선하증권과 달리 운송인뿐만 아니라 운송주선인에 의해서도 발행된다.
③ 화물이 본선적재 전에 복합운송인이 수탁 또는 수취한 상태에서 발행된다.
④ 지시식으로 발행된 경우 백지배서에 의해서만 양도가 가능하다.

해설 지시식이란 선하증권의 수취인 란에 "To order"로 표시된 것을 말한다. 인도문언(deliver to)이 없이 수출화주만 배서하는 것을 백지배서라고 한다. 신용장에서 백지배서를 요구한 경우에는 이를 따라야 하지만 이외의 경우에 반드시 백지배서하여야 양도가 되는 것은 아니다. 인도문언이 있는 상태에서 배서하여 양도할 수 있다.

67 포페이팅에 대한 설명 중 옳지 않는 것은?

① 환어음 또는 약속어음 등 유통가능한 증서를 상환청구권 없이(without recourse) 매입하는 방식이다.
② 포페이팅은 신용장 또는 보증(aval) 방식으로 이루어지며 어음에 대한 할인은 보통 수출상이 최종적으로 부담한다.
③ 기계, 중장비, 산업설비, 건설장비 등 연불조건 구매가 이루어지는 경우 중요한 결제수단이다.
④ 포페이팅의 가장 큰 장점은 연불조건 구매와 같이 중장기 거래에 따른 신용위험(credit risk) 등을 회피할 수 있다는 것이다.

해설 포페이팅은 보증(Aval) 방식으로 이루어진다. 신용장은 포페이팅과는 별개의 결제 방식이다. 어음에 대한 할인은 보통 수출상이 최종적으로 부담한다.

68 해상보험에서 위험에 대한 설명으로 옳지 않은 것은?

① Perils of the Seas는 해상고유의 위험으로 stranding, sinking, collision, heavy wheather를 포함한다.
② Perils on the Seas는 해상위험으로 fire, jettison, barratry, pirates, rovers, thieves를 포함한다.
③ 포괄담보 방식에서는 보험자가 면책위험을 제외한 모든 손해를 담보하는데, ICC(A) 또는 W/A가 여기에 속한다.
④ 갑판적, 환적, 강제하역, 포장불충분 등 위험이 변경되는 경우 보험자는 원칙적으로 변경 후 사고에 대해 면책된다.

해설 (CC(W.A), ICC(FPA), ICC(B), ICC(C)는 열거책임주의에 속한다.

정답 66.④ 67.② 68.③

69 해상보험의 보상원칙으로 옳지 않은 것은?

① 보험사고가 발생하더라도 보험금액을 보상하는 것이 아니라 피보험자의 실손해만을 보상하는 실손보상원칙을 따른다.
② 적하보험은 기평가보험으로서 통상 CIF가액의 110%로 보험금액이 결정된다.
③ 보험자는 피보험자에게 보험금을 지급하면 피보험목적물에 대한 권리를 이전받는 대위원칙을 따른다.
④ 보험자는 피보험자가 입은 직접적인 손해뿐만 아니라 간접 손해도 보상하는 손해보상원칙을 따른다.

해설 해상보험에서는 피보험자가 입은 직접적인 손해만 보상한다. 판매기회의 상실 등과 같은 간접 손해는 보상하지 않는다.

70 선하증권에 대한 설명으로 옳지 않은 것은?

① 운송계약의 추정적 증거(prima facie evidence)이다.
② 운송인이 물품을 수취했다는 물품의 수령증이다.
③ 'said by shipper to contain'과 같은 부지약관이 있어도 신용장 거래에서 수리된다.
④ 권리증권으로 유통이 가능하며 'consignee'란에 수화인이 기재되어 유통될 수 있다.

해설 선하증권의 수취인(consignee) 란에 수취인(수화인)이 기재되면 기명식 선하증권이 되므로 유통불가 선하증권이 된다.

71 Incoterms 2020 상 FOB 규칙에 대한 설명으로 옳지 않은 것은?

① 매도인이 선적항에서 매수인이 지정한 본선에 수출 통관된 계약상품을 선적하면 매도인의 물품인도 의무가 완료된다.
② FCA 조건에 매도인의 본선으로의 선적의무가 추가된 조건이다.
③ 매수인은 자기의 책임과 비용부담 하에 운송계약을 체결하고 선박명, 선적기일 등을 매도인에게 통지해 주어야 한다.
④ 컨테이너 운송에서 매도인이 물품을 갑판이 아닌 CY 등 다른 장소에 인도하는 경우에는 FOB 대신 FCA 조건을 사용해야 한다.

해설 FOB는 FAS조건에 매도인의 본선으로의 선적의무가 추가된 조건이다.

69.④ 70.④ 71.② **정답**

72 계약서에 들어가는 선적조건에 대한 설명으로 옳지 않은 것은?

① 신용장 상에 할부선적 횟수가 규정되었을 때는 어느 한 부분이라도 선적이 이행되지 않았다면 그 선적분과 모든 잔여 선적분은 무효가 된다.
② 선적일은 수취선하증권이 발행된 경우에는 발행일이 곧 선적일이다.
③ 'on or about'에 대한 선적 시기에 대한 해석은 선적이 지정일자로부터 양끝의 일자를 포함하여 5일 전후까지의 기간 내에 선적되어야 한다.
④ 천재지변, 전쟁 등 불가항력에 의한 선적지연의 경우 원칙적으로 매도인은 면책된다.

해설 수취선하증권이 발행되는 경우에는 이 증권상에 별도로 본선적재일(on board date)이 부기되어야 한다. 발행일이 선적일이 되는 것은 선적선하증권(shipped B/L)이다.

73 화물손해에 대한 해상운송인의 면책 사유로 옳지 않은 것은?

① 운송인은 항해 중 선장, 선원의 행위, 태만 또는 과실로 인하여 발생한 화물의 손해는 면책된다.
② 포장의 불충분성으로 인하여 발생하는 멸실이나 손상은 면책된다.
③ 선박의 화재로 인하여 발생한 화물의 손해는 면책되나 운송인의 고의로 인한 것이 아니어야 한다.
④ 운송인은 침몰, 좌초와 통상적인 풍파로 인하여 발생한 화물의 멸실이나 손상은 면책된다.

해설 운항중인 선박에서 선장 등이 발생시킨 충돌, 좌초, 접촉사고 등은 항해과실에 속하며 면책 사유가 아니다.

74 환어음의 필수기재사항에 해당되는 것만으로 옳게 나열된 것은?

① 지급인, 지급기일, 수취인, 발행일 및 발행지
② 환어음표시문자, 지급인, 지급지, 신용장 번호
③ 금액, 지급지, 어음번호, 발행인의 서명
④ 상환불능문언, 환어음표시문자, 발행인의 서명, 환율문언

해설 아래 [표] 참조

[표]환어음의 기재 사항

필수 기재 사항	임의 기재 사항
① 환어음의 표시(Bill of Exchange) ② 무조건지급위탁문언(unconditional order to pay in writing) ③ 금액(문자/숫자) : 화폐의 종류도 표시 ④ 지급인의 표시/ 지급기일의 표시 ⑤ 지급지의 표시/ 수취인의 표시 ⑥ 발행일 및 발행지의 표시 ⑦ 발행인의 기명날인 또는 서명	① 환어음의 번호 ② 신용장 및 계약서 번호 ③ 신용장 발행 은행명 ④ 신용장 번호 및 발행일

정답 72.② 73.④ 74.①

75 CISG 상 유효한 승낙으로 간주되는 것은?

① 침묵에 의한 승낙

② 청약에 대해 동의의 의사를 표시하는 피청약자의 행위

③ 무행위(inactivity)에 의한 승낙

④ 동일한 거래조건을 담은 교차 청약(cross offer)

해설 청약에 대한 침묵, 무행위는 유효한 승낙을 구성하지 않는다. 교차 청약은 양당사자의 확인 절차를 거쳐야 승낙이 가능하다.

75.② **정답**

제 115회 1급 기출해설
(2019년 제2회)

01 Choose WRONG part of L/C explanation.

> The letter of credit is probably the most widely used method of financing for both (A) export and import shipments. In establishing a letter of credit, the buyer applies to his own bank for a specified amount (B) in favor of the buyer. The buyer stipulates the (C) documents which the seller must present, the duration of the credit, (D) the tenor of drafts which may be drawn, on whom they may be drawn, when shipments are to be made, and all other particulars in the transaction.

① A   ② B   ③ C   ④ D

 「신용장의 표현에서 잘못된 부분을 고르시오.」
「신용장은 (A)수출입 선적 양쪽에 금융수단으로서 아마도 세계적으로 가장 널리 사용되고 있다. 신용장을 발행함에 있어서, 매수인은 특정 금액에 대해 (B)매수인을 수익자로 하여 자신의 거래 은행에 신청해야 한다. 매수인은 선적이 완료되면, 거래의 모든 조건에 따라 (C)매도인이 제시해야 할 서류, 신용장의 유효기간, 지급인이 될 수 있는 자에게 (D)발행되는 환어음의 만기를 규정한다.」
- (B)신용장의 수익자는 매수인이 아니라 매도인을 수익자로 하여(in favor of beneficiary)발행되어야 한다.
▶ duration : 지속기간
▶ apply : 신청하다, 적용하다
▶ all other particulars in the transaction : 거래에서의 제조건

정답 01.②

[2~3] Read the following and answer.

> Dear Mr. Cox
>
> We are a large motorcycle wholesale chain with outlets throughout Korea, and are interested in the heavy touring bikes displayed on your stand at the Tokyo Trade Fair recently.
>
> There is an increasing demand here for this type of machine. Sales of larger machines have increased by more than 70% in the last two years, especially to the 40-50 age group, which wants more powerful bikes and can afford them.
>
> We are looking for a supplier who will offer us an exclusive agency to introduce heavy machines. At present we represent a number of manufacturers, but only sell machines up to 600cc, which would not compete with your 750cc, 1000cc, and 1200cc models.
>
> We operate on a 10% commission basis on net list prices, with an additional 3% del credere commission if required, and we estimate you could expect an annual turnover in excess of US $5,000,000.00 with an advertising allowance we could probably double this figure.
>
> We look forward to hearing from you.
>
> Steve Kim

02 What can NOT be inferred?

① Steve would like to represent same line of bikes with their current suppliers.
② Mr. Cox's company is engaged in heavy touring bikes.
③ Steve Kim may take endbuyers' credit risk.
④ 40-50 age Korean consumers tend to buy bikes with large engine displacement.

해설

「콕스 씨에게

당사는 한국 전역의 아웃렛에 있는 대형 오토바이 도매 체인인데, 최근의 도쿄 무역 전시회의 귀사 진열대에 전시된 대형 투어링 오토바이에 관심이 있습니다. 이곳에서는 이런 종류의 장비에 대한 수요가 증가하고 있습니다. 대형 장비의 판매는 지난 2년간 70% 이상 증가했으며, 특히 이것을 구입할 수 있는 40-50대 연령층이 보다 강력한 장비를 원합니다. 당사는 대형 장비를 소개하기 위해 당사에게 독점대리점을 제공할 공급 업체를 찾고 있습니다. 현재 당사는 많은 제조업체를 대리하고 있지만, 귀사의 750cc, 1000cc, 그리고 1200cc 모델과는 경쟁하지 않는 600cc 장비만 판매하고 있습니다. 당사는 정가표기준 10%의 수수료 조건으로 판매하며, 요청하면 여기에 3% 추가 수수료 조건으로 대금 지불 보증 수수료로도 가능합니다. 그리고 당사는 연간 5백만 달러 이상의 매출이 나올 것이라 보고 있습니다. 광고비를 공제해주시면 아마 이 수치보다 2배 이상도 가능할 것입니다.」

02.① 정답

02. 「추론할 수 없는 것은 무엇인가?」
① 「스티브는 그들의 현재 공급업체와 같은 제품 라인을 대리하고 싶어 한다.」
  – 스티브는 자신들이 취급하지 않고 있는 배기량의 오토바이를 취급하고 싶어 한다.
② 「콕스 씨의 회사는 대형 투어링 오토바이를 취급하고 있다.」
③ 「스티브 김은 최종 구매자의 신용위험을 떠안을 것이다.」
④ 「40-50대 한국인 소비자는 대형 배기량 엔진이 있는 오토바이를 구매하려는 경향이 있다.」
▶ compete with : ~ 와 경쟁하다　　▶ del credere commission : 대금 지불 보증 수수료
▶ with an advertising allowance : ~을 공제해주면　　▶ be engaged in : ~에 종사하다
▶ endbuyers : 최종구매자　　▶ displacement : 배기량, 이동

03 Which is NOT related with del credere?

① Del credere agent here guarantees that a buyer is trustworthy.
② Del credere agent here compensates the principal in case the buyer defaults.
③ To cover credit risk, del credere agents charge higher commission rates.
④ A del credere agent is an agent who guarantees the solvency of third parties with whom the agent contracts on behalf of the buyer.

해설 「지급 보증과 관련이 없는 것은 어느 것인가?」
① 「여기서 지급 보증 대리인은 매수인을 신뢰할 수 있음을 보증한다.」
② 「여기서 지급 보증 대리인은 매수인이 미지급할 경우 본사에게 보상한다.」
③ 「신용위험을 커버하기 위하여, 지급 보증 대리인은 높은 보증 수수료를 부과한다.」
④ 「지급 보증 대리인은 구매자를 대신하여 계약하는 제3자의 지급능력을 보증하는 대리인이다.」
  – 지급 보증 대리인은 최종 구매자의 미지급 시 본사에게 이에 대한 지급을 보증하는 대리인을 말한다.
▶ trustworthy : 신뢰할 수 있는　　▶ solvency : 지급능력, 변제

04 What could mostly represent the underlying transaction?

> The terms of a credit are independent of the underlying transaction even if a credit expressly refers to that transaction. To avoid unnecessary costs, delays, and disputes in the examination of documents, however, the applicant and beneficiary should carefully consider which documents should be required, by whom they should be produced and the time frame for presentation.

① sales contract　　② carriage contract
③ pro-forma invoice　　④ certificate of origin

정답　03.④　04.①

해설
「밑줄 친 개별 거래는 주로 무엇을 말하는가?」
「신용장 조건은 비록 신용장에서 이 거래를 참조한다 하더라도 개별 거래와는 독립적이다. 불필요한 비용, 지연, 그리고 서류 심사에서의 분쟁을 피하기 위해, 개설의뢰인과 수익자는 발행되어야 할 필요한 서류들과 서류 제시 기간을 면밀히 고려하여야 한다.」
- 신용장은 본질적으로 매매당사자간에 체결된 매매계약서와는 독립된 거래이며 오직 신용장의 조건만을 심사한다. 개별 거래라 함은 주로 매매계약서(sales contract)를 말한다.
▶ underlying transaction : 개별 거래(매수인과 매도인 간의 거래)
▶ time frame : (어떤 일에 쓸 수 있는) 시간

05 The following is about DPU under Incoterms 2020. Choose the wrong part.

> The seller delivers when the goods, (a)once unloaded from the arriving means of transport, are placed at the disposal of (b)the buyer at a named terminal at the named port or place of destination. "Terminal" (c)includes any place, whether covered or not, such as a quay, warehouse, container yard or road, rail or air cargo terminal. (d)If the parties intend the buyer to bear the risks and costs involved in transporting and handling the goods from the terminal to another place, then the DAP or DDP rules should be used.

① (a)　② (b)　③ (c)　④ (d)

해설
「다음은 인코텀즈2020의 DPU이다. 잘못된 부분을 고르시오.」
「물품이 (a)도착운송수단으로부터 양하된 상태로 (b)지정목적항이나 지정목적지의 지정터미널에서 매수인의 처분 하에 놓이는 때에 매도인이 인도한 것으로 되는 것을 의미한다.「터미널」은 부두, 창고, 컨테이너장치장 또는 도로·철도·항공화물터미널과 같은 (c)장소를 포함하며 지붕의 유무를 불문한다. (d)당사자들이 터미널에서 다른 장소까지 물품을 운송하고 취급하는데 수반하는 위험과 비용을 매수인이 부담하도록 의도하는 때에는 DAP 또는 DDP가 사용되어야 한다.」
- (d)에서 매수인(buyer)을 매도인(seller)으로 고쳐야 한다.

06 Choose the LEAST correct translation.

> (1)If a credit is transferred to more than one second beneficiary, (2)rejection of an amendment by one or more second beneficiary does not invalidate the acceptance by any other second beneficiary,(3)with respect to which the transferred credit will be amended accordingly. (4)For any second beneficiary that rejected the amendment, the transferred credit will remain unamended.

① 신용장이 하나 이상의 제2수익자에게 양도된 경우에는
② 하나 또는 그 이상의 제2수익자에 의한 조건변경의 거절은 어떤 다른 제2수익자에 의한 승낙을 무효로 하지 아니하고
③ 따라서 승낙한 제2수익자와 관련하여 양도된 신용장은 조건변경이 되고
④ 조건변경을 거절한 제2수익자에 대하여는, 양도된 신용장은 조건변경 없이 유지된다.

05.④　06.①　**정답**

 「가장 옳지 않게 해석된 것을 고르시오.」
(1)신용장이 하나 이상의 제2수익자에게 양도된 경우에는
→ 신용장이 **둘** 이상의 제2수익자에게 양도된 경우에는

07 Which is NOT correct according to the letter?

> Dear Mr. Richardson
>
> We were pleased to receive your order of 15 April for a further supply of CD players. However, owing to current difficult conditions, we have to ensure that our many customers keep their accounts within reasonable limits. Only in this way we can meet our own commitments. At present the balance of your account stands at over US $1,800.00 We hope that you will be able to reduce it before we grant credit for further supplies. In the circumstances we should be grateful if you would send us your check for half the amount owed. We could then arrange to supply the goods now requested and charge them to your account.

① The writer is a seller.

② This is not the first time that the writer has business with Mr. Richardson.

③ The writer asks the receiver to send the check for current order.

④ This is a reply to the order.

 「이 서신과 관련하여 옳지 않은 것은?」
「리차드손 씨에게
당사는 CD 플레이어 추가 주문에 대한 귀사의 4월 15일자 주문을 잘 받았습니다. 그러나 현재의 어려운 상황 때문에, 당사는 당사의 많은 고객들에게 합리적인 한도 내에서 현재의 계정을 유지하도록 하고 있습니다. 이렇게 하는 것만이 당사가 주문을 이행할 수 있기 때문입니다. 현재 귀사 계정의 미불잔액은 1,800달러가 넘습니다. 당사가 추가 주문에 대한 신용 거래를 허용하기 전까지 이 금액을 감소시켜 주길 바랍니다. 이런 상황에서 귀사가 채무 금액의 절반에 해당하는 수표를 당사로 보내주시면 대단히 감사하겠습니다. 당사는 그러면 요청하신 물품의 공급을 준비하고 이 금액을 귀사의 계정에 부과하겠습니다.」
①「작성자는 매도인이다.」
②「이것은 작성자가 리차드손 씨와 첫 번째 거래한 것이 아니다.」
③「작성자는 수신자에게 현 주문에 대한 수표를 보내줄 것을 요청하고 있다.」
– 작성자는 아직 갚지 못한 예전 주문에 대한 미불금의 일부를 먼저 수표로 갚아줄 것을 요청하고 있다.
④「이것은 주문에 대한 답신이다.」

▶ meet one's commitments : 주문[약속]을 이행하다   ▶ owing to : ~ 때문에

정답　07.③

[8~9] Read the following and answer the questions

> We must express surprise that the firm mentioned in your enquiry of 25th May have given our name as a reference. As far as we know, they are a reputable firm, but we have no certain knowledge of their financial position. It is true that they have placed orders with us on a number of occasions during the past two years, but the amounts involved have been small compared with the sum mentioned in your letter; and even so, accounts were not always settled on time.
> _____. We accept your assurance that the information we give will be treated in strict confidence and regret that we cannot be more helpful.

08 According to the context, which is the best sentence in the blank?

① Therefore, we find this company to be a good credit rating.

② This, we feel, is a case in which caution is necessary and suggest that you make additional enquiries through an agency.

③ Our company was established in 1970 and has been enjoying steady growth in its business with excellent sales.

④ We regret that the amount of obligations you now carry makes it difficult for us to agree to allow you credit terms.

해설

「귀사의 5월 25일자 조회서신에서 언급된 회사가 당사의 이름을 신용조회처로 제공했다는 것에 무척 놀랐습니다. 당사가 알고 있기로는, 이 회사는 평판이 좋습니다만, 재무상태에 대해선 확신이 없습니다. 이 회사가 지난 2년간 많은 주문을 해 온 것은 사실입니다만, 거래금액은 귀사의 서신에서 언급된 금액에 비해 적습니다. : 그리고 그렇기는 하지만, 제 때에 계정이 해결되지는 않았습니다.
_____. 당사에 의해 제공된 정보를 엄격히 비밀로 다루어주실 것으로 믿으며 아울러 도움이 되지못한 점을 유감스럽게 생각합니다.」

08. 문맥에 따라, 빈 칸에 들어가기 가장 알맞은 것은 어느 것인가?

①「그러므로, 이 회사는 신용등급이 양호하다고 생각합니다.」

②「당사의 입장에서는 이번 경우는 주의가 필요한 경우로 판단되며, 따라서 귀사가 에이전트를 통하여 추가적인 조사를 해주실 것을 권고 합니다.」
  - 흐름상 가장 자연스러운 표현이다.

③「당사는 1970년에 설립되었으며 이 분야에서 뛰어난 매출로 꾸준히 성장하고 있습니다.」

④「귀사가 현재 갚아야할 금액 때문에 당사는 귀사에 신용조건을 제공하기 힘들어서 유감입니다.」

▶ financial position : 재무상태 ▶ on a number of occasions : 몇 차례에 걸쳐
▶ even so : 그렇기는 하지만 ▶ amount of obligations : 갚아야 할 금액

08.② **정답**

09 The passage in the box is a reply to the letter. Which of the following is LEAST to be included in the previous letter?

① Their requirements may amount to approximately US $200,000.00 a quarter and we should be grateful for your opinion of their ability to meet commitments of this size.

② They state that they have regularly traded with you over the past two years and have given us your name as a reference.

③ We should appreciate it if you would kindly tell us in confidence whether you have found this company to be thoroughly reliable in their dealings with you and prompt in settling their accounts.

④ We would appreciate a prompt decision concerning our order once you have contacted our references.

「박스에 있는 문장은 어떤 서신에 대한 답장이다. 이전의 서신에 들어가기 가장 적절하지 않은 것은 다음 중 어느 것인가?」
①「이 회사의 요청 금액은 분기당 약 20만 달러인데 이 정도 금액은 이 회사가 지불능력이 있는지 귀사의 의견을 알려주시면 감사하겠습니다.」
②「이 회사는 귀사와 지난 2년간 정기적으로 거래를 해 왔다고 말하며 귀사를 신용조회처로 주었습니다.」
③「귀사가 이 회사와 거래를 하면서 전적으로 신뢰할만한지 그리고 계정은 즉각 해결하는지 극비로 알려주시면 대단히 감사하겠습니다.」
④「귀사가 당사의 신용조회처에 연락을 해 보고 당사의 주문에 대해 신속한 결정을 내려주시면 감사하겠습니다.」- 신용 금액 한도를 묻는 조회 서신에 들어가기 어려운 표현이다.
▶ meet commitments : 약속을 이행하다   ▶ thoroughly reliable : 완전히 신뢰하는

10 Which can NOT be inferred from the following correspondence?

> Dear Mr. Han,
> With reference to your letter, we are pleased to inform you that we have been able to secure the vessel you asked for.
> She is the SS Eagle and is docked at present in Busan. She is a bulk carrier with a cargo capacity of seven thousand tons, and has a speed of 24 knots which will certainly be able to make the number of trips in two months.
> Once the charter is confirmed, we will send you a charter party.
> Yours sincerely

① Shipper has a lot of goods in containers.
② Time charter is appropriate for the transaction.
③ The charter party to be issued is not negotiable.
④ The writer is a chartering broker.

정답 09.④ 10.①

해설 「다음 서신에서 추론할 수 없는 것은 어느 것인가?」
「한 씨에게
귀사의 서신과 관련하여, 당사는 귀사가 요청하신 선박을 확보할 수 있게 되었음을 알려드립니다. 이 배는 이글호이며 현재 부산항에 정박중입니다. 이 선박은 벌크화물 전용선이며 적재용량은 7천 톤, 그리고 24노트인데 두 달간 몇 번 운행을 확실히 할 수 있습니다. 용선이 확정되면, 용선계약서를 귀사로 보내드리겠습니다.」
① 「화주는 컨테이너 적입 화물을 갖고 있다.」
 – 화주는 벌크화물을 갖고 있다.
② 「이 거래에는 정기용선이 적합하다.」
③ 「발행될 용선계약서는 유통불가이다.」
④ 「작성자는 용선계약 중개인이다.」

11 Which of the following is the LEAST appropriate Korean translation?

① Over the past decade, our revenues have increased by double digit annually.
→지난 10년간 당사 수익은 매년 두 자리 수로 증가했습니다.

② Even though the domestic economy has been stagnant this year, we have managed for the third year in a row to sustain a 15% annual growth rate.
→올해 국내 경기가 침체되었지만, 당사의 경영은 세번째 해에 드디어 연 15% 성장률을 유지하게 해주었습니다.

③ Your order has been completed and is now ready for shipment. When we receive the credit advice on or before July 21, as agreed, we will ship your order on C/S "Zim Atlantic" leaving Busan on August 6 and reaching Los Angeles on August 17.
→주문하신 상품은 완성되어 선적준비가 되어 있습니다. 합의에 따라 7월 21일까지 신용장 통지를 받으면, 8월 6일 부산항을 출항해 8월 17일 Los Angeles에 입항할 예정인 Zim Atlantic호에 선적하겠습니다.

④ We have to point out that all the product you are offering must be guaranteed to meet the requirements of the specifications we indicated.
→귀사가 제공하는 모든 상품은 당사가 제시한 명세서의 요구에 부합한다는 보증을 해주셔야 합니다.

해설 「한국어 번역으로 가장 적절하지 않은 것은 다음 중 어느 것인가?」
②「올해 국내 경기가 침체되었지만, 당사의 경영은 3년 연속 연 15% 성장률을 유지해 왔습니다.」
▶ in a row : 연속하여, 나란히   ▶ sustain : 지속하다, 견디다

11.② **정답**

12 Which is the LEAST appropriate English-Korean sentence?

① What we're looking for is a year-long contract for the supply of three key components.
→오늘 당사가 이루고자 하는 것은 세 가지 주요 부품의 공급에 관한 1년간의 계약을 체결하는 것입니다.

② When do you think we'll get the results of the market analysis? When could we see a return on our investment?
→시장 분석결과는 언제쯤 받을 수 있다고 생각합니까? 언제쯤 당사가 돌아와서 다시 투자할 수 있을까요

③ Most other agencies don't have the expertise to handle our request.
→대부분의 다른 대리점은 당사의 요구를 들어줄만한 전문기술이 없습니다.

④ If the contract is carried out successfully, it will be renewed annually.
→계약이 성공적으로 이행되면 1년마다 연장이 될겁니다.

해설 「영-한 문장으로 가장 적절하지 않은 것은 어느 것인가?」
②「... 언제쯤 당사의 투자 수익을 볼 수 있을까요?」
▶ return : [투자]수익, 반송, 반품

13 Which of the following is MOST likely to appear right BEFORE the passage below?

> Because we do not sell our garments directly to the consumer, we try to keep our wholesale prices between ourselves and our dealers. It is our way of meriting both the loyalty and good faith of those with whom we do business. Clearly, divulging our wholesale prices to a consumer would be a violation of a trust. However, I have enclosed for your reference a list of our dealers in the Bronx and Manhattan. A number of these dealers sell Maxine Sportswear at discount.
>
> Very truly yours

① If you are interested in importing the products, please feel free to contact us.

② We assure you that our price and quality are the most competitive.

③ We certainly appreciate your interest. Nevertheless, I am afraid I cannot supply you with the information you requested.

④ We regret to inform you that now is not an occasion for price hike.

정답 12.② 13.③

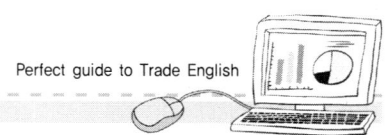

 「하기 문장의 바로 앞에 오기 가장 적절한 것은 다음 중 어느 것인가?」
「당사는 최종소비자에게 당사의 의류제품을 직접 판매하지 않기 때문에, 당사와 딜러들 간의 도매가격을 지키려 합니다. 이것이 당사와 거래를 하는 고객에게 충성도와 선의 양쪽으로 도움이 되는 길이라고 보고 있습니다. 분명히 말씀드리는데, 당사의 도매가격을 최종소비자에게 누설하는 것은 신의에 대한 위반이 될 것입니다. 그러나 저는 브롱크스와 맨하탄의 당사 딜러리스트를 귀사가 참조할 수 있도록 동봉해 드립니다. 이 많은 딜러들이 할인가격으로 맥신 스포츠웨어를 판매하고 있습니다.」
① 「본 제품의 수입에 관심이 있으면, 부담 갖지 마시고 제게 연락 주십시오.」
② 「당사의 가격과 품질은 최고의 경쟁력이 있다고 확신합니다.」
③ 「귀사의 관심에 대단히 감사합니다. 하지만 귀사가 요청하신 정보를 귀사에 제공할 수 없을 것 같습니다.」
 – 제시문에서 매도인은 가격의 공개는 거부하지만, 거래 도매상은 알려주겠다고 밝히고 있다. 따라서 상대방이 특정한 정보, 즉 가격공개에 대한 요청을 했음을 유추해 볼 수 있다.
④ 「현재 이것이 가격인상 때문만은 아님을 알려드리게 되어 유감입니다.」
▶ garment : 의류, 옷   ▶ divulging : 누설하다, 폭로하다   ▶ merit : 장점, 이점
▶ violation : 침해, 위반, 방해

14 Which of the following insurance documents on the below are acceptable?

> A documentary credit for US $150,000.00 calls for a full set of bills of lading and an insurance certificate to cover all risks. The bill of lading presented indicates an on board date of 15 December.

A. Policy for US $150,000.00.
B. Certificate dated 17 December.
C. Declaration signed by a broker.
D. Subject to a franchise.

① A+B only   ② A+D only
③ B+C only   ④ C+D only

 「다음의 경우 수리 가능한 보험서류는 다음 중 어느 것인가?」
「15만 달러짜리 화환신용장에서 전통의 선하증권과 전위험담보조건으로 부보된 보험증명서를 요구한다. 제시된 선하증권에는 12월 15일이 본선적재일로 기재되어있다.」
A.「15만 달러로 부보된 보험증권」
  – 보험가액의 최소 110% 이상으로 부보되어야 하므로 16만 5천 달러 이상으로 부보되어야 한다.
B.「12월 17일로 기재된 보험증명서」
  – 보험은 선적 전에 체결되어야 한다. 본선적재일인 12월 15일을 넘겨서 보험계약이 체결되었으므로 하자서류가 되어 수리 불가이다.
C.「보험중개인이 서명한 보험통지서」
  – 보험중개인이 서명한 보험통지서는 수리가 거절된다.
D.「소손해 면책율 적용」
  – all riks(전위험담보)로 부보되므로 소손해 면책율이 적용되지 않는다.
수리되는 서류가 없어서 모두 정답처리 되었다.
▶ subject to a franchise : 소손해 면책율 적용

14.모두 정답   **정답**

15 If the CIF or CIP value cannot be determined from the documents, a nominated bank under UCP600 will accept an insurance document, which covers:

> A. 110% of the gross amount of the invoice.
> B. 100% of the gross amount of the invoice.
> C. 110% of the documentary credit amount.
> D. 110% of the amount for which payment, acceptance or negotiation is requested under the credit.

① A+C only   ② B+D only
③ A+B+D only   ④ A+C+D only

 「CIF 또는 CIP금액이 서류로부터 결정될 수 없는 경우, UCP600에 따라 지정은행은 어떤 보험서류를 수리하는가?」
- 송장금액의 110%로 보험계약이 체결되어야 하므로 B의 100%로 부보된 보험증권은 수리되지 않는다.

➡ Check Point
● 보험서류 및 담보

When the CIF or CIP value cannot be determined from the documents, the amount of insurance coverage must be calculated on the basis of the amount for which honour or negotiation is requested or the gross value of the goods as shown on the invoice, whichever is greater.
「CIF 또는 CIP 가격이 서류로부터 결정될 수 없는 경우에는, 보험담보금액은 지급이행 또는 매입이 요청되는 금액 또는 송장에 표시된 물품 총가액 중에서 보다 큰 금액을 기초로 하여 산정되어야 한다.」[UCP600 제28조 f]

16 What action should the negotiating bank take?

> A documentary credit advised to a beneficiary payable at sight calls for documents to include an invoice made out in the name of the applicant. Documents presented to the negotiating bank by the beneficiary include a customs invoice but not commercial invoice. All other terms and conditions have been met.

① Reject the documents as non-complying.
② Refer to the issuing bank for authority to pay.
③ Return the documents for amendment by the beneficiary.
④ Pay the documents as fully complying with the terms of the credit.

정답 15.④ 16.④

해설 「매입은행이 취할 수 있는 행위는 무엇인가?」
「개설의뢰인의 이름으로 작성된 송장을 포함한 서류를 요구하는 일람출급 화환신용장이 수익자에게 통지되었다. 수익자는 상업송장이 아닌 세관송장이 포함된 서류를 매입은행에 제시하였다. 모든 기타 조건들은 충족된다.」
① 「불일치를 이유로 서류를 거절」
② 「개설은행의 직권으로 지불할 수 있는지 조회」
③ 「수익자가 조건변경을 할 수 있도록 서류를 반환함」
④ 「신용장의 조건과 일치함에 따라 서류에 대해 지급」
 - 조건을 충족하고 있으므로 서류를 매입하고 대금을 지급한다.
「신용장에서 송장(invoice)을 요구하면서 다른 명시가 없는 경우 상업송장(commercial invoice), 세관송장(customs invoice), 세금송장(tax invoice), 최종송장(final invoice), 영사송장(consular invoice) 등은 충족된다. 그러나 "**임시송장(provisional)**", "**견적송장**"(pro-forma) 또는 이와 유사한 것으로 확인되지 않아야 한다.」[ISBP745, C1]
▶ call for : ~을 필요로 하다

17. What is NOT appropriate as a reply to customer complaints?

① Thank you for taking time out of your busy schedule to write us and express your grievances on how our products and services do not meet up with your expectations.

② This is to confirm that I have seen your email. I look forward to receiving my consignment next week as you promised.

③ However, we can neither receive the return nor refund you as you demanded. This is because of our company's policy. We make refunds only for orders whose complaints are received within two weeks of purchase.

④ Despite our effort to deliver your order on time using Skynet Express Delivery Service, it's quite unfortunate that we didn't meet up with the time allotted for the delivery of those products.

해설 「고객의 불만에 대한 답신으로 적절하지 않은 것은 무엇인가?」
① 「바쁜 일정 속에서 귀사에게 시간을 내주어서 당사의 제품과 서비스가 얼마나 귀사의 기대에 부응하지 못했는지에 대한 불만의 말씀을 주셔서 감사합니다.」
② 「이것은 제가 귀하의 이메일을 보았음을 확인하기 위함입니다. 저는 귀사가 약속하신 대로 다음 주에 물품을 받아볼 수 있기를 고대합니다.」
 - 고객 불만에 대한 대응 표현과는 전혀 상관없는 문장이다.
③ 「그러나, 당사는 귀사가 요구하신 대로 반품도 환불도 해드릴 수 없습니다. 이것은 당사의 운영 규칙입니다. 물품 구매 후 2주 이내에 불만이 접수된 주문에 대해서만 환불해 드립니다.」
④ 「스카이넷 익스프레스 딜리버리 서비스를 이용하여 제 때 귀사의 물품을 인도하려고 했음에도 불구하고, 이 물품의 인도를 위해 주어진 시간에 당사가 제대로 맞추지 못해서 유감입니다.」
▶ grievance : 불평, 불만   ▶ allotted : 할당된, 주어진

17.② **정답**

18 What is "This" in the sentences?

> · <u>This</u> should be located in a conspicuous place to tell the purchasers where the product was produced.
> · <u>This</u> is used to clearly indicate to the ultimate purchaser of a product where it is made.

① Packaging　　　　　　　　② Country of origin marking
③ Carton number marking　　④ Handling caution marking

「문장 안의 "This"는 무엇인가?」
「· 이것은 제품이 어디서 생산되었는지를 구매자에게 알려주기 위해 눈에 잘 띄는 곳에 표시되어야 한다.
· 이것은 물품이 어디서 만들어 졌는지를 최종 구매자에게 분명히 알리기 위해 사용된다.」
- 원산지표시(Country of origin marking)에 대한 설명이다.
▶ conspicuous place : 눈에 잘 띄는 장소　　▶ ultimate purchaser : 최종 구매자
▶ Handling caution marking : 취급주의 표시

19 Which is LEAST proper Korean translation?

① The selling prices of goods delivered to the customers in exchange are included in the computation of gross sales.
→고객에게 교환으로 인도된 상품의 판매가는 매출총액 계산에 포함된다.

② There is an implied warranty by the shipper that the goods are fit for carriage in the ordinary way and are not dangerous.
→화물이 통상적인 방법으로 운송에 적합하고 위험하지 않다는 화주의 묵시적 보증이 있다.

③ The consular invoice shall be certified by the consul of the country of destination.
→영사송장은 수입국의 영사가 인증하여야 한다.

④ If a bank loan is initially extended with a five-year tenor, after three years, the loan will be said to have a tenor of two years.
→만약 은행 대출이 처음에 5년이었는데, 그 후 3년 연장되면, 그 대출은 2년간의 기한이 생겼다고도 말할 수 있다.

「한국어 해석으로 가장 적합하지 않은 것은 어느 것인가?」
④ 만약 은행 대출이 처음에 5년이었는데, 그 후 3년이 **경과되면**, 그 대출은 **2년간의 만기가 남았다**고 말할 수 있다.

정답　18.②　19.④

20 Which of the following is LEAST correct?

> Dear Ms. Jones:
>
> Thanks for your recent prompt payments. Our records reflect your current account. Given these circumstances, I am happy to restore your full credit line. In fact, your recent payment record enables me to extend your credit line from the previous US $5,000.00 to US $8,000.00 This will enable you to stock the added inventory you need to accommodate the growing demands of your customers. On a personal note, I admire your cooperation and appreciate your sincere efforts. You have made my job easier, and I appreciate it.

① The letter offers thanks and praises the customer's good payment record.
② Ms. Jones' company gets a credit extension up to US $13,000.00
③ There is a positive change in the terms of credit.
④ The letter announces that the credit line is now restored.

해설

「존스 씨에게 :
귀사의 최근 신속한 지급에 감사합니다. 당사의 기록을 귀사의 현 계정에 반영하였습니다. 이런 상황에 따라, 귀사의 최대 신용 한도를 복구했습니다. 사실, 귀사의 최근 지급 기록에 따라 당사는 귀사의 신용 한도를 예전의 5천 달러에서 8천 달러까지 확장해 드릴 수 있습니다. 이렇게 되면 귀사는 귀사 고객의 수요 증가를 수용할 수 있게끔 귀사가 필요한 추가 재고를 확보하게 될 것입니다. 개인적으로 저는 귀사의 협조와 진심어린 수고에 감사합니다. 저희의 일을 더 편하게 해주셔서 감사합니다.」
①「고객의 양호한 지급 기록에 대해 편지로 감사와 칭찬을 전하고 있다.」
②「존스 씨의 회사는 1만 3천 달러까지 신용 한도를 얻었다.」
 – 존스 씨의 회사는 8천 달러까지 신용 한도를 얻었다.
③「신용 거래 조건에 긍정적인 변화가 있다.」
④「신용 한도가 복구되었음을 서신으로 알리고 있다.」
▶ reflect : 반영하다
▶ accommodate : 수용하다, 공간을 제공하다
▶ on a personal note : 개인적으로

20.② **정답**

21 What is the main reason of the letter?

> Dear Corporate Section Manager:
>
> We are writing to inquire about the companies for our products in Bahrain. Your branch in Seoul, Korea, has told us that you may be able to help us. We manufacture radio telephones. At present, we export to Europe and Latin America, but we would like to start exporting to the Arabian Gulf.
> Could you please forward this letter to any companies in Bahrain that might be interested in representing us? We enclose some of our catalogs.

① to enlarge the branches in Seoul.

② to inquire about an agent in Bahrain

③ to inquire about the radio telephones

④ to export to Europe and Latin America

「이 서신의 주된 이유는 무엇인가?」
「기업 거래 담당자 님께 :
당사는 저희 제품에 대한 바레인 회사에 대해 조회를 하고자 합니다. 귀사의 한국, 서울 지점은 귀사가 당사에게 도움을 줄 수 있을 거라고 전해 주었습니다. 당사는 무전전화기를 생산하고 있습니다. 현재, 당사는 유럽과 라틴 아메리카로 수출을 하고 있습니다만, 아랍만 쪽으로 수출을 시작하고자 합니다. 당사의 대리점에 관심이 있는 바레인 업체에게 이 서신을 전해줄 수 있을까요?」
①「서울 지점을 확장하기 위하여」
②「바레인의 대리점을 조회하기 위하여」
③「무선전화기에 대해 조회하기 위하여」
④「유럽과 라틴 아메리카로 수출하기 위하여」
▶ represent : 대표[대리]하다

22 Which is LEAST happening if transaction is conducted as intended below.

> Thank you for the email expressing your interest in our goods, which comes with the Intel xCPU and MS Window CE OS. Our export price is US $250,000.00 CIF LA per unit, and we do have various volume discount plans.

① Seller shall insure the goods with 110% of invoice

② Buyer is responsible for damage of goods in transit

③ Seller may take ICC (C) on the goods which will be delivered

④ Seller shall deliver the goods up to LA at his risk

정답 21.② 22.④

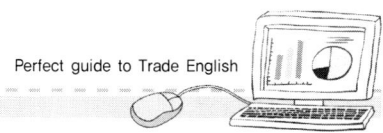

 「하기와 같이 거래가 되는 경우 가장 일어나기 어려운 것은 어느 것인가?」
「당사의 제품 인텔 xCPU 그리고 MS Window CE OS에 대해 이메일로 관심을 주셔서 감사합니다. 당사의 수출가격은 개당 US $250,000.00 CIF LA이며, 당사는 다양한 수량 할인 계획을 갖고 있습니다.」
① 「매도인은 송장금액의 110%로 물품에 대한 보험계약을 체결해야 한다.」
② 「매수인은 운송중의 물품 손상에 대해 책임을 진다.」
③ 「매도인은 인도되는 물품에 대해 ICC(C)약관으로 보험계약을 체결할 수 있다.」
④ 「매도인은 자신의 위험으로 LA까지 물품을 인도해야 한다..」
– CIF는 선적항에서 물품을 본선적재함으로써 매도인의 인도의무, 즉 위험이 종료된다. 본선적재 이후의 위험에 대해서는 매수인이 부담한다.

23 What situation is being explained in the letter below?

> As we wrote you previously about the delays in the delivery of your order, the situation is still the same, the trade union strike is on-going. We apologize for this occurrence, but there is not much that we can do to rectify this, as it is out of our hands. We again apologize and regret the delay in delivery of your order.

① negotiation with union ② force majeure
③ nonpayment ④ early delivery

 「다음 서신에서 설명하고 있는 상황은 무엇인가?」
「귀사 주문의 인도 지연에 대해 전에 말씀드렸다시피, 상황은 여전히 변함이 없으며, 동맹파업이 계속되고 있습니다. 당사는 이러한 사태에 대해 사과합니다만, 당사가 어찌 해볼 수 없는 상황이므로, 당사가 이를 해결할 수 있는 방법이 많지 않습니다. 당사는 귀사 주문의 인도가 지연됨에 다시 한 번 사과드립니다.」
– 파업과 같은 불가항력(force majeure)으로 발생한 인도지연에 대해 사과하고 있다.
▶ trade union strike : 동맹파업   ▶ occurrence : 사건, 양상, 발생   ▶ rectify : 수정하다, 고치다

[24~25] Read the following and answer.

> A lot of customers have been asking about your bookcase and coffee-table assembly kits. We would like to test the market and have 6 sets of each kit on approval before placing a (ⓐ) order. I can supply trade references if necessary.
>
> I attach a (ⓑ) order (No. KM1555) in anticipation of your agreement. There is no hurry but we hope to have your response by the end of April.

24 Why trade references might be needed?

① Because the seller would not trust the buyer in this transaction.
② Because the buyer intends to pay upon arrival of goods.
③ Since the seller requires some references after shipment.
④ Since the buyer would not be satisfied with seller's performance.

23.② 24.① **정답**

해설 「많은 저희 고객들이 귀사의 책장과 조립식 커피 테이블에 대해 물어오고 있습니다. (ⓐ)주문을 하기에 앞서, 시장 테스트 용으로 각 키트 당 6개씩을 받고자 합니다. 필요하시면 신용조회처를 드리겠습니다. 귀사가 동의해 주시리라 믿고 (ⓑ)주문서(No. KM1555)를 첨부합니다. 그리 급한 것은 아니지만, 4월 말까지 답신을 주시기 바랍니다.」

24.「왜 신용조회처가 필요할 수 있는가?」
① 「매도인이 이런 거래에서 매수인을 믿지 못할 것이기 때문에」
  - 매수인이 무상으로 견본만 요구하고 거래를 하지 않을 수도 있기 때문에 매도인은 매수인의 신용을 조회해 볼 수 있다.
② 「매수인은 물품이 도착하면 지불을 하려 하기 때문에」
③ 「매도인이 선적 후 신용조회처를 요구하기 때문에」
④ 「매수인이 매도인의 행위에 만족하지 않을 것이기 때문에」

25 Which is the best pair for the blanks?

① ⓐ firm   - ⓑ provisional
② ⓐ provisional - ⓑ firm
③ ⓐ provisional - ⓑ provisional
④ ⓐ firm   - ⓑ firm

해설 「빈 칸에 알맞은 쌍은 어느 것인가?」
문맥상 각각 ⓐ 확정주문(firm order)과 ⓑ 임시주문(provisional order)이 어울린다.

02 영작문

26 Which of the following BEST fits the blanks?

> A constructive total loss is a situation where the cost of repairs plus the cost of salvage equal or exceed the (ⓐ) of the property, therefore insured property has been abandoned because its actual total loss appears to be unavoidable or because as mentioned above could not be preserved or repaired without an expenditure which would exceed it's value. One example : in the case of damage to the goods, where the cost of repairing the damage and forwarding the goods to their destination would exceed their value on (ⓑ)

① ⓐcost - ⓑinspection   ② ⓐvalue - ⓑarrival
③ ⓐcost - ⓑreceipt   ④ ⓐvalue - ⓑsales

정답 25.① 26.②

해설 「다음 빈 칸에 가장 잘 맞는 것은 다음 중 어느 것인가?」
「추정전손은 수리비용에 화물의 (ⓐ)과 같거나 초과된 구조비용이 더해지는 경우이므로 피보험화물은 위부된다. 왜냐하면 현실전손을 피할 수 없거나 상기 언급한 바와 같이 화물의 가격을 초과하는 비용으로 보존되거나 수리될 수 없기 때문이다. 한 가지 예를 들면 : 물품에 손상이 생긴 경우, 손상의 수리비용과 화물의 목적지까지 옮기는 비용이 (ⓑ)의 가격을 초과하는 경우이다.」
– 문맥 상 각각 ⓐ 가격(value), ⓑ 도착지(arrival)가 알맞다.
▶ salvage : 구조비 ▶ property : 소유물, 재산 ▶ expenditure : 비용, 경비

27 Put best right word(s) in the blank

> In reference to your letter concerning delayed payment, we wish to inform you that we are accepting your suggestion. The one condition we would like to add is that if there would be delayed payment beyond what has been agreed upon in the payment schedule and if there is no proper notice given then, we will (   ) to seek legal action against your company.

① have no choice   ② be inevitably
③ not help   ④ be forced

해설 「빈 칸에 가장 잘 맞는 것을 넣으시오.」
「지급 지연에 대한 귀사의 서신과 관련하여, 당사는 귀사의 제안을 수락함을 알려드립니다. 당사가 추가하고자 하는 한 가지는 합의한 지급 계획을 넘어서 지급이 지연되거나 적절한 통지가 없는 경우에는, 당사는 귀사에 대해 법적 조치를 강구할 수밖에 없습니다.」
– 어법과 문맥상 be forced 가 가장 알맞다.
▶ be forced to ~ : [어쩔수 없이] ~ 할 수 밖에 없다.
▶ seek legal action against : ~ 에게 법적 조치를 강구하다   ▶ inevitably : 필연적이다시피

28 Which CANNOT be included in the underlined these?

> When <u>these</u> are used, the seller fulfills its obligation to deliver when it hands the goods over to the carrier and not when the goods reach the place of destination.

① CPT   ② EXW   ③ CIF   ④ FOB

해설 「밑줄친 these에 포함될 수 없는 것은 어느 것인가?」
「이 조건들이 사용되는 경우에, 매도인은 물품이 목적지에 도착하는 때가 아니라 운송인에게 물품을 교부하는 때에 자신의 인도의무를 이행한 것으로 된다.」
– 인코텀즈 2010에서 EXW 규칙은 운송인에게 인도하는 것이 아니라 매도인의 구내에서 매수인의 임의 처분 하에 두는 때에 인도하는 것으로 규정하고 있다.
▶ fulfills one's obligation : ~의 의무를 다하다   ▶ place of destination : 도착지

27.④   28.②   **정답**

29 Which of the following is LEAST grammatically appropriate?

> We have received (a)the number of enquiry for floor coverings suitable for use on the rough floors which seem to be a feature of much of the new building (b)taking place in this region. It would be helpful (c)if you could send us samples showing your range of suitable coverings. A pattern-card of the designs (d)in which they are supplied would also be very useful.

① (a)　　② (b)　　③ (c)　　④ (d)

「문법적으로 가장 적합하지 않은 것은 다음 중 어느 것인가?」
「당사는 이 지역에서 (b)일어나고 있는 신축 건물에 적합한 것으로 보이는 거친 바닥에 사용되기 적절한 (a)바닥재에 대한 많은 문의를 받았습니다. 귀사의 적합한 바닥재를 보여주는 (c)견본을 보내주시면 도움이 되겠습니다. (d)공급되는 디자인을 알 수 있는 패턴 카드를 보내주시면 더 유용할 것입니다.」
(a) the number of enquiry → a number of enquiries
▶ take place : 발생하다, 일어나다

30 Fill in the blank with the BEST word(s).

> I was very pleased to receive your request of 12 March for waterproof garments on approval. As we have not previously done business together, you will appreciate that I must request either the usual _____, or the name of a bank to which we may refer. As soon as these enquiries are satisfactorily settled we shall be happy to send you a good selection of the items mentioned in your letter. I sincerely hope that our first transaction will be the beginning of a long and pleasant business association.

① trade references　　② credit terms
③ letter of credit　　　④ bank references

「가장 알맞은 단어로 빈 칸을 채우시오.」
「당사는 승인조건부 방식으로 방수복에 대한 귀사의 3월 12일자 서신을 잘 받았습니다. 당사는 이전에 서로 거래를 한 적이 없기 때문에, 통상적인 동업자 조회처, 또는 당사가 조회할 수 있는 은행명을 알려주시면 감사하겠습니다. 이러한 조회 내용이 만족스러우면 당사는 귀사의 서신에서 언급한 품목을 선정하여 보내드리겠습니다. 당사는 우리의 첫 거래가 영속적이고 즐거운 사업 협력의 시작이 되길 바랍니다.」
- 외상 거래에 대한 요청이므로 동업자 조회처(trade references)나 신용조회처를 요구하는 내용이 와야 자연스럽다.

정답　29.①　30.①

31 Which of the (a)~(d) is LEAST appropriate?

> Please correct the following error in my credit report: The loan account number listed for Citizens Bank on the report reads: "137547899." This is incorrect. The correct account number is 137557899. (a)To verify this information call my branch manager, Len Dane, at 123-456-7890. This correction should change the report (b)by deleting the erroneous statement that says I have twice been late in making payments. Please (c)open my credit report and (d)send me the corrected clean copy within the next 10 days.

① (a)　　② (b)　　③ (c)　　④ (d)

「(a)~(d)에 가장 적합하지 않은 것은 어느 것인가?」
「당사의 신용보고에 대한 다음 착오를 바로잡아 주십시오 : 보고서에 있는 시티즌은행에 등재된 대출계좌번호가 "137547889"로 되어 있습니다. 정확한 계좌번호는 137557899입니다. (a)이의 확인을 위해 당사의 지점 담당자인 렌 데인에게 123-456-7890로 전화하세요. 당사가 두 번이나 지급이 늦어졌다고 되어 있는 (b)잘못된 청구서를 삭제하여 본 보고서를 수정해야 합니다. 당사의 (c)신용보고서를 열어봐 주십시오. 10일 이내로 (d)수정된 사본을 보내주시기 바랍니다.」
- 잘못된 신용보고서의 수정을 요구하고 있는데 (c)와 같이 다시 신용보고서를 열어 검토해달라는 것은 어색하다.

▶ verify : (진실인지 정확한지)확인하다, 입증하다　　▶ erroneous statement : 잘못된 청구서

32 What is best for the blank?

> Thank you for your letter of 15 January regarding our November and December invoice No. 7713.
> We were sorry to hear about the difficulties you have had, and understand the situation. However, we would appreciate it if you could (　) the account as soon as possible, as we ourselves have suppliers to pay.
> We look forward to hearing from you soon.

① clear　　② make　　③ debit　　④ arrange

「빈 칸에 가장 잘 맞는 것은 무엇인가?」
「당사의 11월과 12월 분 송장 No.7713에 대한 귀사의 1월 15일자 서신을 잘 받았습니다. 당사는 귀사가 갖고 있는 어려움을 안타까워하고 이 상황도 이해합니다. 그러나 당사는 당사의 공급업체에도 지급을 해야 하기 때문에 가능한 빨리 계정을 처리해 주시면 감사하겠습니다. 곧 소식 주시기 바랍니다.」
- 대금을 청산[지급]하다는 의미로는 clear the account 가 가장 적합하다

31.③　32.①　**정답**

33 Which of the following words is NOT appropriate for the blanks below?

> EXW rule places minimum responsibility on the seller, who merely has to make the goods available, suitably packaged, at the specified place, usually the seller's factory or depot. The(ⓐ) is responsible for loading the goods onto a vehicle; for all export procedures; for onward transport and for all costs arising after collection of the goods. In many cross-border transactions, this rule can present practical difficulties. Specifically, the (ⓑ) may still need to be involved in export reporting and clearance processes, and cannot realistically leave these to the (ⓒ). Consider (ⓓ) instead.

① ⓐ exporter
② ⓑ exporter
③ ⓒ buyer
④ ⓓ FCA(seller's premise)

「다음 빈 칸에 가장 적합하지 않은 것은 다음 중 어느 것인가?」
「EXW규칙은 매도인에게 가장 적은 책임을 부담하게 하는데, 단지 적절하게 포장된 물품을 특정 장소에 두면 되는데 이는 모두 매도인의 공장이나 창고이다. (ⓐ) 수출상(exporter)은 운송수단에 물품을 적재하고; 모든 수출통관 절차와 물품의 집하 이후에 발생하는 운송과 모든 비용을 부담한다. 많은 해외 거래에서, 이 규칙은 실무적인 어려움을 드러낸다. 특히 (ⓑ)수출상(exporter)은 여전히 수출신고와 통관 절차와 관련되고, 현실적으로 이러한 것들을 (ⓒ)매수인(buyer)에게 맡겨 둘 수 없다. (ⓓ)FCA 를 대신 고려하라.」
- EXW규칙에서 매도인은 운송수단에 물품을 적재하여 인도할 의무가 없다.
▶ depot : 창고, 차고   ▶ cross-border transactions : 해외거래
▶ realistically : 현실적으로 말해서

34 Which of the following is the LEAST appropriate one as part of the reply to the letter?

> For a number of years we have imported electric shavers from the United States, but now learn that these shavers can be obtained from British manufacturers. We wish to extend our present range of models and should be glad if you could supply us with a list of British manufacturers likely to be able to help us. If you cannot supply the information from your records, could you please refer our enquiry to the appropriate suppliers in London.

① They are the product of the finest materials and workmanship and we offer a worldwide after-sales service.
② We hope you will send us a trial order so that you can test it.
③ We are pleased to inform you that your order was shipped today.
④ We learn that you are interested in electric shavers of British manufacture and enclose our illustrated catalogue and price list.

정답 33.① 34.③

 「이 서신에 대한 답장의 일부로 가장 적합하지 않은 것은 다음 중 어느 것인가?」
「수 년 동안 당사는 미국에서 전기면도기를 수입해 왔습니다만, 이 면도기를 영국 제조업체에서도 구할 수 있음을 이제 알았습니다. 당사는 현재 취급 모델들을 확장하고자 해서 당사에 도움이 될 수 있을 만한 영국산 제품의 목록을 주시면 감사하겠습니다. 귀사의 자료에서 정보를 제공할 수 없다면, 당사의 조회 서신을 런던에 있는 적합한 공급업체에 조회해 주십시오.」
① 「이 제품은 고품질 재료와 높은 기술로 만들어졌으며 세계적인 사후관리 서비스를 제공하고 있습니다.」
② 「당사는 귀사가 이 제품을 테스트해 볼 수 있도록 시험주문을 해 보시기 바랍니다.」
③ 「당사는 귀사의 주문품을 오늘 선적했음을 알려드립니다.
 - 물품을 수입하려는 업체를 조회하는 서신에 대한 답장에 들어가기엔 단계상 맞지 않는 표현이다.
④ 「당사는 귀사가 영국산 전기면도기에 관심이 있음을 알고 당사의 카탈로그와 가격표를 동봉합니다.」
▶ finest materials : 고품질 재료　　▶ workmanship : 기술, 솜씨

35 Which of the following is the MOST appropriate English sentence?

> 하지만 당사는 합작투자보다는 기술이전을 선호합니다. 기술이전 계약을 하는 것이 가능한지요? 당사는 기술 지향적인 회사입니다.

① We, yet, prefer technology transfer by joint venture. I wonder whether you are in a position to enter into the technology transfer agreement or not. We are a technology-oriented company.

② We, however, prefer technology transfer than joint venture. I wonder if you are in a position to enter the technology transfer agreement. We are a technology-orienting company.

③ We, however, prefer technology transfer to joint venture. I wonder whether you are in a position to enter into the technology transfer agreement. We are a technology-oriented company.

④ We, however, prefer joint venture of technology transfer. I wonder whether you are in a position to enter the technology transfer agreement or not. We are a technology-orienting company.

 「영어 표현으로 가장 적합한 것은 다음 중 어느 것인가?」
 - 어법과 표현상 선지 ③이 가장 적합하다.
▶ be in a position to do : ~ 할 수 있다　　▶ prefer A to B : B보다 A를 더 선호하다
▶ joint venture : 합작투자　　▶ be technology-oriented : 기술 지향적인

35.③ **정답**

36 Which of the following has similar meaning for the sentence underlined?

> We are a large music store in Korea and would like to know more about the mobile phones you advertised in this month's edition of "Smart World". Could you tell us if the mobile phones are out of intellectual property issue and are playable in Korean language? Also please let us know if there are volume discount. We may place a substantial order if the above matters are answered to our satisfaction.

① whether the mobile phones are free from intellectual property issue.
② if the mobile phones are abided by intellectual property problems.
③ provided that the mobile phones are free from intellectual property issue.
④ should the mobile phones are out of intellectual property issue.

「밑줄 친 문장과 비슷한 의미를 갖고 있는 것은 다음 중 어느 것인가?」
「당사는 서울에 있는 대형 음악상점인데 귀사가 "스마트 월드" 이달 호에 광고하신 휴대전화에 대해서 알고자 합니다. 이 휴대전화가 지적 재산권 문제 비적용 제품인지 그리고 한국어로 작동 가능한지 알려 주시기 바랍니다. 또한 대량구매 할인은 있는지 알려 주십시오. 상기 건에 대한 답변이 만족스러우면, 당사는 대량 주문을 할 수도 있습니다.」
①「이 휴대전화는 지적 재산권 문제에서 벗어나 있는지」
②「이 휴대전화는 지적 재산권 문제를 따르는 것 이라면」
③「이 휴대전화는 지적 재산권 문제에서 벗어나 있는 것이라면」
④ should the mobile phones are... → should the mobile phones be...
- should + S+ 동사원형의 형태가 되어야 한다.
▶ out of intellectual property issue : 지적 재산권 비적용   ▶ abide by : [법률, 합의 등을]따르다

[37~38] Read the following letter and answer the questions.

> On behalf of the Board of Directors and Officers of the Stone Corporation, I would like to express sincere appreciation and congratulations to your company for successfully completing the reconstruction of our headquarters building in Incheon, which was devastated by fire last year. Your company has distinguished itself as a leader in the construction industry by performing what appeared to be an almost impossible task. With working under difficult conditions and accelerated construction schedules, your company completed the building as scheduled.

정답   36.①

37 Which of the following is the BEST to summarize the underlined sentence above?

① Thanks to your hard work, we could come back to work exactly on the expected date.

② Without your sincere help, the buildings have been restored to its original state perfectly.

③ Although the working plans were tough and tight, your company did fulfill our needs.

④ We had worked hard despite the difficulties, and the construction was finished on time.

해설 「(주)스톤의 이사회를 대신하여, 작년에 화재로 인해 파괴된 인천 본사 사옥의 재건축을 성공적으로 완공하신 것에 대해 귀사에 심심한 감사와 축하 말씀을 드립니다. 귀사는 거의 불가능해 보이는 과업을 완수함으로써 건설업의 리더 그 자체로 성공하였습니다. 어려운 조건과 단축된 공사 기간에도 불구하고, 귀사는 예정대로 완공을 했습니다.」
37.「상기 밑줄 친 문장을 가장 잘 요약한 것은 다음 중 어느 것인가?」
①「귀사의 노고 덕분에, 당사는 예정된 날에 회사로 복귀했습니다.」
②「귀사의 진심어린 도움이 없이도, 이 건물은 완벽하게 원상태로 복원되었습니다.」
③「작업 일정이 빡빡했음에도 불구하고, 귀사는 당사의 요구를 이행했습니다.」
 - 의미를 가장 잘 요약했다.
④「당사는 어려움에도 불구하여 열심히 해서 공사가 제 때 끝났습니다.
▶ distinguished : 유명한, 성공한   ▶ accelerated construction schedules : 단축된 건축 일정
▶ original state : 원상태   ▶ devastate : 파손된, 파괴된

38 Which of the following is MOST likely to come after the letter above?

① This accomplishment is attribute to the fine group of professional engineers and skilled craftsmen you assembled on site and to the individual skill and dedication of your project manager, Charles Shin.

② We want to express our deepest appreciation for your hard work during our activities. Your untiring energy and labor made our company the most successful since our foundation began ten years ago.

③ All the people who explored were extremely pleased with your accommodations as well as the friendliness and attentiveness of your entire staff. Please extend my appreciation to the staff and, in particular, to Ms. Han.

④ Please accept my sincere appreciation for the prompt and courteous assistant you gave us in planning the type of event. We were quite pleased with your facility and with the friendly service during the seminar.

37.③ 38.① **정답**

해설 「상기 서신의 다음에 오기 가장 적절한 것은 다음 중 어느 것인가?」

① 「이 업적은 귀사가 현장에서 조직한 전문 엔지니어와 숙달된 기술 인력의 뛰어난 그룹과 귀사의 프로젝트 매니저인 찰스 신의 개인적인 역량과 헌신 덕분입니다.」
　－ 논리적으로 가장 잘 연결되는 표현이다.
② 「당사의 업무에 대한 귀하의 수고에 대해 깊은 감사 말씀 드립니다. 귀하의 지칠 줄 모르는 활력과 근로는 당사가 10년 전 창업한 이후 당사를 가장 성공적으로 만들어 줬습니다.」
③ 「살펴본 모든 사람들이 귀사 직원들의 호의와 친절뿐만 아니라 귀사의 숙박 시설에도 극도로 만족했습니다. 귀사의 직원들, 특히 한 씨에게 감사합니다.」
④ 「이 행사를 준비함에 있어서 귀사가 보여주신 신속하고도 친절한 도움에 깊은 감사드립니다. 당사는 세미나 기간 중의 귀사의 시설과 호의어린 서비스에 대단히 만족합니다.」

- be attributed to : ~에 기인하다, ~의 덕분이다
- skilled craftsmen : 숙달된 기술인력
- All the people who explored : 살펴본 모든 사람들
- accomplishment : 업적, 공적
- untiring energy : 지칠 줄 모르는 활력
- friendliness and attentiveness : 호의와 친절

[39~40] Read the following letter and answer the questions.

We (ⓐ) to your company by Hills Productions in San Francisco.
Our company produces and distributes (ⓑ) travel and educational DVDs in Korea. These include two 30 minute DVDs on Gyeongju and Buyeo and a 50 minute DVD on Hong Kong. With the overseas market in mind, these (ⓒ) with complete narration and packaging in English. So far, they have sold very well to tourists in Korea and Hong Kong. We would now like to market the DVDs directly in the United States. We feel that potential markets for these DVDs are travel agencies, video stores, book stores, schools and libraries. We would appreciate your advice on whether your company would be interested in acting as a (ⓓ) in the United States or if you have any recommendations on any other American associates. (ⓔ) for your evaluation. We look forward to your reply.

---

39 Which of the following does NOT fit in the blanks?

① ⓐ were referred
② ⓑ a number of
③ ⓒ have also produced
④ ⓓ distributor

 39. ③

 「당사는 샌프란시스코에 있는 힐스 프로덕션 사로부터 귀사를 ((ⓐ) 조회처로 받았습니다.) 당사는 한국에서 (ⓑ)많은 여행과 교육 관련 DVD를 제작하고 배포하고 있습니다. 여기에는 경주와 부여의 30분짜리 2장 DVD와 홍콩에 대한 50분짜리 DVD가 포함되어 있습니다. 해외시장을 염두에 두고 있어서, 이것들은 완벽한 영어 내레이션과 포장으로 (ⓒ)생산되고 있습니다. 지금까지, 이들은 한국과 홍콩의 관광객들에게 아주 잘 판매되고 있습니다. 당사는 이 DVD를 미국으로 직접 시장에 진출시키려 합니다. 당사는 이 DVD의 잠재 시장은 여행사, 비디오 가게, 서점, 학교 그리고 도서관이라고 생각합니다. 당사는 귀사가 미국에서 (ⓓ)공급자 대행을 하시는 것에 관심이 있으신지 아니면 다른 미국 협력업체에서 추천 업체가 있는지 알려주시면 감사하겠습니다. 귀사의 평가를 위해 (   ). 귀사의 회신을 기다립니다.」
– 힐스 프로덕션 사로부터 어떤 회사를 소개받고 자사를 소개하는 서신이다.
ⓒ는 수동태인 "have been also produced"로 되어야 올바른 어법이다.
▶ potential markets : 잠재적 시장   ▶ in acting as : ~으로서 대행하다
▶ evaluation : 평가, 사정

40 Which is MOST suitable for the underlined (ⓔ)?

① Enclosed are English copies of the DVDs
② Same samples are produced
③ Like other agencies, we send originals
④ Originals and copies of sample are attached

 「밑줄 친 (ⓔ)에 가장 잘 맞는 것은 어느 것인가?」
①「DVD 영문판을 동봉합니다.」
– 문맥상 가장 잘 어울린다.
②「동일한 견본을 만들었습니다.」
③「다른 대리점에게도 마찬가지로, 원본을 보냈습니다.」
④「견본의 원본과 사본을 동봉합니다.」

41 Choose a different intention from others.

① We shall have to cancel the order, and take all necessary actions for the claim for delayed shipment.
② As you have shipped a machine damaged packaging, all costs of the repairs should be borne by your company.
③ You're requested to substitute any damaged products by brand-new products packed properly at your expense. Otherwise, we have no choice but to raise a claim for a bad packing.
④ It's our regret to inform you that some boxes are terribly broken due to a bad packing. We found that several products seemed to be replaced promptly as they were damaged, bended, and even broken.

40.① 41.①   **정답**

 「타 문장과 의도가 다른 것을 고르시오.」
① 「당사는 본 주문을 취소할 수 밖에 없으며, 선적지연에 따른 배상 청구를 위해 모든 필요한 조치를 취할 것입니다.」
② 「귀사는 손상된 엔진을 포장하여 선적하였기 때문에, 모든 수리비용은 귀사의 부담입니다.」
③ 「손상된 제품은 귀사의 비용으로 적절하게 포장된 신규 제품으로 대체 공급해야 합니다. 그렇지 않으면, 당사는 포장불량에 따른 배상 청구를 할 수 밖에 없습니다.」
④ 「잘못된 포장 때문에 박스 몇 개가 심하게 부서졌음을 알리게 되어 유감입니다. 몇 개 제품은 심하게 손상되고, 구부러지고, 그리고 심지어 부서져서 즉시 교체되어야 할 것으로 보입니다.」
 – 선지 ①번은 선적지연에 따른 클레임 제기 임에 반해, 나머지는 모두 포장불량으로 기인한 손해에 대해 클레임을 제기하는 표현들이다.
▶ be borne by : ~이[가] 부담하다

42
Below is a part of meeting memo between a seller and a buyer. Which CANNOT be inferred?

> *Point Discussed and Agreed*
> 1) Both parties have agreed to sell and purchase 100 units of the control box for US $500,000.00
> 2) Robert Corporation should make an irrevocable Letter of Credit issued payable at sight in favor of Hannam International by OCT 27, 2020.
> 3) Hannam International should ship the above products within two months after receiving the L/C from Robert Corporation.

① Robert Corporation agreed to buy some control boxes.
② Hannam International would be a beneficiary of the L/C.
③ Robert Corporation would be a drawee of the Bill of Exchange.
④ Robert Corporation would be an applicant of the L/C.

 「다음은 매도인과 매수인 간의 미팅 메모의 일부이다. 추론할 수 없는 것은 어느 것인가?」
「중점 논의되고 합의된 사항
1) 양 당사자는 50만 달러어치의 콘트롤 박스 100개를 매매하기로 합의한다.」
2) ㈜로버트는 2020년 10월 27일까지 한남인터내셔널을 수익자로 하여 일람출급으로 지급 가능한 취소불능 신용장을 개설한다.
3) 한남인터내셔널은 ㈜로버트로부터 신용장을 받은 후 2개월 이내에 상기 제품을 선적한다.」
① 「㈜로버트는 콘트롤 박스 몇 개를 구입하기로 합의했다.」
② 「한남인터내셔널은 신용장의 수익자이다.」
③ 「㈜로버트는 환어음의 지급인이다.」
 – 신용장거래 이므로 환어음의 지급인은 ㈜로버트의 거래은행인 개설은행이다.
④ 「㈜로버트는 신용장의 개설의뢰인이다.」

정답 42. ③

43 Which is most AWKWARD English writing?

① 당사가 주문을 했을 때, 귀사는 3월 2일까지 FB-900의 선적을 마칠 수 있다고 보장했습니다.
 → When we placed the order, you guaranteed us that you could finish the shipment of FB-900 no later than March 2.

② 오늘 주문서 no.4587의 배송을 받고 상자를 개봉하자, 당사는 보내주신 상품의 일부가 없어졌음을 발견했습니다.
 → Today we received delivery of order no.4587, and on opening the box, we discovered some of the items were missing.

③ 향후 4주간 그 품목의 재고 확보를 기대할 수 없으므로, 이를 대신할 상품들을 제공해드리고자 합니다.
 → We do not anticipate having inventory of the item for another 4 weeks, so we would like to suggest some alternatives for it.

④ 당사는 귀사의 주문서에 언급된 냉장고(Model no.876)의 재고가 없음을 알려드리게 되어 유감으로 생각합니다.
 → We regret to inform you that the refrigerators(Model no.876) mentioning in your order is not in stock.

 「영어 작문이 가장 어색한 것은 어느 것인가?」
④ mentioning → mentioned

[44-45] Read the following and answer.

> May we draw your attention to special discount which are given to our most valued customers for bulk purchases. These discounts comprise 5% for order over US $10,000.00 10% for orders over US $50,000.00 and 15% for orders over US $100,000.00 As your company has always placed <u>sizeable</u> orders with us, we hope you take advantage of this event.
> We look forward to continuing business relationship with you.

44 What amount of discount is allowed when US $10,000.00 worth order is placed?

① $9,500.00 ② $5,000.00
③ $500.00   ④ nothing

43.④ 44.④ 정답

해설 「당사는 대량 주문을 하는 가장 소중한 고객에게는 특별할인을 해드리고 있음을 주목해 주십시오. 이 할인은 1만 달러 이상 주문은 5%, 5만 달러 이상 주문은 10%, 그리고 10만 달러 이상 주문에 대해서는 15%로 구성되어 있습니다. 귀사는 항상 대량 주문을 해왔기 때문에 이번 행사로 혜택을 보시기 바랍니다. 귀사와 계속 거래가 지속되길 바랍니다.」

44. 「1만 달러어치를 주문할 경우 할인 금액은 얼마인가?」
 - 할인받을 수 없다. 1만 달러 이상이어야 5%의 할인을 받게 되므로 최소한 주문 금액인 1만 달러를 넘어야 한다.

▶ comprise : 구성하다, 차지하다   ▶ take advantage of : ~의 혜택을 보다

45 What can be best replacement for the underlined sizeable?

① minimum   ② average   ③ small   ④ large

해설 「밑줄 친 sizeable을 바꿔 쓰기에 가장 적절한 것은 무엇인가?」
sizeable은 대량(large)이라는 의미를 갖고 있다.

46 What is best written for the blank?

> There is still some risk in D/P transaction where a sight draft is used to control transferring the title of a shipment. The buyer's ability or willingness to pay might change from the time the goods are shipped until the time the drafts are presented for payment;
>
> (   )

① the presenter is liable for the buyer's payment.

② the seller shall ask the presenting bank to ship back the goods.

③ the carrier ask the buyer to provide indemnity for release of the goods.

④ there is no bank promise to pay.

해설 「빈 칸에 가장 알맞은 것은 무엇인가?」
「일람출급으로 선적품의 권리 이전을 다루는데 사용되는 D/P거래는 여전히 위험이 있다. 물품이 선적되고 지급을 위해 어음이 제시되기 전에 매수인의 지불 능력이나 의지가 변할 수 있다 ; (   )」
①「제시자는 매수인의 지급에 대한 책임이 있다.」
②「매도인은 제시은행에게 물품을 반송하라고 요청해야 한다.」
③「운송인은 매수인에게 물품의 인도에 따른 보상을 제공할 것을 요청한다.」
④「은행은 지급 약속이 없다.」

정답 45.④ 46.④

47. What does the following explain?

> A provision in the contact of insurance which specifies a minimum of damage which must occur to the property insured for the insurer to be liable; where such specified cover is reached, the insurer then becomes liable for all the damages suffered as a consequence of a peril insured against.

① deduction
② limit
③ immunity
④ franchise

「다음의 설명은 무엇인가?」
「보험계약의 규정에는 보험자가 책임져야 할 피보험목적물에 일어난 손해의 최소한도를 명시하고 있다 ; 그러한 명시담보에 이르면, 보험자는 담보위험에 따라 발생한 손해 전부에 대해 책임을 부담한다.」
- 소손해면책율(franchise)은 일정한 손해율을 정해놓고 그 이상의 손해가 발생하면 정해진 손해율을 공제하고 초과된 손해에 대해서는 모두 보상해주는 약관을 말한다.

▶ provision in the contact of insurance : 보험계약의 규정 ▶ consequence : 결과, 중요함

48. What is NOT true about Incoterms 2020?

① Under EXW rule, the seller has no obligation to the buyer to load the goods.
② Under FCA rule, the seller is not responsible to the buyer for loading the goods at the seller's premises.
③ Under CIF rule, the seller is responsible for delivery of the goods at the agreed place of shipment.
④ Under DPU rule, the seller is obliged to unload the goods at the terminal at the named port or place of destination.

「인코텀즈2010에 따라 사실이 아닌 것은 무엇인가?」
①「EXW 규칙에서, 매도인은 매수인에게 물품을 적재하여 인도할 의무는 없다.」
②「FCA 규칙에서, 매도인은 매도인의 구내에서는 물품을 적재하여 매수인에게 인도할 책임이 없다.」
- FCA 규칙에서, 매도인은 인도장소가 구내이던 지정된 장소이던 물품을 운송수단에 적재하여 인도하여야 한다.
③「CIF 규칙에서, 매도인은 합의된 선적지에서 물품을 인도할 책임이 있다.」
④「DPU 규칙에서, 매도인은 목적지의 터미널이나 도착지에서 물품을 양하할 의무가 있다.」

47.④ 48.② **정답**

49 Which has the LEAST proper explanation?

① Negotiable B/L – Bills of lading which are made out to one's order.

② Received B/L – A bill of lading evidencing that the goods have been received into the care of the carrier, but not yet loaded on board.

③ Foul B/L – A bill of lading which has been not qualified by the carrier to show that the goods were not sound when unloaded.

④ Straight B/L – A bill of lading which stipulates that the goods are to be delivered only to the named consignee.

「가장 적절하지 않은 설명은 어느 것인가?」
①「유통가능 선하증권 – 지시식으로 발행된 선하증권」
②「수취선하증권 – 물품이 운송인의 관리하에 수취되었지만 아직 본선적재되지는 않았음을 입증하는 선하증권」
③「고장부선하증권 – 물품이 양하 당시 양호한 상태가 아니었음을 보여주기 위해 운송인 발행하는 부적격 선하증권」
– 양하 시(unloaded)가 **선적 시(loaded)**로 바꿔야 한다.
④「기명식선하증권 – 물품이 지정된 수취인에만 인도되어야 한다고 명시한 선하증권.」

50 Which pair does NOT have similar meaning?

① Your bank has been given to us as a reference by Brown & Co.
   – Brown & Co. have been referred by our bank to you.

② Please inform us of their credit standing.
   – Please furnish us with information about their credit status.

③ We will treat your information in strict confidence.
   – Your information will be treated as absolutely confidential.

④ We have had no previous dealings with the above company.
   – We have not had any business transactions with the above company so far.

「유사한 의미로 연결되지 않은 쌍은 어느 것인가?」
①「㈜브라운에서 귀 은행을 신용조회처로 당사에 제공했습니다.
– 당사의 은행에서 ㈜브라운을 신용조회처로 귀사에 제공했습니다」
②「이 회사의 신용 상태를 알려주십시오.– 이 회사의 신용 상태에 대한 정보를 제공해 주십시오.」
③「귀사의 정보를 극비로 다루겠습니다. – 귀사의 정보는 극비로 다뤄질 것입니다.」
④「당사는 상기 회사와 이전에 거래한 적이 없습니다. – 당사는 상기 회사와 지금까지 거래한 적이 없습니다.」

정답   49.③   50.①

03 무역실무

51 신용장거래 중 은행의 서류심사 기준에 관한 설명으로 옳지 않은 것은?

① 지정은행, 확인은행, 개설은행은 서류가 문면상 일치하는지 여부를 서류만으로 심사해야 한다.
② 운송서류는 신용장의 유효기일 이내, 그리고 선적일 후 21일 이내에 제시되어야 한다.
③ 신용장에서 요구되지 아니한 서류는 무시되며, 제시자에게 반환될 수 있다.
④ 서류상의 화주 또는 송화인은 반드시 신용장의 수익자이어야 한다.

해설 "The shipper or consignor of the goods indicated on any document need not be the beneficiary of the credit."
「모든 서류상에 표시된 물품의 송인 또는 탁송인은 신용장의 수익자일 필요는 없다.」[UCP600 제14조 k]
모든 서류상의 물품의 화주 또는 송화인란에는 신용장의 수익자가 아닌 다른 제3자를 송화인으로서 표시할 수 있다.」

52 매도인의 계약위반과 이에 대한 구제의 방법이 아닌 것은?

① 물품이 계약에 부적합한 경우 계약에 적합한 물품의 가액에 대한 비율에 따라 대금을 감액할 수 있다.
② 매수인은 매도인의 의무이행을 위하여 상당한 기간만큼의 추가기간을 지정할 수 있다.
③ 매도인이 상당한 기간 내에 그 물품명세를 지정하지 아니할 때는 매수인이 스스로 이를 확정할 수 있다.
④ 매도인이 약정된 기일 전에 물품을 인도한 경우, 매수인은 인도를 수령하거나 거절할 수 있다.

해설 "If under the contract the buyer is to specify the form, measurement or other features of the goods and he fails to make such specification either on the date agreed upon or within a reasonable time after receipt of a request from the seller, the seller may, without prejudice to any other rights he may have, make the specification himself in accordance with the requirements of the buyer that may be known to him."
「계약상 매수인이 물품의 형태, 용적 또는 기타의 특징을 지정하기로 되어 있을 경우에 만약 매수인이 합의된 기일 또는 매도인으로부터의 요구를 수령한 후 상당한 기간 내에 그 물품명세를 작성하지 아니한 때에는, 매도인은 그가 보유하고 있는 다른 모든 권리의 침해 없이 매도인에게 알려진 매수인의 요구조건에 따라 **스스로 물품명세를 작성할 수 있다.**」[CISG 제65조]
- 매도인이 상당한 기간 내에 그 물품명세를 지정하지 아니할 때는 **매도인이** 스스로 이를 확정할 수 있다.

정답 51.④ 52.③

53 고지의무위반과 담보위반에 대한 다음 설명 중 적절하지 않은 것은?

① 고지내용은 실질적으로 충족되면 고지의무 위반으로 보지 않는다.
② 피보험자가 고지의무의 중요한 사항을 위반하면 보험계약이 취소될 수 있지만, 담보위반은 보험계약이 해지될 수 있다.
③ 고지의무 위반은 보험계약이 무효가 될 수 있고, 담보위반은 위반시점 이후의 계약이 무효가 될 수 있다.
④ 고지의무 위반의 경우는 보험료가 일부 반환되나, 담보위반은 보험료가 전부 반환된다.

해설 고지의무 위반의 경우는 보험료가 **전부 반환되나**, 담보위반은 **보험료가 일부 반환된다**.

54 다음 서류 제목 중, 신용장이 요구하는 송장(invoice)으로 인정할 수 없는 것은 무엇인가?

① consular invoice
② tax invoice
③ provisional invoice
④ customs invoice

해설 신용장에서 송장(invoice)을 요구하면서 다른 명시가 없는 경우 상업송장(commercial invoice), 세관송장(customs invoice), 세금송장(tax invoice), 최종송장(final invoice), 영사송장(consular invoice) 등은 충족된다. 그러나 "**임시(provisional)**"송장, "**견적송장**"(pro-forma) 또는 이와 유사한 것으로 확인되지 않아야 **한다**.[ISBP745, C1]

55 다음 중 연관성이 있는 것끼리만 연결된 것을 고르시오.

> ㉠ Container B/L
> ㉡ Consolidation
> ㉢ Container Freight Station
> ㉣ Less than Container Loaded Cargo
> ㉤ House B/L

① ㉠, ㉡, ㉢, ㉣
② ㉠, ㉡, ㉢, ㉤
③ ㉠, ㉡, ㉣, ㉤
④ ㉡, ㉢, ㉣, ㉤

해설 하나의 컨테이너에 여러 화주의 물품을 섞어서 싣는 것을 혼재(consolidation)이라고 하며 이러한 적입작업은 CFS에서 하게 된다. 하나의 화주 물품으로 컨테이너화 되지 않는 물품을 LCL Cargo라고 하며 Master B/L이 발행되는 FCL화물과 달리 House B/L이 발행된다. 보기는 모두 LCL Cargo와 관련된 사항인데 ㉠만 FCL Cargo와 연관된 것이다.

정답 53.④ 54.③ 55.④

56 권리포기 선화증권(surrendered B/L)에 관한 내용으로 옳은 것은?

① 원본의 선화증권을 의미한다. ② non-negotiable이다.
③ 주로 중계무역 시에 사용한다. ④ 권리증권이다.

해설 서렌더 B/L은 중국, 동남아 등의 근거리에서 운송서류보다 화물이 먼저 도착하는 경우 신속하게 화물을 찾을 수 있도록 하는 용도로 사용되는 B/L이다. 보통 팩스로 운송서류를 전송하므로 원본 기능이 사라지고 배서를 통하여 양도할 수도 없는 유통불가 선하증권(non-negotiable)이다. 중계무역과는 관련이 없으며 권리증권으로서의 기능도 없다.

57 B/L 상에 기재된 화물은 다음과 같다. 이와 관련된 설명으로 가장 관련이 적은 것을 고르시오.

> GROUND GRANULATED BLAST FURNACE SLAG 30,000 M/T
> PACKING TO BE IN JUMBO BAGS OF 1.5 M. TON WITH TOLERANCE OF +/−
> 10 PERCENT IN EACH BAGS

① CHARTER PARTY B/L이다.
② 하역비용은 선사가 부담하게 된다.
③ 화물이 담긴 점보백의 총 개수는 2만개이다.
④ 각 점보백의 중량은 1.35톤~1.65톤 범위 이내이어야 한다.

해설
① 화물이 금속물 찌꺼기(slag) 3만 톤임을 볼 때 벌크전용선을 이용하게 되고 통상적으로 용선하여 운반하므로 용선계약선하증권(CHARTER PARTY B/L)임을 유추해 볼 수 있다.
② 제시된 내용으로는 하역비용의 부담 주체를 알 수 없다.
③ 1백 당 1.5 톤이 들어가고 총중량은 3만톤이므로 점보백의 개수는 2만개이다.
④ ±10%의 과부족을 용인하고 있으므로 각 점보백의 중량은 1.35톤~1.65톤 범위 이내이어야 한다.
▶ GROUND GRANULATED BLAST FURNACE SLAG : 수쇄 입상 고로 슬래그

58 결제방식에 대한 다음 설명 중 옳지 않은 것은?

① 수출입은행은 선적 후 무역금융으로서 수출팩토링, 포페이팅, 수출환어음매입 제도를 운영하고 있다.
② 수출팩토링은 수출채권을 수출기업으로부터 상환청구권 없이 매입하는 수출금융상품이다.
③ 포페이팅은 수출의 대가로 받은 어음을 수출업자에게 상환청구권 없이 고정금리로 할인하는 금융기법이다.
④ 포페이터는 환어음에 추가하는 지급확약(Aval)을 담보로 활용하며 수출상에게도 별도의 보증을 요구한다.

해설 포페이터는 환어음에 추가하는 지급확약(Aval)을 담보로 활용하므로 수출상에게도 별도의 보증을 요구하지 않는다.

56.② 57.② 58.④ **정답**

59 화환신용장방식에 의한 매입 관련 주의사항으로 옳지 않은 것은?

① 유효기일이 은행의 영업일이 아닐 경우, 그 다음 영업일까지 유효기일이 연장된다.
② 매입은 서류제시기간 이내로서 유효기일 이내에 이루어져야 한다.
③ 매입을 위하여 은행이 지정된 경우 지정은행이 아닌 수익자의 거래은행에 유효기일까지 서류를 제시하면 하자이다.
④ General L/C의 경우 지정된 은행에서 매입절차를 진행해야 하지만, 지정은행이 아닌 수출상의 거래은행에 매입을 의뢰할 경우 재매입 절차가 필요하다.

해설 General L/C는 자유매입신용장(freely negotiable L/C, open L/C)을 지칭하는 다른 이름이다. 수익자는 아무 외국환거래은행을 자유롭게 지정하여 매입을 의뢰할 수 있다. 선지 ④번은 매입제한신용장(restricted L/C)에 대한 설명이다.

60 복합운송의 기본요건에 대한 설명으로 옳지 않은 것은?

① 운송책임의 단일성
② 복합운송증권의 발행
③ 단일운임의 설정
④ 복합운송인의 이종의 운송수단 보유

해설 복합운송인은 운송수단을 보유하지 않고도 복합운송을 수행할 수 있다.

61 해상보험계약의 법률적 성격으로 옳지 않은 것은?

① 낙성계약 ② 요식계약
③ 부합계약 ④ 쌍무계약

해설 보험계약은 불요식의 낙성계약의 성격을 갖고 있다. 보험계약은 당사자 쌍방의 의사의 합치에 의하여 성립하고 아무런 형식을 요하지 않는 불요식의 낙성계약이다. 보험증권은 보험계약의 성립과는 무관하고 계약관계를 증명하는 증거증권에 불과하다.

▶ 부합계약성
보험계약은 다수인을 상대로 하여 대량으로 체결되고 보험의 기술적 단체적 성격으로 인하여 그 정형성이 요구되기 때문에, 부합계약에 속한다. 즉 보험계약은 당사자의 일방이 그 내용을 미리 정하고 상대방이 이를 포괄적으로 승인함으로써 성립하는 부합계약적인 성질을 띠고 있다.

정답 59.④ 60.④ 61.②

62 해상보험에 대한 설명으로 옳지 않은 것은?

① 일부보험은 보험금액이 보험가액보다 많은 경우를 말한다.
② 전부보험은 보험금액과 보험가액이 같은 경우를 말한다.
③ 초과보험은 실제로 초과보험이 인정된다면 도덕적 위태가 발생할 수 있으므로 고의에 의한 초과보험은 무효로 우리나라 상법에서 규정하고 있다.
④ 병존보험은 동일한 피보험목적물에 수개의 보험계약이 존재하는 경우이다.

해설 일부보험은 보험금액이 보험가액보다 적은 경우를 말한다.

63 양도가능 신용장에 관한 설명으로 옳은 것은?

① 신용장 양도와 관련하여 발생한 모든 수수료는 제2수익자가 지급해야 한다.
② 개설은행은 양도은행이 될 수 없다.
③ 제2수익자에 의한 또는 그를 위한 제시는 양도은행에 대하여 이루어져야 한다.
④ 양도된 신용장은 제2수익자의 요청에 의하여 수회 양도될 수 있다.

해설
① 양도와 관련된 제비용은 별도로 합의하지 않는 한, 제1수익자가 지급한다.
② 개설은행도 양도은행이 될 수 있다.
④ 양도된 신용장은 제2수익자의 요청에 의하여 수회 양도될 수 없다. 즉 신용장의 양도는 1회에 한하여 양도할 수 있다.

64 신용장 문구가 "available with ANY BANK by negotiation of your draft at 180 days after sight for 100 percent of invoice value." 일 때 발행은행인 KOOKMIN BANK가 해외의 매입은행에게 대금을 즉시 지급하고, 수출업자가 선적 후 즉시 대금 지급을 받는 경우를 무엇이라 하는가?

① shipper's usance
② domestic banker's usance
③ overseas banker's usance
④ European D/P

해설 「송장금액의 100퍼센트에 대하여 일람후 180일 출급으로 귀사의 환어음을 어떠한 은행에서도 매입이 가능함」 – domestic banker's usance에 나올 수 있는 표현이다. overseas banker's usance 도 같은 역할을 하지만 지급유예의 주체가 국내 은행(국민은행)이므로 domestic banker's usance가 해당된다.

62.① 63.③ 64.② **정답**

65 내국신용장이나 구매확인서에 대한 설명으로 옳지 않은 것은?

① 수출신용장은 Master L/C, 내국신용장은 Local L/C라고 한다.
② 원신용장이 양도신용장인 경우에 한하여 내국신용장 발급이 가능하다.
③ 내국신용장으로 국내에서 물품을 공급받는 경우 부가가치세 영세율이 적용된다.
④ 구매확인서와 달리 내국신용장은 개설은행의 지급확약이 있다.

해설 ② 내국신용장의 발급은 양도신용장의 발급 여부와는 상관이 없이 발행된다. Master L/C를 근거로 하여 발행된다.

66 은행이 서류심사를 할 때 신용장 상의 표현과 엄격일치가 적용되는 서류는?

① 상업송장　　　　② 원산지증명서
③ 선화증권　　　　④ 포장명세서

해설 UCP600에서는 엄격일치의 적용서류로서 상업송장을 규정하고 있다. 아래 Check Point 참조

▶ **Check Point**

e. In documents other than the commercial invoice, the description of the goods, services or performance, if stated, may be in general terms not conflicting with their description in the credit.
e. 상업송장 이외의 서류에 있어서, 물품, 용역 또는 이행의 명세는 명기된 경우 신용장상의 이들 명세와 상충되지 아니하는 일반 용어로 기재될 수 있다.[UCP600 제14조 e]

c. The description of the goods, service or performance in a commercial invoice must correspond with that appearing in the credit.
c. 상업송장상의 물품, 용역 또는 이행의 명세는 신용장에 보이는 것과 일치하여야 한다.[UCP600 제18조]

67 대외무역법 상의 특정거래형태에 관한 설명으로 옳지 않은 것은?

① 위탁판매거래는 수출자가 물품의 소유권을 수입자에게 이전하지 않고 수출한 후 판매된 범위 내에서만 대금을 영수한다.
② 외국인수수입은 물품을 외국에서 조달하여 외국의 사업현장에서 인수하고 그 대금을 국내에서 지급하는 거래방식이다.
③ 중계무역의 경우 수수료를 대가로 물품과 선적서류가 최초 수출자에게서 최종수입자에게 직접 인도된다.
④ 위탁가공무역은 가공임을 지급하는 조건으로 가공 후 국내에 재수입하거나 제3국에 판매하는 수출입거래이다.

해설 중계무역의 경우 물품은 최종수입자에게 직접 인도될 수 있지만 선적서류는 중간의 중계무역상에게로 인도된다. 선지 ③은 중개무역 또는 대리점을 통한 거래에 대한 설명이다.

정답　65.②　66.①　67.③

68 아래 글상자는 항공운임 관련 부대운임 중 무엇에 대한 설명인가?

> 항공화물 운임을 후불로 항공운송대리점에 지불할 경우 항공운송대리점이 환전 및 송금에 필요한 경비를 보전하기 위해 징구하는 요금을 말하며, 보통 인보이스 금액의 2%를 징구하며 최소 10달러를 징구한다.

① Handling Charge
② Documentation Fee
③ Collect Charge Fee
④ Terminal Handling Charge

해설 착불수수료(Collect Charge Fee)에 대한 설명이다.

69 신용장 상에 "available with issuing bank by payment"라는 문구가 의미하는 것은?

① 거래은행을 통하여 발행은행에게 지급을 요청한다.
② 일람불 환어음을 발행하여 상환은행에 매입을 요청한다.
③ 기한부 환어음을 발행하여 발행은행에 지급을 요청한다.
④ 일람불 환어음을 발행하여 발행은행에 인수를 요청한다.

해설 「개설은행에서 지급하는 것으로 사용 가능」
– 지급신용장(Payment L/C)에 대한 설명이다. 개설은행 또는 지정은행에 직접 서류를 제시하면 바로 지급하는 신용장이므로 중간 은행의 개입이 없다. 환어음의 발행을 요구하는 신용장도 있지만 원칙적으로는 환어음의 발행이 요구되지 않는다.

70 국제팩터링(International Factoring)의 수입국 팩터(Import factor)에 대한 설명으로 옳지 않은 것은?

① 수입국에서 수입자와 국제팩터링계약을 체결하다.
② 수입자의 외상수입을 위하여 신용승낙의 위험을 인수한다.
③ 팩터링채권을 회수하고 전도금융을 제공한다.
④ 수출팩터에게 송금하는 팩터링회사를 말한다.

해설 국제팩토링에서 팩터링채권을 회수하고 전도금융을 제공하는 것은 수입국 팩터가 아니라 수출국 팩터이다. 전도금융이란 최종 채무자로부터 대금을 받기 전에 미리 대금을 지급해주는 것을 말한다. 즉 수출국 팩터가 수입국 팩터로부터 대금을 받기 전에 미리 수출상에게 대금을 지급하는 것을 말한다.

68.③ 69.① 70.③ **정답**

71 외국중재판정의 승인과 집행을 위한 뉴욕협약(1958)상의 요건으로 옳게 설명하고 있는 것은?

① 중재판정의 승인과 집행국 이외에 영토에서 내려진 중재판정은 제외한다.
② 중재판정이 이루어진 후에는 중재합의가 무효라 해도 승인 및 집행이 가능하다.
③ 중재판정이 공서양속에 반하는 때에는 중재판정의 승인과 집행이 거부될 수 있다.
④ 중재판정이 구속력을 가지지 않아야 한다.

해설 ① 중재판정의 승인과 집행국 이외에 영토에서 내려진 중재판정을 포함한다.
② 중재판정이 이루어진 후에 중재합의가 무효라면 승인 및 집행을 할 수 없다.
④ 중재판정은 최종적이므로 구속력을 갖고 있다.

72 무역클레임의 간접적 발생원인이 아닌 것은?

① 상관습 및 법률의 상이
② 계약의 유효성 문제
③ 이메일 사용 시 전달과정상의 오류
④ 언어의 상위

해설 아래 Check Point 참조

Check Point
●무역클레임의 원인
① 직접적 원인
  계약의 성립(청약과 승낙 등), 계약의 내용, 계약이행에 원인이 있는 경우
② 간접적 원인
  언어의 차이로 인한 의사소통의 오해, 상관습과 법률의 상이함, 서류의 전달과정의 오류, 불가항력 등

73 신용장 통일규칙(UCP 600)상 보험서류의 발행요건에 관한 설명 중 옳지 않은 것은?

① 보험서류는 문면상 필요하거나 요구가 있는 경우에는, 원본은 모두 정당하게 서명되어 있어야 한다.
② 보험서류는 필요한 경우 보험금을 지급하도록 지시하는 당사자의 배서가 나타나 있어야 한다.
③ 보험서류의 피보험자가 지정되지 않은 경우, 화주나 수익자 지시식으로 발행하되 배서가 있어야 한다.
④ 신용장에서 보험증권이 요구된 경우, 보험증명서나 포괄예정보험 확정통지서를 제시하여도 충분하다.

해설 신용장에서 보험증권을 요구했다면 보험증명서나 포괄예정보험 확정통지서를 제시하면 하자이다. 그러나 신용장에서 보험증명서 또는 보험통지서를 요구했는데 보험증권을 제시했다면 정상적으로 수리된다.

정답 71.③ 72.② 73.④

74 신용장 거래에서 서류상의 일자(date)에 관한 설명으로서 옳지 않은 것은?

① 신용장 상에 일자의 요구가 없더라도 환어음, 운송서류, 보험서류 등은 반드시 일자가 있어야 한다.
② 선적전검사증명서(PSI)는 반드시 선적일자 이전의 일자에 발행된 사실이 나타나 있어야 한다.
③ "Within 2 days of"는 어떠한 사실 이전의 2일에서 동 사실 이후의 2일까지의 기간을 말한다.
④ 서류는 준비일자와 함께 서명일자가 따로 명시되어 있는 경우, 서명일자에 발행된 것으로 본다.

해설 A12) a. A document, such as, but not limited to, a cetificate of analysis, inspection certificate or fumigation certificate, may indicate a date of issuance later than the date of shipment.
「a. 분석증명서, 검사증명서 또는 훈증증명서와 같은 서류(이러한 서류에 한정되지 않음)는 **선적일보다 나중 일자로 표시될 수 있다.**」[ISBP745 A12]

75 신용장에서 무고장의 운송서류(clean transport document)가 요구된 경우, 운송서류 상의 다음과 같은 문언 중에서 인수가능한 것은?

① Packaging is not sufficient.
② Packaging contaminated
③ Goods damaged/scratched.
④ Packaging may be insufficient.

해설 "packaging is not sufficient for the sea journey(포장이 해상운송에 충분하지 않다)", "packaging may not be sufficient for the sea journey(포장이 해상운송에 충분하지 않을 수 있다)"라는 표현이 들어 있는 운송서류는 고장부운송서류이다. 그러나 Packaging may be insufficient(포장이 불충분할 수도 있다)" 라는 문구가 있는 서류는 고장부운송서류가 아니다.
▶ Packaging contaminated : 포장이 오염되었음
▶ Goods damaged/scratched : 물품이 손상되고 긁혔음

74.② 75.④ **정답**

제 116회 1급 기출해설
(2019년 제3회)

01 영문해석

※ Below are correspondences between buyer and seller.

> This is to inform you that we received the shipment of Celltopia on December 15. Our technicians have thoroughly tested all the machines and found 25 defective batteries. We listed the serial numbers of them in the attached sheet.

> We have already sent the replacement batteries via Fedex. Meanwhile, please send us the defective ones at our cost. You may use our Fedex account.

01 Which can NOT be inferred from the above?

① Defective batteries have their own serial numbers.
② Replacement batteries have been sent via courier service.
③ Buyer will pay freight for the returning batteries.
④ Seller agrees that some of their products were against the sales contract.

> 2월 15일에 셀토피아 사의 선적품을 받았음을 알려드립니다. 당사의 기술자들이 모든 장비를 철저히 테스트하여 25개의 불량 배터리를 찾았습니다. 이들의 일련 번호를 첨부해 드립니다.

> 당사는 페덱스 편으로 이미 대체 배터리를 보내드렸습니다. 아울러, 당사의 비용 부담으로 불량품을 보내주십시오. 당사의 페덱스 계정을 이용하시면 됩니다.

01.「상기 서신에서 추론할 수 없는 것은 어느 것인가?」
①「불량 배터리에는 자체 일련 번호가 있다.」
②「대체 배터리는 특송으로 발송되었다.」
③「매수인은 배터리 반송품에 대한 운임을 지불할 것이다.」
 - 매도인은 불량 배터리를 자신의 비용 부담으로 보내달라고 요청했다.
④「매도인은 이들 제품 몇 개가 매매계약서와 다르다고 동의하였다.」

정답 01.③

02 Which can be inferred from the below?

> Several of my customers have recently expressed an interest in your remote controlled window blinds, and have enquired about its quality.
>
> We are a wide distributor of window blinds in Asia. If quality and price are satisfactory, there are prospects of good sales here.
>
> However, before placing an order I should be glad if you would send me a selection of your remote-controlled window blinds on 20 days' approval. Any of the items unsold at the end of this period and which I decide not to keep as stock would be returned at our expense.
>
> I hope to hear from you soon.
>
> Alex Lee
> HNC International

① Alex shall pay for the goods 20 days after arrival of goods.
② Alex has confidence on the window blinds, so cash with order is acceptable.
③ Freight for the returning goods will be borne by HNC International.
④ Seller shall deliver the goods within 20 days after order.

해설 「하기 서신에서 추론할 수 있는 것은 어느 것인가?」

> 당사의 고객 몇 분이 최근 귀사의 원격조종 윈도우 블라인드에 대한 관심을 보여주시고 이 제품의 품질에 대해 조회했습니다. 당사는 아시아에서 윈도우 블라인드를 공급하는 대형 업체입니다. 품질과 가격이 만족스러우면, 이곳에서 판매가 잘 될 가능성이 있습니다. 그러나 주문을 하기 전에 저는 20일간 판매 승인 조건으로 귀사의 원격조종 윈도우 블라인드를 보내주시면 감사하겠습니다. 이 기간 동안의 미판매 물품과 저희가 재고로 보관하지 않을 제품들은 당사의 비용으로 반품하겠습니다.

①「알렉스는 물품의 도착 후 20일 째 되는 날 물품 대금을 지불할 것이다.」
 - 알렉스는 20일간 물품을 판매해 볼 것이다.
②「알렉스는 윈도우 블라인드의 판매에 자신이 있으므로, 주문시 지급방식을 수락하고 있다.」
 - 알렉스는 20일간 먼저 물품을 판매해보고 판매 대금은 송금하고 미판매 물품은 반송하려 한다.
③「반품 운임은 HNC 인터내셔널의 부담이다.」
④「매도인은 주문 후 20일 이내에 물품을 인도해야 한다.」
 - 매도인은 인도 후 20일간의 판매 기간을 보장해 줘야 한다.

▶ prospects of good sales : 판매 호조 전망

02.③ **정답**

03 Which does NOT belong to 'some documents' underlined below?

> <u>Some documents</u> commonly used in relation to the transportation of goods are not considered as transport documents under UCP 600.

① Delivery Order
② Forwarder's Certificate of Receipt
③ Forwarder's Certificate of Transport
④ Forwarder's Bill of Lading

「밑줄 친 'some documents'에 해당되지 않는 서류는 어느 것인가?」

> 물품의 운송과 관련되어 통상적으로 사용되는 어떤 서류들은 UCP600에 따라 운송서류로 간주되지 않는다.

- 신용장 거래에서 선적서류(shipping documents)라 하면 환어음, 전송보고서(예 : 팩스 전송보고서) 그리고 서류의 발송을 증빙하는 특송영수증, 우편영수증 및 우편증명서를 제외한 신용장에서 요구하는 모든 서류를 의미한다. 따라서 운송중개인 선하증권(Forwarder's Bill of Lading)은 선적서류에 해당하는 서류이다.
▶ Delivery Order : 인도지시서   ▶ Forwarder's Certificate of Receipt : 운송중개인 수취증명서

04 In accordance with UCP 600, which of the following alterations can a first beneficiary request to a transferring bank to make under a transferable L/C?

① Extend the expiry date   ② Decrease the unit price
③ Extend the period for shipment   ④ Decrease insurance cover

「UCP600에 따라, 제1수익자는 양도가능신용장에서 양도은행에게 다음 중 어떤 것의 변경을 요청할 수 있는가?」
- 신용장은 원신용장의 조건에 따라서만 양도가능하지만 예외적으로 신용장금액 및 서류제시 기한의 단축, 단가의 감액(Decrease the unit price), 선적기일을 단축하여 양도하는 것은 가능하다. 그러나 신용장의 유효기일(Extend the expiry date), 선적기간의 연장(Extend the period for shipment), 보험금액의 감액(Decrease insurance cover)은 허용되지 않는다.

정답 03.④ 04.②

[5~6] Read the following and answer.

> Dear Mr. Han,
>
> Thank you for your enquiry about our French Empire range of drinking glasses. There is a revival of interest in this period, so we are not surprised that these products have become popular with your customers.
>
> I am sending this fax pp. 1-4 of our catalogue with CIF Riyadh prices, as you said you would like an immediate preview of this range. I would appreciate your comments on the designs <u>with regard to</u> your market.
>
> I look forward to hearing from you.

05 What kind of transaction is implied?

① a reply to a trade enquiry   ② a firm offer

③ an acceptance of an offer   ④ a rejection of an offer

> 안녕하세요, 미스터 한,
> 당사의 유리컵 프렌치 엠파이어에 대한 귀사의 조회에 감사합니다. 이 시대의 관심에 대한 부활로, 이러한 제품들이 귀사의 고객에게 틀림없이 인기가 있을 것입니다. 귀사가 신속하게 이 제품들을 살펴볼 수 있도록 해달라는 말씀에 따라, 저는 CIF 리야드 조건으로 당사의 카탈로그를 팩스로 4쪽을 보내드립니다. 귀사의 시장과 관련한 당사의 이 디자인에 대한 말씀을 주시면 감사하겠습니다.
> 귀사로부터의 소식을 기다립니다.

05. 「어떤 거래 과정임을 암시하는가?」
— 거래 조회(trade enquiry)에 대한 답장임을 알 수 있다.
▶ revival of interest : 관심의 부활   ▶ immediate preview : 신속한 검토
▶ imply : 암시하다, 의미하다

06 Which is NOT similar to the underlined with regard to?

① regarding   ② about

③ concerning   ④ in regard for

「밑줄 친 with regard to 와 유사한 것이 아닌 것은 어느 것인가?」
— in regard for 라는 표현은 없다.
▶ with regard to(~에 대하여) : regarding, about, as to, concerning, in regard to)

05.①   06.④   **정답**

07 What would Jenny's representative do on the coming visit?

> Dear Jenny,
>
> With reference to our phone conversation this morning, I would like one of your representatives to visit our store at 443 Teheran Road, Seoul to give an estimate for a complete refit. Please could you contact me to arrange an appointment? As mentioned on the phone, it is essential that work should be completed before the end of February 2018, and this would be stated in the contract. I attach the plans and specifications.

① offer　　　　　　　　　② credit enquiry
③ trade enquiry　　　　　④ compensation

 「제니의 대표자는 예정된 방문에서 무엇을 할 것인가?」

> 오늘 아침 우리의 전화 통화와 관련하여, 저는 귀사의 대표자 중 한 분이 전체 수리에 대한 견적을 주기 위해 서울, 테헤란로 443에 있는 당사의 매장으로 방문해 주셨으면 합니다. 약속을 진행하기 위해 제게 연락을 주시겠습니까? 전화로 말씀드렸다시피, 이 작업은 2018년 2월 말까지 마치는 것이 무척 중요합니다. 그래서 이것을 계약서에 넣을 것입니다. 수리 계획안과 상세 내용을 첨부합니다.

- 매장 수리에 대한 의견 제시, 즉 오퍼(제안)를 할 것이다.
▶ refit : 수리, 개장

[8~9] Read the following and answer.

> A sight draft is used when the exporter wishes to retain title to the shipment until it reaches its destination and payment is made.
>
> In actual practice, the ocean bill of lading is endorsed by the exporter and sent via the exporter's bank to the buyer's bank. It is accompanied by the sight draft with invoices, and other shipping documents that are specified by either the buyer or the buyer's country (e.g., packing lists, consular invoices, insurance certificates). The foreign bank notifies the buyer when it has received these documents. As soon as the draft is paid, the (A) foreign bank turns over the bill of lading thereby enabling the buyer to obtain the shipment.

08 Which payment method is inferred from the above?

① Sight L/C　　　　　　② D/P
③ Usance L/C　　　　　④ D/A

정답　07.①　08.②

해설 일람출급 환어음은 수출상이 선적품이 목적지에 도착하고 지급이 될 때까지 선적품에 대한 권리를 유지하고자 할 때 사용된다. 실무적으로, 해양선하증권은 수출상이 배서하고 수출상의 은행을 통해서 매수인의 거래은행으로 송부된다. 여기에는 일람출급 환어음에 송장, 그리고 매수인 또는 매수인의 국가에 의해 명시된 (예를 들면 포장명세서, 영사송장, 보험증명서 등) 기타 선적서류들이 동반된다. 외국은행은 이 서류를 받으면 매수인에게 통보한다. 어음 대금이 지급되면, 이 (A)<u>외국은행</u>은 매수인이 선적품을 확보할 수 있도록 선하증권을 넘겨준다.

08. 「상기 설명에서 추론할 수 있는 결제방식은 어느 것인가?」
- 서류지급인도조건(D/P) 결제방식에 대한 설명이다.
▶ retain title : 권리를 유지하다
▶ specified by : ~에 의해 명기[명시]되다
▶ turn over[hand over] : 넘겨주다
▶ enable : ~을 할 수 있게 하다

09 What is the appropriate name for the (A) foreign bank?

① collecting bank
② remitting bank
③ issuing bank
④ nego bank

해설 「(A) foreign bank의 이름으로 적합한 것은 무엇인가?」
추심은행(collecting bank)을 말한다.
▶ remitting bank : 추심의뢰은행
▶ nego bank : 매입은행(negotiating bank)

10 Which of the following BEST completes the blanks in the letter?

> We would like to send (A)–Heathrow (B) Seoul, Korea, 12 crates of assorted glassware, to be delivered (C) the next 10 days.

① ex – to – within
② ex – to – off
③ from – through – within
④ from – through – above

해설 「서신의 빈 칸에 가장 잘 맞는 것은 어느 것인가?」
We would like to send (**A : ex**)–Heathrow (**B : to**) Seoul, Korea, 12 crates of assorted glassware, to be delivered (**C : within**) the next 10 days.
「당사는 유리그릇 12박스를 다음 10일 이내에 인도될 수 있도록 히드로 공항에서 한국 서울로 보내고자 합니다.」
▶ ex[from] : ~로부터

11 What is the appropriate title of the document for the following?

> Whereas you have issued a Bill of Lading covering the above shipment and the above cargo has been arrived at the above port of discharge (or the above place of delivery), we hereby request you to give delivery of the said cargo to the above mentioned party without production of the original Bill of Lading.

① Fixture Note   ② Trust Receipt
③ Letter of Guarantee   ④ Letter of Indemnity

「다음의 서류에 대한 명칭으로 적합한 것은 무엇인가?」

> 본 선적품에 대해 귀사가 발행한 선하증권에 따라 상기 화물이 상기 양륙항(또는 상기 인도 장소)에 도착하였으므로, 당행은 원본 선하증권의 제시없이 상기 언급된 당사자에게 본 화물을 인도해 줄 것을 요청합니다.

- 개설은행이 선사에게 발행하는 수입화물선취보증서(L/G ; Letter of Guarantee)에 기재되는 내용이다.
▶ Fixture Note : 성약각서[선복확약서]   ▶ Trust Receipt[T/R] : 수입화물대도

12 What is TRUE about the CPT term of the Incoterms 2020?

① The seller delivers the goods to the carrier or another person nominated by the buyer at an agreed place.
② The seller fulfils its obligation to deliver when the goods reach the place of destination.
③ If several carriers are used for the carriage and the parties do not agree on a specific point of delivery, risk passes when the goods have been delivered to the first carrier at a point entirely of the seller's choosing.
④ If the seller incurs costs under its contract of carriage related to unloading at the named place of destination, the seller is entitled to recover such costs from the buyer.

「인코텀즈2020의 CPT조건에 대한 설명으로 맞는 것은 무엇인가?」
①「매도인은 합의된 장소에서 물품을 **매수인**이 지정한 운송인이나 제3자에게 인도해야 한다.」
 - CPT에서 운송비는 매도인의 부담이므로 운송인도 매도인이 지정한다.
②「매도인은 물품이 목적지에 도착한 때 인도의 의무를 이행한 것으로 본다.」
 - 매도인은 물품이 목적지에 도착한 때가 아니라 운송인에게 물품을 교부하는 때에 인도의 의무를 이행한 것으로 본다.
③「여러 운송인이 운송에 이용되고 당사자들이 특정 인도 장소를 합의하지 않았다면, 물품은 전적으로 매도인이 지정하는 장소에서 최초의 운송인에게 인도되는 때에 위험이 이전된다.」
④「매도인이 자신의 운송계약에 따라 지정목적지에서 양하와 관련된 비용을 지출한 경우에 매도인은 매수인으로부터 그 비용을 구상할 수 있다.」
 - 매도인이 자신의 운송계약에 따라 지정목적지에서 양하와 관련된 비용을 지출한 경우에 매도인은 매수인으로부터 그 비용을 구상할 수 **없다**.

정답   11. ③   12. ③

13 Which is LEAST proper Korean translation?

① The Manufacturer grants to the HNC the exclusive and nontransferable franchise. → 제조사는 HNC에게 독점적 양도불능 체인영업권을 부여한다.

② Despite its diminished luster, Apple remains the most valuable U.S. company with a market value of USD432 billion. →비록 빛을 다소 잃기는 했어도 애플사는 432억불의 시장가치를 가진 가장 값진 미국 회사로 남아 있다.

③ Rejection of nonconforming goods should be made by a buyer in a reasonable time after the goods are delivered. → 불일치 상품의 인수거절은 상품이 인도된 후 합리적인 기간 내에 매수인이 해야 한다.

④ Please sign and return the duplicate to seller after confirming this sales contract. → 이 매매 계약서를 확인한 후 서명하고 그 부본을 매도자에게 보내 주십시오.

해설 「한국어 번역이 가장 적절하지 않은 것은 어느 것인가?」
② 432억불의 → 4320억불의
▶ billion : 10억

14 What is the writer's purpose?

> ....Your prices are not competitive and therefore we are unable to place an order with you at this time, even though we are favorably impressed with your samples……. Under such circumstances, we have to ask for your most competitive prices on the particular item, your sample No.10 which is in high demand.
> We trust you will make every effort to revise your prices.

① an acceptance of an offer
② a trade inquiry
③ an inquiry to search a new product
④ a purchase order

해설 「글쓴이의 목적은 무엇인가?」
귀사의 가격은 경쟁적이지 않아서 귀사의 견본에 좋은 인상을 받긴 했어도, 당사는 지금으로서는 귀사에게 주문을 할 수 없습니다. 이러한 상황에서, 당사는 가장 수요가 높은 귀사의 견본 No. 10, 이 품목에 대해 가장 경쟁력 있는 가격을 주실 것을 요청합니다. 귀사가 귀사의 가격을 조정하는데 애써 주시길 믿습니다.

- 주문을 하기에 앞서 거래 조건을 조회(trade inquiry)하기 위해 작성된 서신이다.
▶ make every effort to : ~을 하는데 최선을 다하다   ▶ revise : 변경하다, 개정하다

13.② 14.② **정답**

15 The following is about CIF, Incoterms 2020. Choose the wrong one.

① The seller delivers the goods on board the vessel or procures the goods already so delivered.

② The seller must contract for and pay the costs and freight necessary to bring the goods to the named port of destination.

③ The seller contracts for insurance cover for the seller's risk of loss of or damage to the goods during the carriage.

④ The buyer should note that the seller is required to obtain insurance only on minimum cover.

「인코텀즈2020의 CIF 조건이다. 틀린 것을 고르시오.」
①「매도인은 물품을 본선에 적재하여 인도하거나 이미 그렇게 인도된 물품을 조달해야 한다.」
②「매도인은 물품을 지정목적항까지 운송하는데 필요한 계약을 체결하고 그에 따른 비용과 운임을 부담해야 한다.」
③「매도인은 운송 중 매도인의 물품의 멸실 또는 손상의 위험에 대비하여 보험계약을 체결한다.」
 → CIF조건에서 매도인은 매도인 자신이 아니라 **매수인의 위험에 대비하여** 보험계약을 체결한다.
④「CIF에서 매도인은 단지 최소조건으로 부보하도록 요구될 뿐임을 매수인은 유념해야 한다.」

16 What is LEAST correct about a distributor and an agent?

① A distributor is an independently owned business that is primarily involved in wholesaling.

② A distributor doesn't take title to the goods that he's distributing.

③ The agent's role is to get orders and usually earn a commission for his services.

④ The initial investment and costs of doing business as an agent are lower than those of doing business as a distributor.

「공급자와 대리인에 대해 가장 옳지 않은 것은 무엇인가?」
①「공급자는 독립적으로 사업체를 소유하고 주로 도매업을 한다.」
②「공급자는 자신이 공급하는 물품에 대한 권리를 갖지 않는다.」
 - 공급자는 자신이 공급하는 물품에 대한 권리를 갖고 있다.
③「대리인의 역할은 주문을 받고 대체적으로 자신의 서비스에 대한 수수료를 수익으로 한다.」
④「대리인으로서 사업 행위에 대한 최초의 투자와 비용은 공급자로서 사업을 하는 것보다 더 낮다.」

정답 15.③ 16.②

17 What does the following explain?

> The purchase of a series of credit instruments such as drafts drawn under usance letters of credit, bills of exchange, promissory notes, or other freely negotiable instruments on a "nonrecourse" basis.

① forfaiting
② factoring
③ negotiation
④ confirmation

> 기한부 신용장에서 발행된 환어음, 약속어음, 또는 비소구 조건으로 매입이 자유로운 서류와 같은 일련의 신용수단을 매입

- 포페이팅(forfaiting)의 기능에 대한 설명이다.

18 What is NOT correct about the FAS rule of the Incoterms 2020?

① Where merchandise is sold on an FAS basis, the cost of the goods includes delivery to alongside the vessel.
② Seller is responsible for any loss or damage, or both, until the goods have been delivered alongside the vessel.
③ Buyer must give seller adequate notice of name, sailing date, loading berth of, delivery time to, the vessel.
④ Buyer is not responsible for any loss or damage, while the goods are on a lighter conveyance alongside the vessel within reach of its loading tackle.

「인코텀즈2020의 FAS규칙에 대해 옳지 않은 것은 무엇인가?」
①「FAS조건으로 물품이 판매되는 경우, 물품의 선측 인도 비용이 포함된다.」
②「매도인은 물품이 선측에 인도되기 전까지는 어떠한 멸실이나 손해, 또는 양쪽에 대해 책임을 부담한다.」
③「매수인은 매도인에게 선박명, 항해일자, 선적 부두, 인도일자 등에 대해 충분한 사전통지를 해야 한다.」
④「매수인은 물품이 선측의 부선에 있고 도르래로 선적할 수 있는 위치에 있는 동안은 일체의 멸실, 손상에 대해 책임을지지 않는다.」- 물품이 부선에 실려 선측에 인도되면 이로부터 위험은 매수인에게로 이전되므로 이후의 일체의 책임은 매수인의 부담이다.
▶ adequate notice : 충분한 사전통지
▶ loading tackle : 물품을 올리는 도르래

17.① 18.④ **정답**

19 What is NOT correct about the CIF rule of the Incoterms 2020?

① Where merchandise is sold on a CIF basis, the price includes the cost of the goods, insurance coverage and freight to the named port of destination.

② Seller must provide and pay for transportation to named port of destination.

③ Seller must pay export taxes, or other fees or charges, if any, levied because of exportation.

④ Buyer must receive the goods upon shipment, handle and pay for all subsequent movement of the goods.

「인코텀즈2020의 CIF규칙에 대해 옳지 않은 것은 무엇인가?」
①「CIF조건으로 물품이 판매되는 경우, 보험료와 지정목적항까지의 운임이 물품의 비용으로 가격에 포함된다.」
②「매도인은 지정목적항까지의 운송을 제공하고 운송비를 지불해야 한다..」
③「매도인은 수출통관에 따른 수출세, 또는 다른 비용이나 수수료, 있는 경우, 부과되는 비용을 지불해야 한다.」
④「매수인은 선적품을 받고, 처리하며 이에 따른 물품의 이동에 대한 비용을 지불해야 한다.」
- CIF조건에서 선적된 후 목적항까지의 이동 비용은 매도인이 부담해야 한다.

20 Under the UCP 600, what is the obligation of the issuing bank?

> A documentary credit pre-advice was issued on 1 March for USD 510,000 with the following terms and conditions:
> - Partial shipment allowed.
> - Latest shipment date 30 April
> - Expiry date 15 May.
> On 2 March the applicant requested amendments prohibiting partial shipment and extending the expiry date to 30 May.

① Clarify with the beneficiary the period for presentation.

② Issue the documentary credit as originally instructed.

③ Issue the documentary credit incorporating all the amendments.

④ Issue the documentary credit incorporating the extended expiry date only.

정답 19.④ 20.②

해설 「UCP600에 따라, 개설은행의 의무는 무엇인가?」

> 3월 1일 다음 조건에 따라 51만 달러짜리 사전통지 화환신용장이 발행되었다.
> - 분할선적 허용됨
> - 최종선적일 4월 30일
> - 신용장의 유효기간 5월 15일
> 3월 2일 개설의뢰인은 분할선적을 금지하고 신용장의 유효기간은 5월 30일로 연장한다는 신용장 조건 변경을 요청했다.

① 「서류제시기간을 수익자에게 분명히 해줘야 한다.」
② 「원래의 지시대로 화환신용장을 개설해야 한다.」
③ 「모든 조건변경을 반영하여 화환신용장을 개설해야 한다.」
④ 「신용장의 유효기간만 반영하여 화환신용장을 개설해야 한다.」
- 정식의 신용장이 언제 어떠한 내용으로 발행되었는지에 관하여 간략하게 미리 통지해주는 신용장을 말한다. 실제의 신용장과 같은 내용이므로 수익자의 동의없이 개설의뢰인의 조건변경 신청만으로 조건을 변경할 수 없다. 원신용장의 내용대로 발행해야 한다.

▶ pre-advice : 사전통지문 ▶ clarify : 분명히 하다 ▶ incorporating : 결합시키는, 포함시키는

21 Which of the following is LEAST inferred?

> Dear Mr. Smith
>
> We appreciate receiving your order for 1,000 XTM-500 linear circuit amplifiers. Our credit department has approved a credit line of USD10,000 for you. Because the total on your current order exceeds this limit, we need at least partial payment (half up front) to ship the goods to your factory.
>
> If you anticipate more purchases of this size, call me and we'll see what we can do about extending your limit. We value your business, hope this is a satisfactory solution, and thank you for the opportunity to serve you.
>
> Sincerely yours,
> John Denver

① John requires minimum USD4,500 cash for accepting this order.
② Mr. Smith must have ordered the products for more than USD10,000.
③ The seller is granting credit, but not in the amount the customer wants.
④ John explains the balance required to deliver the entire order, and invite the customer to further discuss extending the credit limit.

21.① **정답**

해설 「추론하기 어려운 것은 다음 중 어느 것인가?」

> 미스터 스미스, 안녕하세요,
> 당사는 리니어 서킷 앰프 XTM-500 천 대의 주문을 잘 받았습니다. 당사의 신용사업부에서는 귀사에게 1만 달러까지의 신용구매한도를 승인했습니다. 귀사의 현재 주문이 이 한도를 초과하므로, 귀사의 공장으로 물품을 발송하려면 최소 일부만이라도(금액의 절반을 선불로) 지급해야 합니다. 지금의 규모보다 더 많이 구매를 하시겠다면, 저에게 연락을 주시면 귀사의 신용한도를 늘리는 방법을 찾아보겠습니다. 당사는 귀사를 소중히 생각하며, 만족스러운 해결 방법이 되길 바랍니다. 귀사와 거래할 수 있는 기회를 주셔서 감사합니다.

① 「존은 이 주문의 수락에 대해 최소 현금 4천 500달러를 요구하고 있다.」
 - 1만 달러까지만 신용구매를 할 수 있으므로 이 금액의 절반 즉 5천 달러를 먼저 지불해야 한다.
② 「스미스 씨는 1만 달러 이상의 제품 주문을 했다.」
③ 「매도인은 신용거래 승인은 하지만, 고객이 원하는 금액만큼은 아니다.」
④ 「존은 전체 주문량을 인도하기 위해 잔액계좌가 필요함을 설명하여, 고객으로 하여금 신용한도를 늘릴 수 있도록 추가 논의를 하게 한다.」

▶ half up front : 금액의 절반을 선불로   ▶ balance required : 일정 금액 이상의 잔액이 있는 계좌

22 Which of the following is NOT acceptable as the maturity date for the draft below?

> A documentary credit is issued for an amount of USD 60,000 and calls for drafts to be drawn at 30 days from bill of lading date. Documents have been presented with a bill of lading dated 09 November 2018. (09 November + 30 days = 09 December)

① 09 December 2018
② 30 days from bill of lading date
③ 30 days after 09 November 2018
④ December 9th, 2018

해설 「하기 환어음의 만기일로 수락할 수 없는 것은 다음 중 어느 것인가?」

> 6만 달러짜리 화환신용장이 개설되고, 선하증권의 발행일로부터 30일 지급조건으로 환어음을 발행할 것을 요구한다. 서류는 2018년 11월 9일자로 발행된 선하증권과 함께 제시되었다. (11월 9일 + 30일 = 12월 9일)

30 days from bill of lading date(선하증권의 발행일로부터 30일)와 같이 선하증권의 발행일자가 없으면 환어음의 만기일을 기산할 수 없으므로 이런 환어음은 하자이다. 환어음에는 만기일을 알 수 있는 구체적인 날짜가 기재되어야 한다.

▶ call for : 요구하다

정답 22. ②

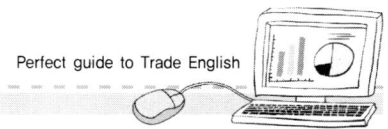

23 Which explains "pro-forma invoice" correctly?

① It is a commercial bill demanding payment for the goods sold.
② It is usually issued by diplomatic officials of the importing country to verify the export price.
③ It is completed on a special form of the importing country to enable the goods to pass through the customs of that country.
④ It is a preliminary bill of sale sent to buyer in advance of a shipment or delivery of goods.

「견적송장을 바르게 설명하는 것은 어느 것인가?」
①「이는 판매물품에 대한 지급을 요청하는 상업어음이다.」
②「이는 통상적으로 수출단가를 검증하기 위해 수입국의 외교 영사관이 발행한다.」
③「이는 물품이 수입국의 세관을 통과하기 위해 수입국의 특별한 양식에 따라 작성된다.」
④「이는 물품의 선적이나 발송에 앞서 매수인에게 보내는 예비 매도청구서이다.」
▶ commercial bill : 상업어음　　▶ diplomatic officials : 영사외교관
▶ preliminary bill of sale : 예비 매도청구서

24 Which is CORRECT about the letter?

> Enclosed please find a CI nonmetallic wind shifter, model BRON-6SJ7. As we discussed on the telephone, the device has recently developed a noticeable skew to the west. You suggested that we send the unit to your attention for evaluation and an estimate of the cost of repair of the unit. Please call me when you have that estimate; we will decide at that time whether it makes sense to repair the device or to purchase a new model.

① The letter is from Production Department to shipping company.
② The letter is from shipping company to Production Department.
③ The letter is from Customer Service to customer.
④ The letter is from customer to Customer Service.

「이 서신에서 올바른 것은 어느 것인가?」
> CI 비금속 풍력선별기 모델 BRON-6SJ7을 동봉합니다. 전화상으로 의논한바와 같이, 이 장치는 요즈음 뚜렷하게 서쪽 방향으로 쏠리고 있습니다. 귀사는 이 장치의 점검과 대당 수리비용을 측정하기 위해 귀사로 이것을 보내달라고 제안했습니다. 당사가 현재 이 장치를 수리하는 것이 좋은지 또는 새 제품을 구입하는 것이 좋을지를 결정하는데 귀사가 판단이 되면 저에게 연락 주십시오.

①「이 서신은 제품개발부에서 선사에게 보낸 것이다.」
②「이 서신은 선사가 제품개발부에 보낸 것이다.」
③「이 서신은 고객서비스센터에서 고객에게 보낸 것이다.」
④「이 서신은 고객이 고객서비스센터에 보낸 것이다.」
- 고객이 고장난 장치에 대해 제조사에 알리고, 고객서비스센터와 차후 대책을 논의하는 서신이다.
▶ wind shifter : 풍력선별기　　▶ noticeable skew : 뚜렷하게 쏠리다[기울다]

23.④　24.④　**정답**

25 What is NOT a good example in consideration of the following?

> In international trade, the seller should make certain that <u>the essential elements of the contract</u> are clearly stated in the communications exchanged by the buyer.

① The description of goods shall include the HS Cord of exporting country.

② The purchase price and the terms of payment should be stated.

③ The terms of delivery should be set out.

④ Instructions for transportation and insurance is to be specified.

 「다음을 감안할 때 좋은 예가 아닌 것은 무엇인가?」
> 국제거래에 있어서, 매도인은 매수인과의 의사교환에 있어서 <u>계약사항의 필수 요건들</u>을 분명하게 기술해야 한다.

①「물품의 명세에 수출국의 HS코드를 기재한다.」
- 물품의 HS code는 계약서에 기재되는 필수 사항이 아니다.

②「구매 가격과 지급조건을 기술한다.」

③「인도조건을 작성한다.」

④「운송과 보험에 대한 지시를 분명히 한다.」

02 영작문

26 Which is most AWKWARD English writing?

① 이번 지불 연기를 허락해 주신다면 정말 감사하겠습니다. → We would be very grateful if you could allow us the postponement of this payment.

② 귀사가 품질 보증서를 보내주실 수 없다면, 주문을 취소할 수밖에 없습니다.
→ If you cannot send us a guaranty, we will have no choice but canceling the order.

③ 매도인은 매수인의 요구조건에 따라 매도인 스스로 물품명세를 작성한다. → The Seller makes the specification himself in accordance with the requirements of the Buyer.

④ 매수인은 판촉에 대한 책임을 진다. → Buyer shall be responsible for sales promotion.

 「영작이 가장 이상한 것은 어느 것인가?」
② If you cannot send us a guaranty, we will have **no choice but to cancel** the order.
▶ no choice but to : ~ 하지 않을 수 없다

정답 25.① 26.②

[27~28] Read the following and answer.

> We are a chain of retailers based in Birmingham and are looking for a manufacturer who can supply us with a wide range of sweaters for the men's leisurewear market. We were impressed by the new designs displayed on your stand at the Hamburg Menswear Exhibition last month.
> As we usually (ⓐ) large orders, we would expect a quantity discount in addition to a 20% trade discount off net list prices. Our terms of payment are normally 30-day bill of exchange, D/A.
> <u>If these conditions interest you</u>, and you can (ⓑ) orders of over 500 garments at one time, please send us your current catalogue and price list.
> We hope to hear from you soon.

27 Which is best rewritten for the underlined sentence?

① If you can meet these conditions,
② Provided that if we can meet these conditions,
③ Should you need interest to these conditions in advance,
④ If the interest brings you to the conditions above,

당사는 버밍햄에 있는 소매체인업체이며 남성 레저용 의류시장에 팔 여러 종류의 스웨터를 공급할 제조업체를 찾고 있습니다. 당사는 지난달 함부르크 남성의류 전시회에서 귀사의 전시장에 진열된 새로운 디자인에 좋은 인상을 받았습니다. 당사는 보통 대량주문을 하기 때문에 가격표에서 20%의 거래할인을 추가하는 수량할인을 기대하고 있습니다. 당사의 지급조건은 통상적으로 D/A, 30일 출급 환어음 발행조건입니다. 이런 조건에 관심이 있고 일회 주문에 500벌 이상을 납품할 수 있다면 귀사의 최신 카탈로그와 가격표를 보내주십시오.

「밑줄 친 부분을 고쳐 쓴 것으로 가장 알맞은 것은 어느 것인가?」
①「귀사가 이러한 조건을 충족시킬 수 있다면,」
 - 문맥상 가장 동일한 의미에 부합되는 표현이다.
②「당사가 이러한 조건을 충족시킬 수 있다고 가정하면,」
③「귀사가 이러한 조건에 먼저 관심을 가질 것을 요구한다면,」
④「귀사에게 상기 조건에 대해 관심을 갖게 한다면,」
▶ quantity discount : 수량할인(주문 수량에 따라 할인율이 달라지는 할인조건)

28 Which is the best pair for the blanks?

① ⓐ take - ⓑ meet   ② ⓐ place - ⓑ meet
③ ⓐ take - ⓑ provide   ④ ⓐ place - ⓑ provide

▶ place order : 주문하다   ▶ meet the conditions : 조건을 충족하다

27.① 28.② **정답**

[29~30] Read the following and answer.

> We would like to place an order on behalf of Tokyo Jewelers Inc.
> Please (   ) 5,000 uncut diamonds and once it is available, Tokyo Jewelers will surely buy it to be forwarded at the Quanstock Diamond Mine. We really would appreciate if you could accommodate this order.
>
> Hans International

29 Fill in the blank with a suitable word.

① repair ② replace
③ reserve ④ revoke

당사는 ㈜도쿄쥬얼러를 대신하여 주문을 합니다. 5,000개의 다이아몬드 원석을 (reserve : 예약하는데) 이것이 나오면, 도쿄쥬얼러에서 틀림없이 이것을 구매하여 콴스톡다이아몬드마인으로 보낼 것입니다. 이 주문을 받아주시면 대단히 감사하겠습니다.

「빈 칸에 적합한 단어를 채우시오.」
reserve(예약하다)가 문맥상 가장 잘 어울린다.
▶ on behalf of : ~를 대신하여   ▶ replace : 교체하다   ▶ revoke : 취소하다, 철회하다

30 Who is mostly likely to be Hans International?

① buying agent ② selling agent
③ importer ④ exporter

「한스인터내셔널은 누구인 것 같은가?」
㈜도쿄쥬얼러를 대신하여 주문을 한다는 표현을 볼 때 구매대리인(buying agent)임을 알 수 있다.

[31~32] Read the following and answer.

> In reference to your order No. 458973, we regret to inform you that we cannot supply the goods that were stated therein due to an outstanding (   ) from your preceding order. So far we have received no reply from you concerning this outstanding amount.
>
> We are very disappointed about this fact, and hope that you can help us to <u>clear out this problem</u>, very soon. Should you have any comments regarding payments, we should appreciate hearing from you. Please give this matter an immediate attention. We, therefore, expect to receive remittance without any further delay, before we can process future orders.

정답 29.③ 30.①

31. What is the most appropriate word for the blank?

① balance
② order
③ offer
④ complaint

해설 귀사의 주문 NO.458973와 관련하여, 당사는 말씀하신 물품을 이전 주문의 미불금(outstanding balance) 때문에 공급해 드릴 수 없음을 알리게 되어 유감입니다. 지금까지 당사는 이 미불금에 대해 귀사로부터 아무런 회신을 받지 못했습니다. 이러한 사실에 당사는 무척 실망했으며, 신속하게 <u>이 문제를 정리해</u> 주시기 바랍니다. 지급 건에 대해 하실 말씀이 있으면, 기꺼이 들어드리겠습니다. 이 문제를 신속하게 처리해 주십시오. 당사가 추가 주문을 진행하기에 앞서 지체 없이 송금해 주시기 바랍니다.

31.「빈 칸에 가장 알맞은 것은 무엇인가?」
- 해석 참조
▶ outstanding balance : 미불금, 외상값
▶ preceding order : 이전 주문

32. Rephrase the underlined sentence.

① settle the discrepancy
② settle the overdue amount
③ pay the money in advance
④ pay interest first

해설 「밑줄 문장을 고쳐 쓴 것을 고르시오.」
미불금을 해결(settle the overdue amount)해 달라는 뜻이다.

33. How many televisions were expected to be unloaded at the port of destination?

> Thank you for the fast dispatch of our order, but I regret to inform you that, unfortunately you have not completed our order, three of the televisions were missing, and only 34 were received. We will be happy to receive a credit note for the missing goods or three televisions in this discrepancy.

① 3
② 31
③ 34
④ 37

해설 「도착항에서 얼마나 많은 TV가 하역될 것으로 예상했는가?」

> 당사의 주문품을 신속히 보내주셔서 감사합니다만, 아쉽게도 당사의 주문을 귀사가 제대로 이행하지 못했음을 알려드립니다. TV 3대가 빠진 채로 34대만 받았습니다. 이 누락 물품에 대한 대변표 또는 착오가 난 TV3대를 받을 수 있길 바랍니다.

원래 TV 37대를 주문했는데 3대가 빠진 34대만 도착하였다.

31.① 32.② 33.④ **정답**

34 Which of the following BEST fits the blank?

> ( ) comprehends all loss occasioned to ship, freight, and cargo, which has not been wholly or partly sacrificed for the common safety or which does not otherwise come under the heading of general average or total loss.

① Abandonment ② Average
③ Particular average ④ Marine adventure

 「빈 칸에 가장 알맞은 것은 어느 것인가?」
> (단독해손)은 선박, 운임, 그리고 화물이 공동의 안전을 위해 전부 또는 일부가 희생되지 않았거나 공동해손 또는 전손으로 표시되지 않은 모든 손실의 경우에 담보한다.

▶ Particular average : 단독해손   ▶ comprehend : 이해하다, 의미하다

[35~36] Read the following and answer.

> I would like your quotation for silicon used in automobile keypads with the following part number:
> K0A11164B - 100,000pcs.
> K0A50473A - 200,000pcs.
> We require keypads appropriate for Mercedes Benz and Ford. It would be ( ) if you could state your prices, including delivery up to our works. Delivery would be required within three weeks from order date.
>
> Peter Han
> K- Hans International

35 What is suitable for the blank?

① appreciated ② delayed
③ depreciated ④ appreciating

> 자동차 키패드에 사용되는 다음 실리콘 부품의 견적을 받고자 합니다.
> ……………
> 당사는 메르세데스 벤츠와 포드에 적합한 키패드가 필요합니다. 당사 공장까지 배송하는 것을 포함한 귀사의 가격을 알려주시면 감사하겠습니다. 배송은 주문일로부터 3주 이내여야 합니다.

「빈 칸에 적당한 것은 무엇인가?」
▶ It would be appreciated : 감사할 것이다

정답 34.③ 35.①

36 Which rules of the Incoterms 2020 would be applied for the above situation?

① D terms
② E term
③ C terms
④ F terms

 「상기 상황에 적용될 수 있는 인코텀즈2020의 규칙은 어느 것인가?」
- 주문자의 구내(공장)까지 인도해달라고 요구하고 있으므로 도착지인도조건인 D terms가 적합하다.

37 What is (A)?

> The more geographic reach your company has, the more important (A) this clause will become. For example, if you're a small local business dealing 100% exclusively with locals, you may not really need a clause telling your customers which law applies.
> Now, take a big corporation with customers and offices in numerous countries around the world. If a customer in Japan wants to sue over an issue with the product, would Japanese law apply or would the law from any of the other countries take over? Or, what if you're a Korea-based business that has customers from Europe.
> In both cases, (A) this clause will declare which laws will apply and can keep both companies from having to hire international lawyers.

① Arbitration Clause
② Governing Law Clause
③ Severability Clause
④ Infringement Clause

 「(A)는 무엇인가?」

> 귀사가 지리적으로 접근할수록 이 조항은 더욱 중요해집니다. 예를 들어 귀사가 현지에서 현지인들과 100% 완전히 거래를 하는 소규모 현지 회사라면 귀사는 어떤 법을 적용할지 귀사의 고객들에게 (A) 이 조항을 설명해줄 필요가 진짜 없을수도 있습니다. 이제, 전세계의 많은 국가에 고객과 사무실을 두고 있는 대형 기업의 예를 들겠습니다. 일본의 고객이 특정 제품에 대한 문제로 소송을 제기하고자 하면, 일본법을 적용해야 할까요 아니면 타 국가의 것을 대신해야 할까요? 아니면, 귀사가 한국에 기반을 두면서 유럽에 고객이 있다면 어떻게 할까요? 두 개의 경우, 어떤 법을 적용할 것인지를 분명히 밝히는 (A) 이 조항은 양쪽 회사가 국제변호사를 고용하는 것을 막아줄 것입니다.

준거법 조항(Governing Law Clause)에 대한 설명이다.
▶ geographic reach : 지리적 접근
▶ sue over : ~에 소송을 제기하다
▶ take over : 대신하다, 인수하다
▶ declare : 언명하다, 분명히 밝히다
▶ Severability Clause : 가분성 조항
▶ Infringement Clause : 권리침해 조항

36.① 37.② **정답**

38
Fill in the blanks with the MOST proper word(s) in common.

> (ⓐ) cannot be final if a contract is subsequently made on suppliers' term such as; all (ⓑ) are subject to confirmations and acceptance by us upon receipt of an order and will not be binding unless so confirmed by us in writing.

① ⓐ Quotations, ⓑ quotations
② ⓐ Letters of credit, ⓑ letters of credit
③ ⓐ Invoices, ⓑ invoices
④ ⓐ Contracts, ⓑ contracts

 「공통적으로 가장 적합한 단어를 빈 칸에 채우시오.」
(ⓐ)은 계약서가 다음과 같은 공급자의 조건에 따라 나중에 작성된다면 최종적일 수 없다. 모든 (ⓑ)은 주문을 받고 확인과 승낙을 거쳐야 하고 서면으로 당사가 확인하지 않는 한 구속할 수 없다.

견적(quotations)에 대한 내용이다. 견적이란 매도인이 어떤 조건에 의거하여 결정된 가격으로 판매하겠다는 의사표현인데, 이는 확정적인 것이 아니기 때문에 양당사자의 합의에 따라 추후 확인되고 승낙됨으로써 최종적인 가격이 결정된다.

▶ subsequently : 나중에, 그 뒤에

[39~40] Read the following and answer the questions.

> We were pleased to receive your fax order of 29 June and have arranged to ship the electric shavers by SS Tyrania leaving London on 6 July and due to arrive at Sidon on the 24th. As the urgency of your order left no time to make the usual enquiries, we are compelled to place this transaction <u>this way</u> and have drawn on you through Midminster Bank Ltd for the amount of the enclosed invoice. The bank will instruct their correspondent in Sidon to pass ⓐ_____ to you against payment of the draft. Special care has been taken to select items suited to your local conditions. We hope you will find them satisfactory and that your present order will be the first of many.

39
What is the underlined 'this way'?

① D/P
② on credit
③ by letter of credit
④ by cash

정답 38.① 39.①

해설 당사는 귀사의 6월 29일자 팩스를 잘 받았으며 7월 6일 런던을 출항하여 7월 24일 시돈에 도착 예정인 타이라니아 호에 전기면도기를 선적할 수 있도록 조치하겠습니다. 귀사의 이런 급한 주문은 통상적으로 이런 요청을 수용할 만큼 시간이 없으므로, 당사는 <u>이런 방법으로</u> 이 거래를 진행할 수밖에 없는데 당사는 동봉된 송장의 금액에 대해 미드민스터 은행을 통해 귀사를 지급인으로 하는 환어음을 발행했습니다. 이 은행은 시돈에 있는 자신의 제휴 은행에게 환어음 금액이 지급되면 귀사에게 (ⓐ)을 넘겨주라고 지시할 것입니다. 귀사의 현지 사정에 잘 맞는 제품이 될 수 있도록 특히 주의를 기울였습니다. 이 제품들이 만족스럽길 바라고 귀사의 현 주문이 앞으로 많은 주문의 첫 번째가 되길 바랍니다.

39. 「밑줄 친 'this way'는 무엇인가?」
– 환어음 및 선적서류의 제시에 대해 매수인은 대금 지급을 하고 서류를 받는다는 표현을 볼 때 D/P(서류지급인도조건)임을 알 수 있다.

40
What is the most appropriate word(s) for the blank ⓐ

① the bill of lading ② invoice
③ credit reference ④ letter of credit

해설 「빈 칸 ⓐ에 가장 적합한 단어는 무엇인가?」
– 환어음과 함께 매수인에게 제시되는 것은 운송서류인 선하증권(the bill of lading)이다. 상업송장(invoice)도 제시되지만 물품을 인도받기 위한 필수서류는 아니다.

41
Which is best rewritten for the underlined words?

> We received your email of October 20 requesting a reduction in price for our Celltopia II. Your request has been carefully considered, but we regret that <u>it is not possible to allow a discount at this time</u> due to the recent appreciation of Korean won against US dollar.

① we are not acceptable to discount at this moment
② we are not in a position to discount at this moment
③ it is discounted for this time
④ it is discountable this time

 「밑줄 친 단어를 다시 고쳐쓴 것으로서 가장 알맞은 것은 어느 것인가?」

당사의 셀토피아의 가격을 낮춰 달라고 요청하시는 귀사의 10월 20일자 이메일을 잘 받았습니다. 귀사의 요청을 신중히 고려했으나, 당사는 달러대 원화의 현재 환율 때문에 <u>지금 시점에서는 할인해 드릴 수 없어서</u> 유감입니다.

① It is not acceptable to discount at this moment
②「현재로서는 할인해줄 형편이 아니다.」
– 환율의 이유로 할인해 줄 수 없으므로 문맥에 가장 잘 맞는 표현이다.
③「이 번에는 할인이 되었다.」
④「이 번에는 할인될 수 있다.」

40.① 41.② **정답**

42 What is the most appropriate for the blank?

> We regret to inform you that payment of USD75,000 has not been made for order No. 3038. We sent your company a (　　) notice three weeks ago, and so far we have received no reply from you. We hope that you can help us to clear this amount immediately.

① shipping
② payment
③ check
④ reminder

 「빈 칸에 가장 적절한 것은 무엇인가?」

> 주문서 No. 3038에 대한 대금 7만 5천 달러가 미지급되었음을 알리게 되어 유감입니다. 당사는 귀사에게 3주전 (　　)을 보냈습니다만, 지금껏 귀사로부터 아무런 회신을 받지 못했습니다. 당사가 대금을 즉시 정산할 수 있도록 도움을 주시리라 믿습니다.

대금지급을 재촉하는 독촉장(reminder)에 사용되는 표현이다.

43 Which is NOT similar to the underlined (A)?

> This is (A)in reference to product No. 34. Our supplier has informed us that there is a price increase due to the increase in the price of materials used for this product.

① With reference to
② With regard to
③ As per
④ Regarding

 「밑줄 친 (A)와 유사하지 않은 것은 어느 것인가?」

> 이것은 제품 No.34에 대한 것입니다. 당사의 공급업체가 이 제품에 사용되는 원재료 가격의 인상 때문에 가격 인상이 있다고 알려왔습니다.

▶ in reference to[with reference to/ with regard to/ regarding/ concerning/ about/ as for/ as to]
　= ~ 에 대하여
▶ as per : ~에 따라

정답　42.④　43.③

Perfect guide to Trade English

[44~45] Read the following and answer.

> We have gained an impressive exports contract of USD100 million TV monitors. For this, we will need a fund for machinery and materials that will be used on this contract. Due to this massive outlay, we are requesting for an increase in our company's credit limit from USD30 million to USD50 million.
>
> ~~~~~~~~~~~~~~~~~~~~~~
>
> With reference to your letter, we are pleased to advise that the credit limit is (A) as per your request with effect from 1 November 2019. However please note that (B)the interest rate will be increased from 6.5% to 7.5%.

44 Which is best for the blank (A)?

① increased by USD20 million
② improved to USD20 million
③ decreased by USD20 million
④ between USD30 million to USD50 million

해설

당사는 TV모니터에 대한 1억 달러 어치의 괄목할 수출계약을 거두었습니다. 이에 따라, 당사는 이 계약에 사용될 장비와 원재료 구입을 위한 자금이 필요할 것입니다. 큰 비용이 들기 때문에, 당사의 신용한도를 3천만 달러에서 5천만 달러로 증액해 주실 것을 요청합니다.

―――――――――――――――――――――――――――――

귀사의 서신과 관련하여, 당행은 귀사의 요청에 따라 2019년 11월 1일 부로 신용한도가 (A : 2천만 달러)임을 알려드립니다. 그러나 금리는 6.5%에서 7.5%로 인상될 것입니다.

44. 「빈 칸 (A)에 들어가기 가장 알맞은 것은 어느 것인가?」
- 3천만 달러에서 5천만 달러로 신용한도를 증액해 달라고 요청했으므로 은행은 2천만 달러까지 증액(increased by USD20 million)해 주었을 것이다.

▶ massive outlay : 큰 비용　　▶ with effect from : ~부터 유효한

45 Rephrase the underlined (B)

① we will raise the interest rate from 6.5% to 7.5%
② we will rise the interest rate from 6.5% to 7.5%
③ the interest rate will exceed 6.5% for 1.0%
④ the interest rate will surpass 7.5% from 1.0%

해설

「밑줄 친 (B)를 바꿔 쓰시오.」
①「당행은 금리를 6.5%에서 7.5%로 올릴 것입니다.」
- 밑줄 친 (B)와 가장 유사한 표현이다.
② rise는 자동사이므로 raise로 바꿔야 한다.
③ the interest rate will **be exceeded** 6.5% for 1.0%. [금리는 1%가 더해져 6.5%를 초과할 것이다.]
⑤ the interest rate will **be surpassed** 7.5% from 1.0%. [금리는 1.0%가 더해져 7.5%를 넘어설 것이다.]

44.① 45.① **정답**

[46~47] Read the following and answer.

> Dear Mr. Hong,
>
> Thank you for your letter of 15 October concerning the damage to the goods against Invoice No.1555. I can confirm that the goods were checked before they left our warehouse, so it appears that the damage occurred during shipment.
>
> Please could you return the goods to us, carriage forward?
> We will send a refund as soon as we receive them.
> Please accept my (   ) for the inconvenience caused.
>
> Yours sincerely

46 What can NOT be inferred from the letter above?

① Seller wants to pay freight for retuning goods.
② Buyer claimed for the goods damaged.
③ Goods were in good order at seller's warehouse.
④ Seller would like to replace goods.

> 미스터 홍 안녕하세요.
> 송장 No.1555의 물품 손상에 대한 귀사의 10월 15일자 서신을 잘 받았습니다. 이 물품은 당사의 창고 출발 전에 검사를 마쳤음을 제가 확인했습니다. 따라서 이것은 배송중에 발생한 손상으로 보입니다. 당사에게 착불로 이 물품을 보내주시겠습니까? 이 물품을 받는 대로 당사는 환불을 해드리겠습니다. 불편을 끼쳐드린데 대해 (사과 ; apologies) 드립니다.

46.「상기 서신에서 유추할 수 없는 것은 무엇인가?」
①「매도인은 반송 물품에 대한 운임을 지불하고자 한다.」
②「매수인은 손상된 물품에 대해 클레임을 제기했다.」
③「물품은 매도인의 창고에서는 아무 이상이 없었다.」
⑤「매도인은 물품의 교체를 원한다.」
 - 제시문에서 물품 교체에 대한 표현은 없다.

47 Put the right word in the blank.

① thanks   ② regards   ③ apologies   ④ relief

「빈 칸에 알맞은 단어를 채우시오.」
문맥 상 사과(apologies)가 와야 한다.

정답 46.④ 47.③

48 Fill in the blank with suitable word.

> Sellers must trust that the bank issuing the letter of credit is sound, and that the bank will pay as agreed.
> If sellers have any doubts, they can use a (　　) letter of credit, which means that another (presumably more trustworthy) bank will undertake payment.

① confirmed　　　　　② irrevocable
③ red-clause　　　　　④ None of the above

「빈 칸에 알맞은 단어를 채우시오.」

> 매도인은 신용장을 개설하는 은행의 신용이 양호해서 이 은행이 합의한 대로 지불할 것이라고 신뢰해야 한다. 매도인이 어떤 의심을 갖게 되면, (　) 신용장을 사용할 수 있는데 이는 타 은행(더 신뢰도가 높다고 추정되는)이 지급을 확약한다는 것을 의미한다.

- 문맥상 확인신용장(confirmed letter of credit)이 알맞다.

49 Fill in the blank with suitable word.

> A ____ letter of credit allows the beneficiary to receive partial payment before shipping the products or performing the services. Originally these terms were written in red ink, hence the name. In practical use, issuing banks will rarely offer these terms unless the beneficiary is very creditworthy or any advising bank agrees to refund the money if the shipment is not made.

① simple　　　　　　② anticipatory
③ black　　　　　　　④ None of the above

「빈 칸에 알맞은 단어를 채우시오.」

> (　) 신용장은 수익자로 하여금 물품의 선적이나 서비스의 이행 전에 일부를 지급받을 수 있도록 해준다. 원래 이런 조건들이 붉은 잉크로 쓰여졌다 해서 이런 이름이 붙었다. 실무적으로는, 개설은행은 수익자가 대단히 신뢰할 만하거나 또는 어떤 통지은행이 선적이 이행되지 않은 경우 대금을 반환한다고 합의하지 않는 한 이러한 조건을 수용하는 것은 거의 드물다.

- 선지급신용장에 대한 설명이다.
▶ anticipatory letter of credit : 선지급신용장(red clause L/C), 전대신용장

48.① 49.② **정답**

50
What is best for the blank?

> We are a large engineering company exporting machine parts worldwide, and have a contract to supply a Middle Eastern customer for the next two years. As the parts we will be supplying are similar in nature and are going to the same destination over this period for USD50,000,000 annually.
> Would you be willing to provide (   ) against all risks for this period?
> We look forward to hearing from you.

① insurance policy
② insurance certificate
③ open cover
④ insurance premium

 「빈 칸에 알맞은 것은 무엇인가?」

> 당사는 기계부품을 해외로 수출하는 대형 엔지니어링 업체인데 향후 2년간 중동의 고객과 공급계약서를 체결했습니다. 우리가 공급할 부품들은 거의 유사하며 매년 5천만 달러어치가 이 기간에 걸쳐 동일한 목적지로 갈 것입니다. 이 기간의 모든 위험에 대한 (   )을 제공해 주시겠습니까?
> 귀사로부터 소식 기다립니다.

- 2년에 걸쳐 순차적으로 물품이 공급된다는 상황에 비춰볼 때 가장 알맞은 보험계약의 형태는 포괄예정보험(open cover)이다.
▶ in nature : 사실상, 현실적으로   ▶ insurance certificate : 보험증명서

03 무역실무

51
승낙의 효력발생에 관한 국제물품매매계약에 관한 유엔 협약(CISG)의 규정으로 옳지 않은 것은?

① 서신의 경우 승낙기간의 기산일은 지정된 일자 또는 일자의 지정이 없는 경우에는 봉투에 기재된 일자로 부터 기산한다.
② 승낙이 승낙기간 내에 청약자에게 도달하지 아니하면 그 효력이 발생하지 아니한다.
③ 구두청약에 대해서는 특별한 사정이 없는 한, 즉시 승낙이 이루어져야 한다.
④ 지연된 승낙의 경우 청약자가 이를 인정한다는 뜻을 피청약자에게 통지하더라도 그 효력이 발생하지 아니한다.

 지연된 승낙일지라도 청약자가 이를 인정한다는 뜻을 피청약자에게 통지하면 계약 성립의 효력이 발생한다.

정답 50.③ 51.④

Check Point

● 지연된 승낙(late acceptance)

A late acceptance is nevertheless effective as an acceptance if without delay the offeror orally so informs the offeree or dispatches a notice to that effect.

「지연된 승낙일지라도 청약자가 피청약자에게 승낙으로 인정한다는 사실을 지체 없이 구두통지하거나 그러한 취지의 통지를 발송하면 승낙으로서의 효력을 갖는다.」[CISG 제21조 1항]

52 다음 무역계약에 대한 설명 중 옳지 않은 것은?

① 협의의 무역계약은 국제물품매매계약이라고 볼 수 있으며 이외의 기타계약을 포함하면 광의의 무역계약이 된다.

② 매도인과 매수인간에 오랜 거래관계를 가지고 있는 경우에는 case by case contract보다는 master contract가 바람직하다.

③ 미국의 계약법 리스테이트먼트는 기존판례들을 약술하여 정리한 것이다.

④ 양도승인에 의한 인도에는 점유개정, 간이인도, 목적물 반환청구권의 양도가 있다.

해설 매도인과 매수인간에 오랜 거래관계를 가지고 있다고 해서 개별계약(case by case contract)보다 포괄계약(master contract)이 바람직하다고 단정할 수는 없다. 통상적으로 어떤 기업과 장기간 거래가 있는 경우에는 포괄계약을 많이 하지만 특정한 제품을 매매하거나 포괄계약과 거래 조건을 달리하는 경우에는 거래의 정확성을 위해 개별계약으로 진행할 수도 있다.

53 신용장 개설 시 유의사항에 대한 설명으로 옳지 않은 것은?

① 수익자, 개설의뢰인의 회사명 등은 약어를 사용하지 않는 것이 좋다.

② 신용장은 명시적으로 'Transferable'이라고 표시된 경우에 한해 양도될 수 있다.

③ 선적기일, 유효기일 및 서류제시기일 표기 시 해석상 오해의 소지가 없도록 월(month) 표시는 문자로 하지 않는 것이 좋다.

④ 신용장 금액 앞에 'about', 'approximately' 또는 이와 유사한 표현이 있는 경우 10% 이내에서 과부족을 인정한다.

해설 일자의 표시는 나라마다 조금씩 다를 수 있다. d/m/y(일/월/년) 또는 m/d/y(월/일/년)로 표시하는 경우도 있으므로 혼동을 피하기 위해서는 월(month) 표시는 문자로 해두는 것이 좋다.

52.② 53.③ **정답**

54. 추심결제방식에 대한 설명으로 옳지 않은 것은?

① 은행을 통해 환어음을 수입상에게 제시하여 대금을 회수한다.
② D/P(Documents against Payment) 방식과 D/A(Documents against Acceptance) 방식이 있다.
③ URC522(Uniform Rules for Collection 522)이 적용 되며 은행은 이에 따라 서류를 심사할 의무를 부담한다.
④ 신용장 거래에 비해 은행수수료가 낮다.

해설 URC552(추심에 관한 통일규칙)에는 은행의 서류 심사 의무를 규정하고 있지 않으며, 추심거래 자체에서도 은행은 서류심사의 의무가 없다.

55. EXW 조건과 FCA 조건의 차이를 설명한 것 중 옳은 것은?

	매도인이 운송수단에 적재하여 인도할 의무	매도인의 수출통관 의무
㉠	EXW, FCA	EXW, FCA
㉡	EXW, FCA	FCA
㉢	FCA	EXW, FCA
㉣	FCA	FCA

① ㉠   ② ㉡   ③ ㉢   ④ ㉣

해설 EXW조건에서 매도인은 운송수단에 적재하여 인도할 의무가 없으며 수출통관의 의무도 없다. FCA조건에서 매도인은 인도장소와 상관없이 수출통관된 물품을 운송수단에 적재하여 인도할 의무가 있다.

56. 신용장의 조건변경 시 유의사항으로 옳지 않은 것은?

① 사소한 분쟁을 사전에 예방하기 위하여 수익자는 조건변경에 대해 수락하거나 거절한 다는 의사표시를 명시적으로 하는 것이 좋다.
② 수익자는 여러 개의 조건변경이 포함된 하나의 조건 변경통지서에서의 일부의 조건만 선택적으로 수락할 수 있다.
③ 수익자가 조건변경에 대한 승낙 또는 거절의 통고를 해야 하지만 그런 통고를 하지 않은 경우, 신용장 및 아직 승낙되지 않은 조건변경에 일치하는 제시는 수익자가 그러한 조건변경에 대하여 승낙의 통고를 행하는 것으로 본다.
④ 조건변경을 통지하는 은행은 조건변경을 송부해 온 은행에게 승낙 또는 거절의 모든 통고를 하여야 한다.

해설 조건 변경의 통지 가운데 복수의 조건 변경이 포함되어 있는 경우에는 그 가운데의 **일부만 승낙하는 것은 인정되지 않는다**. 따라서 일부만 승낙 받고자 하는 경우에는 개설의뢰인 측에 그러한 취지를 전달하여 새로운 조건 변경의 통지를 받을 필요가 있다. [UCP600 제10조]

정답 54.③ 55.④ 56.②

57 해상운송장(Sea Waybill)에 대한 설명으로 옳지 못한 것은?

① 해상운송계약을 증빙하는 서류로 운송회사의 화물수령증이라는 점에서 선하증권(B/L)과 같은 기능을 한다.
② 해상운송장(Sea Waybill)이 유통불능이라는 점에서 기명식 선하증권(straight B/L)과 유사하다.
③ 해상운송장(Sea Waybill)은 제3자 양도가 불가능하다.
④ 수하인이 화물수령을 위해 해상운송장(Sea Waybill) 원본을 운송회사에 제출해야 한다.

해설 해상운송장은 원본이 없어도 수취인이 본인임을 입증하면 화물을 수령할 수 있다.

58 제3자 개입에 의한 무역클레임 해결방법에 대한 설명으로 옳지 않은 것은?

① 조정안에 대하여 당사자가 수락할 의무는 없으며 어느 일방이 조정안에 불만이 있는 경우에는 조정으로는 분쟁이 해결되지 못한다.
② 알선은 형식적 절차를 거치며, 성공하는 경우 당사자 간에 비밀이 보장되고 거래관계를 계속 유지할 수 있다.
③ 중재는 양 당사자가 계약체결 시나 클레임이 제기된 후에 이 클레임을 중재로 해결할 것을 합의하는 것이 필요하다.
④ 소송은 사법협정이 체결되어 있지 않는 한, 소송에 의한 판결은 외국에서의 승인 및 집행이 보장되지 않는다.

해설 알선은 형식적 절차가 아니라 공정한 제3자를 선정하여 알선위원이 분쟁당사자 간의 화해를 유도하여 합의에 이르게 하는 절차이다. 알선자는 갈등해결안을 제시하지 않는 것이 일반적이다.

59 신용장의 양도와 관련된 설명으로 옳지 않은 것은?

① 분할양도는 분할선적이 허용된 경우에만 가능하다.
② 양도취급 가능은행은 원신용장에 지급, 인수, 매입은행이 지정된 경우에 그 은행이 양도은행이 된다.
③ 양도는 1회에 한해서만 허용된다.
④ 양수인이 원수익자에게 양도환원(transfer back)하는 경우는 허용되지 않는다.

해설 원수익자에게 양도환원(transfer back)하는 경우는 양도취소로 간주하여 허용된다. 이런 경우, 원수익자는 또 다른 제3자에게 양도가 가능하다.

57.④ 58.② 59.④ **정답**

60 다음은 청약의 취소(revocation)와 철회(withdrawal)에 대한 설명이다. ( )안에 들어갈 내용이 옳게 나열된 것은?

> (a)가 청약의 효력발생 후 효력을 소멸시키는 반면, (b)는 청약의 효력이 발생되기 전에 그 효력을 중지 시키는 것이다. 비록 청약이 (c)이라도 청약의 의사표시가 상대방에 도달하기 전에 또는 도달과 동시에 (d)의 의사표시가 피청약자에게 (e)한/된 때에는 (d)가 가능하다.

① a) 청약의 취소, b) 청약의 철회, c) 취소불능, d) 철회, e) 도달
② a) 청약의 철회, b) 청약의 취소, c) 철회불능, d) 취소, e) 도달
③ a) 청약의 취소, b) 청약의 철회, c) 취소불능, d) 철회, e) 발송
④ a) 청약의 철회, b) 청약의 취소, c) 철회불능, d) 취소, e) 발송

해설 해설 생략

61 환어음의 임의기재사항으로 옳지 않은 것은?

① 환어음의 번호
② 지급인의 명칭
③ 환어음의 발행매수 표시
④ 신용장 또는 계약서 번호

해설 환어음에서 지급인의 명칭은 필수 기재 사항이다.

[표] 환어음의 기재 사항

필수 기재 사항	임의 기재 사항
① 환어음의 표시(Bill of Exchange) ② 무조건지급위탁문언 　(unconditional order to pay in writing) ③ 금액(문자/숫자) : 화폐의 종류도 표시 ④ 지급인의 표시/ 지급기일의 표시 ⑤ 지급지의 표시/ 수취인의 표시 ⑥ 발행일 및 발행지의 표시 ⑦ 발행인의 기명날인 또는 서명	① 환어음의 번호 ② 신용장 및 계약서 번호 ③ 신용장 발행 은행명 ④ 신용장 번호 및 발행일

62 우리나라에서 유럽대륙, 스칸디나비아반도 및 중동 간을 연결하는 시베리아횡단철도 복합운송 경로로 옳은 것은?

① SLB
② ALB
③ Mini Land Bridge
④ Interior Point Intermodal

해설 우리나라에서 유럽과 중동 간을 연결하는 복합운송 루트는 SLB(Siberian Land Bridge)이다.

정답 60.① 61.② 62.①

63 신용장통일규칙(UCP600)에서 규정하고 있는 선하증권의 수리요건으로 볼 수 없는 것은?

① 운송인의 명칭과 운송인, 선장 또는 지정 대리인이 서명한 것
② 화물의 본선적재가 인쇄된 문언으로 명시되어 있거나 본선 적재부기가 있는 것
③ 신용장에 지정된 선적항과 양륙항을 명시한 것
④ 용선계약에 따른다는 명시가 있는 것

해설　선하증권에는 용선계약(charter)에 따른다는 표시가 없어야 한다.[UCP600 제20조]

64 화물, 화주, 장소를 불문하고 운송거리를 기준으로 일률적으로 운임을 책정하는 방식은?

① Ad Valorem Freight　　② Minimum Rate
③ Discrimination Rate　　④ Freight All Kinds Rate

해설　무차별운임인 FAK(Freights All Kinds)에 대한 설명이다. FAK란 화물, 하주, 장소를 불문하고 운송거리를 기준으로 화차 1대당, 트럭 1대당 또는 컨테이너 1대당 얼마로 하여 일률적으로 운임을 책정하는 것을 말한다.

65 해상보험에 대한 설명 중 옳지 않은 것은?

① 해상위험은 항해에 기인하거나 항해에 부수하여 발생되는 사고를 말한다.
② 해상손해는 피보험자가 해상위험으로 인해 보험의 목적인 선박, 적하 등에 입는 재산상의 불이익을 말하며 물적 손해, 비용손해, 책임손해가 포함된다.
③ 추정전손은 보험목적물을 보험자에게 정당하게 위부함으로써 성립되며, 만약 위부(abandonment)를 하지 않을 경우 이는 현실전손으로 처리될 수 있다.
④ 적하보험에서 사용되고 있는 ICC(B)와 ICC(C)에서는 열거책임주의 원칙을 택하고 있다.

해설　추정전손은 보험목적물을 보험자에게 정당하게 위부함으로써 성립되며, 만약 위부(abandonment)를 하지 않을 경우 이는 **분손으로** 처리될 수 있다.

66 국제팩토링결제에 관한 설명으로 옳지 않은 것은?

① 수출팩터가 전도금융을 제공함으로써 효율적으로 운전자금을 조달할 수 있다.
② 수출자는 대금회수에 대한 위험부담 없이 수입업자와 무신용장 거래를 할 수 있다.
③ 국제팩토링결제는 L/C 및 추심방식에 비해 실무절차가 복잡하다.
④ 팩터가 회계업무를 대행함으로써 수출채권과 관련한 회계장부를 정리해 준다.

해설　국제팩토링결제는 L/C 및 추심방식에 비해 신용장 조건의 서류 충족 심사가 없고, 은행의 개입도 없으므로 실무 절차가 간단하다.

63.④　64.④　65.③　66.③　**정답**

67 ICC(C)조건의 담보위험에 해당되지 않는 것은?

① 공동해손희생 ② 화재, 폭발
③ 갑판 유실 ④ 육상운송 용구의 전복, 탈선

해설 ▶ 갑판유실(Washing Over Board)은 ICC(C) 약관에서 담보되는 위험이 아니다.

68 인코텀즈(Incoterms) 2010에 관한 내용 중 옳지 않은 것은?

① FCA의 경우 Buyer가 자신을 위하여 지정된 도착지까지 적하보험에 부보한다.
② CPT의 경우 Buyer가 자신을 위하여 지정된 도착지까지 적하보험에 부보한다.
③ CIP의 경우 Buyer가 자신을 위하여 지정된 도착지까지 적하보험에 부보한다.
④ CIF의 경우 Seller가 buyer를 위하여 도착항까지 적하보험에 부보한다.

해설 ▶ CIP/CIF의 경우 Seller가 Buyer의 위험을 위하여 지정된 도착지까지 적하보험에 부보한다.

69 최저운임으로 한 건의 화물운송에 적용할 수 있는 가장 적은 운임을 의미하는 것은?

① minimum charge ② normal rate
③ quantity rate ④ chargeable weight

해설 ▶
- minimum charge(최저운임) : 1건의 화물에 대해 적용 요율에 화물의 운임 적용 중량을 곱한 결과, 일정액에 이르지 않을 경우 적용되는 최저운임
- normal rate : 항공운임에 적용되는 기본요율로서 45kg 미만의 화물에 적용되는 요율이다.
- chargeable weight : 항공운임의 손실을 보전하기 위해서 화물의 용적으로 산출한 운임과 중량 중에서 더 높은 값을 화물의 중량으로 적용하는 제도이다.

70 신용장에서 송장(invoice)을 요구하는 경우 수리되지 않는 송장(invoice) 명칭으로 옳은 것은?

① commercial invoice ② final invoice
③ proforma invoice ④ tax invoice

해설 ▶ 신용장에서 송장(invoice)을 요구하면서 다른 명시가 없는 경우 상업송장(commercial invoice), 세관송장(customs invoice), 세금송장(tax invoice), 최종송장(final invoice), 영사송장(consular invoice) 등은 충족된다. 그러나 **"임시(provisional)"송장, "견적송장"(pro-forma) 또는 이와 유사한 것**으로 확인되지 않아야 한다.[ISBP745, C1]

정답 67.③ 68.③ 69.① 70.③

71 선하증권의 법적 성질에 대한 설명으로 옳지 않은 것은?

① 선하증권은 실정법에 규정된 법정기재사항을 갖추어야 유효하므로 요식증권이다.
② 선하증권은 화물수령이라는 원인이 있어야 발행하는 것이기 때문에 요인증권이다.
③ 선하증권은 권리의 내용이 증권상의 문언에 의하여 결정되기 때문에 유가증권이다.
④ 선하증권은 배서나 인도에 의하여 권리가 이전되기 때문에 유통증권이다.

해설 선하증권은 to order, 또는 to order of XX와 같이 권리의 내용이 증권상의 문언에 의하여 결정되기 때문에 **권리증권**이다.

72 해상보험의 주요 용어 및 내용에 대한 설명으로 옳지 않은 것은?

① amount insured는 보험금액으로 사고 발생 시 보험자가 보상하는 최고 한도액이 된다.
② insurable value는 피보험목적물의 평가액이다.
③ under insurance는 보험가액보다 보험금액이 적은 경우로 둘 간의 비율에 따라 보상한다.
④ 담보는 명시담보와 묵시담보로 구분되는데 감항성 담보는 명시담보에 해당된다.

해설 담보에는 명시담보와 묵시담보로 구분하며 묵시적 담보에는 감항성 담보와 적법성 담보가 있다. 감항성 담보는 선박이 항해를 개시할 당시에 항해를 정상적으로 수행 할 수 있도록 내항성 즉 감항성을 갖추어야 함을 정한 담보를 말한다.

73 신용장통일규칙(UCP600) 서류심사의 기준에 대한 설명으로 옳지 않은 것은?

① 은행은 서류의 제시일을 포함하여 최장 5은행영업일 동안 서류를 심사한다.
② 운송서류는 선적일 후 21일보다 늦지 않게 제시되어야 하고 신용장 유효기일 이전에 제시되어야 한다.
③ 일치하는 제시는 신용장, 국제표준은행관행, UCP600에 따라 제시된 서류를 말한다.
④ 서류 발행자에 대한 내용을 명시하지 않은 채로 운송서류, 보험서류, 또는 상업송장 이외의 서류가 요구된 다면 은행은 제시된 대로 수리한다.

해설 은행은 **서류의 제시일의 다음날부터** 최장 제5은행영업일 동안 서류를 심사한다.[UCP600 제14조]

71.③ 72.④ 73.① **정답**

74 보험계약의 법적 성질에 대한 내용으로 옳지 않은 것은?

① bilateral contact : 보험계약당사자 쌍방이 계약상의 의무를 부담한다.
② consensual contract : 당사자 간의 의사표시의 합치만으로 계약이 성립하며 그 의사표시에 특별한 방식이 필요하지 않다.
③ remunerative contract : 보험자는 계약상 합의된 방법과 범위에서 피보험자의 손해를 보상할 것을 확약하는 대가로 보험료를 수취한다.
④ formal contract : 보험증권이 발행되어야만 해상보험 계약이 성립한다는 것으로 보험계약 당사자 간의 정해진 계약방식이 필요하다.

해설 보험계약은 불요식계약(informal contract)이다. 보험증권은 반드시 계약이 성립될 때 발행할 필요는 없으며 계약이 성립된 후에도 발행할 수 있다.

75 국제물품매매계약에 관한 유엔협약(CISG)에 따라 수입상이 계약의무를 위반한 수출상에게 원래 물품을 대체할 대체물의 인도를 청구하려고 한다. 이에 대한 내용으로 옳지 않은 것은?

① 매수인이 매도인의 계약위반에 대해서 대체물을 청구한다면 발생한 손해에 대해서는 배상을 청구할 권리가 없다.
② 매도인의 계약위반이 본질적인 계약위반에 해당할 때에만 매수인이 대체물의 인도를 청구할 수 있다.
③ 매수인이 물품을 수령했으나 계약에 부적합한 인도가 있었고 수령한 상태와 동등한 상태로 물품을 반환할 수 있어야만 매도인은 대체물을 청구할 수 있다.
④ 매수인은 물품이 계약에 부적합하다는 사실에 대해 매도인에게 통지해야 하며 이 통지와 동시에 또는 그 후 합리적인 기간 안에 대체물을 청구해야 한다.

해설 ① 매도인이 계약위반에 해당하는 물품을 보내온 경우 매수인은 판매의 시기를 놓치거나 정해진 날짜에 인도하기로 한 약속을 못 지키게 되어 경제적 손실을 입을 뿐만 아니라 신뢰도에도 악영향을 입게 된다. 대체물품의 인도를 청구하는 것과는 별도로 이에 대한 피해보상을 요청할 수도 있다.
③ 대체물의 청구권리는 매도인이 아니라 매수인에게 있다.

정답 74.④ 75.①,③

제 117회 1급 기출해설
(2020년 제1회)

01 영문해석

[1~2] Read the following and answer the questions.

> Dear Sirs,
>
> We received your letter on April 5, in which you asked us to issue immediately a letter of credit (ⓐ) your order No.146. We have asked today the Korean Exchange Bank in Seoul to issue an irrevocable and confirmed letter of credit in your favor for USD250,000 only, and this credit will be valid until May 20.
>
> This credit will be advised and confirmed by Ⓐthe New York City Bank, N.Y. They will accept your (ⓑ) drawn at 60 days after (ⓒ) under the irrevocable and confirmed L/C. Please inform us by telex or fax immediately of the (ⓓ) as soon as the goods have been shipped.
>
> Faithfully yours,

01 Choose the wrong role which the underlined Ⓐ does not play.

① confirming bank ② advising bank
③ issuing bank ④ accepting bank

귀사의 주문 No.146을 커버하는(ⓐ ; covering) 신용장을 즉시 발행해 달라고 당사에 요청하시는 귀사의 4월 5일자 서신을 잘 받았습니다. 당사는 일금 25만 달러에 대해 귀사를 수익자로 하는 취소불능확인신용장을 개설해 줄 것을 서울에 있는 한국외환은행에 오늘 요청했으며 이 신용장의 유효기간은 5월 20일까지입니다.

이 신용장은 뉴욕에 있는 A <u>더뉴욕시티뱅크</u>를 통해 확인되고 통지될 것입니다. 이 은행이 취소불능확인신용장에 따라 발행된 일람(ⓒ ; sight) 후 60일 출급 환어음(ⓑ ; draft)을 인수할 것입니다. 물품이 선적되는 대로 만기일(ⓓ ; maturity)을 즉시 텔렉스 또는 팩스로 즉시 알려주시기 바랍니다. 이만 줄입니다.

01.「밑줄 친 A의 역할이 아닌 것을 고르시오.」
<u>더뉴욕시티뱅크</u>는 통지은행과 확인은행, 인수은행의 역할을 하지만 개설은행은 아니다.

01.③ **정답**

02 Select the wrong word in the blanks ⓐ~ⓓ.

① ⓐ covering   ② ⓑ draft
③ ⓒ sight   ④ ⓓ maturity

「빈 칸 ⓐ~ⓓ에 잘못된 단어를 고르시오.」
선적 후 즉시 매수인에게 통지해 줘야 할 사항은 환어음의 만기일(maturity)이 아니라 선적이 되었음을 알리는 선적통지문(shipping advice)이다.

03 Which of the following has a different purpose of replying from the others?

> We would appreciate it if you would inform us of their financial standing and reputation. Any information provided by you will be treated as strictly confidential, and expenses will be paid by us upon receipt of your bill. Your prompt reply will be much appreciated.

① The company is respected through the industry.
② Their accounts were not always settled on time.
③ As far as our information goes, they are punctually meeting their commitments.
④ They always meet their obligations to our satisfaction and their latest financial statements show a healthy condition.

「타 문장과 답신의 의도가 다른 것은 다음 중 어느 것인가?」

> 이 회사의 재정상태와 평판에 대해 당사에 알려주시면 감사하겠습니다. 귀사가 제공하는 어떠한 정보라도 극비로 다뤄질 것이며, 비용은 귀사의 청구서를 받는 즉시 당사가 지불하겠습니다. 신속한 답신 주시면 대단히 감사하겠습니다.

①「이 회사는 업계에서 신망이 좋습니다.」
②「이 회사의 계정은 항상 제 때 처리된 적이 없습니다.」
③「당사가 아는 한, 이 회사는 약속을 잘 지킵니다.」
④「이 회사는 항상 당사가 만족스럽게 의무를 이행했으며 이 회사의 최근 재정상태는 양호한 것으로 보입니다.」
  - 신용조회서신(Credit Inquiry)에 대한 답신으로서 선지 ②번만 부정적인 회신을 하고 있다.
▶ meet one's obligation[commitments] : ~의 의무를 다하다
▶ financial standing and reputation : 재정상태와 평판

정답 02.④ 03.②

04 Which of the following is NOT true about the CPT rule under Incoterms 2020?

① The seller delivers the goods to the carrier or delivers the goods by procuring the goods so delivered.

② The seller contracts for and pay the costs of carriage necessary to bring the goods to the named place of destination.

③ The seller fulfills its obligation to deliver when the goods reach the place of destination.

④ The seller must pay the costs of checking quality, measuring, weighing and counting necessary for delivering the goods.

해설 「인코텀즈2020에 따라 CPT에 대해 잘못된 것은 다음 중 어느 것인가?」
①「매도인은 운송인에게 물품을 인도하거나 그렇게 인도된 물품을 조달한다.」
②「매도인은 목적지의 지정된 장소까지 물품을 가져오는데 필요한 운송에 대해 운송계약을 체결하고 운송비를 부담한다.」
③「매도인은 물품이 목적지에 도착했을 때 인도의 의무를 다한 것으로 한다.」
  - CPT/CIP조건에서 매도인은 최종목적지가 아니라 출발지에서 매도인이 지정한 운송인에게 물품을 인도하는 때에 인도의 의무를 다 한 것으로 한다.」
④「매도인은 물품의 인도에 필요한 품질, 도량형, 무게 그리고 개수를 점검하는 비용을 부담해야 한다.」

05 Which of the followings is CORRECT according to the letter received by Mr. Beals below?

> Dear Mr. Beals,
> Our Order No.14478.
> We are writing to you to complain about the shipment of blue jeans we received on June 20, 2019 against the above order.
> The boxes in which the blue jeans were packed were damaged, and looked as if they had been broken in transit. From your invoice No.18871, we estimated that twenty-five blue jeans have been stolen, to the value of $550. Because of the damages in the boxes, some goods were also crushed or stained and cannot be sold as new articles in our shops.
> As the sale was on a CFR basis and the forwarding company was your agents, we suggest you contact them with regard to compensation.
> You will find a list of the damaged and missing articles enclosed, and the consignment will be put to one side until we receive your instructions.
> Your sincerely,
> Peter Jang
> Encl. a list of the damaged and missing articles

04.③ 05.① 정답

① Mr. Beals will communicate with their forwarding company for compensation.
② Mr. Jang intends to send back the damaged consignment to Mr. Beals.
③ Mr. Beals would receive the damaged consignment.
④ Mr. Jang believes that Mr. Beals sent the damaged article.

해설 「빌즈 씨가 받은 다음 서신에 따라 옳은 것은 다음 중 어느 것인가?」

> 안녕하세요 빌즈 씨,
> 당사의 주문 No.14478
> 당사는 상기 주문에 대해 2019년 6월 20일 당사가 받은 청바지 선적품에 대한 불만을 말씀드리고자 합니다. 박스에 들어있던 청바지가 손상되었는데 운송중에 파손된 것으로 보입니다. 귀사의 청구서 No.18871을 보면, 550달러 상당의 청바지 25벌이 도난당한 것으로 추정됩니다. 박스의 손상품으로 인해, 어떤 물품은 구겨지거나 얼룩이 져서 당사의 상점에서 신상품으로 판매할 수 없습니다. CFR조건으로 매매계약을 했고 포워딩 회사가 귀사의 대리인이므로, 보상과 관련하여 이 회사에 연락을 해보시기 바랍니다. 파손되고 분실된 품목의 목록을 동봉하며 이 탁송품은 당사가 귀사의 지시를 받을 때까지 보관하고 있겠습니다.
> 피터 장 올림

①「빌즈 씨는 보상 건으로 자신의 포워딩 회사에게 연락을 할 것이다.」
②「장 씨는 빌즈 씨에게 손상된 탁송품을 반송하려 한다.」
③「빌즈 씨는 손상된 탁송품을 받을 것이다.」
④「장 씨는 빌즈 씨가 손상된 물품을 보냈다고 생각한다.」
- 제시문의 내용과 일치하는 것은 선지 ①번뿐이다.

▶ communicate with each other : 서로 의사 소통하다
▶ send back : 반송[반품]하다
▶ with regard to[about, concerning, as to] : ~에 대하여

06 Which of the following is LEAST likely to be included in a reply?

> Dear Mr. Song,
>
> Thank you for your letter of December 21, making a firm offer for your Ace A/V System. All terms and conditions mentioned in your letter, including proposed quantity discount scheme, are quite acceptable, and we would like to place an initial order for 200 units of the Ace System. The enclosed Order Form No. KEPP-2345 gives the particulars concerning this order. For further communication and invoicing, please refer to the above order number.

① Provided you can offer a favorable quotation and guarantee delivery within 6 weeks from receipt of order, we will order on a regular basis.
② Once we have received your L/C, we will process your order and will ship the units as instructed.
③ We are afraid that the product listed in your order has been discontinued since last January this year.
④ As we do not foresee any problem in production and shipment of your order, we expect that this order will reach you on time.

정답 06.①

 「답신에 들어가기 적절하지 않은 것은 다음 중 어느 것인가?」

> 안녕하세요 송 씨,
> 귀사의 에이스 오디오/비디오 시스템에 대해 확정오퍼를 하는 귀사의 12월 21일자 서신을 잘 받았습니다. 제안하신 수량할인 조건을 포함한, 귀사의 서신에서 언급한 모든 조건은 수락할 수 있으며, 이에 당사는 에이스 시스템 200대를 첫 주문하고자 합니다. 동봉된 주문서 No.KEPP-2345에 이 주문의 세부사항이 있습니다. 차후 연락이나 청구에 대해서는 상기 주문 번호를 참조해 주십시오.

① 「주문서를 받고 6주 이내로 유리한 견적 인도를 보장하는 청약을 하시면, 당사는 정기적으로 주문하겠습니다.」 - 제시문은 이미 매수인이 주문을 하고 있는 서신이므로 매도인의 답신으로는 진행 순서에 맞지 않는 표현이다. 또한 이 표현은 매수인이 사용할 수 있는 문장이다.
② 「귀사의 신용장을 받으면, 귀사의 주문을 진행하여 지시한 대로 물품을 선적하겠습니다.」
③ 「유감스럽게도 귀사의 주문서에 기재된 제품이 올해 지난 1월부터 생산이 중단되었습니다.」
④ 「귀사의 주문 물품의 생산과 선적에 어떤 문제가 있을 것 이라고는 생각하지 않기 때문에, 제때에 본 주문 물품은 귀사에 도착할 것입니다.」

▶ quantity discount : 수량할인 – 일정 수량 이상을 주문하면 할인을 더 해주는 것
▶ place an initial order : 첫 주문을 하다   ▶ foresee : 내다보다, 예측하다

07 Select the right words in the blanks under negotiation letter of credit operation.

> We hereby engage with (   ) that draft(s) drawn under and negotiated in (   ) with terms and conditions of this credit will be duly (   ) presentation.

① drawers and/or drawee – accordance – paid on
② drawers and/or bona fide holders – conformity – honoured on
③ drawers and/or payee – conformity – accepted on
④ drawers and/or bone fide holders – accordance – accepted on

 「신용장의 매입 행위에 대한 빈 칸에 적절한 단어를 고르시오.」

> We hereby engage with (**drawers and/or bona fide holders**) that draft(s) drawn under and negotiated in (**conformity**) with terms and conditions of this credit will be duly (**honoured on**) presentation.
> 이로써 당행은 신용장에 의거하고 신용장 조건에 따라 발행된 환어음의 발행인 및/또는 선의의 소지인과 그러한 환어음의 제시 시에 정히 지급될 것이라는 것을 약정합니다.

– 자유매입신용장에 삽입되는 개설은행의 지급 확약 문언이다.

07.② **정답**

08 Which is right under the following passage under Letter of Credit transaction?

> Where a credit calls for insurance certificate, insurance policy is presented.

① Insurance policy shall accompany a copy of insurance certificate.
② Insurance certificate shall only be presented.
③ Insurance policy can be accepted.
④ Insurance certificate shall accompany a copy of insurance policy.

해설
「신용장 거래에 따른 다음 문장에서 옳은 것은 어느 것인가?」
신용장에서 보험증명서를 요구했는데, 보험증권이 제시되었다.
①「보험증권은 보험증명서 사본과 함께 제시되어야 한다.」
②「보험증명서 만이 제시될 수 있다.」
③「보험증권도 수리될 수 있다.」
④「보험증명서는 보험증권 사본과 함께 제시되어야 한다.」
- 신용장에서 보험증명서를 요구하는 경우 보험증권을 대신하여 제시할 수도 있다. 그러나 보험증권을 요구했는데 보험증명서 또는 보험통지서를 제시하면 하자이다.
An insurance policy is acceptable in lieu of an insurance certificate or a declaration under an open cover.[UCP600 제28조 d]
「보험증권은 포괄예정보험에 의한 보험증명서 또는 통지서를 대신하여 수리될 수 있다.」
▶ call for : 요구하다   ▶ insurance certificate : 보험증명서

[9~10] Read the following letter and answer the questions.

> Dear Mr. Simpson,
>
> Could you please ⓐpick up a consignment of 20 C2000 computers and make the necessary arrangements for them to be ⓑshipped to Mr. M.Tanner, NZ Business Machines Pty, 100 South Street, Wellington, New Zealand?
>
> Please ⓒhandle all the shipping formalities and insurance, and send us five copies of the bill of lading, three copies of the commercial invoice, and the insurance certificate. We will ⓓadvise our customers of shipment ourselves.
>
> Could you handle this as soon as possible? Your charges may be invoiced to us in the usual way.
>
> Neil Smith

정답 08.③

09 Which can Not be inferred?

① Mr. Simpson is a staff of freight forwarder.

② Neil Smith is a shipping clerk of computer company.

③ Mr. M. Tanner is a consignee.

④ This email is from a shipper to a buyer.

해설

안녕하세요, 심슨 씨.
C2000 컴퓨터 20대를 가져가서 뉴질랜드, 웰링톤, 100 사우스 가, ㈜NZ비즈니스 머신스의 엠 태너 씨에게로 선적될 수 있도록 필요한 조치를 할 수 있게 해 주세요. 모든 선적 절차와 보험을 처리해 주시고, 선하증권 5통, 상업송장 3통, 그리고 보험증명서를 당사로 보내주세요. 고객에게는 당사가 직접 선적통지를 하겠습니다. 이것을 가능한 빨리 처리해 주세요. 요금은 통상대로 당사에 청구하세요.
닐 스미스

09.「추론할 수 없는 것은 어느 것인가?」
①「심슨 씨는 운송중개사의 직원이다.」
②「닐 스미스는 컴퓨터 회사의 선적담당 직원이다.」
③「엠 태너 씨는 수하인이다.」
④「이 이메일은 화주가 매수인에게 보낸 것이다.」
 - 이 이메일은 화주(닐 스미스 씨)가 운송중개인인 심슨 씨에게 보낸 것이다.
▶ necessary arrangements : 필요한 조치
▶ shipping formalities : 선적 절차

10 Which could not be replaced with the underlined?

① ⓐ collect

② ⓑ transported

③ ⓒ incur

④ ⓓ inform

해설 「밑줄 친 부분과 바꿔쓸 수 없는 것은 어느 것인가?」
▶ handle : 처리하다, 취급하다   ▶ incur : 발생하다

09.④ 10.③ **정답**

11 Select the right words in the blanks (A)~(D) under transferable L/C operation.

((A)) means a nominated bank that transfers the credit or, in a credit available with any bank, a bank that is specifically authorized by ((B)) to transfer and that transfers the credit. ((C)) may be ((D)).

① (A)Transferring bank – (B)the issuing bank –
   (C)An issuing bank – (D)a transferring bank
② (A)Transferring bank – (B)the negotiating bank –
   (C)A negotiating bank – (D)a transferring bank
③ (A)Issuing bank – (B)the transferring bank –
   (C)A negotiating bank – (D)an Issuing bank
④ (A)Advising bank – (B)the issuing bank –
   (C)A negotiating bank – (D)a transferring bank

「양도가능신용장 거래에 따라 빈 칸 (A)~(D)에 알맞은 단어를 고르시오.」
(**A: 양도은행**)은 신용장을 양도하는 지정은행 또는, 모든 은행에서 사용될 수 있는 신용장에 있어서, (**B: 개설은행**)에 의하여 양도하도록 특별히 수권되고 그 신용장을 양도하는 은행을 말한다. (**C: 개설은행**)은 (**D: 양도은행**)일 수 있다.」[UCP600 제38조]

[12~13] Read the following and answer the questions.

Dear Mrs. Reed,

Thank you for choosing Madam Furnishing.

Further to our telephone discussion on your delivery preference for the Melissa table and modification to the table design, kindly review and confirm the terms below as discussed.

　Your order, which was scheduled for shipping today, has been put on　((A)) to ensure your requirements are incorporated and that you receive your desired furniture. Your desire to change the colour of the table and delivery schedule has been documented and your order ((B)).

　Please be informed that:

The Melissa table is commercially available in Black, Brown, and Red. The production of the table in a different colour is considered as a custom order and attracts an additional fee of $20.

Delivery of the Melissa table on Sunday between 12 noon and 3 pm is possible but will attract an additional fee of $10 which is our standard weekend/public holiday delivery fee.

정답　11.①

12 Which of the following statements is TRUE about the message above?

① The message is written to confirm customer's requirements.
② The production of the Melissa table in a different colour other than Black, Brown, and Red is not available.
③ Delivery of the table will attract an additional fee of $10.
④ The customer is not desiring to change color of the table and delivery schedule.

안녕하세요 리드 씨.
마담 퍼니싱을 찾아 주셔서 감사합니다. 멜리사 탁자의 배송과 탁자 디자인의 변경 건에 관해 우리가 전화로 추가 논의한 것에 대해, 아래와 같이 의논한 조건들을 검토하고 확인해 주시기 바랍니다. 오늘 발송하기로 되어 있던 귀사의 주문은 귀사의 요구사항이 반영되어 귀사가 요구하시는 가구를 확실히 받을 수 있도록 하기 위해 **(A)(보류되어)** 있습니다. 이 탁자의 색상을 변경하고자 하는 귀사의 요구 사항과 배송 일정을 서류에 기입하여 귀사의 주문을 **(B)(변경했습니다)**.
다음을 알려주세요 :
멜리사 탁자는 검은색, 갈색, 그리고 적색으로 판매되고 있습니다. 다른 색상의 탁자 제작은 고객의 주문에 따라 20달러의 추가 비용이 발생합니다.
멜리사 탁자의 배송은 일요일 12시와 오후 3시 사이에 가능하지만 당사의 규정에 따라 주말/공휴일 배송에는 10달러의 추가 비용이 발생합니다.

12.「상기 서신에 대해 옳은 것은 다음 중 어느 것인가?」
①「이 서신은 고객의 요구 사항을 확인하기 위해 작성되었다.」
②「검은색, 갈색, 그리고 적색 외의 다른 색상의 멜리사 탁자 제조는 불가하다.」
 - 검은색, 갈색, 그리고 적색 외의 다른 색상의 멜리사 탁자 제조에는 20달러의 추가 비용이 발생한다.
③「탁자의 배송에는 10달러의 추가 비용이 발생한다.」
 - 주말과 공휴일 배송일 때에만 10달러의 추가 비용이 발생한다.
④「고객은 탁자의 색상과 인도 일정의 변경을 바라지 않는다.」
 - 고객은 탁자의 색상과 인도 일정의 변경을 요구했다.

▶ be incorporated : 포함되다, 반영되다
▶ commercially available: 상용화하다
▶ attract : [비용 등이]발생하다, 유치하다, 끌다
▶ additional fee : 추가 비용

13 Select the right words in the blanks (A), (B).

① hold – modified
② document – modified
③ document – cancelled
④ hold – cancelled

「빈 칸 (A)와 (B)에 올바른 단어를 고르시오.」
▶ put on hold : ~을 보류다, 연기하다
▶ modify : 변경하다
▶ be documented : [증거로서] 서류에 기입하다

12.① 13.① **정답**

14 Which documentary credit enables a beneficiary to obtain pre-shipment financing without impacting his banking facility?

① Transferable ② Red Clause
③ Irrevocable ④ Confirmed irrevocable

 「수익자가 은행 업무의 영향을 받지 않고 선적 전에 대금을 활용할 수 있게 끔 한 화환신용장은 어느 것인가?」
– 전대신용장(Red Clause L/C)에 대한 설명이다.
▶ pre-shipment : 선적 전

[15~16] Read the following letter and answer the questions.

> Your order was shipped on 17 April 2018 on the America, will arrive at Liverpool on 27 April. We have informed your agents, Eddis Jones, who will make ((A)) for the consignment to be sent on to you as soon as they receive the shipping documents for ((B)). Our bank's agents, Westmorland Bank Ltd, High Street, Nottingham, will ((C)) the documents: shipped clean bill of lading, invoice, and insurance certificate, once you have accepted our bill.

15 Which can NOT be inferred?

① This letter is an advice of shipment to the importer.
② Eddis Jones is a selling agent for the importer.
③ Westmorland Bank Ltd is a collecting bank in importing country.
④ In documentary collection, financial documents are accompanied by commercial documents.

 2018년 4월 17일 아메리카 호에 선적된 귀사의 주문품이 4월 27일 리버풀에 도착합니다. 귀사의 대리인인 에디스 존스에게 알려드렸는데 이 분이 통관(**clearance**)을 위한 선적서류를 받는 대로 탁송품이 귀사에게 보내질 수 있도록 조치를 할 것(**arrangement**)입니다. 노팅엄, 하이 가에 있는 당사의 거래은행인 웨스트모럴랜드은행이 귀사가 당사의 어음을 인수받으면 건네 줄(**hand over**) 서류는 무사고 선적선하증권, 송장 그리고 보험증명서입니다.

15.「추론할 수 없는 것은 어느 것인가?」
①「이 서신은 수입상에게 보내는 선적통지문이다.」
②「에디스 존스는 수입상의 판매대리인이다.」
– 에디스 존스가 물품의 인도를 진행한다는 표현을 볼 때 수입상의 운송중개인(포워더)임을 알 수 있다.
③「웨스트모럴랜드은행은 수입국의 추심은행이다.」
④「화환추심거래에서, 금융서류는 송장과 같이 동봉된다.」
▶ be accompanied by : ~을 동반하다 ▶ hand over : 건네다, 넘겨주다

정답 14.② 15.②

16 Select the right words in the blank (A), (B), (C).

① (A)arrangements - (B)clearance - (C)hand over
② (A)arrangements - (B)transit - (C)hand over
③ (A)promise - (B)clearance - (C)take up
④ (A)promise - (B)transit - (C)take up

해설 「빈 칸 (A), (B), (C)에 들어갈 올바른 단어를 고르시오.」
- 15번의 해석 참조

17 Select the best translation.

> By virtue of B/L clauses, the carrier and its agents are not liable for this incident. Therefore, we regret to repudiate your claim and suggest that you redirect your relevant documents to your underwriters accordingly.

① B/L약관에 따라서 운송인과 그 대리인은 본 사고에 대해 책임이 없으므로 당사는 귀사의 클레임을 거부하게 되어 유감이고 따라서 귀사의 보험업자에게 귀사의 관련서류를 다시 보내도록 제안합니다.

② B/L조항에 따라서 운송인과 그 대리인은 본 사고에 대해 책임이 없으므로 당사는 귀사의 요구를 부인하게 되어 유감이고 따라서 귀사의 보험업자에게 귀사의 관련 서류를 재지시하도록 제안합니다.

③ B/L조항에 따라서 운송인과 그 대리인은 본 사고에 대해 책임이 없으므로 당사는 귀사의 클레임을 거부하게 되어 유감이고 따라서 귀사의 보험중개업자에게 귀사의 관련서류를 재지시하도록 제안합니다.

④ B/L약관에 따라서 운송인과 그 대리인은 본 사고에 대해 책임이 없으므로 당사는 귀사의 클레임을 부인하게 되어 유감이고 따라서 귀사의 보험중개업자에게 귀사의 관련서류를 다시 보내도록 제안합니다.

해설 「가장 잘 된 번역을 고르시오.」
▶ by virtue of : ~ 덕분에[에 따라서]
▶ be liable[responsible] for : ~에 대해 책임을 지다
▶ repudiate a claim : 클레임을 거부다
▶ redirect : 다시 보내다

16.① 17.① 정답

18 Select the right words in the blanks (A)~(D).

> We have been very satisfied with your handling of our orders, and as our business is growing we expect to place even larger orders with you in the future. As you know we have been working together for more than 2 years now and we will be glad if you can grant us ((A)) facilities with quarterly settlements. This arrangement will save us the inconvenience of making separate payments on ((B)). Banker's and trader's ((C)) can be provided upon your ((D)). We hope to receive your favorable reply soon.

① (A)open-account - (B)invoice - (C)references - (D)request
② (A)open-account - (B)invoice - (C)referees - (D)settlement
③ (A)deferred payment - (B)check - (C)references - (D)settlement
④ (A)deferred payment - (B)check - (C)referees - (D)request

「빈 칸 (A)~(D)에 가장 알맞은 단어를 고르시오.」

> 당사는 당사 주문품에 대한 귀사의 처리에 매우 만족하며 당사의 사업이 성장함에 따라 향후 귀사에게 더 많은 주문을 하길 기대합니다. 귀사도 아시다시피 당사는 현재 2년 넘게 귀사와 같이 거래를 해왔으므로 분기별 결제방식으로 하는 (A : open-account, 청산계정) 방식을 당사에 허용해 주시면 감사하겠습니다. 이렇게 합의해 주시면 당사가 (B : invoice, 청구 건)마다 개별로 결제하는 불편함을 덜어 줄 수 있습니다. 귀사가 (D : request, 요청)하시면 은행과 동업자의 (C : references, 신용조회처)를 제공할 수 있습니다. 곧 귀사로부터 우호적인 답신을 받길 바랍니다.

▶ facilities with quarterly settlement : 분기별 결제방식으로   ▶ separate payments : 개별[별도] 결제
▶ inconvenience : 불편함

19 Which of the following clauses is NOT appropriate for describing the obligations of the seller and the buyer as for the Dispute Resolution?

① The parties hereto will use their reasonable best efforts to resolve any dispute hereunder through good faith negotiations.
② A party hereto must submit a written notice to any other party to whom such dispute pertains, and any such dispute that cannot be resolved within thirty (30) calendar days of receipt of such notice (or such other period to which the parties may agree) will be submitted to an arbitrator selected by mutual agreement of the parties.
③ The decision of the arbitrator or arbitrators, or of a majority thereof, as the case may be, made in writing will be final and binding upon the parties hereto as to the questions submitted, and the parties will abide by and comply with such decision.
④ If any term or other provision of this Agreement is invalid, illegal or incapable of being enforced by any law or public policy, all other terms and provisions of this Agreement shall nevertheless remain in full force and effect so long as the economic or legal substance of the transactions contemplated hereby is not affected in any manner materially adverse to any party.

정답 18.① 19.④

 「분쟁해결을 위한 매도인과 매수인의 의무를 설명한 것으로서 적절하지 않은 조항은 다음 중 어느 것인가?」
① 「양 당사자는 이에 따른 어떠한 분쟁이라도 선의의 협의로 해결하는데 합리적인 최선의 노력을 다한다.」
② 「당사자는 관련 분쟁에 대해 상대방에게 서면으로 제출해야 하며, 이러한 통지(또는 양당사자가 합의한 다른 기간)를 받고 30일 이내에 해결될 수 없는 분쟁은 양당사자의 상호합의에 따라 선정된 중재인에게 제출한다.」
③ 「경우에 따라, 한 명 또는 그 이상의 중재인의 과반수의 서면으로 작성된 결정은 언급된 문제에 대해 최종적이며 양당사자를 구속한다.」
④ 「본 계약의 어떠한 조건이나 조항이 어떠한 법이나 공공정책의 강제에 따라 무효이거나, 불법적 또는 시행될 수 없는 경우, 본 계약의 모든 다른 조건이나 조항은 모두 유효하며 이에 의해 고려된 거래의 경제적 또는 법적 사항은 어떤 방식으로든 어떤 당사자에게도 실질적으로 불리한 영향을 받지 않는다.」
- 선지 ①~③번은 분쟁해결을 위한 조항임에 반하여 선지 ④번은 가분성조항(Severability)이다.
▶ of a majority : 과반수　　▶ as the case may be : 경우에 따라
▶ questions submitted : 언급된 문제　▶ invalid : 효력없는, 근거없는
▶ incapable : ~을 할 수 없는, 무능한　▶ nevertheless remain in full force : 그럼에도 모두 유효하며
▶ legal substance : 법적 사항
▶ in any manner materially adverse : 어떤 식으로든 실질적으로 불리한

[20~21] Read the following and answer the questions.

> We were sorry to learn from your letter of 10 January that some of the DVDs supplied to this order were damaged when they reached you.
>
> (1) Replacements for the damaged goods have been sent by parcel post this morning
> (2) It will not be necessary for you to return the damaged goods; they may be destroyed.
> (3) Despite the care we take in packing goods, there have recently been several reports of damage.
> (4) To avoid further inconvenience and ( ) to customers, as well as expense to ourselves, we are now seeking the advice of a packaging consultant in the hope of improving our methods of handling.

20 Which is suitable for the blank?

① annoyance　② discussions　③ negotiation　④ solution

> 당사는 본 주문에 따라 공급된 DVD 몇 개가 귀사에게 도착 당시 손상되어 있다는 것을 귀사의 1월 10일자 서신을 통하여 알게되어 무척 송구합니다.
> (1) 손상품의 대체품이 오늘 아침에 특송으로 발송되었습니다.
> (2) 손상품을 귀사가 반송하실 필요는 없으며 폐기하셔도 괜찮습니다.
> (3) 당사가 포장에 주의를 기울였음에도 불구하고, 손상품에 대한 보고 건이 최근 들어오고 있습니다.
> (4) 향후 고객에 대한 불편함과 골칫거리를 피하기 위해, 당사가 비용을 부담하여, 당사의 물품 취급 방법을 개선시키고자 하는 바람으로 포장전문가의 자문을 받으려 합니다.

20.① **정답**

20.「빈 칸에 적절한 것은 어느 것인가?」
문맥상 annoyance가 가장 적절하다
▶ annoyance : 짜증, 골칫거리
▶ in the hope of improving our methods of handling : 물품 취급 방법을 개선시키고자 하는 바램으로

21 This is a reply to a letter. Which of the following is NOT likely to be found in the previous letter?

① We can only assume that this was due to careless handling at some stage prior to packing.

② We are enclosing a list of the damaged goods and shall be glad if you will replace them.

③ We realize the need to reduce your selling price for the damaged one and readily agree to the special allowance of 10% which you suggest.

④ They have been kept aside in case you need them to support a claim on your suppliers for compensation.

「이것은 어떤 서신의 답장이다. 이전의 서신에 나타나기 적절하지 않은 것은 다음 중 어느 것인가?」
①「당사는 이것이 포장에 앞선 어떤 단계에서의 부주의한 취급 때문이라고 추정할 뿐입니다.」
②「당사는 손상된 품목의 목록을 동봉하며 이들을 교체해 주시면 감사하겠습니다.」
③「당사는 손상된 물품에 대해 귀사의 판매가격을 낮춰줄 것을 요구하며 10%의 특별공제를 점진적으로 하겠다는 귀사의 제안에 동의합니다.」
 - 위의 서신은 매수인이 매도인에게 수취 물품의 파손에 대해 클레임을 제기한 것에 대해 매도인이 답장을 한 것이다. 선지 ③번은 매수인이 클레임을 제기하기 위해 순서상 처음 작성한 서신에 나올 수 없는 표현이다.
④「이 물품을 귀사가 공급자에게 보상 청구를 할 때 필요한 경우를 감안하여 보관하고 있습니다.」
▶ assume : 추정하다, 권력, 책임 등을 맡다   ▶ due to : ~ 때문에   ▶ prior to : ~에 앞서, 먼저

22 Which of the following is the best title for the passage?

> A system used within some conference systems, whereby a shipper is granted a rebate of freight paid over a specified period subject to his having used Conference line vessels exclusively during that period.

① Contract rate system   ② Dual rate system
③ Fidelity rebate system   ④ Fighting ship

정답   21.③   22.③

 「다음 문장의 제목으로 가장 알맞은 것은 다음 중 어느 것인가?」

> 일부 해운동맹 제도에 따라 사용되는 제도인데, 화주가 일정 기간 동안 독점적으로 동맹선사의 배를 사용한다는 것을 전제로 하여 특정 기간 동안을 경과하여 지불한 운임에 대해 리베이트를 주는 것

- 해운동맹에서 화주에게 계속하여 특정 동맹 선사의 선박을 이용하게 하기 위해 일정 기간 동안 지불한 운임의 일정 부분을 되돌려 주는 것으로서 운임할려제(Fidelity Rebate System)라고 한다.
  ▶ conference systems : 해운동맹 제도 ▶ subject to : ~ 에 따라
  ▶ Contract rate system[Dual rate system] : 계약운임제
  ▶ Fighting ship : 경쟁억압선 - 정기해운회사 또는 해운동맹이 어느 항로에 있어서의 다른 해운회사(맹외선)를 몰아내기 위하여 사용하는 선박을 말한다.

[23~24] Read the followings and answer the questions.

> Thank you for your recent order, No. 234-234-001.
> We have received your letter about the $10,000 handling charge that was applied to this shipment. This was indeed an error on our ((A)). We do apply a special handling charge to all orders for ((B)) items such as porcelain birdbaths but somehow that notice was deleted temporarily in the page that described the product. We have ((C)) that error on our Web site. In the meantime, though, we have placed $10,000 to your credit. We apologize for any inconvenience and hope that we will have the opportunity to serve you again in the near future.

23 Which is LEAST correct about the letter?

① The buyer have ordered brittle items.
② There was a miscommunication about the quality of products.
③ The buyer got the information about the product in the web homepage.
④ For the orders which deal with brittle items, there must be an additional handling charge.

> 귀사의 최근 주문 No.234-234-001에 감사합니다.
> 당사는 이 선적품에 적용되는 1만 달러의 취급수수료에 대한 귀사의 서신을 잘 받았습니다. 이것은 당사 측(our part)의 명백한 착오입니다. 당사는 자기 수반과 같은 연약화물(fragile item)에 대해서는 모든 주문에 대해 특별취급수수료를 적용하고 있지만 어쨌든 본 제품이 기재된 페이지에 있던 조항은 일시적으로 삭제된 것입니다. 당사의 웹사이트의 오류를 고쳤습니다(corrected).
> 그래서, 여하튼, 당사는 1만 달러를 귀사의 계좌로 송금했습니다. 불편에 대해 사과드리며 차후 귀사와 다시 거래할 수 있기를 바랍니다.

23.「서신에 대해 옳지 않은 것은 어느 것인가?」
①「매수인은 부서지기 쉬운 물품을 주문했다.」
②「제품의 품질에 대해 잘못된 의사 전달이 있었다」
 - 품질이 아니라 연약 화물 취급수수료 부과에 착오가 있었다.
③「매수인은 웹 홈페이지를 통하여 제품에 관한 정보를 얻었다.」
④「연약화물을 다루는 모든 주문에는 추가 취급수수료가 있다.」
▶ indeed an error on our side : 당사 측의 명백한 착오
▶ porcelain birdbath : 포쉐린 수반 - 자기로 만들어진 꺾꽂이 틀
▶ somehow : 여하튼, 어쨌든   ▶ in the meantime : 한편, 그러는 사이, 그 사이에
▶ brittle[fragile] items : 연약한[파손되기 쉬운] 물품
▶ miscommunication : 잘못된 의사 전달

23.② **정답**

24 Select the right words in the blanks (A),(B),(C).

① part - fragile - corrected   ② side - fragile - contemplated
③ part - solid - corrected   ④ side - solid - contemplated

 「빈 칸 (A),(B),(C).에 맞는 단어를 고르시오.」
23번 해석 참조
▶ contemplate : 고려하다, 생각하다

25 Which is NOT properly translated into Korean?

> (a) We regret having to remind you that we have not received payment of the balance of 105.67 due on our statement for December. (b) This was sent to you on 2 January and a copy is enclosed. (c) We must remind you that unusually low prices were quoted to you on the understanding of an early settlement. (d) It may well be that non-payment is due to an oversight, and so we ask you to be good enough to send us your cheque within the next few days.

① (a) 12월 계산서에 지급되어야 하는 105.67파운드가 아직 정산되지 않아 독촉장을 보내게 되어 유감입니다.
② (b) 계산서는 1월 2일에 발송하였으며 여기 사본을 동봉합니다.
③ (c) 귀하에게 상기시켜 드리기는 이번 건은 유독 낮은 가격을 빨리 견적해 드린 것임을 이해해 주시기 바랍니다.
④ (d) 혹시 실수로 금액 지불이 늦어진 것이라면 2~3일 내로 수표를 보내 주셨으면 감사하겠습니다.

 「한국어 번역이 적절하지 않은 것을 고르시오.」
③ (c) 귀하에게 상기시켜 드리기는 이번 건은 유독 낮은 가격을 빨리 견적해 드린 것은 조기 입금해줄 것을 양해한다는 전제에 따른 것입니다. - 즉 지급을 빨리 해준다는 조건으로 낮은 가격으로 견적을 해줬으니 조속히 지급을 해 달라는 요청이다.

정답 24.① 25.③

02 영작문

26 Which of the following BEST fits the blank (a)~(c)?

> 1. The negotiating bank pays the seller or ((a)) B/E drawn by the seller, and sends the shipping documents to the issuing bank in the buyer's country.
> 2. The issuing bank releases the shipping documents to the buyer in importing country against ((b)).
> 3. The accounter gets the consignment by presenting the ((c)) to the shipping company.

① (a)discounts - (b)payment - (c)shipping documents
② (a)honours - (b)negotiation - (c)bill of lading
③ (a)honours - (b)negotiation - (c)shipping documents
④ (a)discounts - (b)payment - (c)bill of lading

「빈 칸 (a)~(c)에 가장 알맞은 것은 다음 중 어느 것인가?」

> 1. 매입은행은 매도인에게 지급을 하거나 매도인이 발행한 환어음을 할인하며(**discounts**), 선적서류를 매수인 국가에 있는 개설은행으로 송부한다.
> 2. 개설은행은 매수인이 지급(**payment**)을 하면 수입국의 매수인에게 선적서류를 넘겨준다.
> 3. 매도인은 선사에 선하증권(**bill of lading**)을 제시하게 함으로서 물품을 확보하게 해준다.

▶ accounter : 대금수취인, 수출상 ↔ accountee : 대금결제인, 수입상

27 Select the one which fits the blanks under the UCP600.

> A nominated bank acting on its nomination, a confirming bank, if any, or the issuing bank may accept a commercial invoice issued for an amount (   ), and its decision will be binding upon all parties, provided the bank in question has not honoured or negotiated for an amount (   ).

① in excess of the amount permitted by the credit - less than that permitted by the credit
② less than the amount permitted by the credit - less than that permitted by the credit
③ less than the amount permitted by the credit - in excess of that permitted by the credit
④ in excess of the amount permitted by the credit - in excess of that permitted by the credit

26.④ 27.④ **정답**

해설 「UCP600에 따라 빈 칸에 맞는 것을 고르시오.」

> 지정에 따라 행동하는 지정은행, 확인은행, 있는 경우, 또는 개설은행은 (신용장에 의하여 허용된 금액을 초과한 금액 ; in excess of the amount permitted by the credit)으로 발행된 상업송장을 수리할 수 있으며, 그러한 결정은 모든 당사자를 구속한다. 다만 문제의 은행은 (신용장에 의하여 허용된 금액을 초과한; in excess of that permitted by the credit) 금액으로 지급이행 또는 매입하지 아니하여야 한다.[UCP600 제18조 상업송장 b]

28 Select the wrong word in the blank.

① ( ) means a bank, other than the issuing bank, that has discounted or purchased a draft drawn under a letter of credit. (A negotiating bank)

② ( ) issued by a bank in Korea in favour of the domestic supplier is to undertake the bank's payment to the supplier of raw materials or finished goods for exports on behalf of the exporter. (Local L/C)

③ ( ) has a condition that the amount is renewed or automatically reinstated without specific amendments to the credit. (Revolving L/C)

④ Banking charges in relation to L/C are borne by the parties concerned. All banking charges outside importer's country are usually for the account of ( ). (applicant)

해설 「빈 칸에 잘못된 단어를 고르시오.」
① 「(매입은행)은, 개설은행이 이외에, 신용장에 발행된 환어음을 할인하거나 매입하는 은행을 말한다.」
② 「국내공급자를 수익자로 하여 한국에 있는 은행에서 발행된 (내국신용장)은 수출자를 대신하여 수출에 따른 원재료 또는 완제품의 공급에 대해 은행이 지급을 확약하는 것이다.」
③ 「(회전신용장)은 신용장의 특별한 조건변경 없이도 신용장 금액이 갱신되거나 자동으로 회복되는 것을 조건으로 발행된다.」
④ 「신용장과 관련된 은행의 수수료는 관련 당사자들이 부담한다. 수입국 밖에서 발생하는 모든 은행의 수수료는 통상적으로 (개설의뢰인)의 부담으로 한다.」
- 수입국 이외의 은행에서 발생하는 수수료는 개설의뢰인(applicant)이 아니라 수익자(beneficiary)가 부담한다.

▶ other than : ~이외에, ~와 다른   ▶ on behalf of : ~를 대신하여
▶ renewed or automatically reinstated : 갱신되거나 자동으로 회복(복구)되는
▶ in relation to : ~와 관련하여   ▶ be borne by : ~의 부담으로 한다

정답 28.④

29 What is NOT true about the Institute Cargo Clauses?

① Only difference between ICC (B) and ICC (C) is the additional risks covered under ICC (B) cargo insurance policies.

② ICC (B) covers loss of or damage to the subject matter insured caused by entry of sea lake or river water into vessel craft hold conveyance container or place of storage but ICC (C) does not.

③ ICC (B) covers loss of or damage to the subject matter insured caused by general average sacrifice but ICC (C) does not.

④ ICC (C) is the minimum cover for cargo insurance available in the market.

해설 「적하보험약관에 대하여 사실이 아닌 것은 무엇인가?」
①「ICC(B)와 ICC(C)의 차이점은 ICC(B)의 적하보험약관과의 부가담보위험이다.」
②「ICC(B)약관은 본선, 부선, 선창, 운송용구, 컨테이너, 지게차 또는 보관장소에 해수, 호수 또는 하천수의 침입으로 발생한 피보험목적물의 멸실 또는 손해에 대해서는 담보하지만 ICC(C)는 담보하지 않는다.」
③「ICC(B)약관은 공동해손희생으로 발생한 피보험목적물의 멸실 또는 손해에 대해서는 담보하지만 ICC(C)는 담보하지 않는다.」
 - 공동해손희생(general average sacrifice)은 ICC(C)약관에서 담보하는 위험이다.
④「ICC(C)는 보험시장에서 사용할 수 있는 화물적하보험의 최저담보약관이다.」
▶ subject matter insured : 피보험목적물 ▶ minimum cover : 최소담보약관

30 Which of the following words is NOT suitable for the blanks (a)~(d) below?

> In all break-bulk and bulk vessels, there is a document called ((a)). This document is like a delivery note and has all the information pertaining to the shipment like cargo description, number of bundles, weight, measurement, etc and this document is handed over to the ship at the time of loading.
>
> If any discrepancies are found between the actual cargo delivered and the ((a)), the Chief Mate will check the cargo and document such discrepancies to confirm that the cargo was received in that condition. This was possible in the era of pre-containerization because the ship/agents were able to physically check and verify the cargo.
>
> However, in the case of containerized cargoes and especially ((b)) cargoes, the carrier/agents are not privy to the packing of the containers and the nature of the cargo. The carrier relies on the information provided by the shipper in terms of the cargo, number of packages, weight and measurement. Hence the clauses ((c)) is put on the ((d)) to protect the carrier from any claims that the shipper might levy on them at a later stage.

① (a) Mate's Receipt
② (b) LCL
③ (c) SHIPPER'S LOAD, STOW, AND COUNT
④ (d) Bill of Lading

29.③ 30.② **정답**

 「다음의 빈 칸 (a)~(d) 에 적절하지 않은 단어는 다음 중 어느 것인가?」

> 모든 브레이크 벌크와 벌크 선박에는 (a : **본선수취증**)이라는 서류가 있다. 이 서류는 인도증과 같은 것인데 화물의 명세, 묶음의 개수, 중량, 도량형 등과 같이 선적품과 관련된 일체의 정보가 담겨져 있다. 실제 인도된 화물과 (a : **본선수취증**) 간에 차이점이 있으면 일등항해사는 화물이 이러한 조건대로 수취되었는지를 확인하기 위해 그러한 차이에 대해 화물과 서류를 검사한다. 선사/대리인들이 물리적으로 이들 화물을 점검하고 검증할 수 있었기 때문에 컨테이너 운송 이전의 시기에는 가능했다. 그러나 컨테이너 화물과 특히 (b : **LCL**)화물의 경우에는 운송인/대리인들은 화물의 성질과 컨테이너 화물의 포장에 접근할 수 없다. 운송인은 화물의 상태, 포장의 개수, 중량 그리고 도량형에 대해 화주가 제공하는 정보에 의존하게 된다. 이에 따라 나중에 화주가 이 화물에 대해 제기할 모든 클레임으로부터 운송인을 보호하기 위해 (c : **화주가 직접 적입, 적재하고 수량을 확인했음**) 이라는 조항을 (d : **선하증권**)상에 삽입한다

LCL화물은 FCL화물과 달리 CFS운영자가 이를 수취할 때 물품의 개수, 포장의 상태 등을 확인할 수 있다.
▶ break-bulk : 40피트 컨테이너에 적입할 수 없는 대형 화물을 말한다. OOG(Out of Gauge)라고도 한다.
▶ number of bundles : 묶음의 개수   ▶ pertaining to : ~와 관련된   ▶ verify : 검증하다, 확인하다
▶ Mate's Receipt : 본선수취증   ▶ Chief Mate : 1등 항해사   ▶ privy to : ~에 접근할 수 있는
▶ era of pre-containerization : 컨테이너 운송 이전의 시기
▶ in terms of : 면에서, 관점에서   ▶ hence : 그러므로, 앞으로   ▶ levy on : (책임, 세금 등을)부과하다

31 Which of the following statement on General Average in the marine insurance is NOT correct?

① Defined by York Antwerp Rules 1994 of General Average, these rules lay guidelines for the distribution of loss in an event when cargo has to be jettisoned in order to save the ship, crew, or the remaining cargo.

② A loss is deemed to be considered under general average if and only if the reason of sacrifice is extraordinary or the sacrifice is reasonably made for the purpose of common safety for preserving the property involved.

③ General average shall be applied only for those losses which are linked directly with the material value of the cargo carried or the vessel.

④ Any claims arising due to the delay, a loss or expense caused due to loss of market or any indirect loss must be accounted into general average.

 「해상보험의 공동해손에 대한 설명으로 옳지 않은 것은 다음 중 어느 것인가?」
①「요크앤트워프 공동해손 규칙 1994의 정의에 따라, 이 규칙은 선박, 선원, 그리고 타 화물을 구조하기 위해 화물이 투하되어야 하는 경우에 멸실의 균등 부담에 대한 지침을 제시하고 있다.」
②「만약 그리고 희생의 이유가 이례적이거나 희생이 해당 재산을 공동의 안전을 위한 목적으로 합리적으로 발생하는 경우에만 공동해손에 의한 손실로 간주된다.」
③「공동해손은 운송중인 화물 또는 선박의 실질적인 가치에 직접적으로 연결된 손실에 대해서만 적용된다.」
④「지연, 손실 또는 판매기회의 상실에 따른 비용 또는 간접비용은 공동해손으로 간주된다.」
- 공동해손희생손해는 선체, 장비, 화물 등의 전부 또는 일부를 희생시킴으로 발생하는 손실을 말한다. 즉 공동의 안전을 위하여 희생된 보험목적물 자체의 손실만을 말하며, 선지 ④번과 같은 간접 손실은 공동해손의 희생손해에 해당되지 않는다.
▶ guideline : 지침, 기준   ▶ only if : ~ 해야만   ▶ extraordinary : 이례적인
▶ purpose of common safety : 공동의 안전을 위한 목적
▶ be accounted : ~의 원인이

정답 31.④

32 Choose the most appropriate term to complete the sentence under UCP600.

> The description of the goods in the (   ) must correspond with the description in the credit, and the (   ) must be made out in the name of the Applicant.

① bill of lading   ② commercial invoice   ③ sea waybill   ④ bill of exchange

해설 「UCP600의 조항에 가장 적합한 용어를 고르시오.」

> (commercial invoice : 상업송장) 상의 물품의 명세는 신용장의 명세와 일치해야 하며 개설의뢰인의 이름 앞으로 작성되어야 한다.[UCP600 제18조]

▶ made out in the name of : ~의 이름 앞으로 작성되다

33 Choose one which can NOT replace each underline.

> You have been with us for over 20 years. Such loyalty cannot be overlooked. We have looked into your credit account with us and have decided to help. As you are aware, (a) you have four overdue invoices, the latest is about six months overdue. This is unlike you; therefore we have assumed that these (b) delays are connected to the current economic situation your company (c) is going through.
> We like to offer you a 20% discount on all the overdue invoices if (d) payment is made within the next 30 days from today. We have attached the new invoices to this email. We believe you place a great value on the credit relationship you have with us. Therefore, we hope to receive the payments at the stipulated date.

① (a) four invoices are still outstanding
② (b) timely payment
③ (c) is encountering
④ (d) the settlement of the invoice is organized

해설 「밑 줄 친 부분과 바꿔쓸 수 없는 것을 고르시오.」

> 귀사는 당사와 20년 넘게 거래를 해왔습니다. 이러한 충심은 결코 가볍게 볼 수 없습니다. 당사는 귀사와의 거래 계정을 검토하고 도움을 드리기로 결정했습니다. 귀사도 아시다시피, (a)귀사에게는 4건의 기한 초과 청구 건이 있으며 최근 것은 약 6개월이나 경과한 것입니다. 이것은 귀사답지 않는 것입니다. : 그러므로 당사는 이러한 (b)지연은 귀사가 (c)겪고 있는 현재의 경제상황과 연계되어 있다고 추측합니다. 당사는 귀사가 오늘부터 30일 이내에 (d)결제를 하시면 모든 기한 초과 청구 건에 대해 20%의 할인을 해드리겠습니다. 당사는 이 이메일에 새로운 청구서를 동봉합니다. 당사는 귀사가 당사와의 신용관계를 귀하게 여길 것이라 믿습니다. 따라서 정해진 기일에 대금을 받을 수 있기를 바랍니다.

timely payment는 제 때에 지급하다란 뜻이므로 delay(지연)와 바꿔 쓸 수는 없다.

▶ loyalty : 충실, 충성심   ▶ overlook : 간과하다   ▶ overdue invoice : 지급기한을 넘긴 청구건
▶ assume : 추정하다, (권력, 책임 등을)맡다
▶ place a great value on :~에 큰 가치를 두다

32.② 33.② **정답**

34 Which word fits best for the blank?

> We have already explained that it is essential for medical equipment to arrive ( ) due dates as late delivery could create a very serious problem.

① on ② for ③ at ④ from

해설 「빈 칸에 가장 알맞은 단어는 어느 것인가?」

> 당사는 인도지연은 매우 심각한 문제가 발생할 수 있기 때문에 정해진 일자(on due date)에 의료장비가 도착하는 것이 매우 중요하다고 이미 설명 드린 바 있습니다.

▶ on due date : 정해진 일자에   ▶ essential for : ~ 에 있어서 필수적인

35 Which of the following has different intention from the others?

① Your patience and understanding would be greatly appreciated.
② A short extension would be very helpful to us, as it would give us an extra month to clear the checks.
③ We ask that you grant the extension this one time. We assure you that this will not happen again.
④ We are sorry to hear that the bankruptcies of two of your clients have been causing you difficulties.

해설 「타 문장과 다른 의도를 갖고 있는 것은 다음 중 어느 것인가?」
①「귀사가 기다려주시고 이해해주시면 무척 감사하겠습니다.」
②「수표를 정산하는데 한 달이 더 추가되므로 기한을 조금만 연장해 주시면 당사에 큰 도움이 되겠습니다.」
③「이 번 한 번은 기한을 연장해달라고 귀사에 요청합니다. 다시는 이런 일이 일어나지 않도록 하겠습니다.」
④「귀사의 고객 중 두 군데가 파산하여 귀사가 어려움을 겪고 있다고 들어서 유감입니다.」
- 선지 ①~③번은 대금지급과 관련된 표현이지만 선지 ④번은 상대방의 경제적 어려움에 위로를 전하는 내용이다.

▶ bankruptcy : 파산   ▶ clear the checks : 수표를 정산하다[현금화하다]

36 Select the wrong word in view of document examination.

> When the address and contact details of (ⓐ) appear as part of (ⓑ) or (ⓒ) details, they are not to (ⓓ) with those stated in the credit.

① ⓐ the applicant   ② ⓑ the consignee
③ ⓒ notify party   ④ ⓓ agree

정답 34.① 35.④ 36.④

해설 「서류 심사에서 잘못된 단어를 고르시오.」

(ⓐ 개설의뢰인)의 주소와 연락처 명세가 운송서류상의 (ⓑ 수하인) 또는 (ⓒ 착화통지처) 명세의 일부로서 보이는 경우에는 신용장에 명시된 것과 다르지 않아야 한다.[UCP600 제14조 j]

- ⓓ agree 가 아니라 disagree로 표시되어야 한다.

37 Select the wrong word in the blank.

> Documents for which the UCP600 transport articles do not apply are (   ).

① Delivery Note ② Delivery Order
③ Cargo Receipt ④ Multimodal Transport Document

해설 「빈 칸에 잘 못된 단어를 고르시오.」

UCP600의 규정에 따라 운송서류로 적용되지 않는 것은 (   )이다.

- 운송서류는 모든 운송서류(선하증권, 항공운송장, 철도운송장, 복합운송서류), 상업송장, 보험서류 등이다. 인도증(Delivery Note), 인도지시서(Delivery Order), 화물수취증(Cargo Receipt) 등은 운송서류가 아니다.

38 Fill in the blanks (a)~(b) with the best word(s).

> To date, no payments have been received from you, and we are assuming that this is merely (a) _____ on your side. Please remit the full (b)____ due amount immediately.

① (a) an oversight (b) past
② (a) an oversight (b) intended
③ (a) a fortnight   (b) intended
④ (a) a fortnight   (b) past

해설 「빈 칸 (a)~(b)에 가장 올바른 단어를 채우시오.」

지금까지 귀사로부터 일체의 대금을 받지 못했는데, 당사는 이것이 귀사가 단순히 (a)놓치신 것이라 생각합니다. (b)기한을 넘긴 미불금 전액을 즉시 송금해주시기 바랍니다.

▶ oversight : (잊어버리거나 못 보고 지나쳐서 생긴) 실수, 간과   ▶ fortnight : 2주일(간)
▶ merely : 한낱, 그저   ▶ past due amount : 지불기한을 넘긴 금액, 미불금

37.④ 38.① **정답**

39 Which of the following sentences is Not correct?

> Dear Mr. Kim,
>
> Thank you for your inquiry on April 13, (a)<u>expressing interest in our software products</u>. In reply to your letter, we are enclosing a detailed catalog and price lists (b)<u>for our design software you required</u>.
> (c)<u>Beside those advertising in the Business Monthly</u>, the attached illustrated brochure shows various softwares available for you.
> If you have any questions or concerns (d)<u>that are not covered in the materials</u> we sent you, please do not hesitate to contact us at any time.

① (a)　　② (b)　　③ (c)　　④ (d)

 「옳지 않은 표현은 다음 중 어느 것인가?」

> (a)당사의 소프트웨어 제품에 관심을 보여주시는 4월 13일자 귀사의 조회서신을 잘 받았습니다. 귀사의 서신에 대한 답장으로서 당사는 (b)귀사가 요구하신 당사의 최신 소프트웨어 카탈로그와 가격표를 동봉합니다.(c) 아울러 월간 비즈니스에 광고가 실려 있는데, 첨부된 도안책자를 보시면 귀사에게 필요한 다양한 소프트웨어의 상세 내용을 볼 수 있습니다. 당사가 귀사에게 보낸 (d)자료에서 다루지 않은 모든 질문이나 관심 사항이 있으면, 언제든지 당사에 연락주십시오.

(c)의 표현에서 beside를 besides로 고쳐야 한다.
▶ besides : ~ 외에, 아울러 ↔ beside : 옆에, ~에 비해

[40~41] Read the following and answer the questions.

40
> Dear Mr. MacFee,
>
> We are writing to you on the recommendation of Mr. David Han, Chief Accountant at Hannam Trading. He advised us to contact you as a referee concerning the <u>credit facilities</u> which his company has asked us for.
> Could you confirm that the company is sound enough to meet credits of USD3,000,000?
> We would be most grateful for a reply ((A)).
>
> Yours sincerely,

What does the underlined credit facilities imply?

① The potential buyer wants to settle some days later.
② The seller wants to have some loans from bank.
③ The seller wants to have credit from the potential buyer.
④ The potential buyer may ask his bank to open credit.

정답　39.③　40.①

해설

안녕하세요, 맥피 씨.
당사는 한남트레이딩의 경리부장인 데이비드 한 씨의 추천에 따라 연락을 드립니다. 그는 그의 회사가 당사에 요청한 신용거래에 대한 추천인으로서 귀사에게 연락해보라고 당사에 조언을 했습니다. 귀사는 이 회사가 3백만 달러의 신용거래를 이행할 만한 능력이 충분하다고 보시는 지요?
당사는 (A) 답신을 주시면 대단히 감사하겠습니다.
이만 줄입니다.

「밑 줄 신용거래가 의미하는 것은 무엇인가?」
①「잠재적 매수인은 며칠 후에 결제하기를 원한다.」
 - 데이비드 한 씨는 잠재적 매수인인데 매도인에게 외상거래를 요청했고, 매도인은 데이비드 한 씨가 신용조회인으로 추천한 맥피 씨에게 데이비드 한 씨의 지불능력을 묻고 있는 서신이다.
②「매도인은 은행으로부터 대출을 하고자 한다.」
③「매도인은 잠재적 매수인과 외상거래를 하고자 한다.」
④「잠재적 매수인은 그의 거래은행에게 신용거래를 요청하려 한다.」
▶ recommendation : 권고, 의견, 추천
▶ Chief Accountant : 경리부장 ▶ credit facility : 신용(외상)거래
▶ imply : 암시하다, 함축하다

41 Fill in the blank (A) with suitable word.

① at your earliest convenience
② by the time we arranged
③ at their early convenience
④ to my company's satisfaction

해설

「빈 칸 (A)에 가장 적절한 단어를 채우시오.」
①「귀사가 편리한 시기에 조속히」
 - 빈 칸에 문맥상 가장 잘 어울린다.
②「우리가 제안한 시간까지」
③「그들의 편리한 시기에 조속히」
④「당사가 만족스럽게」

42 Which of the following best fits the blank?

( ) are used for taking goods from a port out to a ship, or vice versa. They can also do the same work as a barge.

① Car ferry   ② Oil-tanker   ③ Lighters   ④ Trailors

해설

「빈 칸에 가장 알맞은 것은 다음 중 어느 것인가?」
( )은 항구에서 선박으로 물품을 싣거나 내릴 때 사용되는 것이다. 바지선과 같은 일을 한다.
부선(Lighters)에 대한 설명이다. 부선이란 항만내에서 짧은 거리의 해상운송에 사용되는 동력을 갖고 있는 소형선을 말한다. 예인선에 의해서 예인되는 부선을 Barge라고 하고 기관을 설치하여 스스로 운항하는 부선을 Lighter라고 한다.
▶ vice versa : 거꾸로, 반대로

41.① 42.③ **정답**

[43~44] Read the following and answer the questions.

> We were surprised to receive your letter of 20 November in which you said you had not received payment for invoice No.1555. We instructed our bank, Seoul Bank to ((A)) your account in HSBC London, with USD2,000,000 on 2nd November. As our bank statement showed the money had been debited from our account, ((B)) as well. It is possible that your bank has not advised you yet.
>
> Yours sincerely,

43 Fill in the blank (A).

① credit   ② debit   ③ sort out   ④ draw

당사는 청구서 No.1555에 대한 결제를 아직 받지 못했다는 귀사의 11월 20일 서신을 받고 놀랐습니다. 당사는 당사의 거래은행은 서울은행에게 11월 2일에 2백만 달러를 런던에 있는 HSBC은행의 귀사 계좌에 (A : credit, 입금)하라고 지시했습니다. 당사의 은행 계좌에는 당사의 계좌에서 이 금액이 차감된 것으로 보여서, (B : 귀사 계좌로 입금된 것으로 추정합니다.)귀사의 거래은행에서 아직 귀사에게 통지하지 않았을 수도 있습니다.

43.「빈 칸 (A)를 채우시오.」
문맥상 credit(입금하다)가 알맞다.
▶ credit : 대변, 신용거래, 입금하다   ▶ debit : 차변, 인출하다

44 What is best for blank (B)?

① We thought that it was double paid to your account

② We assumed that it had been credited to your account

③ We are certain that payment was in order

④ You may debit our account if you want

「빈 칸 (B)에 가장 알맞은 것은 무엇인가?」
①「귀사의 계좌에 이중으로 지급된 것으로 생각합니다.」
②「귀사 계좌로 입금된 것으로 추정합니다.」
 - 흐름상 가장 적절한 표현이다.
③「당사는 분명히 제대로 지급을 했습니다.」
④「귀사가 원하시면 당사의 계정에서 인출할 수도 있습니다.」

정답 43.① 44.②

45 Which sentence is MOST proper for the blank?

> Thank you for submitting your proposal. (   ), as it is still too early to judge whether or not we will be needing to hire an outside house to take care of the website redesign.

① I accept your proposal
② Perhaps we could work together to make this project happen
③ Please let us know the final result of this bid
④ I'm afraid my response will be delayed

「빈 칸에 가장 적절한 문장은 어느 것인가?」

> 귀사의 제안을 잘 받았습니다. 당사가 웹사이트의 재디자인을 외부 업체에게 맡기는 것이 필요할지 아닌지를 결정하기엔 아직 이르므로, (   ).

①「귀사의 제안을 수락합니다.」
②「이 프로젝트의 구현을 위해 함께 일을 할 수 있을 것 같습니다.」
③「이 입찰의 최종 결과를 알려주세요.」
④「저의 답신이 늦어질 것 같습니다.」
- 문맥의 흐름상 선지 ④번이 가장 잘 어울린다.

▶ take care of : ~을 책임지고 떠맡다, ~을 돌보다

46 Which of the following statements about Stand-by L/C is NOT correct?

> (a)A Stand-by Letter of Credit ('SBLC') can be used as a safety mechanism in a contract for service. (b)A reason for this will be to hedge out risk. In simple terms, (c)it is a guarantee of payment which will be issued by a bank on the behalf of a client and which is perceived as the "payment of last resort". (d)This will usually be avoided upon when there is a failure to fulfill a contractual obligation.

① (a)   ② (b)   ③ (c)   ④ (d)

「보증신용장에 대한 설명으로서 옳지 않은 것은 다음 중 어느 것인가?」

> (a) 보증신용장(SLBC)은 서비스 계약의 안전장치로 사용될 수 있다. (b)이런 이유로 위험에 대비할 수 있다. 간단히 말해서, (c) 은행은 의뢰인을 대신하여 지급보증서를 발급하는데 이는 "최종 지급수단"으로 여겨진다. (d) 이것은 통상적으로 계약의 의무를 충족시키지 못할 경우를 회피하기 위한 것이다.

(d)보증신용장은 계약상의 의무를 다하지 못할 경우를 대비하기 위한 것이다. avoid를 protect로 바꿔줘야 한다.

▶ hedge out risk : 위험에 대비하다
▶ in simple terms : 간단히 말해서
▶ perceive : ~로 여기다
▶ payment of last resort : 최종 지급수단

정답 45.④ 46.④

47 Which is NOT correct when the underlined ones (ⓐ~ⓓ) are replaced with the word(s) given.

> 당사는 귀사 앞으로 12월 10일까지 유효한 총액 10,000달러에 대한 취소불능 신용장을 발행하도록 지시했습니다.
> → We have ⓐinstructed our bank to open an irrevocable letter of credit ⓑin your favor ⓒfor the sum of USD10,000 ⓓvalid until December 10.

① ⓐ instructed → arranged with
② ⓑ in your favor → in favor of you
③ ⓒ for the sum of → amounting to
④ ⓓ valid → expired

「밑줄 친 ⓐ~ⓓ를 다음과 바꿔 쓸 때 옳지 않은 것은 어느 것인가.」
▶ valid : 유효한 ↔ expire : 기간이 만료된

48 Which is best for the blank?

> Under UCP 600, terms such as "first class", "well known", "qualified", "independent", "official", "competent" or "local" used to describe the issuer of a document allow (   ).

① any issuer including the beneficiary to issue that document.
② any issuer except the beneficiary to issue that document.
③ certain issuer in the L/C to issue that document.
④ issuer who is not known to the beneficiary to issue that document.

「빈 칸에 가장 알맞은 것은 어느 것인가.」
> 서류의 발행인을 기술하기 위하여 사용되는 "일류의", "저명한", "자격 있는", "독립적인", "공인된", "유능한" 또는 "국내의"와 같은 용어는 수익자 이외의 모든 서류발행인이 서류를 발행하는 것을 (any issuer except the beneficiary to issue that document)허용한다. ([UCP600 제3조 해석])

①「수익자를 포함한 모든 서류 발행인이 서류를 발행하는 것」
③「서류를 발행할 있는 신용장 상의 어떤 발행인」
④「서류를 발행할 수익자로 알려지지 않은 발행인」

정답 47.④ 48.②

49 Chose what is NOT correct 1) ~ 3).

> According to CISG provision, the seller may declare the contract avoided;
> 1) _____
> 2) _____
> 3) _____

① If the failure by the buyer to perform any of his obligations under the contract or this Convention amounts to a fundamental breach of contract.

② If the buyer does not, within the additional period of time fixed by the seller, perform his obligation to pay the price.

③ If the buyer does not, within the additional period of time fixed by the buyer, perform his obligation to deliver the goods.

④ If the buyer declares that the buyer will not perform his obligation to pay the price or take delivery of the goods within the period within the additional period of time fixed by the seller.

50. Which of the following words is NOT appropriate for the blanks below?

> Demurrage and detention is mostly associated with imports although it may happen in the case of exports as well. ((a)) is a charge levied by the shipping line to the importer in cases where they have not taken delivery of the full container and move it out of the port/terminal area for unpacking within the allowed free days. ((b)), on the other hand, is a charge levied by the shipping line to the importer in cases where they have taken the full container for unpacking (let's say within the free days) but have not returned the empty container to the nominated empty depot before the expiry of the free days allowed.
>
> If a customer took the full box out of the port/terminal on the 7th of July which is within the free days (expiring on the 8th of July), but returned the empty container to the line's nominated depot only on the 19th of July. So, the shipping line will be eligible to charge the consignee ((c)) for 11 days from the 9th July (after expiry of free days) till the 19th July at the ((d)) fixed by the line.

① (a) Demurrage ② (b) Detention
③ (c) demurrage ④ (d) commission

「다음의 빈 칸에 적합하지 않은 단어는 다음 중 어느 것인가?」

> 체화료와 지체료는 수출의 경우에도 일어나지만 대부분 수입과 관련되어 있다. (a : 체화료)는 화주가 정해진 허용된 시간 내에 만재 컨테이너의 인도를 수령하지 않고 포장의 해체를 위해 항구/터미널 구역 밖으로 옮기지 않을 경우 선사가 수입상에게 부과한다. 다시 말해, (b : 지체료)는 수입상이 포장의 해체를 위해 (말하자면 허용된 시간 내에) 만재 컨테이너를 수령은 했으나 허용된 시간의 만료 이전에 지정된 빈 창고로 빈 컨테이너를 반환하지 않을 경우 선사가 수입상에게 부과한다. 허용된 기간(7월 8일에 만료되는)인 7월 7일에 부두/터미널에서 전체 물품을 수령했지만 빈 컨테이너를 7월 19일에 선사의 지정된 창고로 반환하였다. 그러면, 선사는 7월 9일(허용된 기간의 만료 후)부터 선사가 정한 (d : 수수료)를 7월 19일까지의 11일에 대하여 수하인에게 (c : 체화료)를 부과할 수 있다.

- 컨테이너를 허용기간 내에 반환하지 못했을 경우 수입상이 부담하는 것은 지체료(detention charge)이다. 이 경우 선사는 정해진 지체료(detention charge)를 수입상에게 부과한다. 이에 따라 빈칸 (c)와 (d)는 모두 지체료(detention charge)가 되어야 하므로 출제오류로 중복정답 처리되었다.

▶ be associated with : ~와 관련되다 ▶ nominated empty depot : 지정된 빈 창고[구역]
▶ be eligible for : ~할 자격이 있다

정답 50. ③,④

03 무역실무

51 대금이 물품의 중량에 의하여 지정되는 경우, 의혹이 있을 때 대금은 무엇에 의해 결정되는가?

① 총중량
② 순중량
③ 순순중량
④ 정미중량

해설 중량이 불확실할 때에 기준이 되는 중량은 순중량(Net Weight)이다.
- 총중량(Gross Weight) : 포장을 포함한 중량
- 순중량(Net Weight) : 총중량에서 용기를 제외한 물품의 중량
- 정미중량(Net Weight) : 순순중량과 같은 의미이다. 물품의 겉껍질을 뺀 내용물의 무게를 말한다.
  예 : 옥수수껍질을 벗겨낸 후의 옥수수

> If the price is fixed according to the weight of the goods, in case of doubt it is to be determined by the net weight.
> 「대금이 물품의 중량에 따라 지정되는 경우에 이에 의혹이 있을 때에는, 그 대금은 순중량에 의하여 결정되어야 한다.」[CISG 제56조]

52 Incoterms 2020의 FOB 조건에 관한 설명 중 옳지 않은 것은?

① 선적항에서 매수인이 지정한 본선에 계약상품을 인도하면 매도인의 인도 의무가 완료된다.
② FOB 조건은 매도인이 물품을 본선 갑판이 아닌 CY에서 인도하는 경우에도 사용한다.
③ FOB 조건은 FAS 조건에 매도인의 본선적재 의무가 추가된 조건이다.
④ 매수인은 자기의 책임과 비용부담으로 운송계약을 체결하고 선박명, 선적기일 등을 매도인에게 통지하여야 한다.

해설 매도인이 물품을 CY에서 인도하는 경우에는 FOB가 아니라 FCA조건이 사용된다. FOB 조건에서 매도인은 매수인이 지정한 선박의 갑판상에 본선적재(on board)할 때 인도의 의무를 다한 것이다.

51.② 52.② **정답**

53 국제물품매매계약에 관한 UN협약(CISG, 1980)상 계약 위반에 따른 손해배상책임과 면책에 대한 내용으로 옳지 않은 것은?

① 매도인이 매수인으로 부터 공급받은 원자재를 이용하여 물품을 제조하여 공급하기로 한 계약에서 원자재의 하자로 인하여 물품이 계약에 불일치하는 경우에는 매도인은 면책된다.
② 계약당사자가 계약체결 시 예견하지 못한 장해가 발생하여 계약의 이행이 불가능해지는 경우에 의무위반 당사자는 면책된다.
③ 면책은 양당사자가 모두 주장할 수 있으며 모든 의무에 적용이 된다.
④ 계약불이행 당사자는 계약체결 시 예견하지 못한 장해가 존속하는 기간 동안 손해배상책임으로부터 면제되며 그 장해가 제거된다 하더라도 그 당사자의 의무가 부활되는 것은 아니다.

[해설] 계약불이행 당사자는 계약체결 시 예견하지 못한 장해가 존속하는 기간 동안 손해배상책임으로부터 의무위반 당사자는 면책된다. 그러나 그 장해가 제거되면 면책에서 벗어나므로 당사자의 의무는 존속하게 된다.

54 내국신용장의 설명으로 옳지 않은 것은?

① 원신용장을 견질로 하여 발행되는 신용장이다.
② local credit이라고 한다.
③ 사용면에서 양도가능 신용장과 유사하다.
④ 수입국의 개설은행이 지급확약을 한다.

[해설] 내국신용장은 수출국의 원수출자의 요청에 따라 국내의 은행이 개설은행이 되어 국내공급업체에게 개설한다.

55 포페이팅(Forfaiting) 거래방식의 설명으로 옳은 것은?

① 포페이터(forfaiter)의 무소구조건부 어음의 할인매입
② 포페이터(forfaiter)의 조건부 지급확약
③ 포페이터(forfaiter)의 무조건부 지급확약
④ 포페이터(forfaiter)의 소구권부 어음의 할인매입

[해설] 포페이팅 거래방식에서 포페이터는 수출상이 발행한 어음에 대해서는 무소구조건부로 할인매입한다. 소구(with recourse)란 수출상에게 대금을 선지급한 수출포페이터(신용장 거래에서는 매입은행)가 추후 수입포페이터로부터 대금을 받지 못한 경우 자신이 수출상에게 선지급했던 대금을 되돌려 달라고 요구할 수 있는 권리를 말한다.

정답 53.④ 54.④ 55.①

56 다음 내용은 해상운임 관련 부대운임 중 무엇에 대한 설명인가?

> 대부분의 원양항로에서 수출화물이 특정기간에 집중되어 화주들의 선복수요를 충족시키기 위해 선박용선료, 기기확보 비용 등 성수기 비용상승을 보전받기 위해 적용되고 있는 할증료

① Port Congestion Charge   ② Peak Season Surcharge
③ Detention Charge   ④ Demurrage Charge

해설 성수기할증료(Peak Season Surcharge)에 대한 설명이다. 성수기 때 물량 증가로 컨테이너 수급불균형 및 항만의 혼잡 심화에 따른 비용 상승에 대한 할증료를 말한다.
▶ Port Congestion Charge : 체선할증료   ▶ Detention Charge : 컨테이너 반환 지체료
▶ Demurrage Charge : 체화료

57 해상적하보험의 보험기간과 관련된 설명으로 옳지 않은 것은?

① 해상적하보험은 일반적으로 항해보험형태를 취한다.
② 운송약관(transit clause)에 따라 보험기간이 개시된 후 피보험화물이 통상의 운송과정을 벗어나더라도 보험자의 책임은 계속된다.
③ 2009년 협회적하약관(ICC)에서의 보험기간은 1982년 ICC상의 보험기간보다 확장되었다.
④ 보험기간과 보험계약기간은 일치하지 않을 수도 있다.

해설 보험자의 책임은 화물이 보험증권에 기재된 지역의 창고에서 선적항으로 운송되는 것으로 시작되고 도착항에서 최종 창고나 보관장소에 인도될 때 종료된다. 또한 통상의 운송과정을 벗어나 운송을 하는 경우 적하보험에서 담보하지 않으므로 보험자는 면책된다.

58 내국신용장과 구매확인서의 비교 설명으로 옳지 않은 것은?

구분		내국신용장	구매확인서
㉠	관련법규	무역금융관련규정	대외무역법
㉡	개설기관	외국환은행	외국환은행, 전자무역기반사업자
㉢	개설조건	원자재 금융한도	제한없이 발급
㉣	발행제한	2차까지 개설 가능 (단, 1차 내국신용장이 완제품 내국신용장인 경우에는 차수 제한 없음)	차수 제한 없이 순차적으로 발급가능

① ㉠   ② ㉡   ③ ㉢   ④ ㉣

해설 내국신용장도 구매확인서와 마찬가지로 차수 제한없이 순차적으로 발급이 가능하다.

56.② 57.② 58.④ **정답**

59 UN국제물품복합운송조약 상 복합운송서류의 유통성 조건에 해당되지 않는 것은?

① 지시식 또는 지참인식으로 발행
② 지시식의 경우 배서에 의해 양도
③ 지참인식의 경우 배서에 의해 양도
④ 복본으로 발행되는 경우 원본의 통수를 기재

해설 지참인식(소지인식 : bearer)의 경우 선하증권의 소지인은 누구라도 수하인이 되어 물품을 인도받을 수 있으므로 배서에 의한 양도 없이도 유통시킬 수 있다.

60 함부르크규칙(Hamburg rules) 상 화물인도의 지연에 따른 운송인의 책임으로 옳은 것은?

① 화물운임의 2배반에 상당하는 금액   ② 화물운임의 2배에 상당하는 금액
③ 화물운임의 3배반에 상당하는 금액   ④ 화물운임의 3배에 상당하는 금액

해설 함부르크규칙(Hamburg rules)에서는 인도지연에 대한 운송인의 책임은 총운임의 범위 내에서 해당 화물운임의 2.5배로 제한하고 있다.

61 협회적하약관(2009) ICC(A),(B),(C) 조건 모두에서 보상하는 손해로 옳지 않은 것은?

① 지진 · 화산의 분화 · 낙뢰   ② 피난항에서의 화물의 양륙
③ 육상운송용구의 전복 · 탈선   ④ 본선 · 부선 · 운송용구의 타물과의 충돌 · 접촉

해설 지진 · 화산의 분화 · 낙뢰는 ICC(A),(B)에서만 담보하는 위험이다. ICC(C)에서는 면책이다.

62 협회적하약관(2009) ICC(A) 조건에서 보험자의 면책위험으로 옳지 않은 것은?

① 피보험자의 고의적인 위법행위   ② 운항자의 지급불능
③ 동맹파업위험   ④ 해적행위

해설 해적(pirates), 절도(provers), 군함(men-of-war) 등은 해상위험(perils on the seas)으로 ICC(A)조건에서 보험자의 담보위험이다.

63 포괄보험제도를 활용한 해상보험 방법이 아닌 것은?

① Floating Policy   ② Open Cover
③ Open Account   ④ Open Slip

해설 Open Account(청산계정)는 결제방식의 하나로서 해상보험과는 아무런 연관성이 없다. 포괄보험제도를 활용한 해상보험 방법으로서는 선명미상예정보험(Floating Policy), 포괄예정보험(Open Cover), 포괄보험신청서(Open Slip)이 있다.

정답   59.③   60.①   61.①   62.④   63.③

64 클레임 해결방법 중 하나인 알선(intercession)에 대한 설명으로 옳지 않은 것은?

① 공정한 제3자 기관이 당사자의 일방 또는 쌍방의 의뢰에 의하여 클레임을 해결하는 방법이다.
② 알선은 강제력이 있다.
③ 알선은 중재와는 달리 형식적 절차를 요하지 않는다.
④ ADR에서 타협 다음으로 비용과 시간차원에서 바람직한 해결방법이다.

해설 알선은 제3자가 개입하여 쌍방의 화해를 유도하여 원만하게 분쟁을 해결하려는 제도로서 알선 제안에는 강제력이 없다.

65 극히 경미한 손상으로 클레임을 제기하기에 무리가 있는 경우나 무역계약 성립 후 시세가 하락하여 수입업자가 손해를 입을 것으로 예상되는 경우에 감가의 구실로 제기 하는 클레임의 종류는?

① 일반적인 클레임　　　② 계획적 클레임
③ 마켓 클레임　　　　　④ 손해배상 클레임

해설 마켓 클레임(Market Claim)에 대한 설명이다. 시황클레임(Fluctuation Claim)이라고도 한다.

[표] 클레임의 유형

유형		내용
	일반적 클레임	매매당사자 중 일방의 과실 또는 태만에 의하여 발생되는 것으로서 가장 흔하게 발생하는 클레임이다.
	마켓 클레임 (market claim)	도덕심이 낮은 매수인이 클레임이 되지도 않을 정도의 작은 과실을 구실로 하여 매입가격을 낮추기 위하여 제기하는 클레임
	계획적 클레임	매매당사자의 순전한 악의와 고의적인 것에 의한 것

66 중재에 의하여 사법상의 분쟁을 적정, 공평, 신속하게 해결함을 목적으로 하는 중재법에 관한 설명으로 틀린 것은?

① 법원은 중재법에서 정한 경우를 제외하고는 이 법에 관한 사항에 관여할 수 없다.
② 중재합의는 독립된 합의 또는 계약에 중재조항을 포함하는 형식으로 할 수 있다.
③ 중재인의 수는 당사자 간의 합의로 정하나, 합의가 없으면 중재인의 수는 5명으로 한다.
④ 중재판정은 양쪽 당사자 간에 법원의 확정판결과 동일한 효력을 가진다.

해설 중재인의 수는 당사자 간의 합의로 정하나, 서로 약정되지 않았다면 중재인의 수는 3명으로 한다.

64.② 65.③ 66.③ **정답**

67 매도인의 계약위반에 따른 매수인의 권리구제수단으로 옳지 않은 것은?

① 물품명세의 확정
② 추가기간의 지정
③ 대체품 인도청구
④ 대금감액청구

해설) 물품명세의 확정은 매수인의 계약위반에 대한 매도인만의 권리구제수단이다. 물품의 명세를 매수인이 지정하는 경우 약정된 기한까지 매수인이 명세를 확정하지 않으면 매도인이 작성한 물품명세서가 구속력을 갖는다.

68 송금방식의 특징으로 옳지 않은 것은?

① 은행수수료가 저렴하다.
② 어음법의 적용을 받지 않는다.
③ 결제상의 위험을 은행에 전가할 수 있다.
④ 적용되는 국제 규칙이 없다.

해설) 송금방식(T/T)은 은행을 경유하여 선적서류가 전달되는 것이 아니라 매도인에게서 매수인에게 직송되고 매수인은 단지 은행을 통해서 대금지급만을 하는 결제방식이다. 서류의 인도 과정에 은행이 개입하지 않으므로 결제상의 위험을 은행에 전가할 수 없다. 결제위험의 전가는 신용장 방식에서 이용될 수 있다.

69 Incoterms 2020 가격조건 중 그 뒤에 지정목적지(named place of destination)가 표시되는 조건으로 옳은 것은?

① FOB
② CFR
③ CIF
④ CIP

해설) 해상운송조건의 경우는 매도인의 비용부담 분기점이 도착지의 항구이므로 지정목적지가 표시되지 않는다. 반면 도착지인도조건인 D그룹의 경우에는 모두 가격조건 뒤에 지정목적지가 표시된다.

70 곡물류거래에서 선적품질조건에 해당되는 것으로 옳은 것은?

① T.Q.
② S.D.
③ R.T.
④ G.M.Q.

해설) 선적품질조건 : T.Q(Tale Quale)
양륙품질조건 : R.T(Rye Terms)
선적과 양륙품질조건의 혼합 형태 : S.D.(Sea Damage)
판매적격품질(G.M.Q) : 품질의 등급과는 상관없이 목적지에서 인도될 때 판매에 적합한 품질인지를 결정하는 조건이므로 양륙품질조건이다.

정답 67.① 68.③ 69.④ 70.①

71 기술도입계약에 있어 당사자 의무에 대한 설명으로 옳지 않은 것은?

① 기술제공자는 기술도입자에게 계약의 존속기간동안 기술제공의무가 부담된다.
② 기술제공자는 제공하는 기술에 대한 유효성을 보장해야 한다.
③ 기술도입을 위해 독점적 라이센스계약을 체결한 경우, 기술제공자는 제3자의 권리침해를 배제할 의무가 있다.
④ 기술도입자는 계약을 통해 정해진 시기와 방법에 따라서 기술제공자에게 기술료를 제공해야 한다.

해설 기술도입을 위해 독점적 라이센스계약을 체결한 경우, **기술도입자**는 제3자의 권리침해를 배제할 의무가 있다. 즉 기술도입자는 제3자가 자신이 도입한 라이센스를 사용할 수 없도록 적극 방어해야 한다.

72 복합운송인의 책임에 관한 법제도와 책임한도에 대한 설명으로 옳지 않은 것은?

① 이종책임체계(network liability system)는 손해발생구간이 확인된 경우와 확인되지 않은 경우로 나누어 각각 다른 책임법제를 적용하는 방법이다.
② 복합운송인은 화물의 손해가 복합운송인의 관리하에 있는 경우에 책임을 져야 하지만 그 결과를 방지하기 위해 모든 조치를 취한 경우는 예외이다.
③ 수화인은 화물의 인도예정일로부터 연속하여 90일 이내에 인도지연의 통지를 하지 않으면 인도 지연으로 인한 손해배상청구권이 상실된다.
④ 화물의 인도일로부터 2년이 경과한 법적 절차나 중재절차의 개시는 무효이다.

해설 함부르크 규칙에서는 상당한 인도기간 경과 후 **60일** 이내에 인도가 되지 않는 경우에 화주는 그 화물이 멸실된 것으로 취급할 수 있도록 하고 있다.[함부르크 규칙, 제1조 6항]

73 관세법의 법적 성격에 대한 설명으로 적절하지 않은 것은?

① 관세법은 행정법의 일종으로 관세의 부과·징수와 통관절차에 대한 규율을 중심으로 하고 있기 때문에 권력행위로서 부담적 행정행위가 대부분을 차지한다.
② 관세는 수입되는 물품에 대해 부과된다는 점에서 보통세, 소비행위를 전제로 한다는 점에서 소비세, 다른 조세와 상관없이 과세한다는 점에서 독립세이다.
③ 관세법은 다수의 WTO협정, 세계관세기구(WCO)협약, 특정국과의 협정, 일반적으로 승인된 국제법규가 관세제도나 관세율로서 반영되어 있다.
④ 관세법은 상품이 국경을 통과하여 이동하는 수출, 수입, 또는 경유하는 과정에서 폭발물 차단, 마약단속 등의 불법적인 차단이라는 점에서 통관절차법적 성격이 있다.

해설 국세는 내국세와 관세로 구분되며 관세는 보통세가 아닌 그냥 관세이다. 보통세는 소득세, 법인세, 상속세, 증여세, 부가가치세, 개별소비세 등을 말한다.

71.③ 72.③ 73.② **정답**

74 eUCP에 대한 설명으로 옳지 않은 것은?

① 준거문언에 따라 UCP의 부칙으로 적용한다.
② eUCP 신용장에 UCP600이 적용된다.
③ eUCP와 UCP600이 상충하는 경우 eUCP가 적용된다.
④ eUCP는 종이서류 상 신용장 개설과 통지에 있어서도 적용된다.

해설 c. If a eUCP Credit allows the Beneficiary to choose between presentation of paper documents or electronic records and it chooses to present only paper documents, the UCP alone shall apply to that presentation. If only paper documents are permitted under a eUCP Credit the UCP alone shall apply.
「만일 eUCP신용장이 수익자에게 전자기록과 종이서류의 제시를 선택할 수 있도록 허용하고 수익자가 종이서류의 제시만을 선택한 경우 그 제시에 대해서는 UCP만 적용된다. **eUCP신용장이 종이서류만을 허용한 경우 UCP만 적용된다.**」[eUCP 제2조]

75 Incoterms 2020에 대한 설명으로 부적절한 것은?

① 이전 버전과 같이 운송수단에 따라 2개 그룹으로 나뉜다.
② DAT규칙은 DPU규칙으로 변경되었으나 매도인의 위험과 비용은 DPU규칙에서도 동일하게 적용된다.
③ CPT규칙과 CIP규칙에서 매도인은 목적지에서 양하 의무가 없다.
④ CIF규칙과 CIP규칙에서 매도인의 부보의무는 ICC(C)에 해당하는 최소부보 의무로 이전 버전과 같이 유지되었다.

해설 CIF규칙과 CIP규칙에서 매도인의 부보의무는 **ICC(A) 또는 ICC(A/R)에 해당하는 최대부보 의무로 이전 버전과 다르게** 규정하였다.

정답 74.④ 75.④

제 118회 1급 기출해설
(2020년 제2회)

01 영문해석

01 Followings are the clauses frequently used for a sales contract. Which of the following clauses LEAST represent 'Entire Agreement' between the seller and the buyer?

① This Agreement together with the Plan supersedes any and all other prior understandings and agreements, either oral or in writing, between the parties with respect to the subject matter hereof and constitutes the sole and only agreement between the parties with respect to the said subject matter.

② This Agreement alone fully and completely expresses the agreement of the parties relating to the subject matter hereof. There are no other courses of dealing, understanding, agreements, representations or warranties, written or oral, except as set forth herein.

③ The failure of any party to require the performance of any term or obligation of this Agreement, or the waiver by any party of any breach of this Agreement, shall not prevent any subsequent enforcement of such term or obligation or be deemed a waiver of any subsequent breach.

④ This Agreement is intended by the parties as a final expression of their agreement and intended to be a complete and exclusive statement of the agreement and understanding of the parties hereto in respect of the subject matter contained herein.

01.③ 정답

해설 「다음은 매매계약서에 자주 사용되는 조항들이다. 매도인과 매수인 간의 '완전합의조항'을 나타내는 것으로 보기 어려운 것은 다음 중 어느 것인가?」

① 「더 플랜과의 본 계약은 본 건과 관련된 양당사자 간의 다른 어떤 구두이던 문서로 된 양해사항이나 계약을 대체하며, 언급된 본 건과 관련하여 양당사자간의 독립적이며 유일한 합의로 간주한다.」

② 「본 계약은 본 건과 관련하여 양당사자 간의 독립적이고 충분하며 완전하게 표시된 합의이다. 여기에 기재된 것 이외의 기술된 거래, 양해사항, 합의, 대표 또는 보증, 문서 또는 구두 사항은 인정되지 않는다.」

③ 「어느 일방이 이 계약의 기간이나 의무의 이행을 요구하지 않거나, 이 계약의 위반에 대해 어느 일방의 권리포기를 하지 않았다고 해서 그러한 기간이나 의무의 후속 집행을 방지하거나 후속 위반의 포기로 간주되어서는 안 된다.」 - 권리불포기조항(Non-Waiver Clause)에 대한 문구이다.

④ 「본 계약은 양당사자 간에 최종적인 계약의 의사표시와 여기에 기술된 본 건과 관련하여 양당자사간의 완전하고도 배타적인 계약과 양해사항의 합의로 간주된다.」

▶ supersede : 대체하다, 대신하다 ▶ oral or in writing : 구두 또는 문서로
▶ with respect to : ~과 관련하여 ▶ constitute : 구성하다, 간주하다
▶ fully and completely : 완전하고도 충분한
▶ except as set forth herein : 여기에 기술된 것을 제외하고
▶ subsequent enforcement : 후속되는 행위(집행) ▶ be deemed[intended] : ~ 로 간주하다

02 What is the purpose of the following correspondence?

> Dear Mr. Mike,
>
> We have organized a series of online coaching clinic for middle schools' table tennis coaches this winter. For the virtual training, we would like to provide all registered participants with a tablet PC for interactive real-time communication. I saw a catalogue with my colleague showing your company's ranges of tablets. We are planning to make an order for more than 1,000 sets at a time. Is there a discount package available for a bulk purchase? I will also like to know the minimum price if we order for 15 or more desktop PCs with webcam.

① Request for Proposal (RFP)
② Request for Quotation (RFQ)
③ Purchase Order
④ Firm Offer

정답 02. ②

해설 「다음 서신의 목적은 무엇인가?」

> 마이크 씨 안녕하세요.
> 당사는 이번 겨울 중학교 탁구 코치 선생님들을 위한 온라인 코칭 클리닉을 준비했습니다. 가상현실훈련을 위해, 당사는 모든 등록자들에게 쌍방향 실시간 대화를 위한 태블릿 PC를 제공하고자 합니다. 저는 귀사의 태블릿 제품군을 저의 동료와 카타로그에서 보았습니다. 당사는 이번에 1천 세트 이상의 주문을 하고자 합니다. 대량구매에 대한 패키지 할인이 있는지요? 저는 웹캠이 장착된 데스크탑을 15대 이상 주문할 경우 최저가격을 알고 싶습니다.

① 「사업제안서의 요청」
② 「견적서의 요청」
 - 태블릿PC의 주문에 대한 가격 견적을 요청하고 있는 서신이다.
③ 「주문서」
④ 「확정청약」

▶ virtual training : 가상현실훈련   ▶ interactive real-time communication : 쌍방향 실시간 대화

03 Select the wrong explanation of definitions under the UCP 600.

① Advising bank means the bank that advises the credit at the request of the issuing bank.
② Applicant means the party on whose request the credit is issued.
③ Beneficiary means the party in whose favour a credit is issued.
④ Honour means to incur a deferred payment undertaking and pay at maturity if the credit is available by sight payment.

해설 「UCP600에 따라 정의의 잘못된 설명을 고르시오.」
① 「통지은행이라 함은 개설은행의 요청에 따라 신용장을 통지하는 은행을 말한다.」
② 「개설의뢰인이란 신용장이 개설되도록 요청하는 당사자를 말한다.」
③ 「수익자란 그 자신을 수익자로 하여 신용장을 발행받는 당사자를 말한다.」
④ 「지급이행이란 신용장이 일람지급에 의하여 사용될 수 있는 경우 연지급확약의무를 부담하고 만기일에 지급하는 것」
 - 지급이행이란 신용장이 **연지급에 의하여** 사용될 수 있는 경우 연지급확약의무를 부담하고 만기일에 지급하는 것[Honour means to incur a deferred payment undertaking and pay at maturity if the credit is available **by deferred payment**.]

04 Which documentary credit enables a beneficiary to obtain pre-shipment financing without impacting his banking facility?

① Standby L/C   ② Red clause L/C
③ Revolving L/C   ④ Back-to-back L/C

해설 「수익자가 거래은행의 절차 없이 선적 전 금융을 활용할 수 있는 화환신용장은 어느 것인가?」
 - 전대신용장(Red clause L/C)에 대한 설명이다.
▶ pre-shipment financing : 선적 전 금융

03. ④ 04. ② **정답**

05 Under the UCP 600, which of the below shipments will be honoured on presentation?

> A documentary credit for USD 160,000 calls for instalment ships of fertilizer in February, March, April and May. Each shipment is to be for about 500 tonnes. Shipments were effected as follows:
> a. 450 tonnes sent 24 February for value USD 36,000.
> b. 550 tonnes sent 12 April for value USD 44,000.
> c. 460 tonnes sent 30 April for value USD 36,800.
> d. 550 tonnes sent 04 June for value USD 44,000.

① a only
② a and b only
③ a, b, and c only
④ none

「UCP600에 따라, 서류 제시 시에 다음의 어떤 선적에 지급이 될 것인가?」

16만 달러짜리 화환신용장에서 2월, 3월, 4월 그리고 5월에 걸친 비료의 할부선적을 요구하고 있다. 각 선적은 약 500톤씩이다. 선적은 다음과 같이 이루어졌다.
a. 36,000달러 상당의 450톤을 2월 24일에 선적
b. 44,000달러 상당의 550톤을 4월 12일에 선적
c. 36,800달러 상당의 460톤을 4월 30일에 선적
d. 44,000달러 상당의 550톤을 6월 4일에 선적

할부선적의 경우 정해진 기간에 정해진 양을 선적하지 못하면 해당 선적분뿐만 아니라 이후의 선적은 모두 무효가 된다. a의 선적 후 3월분의 선적이 있어야 하는데 이행을 하지 못했으므로 b, c와 d 모두 무효이다. 이에 따라 유효한 선적은 a의 선적 분뿐이다.

▶ call for : ~을 요구하다   ▶ fertilizer : 비료

06 Which of the following statement about a B/L is LEAST correct?

① A straight B/L is a NEGOTIABLE DOCUMENT.
② An order B/L is one of the most popular and common form of bill of lading issued.
③ When a straight bill of lading is issued, the cargo may be released ONLY to the named consignee and upon surrender of at least 1 of the original bills issued.
④ A straight B/L could be used in international transaction between headquarter and branch.

정답   05.①   06.①

 「선하증권에 대한 설명으로서 가장 옳지 않은 것은 다음 중 어느 것인가?」
① 「기명식 선하증권은 유통증권이다.」
  - 기명식 선하증권은 기명된 자만이 물품의 인도를 요구할 수 있으며 배서에 의해 유통될 수 없다.
② 「지시식 선하증권은 가장 일반적이고 통상적으로 발행되는 선하증권 중의 하나이다.」
③ 「기명식 선하증권이 발행되면, 화물은 오직 기명된 수하인과 발행된 원선하증권 중 최소한 1통의 서렌더로만 인도된다.」
④ 「기명식 선하증권은 본사와 지사간의 국제거래에서 사용될 수 있다.」
  ▶ straight B/L : 기명식 선하증권   ▶ the most popular and common : 가장 대중적이고 통상적인
  ▶ be released : 인도되다, 발행되다

07 Select the best answer suitable for the blank.

> Premium means the (A) or sum of money, paid by the (B) to the (C) in return for which the insurer agrees to indemnify the assured in the event of loss from an insured peril. The insurer is not bound to issue a (D) until the premium is paid.

	(A)	(B)	(C)	(D)
①	consideration	assured	insurer	policy
②	consideration	insurer	assured	policy
③	fees	insurer	assured	certificate
④	fees	assured	insured	certificate

 「빈 칸에 가장 적절한 답을 고르시오.」

> 보험료는 담보위험에 기인한 손실이 일어난 경우 보험자가 피보험자에게 보상하는 것을 대가로 하여 (B :피보험자)가 (C :보험자)에게 지급하는 금액 또는 (A : 약인)을 말한다. 보험자는 보험료가 지불되기 전까지는 (D : 보험증권)을 발행할 의무가 없다.

▶ consideration : 약인, 지급의 약속   ▶ in return for : ~의 대가로, ~ 와 맞바꾸어
▶ insured peril : 담보위험   ▶ be bound to : ~할 의무가 있다

08 Select the best answer suitable for the following passage.

> Chartering term whereby the charterer of a vessel under voyage charter agrees to pay the costs of loading and discharging the cargo.

① FI   ② FO   ③ FIO   ④ FIOST

「다음 설명에 가장 적절한 답을 고르시오.」

> 항해용선계약에서 용선자가 화물의 선적 및 양하비용을 지불하는 것을 합의한 용선조건

용선계약에서 화물의 선적 및 양륙비용을 용선자가 부담하는 것을 FIO(Free In and Out)라고 한다.
▶ chartering term : 용선조건   ▶ loading and discharging the cargo : 화물의 선적 및 양륙

07.① 08.③ **정답**

09 Select the best answer suitable for the blank under letter of credit operation.

> The beneficiary usually (   ) after loading the goods on board to tender documentary drafts to the negotiating bank within expiry date.

① looks for business connection abroad
② dispatches to the importer Trade Circulars including catalogue
③ applies for the issuance of a Letter of Credit
④ prepares shipping documents and draws a draft for negotiation

 「신용장의 기능에 대해서 빈 칸에 가장 알맞은 답을 고르시오.」

> 수익자는 물품을 본선에 선적한 후 신용장의 유효기일 이내에 매입은행에게 서류를 넘기기 위해 통상적으로 선적서류를 준비하고 매입을 위한 환어음을 발행한다(④ prepares shipping documents and draws a draft for negotiation).」

①「해외거래처를 찾는다.」
②「카탈로그를 포함한 거래제안서를 수입상에게 송부한다.」
③「신용장의 개설을 신청한다.」
▶ tender : 제출하다, 제공하다   ▶ business connection abroad : 해외거래처

10 Select the best one which explains well the following passage.

> The shipping documents are surrendered to the consignee by the presenting bank upon acceptance of the time draft. The consignee obtaining possession of the goods is thereby enabled to dispose of them before the actual payment falls due.

① D/A   ② D/P   ③ Collection   ④ Open Account

 「다음 문장을 가장 잘 설명한 것을 하나 고르시오.」

> 선하증권은 기한부 환어음이 인수되면 제시은행에서 수하인에게로 양도된다. 수취인이 물품의 소유권을 갖는다는 것은 만기일에 실제 지급되기 전에 물품의 처분이 가능함을 말한다.

- 매수인은 환어음의 인수에 따라 대금의 지급없이 물품을 인도받은 후 만기일에 대금지급을 하는 결제방식이므로 D/A 거래이다.

정답   09.④ 10.①

11 Which of the followings is APPROPRIATE for (A)?

> (A) transaction is a sale where the goods are shipped and delivered before payment is due. This option is the most advantageous for the importer in terms of cash flow and cost, but it is consequently the highest risky option for an exporter. However, the exporter can offer competitive (A) terms while substantially mitigating the risk of non-payment by using one or more of the appropriate trade finance techniques, such as export credit insurance

① Telegraphic transfer ② Cash with order
③ Open account ④ Letter of credit

「(A)에 적절한 것은 다음 중 어느 것인가?」

(A)거래는 지급일이 오기 전에 물품이 선적되고 인도되는 경우의 거래이다. 이 조건은 현금 흐름과 비용에 있어서 수입상에게 가장 유리하지만, 수출상에겐 매우 높은 위험이 따르는 조건이다. 그러나, 수출상은 수출신용보험과 같은 둘 이상의 적절한 무역금융수단을 사용함으로써 지급불능의 위험을 상당히 완화할 수 있으므로 경쟁적인 (A) 조건을 제공할 수 있다.

- 대금지급이 이루어지기 전에 수출상이 수입상에게 물품을 인도한다는 것은 외상거래를 말하며 여기에 해당하는 결제방식은 청산계정(Open Account)이다.

▶ in terms of : ~ 면에서   ▶ consequently : 그 결과, 따라서   ▶ mitigating : 경감 사유[요인]

12 Followings are the replies to customer complaints. Which of the following is NOT appropriate?

> A. Thank you for taking time out of your busy schedule to write us and express your grievances on how our products and services do not meet up with your expectations.
> B. This is to confirm that I have seen your email. I look forward to receiving my consignment next week as you promised.
> C. However, we can neither receive the return nor refund you as you demanded. This is because of our company's policy. We make refunds only for orders whose complaints are received within two weeks of purchase.
> D. Despite our effort to deliver your order on time using Skynet Express Delivery Service, it's quite unfortunate that we didn't meet up with the time allotted for the delivery of those products.

① A ② B ③ C ④ D

11.③ 12.② **정답**

해설 「다음은 고객 불만에 대한 답신이다. 적절하지 않은 것은 다음 중 어느 것인가?」

A. 당사의 제품과 서비스가 얼마나 귀사의 기대에 미치지 못하는 지에 대한 귀사의 불만을 당사에 전하기 위해 귀사의 바쁜 일정에서 시간을 내주어서 감사합니다.
B. 당사는 귀사에게 이메일을 보냈음을 확인하고자 합니다. 당사는 귀사가 약속하신대로 다음 주에 당사의 주문품을 받을 수 있기를 바랍니다.
C. 그러나, 당사는 귀사의 요구대로 반품을 받거나 환불을 해 드릴 수 없습니다. 이것은 당사의 규정입니다. 당사는 구입 후 2주 이내에 접수된 주문 불만에 대해서만 환불을 해드리고 있습니다.
D. 스카이넷 익스프레스 딜리버리 서비스를 이용해서 제 때에 귀사의 주문을 발송하려고 최선을 다 했습니다만, 본 제품들의 인도에 시간을 제대로 맞추지 못하게 되어 매우 유감입니다.

- B는 매수인이 주문품의 적시 인도 요청을 확인하는 내용이므로 고객 불만에 대한 답신과는 상관이 없다.
▶ grievances : 불만, 고충   ▶ meet up with : ~을 충족하다
▶ the time allotted for: ~ 에 할당된 시간

13 Select the best answer suitable for the blank.

> We are (A) of being able to send you the (B) by the end of this week. We shall do (C) in our power to see that such an irregularity is not (D).

	(A)	(B)	(C)	(D)
①	convinced	substitute	all	replace
②	convinced	substitution	all	replace
③	confident	substitution	everything	replaced
④	confident	substitute	everything	repeated

 「빈 칸에 가장 알맞은 답을 고르시오.」

당사는 이번 주 말까지 교체품(B ; substitute)을 귀사에 보낼 수 있으리라 확신(A ; confident)합니다. 당사는 가능한 최선을 다하여(C ; everything)이러한 불편한 일이 다시 일어나지(D ; repeated) 않도록 하겠습니다.

- B는 매수인이 주문품의 적시 인도 요청을 확인하는 내용이므로 고객 불만에 대한 답신과는 상관이 없다.
▶ irregularity : 변칙, 이상, 불규칙
▶ be confident of : 의심하지 않다, 확신하다
▶ do everything in : ~ 에 최선을 다하다
▶ convince : 납득시키다, 설득하다, 확신시키다

정답 13.④

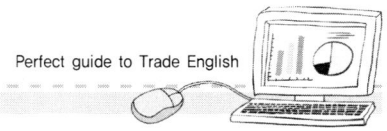

14 Which of the following is LEAST correct according to the discourse?

> Lee : Hello, Mr. Jung. Jack Lee speaking.
> Jung: Hello, Mr. Lee. I'm with SRG Electronics. And I was hoping to talk to you about our line of electronic parts.
> Lee : Oh, yes, I've heard of SRG. How are things going in Korea?
> Jung: Good, thanks. In fact, recently there's been a lot of demand for our parts, so we've been very busy.
> Lee : Glad to hear that. I'd certainly be interested in your prices.
> Jung: Well, I'm going to be in San Francisco next week and wondering if you have time to get together.
> Lee : When will you be here?
> Jung: Next Wednesday and Thursday. What does your schedule look like?
> Lee : Um… Let me check my calendar. Let's see, I have a meeting on Wednesday morning. How about Wednesday afternoon at about two o'clock?
> Jung: That is fine.

① Jung works for SRG Electronics.

② Jung and Lee will meet in San Francisco.

③ Jung and Lee already know each other before this phone call.

④ There are few customers in SRG Electronics.

해설 「대화에 따라 옳지 않은 것은 다음 중 어느 것인가?」

> 리 : 여보세요, 미스터 정, 잭 리입니다.
> 정 : 여보세요 미스터 리. 에스알지 일렉트로닉스입니다. 저는 당사의 전자부품군에 대해 귀사에게 말씀을 드리고 싶었습니다.
> 리 : 아 그래요, 에스알지는 저도 들었습니다. 한국에서는 어떻게 되고 있습니까?
> 정 : 좋습니다. 고맙습니다. 사실, 요즘 저의 부품에 대한 수요가 많아서 무척 바빴습니다.
> 리 : 반가운 소식이군요. 저는 귀사의 가격에 관심이 있습니다.
> 정 : 음, 제가 다음 주에 샌프란시스코에 갈 건데요 서로 만날 시간이 있으신지요.
> 리 : 여기 언제 오시는데요?
> 정 : 다음 주 수요일과 목요일입니다. 그쪽의 일정은 어떻게 되십니까?
> 리 : 음, 달력을 한 번 볼게요. 보자, 저는 수요일 아침에 미팅이 있네요. 수요일 오후 2시쯤이 어떻습니까?
> 정 : 네 좋습니다.

①「정은 에스알지일렉트로닉스에 근무한다.」
②「정과 리는 샌프란시스코에서 만날 것이다.」
③「정과 리는 전화 통화를 하기 전에 이미 서로 아는 사이다.」
④「에스알지일렉트로닉스는 고객이 거의 없다.」
  - 에스알지일렉트로닉스는 부품에 대한 고객 수요가 많아 매우 바쁘다는 표현을 볼 때 거래 고객이 많다는 것을 알 수 있다.

▶ discourse : 담론, 담화

14.④ **정답**

15 Who is doing export credit insurance agencies in Korea?

> In international trade, export credit insurance agencies sometimes act as bridges between the banks and exporters. In emerging economies where the financial sector is yet to be developed, governments often take over the role of the export credit insurance agencies.

① Korea International Trade Association
② K-Sure
③ Kotra
④ Korcham

「누가 한국에서 수출신용보험을 제공하는 업체인가?」

> 국제거래에서 수출신용보험업체는 은행과 수출상 사이에서 종종 다리 역할을 한다. 금융분야가 아직 발전되지 않은 개발도상국에서는 정부가 가끔 수출신용보험업체의 역할을 떠안기도 한다.

- 우리나라에서 수출신용보증업무를 하는 곳은 한국무역보험공사(K-Sure)이다.
 ▶ act as : ~의 역할을 하다   ▶ emerging economies : 개발도상국가
 ▶ take over : 넘겨받다, 이어받다   ▶ Korea International Trade Association : 한국무역협회
 ▶ Kotra : 대한무역투자진흥공사   ▶ Korcham : 대한상공회의소

16 Select the best answer suitable for the blank.

> ( ) letter of credit states : "Credit available with any bank, by negotiation for payment of beneficiary's draft at sight. The L/C is subject to UCP600".

① Irrevocable Open   ② Revocable Open
③ Irrevocable Special   ④ Revocable Special

「빈 칸에 가장 알맞은 답을 고르시오.」

> 본 신용장은 일람출급으로 매입에 의해 수익자에게 지급되는 방식으로 어느 은행에서나 사용할 수 있다. 본 신용장은 UCP600에 준거한다.

- 신용장은 취소불능이라는 표시가 없어도 취소불능이고 어느 은행에서나 매입에 의해 사용될 수 있다는 표현으로 볼 때 취소불능자유매입신용장(Irrevocable Open)에 대한 설명임을 알 수 있다.
 ▶ Irrevocable Special : 취소불능매입제한신용장

정답 15.② 16.①

17
Which of the followings is NOT appropriate for the reply to a claim letter?

① Upon investigation, we have discovered that defective goods sometimes filter despite rigorous inspection before shipment.

② Ten cases of T.V. Set for our order No. 10 per m/s "Chosun" have reached here, but we immensely regret to have to inform you that six units in C/N 10 are different in quality from the specifications of our Order.

③ As a settlement, we have arranged to reship the whole goods by the first ship available, with a special discount of 3% off the invoice amount.

④ After careful investigation, we could not find any errors on our part, because we took every effort to fill your order as evident from the enclosed certificate of packing inspection.

「클레임 제기 서신에 대한 답신으로서 적절하지 않은 것은 다음 중 어느 것인가?」
①「조사를 해보니, 선적 전에 철저한 검사를 했음에도 불량품이 종종 검출되고는 합니다.」
②「조선 호에 선적된 당사의 주문품 TV 10 세트가 이곳에 도착했는데, 10번 카톤에 있는 여섯 대가 당사 주문 사양의 품질과 다르다는 것을 알리게 되어 무척 유감입니다.」
 - 클레임 제기 서신에 대한 답장이 아니라 클레임을 제기하는 매수인의 서신이다.
③「해결방안으로서, 당사는 가능한 제일 먼저 출항하는 선박에 전체 물품을 재선적하고 송장금액에서 3%를 특별 감액하도록 조치를 했습니다.」
④「주의깊게 검사를 해봤는데, 동봉해드린 포장검사증명서를 증거에서 보듯이 당사는 최선을 다했기 때문에 당사 측의 잘못을 찾을 수 없었습니다.」
▶ rigorous inspection : 철저한[엄격한] 검사　　▶ immensely : 엄청나게, 대단히

18
Select the right one in regard to the situation.

> Documents presented under an L/C issued by Roori Bank are fully complied. The applicant has already made payment to his bank and then the issuing bank pays the negotiating bank. Some days after, the applicant finds that the goods are not in good quality. He goes to the issuing bank and requests the bank to refund such payment for him.

① Roori Bank has to refund payment to the applicant.

② Roori Bank has to ask for the opinion of the beneficiary.

③ Roori Bank shall ask refund of money to the beneficiary.

④ Roori Bank has no obligation to refund payment.

17.② 18.④ 정답

해설 「본 상황과 관련하여 옳을 것을 고르시오.」

> 루리은행에서 개설된 신용장에 따라 제시된 서류들은 조건에 충족되었다. 개설의뢰인은 이미 대금을 그의 거래은행에 지급했고 그에 따라 개설은행은 매입은행에 지급을 했다. 며칠 후 개설의뢰인은 물품이 좋은 품질이 아님을 알게 되었다. 그는 개설은행으로 가서 대금을 되돌려 달라고 그 은행에 요구했다.

① 「루리은행은 개설의뢰인에게 대금 환불을 해줘야 한다.」
② 「루리은행은 수익자의 의견을 요청해야 한다.」
③ 「루리은행은 수익자에게 대금의 반환을 요구해야 한다.」
④ 「루리은행은 대금 반환의 의무가 없다.」

— 신용장의 추상성의 원칙과 관련된 문제이다. 신용장 거래에서는 물품의 실제 도착, 수량 및 품질의 일치와 상관없이 수익자가 신용장에서 요구하는 조건을 충족한 서류를 제시하는 것으로만 심사하여 대금을 지불한다. 추후 매수인이 품질불량 등을 이유로 대금반환을 요구한다 하더라도 은행이나 수익자는 이에 응할 의무가 없다.

19 A credit requires an 'invoice' without further definition. Which of the following MUST be considered to be a discrepancy under UCP600?

> A commercial invoice:
> A. that appears to have been issued by the beneficiary.
> B. that is made out in the name of the applicant.
> C. that is made out in the different currency as the credit.
> D. for which the beneficiary did not sign.

① A only   ② A+B only
③ C only   ④ D only

 「신용장이 추가 규정없이 "invoice"를 요구했다. UCP600에 따라 불일치로 간주되는 것은 다음 중 어느 것인가?」

> A 상업송장 :
> A. 은 수익자가 발행한 것으로 보여야 한다.
> B. 은 개설의뢰인의 이름 앞으로 작성되어야 한다.
> C. 은 신용장과 다른 통화로 작성되어야 한다.
> D. 은 수익자가 서명을 하지 않았다.

— 상업송장은 수익자가 개설의뢰인 앞으로 발행하며 서명을 요구하지 않는다. 또한 상업송장에 기재된 통화는 신용장에서의 통화와 같아야 한다.

정답 19. ③

[20~21] Read the following and answer.

Thank you for your letter regarding opening an account with our company for trading our goods. Please fill in the enclosed *financial information* form for 3 years and provide us with two or more trade references as well as one bank reference.

Of course, all information will be kept in strict confidence.
Thank you very much for your cooperation.

Your sincerely,

20 Who is likely to be the writer?

① banker   ② seller   ③ buyer   ④ collector

당사의 제품으로 거래를 하자고 제안하신 귀사의 서신을 잘 받았습니다. 동봉해드린 양식에 3년 간의 재정정보를 기입하시고 2개 이상의 신용조회 은행을 당사에 제공해주시기 바랍니다.
물론 모든 정보는 극비로 취급될 것입니다. 협조에 대단히 감사합니다.

20.「누가 작성한 것으로 보이는가?」
- 매수인(buyer)의 신용거래(외상거래) 요청에 대해 매도인(seller)이 매수인의 재정정보와 신용조회처를 요구하는 내용이다.

21 What would NOT be included in the *financial information*?

① cash flow   ② profit and loss account
③ balance sheet   ④ draft

「재정보고서에 포함되지 않는 것은 무엇인가?」
- 환어음(draft)은 지급을 요청할 때 발행되는 것이므로 재정보고서에 들어가는 항목이 아니다.
▶ cash flow : 현금흐름   ▶ profit and loss account : 손익보고서
▶ balance sheet : 재무제표, 대차대조표

[22~23] Read the following and answer.

Dear Peter Park,

I intend to place a substantial order with you in the next few months.
As you know, over the past two years I have placed a number of orders with you and *settled promptly*, so I hope this has established my reputation with your company. Nevertheless, if necessary, I am willing to supply references.
I would like, if possible, to settle future accounts every three months with payments against quarterly statements.

20.② 21.④ **정답**

22 Which is LEAST similar to *settled promptly*?

① debited per schedule   ② paid punctually
③ cleared punctually   ④ paid on schedule

안녕하세요 피터 박,
당사는 다음 몇 달 뒤에 귀사에게 대량 주문을 하고자 합니다. 귀사도 아시다시피, 2년 넘게 당사는 귀사에게 많은 주문을 해왔고 ***즉시 처리***를 해드렸기 때문에, 귀사에게는 당사의 평판이 알려졌길 바랍니다. 그러함에도, 필요하시다면, 기꺼이 신용조회처를 제공하겠습니다. 당사는 가능하면 분기별 결제로 해서 매 3개월에 한 번씩 다음 계정을 처리하고자 합니다.

22.「***즉시 처리됨***과 유사하지 않은 것은 어느 것인가?」
– 즉시 처리라 함은 대금의 즉시 지급을 말한다. debited per schedule란 즉시 대금이 지급되는 것이 아니라 정해진 날짜에 지급된다는 의미이다.

23 What can be inferred from the above?

① Peter Park is a buyer.
② The writer wants to place an initial order with the seller.
③ References are to be provided if the buyer is afraid of seller's credit.
④ The seller may send invoices for settlement on a quarterly basis provided that the request is accepted.

「상기에서 추론할 수 있는 것은 무엇인가?」
①「피터 박은 매수인이다.」
– 피터 박은 매도인이다.
②「서신 작성자는 매도인에게 첫 주문을 하려고 한다.」
– 매수인 서신 작성자는 2년 넘게 매도인과 거래를 해왔다.
③「매수인이 매도인의 신용을 우려한다면 신용조회처를 제공해야 한다.」
– 매도인이 매수인의 신용을 우려할 수 있으므로 신용조회처를 제공해야 한다.
④「매도인이 이 요구를 받아들인다면 분기별 처리를 위해 송장을 보낼 것이다.」
– 매수인이 매도인인 피터 박에게 3개월 지급조건의 신용거래(외상거래)를 요청하는 내용이다. 따라서 매도인은 분기별로 청구서(송장)을 보낼 것이다.

▶ settlement on a quarterly basis : 분기별 처리(지급)
▶ provided that : ~ 한다면(if)

정답 22.① 23.④

24 Choose the awkward one from the following underlined parts.

> I am sorry to inform you that, due to an (A) <u>expected price increase from our manufacturers in USA,</u> (B) <u>we have no option but to raise the prices of</u> all our imported shoes by 4% from 6 May, 2020.
> However (C) <u>orders received before this date will be invoiced</u> at the present price levels. (D) <u>We sincerely regret the need for the increase.</u>
> However, we know you will understand that this increase is beyond our control.

① (A)　② (B)　③ (C)　④ (D)

 「다음의 밑줄 친 부분에서 어색한 것을 고르시오.」

> (A 미국에 있는 당사의 제조업체로부터 예상했던 가격인상 때문에 당사는 2020년 5월 6일부터 당사의 모든 수입 신발의 가격을 4% (B)올릴 수 밖에 없음을 알리게 되어 무척 유감입니다. 그러나 (C) 이 일자 이전에 받은 주문에 대해서는 현 가격대로 청구될 것입니다. (D)가격을 인상하게 되어 대단히 유감입니다. 그러나, 당사는 이러한 인상이 당사의 통제 밖의 일임을 이해해 주시리라 믿습니다.

① expected price increase를 **unexpected price increase(예상치 못했던 가격 인상)**로 바꿔야 한다.
▶ have[has] no option[alternative] but to : `~ 할 수 밖에 없다.

25 Choose the right one for the next underlined part.

> Protection and Indemnity (P&I) insurance contained in an ocean marine policy covers:_____

① Ordinary loss or damage in the voyage
② Loss of the shipper fees
③ Marine legal liability for third party damages caused by the ship
④ Damage to another vessel caused by collision

 「다음 밑줄 친 부분에 옳은 것을 고르시오.」

> 선주상호보험(P&I)은 해상보험으로서 다음을 포함한다. :

①「항해 중 통상의 손실이나 손상」
 - 적하약관(ICC)과 영국해상보험법(MIA)에서 규정한 위험이다.
②「운임의 손실」
 - 적하약관(ICC)과 영국해상보험법(MIA)에서 규정한 위험이다.
③「선박으로 인한 제3자의 손해에 대한 해양법적 배상책임」
 - P&I에서는 선박이 충돌하여 제3자에게 손실을 입힌 경우 배상책임손해에서 3/4은 보험자로부터 보상받고, 1/4은 P&I클럽에서 보상받을 수 있도록 규정하고 있다.
④「충돌로 타 선박에 입힌 손해」
 - 선박보험(Hull Insurance)에 대한 담보이다. 선박의 건조, 운항 또는 계선 중에 해상위험 등에 의하여 피보험자가 입은 경제적 손해를 소정의 보험료를 대가로 하여 보험자가 피보험자에게 계약 당시에 합의한 방법과 범위에 따라 보상하는 보험이 선박보험이다.

24.① 25.③ **정답**

02 영작문

26 Which of the following words is not suitable for the blank below?

> The more geographic reach your company has, the more important this clause will become. For example, if you're a small local business dealing 100% exclusively with locals, you may not really need a clause telling your customers which law applies.
> Everyone will expect it to be the law of whatever state that little local business is in.
> Now, take a big corporation with customers and offices in numerous countries around the world. If a customer in Korea wants to sue over an issue with the product, would Korean law apply or would the law from any of the other countries take over? Or, what if you're an American business that has customers from Europe.
> In both cases, a/an (　　) clause will declare which laws will apply and can keep both companies from having to hire international lawyers.

① controlling law 　　② governing law
③ applicable law 　　④ proper law

「다음 빈 칸에 들어가기 적절하지 않은 단어는 다음 중 어느 것인가?」

> 당신의 회사가 지리적으로 범위가 넓어질수록, 이 조항은 더욱 중요해 질 것이다. 예를 들어, 당신이 100% 국내업체와만 거래를 하는 작은 국내 업체라면, 당신은 어떤 준거법이 적용되는지를 당신의 고객에게 설명해주는 이 조항이 진정 필요 없을 수도 있다. 누구나 이 조항은 소규모 사업체가 있는 어떤 국가의 법이라고 생각할 것이다. 이제, 전세계적으로 많은 국가에 고객과 사무실이 있는 대기업을 생각해 보자. 한국에 있는 어떤 고객이 제품에 대해 소송을 제기하고자 하면, 한국법이 적용될지 아니면 다른 어떤 국가의 법을 받아들이겠는가? 그렇지 않다면, 귀사가 유럽의 고객을 갖고 있는 미국사업체라면 어떻겠는가? 두 가지의 경우, (준거법) 조항은 어떤 법이 적용될지를 밝힘로서 양 회사가 국제변호사를 고용할 필요가 없게 되는 것이다.

- 준거법(governing law/ applicable law/ proper law) 조항에 대한 설명이다.
▶ controlling law : 준거법 조항이 계약서 상에 없을 때 어느 상대방 국가의 법으로 해결할 것인지를 규정한 조항

정답　26.①

[27~28] Read the following and answer.

> The most common negotiable document is the bill of lading. The bill of lading is a receipt given by the shipping company to the shipper. A bill of lading serves as a document of title and specifies who is to receive the merchandise at the designated port. In a straight bill of lading, the seller consigns the goods directly to the buyer. This type of bill is usually not desirable in a letter of credit transaction, because ( ). With an order bill of lading the shipper can consign the goods to the bank. This method is preferred in letter of credit transactions. The bank maintains control of the merchandise until the buyer pays the documents.

27 What is nature of straight bill of lading?

① non-negotiable bill of lading   ② negotiable bill of lading
③ foul bill of lading   ④ order bill of lading

가장 일반적인 유통가능 서류는 선하증권이다. 선하증권은 선사가 화주에게 주는 수취증이다. 선하증권은 권리증권으로 사용되며 누가 지정된 항구에서 상품을 받게 되는지를 명시한다. 기명식선하증권에서는 매도인이 매수인에게 직접 물품을 보낸다. 이러한 형태의 선하증권은 신용장 거래에서는 바람직하지 않은데, 왜냐하면 ( ). 지시식선하증권에서는 화주는 물품을 은행으로 보낸다. 이 방식은 신용장 방식에서 선호된다. 은행은 매수인이 서류에 대한 대금 지급을 할 때까지 상품의 관리를 통제할 수 있다.
27.「기명식선하증권의 성질은 무엇인가?」
 - 기명식선하증권은 유통불가선하증권(non-negotiable bill of lading)이다.
▶ at the designated port : 지정된 항구에서   ▶ consign : ~을 ~에게 보내다

28 What is best for the blank?

① it allows the buyer to obtain possession of the goods directly.
② the shipper can consign the goods to the bank.
③ the bank maintains control of goods until the buyer pays the documents.
④ the bank can releases the bill of lading to the buyer.

「빈 칸에 가장 알맞은 것은 무엇인가?」
①「이는 매수인으로 하여금 물품을 바로 소유할 수 있게 하기 때문이다.」
 - 기명식선하증권에 대한 적절한 설명이다.
②「화주는 물품을 은행으로 보낸다.」
③「은행은 매수인이 서류에 대한 대금지급을 할 때까지 물품의 관리를 통제할 수 있다.」
④「은행은 매수인에게 선하증권을 인도할 수 있다.」
 - 선지 ①번을 제외하고는 모두 신용장 방식에서 사용되는 지시식선하증권(또는 기명지시식 선하증권)에 대한 설명이다.
▶ obtain possession of the goods : 물품의 소유권을 갖다

27.① 28.① **정답**

29 Which of the followings has a different meaning with others?

① We will give you a special discount if you order by May 12.

② You will be given a special discount if you take order until May 12.

③ If you order on or before May 12, you will get a special discount.

④ A special discount is available for your order being received on or before May 12.

해설 「타 문장과 다른 의미가 있는 것은 다음 중 어느 것인가?」
①「당사는 귀사가 5월 12일까지 주문을 하면 특별할인을 해드리겠습니다.」
②「귀사는 5월 12일까지 귀사가 주문을 받으면 특별할인을 받을 수 있습니다.」
- 논리적 연결이 안되는 문장이다. if you **place an order** until May 12(5월 12일까지 주문을 하면)로 표현되어야 한다.
③「귀사가 5월 12일까지 주문을 하시면, 특별할인을 받을 수 있습니다.」
④「특별할인은 5월 12일까지 받은 주문에 대해서 적용됩니다.」
▶ take order : 주문을 받다

30 Which of the following is appropriate for the blank?

> In comparison with lawsuit case in a court, arbitration has advantages of the speedy decision, lower costs, nomination of specialized arbitrators, and ( ).

① international effect of judgement

② mandatory publication of arbitral award

③ legal approach by government

④ higher legal stability

해설 「빈 칸에 적절한 것은 다음 중 어느 것인가?」
> 법정 소송과 비교해 볼 때, 중재는 빠른 결정, 낮은 비용, 전문중재인의 선임, 그리고 ( )의 이점이 있다.

①「판정의 국제적인 효력」
- 빈 칸에 가장 알맞은 중재의 장점 중 하나이다.
②「중재판정의 의무 발표」
- 중재판정은 비공개를 원칙으로 한다.
③「정부의 법적 개입」
- 상사중재는 민사상 상관습을 다룬다.
④「더 높은 법적 안정성」
▶ in comparison with : ~ 와 비교해 볼 때(compared with)

정답 29.② 30.①

31 Which of the following is NOT appropriate for the blank below?

> Types of marine insurance can be differentiated as follows:
> (A) caters specifically to the marine cargo carried by ship and also pertains to the belongings of a ship's voyagers.
> (B) is mostly taken out by the owner of the ship to avoid any loss to the vessel in case of any mishaps occurring.
> (C) is that type of marine insurance where compensation is sought to be provided to any liability occurring on account of a ship crashing or colliding and on account of any other induced attacks.
> (D) offers and provides protection to merchant vessels' corporations which stand a chance of losing money in the form of freight in case the cargo is lost due to the ship meeting with an accident.

① (A) : voyage insurance
② (B) : hull insurance
③ (C) : liability insurance
④ (D) : freight insurance

「아래 빈 칸에 적절하지 않은 것은 다음 중 어느 것인가?」

> 해상보험의 종류는 다음과 같이 구분된다. :
> (A : 항해보험)은 선박으로 운송하는 해상화물과 선박운행자의 소유품과 관련된 것을 특히 제공한다.
> (B : 선체보험)은 어떤 사고가 발생하는 경우 선박에 대한 손실을 피하기 위해 선주가 드는 것이 일반적이다.
> (C : 책임보험)은 선박의 충돌로 인한 어떠한 책임과 어떤 다른 행위의 유발로 생긴 책임에 대해 보상을 하기 위한 해상보험의 유형이다.
> (D : 운임보험)은 선박이 사고를 당하여 화물이 분실되는 경우 운임의 금전 손실에 직면한 선사에게 보상을 약속하는 보험이다.

(A)는 항해보험이 아니라 적하보험(Cargo Insurance)에 대한 설명이다.

▶ be differentiated : 차별화되다 ▶ cater : 공급하다 ▶ pertain to : ~ 와 관계가 있다.
▶ mishap : 사고, 불행 ▶ take out : 취득하다, 가지고 나가다
▶ induce : 초래하다, 설득하다 ▶ protection : [보험]보장, 보호
▶ crashing or colliding : 충돌 ▶ on account of : ~ 때문에

32 Which is NOT grammatically correct?

> Thank you for your order of February 23, 2020. We are pleased to inform you that (A)your order No.3634 has been loaded on the M/S Ventura, (B)leaving for Busan on March 10, 2020, and (C)arriving at Genoa around April 3, 2020. (D)The packing was carefully carried out according to your instructions, and we are sure that all goods will reach you in good condition.

① (A)   ② (B)   ③ (C)   ④ (D)

31.① 32.② 정답

> 해설 「문법적으로 옳지 않은 것은 어느 것인가?」

> 귀사의 2020년 2월 23일자 주문을 잘 받았습니다. 당사는 귀사의 주문 No.3634가 (B) 2020년 3월 10일에 부산으로 출항하여 (C)2020년 4월 3일 제노바에 도착예정인 (A)벤추라 호에 선적되었음을 알려드립니다. (D)포장은 귀사의 지시에 따라 주의깊게 했으며 모든 물품이 안전하게 귀사에게 도착될 것입니다.

(B) leaving for → leaving
▶ leave for A : A를 향해 떠나다 ↔ leave A : A를 떠나다
▶ in good condition : 이상없이

33 Select the wrong part in the following passage.

> (A)Average adjuster is an expert in loss adjustment in marine insurance, particular with regard to hulls and hull interest. (B)He is more particularly concerned with all partial loss adjustments. (C)He is usually appointed to carry out general average adjustments for the shipowner on whom falls the onus to have the adjustment drawn up. (D)His charges and expenses form part of the adjustment.

① (A) ② (B) ③ (C) ④ (D)

> 해설 「다음 문장에서 잘못된 부분을 고르시오.」

> (A) 공동해손정산인은 선체와 선체의 이익과 관련한 특정 해상보험에서의 손실을 사정하는 전문가이다. (B)그는 특히 모든 분손을 정산하는것과 관련이 있다. (C)그는 보통 손해사정이 제기된데 책임이 있는 선주에게 공동해손을 사정하기 위해 임명된다. (D)그의 비용은 사정액의 일부에 포함된다.

average adjuster(공동해손정산인)은 공동해손으로 인한 희생을 정산하는 사람이므로 (B)의 partial loss(분손)는 공동해손(general average)으로 고쳐야 한다.
▶ be concerned with : ~에 관계가 있다, ~에 관심이 있다.   ▶ onus : 책임

34 Select the wrong part in the following passage.

> (A)Sea Waybill is a transport document for maritime shipment, which serves as prima-facie evidence of the contract of carriage (B)and as a receipt of the goods being transported, and a document of title. (C)To take delivery of the goods, presentation of the sea waybill is not required; (D)generally, the receiver is only required to identify himself, doing so can speed up processing at the port of destination.

① (A) ② (B) ③ (C) ④ (D)

정답 33.② 34.②

해설 「다음 문장에서 잘못된 부분을 고르시오.」

> (A)해상화물운송장은 운송계약의 추정적 증거로서 해상화물에 대한 운송서류 (B)이며 운송중인 물품의 수취증이자 권리증권이다. (C) 물품의 인도를 받기 위해서 해상운송장의 제시가 필요한 것은 아니다. (D)보통, 수취인은 그 자신을 입증하면 되는 것이고, 그렇게 함으로써 도착항에서 신속하게 절차를 진행할 수 있다.

(B) 해상화물운송장(SWB)은 증권의 소지자가 물품의 인도를 청구할 수 있는 권리증권(document of title)이 아닌 단순한 수취증(receipt)에 불과하다.
▶ prima-facie evidence : 추정적 증거

35 Which is NOT grammatically correct?

> (A)All disputes, controversies or differences which may raise (B)between the parties out of or in relation to or (C)in connection with contract, for the breach thereof (D)shall be finally settled by arbitration in Seoul.

① (A) ② (B) ③ (C) ④ (D)

해설 「문법적으로 옳지 않은 것은 어느 것인가?」

> (C)이 계약으로부터, 또는 이 계약과 관련하여 또는 (B)이 계약의 불이행으로 말미암아 당사자 간에 발생하는 (A)모든 분쟁, 논쟁 또는 의견 차이는 (D)대한민국에서의 중재로 최종적으로 해결한다.

(A) which may raise → which may **arise**
▶ raise : 올리다, 일으키다 cf. arise : 생기다, 발생하다, (무엇의 결과로)유발되다

36 Which of the following is LEAST correctly written in English?

① 당사는 귀사에게 당사의 늦은 답장에 대해 사과드리고 싶습니다.
- We would like to apologize you to our late reply.

② 귀사의 담당자는 당사의 어떤 이메일에도 답을 하지 않았습니다.
- The person in charge at your company did not respond to any of our emails.

③ 귀사의 제안은 다음 회의에서 다루어질 것입니다.
- Your suggestion will be dealt with at the next meeting.

④ 신상품 라인에 대하여 설명해 주시겠습니까
- Would you account for the new product line?

해설 「영어로 가장 옳지 않게 쓰여진 것은 다음 중 어느 것인가?」
① We would like to **apologize for our late reply to you**

35.① 36.① **정답**

37 Which of the following is LEAST correctly written in English?

① 이 계약서의 조건을 몇 가지 수정하고 싶습니다.
- I'd like to amend some of the terms of this contract.

② 가격을 원래보다 20달러 더 낮출 수 있을 것 같네요.
- I think I can lower the price of $20.

③ 계약 기간은 2년입니다.
- The contract is valid for two years.

④ 3년간 이 소프트웨어 독점 사용권을 제공해 드릴 수 있습니다.
- We can offer you an exclusive license to this software for three years.

 「영어로 가장 옳지 않게 쓰여진 것은 다음 중 어느 것인가?」
① I think I can lower the price **by** $20.

38 Which of the following is LEAST correctly written in English?

① 제품 No.105와 106호의 즉시 선적이 불가능하다면, 제품 No.107과 108호를 대신 보내주십시오.
- If Nos.105 and 106 are not available for immediate shipment, please send Nos.107 and 108 instead.

② 이 가격이 귀사에게 괜찮다면 우리는 주문양식을 보내드리고자 합니다.
- If this price is acceptable to you, we would like to send you an order form.

③ 귀사가 제품을 공급해줄 수 없다면, 이유를 알려주시기 바랍니다.
- If you cannot supply us with the products, please let us have your explanation.

④ 당사의 송장은 주문한 안락의자들을 7월 12일 오후 5시까지 설치해줄 것을 구체적으로 명시하고 있습니다.
- Our invoice specifically is stated that the armchairs ordering should be furnished until 5:00 p.m. on July 12.

 「영어로 가장 옳지 않게 쓰여진 것은 다음 중 어느 것인가?」
① "...that the armchairs ordering should be..." → "...that the armchairs **ordered** should be..."

정답 37.② 38.④

39 Select the best answer suitable for the blank.

( ) are taxes assessed for countering the effect of subsidies provided by exporting governments on goods that are exported to other countries.

① Retaliatory duties　　② Countervailing duties
③ Dumping duties　　　④ Anti-dumping duties

  「빈 칸에 가장 알맞은 답을 고르시오.」

( )은 수출국 정부가 다른 나라로 수출되는 물품에 대하여 제공한 보조금의 영향에 대응하여 평가되는 세금이다.

상계관세(Countervailing duties)에 대한 설명이다.
▶ Retaliatory duties : 보복관세　　▶ Anti-dumping duties : 반덤핑관세

[40~41] Read the following and answer.

As we wrote you previously about the delays in the delivery of your order, the situation is still the same, the trade union strike is on-going. We apologize for this occurrence, but there is not much that we can do to (　　) this, as it is out of our hands. We again apologize and regret the delay in delivery of your order.

Yours faithfully,

40 What situation is excused in the above letter?

① late payment　　　② force majeure
③ non payment　　　④ early delivery

  귀사 주문품의 인도 지연에 대해 지난번에 귀사에 연락을 드렸습니다만, 노조의 파업은 현재 여전히 지속되고 있는 상황입니다. 당사는 이러한 사태에 사과합니다만, 이것은 당사의 손을 벗어난 것이라서 당사가 ( ) 할 수 있는 일이 많지 않습니다. 당사는 다시 사과드리고 귀사의 인도 지연에 대해 유감스럽게 생각합니다.

40. 「상기 서신은 어떤 상황에 대한 해명인가?」
노조의 파업으로 일어난 불가항력(force majeure) 때문에 주문품을 제 때 인도하지 못함에 대한 해명서신이다.
▶ trade union : 노동조합　　▶ occurrence : 발생, 양상, 사건

41 Fill in the blank with suitable word.

① rectify　　② examine　　③ arrange　　④ file

  「알맞은 단어로 빈 칸을 채우시오」
- 수출상의 손을 벗어난 상황이므로 이러한 상황을 **개선하기(rectify)**에는 할 수 있는 일이 많지 않다.
▶ rectify : 수정하다, 고치다

39.②　40.②　41.①　**정답**

[42~43] Below is part of shipping letter of guarantee. Answer to each question.

> Whereas (A)<u>you</u> have issued a bill of lading covering the above shipment and the above cargo has been arrived at the above port of discharge, we hereby request you to give delivery of the said cargo to the above mentioned party without presentation of the original bill of lading.
>
> In consideration of your complying with our above request, we hereby agree to *indemnify* you as follows:
>
> Expenses which you may sustain by reason of delivering the cargo in accordance with our request, provided that the undersigned Bank shall be exempt from liability for freight, demurrage or expenses in respect of the contract of carriage.
>
> As soon as the original bill of lading corresponding to the above cargo comes into our possession, we shall surrender the (B)<u>same</u> to you, whereupon our liability hereunder shall cease.

42 Which is the right match for A and B?

① (A)carrier － (B)Letter of Guarantee
② (A)carrier － (B)Bill of Lading
③ (A)buyer － (B)Bill of Lading
④ (A)seller － (B)Letter of Guarantee

 42~43 「다음은 수입화물선취보증서의 일부분이다. 각 질문에 답변하시오.」

> (A)귀사는 상기 선적 건에 대해 선하증권을 발급한 바 있으며 상기 화물은 상기 양륙항에 도착한 바, 당행은 귀사가 당해 화물을 상기 당사자에게 원본 선하증권의 제시 없이도 인도해 주시기를 요청합니다. 당행의 상기와 같은 요청을 귀사가 수락하실 것을 고려하여 당행은 다음과 같이 보상할 것을 합의합니다. 아래에 서명하는 당행은 운송계약과 관련하는 운임, 체선료 또는 기타 경비와는 무관하다는 것을 전제로 하는 조건에서, 귀사가 당행의 요청에 따라 화물을 인도하는 것을 이유로 입을 수 있는 비용. 상기 화물과 관련하는 원본 선하증권이 당행의 수중에 들어오는 즉시 당행은 (B)이를 귀사에 제출할 것이며 이로 인해 당행의 책임은 종료됩니다.

42.「A와 B에 서로 어울리는 것은 어느 것인가?」
각각 선하증권을 발급한 운송인(carrier)과 선하증권(Bill of Lading)을 일컫는다.

43 Which is similar to the word indemnify?

① register   ② reimburse
③ recourse   ④ surrender

정답 42.② 43.②

 「indemnify와 유사한 단어는 어느 것인가?」
indemnify(보상하다)와 가장 유사한 것은 reimburse(변상하다, 배상하다)이다.
- register : 등록하다, 기록하다
- recourse : 소구하다, 청구하다
- surrender : (권리 등을)포기하다

[44~45] Read the following and answer.

> Blank endorsement is an act that the (A)endorser signs on the back of Bill of Lading (B)with bearing a specific person when a bill of lading is made out (C)to order or shipper's order. The bill of lading then becomes a bearer instrument and the (D)holder can present it to the shipping company to take delivery of the goods.

44 Which is WRONG in the explanation of blank endorsement?

① (A)　② (B)　③ (C)　④ (D)

> 백지배서란 선하증권이 (C)지시식 또는 화주의 지시식으로 작성된 경우 특정인을 (B)명시하고 선하증권의 뒷면에 (A)배서인이 서명을 하는 행위를 말한다. 이렇게 함으로써 선하증권은 소지인식 증권이 되고 (D)소지인은 물품의 인도를 청구하기 위해 선사에 이를 제시할 수 있다.

44.「백지배서의 설명이 잘못된 것은 어느 것인가?」
(B) with bearing a specific person(특정인을 명시하고)
　　→ **without** bearing a specific person(특정인을 명시하지 **않고**)
- blank endorsemen : 백지배서
- made out : ~ 로 작성되다
- bearer instrument : 소지인식 증권

45 What is correct about the bearer?

① Bearer is someone who owns or possesses a B/L.

② Bearer is not able to assign the B/L to others.

③ Bearer is normally bank in negotiable B/L operation.

④ Bearer can not hold the B/L but endorse it to third party for assignment.

「소지인에 대해 올바른 것은 무엇이가?」
①「소지인은 선하증권의 소유자이거나 점유자인 어떤 사람이다.」
　- 소지인에 대한 정확한 설명이다.
②「소지인은 선하증권을 다른 사람에게 양도할 수 없다.」
③「소지인은 보통 유통가능 선하증권 업무를 취급하는 은행이다.」
④「소지인은 선하증권을 소지할 수는 없지만 제3자에게 양도하기 위해 배서는 할 수 있다.」

44.② 45.① **정답**

[46~47] Read the following and answer.

> All risks is an insurance term to denote the conditions covered by the insurance. (A) It is to be construed that the insurance covers each and every loss all the times. In cargo insurance, the term embraces all fortuitous losses such as (   ) occurring during transit and (B) the term incorporates a number of excluded perils.
> In other words, all risks insurance is a type of property or casualty insurance policy that (C) covers any peril, as long as the contract does not specifically exclude it from coverage. This means that, (D) as long as a peril is not listed as an exclusion, it is covered.

46 Which is NOT suitable in the explanation of all risks insurance?

① (A)   ② (B)   ③ (C)   ④ (D)

해설 전위험담보는 보험계약을 체결하는 조건에 표시하기 위한 보험용어이다. (A) 이는 각각의 손실에 대해 언제나 보험에서 담보한다는 것을 의미한다. 적하보험에서, 이 용어는 운송중에 발생하는 (   )와 같은 모든 우연한 손실을 포함하며 (B) 이 용어에는 많은 면책위험도 포함되어 있다. 다른 말로, 전위험담보 보험은 (C)보험계약에서 특별히 담보에서 제외되지 않는 한 모든 위험을 담보하는 재산 또는 재해보험의 일종이다. 즉, (D) 어떤 위험이 면책이라고 나열되어 있지 않는 한 담보된다.

46.「전위험담보에 대한 설명으로 적절하지 않은 것은 어느 것인가?」
- 전위험담보조건은 포괄책임주의이므로 구체적으로 열거한 각각의 손실(each and every loss)이 아니라 면책위험 이외 일체의 위험 또는 사고를 보상위험으로 한다. each and every loss는 개별보험에 해당하는 용어이다. each and every loss를 all losses로 바꿔야 한다.

- denote : ~의 명칭이다, 표시하다
- construe : 해석하다, 설명되다
- embrace : 포용하다, 기꺼이 받아들이다
- fortuitous losses : 우연한(우발성의) 손실
- incorporate : 포함하다, 결합하다
- excluded[excepted] perils : 면책위험
- casualty insurance policy : 재해보험

47 Which is NOT appropriate for the blank?

① inherent vice   ② fire

③ earthquake   ④ jettison

해설 「빈 칸에 적절하지 않는 것은 어느 것인가?」
- 물품 고유의 하자(inherent vice)로 운송 중에 발생하는 위험이 아니다.

정답 46.① 47.①

[48~49] Read the following and answer.

> Compared to other payment type, the role of banks is substantial in documentary Letter of Credit (L/C) transactions.
> The banks provide additional security for both parties in a trade transaction by playing the role of intermediaries. The banks assure the seller that he would be paid if he provides the necessary documents to the issuing bank through the nominated bank. The banks also assure the buyer that their money would not be released unless the shipping documents such as (   ) are presented.

48 What expression is normally stated for nominated bank in L/C?

① available with   ② available for

③ available by   ④ claims at

다른 결제 형태와 비교해 볼 때 화환신용장 거래에서 은행의 역할은 상당하다. 은행은 중개인의 역할을 함으로써 무역거래에서 쌍방에게 추가적인 안전을 제공한다. 은행은 수익자에게 지정은행을 통하여 개설은행에 필요한 서류를 제공할 경우 대금지급을 받을 것임을 약속한다. 은행은 또한 매수인에게 (   )와 같은 선적서류가 제시하지 않는 한 대금지급이 없을 것임을 약속한다.

48.「신용장에서 지정은행은 보통 무엇이라고 기재되는가?」
- 신용장은 그 용도에 따라 이용할 수 있는 은행이 표시되는데 보통 'available with XX bank(XX은행을 통하여)'라고 표시한다.
▶ substantial :(중요성, 가치)상당한, 크고 튼튼한   ▶ role of intermediary : 중재재[중개인]의 역할

49 Which is NOT suitable for the blank?

① packing list   ② bill of exchange

③ invoice   ④ inspection certificate

「빈 칸에 적절하지 않은 것은 어느 것인가?」
- 환어음(bill of exchange), 전송보고서, 특송영수증, 우편영수증 등은 선적서류에 해당되지 않는다. 선적서류라 함은 모든 운송서류(선하증권, 항공운송장 등), 상업송장(invoice), 보험서류 등이며 신용장에서 요구하는 경우 원산지증명서, 포장명세서(packing list), 검사증명서(inspection certificate) 등이 추가될 수 있다.

48.① 49.② **정답**

50 Fill in the blanks with right words.

> It must be remembered that the Letter of Credit is a contract between the issuing bank and the (A), regardless of any intermediary facilitating banks. Therefore, regardless of a place of presentation different from that of the issuing bank as stated on the Letter of Credit, the beneficiary is at liberty to make a (B) presentation to the issuing bank and the issuing bank is obliged to honour if the presentation is compliant.

① (A)beneficiary - (B)direct
② (A)applicant - (B)direct
③ (A)beneficiary - (B)indirect
④ (A)applicant - (B)indirect

「빈 칸에 옳은 단어를 채우시오.」

> 신용장은 어떠한 중간업무취급은행과는 상관없이 개설은행과 (A : 수익자)와의 계약임을 명심해야한다. 그러므로 신용장 상에 명시된 개설은행과는 다른 제시 장소를 불문하고, 수익자는 개설은행에 자유로이 (B : 직접) 서류제시를 하고 개설은행은 서류제시가 충족되면 지급해야 할 의무가 있다.

- ▶ intermediary facilitating banks : 중간업무취급은행
- ▶ different from : 다른, 구분되는
- ▶ regardless of : 상관없이, 관계없이
- ▶ at liberty : 자유로
- ▶ compliant : 순응하는, 준수하는

03 무역실무

51 UN 국제물품매매에 관한 협약(CISG)의 적용 대상인 것은?

① sales of goods bought for personal, family and household use
② sales by auction
③ sales of ships, vessels, hovercraft or aircraft
④ contracts for the supply of goods to be produced

「빈 칸에 옳은 단어를 채우시오.」
다음의 물품은 CISG의 적용대상이 아닌 매매이다.
①「개인용, 가족용 또는 가정용으로 구입된 물품의 매매」
②「경매에 의한 매매」
③「선박, 소선(vessels), 부선(hovercraft) 또는 항공기의 매매
CISG는 물품의 매매(contracts for the supply of goods to be produced)에만 적용된다.

정답 50.① 51.④

52 계약형태의 진출방식인 국제라이센스(international license)에 대한 설명으로 옳지 않은 것은?

① 해외시장에서 특허나 상표를 보호하는 동시에 크로스 라이센스를 통해 상호교환을 기대할 수 있다.
② 노하우가 라이센스의 대상이 되기 위해서는 공공연히 알려진 유용한 경영상의 정보이어야 한다.
③ 현지국에서 외환통제를 실시할 경우, 해외자회사에서 라이센스를 통해서 본국으로 과실송금이 어느 정도 가능하다.
④ 비독점적 라이센스는 기술제공자가 특정인에게 허락한 것과 동일한 내용의 권리를 제3자에게 허락할 수 있는 조건이다.

해설 노하우는 그 자체가 노하우 보유기업의 독자적이고도 배타적인 대외비이므로 공공에 노출되지 않은 유용한 경영상의 정보이어야 한다. 공공연히 알려진 것은 이미 노하우가 아니다.

53 인코텀즈(Incoterms) 2020의 CIF조건에 대한 설명으로 옳지 않은 것은?

① 매도인이 부담하는 물품의 멸실 또는 손상의 위험은 물품이 선박에 적재된 때 이전된다.
② 물품이 컨테이너터미널에서 운송인에게 교부되는 경우에 사용하기 적절한 규칙은 CIF가 아니라 CIP이다.
③ 매도인은 물품이 제3국을 통과할 때에는 수입관세를 납부하거나 수입통관절차를 수행할 의무가 있다.
④ 매도인은 목적항에 물품이 도착할 때까지 운송 및 보험 비용을 부담하여야 한다.

해설 매도인은 매수인의 요청에 따라 **매수인의 위험과 비용으로 보안요건 및 선적전검사를 포함하여 통과국 또는 수입국에 의하여 필요한 모든 통과/수입통관절차**에 대한 서류 및/또는 정보를 취득하는 데 매수인에게 협력해야 한다[인코텀즈2020 CIF A7 수입통관에 관한 협력]
– 매도인은 물품이 제3국을 통과할 때에는 수입관세를 납부하거나 수입통관절차를 수행할 의무가 **없다.**

54 관세법 상 외국물품으로 보기 어려운 것은?

① 수출신고 수리된 물품
② 우리나라 선박이 공해에서 채집한 수산물
③ 외국에서 우리나라에 반입된 물품으로서 수입신고 수리되기 전의 물품
④ 보세구역으로부터 우리나라에 반입된 물품으로서 수입신고 수리되기 전의 물품

52.② 53.③ 54.② **정답**

해설
● 관세법 상 **내국물품**
① 우리나라에 있는 물품으로서 외국물품이 아닌 것
② **우리나라의 선박 등에 의하여 공해에서 채집하거나 포획한 수산물 등**
③ 입항 전 수입신고가 수리된 물품
④ 수입신고수리 전 반출승인을 받아 반출된 물품
⑤ 수입신고 전 즉시반출신고를 하고 반출된 물품

55 한국의 ㈜Haiyang은 베트남의 Hochimin Co., Ltd.로 Chemical 제품 15톤을 수출하기로 하였다. 거래조건은 CIP, 결제조건은 sight L/C이다. Hochimin Co., Ltd.가 거래은행을 통하여 발행한 신용장 상에 다음과 같은 문구가 있다. 이에 대한 설명으로 옳지 않은 것은?

> +Insurance Policy in duplicate issued to Beneficiary's order and blank endorsed for the invoice value plus 10 pct.

① 보험증권의 피보험자란에 ㈜Haiyang이 기재된다.
② 보험증권 상에 Hochimin Co., Ltd.의 백지배서가 필요하다.
③ 보험부보금액은 송장금액의 110%이다.
④ 보험증권은 총 2부가 발행된다.

해설 + 수익자의 지시식으로 발행되고 송장금액의 10%를 더한 금액에 백지배서된 보험증권 2통
수익자의 지시식으로 발행되어야 하므로 수익자인 ㈜Haiyang의 백지배서가 필요하다.

56 신용장 양도 시 확인사항으로 옳지 않은 것은?
① 당해 신용장이 양도가능(Transferable) 신용장인지의 여부
② 개설은행이 신용장 상에 지급, 인수 또는 매입을 하도록 수권받은 은행인지의 여부
③ 분할양도의 경우 원수출신용장 상에 분할선적을 허용하고 있는지의 여부
④ 제시된 원수출신용장에 의하여 기 취급한 금융이 없는지의 여부

해설 신용장의 양도 시 개설은행에서 신용장 상에 지급, 인수 또는 매입을 하도록 수권받은 은행(양도은행)인지를 확인해야 한다.

57 신용장의 기능에 대한 설명으로 옳지 않은 것은?
① 개설은행의 지급 확약을 임의로 취소 또는 변경할 수 없으므로 대금회수의 확실성을 높일 수 있다.
② 수출업자는 대금지급에 대한 은행의 약속에 따라 안심하고 상품을 선적할 수 있다.
③ 수출업자는 신용장을 담보로 하여 대도(T/R)에 의해 수출금융의 혜택을 누릴 수 있다.
④ 수입업자는 선적서류를 통해 계약 물품이 선적기간 및 신용장 유효기간 내에 선적되었는지를 알 수 있다.

정답 55.② 56.② 57.③

해설 수입상(개설의뢰인)이 신용장 대금 전액을 예치하지 않고 신용장이 개설된 경우 개설은행은 선적서류등을 수입상에게 양도하고 수입상은 물품을 처분한 대금으로 신용장 대금을 개설은행에 갚게 하는 제도를 수입화물대도(T/R ; Trust Receipt)라고 한다. 수입상은 신용장 개설 시 대금을 개설은행에 예치하지 않고 추후 물품을 판매한 후 대금을 되갚을 수 있기 때문에 금융상의 혜택을 누릴 수 있다.

58 화물의 형태나 성질에 관계없이 컨테이너1개당 얼마라는 식으로 운송거리를 기준으로 일률적으로 책정된 운임은?

① ad valorem freight ② minimum all kinds rate
③ freight all kinds rate ④ revenue ton

해설 무차별운임(FAK, freight all kinds rate에 대한 설명이다.
- ad valorem freight : 종가운임
- minimum all kinds rate(최저운임) : 일정단위(CBM 또는 Ton)를 기초로 부과되는데 화물의 용적과 중량이 일정기준 이하(예:1CBM)일 경우의 운임을 말한다.
- revenue ton(운임톤) : 운임산정의 기준이 되는 톤을 말한다. 중량과 용적을 비교하여 선사에게 유리한 것으로 결정된 운임

59 성격이 다른 계약서의 조항을 고르면?

① 품질조건 ② 수량조건
③ 결제조건 ④ 중재조건

해설 품질조건, 수량조건, 결제조건은 상품의 매매 자체에 대한 계약조건임에 반하여 중재조건은 계약의 위반으로 발생한 분쟁을 해결하기 위하여 삽입되는 조항이다.

60 추심결제방식에 대한 설명으로 옳지 않은 것은?

① 환어음의 지급인이 선적서류를 영수함과 동시에 대금을 결제하는 것은 지급도(D/P)방식이다.
② 추심결제는 수출상이 환어음을 발행하여 선적서류를 첨부하여 은행을 통해 송부하는 방식이다.
③ 은행에 추심업무를 위탁하는 자는 지급인(drawee)이다.
④ 'URC'라는 국제규칙이 적용되며 신용장거래와 비교하면 은행수수료 부담이 적다.

해설 은행에 추심업무를 위탁하는 자는 환어음의 발행인(drawer)인 수출상이다.

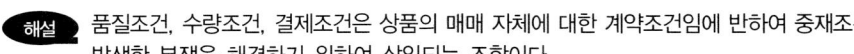

61 전자선하증권이 사용될 경우 사용이 감소될 문서는?

① Letter of Indemnity
② Manifest
③ Letter of Guarantee
④ Delivery Order

해설 신용장 거래에서 수입화물선취보증서(Letter of Guarantee)는 원본선하증권이 도착되기 전에 화물이 먼저 목적항에 도착한 경우 개설은행과 개설의뢰인이 연대보증하여 원본선하증권을 대신하여 선사에 제시하여 화물을 찾을 수 있게 하는 문서이다. 전자선하증권의 경우 실시간으로 서버에 저장되고 이에 대한 본인 확인만 이루어지면 화물을 찾을 수 있게 되므로 이러한 문서는 사라질 것이다.

62 선하증권의 기능에 대한 설명으로 옳지 않은 것은?

① 선하증권은 권리증권의 기능이 있기 때문에 정당한 소지인이 화물인도를 청구할 수 있다.
② 선하증권은 수취증 기능을 하므로 목적지에서 동일한 물품이 인도되어야 한다.
③ 선하증권이 일단 양도되면 그 기재내용은 양수인에 대해 확정적 증거력을 가진다.
④ 선하증권은 운송계약의 추정적 증거가 되며 운송계약서라고 할 수 있다.

해설 선하증권은 운송계약의 추정적 증거(prima facie evidence)이지 운송계약서 그 자체는 아니다.

63 항해용선계약에 대한 설명으로 옳지 않은 것은?

① GENCON 1994 서식이 이용되고 있다.
② 선복에 대하여 일괄하여 운임을 결정하는 용선계약을 lumpsum charter라고 한다.
③ 약정된 정박기간 내에 하역을 완료하지 못한 경우에 demurrage가 발생한다.
④ 용선자는 약정된 정박기간을 전부 사용할 수 있도록 하역작업을 수행하는 것이 바람직하다.

해설 항해용선계약에서 약정된 정박기간을 앞당겨서 사용하면 계약운임의 일부를 돌려받게 되는데 이를 조출료(dispatch money)라고 한다. 용선자는 약정된 정박기간을 단축하여 하역을 마치는 것이 운임에 있어서 유리하다.

64 보험에 대한 설명으로 옳지 않은 것은?

① 일부 보험의 경우 보험금액의 보험가액에 대한 비율로 비례보상한다.
② 초과보험은 초과된 부분에 대해서는 무효이다.
③ 피보험이익은 보험계약 체결 시에 존재하여야 한다.
④ 해상적하보험의 보험가액은 보험기간 중 불변인 것이 원칙이다.

해설 피보험이익은 보험사고가 발생할 때까지는 보험계약의 요소로서 **보험계약의 체결 시에 확정될 필요는 없으나**, 늦어도 보험사고 발생 시에는 확정될 수 있어야 한다. 피보험목적물이 현재 확정되어 있지 않아도 장래 확정될 것이 확실한 경우 보험계약의 대상이 될 수 있다.

정답 61.③ 62.④ 63.④ 64.③

65 청약의 효력이 소멸되는 경우가 아닌 것은?

① 피청약자의 청약거절
② 유효기간 경과
③ 당사자의 사망
④ 청약조건의 조회

해설 청약의 조건에 대해 좀 더 상세하게 알아볼 필요가 있어서 청약 조건을 조회하는 것은 청약 효력의 소멸 사항이 아니다. 예를 들어 1천개 이상을 주문하면 얼마나 할인을 해 줄 수 있는가 등의 단순 조회로 청약의 효력이 소멸되는 것은 아니다.

66 청약의 유인에 대한 설명으로 옳지 않은 것은?

① 피청약자가 승낙하여도 청약자의 확인이 있어야 계약이 성립한다.
② 청약자는 피청약자의 승낙만으로는 구속되지 않으려는 의도를 가진다.
③ 불특정인, 불특정집단을 대상으로 이루어진다.
④ Sub-con Offer와는 전혀 다른 성격을 지닌다.

해설 확인조건부 청약(Sub-con Offer : offer-subject to confirmation)은 불확정청약으로서 청약의 유인(invitation to treat)에 해당한다.

67 해상보험에 대한 설명으로 옳지 않은 것은?

① 해상보험은 가입대상에 따라 선박보험과 적하보험으로 나눌 수 있다.
② 해상적하보험은 우리나라 상법 상 손해보험에 해당된다.
③ 추정전손은 현실전손이 아니지만 현실적, 경제적으로 구조가 어려운 상태이다.
④ 현실전손인 경우에는 반드시 위부통지를 해야 한다.

해설 현실전손의 경우에는 위부가 필요없으며 추정전손의 경우에만 위부의 통지를 할 수 있다.

68 매도인이 계약을 위반했을 때 매수인의 권리구제 방법으로 볼 수 없는 것은?

① 매도인이 계약을 이행하지 않는 경우에 매수인은 원칙적으로 계약대로의 이행을 청구할 수 있다.
② 매수인은 매도인의 의무이행을 위하여 합리적인 추가 기간을 지정할 수 있다.
③ 계약상 매도인이 합의된 기일 내에 물품의 명세를 확정하지 아니한 때에는 매수인이 물품 명세를 확정할 수 있다.
④ 물품이 계약에 부적합한 경우에 모든 상황에 비추어 불합리하지 않는 한, 매수인은 매도인에 대하여 하자보완을 청구할 수 있다.

해설 계약상 **매수인**이 합의된 기일 내에 물품의 명세를 확정하지 아니한 때에는 **매도인**이 물품 명세를 확정할 수 있다. 물품명세확정권리는 매도인의 구제권리이다.

65.④ 66.④ 67.④ 68.③ **정답**

69 우리나라 중재법 상 임시적 처분의 주요 내용으로 옳지 않은 것은?

① 분쟁의 해결에 관련성과 중요성이 있는 증거의 보전
② 본안(本案)에 대한 중재판정이 있을 때까지 현상의 유지 또는 복원
③ 중재판정의 집행 대상이 되는 부채에 대한 보전 방법의 제공
④ 중재절차 자체에 대한 현존하거나 급박한 위험이나 영향을 방지하는 조치 또는 그러한 위험이나 영향을 줄 수 있는 조치의 금지

해설 우리나라의 중재법의 임시적 처분에서는 집행 대상이 되는 부채에 대한 보전 방법을 제공하지는 않는다.

70 비용의 분기가 선적지에서 이뤄지는 Incoterms 2020 조건으로 옳은 것은?

① FOB   ② DAP   ③ DDP   ④ CIF

해설 본선인도조건(FOB)은 매도인이 물품을 본선에 적재할 때까지의 비용만 부담하는 조건이므로 비용의 분기는 선적지에서 이루어진다.

71 중재계약에 대한 설명으로 옳지 않은 것은?

① 중재조항은 직소금지의 효력이 있다.
② 중재계약은 주된 계약에 대하여 독립성을 갖는다.
③ 중재계약에는 계약자유의 원칙이 적용되지 않는다.
④ 중재는 단심제이다.

해설 중재계약은 계약자유의 원칙에 따라 양자의 합의에 의해 계약사항으로 정할 수도 있고, 제외할 수도 있다. 대리인에게 대리권이 없음에도 불구하고 마치 그것(대리권)이 있는 것과 같은 외관이 있고, 그러한 외관의 발생에 본인(principal)이 어느 정도 책임이 있는 경우에, 대리인의 대리권 없는 대리행위의 효과를 본인에게 귀속시키는 것을 말한다. 즉 대리인인 듯한 외관을 신뢰한 제3자를 보호하기위해 그 무권대리행위에 대해 본인이 책임을 지게 하는 것이다.

72 대리점의 권한과 관련 본인으로부터 권한을 부여받지는 못하였으나 법률의 규정에 의하여 본인의 동의 여부를 불문하고 대리점이 권한을 소유하는 것을 무슨 권한이라고 하는가?

① actual authority   ② apparent authority
③ presumed authority   ④ doctrine of ratification

해설 표현대리(apparent authority)에 대한 설명이다. 대리권이 없는 자가 대리인이라고 칭하고 행하는 행위를 말하는 것이다.
  ▶ actual authority : 실제적 권한   ▶ presumed authority : 추정적 권한
  ▶ doctrine of ratification : 비준의 원칙

정답 69.③ 70.① 71.③ 72.②

73 신용장 조건 점검 시 성격이 다른 하나는?

① 검사증명서에 공식검사기관이 아닌 자의 서명을 요구하는 경우
② 화주의 책임과 계량이 표시된 운송서류는 수리되지 않는다는 조건
③ 개설의뢰인의 수입승인을 신용장 유효조건으로 하는 경우
④ 매매계약의 내용과 불일치한 조건이 있는지의 여부

 신용장의 조건을 점검할 때 은행은 신용장에서 요구하는 조건에 일치하는 서류의 제시여부만 심사하지 그 이외에 매매계약서의 조건을 심사하지는 않는다. 이를 신용장의 독립성의 원칙이라고 한다.

74 전자무역에 대한 설명으로 옳지 않은 것은?

① 무역의 일부 또는 전부가 전자무역문서로 처리되는 거래를 말한다.
② 전자무역은 글로벌B2C이다.
③ 신용장에서 전자서류가 이용될 때 eUCP가 적용될 수 있다.
④ 선하증권의 위기를 해결하기 위해 CMI에서 해상운송장과 전자선하증권에 관한 규칙을 각각 제정하였다.

전자무역은 기업간의 무역거래가 이루어지는 글로벌B2B(Business to Business)이다. B2C(Business to Customer)는 하나의 기업이 다수의 개인을 상대로 하는 비즈니스 모델을 말한다.

75 다음은 일반거래조건협정서의 어느 조건에 해당하는가?

> All the goods sold shall be shipped within the time stipulated in each contract. The date of bills of lading shall be taken as a conclusive proof of the date of shipment. Unless specially arranged, the port of shipment shall be at Seller's option.

① 품질조건
② 선적조건
③ 정형거래조건
④ 수량조건

모든 매매물품은 계약서에 정해진 기간 내에 선적되어야 한다. 선하증권은 선적일의 확정적 증거로 간주된다. 특별히 합의되지 않는 한, 선적항은 매도인의 선택사항이다.
일반거래조건협정서의 선적조건에서 볼 수 있는 조항이다.
▶ conclusive proof : 확정적 증거

73.④ 74.② 75.② **정답**

제 119회 1급 기출해설
(2020년 제3회)

01 영문해석

01 What can you infer from the sentence below?

> Trade finance generally refers to export financing which is normally self-liquidating.

① All export amounts are to be paid, and then applied to extend the loan. The remainder is credited to the importer's account.
② Pre-shipment finance is paid off by general working capital loans.
③ Export financing is a bit difficult to use over general working capital loans.
④ All export amounts are to be collected, and then applied to payoff the loan. The remainder is credited to the exporter's account.

해설 「아래 문장에서 추론할 수 있는 것은 무엇인가?」

> 무역금융은 일반적으로 보통 자기변제를 하는 수출금융을 말한다.

①「모든 수출대금은 지급될 것인데, 그 금액만큼 대출이 적용된다. 잔금은 수입자의 계좌로 이체된다.」
②「선적전 금융은 운영자금 대출로 갚는다.」
③「수출금융은 운영자금 대출금을 넘어서 사용하긴 조금 어렵다.」
④「모든 수출대금은 추심이 되고, 그 금액만큼 대출금을 변제하는 것으로 적용된다. 잔금은 수익자의 계좌로 이체된다.」
- 수출자는 수출활동에 필요한 자금을 은행에서 대출받고 수출금이 회수되는 것으로 대출금을 변제하게 된다. 이를 자기 변제[회수]라고 한다. 은행은 입금된 금액에서 대출금을 공제한 나머지 금액을 수출자에게 이체하게 된다.
▶ self-liquidating : (사업 등이) 차입금을 변제할 수 있는, 자기 회수[변제]적인
▶ pay off : 보상받다, 갚다   ▶ general working capital loans : 운영자금 대출
▶ credit to : ~에 이체하다(transfer)

정답 01. ④

02
Below is about del credere agent. Which is NOT in line with others?

(A) An agreement by which a factor, when he sells goods on consignment, for an additional commission (called a del credere commission), (B) guaranties the solvency of the purchaser and his performance of the contract. Such a factor is called a del credere agent. (C) He is a mere surety, liable to his principal only in case the purchaser makes default. (D) Agent who is obligated to indemnify his principal in event of loss to principal as result of credit extended by agent to third party.

① (A)　② (B)　③ (C)　④ (D)

해설 「다음은 지급보증대리인에 대한 것이다. 다른 것과 일치하지 않는 것은 어느 것인가?」

(A) 중개인이 추가 수수료(이를 지급보증 수수료라 한다)를 받고 물품의 위탁판매를 할 때 (B)구매자의 지급불능과 계약상의 이행을 보증하는 계약이다. (C) 단순한 보증인이며, 구매자가 대금지불을 하지 않을 경우 본사에 책임을 부담한다. (D)대리인은 제3자에게 보증한 결과에 따라 본사가 손해를 입는 경우 본사에게 보상할 의무가 있다.

del credere는 이탈리아어로서 보증 또는 담보를 의미한다. 대리인이 본인의 위탁(consignment)에 의거하여 상품을 현지에서 판매하는 경우에 현지의 고객의 지급에 대하여 보증한다는 지급보증계약(del credere agreement)을 본인과 체결하고 있는 대리인을 말한다. 따라서 (A)의 "...when he sells..." 에서 he를 principal(본사)로 바꿔주어야 한다.

▶ del credere agent : 지급보증대리인　▶ factor : 위탁판매자, 중개인
▶ on consignment : 위탁판매 같다　▶ surety : 보증인　▶ as result of : ~의 결과로서

[3~4] Read the following and answer.

We are pleased to state that KAsia in your letter of 25th May is a small but well-known and highly respectable firm, (A) who has established in this town for more than five years. We ourselves have now been doing business with them (B) for more than five years on quarterly open account terms and although (C) they have not taken advantage of cash discounts, they have always paid promptly on the net dates. The credit we have allowed the firm (D) has been well above USD100,000 you mentioned.

03
Who might be the writer?

① Bank　② Referee　③ Seller　④ Buyer

해설 당사는 귀사의 5월 25일자 서신에 있는 카시아는 작긴 하지만 잘 알려져 있고 평판도 좋으며, (A)이 지역에서 5년 넘게 사업을 해오고 있음을 알려드립니다. 당사는 이 회사와 (B)분기별 결제 방식으로 5년 넘게 거래를 해오고 있으며 (C)이 회사는 현금거래의 혜택을 받진 않지만 정해진 날짜에 즉시 결제를 하고 있습니다. 당사가 이 회사에 허용하고 있는 신용거래 금액은 (D)귀사가 언급하신 10만달러 이상입니다.

03. 작성자는 누구인가?
신용조회에 대한 신용조회처(Referee)의 답신이다.
▶ on quarterly open account terms : 분기별 결제방식　▶ on the net date : 정해진 날짜에

02.①　03.②　**정답**

04 Which is grammatically WRONG?

① (A)　② (B)　③ (C)　④ (D)

「문법적으로 잘못된 것은 어느 것인가?」
회사는 설립된 것이므로 (A)는"...which has been established in..."의 수동태로 쓰여져야 한다.

05 Which of the following CANNOT be inferred from the passage below?

> Dear Mr. Cooper,
>
> Thank you for your letter in reply to our advertisement in EduCare. Although we are interested in your proposition, the 5% commission you quoted on the invoice values is higher than we are willing to pay. However, the other terms quoted in your quotation would suit us.
>   Again we do not envisage paying more than 3% commission on net invoice values, and if you are willing to accept this rate, we would sign a one-year contract with effect from 1 August.
>   One more thing we would like to add is that the volume of business would make it worth accepting our offer.
>
> Yours sincerely,
> Peter

① Peter is an agent.

② Cooper is engaged in a commission based business.

③ 3% commission is a maximum to the Principal to go with.

④ Low commission might be compensated by large volume of business.

「하기 문장에서 추론할 수 없는 것은 다음 중 어느 것인가?」

> 쿠퍼 씨 안녕하십니까,
> 에듀케어에 실린 당사의 광고에 대한 귀사의 회신을 잘 받았습니다. 귀사가 송장금액의 5% 수수료를 제안하신 것에 관심은 있지만 당사가 지불하고 하는 금액 보다는 높습니다. 그러나 귀사의 견적서에 있는 다른 조건들은 당사에게 맞습니다. 당사는 송장금액의 3% 이상은 지불할 용의가 없음을 다시 한 번 말씀드리며, 귀사가 이 요율을 수락하시면, 당사는 8월 1일부터 효력이 시작되는 1년짜리 계약서에 서명을 하겠습니다. 한가지 더 추가하고 싶은 것은 거래량이 당사의 제안을 수용할 만 해야 합니다.

①「서신의 작성자인 피터는 대리인이다.」
　서신의 작성자인 피터는 대리인이 아니라 판매자이다.
②「쿠퍼는 수수료를 수익으로 하는 회사에 근무한다.」
③「3%의 수수료는 본사가 낼 수 있는 최대치이다.」
④「수수료가 낮더라도 대량 거래를 하면 보상받을 수 있다.」
▶ envisage : 관찰하다, 그리다

정답　04.①　05.①

06 Select the wrong explanation of negotiation under UCP 600.

(A) Negotiation means the purchase by the nominated bank of drafts (drawn on a bank other than the nominated bank) (B) and/or documents under a complying presentation, (C) by advancing or agreeing to advance funds to the beneficiary (D) on or before the banking day on which reimbursement is due to the issuing bank.

① (A) ② (B) ③ (C) ④ (D)

「UCP600의 매입에 관한 설명으로 잘못된 것을 고르시오.」

매입이라 함은 (D)상환이 **개설은행**에 행해져야 할 은행영업일에 또는 그 이전에 수익자에게 (C)대금을 선지급하거나 또는 선지급하기로 약정함으로써, (B)일치하는 제시에 따른 (A)환어음(지정은행이 아닌 은행을 지급인으로 하여 발행) 및 또는 서류의 지정 은행에 의한 구매를 말한다.[UCP600 제2조]

(D)의 issuing bank(개설은행)을 nominated bank(지정은행)으로 바꿔야 한다.

07 What is correct about the bearer in bill of lading operation?

① Bearer is someone who owns or possesses a B/L.
② Bearer is not able to assign the B/L to other.
③ Bearer is normally second consignor in negotiable B/L operation.
④ Bearer can not hold the B/L but endorse it to third party for assignment.

「선하증권의 기능에서 소지자에 관하여 옳은 것은 무엇인가?」
①「소지자는 선하증권을 소유하거나 점유하고 있는 어떤 자이다.」
 - 소지자에 대한 정확한 설명이다.
②「소지자는 선하증권을 타인에게 양도할 수 없다.」
③「소지자는 유통가능 선하증권의 기능에서 보통 두 번째 송하인을 말한다.」
④「소지자는 선하증권을 소유할 수는 없지만 양도를 위해 제3자에게 배서할 수 있다.

08 Select the wrong explanation of credit under UCP 600.

(A) Credit means any arrangement, (B) however named or described, (C) that is irrevocable or revocable and thereby constitutes a definite undertaking of (D) the issuing bank to honour a complying presentation.

① (A) ② (B) ③ (C) ④ (D)

06.④ 07.① 08.③ **정답**

해설 「UCP600에서 신용장에 대한 설명으로 잘 못된 것을 고르시오.」

> 신용장이라 함은 그 명칭이나 기술에 관계없이 취소불능이거나 취소가능이며 일치하는 제시를 지급이행할 개설은행의 확약을 구성하는 모든 약정을 말한다.[UCP600 제2조 정의]

(C)의 "that is irrevocable or revocable....(취소불능이거나 취소가능이며)"을 "that is irrevocable...(취소불능이며)"로 고쳐야 한다.

09 Select the best answer suitable for the blanks.

> Excepted perils mean the perils exempting the insurer from liability where the loss of or damage to the subject-matter insured arises from certain causes such as (A) of the assured, delay, (B), inherent vice and vermin or where loss is not (C) by perils insured against.

① (A) wilful misconduct (B) ordinary wear and tear (C) proximately caused
② (A) wilful misconduct (B) wear and tear (C) proximately caused
③ (A) misconduct (B) wear and tear (C) caused
④ (A) misconduct (B) ordinary wear and tear (C) caused

해설 「UCP600에서 신용장에 대한 설명으로 잘 못된 것을 고르시오.」

> 면책위험은 피보험자의 (A : 고의적인 불법행위), 지연, (B : 통상의 자연소모), 보험목적물 고유의 하자 또는 벌레에 의한 손해 또는 담보위험이 아닌 것에 기인한 손실로부터 보험자에게 책임을 면제하는 위험을 말한다.

▶ wilful misconduct : 고의적인 불법행위   ▶ ordinary wear and tear : 통상적인 자연소모
▶ not proximately caused by perils insured against : 담보위험에 근인하여 발생되지 않은 손해

10 What is the subject of the passage below?

> A written statement usually issued by the issuing bank at the request of an importer so as to take delivery of goods from a shipping company before the importer obtains B/L.

① Letter of Guarantee   ② Letter of Surrender
③ Bill of Exchange   ④ Trust Receipt

해설 「하기 문장의 주제는 무엇인가?」

> 수입상이 선하증권을 입수하기 전에 선사로부터 물품의 인도를 받을 수 있도록 수입상의 요청에 따라 통상적으로 개설은행이 발행하는 서면진술서

- 수입화물선취보증서(Letter of Guarantee)에 대한 설명이다.
▶ Trust Receipt : 수입화물대도   ▶ so as to : ~를 위해[위하여]

정답   09.① 10.①

11 Which of the followings is NOT suitable for the blanks below?

> A factor is a bank or specialized financial firm that performs financing through the purchase of (A). In export factoring, the factor purchases the exporter's (B) foreign accounts receivable for cash at a discount from the face value, generally (C). It sometimes offers up to 100% protection against the foreign buyer's inability to pay — with (D).

① (A) account receivables

② (B) long-term

③ (C) without recourse

④ (D) no deductible scheme or risk-sharing

「다음의 빈 칸에 적합하지 않은 것은 다음 중 어느 것인가?」

> 팩터는 (A : 매출채권)의 매입을 통해 금융을 제공하는 은행이나 금융전문회사를 말한다. 수출금융에서, 팩터는 수출상의 (B : 장기) 외국환매출채권을 액면가에서, 보통 (C : 소구불능)으로, 할인을 하고 현금을 지급하여 매입한다. 종종 공제를 하거나 위험분담 없이 외국매수인의 지불불능에 대해 100%까지 지급한다.

- 팩토링은 포페이팅과 달리 180일 이내의 단기금융이다. (B)의 long-term을 short-term으로 고쳐야 한다.
▶ account receivables : 매출채권

[12~13] Read the following letter and answer the questions.

> Thank you for your advice of 15 May. We have now effected (A) to our customers in New Zealand and enclose the (B) you asked for and our draft for £23,100 which includes your (C). Will you please honour the (D) and remit the (E) to our account at the Mainland Bank, Oxford Street, London W1A 1AA.

12 Select the wrong one in the blank (C)?

① discount   ② commission

③ charges   ④ proceeds

귀사의 5월 15일자 통지문을 잘 받았습니다. 당사는 방금 뉴질랜드의 당사 고객에게 (A : 선적)을 했으며 귀 은행이 요청하신 (B : 선적서류)와 귀 은행의 (   )을 포함한 23,100파운드짜리 환어음을 동봉합니다. (D :화환어음)을 지급해주시고 (E :대금)을 런던 W1A 1AA, 옥스퍼드 가, 메인랜드 은행의 당사 계좌로 송금해주시기 바랍니다.

- 수출상이 수입상의 지급대리은행에게 보내는 서신이다. 23,100 파운드는 은행에 지급할 (할인수수료, 수수료, 요금) 등이 포함된 대금(proceeds)이므로 공란에 이 용어를 넣으면 중복이다.

11.② 12.④ **정답**

13 Which of the following BEST completes the blanks (A), (B), (D) and (E)?

① (A) dispatch (B) transport documents (D) documentary draft (E) proceed

② (A) shipment (B) transport documents (D) clean draft (E) proceed

③ (A) shipment (B) shipping documents (D) documentary draft (E) proceeds

④ (A) dispatch (B) shipping documents (D) clean draft (E) proceeds

 「빈 칸 (A), (B), (D) 와 (E)에 들어가기 가장 알맞은 것은 다음 중 어느 것인가?」
– 위 해석 참조

14 Please put the following sentences in order.

> (A) After having dealt with you for many years, I deserve better treatment.
> (B) Your competitors will be happy to honor my credit, and I will transfer my future business elsewhere.
> (C) I did not appreciate the curt letter I received from your Credit Department yesterday regarding the above invoice, a copy of which is attached.
> (D) I've been disputing these charges for two months.

① (C)-(D)-(A)-(B) ② (A)-(B)-(D)-(C)

③ (B)-(D)-(C)-(A) ④ (D)-(A)-(B)-(C)

「다음 문장을 순서대로 놓으시오.」

> (A) 많은 시간을 귀사와 거래를 해 왔으므로 보다 나은 대우를 받아야 한다고 생각합니다.
> (B) 귀사의 경쟁자들은 당사의 신용거래를 반길 것이며 당사는 당사의 다음 거래처를 어디든 옮길 수 있습니다.
> (C) 당사는 귀사의 신용사업부에서 송장을 첨부하여 어제 보낸 퉁명스러운 서신에 불쾌했습니다.
> (D) 당사는 지난 두 달 간 이 비용에 대해 논쟁을 해 왔습니다.

– 신용거래를 오래 해왔는데 거래에 따른 여러 비용을 인하하는 혜택을 주지 않음에 대해서 수입상이 수출상에게 불만을 제기하고 있는 내용이다. 선지 ①번이 가장 자연스러운 흐름이다.

15 Select the different purpose among the following things.

① The finish is not good and the gilt comes off partly.

② By some mistake the goods have been wrongly delivered.

③ When comparing the goods received with the sample, we find that the color is not the same.

④ All marks must be same as those of invoice in accordance with our direction

정답 13.③ 14.① 15.④

 「다음 중에서 의미가 다른 것을 고르시오.」
① 「마무리가 좋지 않고 도금이 부분적으로 벗겨졌습니다.」
② 「실수로 물품이 잘 못 배송되었습니다.」
③ 「받은 물품을 견본과 비교해보니, 색깔이 동일하지 않습니다.」
④ 「모든 표시는 당사의 지시에 따라 송장의 것과 같아야 합니다.」
— 선지 ④번을 제외하고는 모두 물품 자체와 관련된 불만사항들이다.
▶ gilt : 도금   ▶ in accordance with : ~에 따라, ~에 일치하여

[16~19] Read the following passage and answer.

> The UCP 600 definition of complying presentation means a presentation that is in accordance with the terms and conditions of the documentary credit, the applicable provisions of these rules and international standard banking practice.
>
> This definition includes three concepts. First, (A) Second, the presentation of documents must comply with the rules contained in UCP 600 that are applicable to the transaction, i.e., (B). Third, the presentation of documents must comply with international standard banking practice. The first two conditions are determined by looking at the specific terms and conditions of the documentary credit and the rules themselves. ⓐ The third, international standard banking practice, reflects the fact that the documentary credit and ⓑ the rules only imply some of the processes that banks undertake in the examination of documents and in the determination of compliance. ⓒ International standard banking practice includes practices that banks regularly undertake in determining the compliance of documents. ⓓ Many of these practices are contained in the ICC's publication International Standard Banking Practice for the Examination of Documents under Documentary Credits ("ISBP") (ICC Publication No. 681); however, the practices are broader than what is stated in this publication. Whilst the ISBP publication includes many banking practices, there are others that are also commonly used in documentary credit transaction beyond those related to the examination of documents. For this reason, (C).

16 Select the suitable one in the blank (A).

① the presentation of documents must comply with the terms and conditions of the documentary credit.

② the presentation of documents must represent the goods.

③ the passing of the documents by the beneficiary to the issuing bank must be punctual.

④ the presentation of complying documents must made to the nominated banks under the documentary credit.

16. ① 정답

> 일치하는 제시의 UCP600의 정의는 신용장의 제 조건, 이 규칙 및 국제표준은행관행의 적용가능한 규정에 따른 제시를 말한다. 이 정의는 세 개의 개념을 포함한다. 첫 째, (A : 서류의 제시는 신용장의 제조건과 일치해야 한다). 둘째, 서류의 제시는 UCP600이 적용될 수 있는 상거래, 예컨대, (B : 화환신용장의 제 조건이 변경되거나 배제되지 않은) 포함된 규칙에 일치해야 한다. 세 번째, 서류의 제시는 국제표준은행관행에 일치해야 한다. 첫 번째 두 개의 조건은 화환신용장의 특정한 제조건과 자체의 규칙을 살펴봄으로서 결정된다. ⓐ 첫 째, 국제표준은행관행은 화환신용장의 요소를 반영하며 ⓑ이 규칙은 오직 은행은 서류의 검사와 서류준수의 결정만으로 지급 이행을 진행한다는 것을 암시한다. ⓒ 국제표준은행관행은 은행이 서류의 일치를 결정하여 지급을 이행하는 실무적 사항을 담고 있다. ⓓ 이러한 많은 실무적 사항은 ICC발행 화환신용장의 서류심사를 위한 국제표준은행관행(ISBP)(ICC 발행 No.681)에 담겨있다 : 그러나 이 실무적 사항은 이 간행물에 기술된 것보다 더 범위가 넓다. ISBP가 많은 은행 실무를 담고 있지만, 서류심사와 관련된 것을 넘어서 화환신용장 거래에 통상적으로 사용되는 다른 사항들이 있다. 이러한 이유로, (C)

16.「빈 칸 (A)에 적합한 것을 고르시오.」
① 「서류의 제시는 신용장의 제조건과 일치해야 한다.」
　- (A)에 이어지는 문장들은 모두 서류의 제시가 신용장의 제조건들과 일치하는 것에 대한 규정들이다.
② 「서류의 제시는 물품을 보여줘야 한다.」
③ 「수익자가 개설은행에 전달하는 서류는 반드시 시간을 지켜야 한다.」
④ 「일치하는 서류의 제시는 화환신용장에서는 지정은행에게 해야 한다.」

▶ imply : 암시하다, 함축하다　　▶ compliance : 따르기, 준수　　▶ represent : 보여주다, 대표하다

17 Select the wrong one for the underlined parts.

① ⓐ　　② ⓑ　　③ ⓒ　　④ ⓓ

「밑줄 친 부분에서 잘 못된 것을 고르시오.」
ⓑ에서 은행은 서류를 심사하는 과정에서 ISBP의 일부만을 함축하여 적용하는 것이 아니라 전체를 적용한다.
"the rules only imply..." → "the rules only doesn't imply..."

18 Select the best one in the blank (B).

① those that have been modified or excluded by the terms and conditions of the documentary credit

② those that can not be applied by way of special conditions that exclude the rules

③ those that can not be applied by way of special conditions that modify or exclude the rules

④ those that have not been modified or excluded by the terms and conditions of the documentary credit

정답　17.②　18.④

 「빈 칸 (B)에 알맞은 것을 고르시오.」
① 「화환신용장의 제 조건이 변경되거나 배제된」
② 「이 규칙을 배제하는 특별한 조건의 사용을 적용할 수 없는」
③ 「이 규칙을 변경하거나 배제하는 특별한 조건의 사용을 적용할 수 없는」
④ 「화환신용장의 제 조건이 변경되거나 배제되지 않은」
- 서류의 제시는 화환신용장에서 정한 조건들을 변경하거나 배제하지 않은 것이어야 한다.

19 Select the best one in the blank (C).

① the definition of complying presentation specifically refers to the International Standard Banking Practice publication

② the definition of complying presentation does not specifically refer to the International Standard Banking Practice and UCP publications

③ the definition of complying presentation does not specifically refer to the International Standard Banking Practice publication

④ the definition of complying presentation specifically refers to the International Standard Banking Practice and UCP publications

 「빈 칸 (C)에 알맞은 것을 고르시오.」
① 「일치하는 제시의 정의는 구체적으로 국제표준은행관행 간행물을 말한다.」
- 일치하는 제시는 UCP600과 ISBP의 제조건을 모두 충족해야 한다.
② 「일치하는 제시의 정의는 국제표준은행관행과 UCP600 간행물을 말하는 것은 아니다.」
③ 「일치하는 제시의 정의는 국제표준은행관행을 말하는 것은 아니다.」
- 일치하는 제시는 신용장의 제조건, 이 규칙 및 국제표준은행관행의 적용 가능한 규정에 따른 제시를 말한다.
④ 「일치하는 제시는 국제표준은행관행과 UCP 간행물을 구체적으로 말한다.」
- 일치하는 제시는 ISBP와 UCP600, 그리고 신용장의 제조건의 규정에 따른 제시를 말한다.
▶ specifically : 구체적으로, 명확하게   ▶ refer to : 말한다, 표현한다

20 Which is right pair of words for the blanks?

> A sight draft is used when the exporter wishes to retain title to the shipment until it reaches its destination and payment is made.
> In actual practice, the ocean bill of lading is endorsed by the (A) and sent via the exporter's bank to the buyer's bank. It is accompanied by the draft, shipping documents, and other documents that are specified by the (B). The foreign bank notifies the buyer when it has received these documents. As soon as the draft is paid, the foreign bank hands over the bill of lading with other documents thereby enabling the (C) to take delivery of the goods.

19.③ 20.① **정답**

| 제119회 | 1급 기출해설(2020년 제3회)   **539**

	(A)	(B)	(C)
①	exporter	buyer	buyer
②	exporter	exporter	buyer
③	buyer	exporter	buyer
④	buyer	buyer	buyer

> **해설** 「빈 칸에 올바른 쌍은 어느 것인가?」
>
> 일람출급 환어음은 수출상이 선적품이 목적지에 도착하고 지급이 이루어지기 전까지 권리를 보유하고 싶을 때 사용된다. 실제 업무에서, 해양선하증권은 (A : 수출상)이 배서하고 수출상의 은행을 통해 매수인의 은행으로 보내진다. 여기에는 환어음, 선적서류, 그리고 (B : 수입상)이 규정한 기타 서류가 함께 있다. 외국은행은 이러한 선적서류를 받으면 매수인에게 이를 통보한다. 환어음이 지급되면 외국은행은 (C : 매수인)이 물품을 인도를 받을 수 있도록 선하증권과 함께 다른 서류들을 넘겨준다.

– 해석 참조
▶ retain : 유지하다, 보유하다   ▶ in actual practice : 실제로는   ▶ hand over : 넘겨주다
▶ enable : 가능하게 하다   ▶ take delivery of the goods : 물품의 인도를 받다

21 Which is NOT suitable in the blank?

> The Incoterms2020 rules do NOT deal with (　　).

① whether there is a contract of sale at all
② the specifications of the goods sold
③ the effect of sanctions
④ export/import clearance and assistance

> **해설** 「빈 칸에 적합하지 않은 것은 어느 것인가?」
>
> 인코텀즈2020 규칙은 (　　)을 다루지 않는다.

①「매매계약의 존부」
②「매매물품의 성상(명세)」
③「제재의 효력」
④「수출입통관과 협조」
 – 인코텀즈2020에서는 수출입통관의 당사자와 협조사항에 대해 규정하고 있다.

정답 21.④

22. Which of the following is the LEAST appropriate Korean translation?

① We are very sorry to have to inform you that your latest delivery is not up to your usual standard.
⇒ 귀사의 최근 발송품은 평소의 수준에 미치지 못하는 것이었음을 알려드리게 되어 유감입니다.

② We must apologize once again for the last minute problems caused by a clerical error on our side.
⇒ 당사 측의 사소한 실수로 인해 발생한 문제에 대해 마지막으로 다시 사과드려야 하겠습니다.

③ In consequence we are compelled to ask our agents to bear a part of the loss.
⇒ 따라서 당사는 당사 대리점들이 이번 손실의 일부를 부담해줄 것을 요청하지 않을 수 없습니다.

④ Thank you for your quotation for the supply of ABC but we have been obliged to place our order elsewhere in this instance.
⇒ ABC의 공급에 대한 견적을 보내주셔서 감사합니다. 하지만 이번에 한해서는 타사에 주문할 수밖에 없게 되었습니다.

해설 「한국어 번역이 가장 적절하지 않은 것은 다음 중 어느 것인가?」
② 당사 측의 **사소한 실수**로 인해 발생한 문제에 대해 마지막으로 다시 사과드려야 하겠습니다.
▶ clerical error : 오기(誤記)   cf. minor[small, slight] mistake : 사소한 실수

23. The following is on Incoterms2020. Select the right ones in the blanks.

> The Incoterms2020 rules explain a set of (A) of the most commonly-used three-letter trade terms, e.g. CIF, DAP, etc., reflecting (B) practice in contracts for the (C) of goods.

① (A) twelve (B) business-to-consumer (C) sale and purchase
② (A) eleven (B) business-to-business (C) sale and purchase
③ (A) eleven (B) business-to-consumer (C) sales
④ (A) twelve (B) business-to-business (C) sales

해설 「다음은 인코텀즈2020이다. 빈 칸에 옳은 것을 고르시오.」

> 인코텀즈2020 규칙은 가장 빈번하게 사용되는 (A : 11개 조건) 을 세 글자로 설명하는데 예를 들면 (C : 물품의 매매계약)에서 (B : 기업간 거래) 실무를 반영하고 있는 CIF, DAP 등이다.

▶ business-to-business practice : 기업간 거래 실무

		22.②	23.②	**정답**

24 Select the wrong explanation of changes in Incoterms2020.

① Bills of lading with an on-board notation could be required under the FCA Incoterms rule.

② Obligations which are listed in one clause.

③ Different levels of insurance cover in CIF and CIP.

④ Arranging for carriage with seller's or buyer's own means of transport in FCA, DAP, DPU and DDP.

「인코텀즈2020의 변경 사항에 대한 설명으로 잘못된 것을 고르시오.」
①「FCA 인코텀즈 규칙에서는 본선적재부기문언이 있는 선하증권이 요구된다.」
②「의무조항이 하나의 조항으로 수록되었다.」
- 매매당사자의 의무조항은 인코텀즈2010과 마찬가지로 A는 매도인의 의무, B는 매수인의 의무로 나누어 설명하고 있다.
③「CIF와 CIP의 보험부보 비율이 달라졌다.」
④「FCA, DAP, DPU 그리고 DDP에서는 매도인 또는 매수인이 자신의 운송수단으로 운송계약을 체결할 수 있다.」

25 Select the term or terms which the following passage does not apply to.

> The named place indicates where the goods are "delivered", i.e. where risk transfers from seller to buyer.

① E-term

② F-terms

③ C-terms

④ D-terms

「다음에 적용할 수 없는 조건이나 용어를 고르시오.」
> 지정장소란 물품이 인도되는 곳을 말하는데 예를 들면, 위험이 매도인에게서 매수인에게로 이전하는 것이다.

C조건에서 CPT/CIP의 경우는 지정장소가 아니라 매도인이 지정한 운송인에게 물품이 인도되었을 때 위험이 이전된다.

정답 24.② 25.③

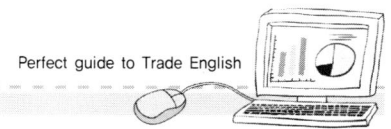

02 영작문

[26~28] Please read the following letter and answer each question.

(A) We have instructed our bank, Korea Exchange Bank, Seoul to open an irrevocable letter of credit for USD22,000.00 (twenty two thousand US dollars) to cover the shipment (CIF London). The credit is (a) until 10 June 2020.
(B) Bill of Lading (3 copies) Invoice CIF London (2 copies) AR Insurance Policy for USD24,000.00 (twenty four thousand US dollars)
(C) We are placing the attached order for 12 (twelve) C3001 computers in your proforma invoice No.548.
(D) You will receive confirmation from our bank's agents, HSBC London, and you can draw on them at 60 (sixty) days after sight for the full amount of invoice. When submitting our draft, please enclose the following documents.
Please fax or email us as soon as you have arranged (b).

26 Put the sentences (A)~(D) in the correct order.

① (D)-(B)-(A)-(C) ② (C)-(A)-(D)-(B)
③ (D)-(C)-(B)-(A) ④ (B)-(A)-(C)-(D)

(A) 당사는 선적품(CIF 런던)을 커버할 22,000달러(2만 2천 미국달러)짜리 취소불능신용장을 개설하라고 당사의 거래은행인 서울, 한국외환은행에 지시했습니다. 신용장은 2020년 6월 10일까지 (   ).
(B) 선하증권(3통), CIF런던 기준 송장(2통), 24,000달러로 부보된 전위험담보 보험증권
(C) 당사는 귀사의 견적송장 No.548에 따라 C3001 컴퓨터 12대의 주문서를 첨부합니다.
(D) 귀사는 당사의 거래은행의 대리은행인, 런던의 HSBC로부터 확인을 받을 것이며 송장 전체금액에 대해 일람 후 60(육십)일 출급 환어음을 이 은행을 지급인으로 하여 발행하십시오. 환어음을 제시할 때, 다음의 서류들을 동봉해 주세요.
귀사가 (   )을 준비하는 대로 당사에게 팩스 또는 이메일을 주세요.

26. 「문장 (A)~(D)를 올바른 순서대로 놓으시오.」
선지 ②번이 가장 자연스러운 흐름이다.

27 Which word is Not suitable for (a)?

① invalid ② in force ③ effective ④ available

「빈 칸 (a)에 적합하지 않은 단어는 어느 것인가?」
- 신용장의 유효기간을 말하므로 빈 칸에는 유효한(valid, in force, effective, available)이 적절하다.
▶ invalid : 무효한, 타당하지 않은

26.② 27.① **정답**

28 Which word is most suitable for (b)?

① shipment ② insurance ③ negotiation ④ invoice

 「빈 칸 (b)에 가장 적합한 단어는 어느 것인가?.」
– 선적(shipment)준비가 다 되면 연락을 달라고 하는 것이 자연스런 맞음이다.

29 Select the right term for the following passage.

> The freight is calculated on the ship's space or voyage rather than on the weight or measurement.

① Lumpsum Freight ② Dead Freight
③ Bulky Freight ④ FAK

 「운임은 중량이나 용적보다는 선박의 공간이나 항해에 따라 계산된다.」
–총괄운임(Lumpsum Freight)에 대한 설명이다.
▶ Dead Freight : 부적운임 ▶ Bulky Freight : 중량할증운임 ▶ FAK : 무차별운임

30 Choose the one which has same meaning for the underlined part under UCP 600.

> We intend to ship a consignment of (A) <u>dinghies</u> and their equipment to London at (B) <u>the beginning</u> of next month under the letter of credit.

① (A) boats –   (B) the 1st to the 10th
② (A) yachts –   (B) the 1st to the 15th
③ (A) machines – (B) the 1st to the 10th
④ (A) hull –   (B) the 1st to the 15th

 「UCP600에 따라 밑줄 친 부분과 같은 의미가 있는 것을 고르시오.」

> 당사는 신용장의 조건에 따라 다음 달 초에 딩기 보트와 장비를 런던으로 선적하려 합니다.

– beginning, middle, end : 그 달의 10일, 11일부터 20일, 21일부터 말일
▶ dinghy : 작은 배, 보트

정답 28.① 29.① 30.①

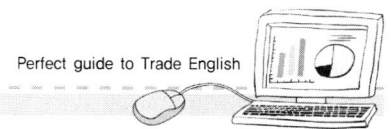

31
What kind of draft is required and fill in the blank with suitable word?

> This credit is available by draft at sight drawn on us for (   )

① usance — invoice value plus 10%
② demand — the full invoice value
③ demand — invoice value plus 10%
④ usance — the full invoice value

해설 「어떤 종류의 환어음이 요구되고 빈 칸에 적합한 단어는 무엇인가?」

> 이 신용장은 송장 전체 금액(the full invoice value)에 대해 당 은행을 지급인으로 하여 일람출급 환어음으로 이용할 수 있습니다.

- 일람출급 환어음은 지급 요구 시에 즉시 지급이 이루어지는 요구불 어음(demand draft)이다.

32
Select the wrong part in the following passage.

> (A) Authority to Pay is not a letter of credit, (B) but merely an advice of the place of payment and also specifies documents needed to obtain payment. (C) It obliges any bank to pay. (D) It is much less expensive than a letter of credit and has been largely superseded by documents against payment.

① (A)   ② (B)   ③ (C)   ④ (D)

해설 「다음 문장에서 잘 못된 부분을 고르시오.」

> (A) 어음의 지급이 신용장으로 되는 것이 아니고, (B)단지 지급 장소의 통지와 지급을 받기 위해 필요한 특정서류만 요구될 뿐이다. (C)어느 은행이든 지급을 해야 한다. (D)이는 신용장 거래보다 비용이 적고 D/P방식으로 널리 대체되어 사용되고 있다.

추심방식인 D/P에 대해서 설명하고 있다. 추심방식에서 추심관련 은행은 지급의 의무가 없으므로 (C)의 문장은 "It doesn't oblige~" 로 바꿔줘야 한다.
▶ Authority to Pay : 어음지급수권서   ▶ supersede : 대체하다, 대신하다

33
Which of the following is MOST appropriate in the blanks?

> If a credit prohibits partial shipments and more than one air transport document is presented covering dispatch from one or more airports of departure, such documents are (A), provided that they cover the dispatch of goods on the same aircraft and same flight and are destined for the same airport of destination. In the event that more than one air transport document is presented incorporating different dates of shipment, (B) of these dates of shipment will be taken for the calculation of any presentation period.

① (A) unacceptable — (B) the latest   ② (A) unacceptable — (B) the earliest
③ (A) acceptable — (B) the latest   ④ (A) acceptable — (B) the earliest

정답 31.② 32.③ 33.③

 「빈 칸에 가장 적합한 것은 다음 중 어느 것인가?」

> 신용장이 분할선적을 금지하고 하나 이상의 출발공항에서의 발송을 커버하는 둘 이상의 운송서류가 제시되면, 이러한 서류는 (A : 수리가능한데, **acceptable**), 이 서류가 동일한 항공기와 비행기로 발송되고 동일한 도착공항으로 향한다면 그러하다. 선적일자가 서로 다른 둘 이상의 운송서류가 제시되는 경우, 이 선적일에서 최종적인 날짜(**the latest**)를 서류제시 기간의 계산으로 간주한다.

▶ destine for : ~ 행인   ▶ provided that : 만일 ~ 라면, ~을 전제로

34 Select the best one in the blank.

> If a nominated bank determines that a presentation is complying and forwards the documents to the issuing bank or confirming bank, whether or not the nominated bank has honoured or negotiated, and issuing bank or confirming bank must (   ) that nominated bank, even when the documents have been lost in transit between the nominated bank and the issuing bank or confirming bank, or between the confirming bank and the issuing bank.

① reimburse
② honour or reimburse
③ negotiate or reimburse
④ honour or negotiate, or reimburse

 「빈 칸에 가장 적합한 것을 고르시오.」

> 지정은행이 제시가 일치하고 있다고 결정하고 그 서류를 개설은행 또는 확인은행으로 발송하는 경우에는, 서류가 지정은행과 개설은행 또는 확인은행간에, 또는 확인은행과 개설은행간에 송달 중에 분실된 경우라 하더라도, 지정은행이 지급이행 또는 매입하였는지의 여부와 관계없이, 개설은행 또는 확인은행은 지급이행 또는 매입하거나, 또는 그 지정은행에 상환(honour or negotiate, or reimburse)하여야 한다.[UCP600 제35조 송달 및 번역에 관한 면책]

▶ whether or not : 어떻든지   ▶ provided that : 만일 ~ 라면, ~을 전제로

35
A letter of credit requires to present bill of lading and insurance certificate. If the shipment date of bill of lading is 20 May, 2020, which of following document can be matched with such bill of lading?

> A. An insurance certificate showing date of issue as 20 May, 2020
> B. An insurance certificate showing date of issue as 21 May, 2020
> C. An insurance policy showing date of issue as 20 May, 2020
> D. A cover note showing date of issue as 20 May, 2020

① A only
② C only
③ A and C only
④ all of the above

정답   34.④   35.③

해설 「신용장이 선하증권과 보험증명서를 요구하고 있다. 선하증권의 선적일이 2020년 5월 20일이라면 이러한 선하증권에 적합한 서류는 다음 중 어느 것인가?」

> A. 발행일이 2020년 5월 20일로 보이는 보험증명서
> B. 발행일이 2020년 5월 21일로 보이는 보험증명서
> C. 발행일이 2020년 5월 20일로 보이는 보험증권
> D. 발행일이 2020년 5월 20일로 보이는 보험승낙서

B : 선적일이 지나 발행된 보험서류의 제시는 하자이다.
C : 신용장이 보험증명서를 요구한다하더라도 보험증권을 제시할 수 있다. 그러나 보험증권을 요구했는데 보험증명서를 제시하면 하자이다.
D : 보험승낙서는 수리되는 서류가 아니다.

36 Which of the followings is NOT correctly explaining the Charter Party Bill of Lading under UCP 600?

① The charter party B/L must appear to be signed by the master, the owner, or the charterer or their agent.

② The charter party B/L must indicate that the goods have been shipped on board at the port of loading stated in the credit by pre-printed wording, or an on board notation.

③ The date of issuance of the charter party bill of lading will be deemed to be the date of shipment unless the charter party bill of lading contains an on board notation indicating the date of shipment.

④ A bank will examine charter party contracts if they are required to be presented by the terms of the credit.

해설 「UCP600에 따라 용선계약에 대한 설명으로 옳지 않은 것은 다음 중 어느 것인가?」
①「용선계약선하증권은 선장, 선주, 용선자 또는 대리인에 의하여 서명된 것으로 보여야 한다.」
②「물품이 신용장에 명기된 적재항에서 지정선박에 본선적재되었음이 사전인쇄된 문언 또는 본선적재표기로 나타나 있어야 한다.」
③「용선계약선하증권의 발행일은 선적일로 본다. 다만, 용선계약선하증권이 선적일을 표시하고 있는 본선 적재표기를 포함하고 있는 경우에는 그러하지 아니하며, 이 경우, 본선적재표기상에 명기된 일자는 선적일로 본다.」
④「용선계약서가 신용장의 조건(terms)에 따라 제시되도록 요구되더라도, 은행은 그 용선계약서를 **심사한다**.」
 – "A bank will examine charter party contracts…" → A bank will **not** examine charter party contracts…(~ 그 용선계약서를 **심사하지 아니한다.**)

36.④ **정답**

| 제119회 | 1급 기출해설(2020년 제3회) **547**

37. Select the right terms in the blanks?

> Payments under (A) are made direct between seller and buyer whereas those under (B) are made against presentation of documentary bills without bank's obligation to pay.

① (A) Documentary Collection - (B) Letter of Credit
② (A) Remittance - (B) Documentary Collection
③ (A) Letter of Credit - (B) Documentary Collection
④ (A) Remittance - (B) Letter of Credit

「빈 칸에 맞는 용어를 고르시오.」

(송금방식에서의 ; Remittance)지급은 매도인과 매수인 사이에 직접적으로 이루어지는 반면에 (추심방식 ; Documentary Collection)에서의 지급은 은행의 지급 의무 없이 화환어음의 제시로 이루어진다.

38. Which of the following is LEAST correct about the difference between Bank Guarantee and Letter of Credit?

① The critical difference between LC and guarantees lie in the way financial instruments are used.
② Merchants involved in exports and imports of goods on a regular basis choose LC to ensure delivery and payments.
③ Contractors bidding for infrastructure projects prove their financial credibility through guarantees.
④ In LC, the payment obligation is dependent of the underlying contract of sale.

「은행의 지급보증과 신용장의 차이점에 대해 가장 옳지 않은 것은 다음 중 어느 것인가?」
①「신용장과 보증서와의 가장 큰 차이는 금융 수단을 사용하는 방법에 있다.」
②「규칙적인 물품의 수출입과 관련된 거래에서는 인도와 지급을 확실히 하기 위해 신용장을 선택한다.」
③「사회기반시설 프로젝트에 입찰하는 계약자들은 보증서를 통해서 자신의 금융적 신용도를 입증한다.」
④「신용장에서, 지급의무는 매매계약에 의존한다.」
 - 신용장은 매매계약과는 독립적으로 작용하는 지급확약이다

▶ critical : 비난하는, 중요한   ▶ financial instruments : 금융수단(어음, 채권 등의 총칭)

정답 37.② 38.④

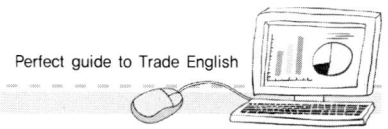

39 Which of the followings is NOT APPROPRIATE as part of the reply to the letter below?

> Thank you for your fax of July 5, requesting an offer on our mattress. We offer you firm subject to your acceptance reaching us by July 20.
> Our terms and conditions are as follows :
>   Items : mattress (queen size)
>   Quantity : 300 units
>   Price : USD1,100.00 per unit, CIF New York
>   Shipment : During May
>   Payment : Draft at sight under an Irrevocable L/C

① We need the goods in early June, so we want to change only shipment term.
② Thank you for your firm offer, and we are pleased to accept your offer as specified in our Purchase Note enclosed.
③ Thank you for your letter requesting us to make an offer, and we would like to make an offer.
④ We regret to say that we are not able to accept your offer because of high price comparing with that of your competitor.

해설 「하기 서신의 답장의 일부로서 적합하지 않은 것은 다음 중 어느 것인가?」

> 당사의 매트리스를 주문하시는 귀사의 7월 5일자 팩스를 잘 받았습니다. 당사는 귀사의 승낙이 7월 20일까지 도착하는 것을 조건으로 하여 확정청약합니다.
> 당사의 제조건은 다음과 같습니다 :

①「당사는 7월 초에 물품이 필요하므로, 선적조건만 변경해주시기 바랍니다.」
②「귀사의 확정청약을 잘 받았으며, 동봉한 구매서에 있는 사항대로 귀사의 청약을 승낙합니다.」
③「청약을 요청하시는 귀사의 서신을 잘 받았으며, 청약을 하고자 합니다.」
 - 청약에 대한 답장이 아니라, 청약을 하는 표현이다.
④「귀사의 경쟁업체에 비해 귀사의 가격이 높기 때문에 귀사의 청약을 승낙할 수 없어서 유감입니다.」

40 Put the sentences A~D in the correct order?

> (A) Finally, in accordance with the instructions of our buyer, we have opened an insurance account with the AAA Insurance Company on W.A. including War Risk.
> (B) We enclose a check for $50.00 from Citibank in payment of the premium.
> (C) As you know, our buyer directed us to make a marine insurance contract on W.A. including War Risk with you on 300 boxes of our Glasses Frames, which we are shipping to New York by the S.S. "Ahra" scheduled to leave Busan on the 15th February.
> (D) We want you to cover us on W.A. including War Risk, for the amount of $2,050.00 at the rate you suggested to us on the phone yesterday, and one copy of our invoice is enclosed herein.

39.③ 40.② **정답**

① A-B-C-D   ② C-D-B-A
③ D-B-C-A   ④ B-C-D-A

 「A ~ D를 순서대로 놓으시오.」

> (A) 마지막으로, 당사 매수인의 지시에 따라, 당사는 전쟁위험을 포함한 WA약관으로 AAA보험사와 보험계정을 개설했습니다.
> (B) 당사는 보험료로 시티은행 앞 50달러짜리 수표를 동봉합니다.
> (C) 귀사도 아시다시피, 당사의 매수인은 전쟁위험을 포함한 WA약관으로 2월 15일 부산항을 출항하여 뉴욕으로 가는 "아라"호에 당사가 선적하는 글래스 프레임 300박스에 대해 귀사에게 보험계약을 체결 하라고 지시했습니다.
> (D) 당사는 어제 전화상으로 귀사가 당사에게 제안하신 요율로 2,050달러에 대해 전쟁위험포함 WA 약관으로 보험계약을 체결해 주시길 바라며 송장 1부를 동봉합니다.

- 매도인이 매수인의 요청에 따라 대리인에게 보험계약을 체결해 줄 것을 요청하는 서신이다. 선지 ②번이 가장 자연스러운 흐름이다.

▶ open an insurance account : 보험계장을 개설하다

41 Where a bill of lading is tendered under a letter of credit, which is LEAST appropriate?

> The bill of lading is usually (A) drawn in sets of three negotiable copies, and goods are deliverable against (B) any one of the copies surrendered to the shipping company. The number of negotiable copies prepared would be mentioned on the bill which would also provide that "(C) one of the copies of the bill being accomplished, the others to stand valid". It is, therefore, essential that (D) the bank obtains all the copies of the bill of lading.

① A   ② B   ③ C   ④ D

 「신용장에서 선하증권이 양도되는 경우 가장 적합하지 않은 것은 어느 것인가?」

> 선하증권은 통상적으로 3통의 유통가능 세트로 발행되며 이 중 한 통이 선사에 권리 이전되면 물품을 인도받을 수 있다. 이 유통가능 서류는 발행 증권에서 "(C)하나의 통수가 제시되면, 나머지는 권리가 유효하다" 라는 표시가 되어 있다. 따라서 은행은 전통의 선하증권을 확보하는 것이 필수적이다.

- 선하증권은 통상 3통이 한 세트가 되어 발행되는데 이 중 한 통만 선사에 제시해도 물품을 인도받을 수 있으며 이 경우 나머지 2통의 권리는 무효가 된다. 따라서 (C) "… the others to stand valid"는 "… the others to stand **invalid(효력이 없는)**"으로 바꿔주어야 한다.

정답 41.③

42 What does the following refer to under marine insurance operation?

> After the insured gets the claim money, the insurer steps into the shoes of insured. After making the payment of insurance claim, the insurer becomes the owner of subject matter.

① Principle of Subrogation
② Principle of Contribution
③ Principle of Abandonment
④ Principle of Insurable Interest

「해상보험의 기능을 언급하고 있는 것은 다음 중 무엇인가?」

> 피보험자가 보험금을 받게 되면, 보험자는 피보험자의 입장이 되어 조치를 취한다. 보험금의 지급이 이루어지면, 보험자는 보험목적물의 소유자가 된다.

- 피보험자가 보험금을 수령한 후 피보험목적물의 권리를 보험자에게 넘기는 것을 설명하는 것으로서 대위의 원칙(Principle of Subrogation)에 대한 설명이다.
▶ into the shoes of : ~의 입장이 되어   ▶ Principle of Contribution : 정액갹출의 원칙

43 Which of the followings is NOT correctly explaining the arbitration?

① With arbitration clause in their contract, the parties opt for a private dispute resolution procedure instead of going to court.

② The arbitration can only take place if both parties have agreed to it.

③ In contrast to mediation, a party can unilaterally withdraw from arbitration.

④ In choosing arbitration, parties are able to choose such important elements as the applicable law, language and venue of the arbitration. This allows them to ensure that no party may enjoy a home court advantage.

「중재를 설명하는 것으로서 옳지 않은 것은 다음 중 무엇인가?」
①「계약서 상의 중재합의 조항에 따라, 당사자들은 법정으로 가는 대신에 사적 분쟁 해결 절차를 선택하게 된다.」
②「중재는 양당사자가가 합의한 경우에만 일어날 수 있다.」
③「조정과 달리, 당사자는 중재합의를 일방적으로 철회할 수 있다.」
 - 중재합의 조항은 양당사자의 합의없이는 철회할 수 없다.
④「중재를 택함에 있어서, 당사자들은 준거법, 언어와 중재지와 같은 중요한 요소를 선택할 수 있다. 이는 어느 당사자도 자국 판결의 이점을 누릴 수 없도록 하기 위함이다.」
▶ opt for : ~ 대상을 택해 선택하다   ▶ In contrast to mediation : 조정과 대조되어
▶ unilaterally : 일방적으로

42.① 43.③ **정답**

44 Select the right term for the following passage.

> A principle whereby all parties to an adventure, who benefit from the sacrifice or expenditure, must contribute to make good the amount sacrificed or the expenditure incurred.

① General average
② Jettison
③ Particular charges
④ Particular average

 「다음 문장에 대한 올바른 용어를 고르시오.」

> 희생이나 비용의 지출로부터 이익을 보는 해상사업의 모든 당사자들은 발생된 희생이나 비용의 지출 금액에 대해 균등하게 부담해야 한다는 원칙

공동해손(General average)에 대한 설명이다.
- ▶ contribute to : 기여하다, 원인이 되다
- ▶ make good : 보상하다, 지출하다, 수행하다
- ▶ particular average : 단독해손

45 Select the wrong term in view of the following passage.

> A negotiation credit under which negotiation is not restricted to one nominated bank or which is available through any bank.

① general L/C
② unrestricted L/C
③ open L/C
④ freely acceptable L/C

 「다음 문장에 대해 잘못된 용어를 고르시오.」

> 매입에 있어서 매입신용장은 지정은행으로 제한되지도 않고 어떤 은행에서도 사용할 수 있다.

자유매입신용장에 대한 내용이다. 자유인수신용장(freely acceptable L/C)이란 용어는 없다.

46 The following are on CIF under Incoterms 2020. Select the wrong one.

① The insurance shall cover, at a minimum, the price provided in the contract plus 10% (ie 110%) and shall be in the currency of the carriage contract.
② The insurance shall cover the goods from the point of delivery set out in this rule to at least the named port of destination.
③ The seller must provide the buyer with the insurance policy or certificate or any other evidence of insurance cover.
④ Moreover, the seller must provide the buyer, at the buyer's request, risk and cost, with information that the buyer needs to procure any additional insurance.

정답 44.① 45.④ 46.①

「다음은 인코텀즈2020에서 CIF 규칙이다. 잘못된 것을 고르시오.」
① 「보험금액은 최소한 매매계약에 규정된 대금에 10%를 더한 금액(즉 매매대금의 110%)이어야 하고, 보험의 통화는 운송계약의 통화와 같아야 한다.」
   – 보험계약은 **매매계약(contract)**과 동일한 통화로 해야 한다.
② 「보험은 물품에 관하여 본 규칙에 규정된 인도지점부터 적어도 지정목적항까지 부보되어야 한다.」
③ 「매도인은 매수인에게 보험증권이나 보험증명서 그 밖의 부보의 증거를 제공하여야 한다.」
④ 「또한 매도인은 매수인에게, 매수인의 요청에 따라 매수인의 위험과 비용으로 매수인이 추가보험을 조달하는 데 필요한 정보를 제공하여야 한다.」

47 Select the wrong part in the following passage under UCP600.

> (A) Letter of Credit means an engagement by a bank or other person made at the request of a customer (B) that the issuer will honor drafts or other demands for payment upon compliance with the conditions specified in the credit. (C) A credit must be irrevocable. (D) The engagement may be either an agreement to honor or a statement that the applicant or other person is authorized to honor.

① (A) ② (B) ③ (C) ④ (D)

「UCP600에 따라 다음 문장에서 틀린 부분을 고르시오.」

> 신용장은 (B)신용장에 명시된 조건에 따라 개설은행이 환어음을 지급하거나 지급에 대한 다른 요구에 응하겠다고 하는 (A)고객의 요청으로 이루어지는 은행 또는 타인에 의한 하나의 약속을 의미한다. (C)신용장은 취소불능이어야 한다. (D)그 약속은 환어음을 지급할 것이라는 합의이거나 **개설의뢰인** 또는 타인의 인수, 지급의 권한을 부여받는다는 진술일 수 있다.

(D)에서 the applicant(개설의뢰인)를 **the issuing bank(개설은행)**로 고쳐야한다.

48 Select the wrong one in the blank under Incoterms 2020.

> The seller must pay (   ) under FCA.

① all costs relating to the goods until they have been delivered in accordance with this rule other than those payable by the buyer under this rule

② the costs of providing the transport document to the buyer under this rule that the goods have been delivered

③ where applicable, duties, taxes and any other costs related to export clearance under this rule

④ the buyer for all costs and charges related to providing assistance in obtaining documents and information in accordance with this rule

47.④ 48.② 정답

해설 「인코텀즈2020에 따라 빈 칸에 잘못된 것을 고르시오.」

| FCA규칙에서 매도인은 ( ) 지불해야 한다. |

① 「물품이 본 규칙에 따라 인도된 때까지 물품에 관한 모든 비용 다만 본 규칙에 따라 매수인이 부담하는 비용은 제외하고」
② 「물품이 인도되었다는 통상적인 증거를 본 규칙에 따라 매수인에게 제공하는데 드는 비용」
 – 매도인은 운송서류(transport document)를 제공할 의무가 없으므로 이를 usual proof(통상적인 증거)로 고쳐야 한다.[인코텀즈2020 FCA A9]
③ 「해당되는 경우에 본 규칙에 따라 수출통관에 관한 관세, 세금 그 밖의 비용」
④ 「본 규칙에 따라 서류와 정보를 취득하는 데 매수인이 협력을 제공하는 것과 관련한 모든 비용」

49 The following are the purpose of the text of the introduction of Incoterms 2020. Select the wrong one.

① to explain what the Incoterms 2020 rules do and do NOT do and how they are best incorporated
② to set out the important fundamentals of the Incoterms rules such as the basic roles and responsibilities of seller and buyer, delivery, risk etc.
③ to explain how best to choose the right Incoterms rules for the general sale contract
④ to set out the central changes between Incoterms2010 and Incoterms2020.

해설 「다음은 인코텀즈2020의 목적에 대한 소개 문장이다. 잘못된 것을 고르시오.」
① 「인코텀즈2020 규칙이 무슨 역할을 하고 또 하지 않는지 그리고 어떻게 인코텀즈규칙을 가장 잘 편입할 수 있는지를 설명하는 것」
② 「인코텀즈규칙의 중요한 기초들을 기술하는 것 : 매도인과 매수인의 기본적 역할과 책임, 인도, 위험 등」
③ 「어떻게 **일반적인(general)** 매매계약에 올바른 인코텀즈규칙을 가장 잘 선택할지를 설명하는 것」
 – 인코텀즈는 일반적인 매매계약이 아니라 매매당사자간의 특정 거래에 적용하는 것이다.
  the general sales contract를 the **particular** sales contract로 고쳐야 한다.
④ 「인코텀즈2010와 인코텀즈2020의 주요한 변경사항들을 기술하는 것」

50 Which of the following is logically INCORRECT?

① A person authorized by another to act for him is called as principal.
② Co-agent means one who shares authority to act for the principal with another agent and who is so authorized by the principal.
③ Agents employed for the sale of goods or merchandise are called mercantile agents.
④ Del credere agent is an agent who sell on behalf of a commission and undertakes that orders passed to the principal will be paid.

정답 49.③ 50.①

해설 「문법적으로 옳지 않은 것은 다음 중 어느 것인가?」
① 「자신을 위해 행동하도록 타인으로부터 권한을 위임받은 사람을 본인이라고 부른다.」
   - 타인으로부터 권한을 위임받은 사람은 agent(대리인)이다.
② 「공동대리인이란 본인을 위해 다른 대리인과 권한을 공유하고 본인에 의해 권한을 위임받은 자이다.」
③ 「물품이나 상품의 매매에 관련된 대리인을 상품대리인이라고 부른다.」
④ 「지급보증대리인은 수수료를 대신하여 받고 판매를 대리인을 말하여 본인에게 넘긴 주문이 지급될 것임을 확약한다.」
▶ Del credere agent : 지급보증대리인

03 무역실무

51 다음 DPU조건에 대한 설명 중 틀린 것을 고르시오.

① 매도인은 지정목적지까지 또는 있는 경우 지정목적지 에서의 합의된 지점까지 물품의 운송을 위해 자신의 비용으로 계약을 체결하거나 준비하여야 한다.
② 매도인은 목적지까지 운송을 위해 어떠한 운송관련 보안요건을 준수하여야 한다.
③ 매도인은 자신의 비용으로 매수인이 물품을 인수할 수 있도록 하기 위해 요구되는 서류를 제공하여야 한다.
④ 매도인은 수출통관절차, 수출허가, 수출을 위한 보안 통관, 선적전 . 검사, 제3국 통과 및 수입을 위한 통관 절차를 수행하여야 한다.

해설 DPU조건에서 매도인은 수입을 위한 통관 절차의 이행 의무가 없다.

52 다음 중 권리침해조항의 설명으로 틀린 것을 고르시오.

① 특허권, 실용신안권, 디자인권, 상표권 등의 지적재산권의 침해와 관련된 조항이다.
② 매도인의 면책내용을 규정하고 있고 매수인의 주문 내용에 따른 이행에 한정된다.
③ 매수인은 제3자로부터 지적재산권 침해를 받았다는 이유로 매도인에게 클레임을 제기할 수 있다.
④ 선진국으로 수출되는 물품을 주문받았을 경우 특히 이 조항을 삽입해야 한다.

해설 권리침해조항에서 **매도인**은 제3자로부터 지적재산권 침해를 받았다는 이유로 **매수인**에게 클레임을 제기할 수 있다.

51.④ 52.③ **정답**

53 다음 인코텀즈(Incoterms) 2020에 대한 설명으로 적절하지 않은 것을 고르시오.

① CIF 조건에서는 협회적하약관 C 약관의 원칙을 계속 유지하였다.
② 물품이 FCA 조건으로 매매되고 해상운송 되는 경우에 매수인은 본선적재표기가 있는 선하증권을 요청할 수 없다.
③ 인코텀즈 2020 규칙에서는 물품이 매도인으로부터 매수인에게 운송될 때 상황에 따라 운송인이 개입되지 않을 수도 있다.
④ 매도인이 컨테이너화물을 선적 전에 운송인에게 교부함으로써 매수인에게 인도하는 경우에 매도인은 FOB 조건 대신에 FCA 조건으로 매매하는 것이 좋다.

해설 인코텀즈2020의 FCA에서 당사자들이 합의한 경우에 매수인은 물품이 적재되었음을 기재한(본선적재표기가 있는 선하증권과 같은) 운송서류를 자신의 비용과 위험으로 매도인에게 발행하도록 운송인에게 지시하여야 한다.[인코텀즈2020 FCA B6]

54 다음 중 매입은행과 개설은행의 서류 심사와 관련된 내용으로 옳지 않은 것을 고르시오.

① 은행의 서류심사와 수리여부 결정은 선적서류를 영수한 익일로부터 제7영업일이내에 이루어져야 한다.
② 신용장 조건과 불일치한 서류가 제시된 경우 개설은행은 개설의뢰인과 하자 서류의 수리여부를 교섭할 수 있다.
③ 신용장에 서류의 지정 없이 조건만을 명시한 경우 그러한 조건은 없는 것으로 간주된다.
④ 은행이 선적서류가 신용장조건과 일치하는지 여부를 심사할 때 신용장통일규칙과 국제표준은행관행(ISBP)에 따라야 한다.

해설 은행의 서류심사와 수리여부 결정은 선적서류를 영수한 익일로부터 **제5영업일(five banking days)**이내에 이루어져야 한다.

55 다음 중 해운동맹의 운영수단으로 성격이 다른 하나를 고르시오.

① Sailing Agreement   ② Pooling Agreement
③ Fidelity Rebate System   ④ Fighting Ship

해설 운임할려제(Fidelity Rebate System)는 일정기간 동맹선을 이용한 화주에게 선박회사가 받은 운임의 일정비율을 기간 경과 후에 환불해주는 제도를 말하며 해운동맹의 대외적 화주 구속 수단이다. 나머지 선지는 모두 해운동맹의 대내적 화주 구속 수단이다.
▶ Sailing Agreement : 배선협정   ▶ Pooling Agreement : 공동계산제
▶ Fighting Ship : 경쟁선(대항선). 경쟁 선박과 운임덤핑 등에 투입되기 위해 동맹선사가 준비한 선박

정답 53.② 54.① 55.③

56 관세법 상 입국 또는 입항하는 운송수단의 물품을 다른 세관의 관할구역으로 운송하여 출국 또는 출항하는 운송 수단으로 옮겨 싣는 것을 의미하는 용어로 옳은 것을 고르시오.

① 통관(通關) ② 환적(換積)
③ 복합환적(複合換積) ④ 복합운송(複合運送)

해설 복합환적에 대한 관세법상의 정의이다.[관세법 제2조 용어의 정의]

57 다음 중 수출입을 총괄하는 대외무역법의 성격에 대한 설명으로 적절하지 않은 것을 고르시오.

① 수출입공고상 상품분류방식은 HS방식을 따르고 있다.
② 통합공고는 대외무역법에 물품의 수출입요령을 정하고 있는 경우 이들 수출입요령을 통합한 공고이다.
③ 수출입공고는 우리나라 수출입품목을 관리하기 위한 기본공고체계이다.
④ 수출입공고, 통합공고, 전략물자수출입공고 등의 품목 관리는 대외무역법에서 규정하고 있다.

해설 통합공고는 **주무부서마다 다른 각각의** 물품의 수출입요령을 정하고 있는 경우 이들 수출입요령을 통합한 공고이다.

58 다음 중 해상운송에서 사용되는 할증운임으로 그 성격이 다른 하나를 고르시오.

① Heavy Cargo Surcharge ② Length Cargo Surcharge
③ Bulky Cargo Surcharge ④ Optional Surcharge

해설 Optional Surcharge(양륙항선택부가요금, 선택항 추가운임)는 선적 시 양륙항을 복수로 정하고 최초의 양륙항 도착 전에 양륙항을 화주가 지정할 경우 추가로 부가하는 운임을 말한다. 나머지 선지는 화물의 그 자체의 형태에 따라 부과되는 할증운임이다.

59 다음은 내국신용장과 구매확인서의 비교설명표이다. 옳지 않은 것을 모두 고르시오.

구분	내국신용장	구매확인서
㉠ 관련법규	대외무역법 시행령	무역금융 규정
㉡ 개설기관	외국환은행	외국환은행
㉢ 개설조건	제한 없이 발급	무역금융 융자한도 내에서 개설
㉣ 수출실적	공급업체의 수출실적 인정	공급업체의 수출실적 인정
㉤ 부가가치세	영세율 적용	영세율 미적용
㉥ 지급보증	개설은행이 지급보증	지급보증 없음

① ㉠, ㉡, ㉤ ② ㉠, ㉢, ㉤ ③ ㉡, ㉢, ㉤ ④ ㉡, ㉣, ㉤

해설 ㉠ 관련법규 : **한국은행 무역금융 세칙, 대외무역관리규정**
㉢ 개설조건 : 제한 없이 발급, **무역금융 관계없이 발급 가능**
㉤ 부가가치세 : 영세율 적용, **영세율 적용**

56.③ 57.② 58.④ 59.② **정답**

60 다음 서류상환인도(CAD) 방식에 대한 설명으로 옳게 짝지어진 것을 모두 고르시오.

> ㉠ 수입상이 자신 앞에 도착된 상품의 품질검사를 완료한 후에 구매여부를 결정할 수 있는 결제방식이다.
> ㉡ 선하증권 상 수하인은 수입국 소재의 수출상의 지사나 대리인이며, 대금의 결제와 동시에 선하증권을 배서 양도하여 물품을 인도하게 된다.
> ㉢ 수출업자가 선적을 완료한 상태에서 수입업자가 수출국에 소재하는 자신의 해외지사 또는 대리인에게 지시하여 서류의 인수를 거절하게 되는 경우에는 수출업자는 곤란한 상황에 처하게 된다.
> ㉣ 수입자의 대리인을 수입국 소재 수입자의 거래은행으로 지정하는 경우 European D/P라고도 한다.

① ㉠, ㉡   ② ㉡, ㉢   ③ ㉡, ㉣   ④ ㉢, ㉣

해설 ㉠ COD(현물인도지급방식)에 대한 설명이다.
㉡ 선하증권 상 수하인은 **수출국** 소재의 **수입상**의 지사나 대리인이며, 매도인은 대금의 결제와 동시에 선하증권을 배서 양도하여 물품을 인도하게 된다.

61 다음 중 선하증권의 법적 성질에 대한 설명으로 옳지 않은 것을 고르시오.

① 요인증권성 : 화물의 수령 또는 선적되었음을 전제로 발행한다.
② 요식증권성 : 상법 등에서 정한 기재사항을 증권에 기재하여야 한다.
③ 문언증권성 : 선의의 B/L 소지인에게 운송인은 B/L 문언에 대하여 반증할 수 없다.
④ 지시증권성 : 화물에 대하여 B/L이 발행된 경우, 그 화물을 처분할 때에는 반드시 B/L로써 한다.

해설 지시증권이란 화물의 수하인(Consignee)이 기명되어 발행된 증권을 말한다. 기명식선하증권(Straight B/L), 해상화물운송장(SWB)이 대표적이며 증권이 없어도 본인의 확인만 되면 물품을 인도받을 수 있다. 선지 ④번은 유통증권성에 대한 설명이다.

62 다음 항공화물운송에서 품목분류요율(CCR) 관련 할인요금 적용대상 품목으로 옳지 않은 것을 고르시오.

① 서적
② 카탈로그
③ 정기간행물
④ 점자책 및 Talking books(calendar, price tag, poster도 적용 가능)

해설 품목분류요율(CCR) 관련 할인요금 적용대상은 정기간행물 등에 적용되는 할인 또는 할증운임률을 말한다. 점자책 등은 적용대상이 아니다.

정답 60.④ 61.④ 62.④

63 다음 선하증권(B/L)에 대한 설명으로 적절하지 않은 것을 고르시오.

① FOB 조건이나 CIF 조건처럼 본선 상에 물품의 인도를 의무화하고 있는 거래에서는 선적 선하증권을 제시해야 한다.
② 적색 선하증권(Red B/L)은 선하증권과 보험증권을 결합한 증권으로 선사가 보험회사에 일괄보험으로 가입하게 된다.
③ FIATA 복합운송선하증권은 운송주선인이 운송인이나 운송인의 대리인으로 행동한다는 것이 운송서류에 나타나 있지 않아도 수리된다.
④ 최초의 운송인이 전구간에 대하여 책임을 지고 화주에게 발행해 주는 선하증권을 통선 하증권(Through B/L)이라 한다.

해설 FIATA(국제화물운송협회연맹) 복합운송선하증권은 운송주선인이 운송인이나 운송인의 대리인으로 행동한다는 것이 운송서류에 나타나 있어야 수리된다.[UCP600 제19조]

64 다음 하역비부담 및 할증운임 조건에 대한 설명으로 틀린 것을 고르시오.

① Berth term은 정기선조건에 사용되어 liner term이라고도 하고 선적과 양륙비용을 선주가 부담한다.
② FIO는 선적과 양륙이 화주의 책임과 비용으로 이루어지는 조건이다.
③ Bulky cargo surcharge는 벌크화물에 대하여 할증 되는 운임이다.
④ Optional surcharge는 양륙지가 정해지지 않은 화물에 부가되는 할증운임이다.

해설 Bulky cargo란 1개의 용적이 특별히 크고 표준운임률에도 포함시킬 수 없고 취급하기 어려운 화물로, 대형 기계, 교량과 같은 구조물, 건축용재 등이 속한다. 하역에 특별한 준비가 필요하므로 할증운임(Bulky cargo surcharge)이 부과된다. 반면에 Bulk Cargo는 곡물, 광석, 유류 등처럼 포장하지 않고 그대로 선창에 싣는 화물을 말한다.

65 다음 해상손해의 보상에 대한 설명으로 적절하지 않은 것을 고르시오.

① 공동의 해상항해와 관련된 재산을 보존할 목적으로 공동의 안전을 위하여 이례적인 희생이나 비용이 의도적으로 지출된 때에 한하여 공동해손행위가 있다.
② 구조비(salvage charge)는 구조계약과 관계없이 해법상으로 회수할 수 있는 비용이라고 정의하고 있어 구조계약과 관계없이 임의로 구조한 경우에 해당한다.
③ 손해방지비용(sue and labor expense)은 근본적으로 보험자를 위한 활동이라고 할 수 있기 때문에 손해방지 비용이 보험금액을 초과하는 경우에도 보험자가 보상한다.
④ 특별비용(particular charge)은 피보험목적물의 안전이나 보존을 위하여 피보험자에 의하여 지출된 비용으로서 공동해손비용과 손해방지비용은 제외된다.

해설 특별비용(particular charge)은 공동해손비용과 구조료 이외의 비용으로 긴급사태가 발생한 결과 피난항에서 지출하게 된 양륙비, 창고보관료, 재포장비용, 재운송비 등이 해당된다. 공동해손비용은 제외되지만 특별비용은 별도로 손해방지약관에 의해서 보험자로부터 보상된다.

63.③ 64.③ 65.④ **정답**

66 미국의 신해운법(Shipping Act, 1984)상 특별히 인정되는 복합운송인을 고르시오.

① Carrier형 복합운송인 ② CTO형 복합운송인
③ NVOCC형 복합운송인 ④ 운송주선업자

 미국의 신해운법(Shipping Act, 1984)에서는 복합운송인을 NVOCC(None-Vessel Operating Common Carrier ; 무선박운송인)라 칭하며 "하주의 대리인으로서 해당 운송인을 통해 미국으로부터 수출품 선적 또는 적하를 위한 선복예약 및 기타 방법을 취하며, 서류작성과 선적에 수반하는 관련 작업을 이행하는 자"로 규정되어 있다.

67 다음 분쟁해결조항 상 사용할 수 없는 분쟁해결방법을 고르시오.

> Dispute Resolution. The Parties agree to attempt initially to solve all claims, disputes or controversies arising under, out of or in connection with this Agreement by conducting good faith negotiations. If the Parties are unable to settle the matter between themselves, the matter shall thereafter be resolved by alternative dispute resolution.

① Amicable Settlement ② Conciliation
③ Arbitration ④ Litigation

 분쟁해결조항. 양당사자는 선의의 협상으로서 이 계약과 관계된 것이거나 또는 그 밖의 것으로 발생하는 모든 클레임, 분쟁 또는 논란을 해결하기 위해 첫 번째로 시도하는데 합의한다. 양당사자가 서로 간에 이 문제를 해결할 수 없는 경우, 이 문제는 대안적 분쟁해결수단에 의해 해결한다.

- 분쟁을 해결함에 있어서 일차적으로 양당사간의 노력으로 해결해야 한다는 합의 조항이다. 이 합의에 따라 서로 선의로 해결되지 않는 경우에 최후의 대안으로 선택할 수 있는 것이 소송(Litigation)이다.

68 다음 국제복합운송 경로에 대한 설명으로 옳은 것을 고르시오.

① ALB(American Land Bridge)는 극동아시아의 주요 항만에서부터 북미서안의 주요항만까지 해상운송하여 철도로 내륙운송 후 북미 동남부에서 다시 해상운송으로 유럽의 항만 또는 내륙까지 연결하는 복합운송 경로이다.
② MLB(Mini Land Bridge)는 극동아시아에서 캐나다 서안에 있는 항만까지 해상운송 후 캐나다 철도를 이용하여 몬트리올 또는 캐나다 동안까지 운송한 다음 다시 캐나다 동안의 항만에서 유럽의 각 항만으로 해상운송하는 복합운송경로이다.
③ MB(Micro Bridge)는 미국 서안에서 철도 등의 내륙운송을 거쳐 동안 또는 멕시코만 항만까지 운송하는 해륙복합운송시스템이다.
④ SLB(Siberian Land Bridge)는 중국과 몽골을 거쳐 시베리아 철도를 이용하여 극동, 유럽 및 북미간의 수출입화물을 운송하는 복합운송경로이다.

정답 66.③ 67.④ 68.①

해설
② CLB(Canadian Land Bridge)에 대한 설명이다.
③ MLB(Mini Land Bridge)에 대한 설명이다.
④ TMR(Trans Mongolian Railway ; 몽골횡단철도)에 대한 설명이다.

69 다음 해상손해의 형태 중 성격이 다른 하나를 고르시오.

① 구조료
② 손해방지비용
③ 충돌손해배상책임
④ 특별비용

해설 구조료, 손해방지비용, 특별비용은 모두 비용손해(expense)에 해당하는 손해이다. 충돌손해배상책임은 협회선박기간보험약관(ITC, Hulls)에서 규정하고 있는 선박간 충돌로 인한 손해배상의 보상을 규정한 조항이다.

70 다음 중재제도에 관한 설명 중 옳지 않은 것을 고르시오.

① 중재계약은 계약자유의 원칙이 적용되는 사법상의 계약이라고 할 수 있다.
② 중재법정은 자치법정이라고 볼 수 있다.
③ 구제제도로서 중재판정취소의 소를 인정하고 있다.
④ 중재심문에는 증인을 출석시킬 수 있으며 선서도 시킬 수 있다.

해설 중재판정부는 증인을 출석시켜 심문할 수는 있지만 출석을 강제할 수는 없다. 또한 우리나라 중재법에서는 출석하여 증언하는 증인에게 선서를 시킬 수 없도록 하고 있다.

71 제3자가 개입되지만 제3자는 당사자로 하여금 일치된 해결안에 도달하도록 도와주는 대체적 분쟁해결방법 (ADR)의 한 유형을 고르시오.

① 화해　② 알선　③ 조정　④ 중재

해설 알선(intercession)에 대한 설명이다. 알선은 당사자 해결이 힘들 때 제3자를 개입시켜 원만한 해결을 강구하는 것을 말한다.

72 다음 조건부 청약(Conditional Offer) 중 성격이 다른 것을 고르시오.

① 예약불능청약(Offer without engagement)
② 통지없이 가격변동 조건부 청약(Offer subject to change without notice)
③ 시황변동조건부 청약(Offer subject to market fluctuation)
④ 승인부 청약(Offer on approval)

해설 선지 ①번~③번은 청약 당시 가격을 결정할 수 없을 때 일정기간 경과 후 특정 시점에 가격을 정하는 것을 조건으로 하여 청약하는 조건부 청약이다. 모두 이름만 달리할 뿐 같은 의미를 갖고 있는 용어들이다.

정답　69.③　70.④　71.②　72.④

73 다음 중 분쟁의 해결방법에 대한 설명으로 부적절한 것을 고르시오.

① Amicable Settlement는 당사자간 클레임을 해결하는 방법이다.
② 중재과정에서 Amicable Settlement에 이르는 경우도 있다.
③ 당사자 간 분쟁해결 방법으로 Mediation 또는 Conciliation도 고려해 볼 수 있다.
④ 중재는 서면에 의한 합의가 있어야 활용이 가능하다.

해설 조정(Mediation, Conciliation)은 공정한 제3자인 조정인이 개입하여 조정안을 제시하고 합의로 해결하는 것을 말한다. 제3자가 개입하므로 당사자 간 분쟁해결 방법이 아니다.

74 다음 대리점계약에서 대리인과 본인 즉, 당사자 관계에 대한 설명으로 적절하지 않은 것을 고르시오.

① 대리점계약은 계약에 합의된 수수료를 본점이 대리점에게 지급하지만, 본점이 직접 주문을 받았다면 수수료를 지급할 의무가 없다.
② 대리점계약 상에 명시규정이 없는 한, 대리인은 본점을 위해 주문을 수취하였더라도 그 지출한 거래비용을 본점으로부터 청구할 수 없다.
③ 본점이 계약만료 전에 정당한 사유 없이 계약을 종료하였을 때, 자신이 이미 제공한 서비스 수수료는 배상청구할 수 있지만 이후 취득할 수수료 등 직접적인 손해발생액은 배상청구할 수 없다.
④ 대리점은 본점에게 회계보고의 의무를 지고, 대리점의 회계보고는 계약조건이나 본점의 요구에 따라 행하여야 한다.

해설 본점이 계약만료 전에 정당한 사유 없이 계약을 종료하면 계약의 본질적인 침해에 해당되므로 본인에게 귀책사유가 있다. 따라서 자신이 이미 제공한 서비스 수수료 뿐만 아니라 이후 취득할 수수료 등 직접적인 손해발생액도 배상청구할 수 있다.

75 다음 중 설명이 틀린 것을 고르시오.

① 한국 등 대륙법 국가에서 확정청약은 유효기간 내에 철회가 불가능하다.
② 영미법 상 청약이 날인증서로 되어 있는 경우 철회가 불가능하다.
③ 영미법 상 피청약자가 약인을 제공한 경우 철회가 불가능하다.
④ UCC 상 청약의 유효기간이 3개월이 초과하는 경우에도 청약의 철회가 불가능할 수 있다.

해설 UCC(미국통일상법전)상 일정 기간 동안 철회 금지 조항이 있는 경우, 3개월 내에 청약을 철회할 수 없다. 즉 청약의 유효기간이 3개월을 초과한다면 청약의 철회는 가능하다.

정답 73.③ 74.③ 75.④

Part 3

무역영어 1급
Final Test

제1회 무역영어 1급 Final Test

※ 다음 문제를 읽고 알맞은 것을 골라 답안카드의 답란(①, ②, ③, ④)에 표기하시오

01 영문해석

(1~3) Which of the following has a different purpose?

01
① We regret to inform you that the sailing of the M/S Queenstar, by which your order No.10 was to be shipped, has suddenly been cancelled.

② The factory strike prevents us from shipping your order No.123 in due time. We shall keep in touch with the manufacturers and make every effort to prevent further delay.

③ After collecting all items of your order at our warehouse, we packed them into suitable sizes for delivery and we will forward them your agent, ABC.Co.Ltd without delay.

④ On account of the dock workers' strike, the sailing of M/V "King of Ocean", scheduled to leave on May 10, has been delayed. We ask you, therefore, to extend the date of shipment to June 10.

02
① We are pleased to advise you that we have effected insurance for US$50,000 on the 30 cartons of garments.

② Kindly let us have the Marine Cargo Insurance Policy for this insurance on July 15.

③ We wish you to open insurance against ICC(A) for US$150,000 value of 120 cartons of keyboards and pads per "S/S Dolphin" from LA to Busan.

④ As we are satisfied with the rate quoted, please open insurance and send us the insurance policy at once.

03
① We regret to say that we have received no banker's advice yet in spite of hearing the advice of the letter of credit from you.

② We are pleased to inform you that your order No. K-235 is now ready for shipment. Therefore we would very much like to receive your L/C as soon as possible.

③ Despite the fact that you placed an order with us for a printing machine with the special instruction of prompt shipment, your letter of credit has not yet reached us.

④ We have instructed our bankers to open an irrevocable transferable credit so that you can ship the goods before the end of this month.

04 Choose the one which can replace the underlined part.

> <u>Except in case where</u> firm offers are accepted, orders must be confirmed by telecommunication.

① Except of   ② Unless   ③ If   ④ Whenever

(5~6) Fill in appropriate words in the following brackets.

05
> "Free Carrie" means that the seller delivers the goods to the buyer when the named place is another place, the goods are delivered
> ► when, having been (   ) on the (   ) means of transportation,
> ► they reach the named other place and

① loaded – seller's   ② unloaded – seller's
③ loaded – buyer's   ④ unloaded – seller's

06
> (   ) means either the delivery of documents under a credit to the issuing bank or nominated bank or the documents so delivered.

① Delivery   ② Presentation
③ Expiry Date   ④ Bill of exchange

07 Which is the following CANNOT be inferred from the letter below?

> We are very sorry to advise you that the shipment during September covering your order No. 413 seems impossible to be executed within the date stipulated on account of manufacturers' labor shortage.
> Every effort is being made to deliver the goods as requested. However, they say that one month delay of shipment is unavoidable. We ask, therefore, that you kindly approve the situation with a 2.5% price discount.
> Although this is beyond our control, we deeply apologize for the inconvenience you have been put to.
> We assure you that we will take every precaution against such trouble arising in the future.

① We cannot ship your order within one month owing to labor problems.
② It is possible to ship your order one month after.
③ We propose 2.5% price discount and ask you to understand this situation that we unexpected.
④ We sincerely apologize for the inconvenience this may have caused you.

08 Please put the following sentences in order.

> (A) We instructed our bank today to present the draft again, and believe you will respect it immediately.
> (B) In addition, we have not received any reply from you on this matter, and we hope you would explain the reason why the draft was not honored.
> (C) As you have never failed to meet your obligations on the bills we have drawn so far, we were surprised to discover that the payment has not been made.
> (D) Should payment not been made by you without any special reason, we cannot help but starting legal proceedings for dishonor.

① A-B-D-C   ② C-A-D-B
③ C-B-A-D   ④ A-C-B-D

09 Which of the following is not true for Bill of Lading(B/L)?

① In case B/L has the words to order are written in the consignee box of B/L, it means that it is not a negotiable document and can not be traded
② B/L is the shipper's contract with the carrier which sets forth the terms of that contract expressly or incorporates a carrier's terms and tariffs by reference.
③ B/L can be made out singly or in signed sets of two, three, or more original copies.
④ B/L is a contract of international sales as a receipt from the carrier to the shipper and a document of title widely used in international trade

(10~11) Below is an excerpt from DISTRIBUTORSHIP AGREEMENT. Read carefully and answer the questions.

3.9 The Distributorship shall notify the Manufacturer forthwith of all, imitations or infringements of the products, trade names, trademarks, designs, copyright and/or patents of the Manufacturer of which the Distributor becomes aware and shall cooperate with Manufacturer in the taking of any legal proceedings in relation thereto. The expense of any such proceedings shall be borne by the Manufacturer, excerpt to the extent or in the event that such arise as a result of the breach by the Distributor of its obligations hereunder, in which case the Distributor shall be liable for all such costs and expense.
3.10 The Distributor shall purchase the equivalent of at least Two Million(2,000,000) United States Dollars(USD) of the Products from the Manufacturer in the first full year of the Agreement, and in each subsequent year during the term hereof, an amount equal to at least One Hundred and Ten Percent(110%) of the quantity purchased in the previous year.

---

10 Which of the following is the BEST title for the passage?

① Manufacturer's Obligation   ② Ordering Procedure and Shipment
③ Distributor's Obligations   ④ Term and Termination

11 Which of the following is NOT true according to the passage above?

① The Distributor shall cooperate with the Manufacturer to take legal action with regard to the rights of the Manufacturers, if necessary.
② The Manufacturer is not be liable for all costs and expense arising as a result of a breach by the Distributor of its obligation hereunder.
③ The Distributor shall purchase at least Two Million and Two Hundred Thousand USD of the Products from the Manufacturer in the previous year.
④ In consideration of the stated obligations of Distributor, we can see that the Distributor's risks and costs are much bigger than those of Manufacturer.

12 Which of the following is INCORRECT according to the letter?

> We have shipped 10,000sets of LED TVs(Order No. XM0235) by M/S Sea Prince which left Busan port, Korea today. The vessel is expected to arrive at the Long Beach on May 10, 2016 as per the original schedule.
> We hope that the goods will reach you on time and please let us know within 10 days of arrival if the goods are acceptable to you.
> We will draw a draft on you and will submit it along with shipping documents to negotiation bank within the documents presentation period as stipulated in the L/C. You are requested to honor the draft when it is presented to you. At your request, we herewith send you two copies of non-negotiable shipping documents such as B/L, Commercial Invoice, Packing List and Certificate of Origin.

① Seller has informed of shipment and will draw a draft on the buyer.
② Buyer asked shipping documents upon shipment
③ Buyer has to exercise inspection after arrival of the goods
④ Seller received a purchase order by email

13 Choose the inappropriate sentence to fill in the blank.

> If a Letter of Credit requires presentation of the Import License from the authorities that has not been agreed by the Seller at the time of signing the concerned contract, Beneficiary (   )

① may disregard this requirement.
② may seek amendment to delete this requirement.
③ must comply with the requirement.
④ may not effect shipment if requirement of those documents is not stipulated in the sales contract.

(14~15) Read the following letter and answer the questions.

> (A) We have received your Sales Note No. LH234 of December 10, 2017.
> (B) We have already instructed CITI Bank, Madrid to establish an irrevocable letter of credit at sight in your favor the amount of US$ 75,000.00
> (C) Having found it correct, we sign it and sent the duplicate by DHL on December 22.
> (D) The advising bank, Shinhan Bank in Daegu will transmit it to you within a few days.
> (E) We believe that you will execute our order in perfect condition according to the instructions specified in the L/C.

14 Put the sentences A~E in the correct order.

① A-B-C-D-E
② A-C-B-D-E
③ B-C-D-A-E
④ C-A-D-E-B

15 Which of the following is INCORRECT according to the letter?

① The Seller will draw a draft on CITI bank.
② The Seller will receive the L/C through the Shinhan Bank in Daegu.
③ If the Seller founds incorrectness on the L/C, he should ask the amendment of the L/C by DHL express.
④ The L/C can neither be amended nor cancelled without the agreement of the issuing bank and the beneficiary.

16 Which one has no concern with the terms of Tale Quale?

① Buyers and sellers agree to accept as final and bind-ing with respect to quality at time and place of loading to ocean vessel
② The terms are subject to a satisfactory certificate of quality at the port of shipment.
③ Usually these terms are acceptable only where grain is carried in tankers.
④ It is a kind of shipped quality terms.

17 Which standby L/C the following sentence refer to?

> Under normal circumstances the standby would not be drawn upon, however if the contractor abandoned the project midway through completion or if the bridge were unsafe, the standby letter of credit could be drawn upon for its specified amount.

① Advance Payment Standby L/C
② Performance Standby L/C
③ Commercial Standby L/C
④ Financial Standby L/C

18 Which of the following is not true for Bill of Lading?

① This is a document that is issued by a carrier to a shipper upon receipt of goods from the shipper.

② This is evidence that a valid contract of carriage, or a chartering contract and it may incorporate the full terms of the contract between the consignee and the carrier.

③ This makes it possible to have a cash in international sales transaction without requiring a letter of credit by using a negotiable bill of lading and series of collecting banks to require the buyer's payment of the price in full prior to obtaining physical possession of the negotiable bill of lading, and therefore prior to access to the goods.

④ This is a receipt signed by the carrier confirming whether goods matching the contract description have been received in good condition.

19 To minimize the risks of fraud, non-delivery, short shipment or shipment of inferior goods, it is important for the Applicant of a Documentary Credit to make the following prior attempts EXCEPT:

① Ask a certificate of quality issued by the supplier.
② Require pre-shipment inspection of the goods by an inspector.
③ Seek a Counter Standby Credit from a bank of the supplier.
④ Obtain a bank of Credit agency status report on the supplier.

20 In order to make an effective sales agreement, which of the following issues seller and buyer need NOT to resolve in discussion between them?

① Who should clear goods through customs and up to what point.
② Who should effect the export insurance to cover the risks of non-payment.
③ Which of the terms of payment are suitable for each party.
④ The point at which the risks in respect of goods pass from seller to buyer.

21 An Exporter based in Incheon, Korea has agreed to sell goods to a company in Singapore. The Importer is responsible for arranging insurance. Which of the following trade terms is correct?

① CIF Singapore
② FAS Incheon
③ FOB Singapore
④ CFR Singapore

22 What is the main purpose of the letter?

> Dear Mr. Bolger,
> I am very sorry to hear from your letter of September 18 that the goods we supplied were damaged during shipment. However, there are a couple of things that I believe I have to explain.
> First of all, although you mentioned that the goods were damaged due to the wrong packing, I would like to remind you that you did not specifically ask to use wooden cases for packing in your letter of August 5. It was only a suggestion and not a shipping instruction.
> Moreover, the dunnage which we used for packing is specially designed for shipping fragile goods such as our chinawares and we have never had any problems with other shipments. It should also be pointed that the goods were loaded on the vessel in good condition as confirmed by the 'CLEAN" Bills of Lading.
> Putting all these facts together, we suppose that the goods were damaged not because of our fault, but because of rough handing in transit. Therefore, we suggest you should claim against the carrier or the insurance company. We will be more than happy to assist you, if requested, in proceeding the claim.

① to respond to the claim for damaged goods
② to make suggestions on compensation for damaged goods
③ to respond to the surveyor's inspection report on damaged goods
④ to make claims against damaged goods

(23-24) Read the following sentences and answer for the questions.

> This agreement is hereby agreed between the Seller, Ateck Trading Co., Ltd. Busan and the Buyer, Karismo Traders, Mumbai, India, that all business shall be concluded on the following terms and condition :
> Business :
> as principal to principal, on their own account and responsibility for the sale of LED 3D TVs   in India.
> (1) :
> The price is fixed and effective up to shipment performed on or before the end of December, 2019 and thereafter the Price shall be readjusted every six months according to the Seller's request.
> Offer & Acceptance :
> (2) are to remain effective for forty-eight hours after the time of dispatch, and acceptance must be made by telecommunication within the time specified.
> (3) :
> Increase in freight, insurance premiums, and/or surcharges, due to war, threat of war, warlike conditions, port congestion, or any other emergency or not existent at the time of concluding the Agreement, shall be for the Buyer's account

23 What are the most appropriate words for blank 1 and 2?
① Freight - Price
② Price - Firm Offers
③ Insurance - Firm Offers
④ Freight - Invoice

24 What is the most appropriate word for blank 3?
① Contingent Charges
② Force Majeure
③ Hardship Clause
④ Claims

25 When can the writer expect to ship his/her order?

> We are sorry to inform you that it has become impossible to complete the shipment arranged on Aug 10 because of a typhoon.
>
> We had already completed everything for your order and all of the goods were ready for shipment. However, a typhoon struck the southern part of Korea on the 8th of July and the S/S "Big Star", the vessel chosen for your goods, suffered serious damage and her July 13th departure was cancelled indefinitely.
>
> Under these circumstances, the contracted shipment delay of about half a month is unavoidable.

① July 25   ② July 28   ③ August 15   ④ August 25

02 영작문

(26 ~ 27) Tantan Trading Co., Ltd in Busan, Korea has exported Wooden Frame, CIF Karachi basis, to Mohasin Importing Ltd. Sulanee 345, Karachi, Pakistan under the L/C issued by the Great Bank of Karachi. Tantan Trading is about to make out a commercial invoice after shipment of the goods. The following is part of the commercial invoice.

1) (A) _____ Tantan Trading Co.,Ltd Forwarders Bldg., 34-10, Chunjangdaero, Chunggu, Busan Korea		8) No. & Date of Invoice KOL90-789, MAR 5, 2021
2) (B) _____ Mohasin Importing Ltd. Sulanee 345, Karachi, Pakistan		9) No. & Date of L/C MOLV290843 JAN 29, 2021
3) Notify Party (C)_____		10) L/C Issuing Bank The Great Bank of Karachi

4) Port of Loading
  Busan, Korea
	5) Final Destination
	  Karachi, Pakistan
		11) Remarks
		* Consignee : To order
		* (E) _____

6) (D) _____
  Falcon 457
	7) Sailing on or about
	  APR 15, 2021	

26 Choose the option in which the blank part (A, B and C) are correctly arranged.

① Consignee – Consignor – The Great Bank of Karachi
② Shipper/Exporter – For Account&Risk of Messrs – The same as above
③ Consignor – Consignee – The Great Bank of Karachi
④ Beneficiary – Applicant – The same as above

27 Choose the option in which the blank part (D, E) are correctly arranged.

① Carrier – Freight Collect
② Vessel & Voyage No. – Freight Collect
③ Shipping Company – Freight Prepaid
④ Carrier – Freight Prepaid

(28–29) Read the following letter and answer for the questions.

> Gentlemen,
> This is to inform you that we have 5 orders outstanding up to now.
> Please see that we are trying to minimize the financial impact on this business and this notice has been made by our internal procurement code.
> Your prompt attention and feedback to this matter are requested.
> Thanks in advance.

28 What type of letter is the form above?

① Collection Letter   ② Debit Note
③ Credit Note   ④ Pre Claim Note

29 Which of the following is LEAST likely to appear in a reply to the above letter?

① Please understand that we are unable to account of the shortage, since the shipping company received the whole lot in perfect condition as is evident from the Clean B/L we obtained.
② We suggest you that you file your claim with the insurance company.
③ We cannot possibly deliver the merchandise in this condition to our customers, but might accept the lot at a reduction of 20% on the contract price.
④ We apologize deeply for this most regrettable mistake and have taken proper measure to prevent a recurrence of similar errors in the future.

30 Choose the appropriate combination of words for the blanks in order.

> We are supplier of raw materials used in manufacturing plastics. We have had ( ) with Zenta Korea for the last eight month. Zenta Korea had been slowly reducing the volume of business it had been doing with us, and finally stopped ( ) orders with us altogether last summer. Up until the time when orders stopped completely, Zenta Korea has asked us on numerous occasions for increasingly ( ).
> Unfortunately, due to falling ( ) for many Zenta Korea's products, it has recently been forced to sell some of its real estate holdings. To the best of our knowledge, Zenta Korea has been having tremendous difficulty in securing financing to continue its business operations.

① lot of business dealing - making - bigger discounts - demand
② no business dealings - placing - lager discounts - demand
③ no business dealings - placing of - considerable increase - supply
④ business - placing - lager discounts - supply

31 Which of the following is most UNLIKELY to appear right before the passage below?

> The original time of shipment agree upon was June, but we complied with your specific request and postponed it to July. You promised in so many words that you would open an L/C by July 10.
> We shall appreciate your immediate action so that we may be able to ship your goods without further loss of time. Otherwise, we shall be compelled to dispose of the lot as per our general terms and conditions of business.

① We would like to bring your attention the fact that we have not received the letter of credit covering your order.
② Although you placed an order with us for the medical monitors with the special instruction of prompt shipment, your letter of credit has not yet reached us.
③ We would like to ask you to extend the validity and shipping dates of the credit NO. 300 to May 25 and confirm the changes to us by fax.
④ The letter of credit to cover our contract is not in our hands, although the shipment is to be made by the end of this month.

32 Which of the following best fits the blank in the box?

> From your letter we are glad to learn that you are particularly interested in exporting Polyester Yarn, and in these we may state that we are the specialists. Despite the fact that dullness rules the market now, we are able to do a fairly good business with you if you are in a competitive position in price.
> (   )
> Hope we may soon be able to work with you for our mutual benefits.

① But before we accept your proposal, it is usual with us to take up the reference named. We shall, therefore, have the pleasure of communicating with you further as soon as we hear from the bankers suggested.

② As you may know, prices have risen sharply during the last few weeks. This is a very moderate increase and we hope that you will take advantage of our offer.

③ Because there is a tendency of prices rising very rapidly and if you miss this opportunity, you may not be able to obtain this article even at higher prices.

④ As for payment, we ask you to open an Irrevocable L/C at sight in our favor for the full invoice value immediately upon confirmation of sale.

33 Which of the following is MOST likely to appear right after the passage below?

> We received your email of July 5, 2019with warm heart in connection with opening business account each other.
> Your extensive experience and marketing activities in the Electric Home Appliance field gave us a good impression. On the other hand, we regretfully inform you that we have no immediate plans to establish business relationship with your company to handle our products in your area.

① However, we would like to learn more about your company. We, therefore, will send you a list of questions to determine your level of interest, and to know the sales capabilities of your staff.

② Currently we have no stock available for the items requested and cannot say with certainty when we will be able to make delivery.

③ Although we are not able to be of any help on this occasion, we hope and trust there will be other opportunities for us to do business with you in the not too distant future.

④ We regret very much inform you that the goods you ordered are no longer in production.

34 Choose the most appropriate word to fill in the blanks in order.

> Enclosed is our invoice (　) the goods (　) question (　) the extra charge (　) air freight, packing lists to facilitate customers clearance (　) your hand.

① on – in – plus – for – in
② on – to – and – for – at
③ for – in – plus – for – at
④ for – in – or – for – at

35 Below is the part of UCP 600. Choose the most appropriate words to fill in the blanks in order.

> Presentation means either the delivery of documents under a credit to the (　　) or (　　) or the documents so (　　).

① negotiating bank – issuing bank – delivered
② issuing bank – negotiating bank – transferred
③ negotiating bank – nominated bank – transferred
④ issuing bank – nominated bank – delivered

36 Read the letter below and complete its summary in the box using appropriate words.

> Thank you for letting us know about the damaged articles we shipped on August 10, 2019 You said that eight were damaged beyond repair, and even two seems to be repaired because of scratches on the screen. We have investigated this matter, and it appears that the fault is ours. I have already ordered a replacement shipment; you can expect delivery within 15 days. Please hold on to the damaged goods until our insurance representative can verify the damage. I'm very sorry and I hope this problem has not caused you undue delay.
> [SUMMARY]
> ● The buyer placed an order with the buyer for 10 articles. Most packages are (1) _____ broken.
> ● The seller promised to (2)_____ the problem.
> ● The seller felt sorry about this (3) _____ and replied that they would provide with new (4) _____, which makes the customer complete the request.

① partially – take after – mistake – substitute
② completely – look into – incident – replacement
③ totally – find out – matter – insurance policy
④ considerably – compensate – case – replacement

37 Read the passage in the box and then choose the option as the following content after the passage.

> We wish you to draw your special attention that we have decided to make an insurance contract with you at the rate you quoted us yesterday covering the shipment of baby walkers for the sum of US$ 40,000. The goods is scheduled to be loaded on M/S Blue Star on March 10, 2021. We want you to cover us on ICC(A) and to deliver the Insurance Policy to us as soon as it is ready

① Enclosed is a copy of the pertinent insurance policy. Please check to see if everything is to your satisfaction.

② Please keep in mind that you need to send us the draft of the policy by fax so that we can check if everything is perfect.

③ We leave the insurance arrangements to you, but we wish to have the goods covered against ICC(A) to the value of US$ 40,000.

④ We request you to do your best to effect the cargo insurance at the best possible terms.

38 Read the passage in the box and then choose the option as the following content after the passage.

> Subject : Invoice No. KH 2908 for US$ 30,000
>
> Dear Mr. Handerson,
> With respect to the above subject, we hereby enclose a statement of account as attached. Please be note that your on-time payment for this order is essential to our on-time delivery. Regretfully, your payment has been delayed since February 10, and we cannot guarantee the delivery in time if we do not receive your payment by the end of this month.

① If payment has already been made, kindly disregard this notice. Should you have any queries about your account, please do not hesitate to contact us.

② To cover our delivery, we require you to open an irrevocable L/C in our favor for the invoice amount with a first class bank.

③ Payment will be effected through the Kookmin Bank on receipt of the transport documents.

④ We hope you will understand our present situation and ask for your patience.

39 Which of the following is MOST likely to appear right AFTER the passage in the box?

> This letter refers to our communication over the phone last week regarding the settlement of claim raised by us. Although, at that time, you promised to settle the claim within five days, you have never carried out your responsibility yet. We are very disappointed in ourselves for assuming your company would be respectable. We strongly request you to pay US$20,000 in our account within three days for the loss of damaged products during transportation.

① Therefore we will take your goods at a reasonable discount if you would prefer to do so.

② We are enclosing a financial statement of our losses caused by this delay, and asking you to arrange the compensation without delay.

③ Should your company fail to comply with our request, we cannot help but starting legal actions immediately.

④ While we find no reason to accept your claim, we will, however, permit a 25% allowance for your continued patronage.

40 Which of the following best fits the blank in the box?

> Judging from the keen sales competition to meet here with similar machines, we have to insist that your machines be better in performance and your prices competitive enough. May we suggest that they should be lower than the list prices by 10%?
> (   )
> You may expect a regular monthly order from us for 500 units, if your shipment proves satisfactory to us in every respect.

① We are particularly interested in this model and are pleased to place a trial order with you for 100 units on the term of draft at sight under an Irrevocable L/C.

② Because prices are increasing owing to a rush of orders, we shall have to raise our price shortly after our current stocks run out.

③ If you can agree to the price cutting, we shall be ready to place a trial order with you, as a first step, for 100 units with shipment in November.

④ As we expect to secure an order for the supply of these machines to a large shipping company soon, we have to place further orders with you immediately.

(41~42) Please read the letter below and answer the questions.

> Upon unpacking the cases, we found that the quality was far inferior to the sample on which we placed order.
> The materials are quite unsuited to the need of our customers so we have no choice but to ask you to take them back and replace them with materials of the quality ordered. If this is not possible, then I am afraid we shall have to cancel our order and ask you to reimburse us for the amount we deposited for the order.
> If you contrast the enclosed sample of your shipment with the original sample, we are sure you will agree to the inferiority of the goods.

41 Which of the following is MOST likely to appear right BEFORE the passage above?

① We deeply regret to learn that you are not satisfied with the consignment which we shipped on May 10 for your order No. 890.

② We received your fax of May 25 informing us of the shortage of our last shipment and thank you for the opportunity you have given us to promptly rectify our error.

③ We are sorry to say that the consignment on May 10 was delivered yesterday in a very unsatisfactory condition.

④ We confirm that when they left our warehouse each of these cases contained the full quantity of 400 shirts. The cases were also in good order when they left our premises.

42 Which of the following is MOST likely to appear right AFTER the passage above?

① In the mean time we would like to ask you to send us by airmail a couple samples of each of the goods, at our expense, for our inspector to examine.

② We trust that the matter is now settled to your satisfaction and we will do our best to make sure that this sort of mistake will not occur again.

③ We are ready to return the whole lot at your expense. If you have a better way to settle, please let us know immediately.

④ The consignment was sent by our suppliers on carrier's risk terms. Therefore we must hold you responsible for the loss.

43 Please choose the inappropriate expression.

① A revocable credit may be amended or cancelled by the issuing bank at any time and without prior notice to the beneficiary.

② Now we are interested in expanding our business to overseas markets and wish to establish business relations with qualified firms in your country.

③ We are in a position to handle considerable quantities of your products if they suit our market, and if prices are competitive.

④ We may place an order with you if you low the price of household goods in order to provide our clients with a very affordable prices on the markets.

44 Which of the following has a different situation from the others?

① We are always looking for ways and opportunities to expand our business activities.

② We are initiating the expansion of our business in your market.

③ We will be able to supply you with quality products at competitive prices.

④ We will have to penetrate into new markets for our new-generation products soon.

(45~46) Please choose the most appropriate answer to fill in the blank after reading the dialogue.

45

◆ Nakamura : How about an FOB Korean port basis?
◆ Mr. Kim : It sounds good, but we recommend you a CIF Osaka basis. (   ). It will be beneficial for you to import our goods.
◆ Nakamura : Thank you for your recommendation. It's a deal.

① because our LCD TVs are superior to those of Chinese make.

② because it will be difficult to arrange the earliest vessel leaving Osaka.

③ as we can get higher premium and freight rate room our clients compared to those of in Japan.

④ as we can get lower premiums and freight rates from our clients compared with those in Japan

46

- Mrs. Park : The model itself is fine. It's the fan cap that are the problem.
- Mr. Brown : What's the matter? Don't they work well?
- Mrs. Park : No, half the time they won't open
- Mr. Brown : Okay, no problem. (   )

① They will work well.   ② You are too sensitive.
③ I'll see about that.   ④ Please be patient.

47
Read the below letter carefully and choose the one which puts the expressions of the letter in the correct order.

(1) an irrevocable letter of credit at sight in your favor
(2) We have instructed CITI Bank, Hochimin to establish
(3) for the amount of US$ 20,000
(4) you within a few days
(5) The advising bank, Korea Shinhan Bank in Busan, will transmit it to

① 2-1-3-5-4   ② 2-3-5-4-1   ③ 1-2-3-4-5   ④ 5-1-3-2-4

(48~49) Read the below letter carefully and choose the answer.

Moreover, because of this disaster, a considerable amount of cargo has been congested and it has become quite difficult to secure any shipping space.
Under these circumstance, a shipment delay of about half a month is unavoidable. However please rest (   ) that we will do (   ) possible to forward the goods as soon as possible.
In the meantime, we hope you will agree to (   ) the shipping date until the 25th of October.
Though the delay is beyond our control, we are none the less sorry for the inconvenience this must be causing you.

48
What kind of letter is it?

① A letter asking for the urgent shipment of the outstanding
② A letter of notice of not having the goods for shipping
③ A letter concerning port congestion
④ A letter asking for readjustment the shipment date

49 Please choose the most appropriate words or phrases to fill in the blanks in order.

① be sure – everything – expand
② assured – everything – extending
③ be assured – anything – extending
④ assured – anything – expand

50 Choose the one which puts logically the expressions of the letter in the correct order.

(A) However, we regret to inform you that the price you quoted are far higher than we expected.
(B) We are sure that we will not be able to successfully market your products at such a high price because the primary demand here is for products in the mid-price range.
(C) Although we feel your products have some advantage with respect to quality
(D) We consider your offer to be quite acceptable to us in general.
(E) We cordially await your reply with great anticipation.
(F) the prices you quote simply leave us with no margin.

① D-A-C-F-B-E
② B-C-A-F-D-E
③ C-F-D-B-A-E
④ D-A-B-C-F-E

03 무역실무

51 다음 중 선하증권에 대한 신용장통일규칙(UCP600)에 대한 설명으로 잘못된 것은?

① 선적선하증권에서 발행일과 다른 본선적재표기상의 일자가 있다면 발행일의 날짜를 선적일자로 간주한다.
② 신용장에서 Marine B/L(해상선하증권)을 요구했는데, Multimodal B/L(복합운송선하증권)을 제시하더라도 하자가 아니다.
③ 신용장에서 선적항으로 "Korean Port"라고 명시된 경우, 한국의 어느 항구에서 선적하여도 무방하다.
④ 운송인이 환적할 권리를 유보한다고 명기하고 있는 비유통성 해상화물운송장상의 조항이 있어도 은행은 이를 수리한다.

52 수출자가 선적을 이행한 후 은행에 제시한 선적서류와 신용장상의 조건과 불일치(Discrepancy)한 상황이 발생하였다. 이에 따른 상황에 대한 설명으로서 적절하지 않은 것은?

① 매입은행은 선적서류의 매입을 거절하고, 선적서류를 수출상에게 돌려줄 수 있다.
② 수출상은 불일치 사항에 대하여 개설의뢰인을 통해 신용장조건을 변경한 후에 매입을 의뢰할 수 있다.
③ 추심 후 매입방식을 택할 경우 매입은행은 일단 개설은행에 전송된 선적서류에 대해선 매입에 대한 책임을 부담하여야 한다.
④ 매입은행은 하자내용을 개설은행에 통지 후 개설은행이 지급확약을 할 경우 선적서류를 매입한다.

53 내국신용장에 대한 설명 중 타당하지 않은 것은?

① 사전송금방식과 같이 구매확인서의 개설근거가 없을 경우 국내거래를 위하여 이용한다.
② 금융 및 세제상의 혜택을 받을 수 있다.
③ 개설의뢰인을 지급인으로 하고 개설은행을 지급장소로 하는 일람출급환어음일 것
④ 무역금융 관련규정에 근거를 두고 있다.

54 신용장을 다음과 같이 양도하려 한다. 제1수익자가 양도은행에게 요청할 수 있는 최대부보비율은 몇 퍼센트인가? (단, 원신용장에서 요구하는 부보비율은 상업송장 금액의 110%)

◆ 신용장금액 : US$25,000
◆ 신용장양도금액 : US$22,000

① 113.6% (25,000/22,000 x 100)
② 136.4% (25,000 x 1.2/22,000 x 100)
③ 110% (원신용장에서 요구하는 부보비율)
④ 125% (25,000 x 1.1/22,000 x 100)

(55~56) 아래의 내용은 보험서류(insurance documents)에 관한 조건이다. 읽고 물음에 답하시오.

(가)Insurance policy or certificate in duplicate, (나) endorsed in blank for 110% of the invoice value including Institute Cargo Clause(A) institute W/SRCC showing insurance claims to be payable in Korea in the currency of the draft

55 밑줄 친 (가)에 대한 설명 중 그 내용이 틀린 것은?

① 보험증권은 포괄예정보험에 의한 보험증명서 또는 통지서를 대신하여 수리될 수 있다.
② 보험서류는 선적이 완료되고 교부된 선하증권을 근거로 하여 발행되어야 하는 것이 원칙이다.
③ 보험서류는 일반적으로 2통이 발행되는데, 그 가운데 1통으로 보험채무가 이행되면 나머지 것은 무효가 된다.
④ 대리업 또는 대리업자에 의한 모든 서명은 그 대리인 또는 대리업자가 보험회사를 대리하여 서명하였는지 또는 보험업자를 대리하여 서명하였는지를 표시하여야 한다.

56 밑줄 친 (나)에 대한 설명 중 그 내용이 틀린 것은?

① 보험서류상의 피보험자를 "to the order of XX bank"로 명시하도록 신용장이 요구한 경우에는 백지배서를 할 필요가 없다.
② 인코텀즈상에서 희망이익(expected profit)은 송장금액의 10%로 인정하고 있다.
③ 희망이익이란 화주가 자신의 화물이 목적지에 무사히 도착할 경우 이를 판매하여 얻을 수 있는 피보험이익을 말한다.
④ 수출상은 보험서류의 배면에 아무런 배서없이 보험서류를 양도하여야 한다.

57 로테르담규칙(2009)에 대하여 잘못 설명하고 있는 것은?

① 해상운송구간을 포함한 육지구간의 운송까지 운송인은 지속적인 의무를 준수해야 한다.
② 선장과 선원의 과실로 인한 화재손해에 대하여 운송인은 전 구간에 대하여 책임을 부담한다.
③ 운송인의 책임구간은 화물의 수령에서 인도까지 즉 Door to Door 로 확장되었다.
④ 전자선하증권에 일반선하증권과 같은 효력을 인정하였다.

58 다음의 설명 중 맞는 것을 고르시오.

① "about US$10,000" 라고 표시된 경우 금액의 상한은 US$11,000이고 하한은 US$10,000이다.
② 환어음상의 금액을 문자와 숫자로 기재한 경우 그 금액에 차이가 있다면 숫자금액이 우선한다.
③ 산적화물의 경우 수량은 5%의 과부족이 허용되고, 어음발행금액은 신용장금액을 초과하지 않는 범위 내에서 5%의 부족이 허용된다.
④ 신용장에 의한 산적화물(bulk cargo)의 거래에서 5% 초과 선적한 경우, 별도의 약정이 있어야만 환어음을 신용장금액보다 5% 초과 발행하여 결제할 수 있다.

59 다음 국제프랜차이징의 장점으로서 거리가 먼 것은?

① 공여기업의 좋은 이미지를 활용하여 적은 자본으로 해외시장 진출이 가능하다.
② 표준화된 전략으로 전 세계적으로 통일된 이미지를 유지할 수 있다.
③ 공여기업의 노하우를 이용함으로써 가맹기업은 사업에 대한 위험부담을 경감할 수 있다.
④ 기술이나 노하우의 유출방지에 유리하여 경쟁자의 출현을 억제할 수 있다.

60 (주)하이텍은 다음과 같이 수출환어음을 추심 전 매입의뢰하였다. 실제 수령하게 되는 환어음금액은 얼마인가?

```
수출환어음매입의뢰 금액 : US$20,000
환어음 : at sight basis
매입당일환율 : ₩1,200/US$
무역금융(수출어음대출)상환액 : ₩6,000,000
우편료 : ₩10,000
```

① ₩17,990,000 ② ₩23,990,000
③ ₩24,000,000 ④ ₩18,000,000

61 해상운임에서 운임을 선적물품의 중량이나 수량을 기준으로 부과하지 않고, 선적물품 전체를 통합하여 선박 또는 항해를 단위로 포괄적으로 부과하는 운임은?

① dead weight freight   ② pro rata freight
③ ad valorem freight   ④ lump-sum freight

62 무역금융제도에 대한 특징으로서 틀린 것을 고르시오.

① 수출물품을 생산하는 데 소요되는 자금을 선적 전에 지원하고 수출대금으로 융자금을 상환시키는 선적 전 금융이다.
② 무역거래의 직접 당사자뿐만 아니라 중계무역업자도 지원대상이다.
③ 하나의 수출신용장과 관련된 무역금융의 취급 및 수출대금의 영수는 동일한 외국환은행을 통해서 이루어져야 한다.
④ 관련규정은 한국은행 총액한도대출관련 무역금융 취급 절차 및 세칙이다.

63 현행 수출보험제도의 종목별 설명 중 옳지 않은 것은?

(가) 수출어음보험   (나) 신뢰성보험   (다) 수출신용보증   (라) 수출보증보험

① (가)는 신용장방식이 아닌 수출거래를 보험하기 위한 보험
② (나)는 제조수출된 제조물의 결함발생으로 부품소재기업이 부담해야 하는 손실을 보상하는 보험
③ (다)는 보증상대방으로부터 이행청구를 받아 입게 되는 수출기업의 손실을 보상하는 보험
④ (라)는 수출 또는 해외공사계약과 관련하여 수출보증서를 발급한 금융기관이 청구하는 보증채무 이행청구를 받아 대지급하는 경우에 입게 되는 수출기업의 손실을 보상하는 보험

64 대외무역법상 대통령령이 정하는 용역의 범위에서 문화산업에 해당하지 않는 업종은 무엇인가?

① 영화와 관련된 산업
② 음반·비디오·게임물과 관련된 산업
③ 관광객에게 재화나 서비스를 제공하는 산업
④ 출판·인쇄물·정기간행물과 관련된 산업

65 대외무역법상 수출실적에 해당되지 않는 것을 고르시오.

① 우리나라의 시스템통합업체(SI업체)가 해외에 인력을 파견하여 외국기업의 ERP 시스템을 구축한 경우
② 내국신용장, 구매확인서 등에 의해 국내에서 일어난 물품의 이동
③ 대금은 외국으로부터 영수하고 물품의 이동은 국내에서 일어나는 경우
④ 중계무역의 경우에는 수출금액

66 인코텀즈2020상의 DPU에 대한 매도인의 의무로서 옳은 것은?

① 매도인은 매매계약에 일치하는 물품 및 상업송장, 환어음을 제공해야 한다.
② 지정목적지가 합의되지 않은 경우 매도인은 수입국의 편리한 항구를 선택할 수 있다.
③ 매도인은 매수인에 대하여 보험계약을 체결할 의무는 없지만, 매수인의 요청에 따라 매수인의 위험과 비용으로 보험계약에 필요한 정보를 제공하여야 한다.
④ 매도인은 선적지에서 본선적재함으로써 인도의 의무를 다하지만 지정목적지에서 물품을 양하하여 인도하기까지의 비용을 부담하여야 한다.

67 다음은 무역분쟁의 구제조항으로서 중재(arbitration)에 관한 설명이다. 그 내용이 잘못된 것은?

① 분쟁발생의 전후를 막론하고 당사자 간에 중재합의 또는 중재계약이 있는 경우에 한하여 중재가 가능하다.
② 중재계약은 계약자유의 원칙을 갖는다.
③ 중재인은 일차적으로 당사자가 선정하고, 중재인의 자격은 일정한 자격이 있어야 한다.
④ 중재판정의 효력은 뉴욕협약 즉 중재판정의 승인과 집행에 관한 UN협약체약국은 상호 그 승인을 보장하고 집행이 가능하다.

68 다음 국제물품매매계약에 관한 UN협약 중 옳지 않은 것은?

① 상대방이 기대할 권리가 있는 바를 실질적으로 박탈하는 정도의 손해를 초래하는 경우에는 근본적인 계약위반이 성립된다.
② 계약에 물품의 운송이 포함되는 경우에는 물품검사는 선적지에서 완료되어야 한다.
③ 매매계약은 서면으로만 체결(입증)될 필요가 없고 어떠한 다른 요건에도 구속되지 않는다. 즉, 매매계약은 증인을 포함하여 여하한 방법에 의해서도 입증될 수 있다.
④ 매수인은 합리적인 기간 내에 매도인에게 물품의 부적합을 특정하여 통지하지 않은 경우에는 물품의 부적합을 주장할 권리를 상실한다.

69 원산지증명서 제도를 시행하는 궁극적인 목적과 다른 것은?

① 특정국가나 지역으로부터 수입을 금지 또는 제한하기 위한 정책적 목적
② 호혜통상협정이 체결된 국가 간의 수입물품에 대한 협정세율의 적용을 위한 관세의 감면혜택의 부여목적
③ 선진국이 개발도상국에 대하여 특혜관세를 공여하기 위한 목적
④ 특정물품의 수입증가로 인하여 입을 수 있는 당해 국내산업의 보호를 위한 목적

70 다음은 무엇에 관한 설명인가?

> 무역관련 지적재산권에 관한 협정으로 지식재산권과 관련된 국제조약이다. 기존의 지식재산권 관련 국제협약을 바탕으로 특허·상표·디자인, 지리적 표시, 영업비밀, 반도체 배치설계 등 지식재산권의 최소보호 수준(Minimum Standard)을 규정하고 있다.

① TRIPs   ② TPP   ③ MFNT   ④ WIPO

71 eUCP(버전 1.1)와 UCP와의 관계에 대한 설명으로서 옳지 않은 것은?

① eUCP 신용장에서 오직 종이서류만이 허용된다면 eUCP는 배제되고 UCP가 단독으로 적용된다.
② eUCP를 준수하는 신용장은 UCP의 명시적인 적용문언이 있어야 UCP를 준수한다.
③ eUCP가 적용되는 경우, 그 조항들은 UCP적용과 다른 결과를 초래하는 범위까지 유효하다.
④ eUCP에서는 종이서류로 제출하는 경우와 전자서류로 제시하는 경우를 모두 인정하고 있다.

72 UCP 600에 대한 설명 중 옳지 않은 것을 고르시오.

① 조건 변경된 신용장의 부분수락은 허용되지 않으며 조건 변경된 신용장의 거절로 간주된다.
② 신용장이 선적서류의 사본제시를 요구한 경우, 원본이나 사본을 제시해도 허용된다.
③ 은행은 전문용어의 번역 또는 해석상의 오류에 대하여 어떠한 의무 또는 책임도 부담하지 않는다.
④ 2가지 이상의 운송수단을 이용하고, 그 선적을 입증하는 2가지 이상의 운송서류로 구성된 제시는 동일한 선적항에서 동일한 일자에 출발하고 같은 목적지를 향하면 분할선적으로 보지 않는다.

73 팩토링 제도에 대한 설명으로서 옳지 않은 것을 고르시오.

① 수입팩터로부터 신용한도를 얻은 수입상은 국제팩토링에 가입되어 있는 어느 국가로부터도 신용으로 물품을 구입할 수 있다.
② 국제팩토링에서 거래처(client)는 상품이나 서비스를 수출하는 수출업자이다.
③ 수입팩터는 거래처와 국제팩토링거래를 체결하는 당사자이며 국제팩토링거래의 주체이다.
④ 국제팩토링에서 고객(customer)은 수입업자이고 수입팩터의 신용조사 대상이 된다.

74 Forfaiting 거래에 대한 설명이다. 옳지 않은 것을 고르시오.

① 수입상이 지급불능이면 포페이터는 수출상에게 소구권을 행사할 수 없다.
② 포페이팅은 신용장거래의 인수(acceptance)와 유사하나 인수에 비하여 기간이 단기이다.
③ 신용장 거래가 아닌 경우에는 수입자 거래은행이 수출자가 발행한 환어음에 지급보증(aval)을 한 후에 수출자 거래은행에서 Forfaiting 을 제공한다.
④ 연지급 신용장도 Forfaiting 을 받을 수 있다.

75 수입화물선취보증서(L/G)에 대한 설명이다. 틀린 것을 고르시오.

① L/G는 형식적으로는 수입상이 선박회사 앞으로 발행하고, 개설은행이 보증인으로서 서명하는 형식을 취하고 있다.
② 개설은행은 원본서류가 이미 도착한 경우에는 L/G를 발행할 수 없다.
③ L/G 는 주로 항해거리가 가까운 중국, 동남아시아의 화물에 대하여 발행된다.
④ L/G가 발급되더라도 후에 제시된 선적서류에 하자가 있을 경우 개설은행은 지급을 거절할 수 있다.

제2회 무역영어 1급 Final Test

※ 다음 문제를 읽고 알맞은 것을 골라 답안카드의 답란(①, ②, ③, ④)에 표기하시오

01 영문해석

(1~2) Read the below letter in the box and answer the questions.

NETEN CO., Ltd
Woosung Bldg 245 ho, Choongjangdaero 77-20, Busan, Korea
Date : January 25, 2021

Gentlemen,
We have the pleasure of presenting the following goods in accordance with the terms and conditions given below.

Description	Quantity	Unit Price	Total Amount
Children's Toy	5,000 pieces	US$ 30.00	US$ 150,000.00
			US$ 150,000.00 FOB Busan Port

Delivery : End of March, 2021
Terms and Payment : By an irrevocable L/C payable at 30 days after sight
Validity of Offer : February 10, 2021
Country of Origin : Republic of Korea
Shipping Port : Busan seaport, Korea
Unloading Port : Charleston seaport, SC, USA
Packing : Standard export packing
Inspection : Maker's inspection to be final
Insurance : To be covered by you

It would be very much appreciated if you draw your kind attention on this offer. We look forward to your favorable reply at the earliest convenience.

01 Which of the following is CORRECT according to the letter above?

① The buyer will pay the bill at the end of March.
② The buyer should open an irrevocable L/C by February 10, 2021.
③ The seller doesn't need to pay the freight to destination.
④ The seller should effect the insurance at its expense.

02 What is the main purpose of the letter above?

① Sales Contract   ② Offer Sheet
③ Purchase Order   ④ Agreement on General Terms

(3~4) Choose the most appropriate number to fill in the blank.

03 A letter of credit is simply another contract — a promise by buyer's bank which runs directly to seller that (   ) will pay the amount of the sales contract to seller, if seller produces the documents, required by letter of credit, which evidence that seller has shipped the goods (i.e. a negotiable bill of lading).

① seller's bank   ② buyer's bank
③ negotiating bank   ④ advising bank

04 (   )agents who guarantee collection of dues and payment by customers in a particular territory.

① Clearing   ② Sole   ③ Commission   ④ Del credere

05 What is the main purpose of the letter below?

> We sincerely wish to keep our high reputation by offering the highest quality merchandise. One of our greatest advantage to distributors abroad, we believe, is our sales policy maintaining reliable prices throughout the world. Therefore we cannot accept your request for a discount, as it is our policy to supply the highest quality goods at a reasonable cost. We are constantly making efforts to keep costs down to meet the needs of our customers and the prices we offered you are the lowest possible.

① Decline of order   ② Decline of discount
③ Request for large order   ④ Information of business policy

06 Which of the following puts the paragraphs in the box below in the correct order?

(A) We are favorably impressed with the quality of your products which we believe are perfectly suited to the needs of the customers here. We would be pleased to place an order with you if you could reduce the price by 5% to USD 11.50 per set. We will place our first order with you as soon as we receive a reply granting the discount.

(B) Although we feel your products have some advantage with respect to quality, the prices you quote simply leave us with no margin. We are sure that we will not be able to successfully market your products at such a high price because the primary demand here is for products in the mid-price range.

(C) We would like to thank you for your offer of the 10th of September for kitchenwares.

(D) We consider your offer to be quite acceptable to us in general. However, we regret to inform you that the prices you quoted are far higher than we expected.

① (C)-(D)-(B)-(A)
② (A)-(B)-(C)-(D)
③ (B)-(C)-(A)-(D)
④ (D)-(C)-(B)-(A)

07 Which of the following can be inferred from the letter below?

Thank you for your letter of 4 February in which you would like to act as our agent for Korea. We are very much interested in your proposition since we have wanted to expand into the Korean market for a long time.
We would like to discuss the possibility of establishing exclusive agency ties with your company. Mr. Mason, our marketing manager in charge of overseas markets, plans to visit the Asian region including Vietnam, Hong Kong, and Korea in the middle of March. He will be available to call on your company and discuss this proposition in detail.

① The sender may have an agency in Korea after the Joint Venture contract is made.

② The sender already has a plan to dispatch his representative to find the possibility of establishing exclusive agency in Korea

③ The receiver asked the sender to send his staff to Korea to get some more information about the agency in Korea.

④ Mr. Mason will come by the receiver's office to while he is in Korea to act as an agent for Korea

08 Which of the following is BEST title the clause given below?

> The Company shall use its efforts to assist and cooperate with the Agent in developing and promoting the Sale of Products in the Territory. The Company shall, at its expense expeditiously provide samples, sales literature, requested by the Agent necessary for the Agent's performance of its duties under the Agreement. The Company shall also provide any information, which it now has or may be received by it in the future which is likely to be of interest, use, or benefit to the Agent in relation to sales of the Products in the Territory.

① Duties of Company ② Promotional Activities of Agent
③ Duties of Agent   ④ Marketing Period

09 Which of the following is correct regarding the documents presented as follows?

> A credit is issued for USD50,000 covering a shipment of tablet PCs on the basis of shipment not later than July 20, 2021. Prior to the presentation of documents, an amendment is received changing the date of shipment to July 10, 2016. The beneficiary, however, presents transportation documents stated the on board date July 19 without notice of refusal to the advising bank.

① The beneficiary appears to accept the amendment as he failed to notice refusal of amendment.
② The beneficiary has not accepted the amendment.
③ The beneficiary would not receive payment from the issuing bank.
④ The beneficiary should notice its refusal to the applicant.

10 Which of the following is correct about the buyer's claim, according to CISG?

> Seller delivered an offer to Buyer on 1 March, which read:
> "I will hold this offer open until 30 May" To this offer,
> Buyer delivered the following to the Seller on 15 March:
> "I do not accept your offer because the shipment date is too late." But on 10 April the Buyer delivered the following to Seller:
> "I hereby accept your prior offer of 1 March." Seller immediately responded that he could not treat this "acceptance" because of earlier rejection. Buyer reminded Seller that the offer was valid until 30 May.

① Seller is not responsible for accepting the buyer's second acceptance.
② Seller has obligation to accept the buyer's second acceptance.
③ Seller shall amend his first offer and send the revised offer to the buyer again.
④ Buyer can withdraw his first acceptance.

11 Samju Company will place an order for US$50,000 every year. What is the discount rate this company can get according to the below letter?

> Thank you for your inquiry of EZ Type keyboards series.
> We are happy to supply you with the information you requested.
> Please see our enclosed price-list. The items you referred to in your letter are featured on p.34 under catalog number PO1120. For this model, we offer a special 8% discount to any customer whose purchase exceeds USD 3,000, and an additional 15% to all corporate accounts. But if we have firm orders from you in large numbers (over USD 30,000), we would be able to allow extra 10% reduction.

① 8%　　② 15%　　③ 23%　　④ 33%

12 Which of the following fits LEAST in the letter?

> (1) Although vehicle prices are usually revised in September and March to absorb increased production and labor costs, we have decided to keep all models at the current prices until March, 2021.
> (2) This is to help you in effectively marketing the new models introduced in August, which unfortunately coincided with big fluctuations in foreign exchange rates. (3) These fluctuations are now bringing disorder to the market and we foresee further deterioration in the market to a considerable extent. (4) As a special measure we have decided to raise current prices of all models by 5% for three months. Therefore, we felt this special pricing policy would be helpful in attracting customers during this period of foreign exchange instability.

① (1)　　② (2)　　③ (3)　　④ (4)

13 Which of the following is BEST title of the passage below?

> One of the ways how to deal with discrepancies by the negotiating bank. The exporter instructs his bank to forward the documents at his own risk to the issuing bank. Payment will be made upon acceptance of the discrepancy by the issuing bank.

① Pay under reserve
② Negotiate against letter of indemnity
③ Cable the issuing bank for authority to pay
④ Send the documents on a collection basis

14 Please put the following sentences in order.

> (A) Through this opportunity, KORENTA Co.,Ltd will concentrate itself on its main business field of the Petrochemical Industry to enhance its international competitiveness.
>
> (B) We would like to announce that ABC Trading Company and XYZ Trading Corporation have been integrated as one company, and started its business with new company name of "KORENTA Co.,Ltd " from May 25, 2021.
>
> (C) We would like to thank you for the assistance and kindness you have rendered ABC and XYZ in the past, and hope to get your continuous cooperation to KORENTA Co.,Ltd
>
> (D) However, all members of former ABC Trading Company and XYZ Trading Corporation will undertake their role without changing their position. Of course, all business related to your company shall be undertake as of past.

① C-B-A-D ② C-A-B-D ③ B-A-D-C ④ B-D-A-C

15 After reading the below letter and choose the one which expresses incorrectly.

> Attn : Mr. Gabbin
>
> We can ship with one month after receipt of an irrevocable letter of credit. We allow you a discount of 5% off the unit price but only on items ordered in quantities of 400 sets or more. Our minimum order quantity is 100 sets. In addition, we can allow you a cash discount of 3% off the total amount if payment is made by T/T before or on delivery.
>
> Sincerely yours,
> Robert Brown

① Mr. Brown refused the order because Mr. Gabbin placed an order less than 400sets.
② Mr. Brown usually allows customers a discount of 5% off the unit price except the specific items
③ Mr. Gabbin have to place an order at least 100 sets more.
④ None of the above.

16 Which documentary credit the following sentence refers to?

> We hereby engage that payment will be duly made against documents presented in conformity with the terms of credit.

① deferred payment L/C   ② freely negotiable L/C
③ acceptance L/C   ④ straight L/C

17 Which of the following can logically appear immediately after the passage below?

> We have written you at least three times to request immediate payment.
> We are most anxious to avoid doing anything from which your credit and reputation might suffer and are prepared to give you a further opportunity to put matters right.
> We, therefore, propose you to clear your overdue account until the end of this month.

① We want you to put the matters right soon and let us know when you will settle the overdue amount.
② If you do not settle your account as soon as possible, we will have to take even a legal step to recover the amount due.
③ If you do not settle until the end of this month, we will grant you any further credit.
④ As we do not want to embarrass you, we decided to defer payment until the end of this month.

18 Choose one sentence which does not fit in the text.

> As evidence of discordance with the sample, we are enclosing some cuttings whose materials we consider to be quite unsuited to the needs of our customers.

① The goods delivered to buyers do not match the sample.
② Buyer has cut the material and thrown away.
③ Buyer is sending a part of the goods as an evidence.
④ Our customers are not satisfied with the goods delivered.

19 Please choose the most appropriate phrase to fill in the bracket.

> (   ) is widely used in foreign trade and a form of unvalued policy effected for a round sum, and leaves the name of the ship or ships and other exact particulars to be defined by subsequent declaration.

① Open Policy   ② Voyage Policy
③ Named Policy   ④ Time Policy

(20~21) Read the letter in the box and answer the questions.

> Dear Mr. Harris
> We are very favorably impressed with the quality of your product which we believe are perfectly suited to the needs of the customers here.
> However, we feel the price of your products appear to be somewhat on the high side with regard to the market here. Please understand that the market here is very tight because there are so many audio systems imported from Europe and Japan. In order for us to maintain competitiveness in this type of market, we need a steady supply of products at prices which are appropriate for the market.
> May we ask you to reduce the unit price to US$180? This would greatly facilitate our ability to introduce your products to our customers. If you would be able to meet our request we are confident that we will be able to place orders with you on a regular basis.
>
> Your sincerely,
> Gary Cornes

20 Please choose the wrong expression in connection with the above letter.

① Mr. Gary feels that his customers will be satisfied with the quality
② The audio systems are selling well, particularly in Europe and Japan.
③ To beat the market competition, Gary needs lower prices and steady supply.
④ Mr. Gary wish to keep doing business with Mr. Harris if he offer competitive prices.

21 Choose the one which cannot be replaced the underlined part.

① Concerning
② in regard to
③ on account of
④ with respect to

22 What is the terms this sentence in the box is related to?

> The following quoted sentence is included in a Memorandum of General Terms and Conditions of Business. "Draft(s) shall be drawn at sight, documents attached, for the full invoice amount under an irrevocable credit which shall be established within 10 days after the conclusion of the contract."

① Claims
② Trade Terms
③ Quality Terms
④ Payment Terms

23 Choose the one which translates incorrectly into Korean.

① Advising Bank is requested to add their confirmation.
(통지은행의 확인을 추가하도록 요청한다.)

② Documents presented later than 21days after the date of shipment acceptable.
(선적일자 후 21일이 경과되어 제시된 서류도 수리 가능하다.)

③ Documents bearing a date of issuance prior to that of this Credit acceptable.
(이 신용장의 개설일자 이전의 발행일자를 표시하고 있는 서류들도 수리 가능하다.)

④ Payment for principal plus interest at 1% p.a. over LIBOR will be made at maturity.
(런던 은행 간 대출금리에 1%를 더한 이자가 만기일에 본인에게 지급될 것이다.)

24 Which of the following does NOT fit with the others in the letter below?

> (A) We would be very grateful if you would grant us a delay of one month to make the payment on your invoice. You may be certain that we shall be able to settle our payment by September 20.
> (B) We would like to remind you that your remittance of our second quarter's commission is now more than 2 months overdue.
> (C) We regret that our temporary financial difficulties prevent us from meeting your draft at maturity. We will, however, make every effort to pay you either the whole of part of the amount before July 3.
> (D) We will be much obliged if you will give us a little more time to settle your account due the May 15.

① (A)
② (B)
③ (C)
④ (D)

25 The passage below is a reply to a letter. Which of the following is MOST likely to be found in the previous letter?

> We are glad to accept your counter offer of July 10 for a quantity of 4,000 of our men's jacket. This price is virtually at rock-bottom and barely covers the cost of production. However, we are willing to offer this price to you with the expectation of continued orders.
> Upon the receipt of your letter of credit, we will immediately make every arrangement necessary to clear the goods by the first available vessel to New York.
> We feel sure that you will find our products satisfactory in every way and hope to be favored with further orders.

① We will place our first order with you as soon as we receive a reply granting the discount.
② We are confident that the conditions we offered are fully competitive with those of other manufacturers and hope you will take advantage of this opportunity.
③ As for the above offer, it is extremely probable that prices will rise still more, and it would, therefore, be to your interest to place your orders without delay.
④ We cannot guarantee that these prices will be available next month, because the cost of materials is steadily rising.

02 영작문

(26~28) Read the passages carefully in the box and choose the one which puts the sections of the letter in the correct order.

26 ⓐ the importer ⓑ on the L/C No. 100 ⓒ and expiry dates ⓓ to extension ⓔ agreed ⓕ of the shipping ⓖ for 30days

① ⓐ - ⓔ - ⓓ - ⓑ - ⓕ - ⓒ - ⓖ 　② ⓐ - ⓔ - ⓑ - ⓓ - ⓕ - ⓒ - ⓖ
③ ⓐ - ⓔ - ⓓ - ⓕ - ⓒ - ⓑ - ⓖ 　④ ⓐ - ⓔ - ⓑ - ⓕ - ⓒ - ⓓ - ⓖ

27

(A) As we have not received your L/C, we may be forced to cancel your order.
(B) We, therefore, prefer to establish your L/C by the end of August.
(C) We urged our makers to execute an early delivery of products to meet your requirements.
(D) We bring your attention to the fact that the L/C covering your order No. 25 has not reached us.

① (A) − (D) − (B) − (C)   ② (D) − (C) − (A) − (B)
③ (A) − (C) − (D) − (B)   ④ (D) − (A) − (C) − (B)

28

(A) Please state whether you can supply these goods from stock, or, if not, how long you would take to deliver quantities, in the event of larger orders being placed with you.
(B) We shall be obliged if you send us your largest catalog and any other descriptive literature.
(C) We can expect a great demand for them and shall take quantities if your machines prove good sellers and your prices admit of a reasonable margin of profit.
(D) We are in the market for "Koress" brand calculating machines and shall be glad to have your lowest quotations stating your best terms.

① (C) − (A) − (B) − (D)   ② (B) − (D) − (C) − (A)
③ (C) − (D) − (A) − (B)   ④ (D) − (C) − (A) − (B)

29 Which of the following is MOST likely to appear right BEFORE the passage in the box?

> Unfortunately, we had a large fire at our warehouse on March 10, which caused extensive damage to almost our entire inventory. Because of the losses we incurred form this accident and the immediate expenses which the cleanup has required, it would be very difficult for us to meet the payment date stated in your invoice.
> We would greatly appreciate it if you would allow us an extension of three months to pay this invoice.

① We would like to request a change in the method of payment we have been using.
② We are enclosing the statement of account showing a balance in our favor of US$12,000 for our commission of the third quarter of this year.
③ We received your invoice No. KY023 of March 3 asking for payment of US$12,000 for 300 steel racks.
④ We write to inform you that we do not receive payment for our invoice No.KY023 amounting to US$12,000 for 300 steel racks.

30 Which of the following is NOT appropriate as a reply to the letter?

> Dear Sirs,
> I shall be touring Italy and Sicily in a 2021 Peugeot 405 GL for 4 weeks commencing 3 July.
> Please let me know the terms and conditions on which you could issue a policy to cover loss of and damage to baggage and other personal property. I should also like to consider cover against personal accident and illness, and should be glad if you would send me particulars. The car is already separately insured.
> I hope to hear from you soon.

① Please complete and return the inquiry form by 26 June at the latest, so that we can produce an insurance proposal.

② The cover for injury and illness extends to the full cost of medical and hospital treatment and of any special arrangements that may be necessary.

③ I enclose a leaflet setting out the terms and conditions of the insurance for both personal property and injury and illness.

④ I hope you will agree to reduce it sufficiently to bring it more in line with the extent of the risk insured under the policy.

31 Which of the following is most LIKELY to appear right before the passage below?

> The nearest vessel is the DORAJI which is due to sail on the 24th of this month. The second vessel available is scheduled to sail on the 4th of next month. The goods should have reached us by the 21st of this month for the first vessel, or the 1st of next month for the second vessel.
> The freight is US$22.00 per CBM, which is the lowest rate we can quote.

① We have 500 sets of LED TVs weighing about 1,000kgs and measuring about 500 CBM for shipment from Busan to Kaoshung.

② Thank you for your inquiry of June 23. We are pleased to inform you of our sailing schedule and freight rate for your cargo.

③ Thank you for giving us shipping instruction on your ordered No. 331 for LED TVs.

④ We wish to draw your attention to the following shipping instruction and require that you ship our order in strict accordance with them.

32 What is NOT stated in the e-mail?

> Dear Mr. Ericson,
> Regarding your email from last week asking about our Hi-run Automobile items, here is the required information about our services :
> Items under warranty
> - Parts will be replaced for free as long as they still fall under the dates of the warranty.
> - For a period of 24months after purchase, all of its ready-made products are guaranteed against material and workmanship defects. Within this time, if any problem arises, and if the customer cannot solve it by calling customer support, Hi-run Automobile's main office should be informed. At that time, Hi-run Automobile after this time will receive the usual repair rates.
> - Personalized products are NEVER under warranty.
>   I hope this will clear up any confusion for you. Please e-mail me if you have any other questions.

① Items are guaranteed to be free of material defects up to two years after purchase.
② Customized items are not eligible for replacement for free.
③ Only standardized items are covered by warranty.
④ The payment of shipping charges for replacement parts will be at customer's expense.

(33~35) Read the following and answer the questions.

> (1) We are sending you a new lot by air at once, and would ask you to return the faulty goods at your convenience ⓐ <u>with freight forwarder.</u>
> (2) Or you may keep them for sale at a reduced price of 30% discount.
> (3) We have read carefully the letter of complaint on the discrepancy of the goods ⓑ <u>with</u> the original sample.
> (4) Apparently this was caused by the ⓒ <u>oversight</u> of our production department.
> (5) Please accept our apologies for the inconvenience we have committed.
> (6) We are ⓓ <u>awaiting</u> your prompt decision on this matter.

33 What kind of business letter the above is?

① Asking for the discount
② Notice of dispatched new goods
③ Adjusting the matter of claim
④ Notice of rejection of goods

34 In the above letter, sentences were placed without an order. Please place sentence in a good order.

① 3-4-5-1-2-6
② 1-2-3-4-5-6
③ 3-1-2-4-5-6
④ 1-4-3-5-2-6

35 Choose the incorrect word or phrase among the underlined parts.

① ⓐ   ② ⓑ   ③ ⓒ   ④ ⓓ

36 Choose the answer that best fills in the blanks A&B

> If a multimodal transport document is issued to order or to order of the shipper, it must be endorsed by the (A). An endorsement indicating that it is made for on behalf of the (B) is acceptable

① shipper – carrier
② shipper – shipper
③ consignee – shipper
④ shipper – master

37 Which of the following is MOST likely to appear right AFTER the passage in the box?

> We are pleased to inform you that we have shipped your order No. WY 908 by M/S Blue Star which left Busan port, Korea today.
> We will draw a draft on you and will submit it along with shipping documents to negotiation bank within the documents presentation period as stipulated in the L/C. You are requested to honor the draft when it is presented to you. At your request, we herewith send you two copies of non-negotiable shipping documents such as B/L, Commercial Invoice, Packing List and Certificate of Origin.

① Please keep in mind that you need to send us the draft of the policy by fax so that we can check if everything is perfect.

② We hope that the goods will reach you in good condition, and look forward to receiving further orders from you in the near future.

③ We believe that you will take necessary measures for this shipment as soon as possible.

④ We are quite sure that there will be many additional orders from our customers as long as your first shipment is satisfactory.

38. Which of the following MOST fits the blank in the letter below?

> We are glad to send you, in confidence, the credit information you requested concerning Mr. Bronson, the CEO of Hazen Co., Ltd.
> Mr. Bronson has had a personal checking account with our bank since 1998. His accounts are always in order, with adequate funds to cover all checks drawn. His company, Hazen Co., Ltd has been in operations since 1997. We have done business with his company since it was established and found it to be prompt in meeting its financial obligations. We are unaware of any outstanding debts he may have. (   )
> Please understand that this information represents our opinion and we take no responsibility for it.

① We would therefore hesitate to extend credit for the amount you mentioned.
② We would advise you to proceed with caution in your dealings with Mr. Bronson in question.
③ We had to press them for payment many times, and once were obliged to take legal proceedings to recover their debts.
④ On the basis of our experience with him, we believe Mr. Bronson to be creditworthy.

39. Please choose the answer which completes appropriately in English.

> 공급사를 다른 회사로 교체하고 싶지는 않습니다만, 귀사의 경쟁사들이 귀사의 가격보다 낮은 가격을 제시하고 있는 실정입니다.

① Though we are very reluctant to shift to other suppliers, the market situation is such that your competitors offer lower than yours.
② Even though we are very reluctant to shift to other suppliers, the market situation is such that your competitors offer lower than your.
③ Although we would like not to reluctant to shift to other suppliers, the market situation is such that your competitors offer lower than yours.
④ Even though we would like not to reluctant to shift to other suppliers, the market situation is such that your competitors offer lower than your.

(40~41) Read the following passage and answer the questions.

> Article 1. Description of Goods : Electronic Picture Frame
> Article 2. Quantity : 5,000 sets
> Article 3. (A) _____
> "KANTOS" presented its preferred price USD 500,000.– to "Matzuda", and "Matzuda" shall present its price idea to "KANTOS" by June 11, 2021 in order for the parties to enter into a "Supply and Purchase Agreement."
> Article 4. (B) _____
> The parties shall enter into a "Supply and Purchase Agreement" within 30days after settlement on the price.
> Article 5. Other Conditions
> Other conditions shall be discussed in due course, and the details will be clearly expressed in the "Supply and Purchase Agreement" to be made.
> Article 6. (C) _____
> This LOI shall become effective upon signing and effective only for a period before signing the "Supply and Purchase Agreement" is made between the parties.

40 Please fill in the blanks of the above letter of intent.

① (A) Agreement   (B) Duration   (C) Importer
② (A) Product   (B) Agreement   (C) Price
③ (A) Price   (B) Agreement   (C) Duration
④ (A) Exporter   (B) Duration   (C) Payment

41 Which of the following is MOST likely to appear right BEFORE the passage?

① IN WITNESS WHEREOF, the parties hereto have caused this LOI to be executed by their respective duly authorized representatives as of the day and year first above written.

② The exemption provided by this article is effective for the period during which the impediment exists.

③ NOW, THEREFORE, in consideration of mutual conditions and covenants hereinafter, the parties agree as follows;

④ LOI, the following terms have the following meanings: "Dollars" means the lawful currency of the United States of America.

42 Choose the one which translates appropriately the underlined part into English.

> Mr. Sanchez : Can't you make a decision on your own?
> Mrs. Kim : No, not without the board's approval.
> <u>결정 전에 충분히 검토해야 합니다.</u>

① We must think it over dreadfully before deciding.
② We have to give it fully consideration before make a decision.
③ We have to take time to think it fully before make deciding.
④ We must go into it fully before deciding.

(43~44) The underlined phrase in the sentence is not correct. Please choose the best answer which is appropriate to the sentence.

43

> We had asked you to pack them into strong wooden box with iron band, but <u>they were packed in hardboard box which is enough to stands to multimodal transport.</u>

① they were not packed in hardboard box which is enough to stand out to multimodal transport.
② they were packed in hardboard box which is not enough to stand up multimodal transport.
③ they were not packed in hardboard box which are not enough to stand up to multimodal transport.
④ they were packed in hardboard box which are enough to stand well with multimodal transport.

44

> Recently, those seeking employment <u>are to be participated</u> in overseas internship program through the customized service of Cantos, Inc.

① were participated   ② are to be participating
③ will have been participating   ④ have been participating

45 Which is best arranged with answer suitable for the blanks in the following passage.

> We regret to tell you that (   ) the laborers' strike here, the sailing of M/S "King Ocean" scheduled to (   ) your port on January 10 has been cancelled, and (   ) one month delay of shipment is (   ).

① owing to - clear for - accordingly - unavoidable

② because of - leave - therefore - dispensable

③ due to - sail for - consequently - essential

④ on account of - depart - thus - irresistible

(46~47) Read the following situation and answer the questions.

> 수출상인 한국의 Korestar 상사는 신규거래처인 미국의 JJ상사로부터 서류인수도 조건으로 5만 달러 상당의 거래를 요청받았다. Korestar 상사는 미국의 JJ상사와 거래가 없어서 재정상태 및 평판을 잘 모르기 때문에 서류인수도 조건으로 거래하는 것이 불안하여 JJ 상사가 제공한 Citi Bank에 조회를 통하여 지급불안을 예방하고자 한다. 당 은행이 조회관련 비용을 청구할 시 즉시 송금하기로 하였다.

46 The following is a credit inquiry under the above situation which contains some errors except one. Choose the option that contains no errors.

① Any expenses connecting with this inquiry will be remitted by you after receipt of your bill.

② Would you kindly furnish us of information regarding the means and standing of the above mentioned firm.

③ We have recently received on order for US$ 50,000 worth of products on a D/A basis from JJ Co., Ltd which is located in your city.

④ We wish to know whether they would quality for credit of US$ 50,000 on a D/A basis.

47 In case the above bank reports on the credit information of JJ Co.,Ltd to Korestar Co., Ltd which best states the answer as part of the report for the credit inquiry?

① We consider this matter closed and will not respond to any further correspondence on this project.

② The firm in question has recently suffered heavy losses, so it would be advisable for you to take every precaution in dealing with them.

③ Your letter has been referred to our accounting department, and they are now looking into this matter.

④ We are pleased to notify you that we have finally decided to appoint your company as our credit references.

48. Which of the following is appropriately rewritten to have the same meaning?

① We have informed your agents, Jack Bauer, who will make arrangements for the consignment to be sent on to you as soon as they receive the shipping documents for clearance. → It has been informed that your agents, Jack Bauer, will deliver the consignment, upon receiving the shipping documents.

② We apologize for the delay. You will know from previous experience with us that we make every effort to stick to schedules. This incident was an unfortunate exception. → We are not responsible for the delay. However, considering our relationship, we try our best to meet the shipping schedules. This incident was unfortunately exceptional.

③ The cargo should be marked on two sides with a shipping mark which includes the destination port. This should correspond with the mark on your shipping documents. → A shipping mark including the destination should be placed on two sides of the cargo. The mark should match with the one on your shipping documents.

④ She is the Caravan, and is currently docked in Miami. She is a bulk carrier with a cargo capacity of seven thousands pounds. She has a maximum speed of 24 knots, so would certainly be capable of ten trips in the period you mentioned. → The Caravan is in Miami. The vessel has a cargo capacity of seven thousands with a highest speed of 24 knots, so that it will make ten trips during the mentioned period.

(49~50) Choose the one which is suitable for the blank.

49. Choose the one which is suitable for the blank.

> As we need the merchandise urgently, please (   ).

① let the shipment belated by any vessel available
② expedite the shipment by the earliest steamer available
③ effect the shipment by the vessel leaving HongKong on July 20
④ cancel the shipment until you get paid

50 Which of the following BEST completes the passage in the box?

> In the event either party breaches an obligation under this Agreement or (　　) a third party, delays or interferers with the other party in the performance of this Agreement, it shall (　　) to the other party for any reasonable direct damage thereby sustained by the other party. (　　) a third party commences any proceeding for which a party hereto intends to claim indemnity, such party shall promptly notify the other party and allow suitable participation in all stages of the proceeding and settlement thereof. Failure to promptly notify or allow equitable participation by the other party shall (　　) the right of indemnity by the extent of actual resultant prejudice.

① forward － be not liable － in the event － increase
② against － be responsible － on the other hand － take
③ toward － be liable － in the event － reduce
④ toward － be responsible － in case － have

03 무역실무

51 수출입공고제도에 대한 다음 설명 중 틀린 것은?
① 수출입공고는 수출입품목관리를 위한 기본공고이다.
② 수출입공고상의 적용대상은 선용품, 외국인수수입, 외국인도수출물품, 중계무역물품을 포함한다.
③ 수출입공고는 정기적인 개정이 아니라 실시시간의 제한이 없이 수시로 변경된다.
④ 대외무역법에 근거를 두고 있으며 Negative List System으로 운용되고 있다.

52 환리스크 관리기법으로서 대내적 관리기법에 해당하지 않는 것은?
① 매칭 ② 리딩과 래깅 ③ 선물환거래 ④ 가격정책

53 신용장거래에서 선하증권에 대한 설명 중 잘못된 것은?
① 신용장이 Short Form B/L을 요구했는데 Full Form B/L을 제시하면 하자이다.
② 신용장이 Marine B/L(해상선하증권)을 요구했는데 Ocean B/L(해양선하증권)을 제시해도 하자는 아니다.
③ 신용장거래에서 물품이 운송을 위하여 선적되었다는 표시가 있는 선적선하증권(Shipped B/L)을 은행은 수리한다.
④ 부지문언(Unknown Clause)이 기재된 선하증권은 하자서류가 아니다.

54 다음은 수출용원재료에 대한 관세 등 환급에 관한 특례법상 간이정액환급제도에 대한 설명이다. 틀린 것은?

① 간이정액환급은 전년도 평균수출액을 기초로 간이정액환급액을 책정한다.
② 간이정액환급제도는 원재료의 납부세액 확인을 생략하고 수출사실만을 확인하여 간단하게 환급하는 제도이다.
③ 관세청장이 고시한 정액환급률표에 따라 수출신고필증만으로도 환급을 받을 수 있다.
④ 원상태수출은 간이정액환급대상이 아니다.

55 Sea Waybill 에 대한 설명으로서 옳지 않은 것은?

① 단순한 화물의 수취증이며 권리증권이 아니다.
② 기명식으로 발행되며 배서에 의하여 유통될 수 있는 유통증권이다.
③ 원본서류의 제시가 없어도 수하인이 본인이라는 사실만 확인되면 화물인도가 가능하다.
④ Sea Waybill 은 원본(Original)과 부본(Copy)이 따로 없다.

56 적하보험에서 ICC(A)나 A/R 조건의 면책위험에 속하지 않는 것은?

① 운송인의 지연으로 인한 손해
② 포장의 불완전으로 인한 손해
③ 선박, 부선의 불내항성, 부선 운송용구 컨테이너 등의 부적합
④ 지진, 화산의 분화, 낙뢰

57 Incoterms2020상 운송인에게 물품을 인도할 때 매도인이 인도의무를 다하는 것으로만 묶인 것은?

① FAS-FCA-CPT
② CPT-DPU-DAP
③ FCA-CPT-CIP
④ FOB-CPT-CFR

58 국제무역계약에 적용되는 법의 적용 순위를 가장 바르게 열거한 것은?

① 국제조약 또는 국내법 중 강행법규 – 국제상관습법 – 국제무역계약조항 – 상법 중 임의규정 – 민법 중 임의규정
② 국제무역계약조항 – 국제조약 또는 국내법 중 강행법규 – 국제상관습법 – 상법 중 임의규정 – 민법 중 임의규정
③ 국제조약 또는 국내법 중 강행법규 – 국제무역계약조항 – 국제상관습법 – 상법 중 임의규정 – 민법 중 임의규정
④ 국제무역계약조항 – 국제상관습법 – 상법 중 임의규정 – 민법 중 임의규정 – 국제조약 또는 국내법 중 강행법규

59 다음 중 비서류조건(non-documentary conditions)으로 볼 수 없는 것은?

① Goods must be inspected by the applicant prior to shipment.
② Shipment must be effected by XYZ company
③ Shipment from Incheon to Mumbai
④ Beneficiary should send copy of shipping document within 2days after shipment.

60 다음은 운임종류에 대한 설명을 연결한 것이다. 옳지 않은 것은?

① Special Rate : 해운동맹측이 비동맹선과 경쟁을 하기 위하여 정상요율보다 인하하여 적용하는 특별운임요율
② Open Rate : 해운동맹의 회원사가 비동맹선사와의 경쟁을 용이하게 하기 위해 요율을 회원사 임의로 적용할 수 있게 하는 운임요율
③ Class Rate : 운임요율에서 화물을 그룹 또는 등급별로 적용하여 적용하는 운임요율
④ Box Rate : ton당 운임산정방법의 번거로움을 줄이기 위해 카톤(Carton)당으로 정한 운임요율

61 팩토링결제방식에 대한 설명이다. 바르게 설명한 것은?

① 국제팩토링은 소구불능팩토링으로만 운용된다.
② 수입팩터의 신용조사역할은 팩토링계약을 체결하는 주요인이 된다.
③ 수출자는 국제팩토링거래를 체결하는 당사자이며 국제팩토링거래의 주체이다.
④ L/C 및 추심방식에 비해 실무절차가 까다로운 점이 단점이다.

62 다음 중 CISG에서 매도인의 계약위반에 대한 매수인의 구제권리(remedy)에 관한 규정이다. 틀린 것은?

① 매수인은 계약에 불일치한 물품을 수령한 경우 일치한 물품이 인도 시에 가지고 있었을 가액의 비율에 따라 대금을 감액할 수 있는 권리를 갖는다.
② 매도인이 이행기 이전에 물품을 인도한 경우에, 매수인은 이의 수령을 거절할 수 있다.
③ 매수인은 계약보다 초과된 물량의 물품을 수령한 경우에는 계약대금의 비율에 따라 그 대금을 지급하여야 한다.
④ 물품이 계약에 부적합한 경우 매도인은 즉시 계약을 해제하고 손해배상을 요구할 수 있다.

63 다음 중 영세율이 적용되지 않는 경우를 고르시오.
① 수출대행업자가 수출대행을 하고 받은 수출대행수수료
② 국내사업자가 국제공항 보세구역내의 외국인 전용 판매장에 재화를 공급하는 경우
③ 보세창고에 장치된 물품을 국내수출업자에게 내국신용장이나 구매확인서를 근거로 하여 공급한 경우
④ 북한으로 반출하는 재화

64 추심에 관한 통일규칙(URC)이 적용되는 추심거래에서 추심지시서에 기재된 이자 및 수수료에 대한 설명으로 타당하지 않은 것은?
① 이자가 추심되어야 하는 경우 추심지시서에는 이자율, 이자지급기간 이외에 계산근거를 명시하여야 한다.
② 금융서류에 이자 조항이 표시되었느냐보다는 추심지시서를 기준으로 하여 제시은행은 이자의 추심여부를 결정한다.
③ 지급인이 추심지시서에 명시된 이자지급을 거절하더라도 일단 제시은행은 지급인에게 서류를 인도하고 그러한 사실을 추심의뢰은행에 통지하여야 한다.
④ 은행이 어떠한 제시이행을 위한 경비를 충당하고자 할 경우 추심지시서를 송부한 당사자에게 수수료 또는 비용의 선지급을 요구할 권리가 있다.

65 국제물품매매계약에 관한 UN협약(CISG)에서 규정한 승낙에 관한 규정으로서 내용이 잘못된 것은?
① 승낙은 승낙의 효력이 발생하기 이전에 그 취소통지가 청약자에게 도달하는 경우에는 철회될 수 있다.
② CISG에 의하면 청약자가 전화, 텔렉스 또는 기타 동시적 통신 수단에 의하여 정해진 승낙기간은 청약이 상대방에게 도달한 때로부터 시작된다.
③ 지연된 승낙의 경우에도 청약자가 유효하다는 취지를 즉시 통지하는 경우에는 승낙으로서의 효력을 가진다.
④ 승낙기간 중에 들어있는 공휴일 또는 휴업일은 승낙기간에서 제외된다.

66 국내의 한 수입업자가 파키스탄으로부터 양탄자를 수입하려 한다. 저급한 물품이 선적될 위험을 줄이기 위해 계약체결 시 고려할 수 있는 내용으로서 거리가 먼 것은?
① 선적전에 수출자와 독립된 검사기관이 발행한 Inspection Certification을 제출할 것을 요구한다.
② 후지급방식이나 국제팩토링결제방식을 이용한다.
③ 이행보증금의 지급 또는 이행보증신용장을 요구한다.
④ 신용장결제방식을 이용한다.

67 기술실시계약에 따른 로열티의 종류로서 계약기간 동안 노하우와 기술정보에 대한 권리금 그리고 실시료 미지불에 대한 보증금의 성격으로 지불하는 방식은 무엇인가?

① Fixed Payment ② Running Royalty
③ Lump Sum Payment ④ Initial Payment

68 자유매입신용장(Freely Negotiable L/C)에 대한 다음 설명 중 틀린 것은?

① 매입은행은 선적서류 매입후 신용장 원본 뒷면에 매입금액을 기재한다.
② 수출상은 매입의뢰시 반드시 환어음을 발행하여야 한다.
③ 일람지급을 조건으로 하는 경우에만 이용되는 신용장이다.
④ 서류매입은행의 지정은 원칙적으로 수익자의 자유이다.

69 다음 중 현행 관세법상 수입신고시기에 해당되지 않는 것은?

① 출항 전 신고 ② 선적 전 신고 ③ 입항전 신고 ④ 보세구역 장치 후 신고

70 복합운송증권에 표시된 다음의 표시에서 하자로 간주될 수 없는 것은?

① Packaging may be insufficient for the sea journey
② Trace of hooks
③ Paint surface scratched
④ Slightly Rusty

71 항공화물운송장(AWB)에 대한 설명으로서 틀린 것은?

① AWB은 비유통증권으로서 유가증권이 아니다.
② 신용장이 AWB의 전통을 요구할 경우 발행된 AWB 전통을 은행에 제시해야 한다.
③ AWB은 수취식이며 항시 기명식이다.
④ 통상적으로 3통의 원본과 부본 9통이 발행되며 그 용도가 정해져 있다.

72 해외직접투자의 단점이라고 볼 수 없는 것은?

① 기업의 자원이 많이 투자되므로 그에 따른 투자위험도 크다.
② 여러 국가에 산재한 자회사들을 효율적으로 관리하기가 어려워 표준화된 글로벌 제품을 생산하기 어렵다.
③ 현지국의 정부나 국민으로부터 많은 요구와 제약을 받아서 정치적 위험에 노출되는 위험이 크다.
④ 외국진출에 따른 비용을 커버할 만한 기업 특유의 우위를 갖지 않으면 성공하기 어렵다.

73 (주)하이무역은 러시아의 Topposvo 상사와 Busan CIF 조건으로 매매계약을 체결하였는데, 보험증권상에 "an excess of 5% being applicable on a loss of US$10,000" 란 문구가 있었다. 이와 관련된 설명으로서 적절하지 않은 것을 고르시오.

① 해상운송 중에 1,000달러의 손해가 발생하였다면 보험자는 500달러만 보상한다.
② 해상운송 중에 1,000달러의 손해가 발생하였다면 보험자는 1,000달러 모두 보상한다.
③ 해상운송 중에 450달러의 손해가 발생하였다면 보험자는 보상하지 않는다.
④ 보험계약을 체결해야 하는 당사자는 Topposvo 상사이다.

74 전략물자와 관련된 설명으로서 적합하지 않은 것은?

① 전략물자는 현재 HS코드로 분류되어 공고되고 있다.
② 전략물자의 수출허가를 받은 경우에는 수출승인을 얻은 것으로 한다.
③ 전략물자는 그 용도의 적용가능성에 따라 1종과 2종으로 분류되고 있으며 1종 전략물자의 경우 반드시 수출허가를 받아야 한다.
④ 전략물자를 수출할 경우엔 매 수출 시마다 사전에 수출허가기관의 허가를 받아야 한다.

75 Incoterms2020상 CPT규칙에 대한 매도인의 의무에 대한 설명으로 옳지 않은 것은?

① 매도인은 수입지에 의하여 강제되는 선적전검사에 따른 비용을 부담해야 한다.
② 매도인은 물품이 목적지에 도착한 때가 아니라 운송인에게 물품을 교부하는 때에 인도의무를 이행한 것으로 한다.
③ 매도인은 매수인에 대하여 보험계약을 체결할 의무는 없지만 매수인의 요청이 있는 경우 매수인의 위험과 비용으로 보험계약체결에 따른 정보를 제공해야 한다.
④ 매도인은 당사자의 합의 없이 물품을 양하한 경우 발생한 비용을 매수인에게 청구할 수 없다.

Final Test

정답 및 해설

Final Test 01 무역영어1급 모의고사

01 ③	02 ①	03 ④	04 ②	05 ①	06 ②
07 ①	08 ③	09 ①	10 ③	11 ③	12 ④
13 ①	14 ②	15 ③	16 ③	17 ②	18 ②
19 ①	20 ②	21 ④	22 ①	23 ②	24 ①
25 ④	26 ②	27 ④	28 ④	29 ③	30 ②
31 ③	32 ①	33 ③	34 ③	35 ④	36 ②
37 ②	38 ①	39 ③	40 ③	41 ③	42 ③
43 ④	44 ③	45 ④	46 ③	47 ①	48 ④
49 ②	50 ①	51 ①	52 ③	53 ①	54 ④
55 ②	56 ④	57 ②	58 ③	59 ③	60 ①
61 ④	62 ②	63 ③	64 ③	65 ③	66 ②
67 ③	68 ②	69 ④	70 ①	71 ②	72 ④
73 ③	74 ②	75 ④			

01

①「귀사의 주문품 No.10을 선적하기로 되어 있던 퀸스타 호의 항해가 갑자기 취소되었음을 알리게 되어 유감입니다.」
②「공장파업으로 인하여 귀사의 주문품 No.123을 제때에 선적할 수 없게 되었습니다. 당사는 제조업체와 계속 연락을 취하여 추가지연이 없도록 최선을 다하겠습니다.」
③「당사의 창고에서 귀사의 모든 물품을 집하하여, 운송을 위하여 규격별로 포장을 하였습니다. 당사는 본 물품을 귀사의 대리인인 ABC 회사에 지체 없이 전달할 것입니다.」
④「부두노동자의 파업 때문에, 5월 10일 출항하기로 되어있던 킹오브오션 호의 항해가 지연되었습니다. 당사는, 그러므로, 선적일을 6월 10일로 연장해 주길 요청합니다.」
- ③번 보기를 제외하곤 모두 선적지연에 대한 이해를 구하는 서신이다. ③번 보기는 물품의 포장과 즉시인도에 대한 내용으로 다른 보기와는 목적이 다르다.
▶ keep in touch with A : A 와 연락을 취하다
▶ on account of[because of, owing to, due to] : ~ 때문에

02

①「의류 30박스의 금액 5만 달러에 대하여 당사는 보험계약을 체결하였음을 귀사에 알려 드립니다.」
②「7월 15일의 보험에 대한 해상적하보험증권을 보내주시기 바랍니다.」
③「당사는 로스앤젤레스에서 부산으로 가는 돌핀 호에 선적예정인 키보드와 패드 120박스, 금액 15만 달러에 대하여 ICC(A)조건으로 부보해 주시기 바랍니다.」
④「견적하신 요율에 만족하므로, 보험계약을 체결해 주시고 보험증권을 당사에 즉시 보내주십시오.」
- 보기 ①항을 제외하곤 모두 화주가 보험자에게 보험계약을 문의하거나 신청하는 표현들이다. ①항은 보험자가 보험계약자에게 보험계약이 체결되었음을 알리는 표현이다.

03

①「귀사로부터 신용장개설 통지를 들었음에도 당사는 은행으로부터 개설통지를 아직 받지 못했음을 알리게 되어 유감입니다.」
②「당사는 귀사의 주문품 No.K-235가 현재 선적준비되었음을 알려드립니다. 그러므로 가능하면 빨리 귀사의 신용장을 받고자 합니다.」
③「귀사는 조기선적에 대한 특별지시와 함께 인쇄기를 당사에 주문했음에도 귀사의 신용장이 아직까지 당사에 도착하지 않고 있습니다.」
④「당사는 귀사가 이달 말 전에 물품을 선적할 수 있도록 취소불능양도가능신용장을 개설할 것을 당사의 거래은행에 지시하였습니다.」
- 보기 ④항을 제외하곤 모두 신용장의 개설을 독촉하는 표현이다. ④항은 신용장이 개설되었음을 알리는 신용장개설통지문이다.

04

「밑줄 친 부분과 바꿔 쓸 수 있는 것을 하나 고르시오」
「확정청약이 승낙되는 경우를 제외하고 주문은 전송에 의해 확인되어야 한다.」
▶ except in case where : ~ 하는 경우를 제외하고(unless)

05

운송인인도는 매도인이 물품을 지정장소가 그 밖의 장소인 경우, 물품은 다음과 같이 된 때에 인도된다.
▶ (매도인의) 운송수단에 (적재되어서)
▶ 지정장소에 도착하고 」[Incoterms2020 FCA]

06

「제시(presentation)라 함은 개설은행 또는 지정은행에게 신용장에 의한 서류를 인도하는 행위 또는 그렇게 인도된 서류를 말한다.」[UCP600 제2조]

07

「하기 서신에서 추론할 수 없는 것은 다음 중 어느 것인가?」
「귀사의 주문 No.413을 9월 중에 선적하려는 것이 제조업체의 인력부족으로 명시된 기간 내에 이행되기 힘들어 보인다는 것을 귀사에 알려드리게 되어 매우 송구합니다. 요청하신 물품의 인도를 위하여 최선을 다하고 있습니다. 그러나 그들은 한 달간의 선적지연이 불가피하다고 말하고 있습니다. 당사는, 그래서, 2.5%의 할인을 제공하려는 상황을 귀사가 승인해 주시길 바랍니다. 이것은 불가항력이긴 하지만, 당사는 귀사에게 불편을 끼쳐드려 사과드립니다. 당사는 차후에 이런 문제의 발생에 대하여 모든 주의를 기울이도록 하겠습니다.」
① 「당사는 인력문제 때문에 한 달 내에 주문품을 선적할 수 없습니다.」 - 한 달 내에 선적할 수 없는 것이 아니라 계약 선적일로부터 한 달간의 선적지연을 요청하고 있다.
② 「한 달 뒤에는 귀사의 주문품을 선적할 수 있습니다.」
③ 「당사는 2.5%의 할인을 제안하며 예상하지 못했던 상황을 이해해 주시길 요청합니다.」
④ 「이로 인하여 귀사가 입은 불편함에 대하여 진심으로 사과드립니다.」
▶ unavoidable : 회피할 수 없는
▶ every precaution against : ~에 대하여 만전을 기하다

08

(A) 「당사는 오늘 은행에 다시 한 번 환어음을 제시하라고 지시했는데 이번에는 귀사가 그것을 결제해 주시기 바랍니다.」
(B) 「더불어, 당사는 본 건에 대해 귀사로부터 그 어떤 답변을 듣지 못했기에 왜 환어음의 결제가 이루어지지 않았는지 그 이유를 설명해 주시기 바랍니다.」
(C) 「귀사는 지금까지 당사가 발행한 환어음에 대해 그 의무를 이행하지 않은 적이 없었기에 이번에 대금이 지급되지 않아서 매우 놀랐습니다.」
(D) 「만약 특별한 이유 없이 대금지급이 없으면 당사는 대금 미지급에 대해 법적 절차를 제기할 수밖에 없습니다.」
▶ never fail to ~ : 결코 실패한 적이 없다
▶ can't help ~ ing(=cannot but to~) : ~하지 않을 수 없다
▶ starting legal proceedings : 법적 소송을 제기하다

09

「선하증권에 대한 사항으로서 옳지 않은 것은?」
① 선하증권의 수취인 난에 지시식(to order)으로 표시된 경우, 이는 양도가능증권이 아니며 유통될 수 없다 - 선하증권의 수취인 난에 지시식으로 표시된 경우, 이는 양도가능증권이며 배서를 통하여 양도될 수 있는 유통증권이다.
② 선하증권은 운송인과 체결하는 화주의 계약서이며 계약서의 조건들이 명시적으로 기재되거나 운송인의 조건과 운임요율 등이 포함되기도 한다.
③ 선하증권은 단독, 또는 서명된 2, 3부 또는 그 이상의 원본서류로 발행될 수 있다. - 실무적으로 선하증권은 3통이 발행되지만, 필요에 따라 그 이상 또는 적게도 발행될 수 있다.
④ 선하증권은 운송인이 화주에게 발행하는 수취증과 같이 국제매매계약서이자 국제거래에서 폭넓게 쓰이는 권리증권이다.

10

「3.9 판매점이 제조사의 상품, 상호, 상표, 디자인, 저작권, 특허의 제한, 위반에 대하여 인지하게 되면 이를 즉각 제조사에게 통지하고 관련된 법적절차를 취하는데 제조사와 협조하여야 한다. 그러한 법적절차의 비용은 제조사가 부담한다. 그러나 그러한 절차가 판매점의 본 계약상 의무 위반의 결과로 초래된 경우에는 판매점이 관련 비용을 부담해야 한다.
3.10 판매점은 본 계약의 최초 1년간 제조사로부터 본 제품을 최소 US$2,000,000 상당 구매하여야 하며, 본 계약의 2개년도부터는 전계약 연도에 구매된 수량의 최소 110% 상당액을 구매하여야 한다.」
- 판매점의 의무(Distributor's Obligations)에 대한 계약서규정의 일부이다.
▶ Ordering Procedure and Shipment : 주문절차와 선적
▶ Term and Termination : 계약기간과 해지

11

① 「판매점은, 필요한 경우, 제조사의 권리와 관련된 법적 조치를 취함에 있어 제조사와 협조하여야 한다.」
② 「제조사는 판매점의 본 계약상 의무 위반의 결과로 일어나는 모든 비용과 경비는 부담하지 않는다.」
③ 「판매점은 본 계약의 2개년도부터는 최소 2,200,000 달러 상당액을 제조사로부터 구매하여야 한다.」 - 전년도 구매수량의 최소 110% 상당액을 구매해야 하는 것이지, 2개년도부터 최소 2,200,000 달러 상당액을 구매해야 하는 것은 아니다.
④ 「판매점의 의무사항을 고려해 보면, 제조업체보다 판매점의 위험과 비용이 훨씬 크다는 것을 알 수 있다.」

12

「당사는 오늘 한국의 부산항을 출항한 시프린스호에 LED TV (주문번호 XM0235) 10,000세트를 선적하였음을 통보 드립니다. 선박은 예정대로 2021년 5월 10일 롱비치항에 도착할 예정입니다. 당사는 물품이 정시에 도착하길 바라며 귀사의 물품수용여부를 도착 후 10일 이내에 알려 주시기 바랍니다. 당사는 귀사를 지급인으로 하여 환어음을 발행 후 기타 선적서류들과 함께 신용장에 명시된 서류 제시 기간 내에 은행에 제출하겠습니다. 이에 환어음이 귀사에 제시되는 대로 대금지급을 부탁드립니다.
귀사의 요청대로 선하증권, 상업송장, 포장명세서 및 원산지증명서 등 유통불가능 선적서류 사본 2부를 발송해 드립니다.」
① 「매도인은 선적을 통지하고 매수인을 지급인으로 하여 환어음을 발행할 것이다.」
② 「매수인은 선적즉시 선적서류의 발송을 요구했다.」
③ 「매수인은 물품 도착 후 물품검사를 수행해야 한다.」
④ 「매도인은 이메일로 주문을 받았다.」 - 주문을 받은 통신수단은 제시문에서 찾을 수 없다.

13

「괄호 안에 들어가기 부적절한 문장을 고르시오.」
「신용장이 계약과 관련된 서명시점에 매도인이 동의하지 않은 매수인의 수입승인서(I/L)를 요구할 경우 수익자는 (   )」
① 이 요구를 무시할 수 있다.
② 이 요구조항을 삭제하도록 신용장조건변경을 요청할 수 있다.
③ 본 요구조항에 반드시 일치시켜야 한다.
④ 이러한 서류의 요구가 매매계약서에 규정되어 있지 않다면 (수익자는)선적을 이행하지 않을 수도 있다.
 - 신용장의 함정조항에 대한 예문이다. 신용장개설 전에 매도인(수익자)과 매수인(개설의뢰인)이 합의하지 않은 매수인의 검사증명서를 신용장이 요구할 경우 매도인은 뜻밖의 어려움을 겪을 수 있다. 매수인이 수입당국으로부터 수입승인서를 발급받지 못하거나 인도하지 않을 경우 이를 제시하지 못하면 신용장의 조건위반이 되어 네고는 물론이거니와 수출대금회수에 어려움이 있을 수 있다. 따라서 동 조항을 변경요청하거나, 수입승인서를 제시하여야 한다.

14

(A)「당사는 2017년 12월 10일자 귀사의 매매계약서를 잘 받았습니다.」
(B)「당사는 이미 마드리드에 있는 씨티은행에 7만 5천 달러 금액의 취소불능신용장을 귀사를 수익자로 하여 개설할 것을 지시해 놓았습니다.」
(C)「틀린 것이 없으므로, 당사는 이에 서명을 하고 12월 22일에 DHL편으로 부본을 보냈습니다.」
(D)「대구에 있는 통지은행인 신한은행이 수 일 내로 귀사에게 이를 전달할 것입니다.」
(E)「당사는 귀사가 신용장에 명시된 지시에 따라 아무 이상 없이 당사의 주문을 잘 이행할 것이라고 믿습니다.」

15

「서신에 따라 잘못된 것은 다음 중 어느 것인가?」
① 「매도인은 씨티은행을 지급인으로 하여 환어음을 발행할 것이다.」
② 「매도인은 대구에 있는 신한은행을 통하여 신용장을 수취하게 될 것이다.」
③ 「매도인은 신용장상에 부정확한 내용을 발견하면, DHL특송으로 신용장의 조건변경을 요청해야 한다.」 - 부정확한 내용이 있는 경우 개설은행을 통하여 조건변경이 이루어져야 하는 것이지 DHL특송으로 하는 것은 아니다.
④ 「동 신용장은 개설은행, 그리고 수익자의 합의 없이는 변경 또는 취소될 수 없다.」

16

「Tale Quale 조건과 상관없는 것은?」
① 「매수인과 매도인은 품질과 관련하여 선박에 선적된 시점을 최종적이고 확정적인 것으로 합의한다.」
② 「본 조건은 선적항에서 품질이 입증되었음을 근거로 한다.」
③ 「통상적으로 이러한 조건은 곡물이 탱커로 운반되는 경우에만 수용한다.」 - 곡물의 탱커운반은 운송도중 변질의 위험이 극히 적고, 수량의 차이도 거의 없으므로 본 조건에는 사용되지 않는다.
④ 「이것은 선적품질조건의 일종이다.」 - Tale Quale 는 곡물의 품질결정조건에 사용되는 선적품질조건이다. 매도인은 약정한 물품의 품질을 선적할 때 까지만 책임을 진다.

17

「다음은 어떤 보증신용장과 관련이 있는가?」
「정상적인 상황에서는 이 보증신용장은 발행되지 않는다. 그러나 계약자가 완공 도중에 프로젝트를 포기하거나 교량이 안전하지 않은 경우, 이 보증신용장은 특정금액만큼 발행된다.」
① Advance Payment Standby L/C : 선지급할 때 매도인의 물품인도의무불능 시 이를 보완하는 선지급보증

신용장
② Performance Standby L/C : 건설공사 등에서 계약 미이행 시 이를 보완하는 계약이행보증신용장
③ Commercial Standby L/C : 매수인의 지급거절 및 불이행에 대한 의무를 보완하는 상업보증신용장
④ Financial Standby L/C : 금융보증신용장은 매수인, 수입자 등의 대금지급채무, 차입금 상환채무 등 금전채무의 이행을 담보하는 보증신용장으로서 대금의 지급보증서(payment guarantee)와 동일한 것이다
③번의 경우는 지급일의 만기도래 시 매수인의 지급불이행에 대하여 보증하는 것이고 ④의 경우는 매수인 등에 자금을 빌려주었을 때 이의 지급을 보증한다는 면에서 성격이 다르다. O/A 나 D/A 거래 등에서 매수인의 지급보증용으로 많이 사용된다.

18

「다음 중 선하증권에 대하여 사실이 아닌 것은?」
① 「이것은 운송인이 화주로부터 선적을 위하여 물품을 수취하였을 때 발행하는 서류이다.」
② 「이것은 운송 또는 용선계약의 합법적인 계약이며 **수취인**과 운송인의 모든 계약조건을 포함하기도 한다.」
 - 선하증권은 수취인(consignee)이 아니라 송화인(consignor)과 운송인 간의 운송계약에서 발행된다.
③ 「이것은 선하증권을 매입하여 사용하도록 한 신용장의 요구조건이 없다면 국제상거래에서 현금으로 유통이 가능하다. 또한 추심은행은 유통선하증권의 실질적인 보유에 앞서서 매수인의 대금전액지급을 요구하며 물품의 수취 전에도 그러하다.」 - 선하증권은 운송 중이라도 다른 자에게 선하증권에 대한 권리를 대금지급을 조건으로 양도함으로써 현금화할 수 있다. 또한 D/P 거래 등에서 매수인은 물품대금의 지급 없이는 선하증권을 취득할 수 없다.
④ 「이것은 계약명세와 일치하는 물품이 안전하게 수취되었는지를 입증하는 것으로서 운송인이 서명한 수취증이다.」

19

「사기, 불착, 수량부족 또는 불량품의 선적에 대한 위험을 최소화하기 위하여, 화환신용장개설의뢰인은 다음의 어떤 사항을 제외하고 시도하는 것이 중요하다.」
① 「물품공급자가 발행한 품질확인서를 요구할 것」 - 물품공급자 자신이 발행한 품질확인서는 진정성과 신뢰성을 확보할 수 없으므로 좋은 방법이 아니다.
② 「검사인에 의한 선적전 품질검사를 요구할 것」
③ 「물품공급자의 거래은행으로부터 수출이행보증신용장을 구할 것」
④ 「물품공급자의 신용상태에 대한 은행의 보고서를 구할 것」

20

「매매계약을 유효하게 하기 위하여 매수인과 매도인 상호 간에 의논하여 해결할 사항이 아닌 것은?」
① 「누가 통관을 하고 그 통관지점은 어느 지점으로 할 것인지」
② 「지급불능위험에 대비하여 누가 수출보험계약을 체결해야 하는지」 - 매수인의 지급불능에 대한 위험을 커버하기 위한 수출보험의 체결은 매도인의 독자적 판단사항이지, 서로 간의 협의사항이 아니다.
③ 「어떤 결제조건이 쌍방에게 적합한 것인지」
④ 「매도인에게서 매수인으로 물품이 인도될 때 위험의 분기점은 어디로 할 것인지」

21

「한국, 인천에 기반을 둔 수출업자가 싱가포르에 있는 어떤 회사와 물품을 판매하기로 하였다. 수입자가 보험을 수배하기로 책임을 진다. 다음 중 어떤 거래조건이 맞는가?」
 - 수입업자는 보험만을 부보하면 되고, 도착지는 싱가포르이다. 매도인은 인천에서 선적을 하고 도착지인 싱가포르까지 운임만을 부담하면 되므로 정형거래조건은 CFR Singapore 로 나타난다.

22

「이 서신의 주요 목적은 무엇인가?」
「당사가 공급한 물품이 선적 중에 손상되었다는 귀사의 9월 18일자 서신에 대해 대단히 유감입니다. 하지만 저희 측이 설명 드려야 할 몇 가지 사항이 있습니다.
 제일 먼저, 귀사는 물품의 손상은 부적합한 포장 때문이라고 언급했지만, 지난 8월 5일자 귀사의 서신에서 귀사가 나무포장으로 해달라고 특별히 요청하지 않았다는 것을 상기해 드리고 싶습니다. 이것은 단순한 제안이었지 선적지 시사항이 아니었습니다.
 게다가, 당사가 포장에 사용한 짐 받침은 당사의 도자기와 같이 부서지기 쉬운 물품의 선적을 위해 특별히 고안된 것입니다. 무사고선하증권으로 확인된 바와 같이 이상 없이 동 선박에 적재되었다는 점도 분명히 해두고자 합니다.
 이러한 모든 사실을 놓고 볼 때, 운항 중의 거친 취급 때문이지 당사의 잘못으로 동 물품이 손상을 입은 것은 아니라고 당사는 추정합니다. 그러므로 당사는 귀사가 운송인이나 보험회사에 손해배상을 청구하실 것을 제안합니다. 손해배상을 청구하는 과정에서 요청을 하시면 기꺼이 귀사를 지원하겠습니다.」
① 「손상물품의 손해배상청구에 대한 응답을 위하여」
② 「손상물품의 보상을 제안하기 위하여」
③ 「손상물품에 대한 검정인의 검사보고서에 대한 응답을

위하여」
④「손상물품에 대한 손해배상을 청구하기 위하여」
▶ dunnage : 수하물, 휴대품 [항해]짐깔개, 짐받침
▶ It should also be pointed that : that 이하를 분명히 해 두다, 지적해 두다

23

(1)은 선적시점의 가격이 유효하며 매 6개월 단위로 가격이 변동될 수 있음을 알리는 가격조건(price)이다.
(2)는 승낙의 유효기간에 대한 내용이므로 확정청약(firm offer)에 관한 내용이다.

24

「(3) : 전쟁, 전쟁의 위협, 전쟁과 유사한 상황, 항구의 적체, 또는 다른 비상상황 또는 계약당시에는 포함되지 않은 상황의 발생으로 인한 운임, 보험료, 그리고/또는 할증료는 매수인의 부담으로 한다.」
– 예기치 못한 상황의 발생으로 인한 부대비용(Contingent Charges)의 책임주체에 관한 내용이다.

25

「서신의 작성자는 언제 주문품을 선적할 것으로 예상하는가?」
「태풍으로 인하여 8월 10일로 합의된 선적을 이행하기 불가능함을 알려드리게 되어 죄송합니다.
당사는 이미 귀사의 주문생산을 완료했고 모든 물품이 선적대기 중 이었습니다. 그러나 7월 8일 태풍이 한국의 남부지방을 강타하여 귀사의 물품을 선적할 선박으로 지정된 빅스타 호가 심각한 손상을 입어서 7월 13일 출항이 무기한 연기되었습니다. 이러한 상황에서 약 15일 정도의 계약상의 선적일 지연이 불가피합니다.」
– 계약상의 선적일은 8월 10일이지만 태풍으로 인하여 약 15일간의 선적지연이 불가피하므로 예상선적일은 8월 25일로 예상할 수 있다.

26

「한국의 부산 소재, 탄탄교역은 카라치은행이 발행한 신용장에 의거하여 파키스탄, 카라치 술라니345 소재 모하심 수입상사에게 CIF 카라치조건으로 목재 액자를 수출하였다. 탄탄교역은 물품의 선적이 완료되어 상업송장을 작성하려한다. 다음은 상업송장의 일부분이다.」
(A)항에는 수출자(화주/송화인)이 기입되고 shipper/exporter 또는 Consignor 등으로 표시된다. (B)항은 "For Account& Risk of Messrs"로 표시되는데 "수입자의 위험과 비용으로"란 의미를 갖고 있으며 수입자의 상호와 주소를 명기한다. Consignee 라고 표시되기도 한

다. (C)항은 착화통지처(Notify Party)를 적으며 2)항의 수입자명세와 동일하다는 의미로 보통 "The Same As Above"라고 기입한다.

27

(D)항은 운송수단을 기입하며 Carrier 또는 Vessel & Voyage No. 로 표시된다. Remarks 의 (E)항은 통상 운임의 지급여부를 기입하는데, CIF Karachi 조건이므로 매도인은 카라치까지의 운임과 보험료를 부담하여야 한다. 따라서 운임은 선급되어야 하고 Freight Prepaid로 표시된다.

28

「상기 양식은 어떤 종류의 서신인가?」
「당사는 현재까지 5개의 주문품이 남아 있음을 알리고자 합니다. 저희는 거래 관계에서 재정적 충격을 최소화하고자 노력하고 있으며 이 통지서는 내부 조달 규정에 따라 작성된 것입니다. 즉각적인 대처를 취해주시고 본 건에 대한 의견을 부탁드립니다.」– 수입자가 수출자에게 부족수량이 있음을 알리고, 이에 대한 조치를 촉구하는 예비 클레임통지서(Pre Claim Note)의 예문이다. 상대방이 의무를 게을리 하는 경우 경고의 의미로서 통지하는 것을 Pre-Claim Notice 또는 Pre- Complaint Notice 이다.
▶ Collection Letter : 추심서신. 미불대금의 지급을 독촉할 때 사용된다.
▶ Debit Note : 차변표. 상대방에게 받을 금액이 있음을 알리는 통지서.
▶ Credit Note : 대변표. 상대방에게 지불해야 할 금액이 있음을 알리는 통지서
▶ outstanding : 남아있는, 미불의
▶ procurement code : 조달규정

29

「상기서신에 대한 답장으로서 나타나기 어려운 것은 다음 중 어느 것인가?」
①「선박 회사가 전량을 이상 없이 수취하였고, 이에 대한 증빙으로서 당사는 무사고선하증권을 받았기 때문에 수량 부족에 대하여 책임질 수 없음을 양해해 주시기 바랍니다.」
②「당사는 보험회사에 배상청구를 하실 것을 권해 드립니다.」
③「당사는 당사 고객에게 이 상태로 물품을 인도하는 것은 불가능합니다. 그러나 계약 가격에서 20%를 할인해주면 이 물품을 수락할 수 있습니다.」
④「당사는 본 실수에 대하여 깊이 사과드리며 앞으로 유

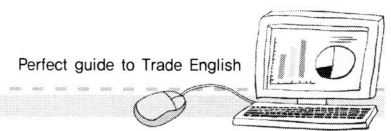

사한 잘못이 재발되지 않도록 적절한 조치를 취하겠습니다.」
- ③항은 수입자가 수출자에게 요구할 수 있는 내용이다.
▶ account of the shortage : 수량부족에 책임을 지다
▶ recurrence : 재발, 재현, 순환

30

「당사는 플라스틱 제품의 원료를 공급하는 사업을 하고 있는 바, 젠타코리아와는 지난 8개월간 거래를 하고 있지 않습니다(no business dealings). 젠타코리아로부터의 수주량은(placing) 점차 감소하여, 결국은 작년 여름에 거래가 끊겼습니다. 그 기간 동안에도 동사는 번번이 할인을 요구해 왔으며 그 액수도 회를 거듭할 때마다 증가했습니다(larger discounts). 안타깝게도, 동사제품의 수요(demand)감소로 인하여 동사는 소유 부동산의 일부를 매각해야 했습니다. 당사가 알고 있는 견해로는 동사는 자금조달에 큰 어려움을 겪고 있는 것 같습니다.」
▶ business dealings : 사업거래
▶ place an order with ~ : ~에게 주문을 하다
▶ up until the time : ~의 때까지
▶ numerous : 여러 가지의 많은

31

「원 선적일은 6월로 합의되었지만, 귀사의 특별한 요청에 따라 이를 7월로 연기하였습니다. 귀사는 7월 10일까지는 신용장을 개설해 주겠다고 아주 분명하게 약속했습니다. 귀사가 신속하게 행동을 취해서 더 이상의 시간낭비 없이 귀사물품을 선적할 수 있기를 바랍니다. 그렇지 않으면, 당사와의 일반거래조건협정서에 따라 동 물품을 폐기할 수밖에 없습니다.」
①「당사가 아직 귀사의 주문에 대한 신용장을 받지 못했다는 사실에 대하여 귀사의 주의를 촉구하고자 합니다.」
②「귀사가 신속한 선적을 위한 특별지시와 함께 의료기용 모니터를 당사에 주문은 했지만, 귀사의 신용장이 아직 당사에 도착하지 않았습니다.」
③「신용장 번호 300의 유효기일과 선적일을 연장해 주시고 팩스로 변경사실을 확인해 주시길 요청 드립니다.」
- 지문은 신용장개설을 촉구하는 문장이므로 논리적으로 연결되지 않는다.
④「선적이 이달 말까지는 이루어져야 함에도, 우리의 계약에 대한 신용장이 당사에 입수되지 않았습니다.」
▶ bring one's attention : ~에 대한 주의를 촉구하다

32

「귀사의 서신을 통해 귀사가 특히 폴리에스테르 원사의 수출에 관심이 많다는 것을 알았고, 당사는 이 분야에 있어 전문취급상입니다. 현재 시장이 침체되어 있음에도 불구하고, 당사는 귀사가 가격에 있어 경쟁적인 위치에 있다면 좋은 거래를 할 수 있으리라 생각합니다.
①그러나 귀사의 제안을 승낙하기 이전에 지정된 조회처를 통해 신용조회를 하는 것이 관례입니다. 따라서, 신용조회 은행으로부터 통보를 받자마자 귀사와 추가 연락을 하고자 합니다. 조만간 상호 간의 이익을 위한 거래를 할 수 있게 되길 바랍니다.」
②「귀사도 아시다시피, 지난 몇 주간 가격이 급격히 상승했습니다. 이 정도면 알맞은 인상이고 하니 당사의 이번 제의를 잘 활용하시기 바랍니다.」
③「가격이 급격히 상승하는 경향이 있기 때문에 귀사가 이 기회를 놓치면, 이보다 더 높은 가격으로도 이 제품을 구하기 어려울 것입니다.」
④「가격조건에 대해선, 매매계약이 확인되면 송장금액 전액에 대하여 당사를 수익자로 하는 일람출급 취소불능신용장을 개설해 줄 것을 요청합니다.」
- ①항을 제외하곤 모두 매도인이 매수인에게 제의하는 내용이다.

33

「당사는 거래 관계 개설에 관한 귀사의 2019년 7월 5일자 이메일을 매우 감사한 마음으로 받아 보았습니다. 귀사의 가전제품 분야에서의 폭넓은 경험과 마케팅 능력은 당사에게 많은 감명을 주었습니다. 그러나 유감스럽게도 당사는 귀국에 당사 제품을 판매하고자 귀사와 거래관계 개설을 위한 지금 당장의 계획은 없습니다.」
①「하지만 당사는 귀사에 대해 좀 더 많은 사항을 알고자 합니다. 그래서 귀사의 당사에 대한 관심의 정도를 확인하고 더불어 귀사 직원들의 판매능력을 알고자 질문서를 보내도록 하겠습니다.」
②「현재 요청하신 품목의 재고가 없을 뿐더러 언제 인도할 수 있을지도 확실치 않습니다.」
③「비록 이번에는 귀사에게 그 어떤 도움을 주지 못할지라도, 머지않은 장래에 귀사와 함께 거래를 할 수 있는 기회가 있을 것이라 바라며 또한 믿습니다.」
④「귀사가 주문하신 물품을 이제 더 이상 생산하지 않음을 알리게 되어 유감입니다.」
▶ in connection with : ~와 관련하여
▶ Electric Home Appliance field : 가전사업 분야
▶ with certainty : 확실히(certainly)
▶ in the not too distant future : 머지않은 장래에

34

Enclosed is our invoice (**for**) the goods (**in**) question (**plus**) the extra charge (**for**) air freight, packing lists

to facilitate customers clearance (at) your hand.
[귀사 측에서 통관을 간소화하기 위해 항공운임에 대한 추가경비를 포함하여 해당 물품에 대한 송장과 포장명세서를 동봉합니다.]
- ▶ to facilitate customers clearance : 통관을 간소화하기 위하여
- ▶ at one's hand : ~의 손에서, ~측에서

35

Presentation means either the delivery of documents under a credit to the (issuing bank) or (nominated bank) or the documents so (delivered)[제시라 함은 개설은행 또는 지정은행에게 신용장에 의한 서류를 인도하는 행위 또는 그렇게 인도된 서류를 말한다.][UCP600 제2조]

36

「하기 서신을 읽고 적절한 단어를 사용하여 박스의 요약을 완성하시오.」
「당사가 선적한 손상품에 관하여 알리시는 2021년 8월 10일자 말씀 잘 받았습니다. 귀사는 8개는 수리불가일 정도로 손상이 되었고, 심지어 2개는 스크린에 생긴 흠집 때문에 수리를 해야 할 것으로 보인다고 말했습니다. 당사는 본 건을 조사해 봤는데, 저희 잘못으로 나타났습니다. 저는 이미 다른 대체 선적품을 지시했으며 ; 15일 이내에 받으실 것입니다. 저희 측 보험대리인이 손해 산정할 때까지 손상품을 보관해 주시기 바랍니다. 대단히 죄송하고 이 문제로 인도가 너무 많이 지연되지 않기를 바랍니다.」
[요약]
「● 이 매수인은 매도인에서 10개 품목을 주문했다. 대부분의 품목은 완전히(completely) 파손되었다.
● 이 공급업체는 동 문제를 조사해 보겠다고(look into) 약속했다.
● 이 공급업체는 이 사고(incident)에 대하여 미안하게 생각하며 새로운 대체선적품(replacement shipment)으로 공급해 주겠다고 답신을 했는데, 이는 고객의 요구를 충족하는 것이다.」
- ▶ verify : 증명하다, 확인하다, 규명하다
- ▶ undue : 과도한, 부당한
- ▶ take after : 닮다, 흉내내다
- ▶ look into : 조사하다

37

「당사는 미화 40,000달러에 해당하는 보행기의 선적과 관련 귀사가 어제 당사에게 견적한 요율대로 해상보험계약을 체결하고자 결정을 하였으니 귀사의 특별한 관심을 부탁드립니다. 제품은 2021년 3월 10일 블루스타호에 선적될 것으로 예정되어 있습니다. 당사는 귀사에게 ICC(A) 약관으로 부보해 주실 것을 요청드리며 보험증권이 준비되는 대로 당사에 전달해 주시기 바랍니다.」
① 「관련 보험증권 한 부를 첨부합니다. 모든 것이 만족스럽게 되었는지 확인해 주시기 바랍니다.」
② 「당사가 보험증권상 내용이 완벽한지 점검을 하기 위해 귀사께서는 보험증권의 초안을 팩스로 당사에 송부해 주시길 바랍니다.」
③ 「귀사에게 보험부보를 일임하겠지만, 보험가액을 4만 달러로 하고 ICC(A)약관으로 물품을 부보해 주시기 바랍니다.」 – 수입자가 수출자에게 의뢰할 수 있는 내용이다.
④ 「가능한 최고의 조건으로 적하보험이 부보될 수 있도록 최선을 다해 주시기 바랍니다.」
- ▶ baby walker : 보행기
- ▶ keep in mind : ~을 명심하다

38

「제목의 건과 관련하여, 당사는 별첨과 같이 계산서를 동봉합니다. 당사가 정시에 납품하려면 귀사의 정시 대금지급은 필수적임을 인지해 주시길 바랍니다. 유감스럽게도, 2월 10일 이후로 대금지불이 지연되고 있는 바, 만약 이번 달 말까지 대금지급이 이행되지 않으면 당사는 적기 납품을 보장할 수 없습니다.」
① 「지급이 이미 되었다면 이 통지는 무시해 주십시오. 귀사의 계정에 대한 질문이 있으시면 당사에 연락주시기 바랍니다.」
② 「당사가 인도할 수 있도록 일류 은행에 송장금액에 대하여 당사를 지급인으로 하는 취소불능신용장을 개설해 줄 것을 요청합니다.」
③ 「운송서류를 받는 대로 국민은행을 통하여 결제가 될 것입니다.」
④ 「당사의 현 상황을 이해하셔서 잘 참아주시길 바랍니다.」

39

「본 서신은 당사가 제기한 클레임을 귀사께서 처리해 주겠다는 지난주 전화 통화와 관련이 있습니다. 그 당시 귀사께서는 5일 내에 본 클레임을 해결하겠다고 약속을 했음에도 불구하고 귀사는 아직까지 책임을 전혀 이행하지 않고 있습니다. 귀사를 존경할 만한 회사로 생각해 온 저희들 자신이 실망스러울 따름입니다. 당사는 운송 도중 발생한 손상된 제품에 대해 2만 달러를 3일 안에 당사에 지급해 줄 것을 강력히 요구하는 바입니다.」
① 「귀사가 그렇게 하길 바라시면, 합리적인 할인가격에

귀사의 제품을 인수하겠습니다.」
② 「이 지연으로 발생한 손해에 대한 당사의 손실명세서를 동봉하오니 지체 없이 보상조치를 취할 것을 요청합니다.」 – 지연이 아니라 물품의 손상에 대한 클레임 제기 서신이다.
③ 「만약 귀사가 당사의 요구에 응하지 않을 경우, 당사는 즉시 법적인 조치를 취할 수밖에 없습니다.」
④ 「귀사의 클레임을 받아들일 이유는 없지만, 당사는 귀사가 단골고객임을 감안하여 25%의 공제를 해 드리겠습니다.」
▶ patronage : 단골손님[거래]

40

「유사한 기계로 이곳의 치열한 판매경쟁에 대응하려면, 귀사의 기계는 성능 면에서 좀 더 좋아져야 하고 가격경쟁력도 충분해야 합니다. 가격표에서 10%를 더 인하하는 것은 어떻습니까? (   ). 귀사의 선적품이 모든 면에서 당사를 만족시킨다면, 당사는 매월 정기적으로 500개를 주문할 것입니다.」
① 「당사는 특히 이 모델에 관심이 있으며 취소불능신용장 일람출급 조건으로 귀사에게 100개의 시험주문을 하고자 합니다.」
② 「주문의 급격한 증가로 가격이 오르고 있기 때문에, 당사는 현재의 재고가 소진되면 바로 가격을 인상할 것입니다.」
③ 「귀사가 가격인하에 동의하시면, 첫 거래로서, 11월에 100개 정도 시험주문을 할 것입니다.」
④ 「대규모 선사에 이 기계를 공급하기 위한 주문을 확보해야 하므로, 당사는 귀사에게 즉시 추가주문을 해야 합니다.」

41

「케이스를 열어보니, 당사가 주문했던 견본보다 품질이 훨씬 못 미치는 것이었습니다. 이 재료는 당사의 요구에 전혀 맞지 않는 것이므로 귀사가 이 물품을 회수하고 주문했던 품질의 재료로 대체해 줄 것을 요구합니다. 이것이 가능하지 않다면, 본 주문을 취소하고 주문 시 예치했던 금액을 당사에 환급할 것으로 요구할 수도 있습니다. 귀사의 선적품과 원 견본을 대조해 보시면, 물품의 불량에 동의하실 것입니다.」
41. 「상기 지문의 바로 전에 오기 가장 적절한 것은 다음 중 어느 것인가?」
① 「당사가 5월 10일 선적한 귀사의 주문품 No.890이 만족스럽지 못하다는 것을 알게 되어 유감입니다.」
② 「당사의 지난번 선적품이 수량이 부족하다고 알려온 귀사의 5월 25일자 팩스를 잘 받았으며 당사의 실수를 즉각적으로 바로 잡을 수 있도록 기회를 주셔서 감사

합니다.」
③ 「5월 10일자 탁송품이 아주 불만족스러운 상태로 어제 도착했음을 알리게 되어 유감입니다.」
④ 「물품이 당사의 창고를 떠날 때 각각의 케이스에는 셔츠 400장이 들어 있었음을 확인해 드립니다. 이 케이스도 마찬가지로 당사의 구내를 떠날 때 아무런 이상이 없었습니다.」
– ③항을 제외하곤 모두 매도인이 작성한 표현들이다.
▶ contrast A with B : A를 B에 비교하다(=compare A with B), 대조하다
▶ rectify : 바로 잡다(correct), 교정하다

42

「상기 지문의 바로 뒤에 오기 가장 적절한 것은 다음 중 어느 것인가?」
① 「또한 당사의 검사관이 검사를 할 수 있도록 각 물품의 견본 몇 개를 당사의 비용으로 항공우편으로 당사에 보내 주시기 바랍니다.」
② 「당사는 이제 귀사가 만족스럽게 본 건을 처리했으며 이러한 실수가 재발하지 않도록 최선을 다 하겠습니다.」
③ 「당사는 귀사의 비용으로 전체 물품을 반송할 준비가 되어 있습니다. 귀사가 해결을 위한 더 좋은 방법이 있으면, 즉각 알려 주시기 바랍니다.」
④ 「적송품은 운송인의 책임조건에 따라 당사의 공급업체가 발송한 것입니다. 그러므로 당사는 이 손실에 대해선 귀사가 책임을 져야 한다고 봅니다.」
– ③항을 제외하곤 모두 매도인이 작성한 표현이다.

43

① 「취소가능신용장은 수익자에게 사전통지 없이 언제라도 개설은행이 조건변경을 하거나 취소할 수 있다.」
② 「현재 당사는 해외시장 확장에 관심이 있으며 귀국의 훌륭한 회사와 거래관계를 맺고 싶습니다.」
③ 「당사는 동 물품이 당사의 시장에 맞고, 가격도 경쟁적이라면 상당한 양을 소화할 수 있습니다.」
④ 「귀사가 동 시장에 적절한 가격을 당사 고객에게 공급하기 위하여 가정용품의 가격을 낮춘다면 당사는 귀사에 주문을 할 수도 있습니다.」
low(낮은) → lower(낮추다, 내리다)

44

① 「당사는 늘 당사의 영업활동을 확장시킬 수 있는 방법과 기회를 찾고 있습니다.」
② 「당사는 귀사의 시장에서 당사의 사업 확장을 개시할 것입니다.」
③ 「당사는 귀사에게 경쟁력있는 가격으로 고품질의 물품

을 공급할 수 있습니다.」
④「당사는 신세대 제품에 대한 새로운 시장을 곧 뚫어야만 할 것입니다.」
- ③번을 제외하곤 모두 시장개척에 대한 자사의 열망이나 의지를 표현한 것이다.
▶ penetrate : 뚫다, 관통하다

45

「Mr. Nakamura : 한국항 본선인도조건은 어떻습니까?
Mr. Kim : 이해는 합니다만 저희는 운임, 보험료포함 오사카도착조건을 권해드립니다. (   ). 운임, 보험료포함 오사카도착조건으로 하는 것이 당사의 제품을 수입하는 귀사에게 이익이 될 것입니다.
Mr. Nakamura : 추천해주셔서 감사합니다. 그렇게 합시다.」
①「당사의 LCD TV 가 중국제보다 더 우수하기 때문입니다.」
②「오사카를 출항하는 가장 이른 배를 수배하기가 힘들기 때문입니다.」
③「일본과 비교해 볼 때 당사는 당사의 고객으로부터 더 높은 보험료와 운임을 받을 수 있기 때문입니다.」
④「일본과 비교해 볼 때 당사는 당사의 고객으로부터 더 낮은 보험료와 운임을 받을 수 있기 때문입니다.」
- FOB 조건일 경우 선적항에서 본선선적이후의 운임과 보험료는 매수인의 부담이다. 이 경우 매수인은 높은 요율의 운임과 보험료를 적용받을 수 있으므로, Mr. Kim은 CIF 조건으로 할 경우 자신은 더 낮은 운임과 보험료로 책정 받을 수 있음을 알리고 있다. 이 경우 FOB 조건보다 매수인이 부담하는 요율이 낮아질 수 있으므로 Mr. Nakamura 가 동의하고 있는 것이다. ③,④번에서 our clients 는 보험자와 운송인임을 의미하고 있다.

46

「Mr. Park : 모델자체는 좋습니다. 문제가 되는 건 날개뚜껑입니다.
Mr. Brown : 무엇이 문제인지요? 작동이 잘 안되나요?
Mrs. Park : 예, 열리지 않는 경우가 절반입니다.
Mr. Brown : 좋습니다. 걱정 마세요. (   )」
① 앞으론 작동이 잘될 겁니다.
② 너무 예민하시군요.
③ 그 문제는 제가 신경 쓰겠습니다.
④ 참으십시오.
▶ 그 문제는 제가 신경 쓰겠습니다[I'll see about that].
- I'll attend to that for you
- I'll take care of that matter

47

「아래 서신을 잘 읽고 순서대로 서신이 연결된 것을 고르시오.」
「(2)We have instructed CITI Bank, Hochimin to establish (1)an irrevocable letter of credit at sight in your favor (3)for the amount of US$ 20,000. (5)The advising bank, Korea Shinhan Bank in Busan, will transmit it to (4)you within a few days[당사는 2만 달러짜리, 귀사를 수익자로 하는 취소불능신용장을 개설할 것을 호치민의 씨티은행에 지시하였습니다. 통지은행인 부산의 신한은행이 이 신용장을 수일내에 귀사에 전달할 것입니다.]

48

「게다가 이 재해 때문에, 적잖은 물량의 화물이 지체되었으며 선복을 확보하기가 대단히 어려워졌습니다. 이러한 상황에서 약 15일간의 선적지연이 불가피합니다. 그러나 가능한 빨리 이 물품이 전달되도록 최선을 다할 것이니 안심하시기 바랍니다. 그동안에 귀사께서 선적일을 10월 25까지 연장하는 데 동의해 주시기 바랍니다. 비록 불가항력사항이지만, 그럼에도 이로 인하여 귀사가 겪을 불편에 대해 송구합니다.」
① 인도기한을 넘긴 선적품의 긴급탁송을 요청하는 서신
② 선적할 물품이 없음을 알리는 서신
③ 항구적체에 대하여 알리는 서신
④ 선적일자의 재조정을 요청하는 서신

49

「괄호 안에 알맞은 단어나 구를 순서대로 연결된 것을 고르시오.」
▶ Please rest assured that ~ : ~ 에 대하여 안심하십시오.
▶ extend : [시간, 거리 등을] 연장하다, 늘리다
  cf. expand : [범위, 구역, 세력 등을] 확장하다
▶ agree to ~ ing : ~ 에 대하여 동의하다

50

「(D)당사는 대체적으로 귀사의 오퍼를 수락할 것을 고려하고 있습니다. (A)그러나, 귀사가 견적하신 가격이 당사가 예상했던 것보다 꽤 높다는 것을 알려드리게 되어 유감입니다. (C)품질과 관련하여 귀사의 제품이 다소 유리한 점은 있지만 (F)귀사의 견적가격으로는 당사의 마진이 거의 없습니다. (B)동제품의 이곳 주요수요는 중간가격범위에 있기 때문에 그렇게 높은 가격으로는 귀사의 물품을 성공적으로 판매하기 힘들 것입니다. (E)큰 기대를 안고 귀사의 답신을 진심으로 기다리겠습니다.」

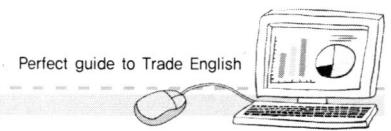

- successfully market : 성공적인 판매
- primary demand : 주요 수요(= principal demand)
- mid-price range : 중간가격범위
- with respect to : ~ 과 관련하여

51
① 선하증권의 발행일과 본선적재일이 다를 경우 본선적재일(on board notation)을 선적일로 간주하다.
② 신용장이 선하증권을 요구하는 경우 그 명칭에 관계없이 선하증권의 요건을 충족하면 모두 수리된다.
③ 신용장에서 선적항으로 "Korean Port"라고 명시된 경우, 선적항을 선택할 권리는 수익자에게 있다. 따라서 한국의 어느 항구에서 선적을 하여도 무방하다.
④ 운송인은 항구의 사정이나 항해의 안전을 위하여 환적할 수 있음을 선하증권에 명시하고 있다. 이런 조항이 있는 선하증권이라도 은행은 이를 수리한다.

52
① 선적서류의 매입여부는 매입은행의 독자적인 판단행위이며 매입에 대한 의무는 없다.
③ 추심 후 매입이란 불일치가 있는 서류를 매입하지 않고 일단 선적서류를 개설은행에 송부한 후 개설은행으로부터 대금이 입금되면 수익자에게 지급하는 방식을 말한다. 이때 은행은 지급의 책임이나 의무 없이 단지 서류를 중개해 주는 역할만 하게 되므로 이때는 신용장통일규칙이 아니라 추심에 관한 통일규칙(URC)이 적용된다.

53
① 내국신용장이 발급될 수 있는 발행근거로는 수출신용장, 수출계약서(D/A, D/P 조건), 외화표시물품공급계약서, 용역공급계약서, 해당업체의 과거수출실적 등이다. 사전송금방식은 수입자로부터 이미 대금을 지급받고 수출을 이행하게 되므로 내국신용장이 발급될 필요가 없다.
② 내국신용장은 국내공급업체인 수혜자가 이를 이용할 경우에는 은행의 대금지급확약뿐만 아니라 수출장려 차원에 따른 세제상의 혜택(영업세의 면제와 법인세의 감면 등)을 받을 수 있다.
④ 내국신용장은 무역금융에 그 관련규정을 두고 있으며 무역금융의 활용, 기타 수출신용장과 동등한 수출실적의 인정 등의 혜택을 받을 수 있다.

54
신용장양도 시 감액하여 양도할 경우 최저부보금액의 미달로 신용장조건이 위반이 된다. 따라서 제1수익자가 신용장을 감액하여 양도 시 원신용장의 부보금액인 US$25,000에 맞추기 위해선 감액양도된 금액인 US$22,000의 125%로 부보해야 한다. 상업송장금액의 110% 인 US$25,000와 동일하게 하기 위해선 부보비율을 125%로 인상하여야 한다.

55
보험서류의 일자가 선적일보다 늦은 경우에는 이러한 보험서류는 원칙적으로 은행에서 수리되지 않는다. 보험서류의 일자는 선적일보다 앞서거나 적어도 같아야 한다. 선적시점과 보험서류발행일 사이에 공백이 생기기 때문이다. 따라서 선적과정 또는 선적 후 선박이 운항 중에 발생한 손해는 보험계약체결 이전이므로 손해보상을 청구할 수 없는 문제가 따르게 된다.

56
백지배서(endorsed in blank)란 보험서류의 이면에 양도인(수출상)이 양수인을 정하지 않고 자신만이 배서(서명)하는 것을 말한다.

57
로테르담규칙에서는 선장과 선원의 과실로 인한 화재손해에 대한 운송인의 면책은 해상구간으로만 한정하고 있다.

58
① "about US$10,000"라고 표시된 경우 금액의 상한은 US$11,000이고 하한은 US$9,000이다.
② 환어음상의 금액을 문자와 숫자로 기재한 경우 그 금액에 차이가 있다면 **문자금액이 우선**한다.
④ 신용장에 의한 산적화물(bulk cargo)의 거래에서 5% 초과 선적한 경우, **별도의 약정이 없어도** 환어음을 신용장 금액보다 5% 초과 발행하여 결제할 수 있다.

59
국제프랜차이징의 경우 공여기업으로서는 자국과는 다른 여건으로 인해 해외의 가맹기업을 통제하기 어렵다. 기술이나 노하우가 유출되어 유사한 경쟁업체를 양성할 수 있는 위험성이 있다.

60
수출환어음의 매입의뢰금액은 24,000,000원(US$20,000 × ₩1,200)이다. 여기서 수출 전에 무역금융을 통하여 대출을 받은 금액을 은행에 상환해야 하고 추심우편료도 공제해야 하므로 다음과 같이 계산된다.

(US$20,000 x ₩1,200)-(₩6,000,000 + ₩10,000)
= ₩17,990,000

61

아래 check point 참조

Check Point

● **비율운임(Pro rate Freight)**
선박이 항해 중 항해계속이 불가능해질 경우에 운송이행 비율에 따라 선주에게 운임을 지급하는 방식이다. 확정운임을 적용하는 정기선시장에는 해당되지 않으며 부정기선에 적용된다.

● **부적운임(Dead Weight Freight)**
공적운임이라고도 하며 총괄운임을 적용하여 선복(space)을 예약했으나 계약한 전체화물을 다 싣지 못했을 때 지불하는 운임.

● **총괄운임(선복운임 ; Lumpsum Freight)**
선복 또는 항해를 단위로 하여 포괄적으로 적용하는 운임으로서 용선자는 공적운임에 대해서도 계약운임의 전액을 지급해야 한다.

● **종가운임(Ad valorem Freight)**
물품의 중량이나 용적이 아니라 고가품 등의 가격을 기준으로 하여 정하는 운임

62

무역금융제도는 물품이나 용역의 수출을 촉진하기 위하여 **직수출자, 수출용 완제품 및 수출용원자재 생산자를 지원대상으로 하여** 수출상품의 제조·가공에 필요한 자금을 낮은 금리로 지원하는 정책이다. 또한 중계무역에 의한 수출실적 및 중계무역업자는 지원대상에서 제외한다.

63

③은 수출보증보험에 대한 설명이다. Check Point 참조

Check Point

● **현행 수출보험제도**

· **수출보험**
수출보험제도는 수출자 또는 선적전후 무역 금융을 제공한 금융기관이 수입자의 대금지급 지체·파산, 수입국의 외환사정 악화에 따른 수입국 정부의 대외송금 제한조치, 수입국에서의 전쟁·내란 등으로 인하여 수출불능이 되거나 만기일에 수출대금을 회수하지 못하게 됨으로써 입게 되는 손실을 정부 출연금으로 조성된 수출보험기금으로 보상하여 궁극적으로 수출진흥을 도모하기 위한 비영리 정책보험제도이다. 수출보험사업은 정부(외교통상부)의 감독 하에 한국무역보험공사에서 전담하고 있다.

· **수출어음보험**
수출어음보험은 D/A, D/P 등 신용장방식이 아닌 수출거래를 보호하기 위한 보험으로 수출자가 수출을 이행한 후 은행에 매입을 의뢰한 환어음이 만기에 수입자가 수입대금을 지급하지 않아 부도가 되어 수출자 및 어음을 매입한 수출자 거래은행이 입게 되는 손실을 보상하는 보험제도이다

· **수출신용보증**
수출신용보증은 수출계약과 관련하여 외국환은행이 중소기업자인 수출자에게 수출신용보증서를 담보로 대출함에 따라 발생하는 수출자의 상환채무에 대하여 한국무역보험공사가 그 지급을 연대보증하는 것이다. 따라서 수입자가 수출대금을 결제해 주지 않을 경우 한국무역보험공사가 외국환은행 앞으로 무조건 지급하므로 외국환은행은 안심하고 무역금융을 취급할 수 있게 된다. 이 제도는 중소기업 수출자들이 별도의 담보제공 없이 무역금융을 원활하게 이용할 수 있도록 하기 위해 마련된 것으로서 대기업은 이용할 수 없고, 중소기업자인 수출자만이 이용할 수 있다.

· **수출보증보험**
수출보증보험은 수출 또는 해외공사계약과 관련하여 수출보증서를 발급한 금융기관이 보증수익자(수입자 또는 발주자)로부터 보증채무 이행청구(Bond-Calling)를 받아 대지급하는 경우에 입게 되는 손실을 보상함으로써 수출자가 수출보증서를 용이하게 발급 받을 수 있게 하는 수출지원제도이다.

· **환변동보험**
기업이 환율변동으로 입게 되는 손실을 보상하고 이익을 환수하는 보험제도이다. 기본계약내용은 수출보험공사가 보장하는 환율(보장환율)과 결제시점의 환율(결제환율)과의 차이에 따른 손익을 정산하는 것으로서 금융기관의 선물환거래와 유사하다.

· **신뢰성보험**
국내 부품소재산업의 경쟁력을 제고하고 부품소재의 해외의존도 심화를 개선하기 위해 도입된 정책보험으로서, 부품소재 전문기업이 생산·판매·제조한 제조물이 제3자에게 양도된 후 그 제조물의 결함발생으로 부품소재기업이 부담하여야 하는 법률상 배상책임을 담보하는 손해보험이다.

64

관광사업은 관광진흥법의 적용을 받으며 문화산업진흥기본법이 명시한 문화산업의 업종에 해당되지 않는다.

Check Point

● **문화산업의 개념**
문화산업이라 함은 문화상품의 기획·개발·제작·생산·유통·소비 등과 관련된 서비스를 행하는 산업으로서 다음의

어느 하나에 해당하는 것을 포함한다.
① 영화와 관련된 산업
② 음반·비디오·게임물과 관련된 산업
③ 출판·인쇄물·정기간행물과 관련된 산업
④ 방송영상물과 관련된 산업
⑤ 문화재와 관련된 산업
⑥ 예술성·창의성·오락성·여가성·대중성(이하 "문화적요소"라 한다. 문화적요소가 체화되어 경제적 부가가치를 창출하는 캐릭터·애니메이션·디자인(산업디자인은 제외한다)·광고·공연·미술품·공예품과 관련된 산업
⑦ 디지털문화콘텐츠의 수립·가공·개발·제작·생산·저장·검색·유통 등과 이에 관련된 서비스를 행하는 산업
⑧ 그 밖에 전통의상·식품 등 대통령령으로 정하는 산업

65

① 대외무역법에서는 컴퓨터시스템 설계 등 서비스(용역)을 해외에 제공하는 경우도 수출실적으로 인정하고 있다
② 대외무역법상의 수출입은 국내에서 외국으로, 외국에서 국내로, 또는 외국에서 외국으로의 물품의 이동을 의미한다. 반면, 수출입실적은 국내외 간의 물품 이동뿐만 아니라 국내에서 일어난 물품의 이동도 수출실적으로 인정하고 있다. 즉 내국신용장, 구매확인서 등에 의해 국내에서 일어난 물품의 이동도 수출실적으로 인정하고 있다.
③ 대금은 외국으로부터 영수하고 물품의 이동은 국내에서 일어나는 경우에도 외국에 본점을 두고 있는 해외법인과 해외법인의 국내지점 간에 주로 발생하고 있는 거래인 점을 감안하여 수출실적으로 인정하고 있다.
④ 중계무역에 의한 수출의 경우에는 **수출금액(FOB)에서 수입금액(CIF가격)을 공제한 가득액**만을 수출실적에 포함시키고 있다.

66

① 매도인은 매매계약에 일치하는 물품 및 상업송장과 그밖에 계약에서 요구하는 서류를 제공해야 한다. 환어음은 해당 서류가 아니다.[Incoterms2020, DPU, A2]
② 지정목적지가 합의되지 않거나 관례에 의하여 결정되지 않은 경우에 매도인은 합의된 **목적항이나 목적지 내에서** 자신의 목적에 가장 적합한 터미널을 선택할 수 있다[Incoterms2020 DPU, A3].
④ 매도인은 물품이 도착운송수단으로부터 양하한 상태로 **목적지의 지정목적지에서 매수인의 처분하에 놓이는 때**에 매도인이 인도한 것으로 한다.

67

중재인(arbitrator)은 일차적으로 당사자가 선정하고, **중재인의 자격은 원칙적으로 제한이 없다.**
cf. UN Convention on the Recognition and Enforcement of Foreign Arbitral Awards(중재판정의 승인과 집행에 관한 UN협약)은 일명 뉴욕협약(New York Convention)으로도 불린다.

68

계약에 물품의 운송이 포함되는 경우에는 검사는 물품이 목적지에 도착한 후까지 연기될 수 있다.[비엔나협약 제38조 2항] - 매도인이 물품을 운송수단을 동원하여 매수인에게 인도하기로 한 경우에는, 목적지에 물품이 도착하고 이를 매수인이 검사할 때까지 물품의 적합성은 연기될 수 있다.

69

특정물품의 수입증가로 인하여 동종물품 또는 직접적인 경쟁관계에 있는 물품을 생산하는 국내 산업이 입을 수 있는 당해 국내산업의 보호를 위한 목적으로 시행되는 것은 관세법상 긴급관세(emergency tariff)이다.

70

TRIPs(Agreement on Trade-Related Aspects of Intellectual Property Rights)에 관한 설명이다.
▶ TPP(Trans-Pacific Partnership : 환태평양경제동반자협력체제
▶ MFNT(Most-Favored-Nation Treatment) : 최혜국대우. 최혜국대우란 통상·항해조약 등에서 한 나라가 어떤 외국에 부여하고 있는 가장 유리한 대우를 상대국에도 부여하는 것을 말한다.
▶ WIPO(World Intellectual Property Organization) : 세계지적재산권기구

71

eUCP를 준수하는 신용장(eUCP)은 **UCP의 명시적인 적용 문언이 없어도 UCP를 준수**한다.

72

① 여러 조항의 조건변경이 있는 경우 부분적인 수락은 허용되지 않으며, 일부만 수락한 경우에는 신용장의 조건변경을 거절한 것으로 간주된다.
② 신용장이 선적서류의 사본제시를 요구한 경우, 원본이나 사본을 제시해도 허용된다. 그러나 원본제시를

요구했는데 사본을 제시하면 하자가 될 수 있다.
④ 물품이 2척 이상의 선박에 선적된 경우에는 그 선박이 동일한 일자에 동일한 목적지를 향하여 동일한 선적항에서 출항하였더라도 분할선적으로 간주한다. 이는 물품이 2척 이상의 선박에 나누어 선적된 후 이들 선박이 동일한 일자에 출항했더라도 선박이나 운송 상황에 따라 서로 다른 일자에 도착할 수도 있기 때문이다.

73

국제팩토링에서 수출팩터는 거래처(client)와 국제팩토링 거래를 체결하는 당사자이며 국제팩토링거래의 주체이다. 수출팩터는 거래처의 수출채권을 양도받은 후 전도금융(대금을 미리 지급)을 제공하고 고객(customer ; 수입상)으로부터 대금을 회수한다.

74

① 포페이팅은 효과상 중기 수출팩토링과 같지만 팩토링은 수입상이 지급불능이면 팩터가 수출상에게 소구권을 행사할 수 있지만 팩토링은 소구권이 없다. 포페이팅은 재화와 용역거래에서 특히 수출거래에 따른 환어음이나 약속어음을 이전의 소비자에게 소구함이 없이(without recourse) 고정이자율로 할인하는 금융상의 결제기법이기 때문이다.
② 포페이팅은 신용장거래의 인수(acceptance)와 유사하나 인수에 비하여 기간이 장기이다.
④ Usance L/C(기한부신용장)이나 Referred Payment L/C(연지급신용장)의 경우 은행은 자금회수에 시간이 오래 걸리므로 수입국가의 금융 불안 등을 이유로 신용장매입을 회피하는 경우가 생길 수 있다.
이 경우 포페이팅이란 선진금융기법을 이용, 시중은행보다 저렴한 환가료와 무소구권으로 조기에 수출자금을 회수할 수 있다. Forfaiting은 수출업체들의 수출대금 미회수의 불안을 해결하는 최선의 방법 중의 하나이다. 은행을 통하는 것보다 환가료가 싸다는 점 이외에도 고위험지역에 대한 수출 시 위험에서 벗어날 수 있다는 큰 장점이 있기 때문에 중소기업의 무역금융시장활용에 많은 도움이 된다.

75

수입화물선취보증서(L/G)란 수입물품은 이미 도착하였으나 선적서류가 도착하지 않았을 경우, 선적서류 도착 전에 수입상과 개설은행이 연대보증하여 선박회사에 제출하는 일종의 보증서를 말한다. 수입상은 이 L/G를 선하증권의 원본대신 선사에 제출하고 수입화물을 인도받는 보증서이다. L/G가 발급된 후에 제시된 선적서류에 하자가 있더라도 개설은행은 지급 또는 인수를 거절할 수 없다.

제2회 무역영어1급 퍼펙트 모의고사

01 ③	02 ②	03 ②	04 ④	05 ②	06 ①
07 ②	08 ①	09 ②	10 ①	11 ④	12 ①
13 ④	14 ③	15 ①	16 ④	17 ②	18 ②
19 ①	20 ②	21 ③	22 ④	23 ④	24 ②
25 ①	26 ②	27 ②	28 ④	29 ③	30 ④
31 ②	32 ④	33 ③	34 ①	35 ①	36 ②
37 ②	38 ②	39 ②	40 ③	41 ③	42 ④
43 ②	44 ④	45 ①	46 ③	47 ②	48 ③
49 ②	50 ③	51 ②	52 ③	53 ①	54 ①
55 ②	56 ④	57 ③	58 ③	59 ③	60 ④
61 ②	62 ④	63 ①	64 ③	65 ④	66 ④
67 ④	68 ②	69 ②	70 ②	71 ④	72 ②
73 ②	74 ①	75 ①			

01

「상기 서신에 따라 알맞은 것은 다음 중 어느 것인가?」
①「매수인은 3월 말에 환어음을 결제할 것이다.」 – 선적일이 3월 말이고, 일람 후 30일 출급조건이므로 수입자는 3월 말이 훨씬 지나서 대금을 지급하게 될 것이다.
②「매수인은 2019년 2월 10일까지 신용장을 개설하여야 한다.」 – 매수인은 2019년 2월 10일까지 청약에 대한 승낙여부를 밝혀야 한다.
③「매도인은 목적지까지의 운임을 지불할 필요가 없다.」 – FOB 조건이므로 목적항까지의 운임은 매수인이 부담하여야 한다.
④「매도인은 자신의 비용으로 보험계약을 체결해야 한다.」 – FOB 조건이고 네텐 사는 매도인이므로 보험계약은 매수인이 체결해야 한다.

02

「상기 서신의 주목적은 무엇인가?」
① 매매계약서   ② 물품매도확약서   ③ 구매주문서
④ 일반거래조건협정서

03

「신용장이란 단순한 어떤 계약이다 – 매수인의 은행이 매도인에게 직접적으로 효력을 미치는 약속으로서 (   )은 매도인이 신용장에서 요구하는 서류, 즉 매도인이 물품을 선적했다는 증거로서, 예를 들면 유통가능선하증권을 제시하면 매매계약상의 대금을 지급하겠다는 약속이다.」 – 신용장에서 매도인이 선적을 이행하고 이를 입증하는 선하증권을 제시하면 대금을 결제해야 하는 것은 개설은행, 즉 매수인의 거래은행(buyer's bank)이다.

04

「특정지역에서 금전의 징수와 고객에 의한 지급을 보증하는 (지급보증)대리인」
- Del credere agents : 지급보증대리인
- Sole agent : 독점대리인

05

「당사는 고품질의 제품을 제공함으로써 당사의 높은 평판을 유지하고자 합니다. 해외공급자에게 당사가 주는 가장 큰 이점의 하나는, 당사가 믿건대, 전 세계적으로 믿을 수 있는 가격을 유지하는 당사의 정책입니다. 그러므로 당사는 귀사의 할인요청을 수용할 수 없으며, 합리적인 비용으로 고품질의 제품을 공급하는 것이 당사의 원칙이기 때문입니다. 당사는 고객의 요구에 부응할 수 있도록 비용을 낮추는 노력을 꾸준히 할 것이며 당사가 귀사에게 제공하는 가격은 가능한 최저가격입니다.」 – 가격할인 요청에 대한 거절서신(Decline of discount)이다.

06

「하기 박스의 지문을 올바른 순서대로 연결한 것은 다음 중 어느 것인가?」
(A)「당사는 귀사제품에 좋은 인상을 받았으며 이곳의 당사 고객의 요구에 완전히 들어맞는 것이라고 믿습니다. 귀사가 세트당 11.50달러로 하여 10%까지 가격을 낮추어 주면 귀사에게 주문을 하겠습니다. 할인을 허용하는 회신을 받으면 즉시 귀사에게 당사의 첫 주문을 할 것입니다.」
(B)「품질과 관련하여 귀사제품이 다소 유리한 점이 있다고는 생각하지만, 귀사가 견적한 가격으로는 당사는 마진이 없습니다. 이곳의 주된 수요는 중간가격대의 제품이므로 그처럼 높은 가격으로는 귀사제품을 성공적으로 판매할 수 없습니다.」
(C)「주방용품에 대한 귀사의 9월 10일자 오퍼에 대하여 감사드리고자 합니다.」
(D)「귀사의 오퍼는 전반적으로 당사가 수락을 할만 하다고 생각합니다. 그러나, 귀사가 견적하신 가격은 당사가 예상했던 것보다 훨씬 높다는 것을 알리게 되어 유감입니다.」

07

「하기 서신에서 추론할 수 있는 것은 다음 중 어느 것인가?」

「한국에서 당사의 대리인으로 활동하고자 하신 귀사의 2월 4일자 서신 잘 받았습니다. 당사는 오랫동안 한국시장에 진출하길 원했기 때문에 귀사의 제안에 대해 매우 관심이 큽니다. 당사는 귀사와 연대하여 독점판매대리점을 설립할 가능성에 대해 의논하고자 합니다. 당사의 해외마케팅 담당자인 메이슨 씨가 3월 중순경에 베트남, 홍콩, 그리고 한국을 포함한 아시아 지역을 방문할 예정입니다. 그가 귀사를 방문하여 본 제안에 대하여 자세히 의논을 할 것입니다.」
① 「송신자는 합작투자계약 체결된 후 한국에서 대리점을 확보할 듯하다.」 – 송신자는 대리점계약이 체결되면 한국에서 대리점을 확보하게 될 것이다.
② 「송신자는 이미 한국에 독점판매대리점의 설립 가능성을 찾기 위하여 자사의 사원을 파견할 계획이 있었다.」 – 송신자는 오랫동안 한국시장에 진출하려 했으며 이를 위하여 직원을 파견할 계획이 있었다.
③ 「수신자는 한국의 대리점에 관하여 더 많은 정보를 얻고자 송신자의 직원을 한국에 보내달라고 요청했다.」 – 송신자의 직원은 원래 한국을 방문할 계획이 있었다.
④ 「메이슨 씨는 한국의 대리인으로서 한국에 있는 동안 수신자의 사무실에 들를 것이다.」 – 메이슨 씨는 한국에 있는 동안 한국의 대리점 희망업체를 방문할 것이다.
- come by : 들르다, 찾아오다

08

「회사는 계약지역 내 본상품의 판매를 개척, 신장하기 위해 대리상을 지원, 협력 노력해야 한다. 회사는 자신의 비용으로 신속하게 샘플, 판매홍보물, 데모키드 기타 본 계약 하에 대리상이 자신의 의무수행에 필요하여 요구하는 기타 자료를 제공하여야 한다. 회사는 또한 계약지역 내 본상품의 판매와 관련하여 대리상에 유익, 흥미, 사용될 것 같은, 현재 가지고 있거나 미래에 얻을 정보를 제공해야 한다.」 – 대리점계약(Agency Agreement)에서 볼 수 있는 회사의 의무(Duties of Company) 조항이다.
- Promotional Activities of Agent : 대리상의 판촉활동

09

「제시된 서류와 관련하여 옳은 것은 다음 중 어느 것인가?」
「태블릿 PC에 대한 결제로서 2021년 7월 20일까지 선적한다는 것을 조건으로 하여 5만 달러짜리 신용장이 개설되었다. 서류의 제시에 앞서서, 선적일을 2021년 7월 10일까지로 변경한다는 조건변경안을 받았다. 수익자는, 그러나, 통지은행에 거절의 통지 없이 7월 19일자로 본선적재 표시된 운송서류를 제시하였다.」
① 「수익자는 조건변경의 거절통지를 하지 못했기 때문에 조건변경을 수락한 것으로 보인다.」

②「수익자는 조건변경을 수락하지 않았다.」
③「수익자는 개설은행으로부터 대금지급을 받지 못할 것이다.」
④「수익자는 개설의뢰인에게 거절의 통지를 해야 한다.」
- 신용장이 개설된 후 조건변경의 요청을 수익자가 받았을 때, 이의 수락을 수익자가 개설은행에 통지하지 않거나 원신용장의 조건대로 서류를 제시했다면 조건변경은 수락된 것으로 보지 않는다. 따라서 동 문제의 경우 수익자는 조건변경을 수락하지 않았으며 수익자가 제시한 서류는 유효하므로 개설은행은 대금을 지급해야 한다.

10

「비엔나협약(CISG)에 따라 매수인의 클레임과 관련하여 옳은 것은 다음 중 어느 것인가?」
「매도인은 3월 1일 매수인에게 다음과 같이 청약을 발송하였다 :
"당사는 본 청약에 대하여 5월 30일까지 유효한 것으로 간주합니다."
매수인은 3월 15일 매도인에게 다음과 같이 발송하였다 : "선적일자가 너무 늦어서 귀사의 청약을 수락할 수 없습니다.", 그러나 4월 10일 매수인은 다음과 같이 매도인에게 발송하였다 : "당사는 3월 1일자 귀사의 이전 청약을 수락하는 바입니다." 매도인은 이미 거절했기 때문에 이는 "승낙"으로 볼 수 없다고 즉각 답신을 했다. 매수인은 그 청약은 5월 30일까지 유효한 것이었음을 매도인에게 상기시켰다.」
①「매도인은 매수인의 두 번째 승낙을 수락해야 할 책임은 없다.」
②「매도인은 매수인의 두 번째 승낙을 수락할 의무가 있다.」
③「매도인은 그의 청약을 수정한 다음 매수인에게 다시 수정된 청약을 발송해야 한다.」
④「매수인은 그의 첫 번째 승낙을 철회할 수 있다.」
- 매수인은 매도인의 첫 번째 청약을 거절했으므로 일단 본 청약은 무효가 되었다. 거절된 청약의 재승낙에 대하여 매도인은 이를 수락하거나 수정할 의무도 없다. 따라서 매수인은 그의 두 번째 승낙을 유효한 것이라고 주장할 수 없다.

11

「삼주사는 매년 5만 달러씩 주문을 할 것이다. 하기 서신에 따라 이 회사가 받을 수 있는 할인율은 얼마인가?」
「EZ 형 키보드 시리즈에 대한 귀사의 조회서신 잘 받았습니다. 당사는 귀사가 요청하신 정보를 드립니다.
첨부된 당사의 가격표를 보십시오. 귀사의 서신에서 귀하가 언급하신 품목은 카타로그 No.PO1120의 34쪽에 있습니다. 이 모델에 대하여, 당사는 3천 달러 이상 구매하시는 모든 고객에게는 8%, 기업고객에게는 추가적으로 15%의 특별할인을 제공하고 있습니다. 그러나 귀사가 3만 달러 이상의 대량 구매를 확정해 주시면, 당사는 추가적으로 10%더 할인해 드릴 수 있습니다.」
- 삼주사가 받을 수 있는 총 할인율은 33%(8%+15%+10%)이다.
▶ corporate accounts : 기업고객

12

「서신에 적합하지 않은 것은 다음 중 어느 것인가?」
「(1)자동차 가격은 인상된 생산비용과 인건비를 흡수하기 위해 보통 9월과 3월에 조정되지만, 당사는 2021년 3월까지는 모든 모델에 현재 가격을 그대로 유지하기로 하였습니다. (2) 이는 귀사가 8월에 소개된 신 모델을 효과적으로 판촉할 수 있도록 돕고자 하는 것인데, 아쉽게도 환율의 급변동이 같이 일어났습니다.
(3) 이는 시장에 혼란을 가져와 시장을 현저하게 더 악화시킬 것으로 보고 있습니다. (4) 특별 조치로, 당사는 3개월간 모든 모델의 가격을 5% 인상하기로 결정하였습니다. 그러므로 당사는 이러한 특별 가격 정책이 환율 불안정 시기에 고객을 끌어오는데 도움이 될 것이라 생각합니다.」
- 환율의 급변에도 불구하고 가격을 변경하지 않겠다고 알리는 서신이므로 (4)의 문장은 흐름에 맞지 않다.
▶ coincide : 일치하다, 동시에 일어나다
▶ disorder : 무질서, 혼돈
▶ to a considerable extent : 현저하게, 대단히
▶ deterioration : 악화, 저하

13

「매입은행에 의한 불일치를 처리하는 방법 중의 하나. 수출업자는 자신의 은행에게 개설은행에 자신의 위험으로 서류를 송부할 것을 지시한다. 지급은 개설은행에 의한 불일치의 인수 시에 이루어진다.」
- 신용장조건에 불일치하는 서류가 있을 경우 매입은행은 자신의 위험 없이 서류를 개설은행에 송부할 수 있다. 개설은행으로부터 대금이 지급되면 이를 수출업자에게 지급하는 방식이다. 매입은행은 지급의 책임이나 의무 없이 단지 서류를 중개하는 역할만 하게 되므로 이때는 신용장통일규칙이 아니라 추심에 관한 통일규칙(URC)이 적용된다.
① 유보부에 의한 매입
② 보상장에 의한 매입
③ 지급에 대한 개설은행의 전신조회 후 매입

④ 추심방식에 의한 서류송부

14

(A) 「이 기회를 통해서, 주식회사 코렌타는 자체 경쟁력강화를 위해 석유화학산업의 중요한 분야에 집중할 것입니다.」
(B) 「당사는 ABC사와 XYZ 상사가 하나의 회사로 통합되었으며, 2021년 5월 25일부터 "주식회사 코렌타"라는 새로운 회사명으로 업무를 시작한다는 것을 알리고자 합니다.」
(C) 「당사는 ABC와 XYZ에 지난번 보여주신 지원과 친절함에 감사드리고자 하며, 주식회사 코렌타에 변함없는 성원을 부탁드립니다.」
(D) 「그러나, ABC사의 전 임직원과 XYZ사의 임원들은 자리의 변동 없이 그들의 업무를 그대로 수행할 것입니다. 물론, 귀사와 관련된 모든 업무도 전과 동일하게 수행될 것입니다.」

15

「당사는 취소불능신용장의 수취 후 1개월 이내에 선적할 수 있습니다. 당사는 단가에서 5%의 할인을 제공할 수 있는데 주문하신 물품의 경우에는 수량이 400세트거나 그 이상이어야 적용됩니다. 당사의 최소주문량은 100세트입니다. 아울러 인도일 당일 또는 그 전에 전신으로 선지급하시면 전체 금액에서 3%의 할인을 제공할 수 있습니다.」
① 「Mr. Brown 은 Mr. Gabbin이 400세트보다 적게 주문을 하였기 때문에 주문을 거절하였다.」 – 지문에는 거래조건만 제시되었을 뿐 주문을 거절한다는 내용은 없다.
② 「Mr. Brown 은 특정품을 제외하곤 통상적으로 단가에서 5%의 할인을 고객에게 제공하고 있다.」 – 통상적으로 5%의 할인을 적용하고 있으나 특정품(여기서는 고객의 주문품)에 대해서는 400세트 이상일 경우에만 5%의 할인율을 적용하고 있다.
③ 「Mr. Gabbin 은 최소한 100세트 이상은 주문을 해야 한다.」 – Mr. Brown 의 최소주문 접수량은 100세트이다.
④ 「상기 어느 것도 해당사항 없음」

16

「다음의 표현과 관계있는 화환신용장은 무엇인가?」
「당행은 동 신용장의 조건과 일치하는 서류의 제시 시에 정히 지급이 될 것을 확약합니다.」
– 지급신용장(straight L/C)은 신용장에 의한 환어음의 매입여부에 대하여 명시가 없고 신용장조건에 부합되게 발행된 서류가 신용장발행은행 또는 그가 지정하는 은행에 제시되면 지급할 것을 확약한 신용장을 말한다.

17

「즉각적인 지급을 독촉하는 서신을 귀사에게 최소한 3번이나 썼습니다. 당사는 귀사의 신용과 명예가 실추될 수 있는 어떤 것도 피하길 간절히 원하고 있으며 귀사가 이 문제를 바로잡을 추가적인 기회를 제공하고자 합니다. 그러므로 당사는 이달 말까지 귀사의 계정을 청산하도록 제의합니다.」
① 「당사는 귀사가 이 건을 곧 바로잡길 바라며 언제 미불금을 정산할 지 알려 주시기 바랍니다.」
② 「가능한 빨리 귀사의 미불금을 정산하지 않으면, 당사는 연체금을 회수하기 위하여 법적인 조치를 취할 수 밖에 없습니다.」
③ 「당사는 귀사가 이달 말까지 정산하지 않으면, 추가 신용을 더 제공하겠습니다.」
④ 「당사는 귀사를 당혹스럽게 하고 싶지 않기 때문에, 이달 말까지 지급을 연기하도록 결정했습니다.」
▶ overdue account : 미불금, 연체금[amount due]

18

「견본과의 불일치의 증거로서 당사는 당사 고객의 요구에 가장 적합하지 않은 것으로 간주되는 약간의 재료견본을 동봉합니다.」
① 「매수인에게 인도된 물품은 견본과 일치하지 않는다.」
② 「매수인은 재료를 깎아서 버렸다.」
③ 「매수인은 증거로서 물품의 일부분을 송부한다.」
④ 「당사의 고객은 인도물품에 대하여 만족하지 않는다.」
▶ discordance : 불일치
▶ be quite unsuited : 적합하지 않다

19

「(포괄예정보험)은 대외무역에서 광범위하게 사용되고 있고 거액에 대하여 체결되는 미평가보험증권의 형태이고 선박 혹은 여러 선박명과 기타 정확한 명세는 이후의 확정통지로 정의되도록 하고 있다.」
▶ Open Policy : 포괄예정보험증권
▶ Voyage Policy : 항해보험증권
▶ Named Policy : 기명보험증권
▶ Time Policy : 정기보험증권

20

「당사는 귀사의 품질에 좋은 인상을 받았으며 우리 고객의 요구에도 완전히 부합한다고 믿습니다.

그러나 이곳 시장과 관련하여 귀사 제품의 가격이 다소 높다고 생각합니다. 유럽과 일본에서 수입된 오디오 시스템이 많기 때문에 시장의 경쟁이 무척 치열합니다. 이러한 시장에서 당사가 경쟁력을 유지하기 위해선, 당 시장에 적절한 가격의 제품이 꾸준히 공급되어야 합니다. 가격을 180달러로 낮춰 주실 수 있는지요? 그렇게 하면 당사의 고객에게 귀사의 제품을 소개하기가 수월해 질 것입니다. 당사의 요구를 충족시켜 주신다면 당사는 정기적으로 귀사에 주문을 할 것이라고 확신합니다.」

① 「Mr. Gary는 그의 고객이 품질에 만족할 것이라고 생각한다.」
② 「오디오 시스템은 특히 유럽과 일본에서 잘 팔리고 있다.」 - 오디오 시스템은 유럽과 일본에서 수입되어 동 시장에서 치열한 경쟁을 벌이고 있다.
③ 「시장경쟁력을 유지하기 위해서, Mr. Gary는 낮은 가격과 꾸준한 공급을 요구하고 있다.」
④ 「Mr. Gary는 Mr. Harris가 경쟁력 있는 가격을 제공하면 거래관계를 유지하고 싶어 한다.」

▶ facilitate : 촉진하다, 쉽게 하다
▶ on a regular basis : 정기적으로, 계속적으로

21

「밑줄 친 부분과 바꿔 쓸 수 없는 것을 고르시오.」
▶ on account of : ~ 때문에, ~을 이유로

22

「박스안의 문장과 관련 있는 조건을 고르시오.」
「다음에 인용된 구절은 일반거래조건협정서에 포함되어 있다. "계약체결 후 10일 이내에 개설되어야 하는 취소불능 신용장에 의거하여 서류가 첨부되어 송장총액에 대하여 환어음이 일람출급으로 발행되어야 한다."」
- 결제조건(Payment terms)에 관한 계약사항이다.
▶ The following quoted sentence : 다음에 인용된 구절
▶ Memorandum of General Terms and Conditions of Business : 일반거래조건협정서

23

④ 원금과 연간 런던은행 간 대출 금리에 1%를 더한 대금이 만기일에 지급될 것이다.
▶ principal : [금융]원금, [계약]본인
▶ p.a[per annum] over LIBOR : 연간 런던은행간 대출 금리

24

「하기 서신에서 다른 문장과 어울리지 않는 것은 다음 중 어느 것인가?」

(A) 「귀사 청구서의 결제를 한 달간 연기해 주시면 대단히 감사하겠습니다. 9월 20일까지는 틀림없이 당사의 결제를 해결하도록 하겠습니다.」
(B) 「당사의 2분기 수수료의 송금이 2개월 넘게 지체되고 있음을 알려드리고자 합니다.」
(C) 「당사의 일시적인 자금의 어려움으로 귀사의 환어음을 만기일에 지급하지 못해서 유감입니다. 그러나 당사는 7월 3일까지는 일부 또는 전부를 지급할 수 있도록 최선을 다 하겠습니다.」
(D) 「당사는 5월 15일이 만기인 귀사의 결제 건을 해결하기 위하여 조금 더 시간을 주시면 대단히 감사하겠습니다.」
- (B)항 보기를 제외하고는 모두 채무자가 지급을 연기해달라는 표현들이다.

25

「하기 지문은 어떤 서신에 대한 답장이다. 이전의 서신에서 가장 잘 보일 수 있는 것은?」
「당사의 남성용 자켓 4천벌에 대한 귀사의 7월 10일자 반대오퍼를 수락합니다. 이 가격은 사실 최저가격이며 생산비를 겨우 충당할 정도입니다. 그러나 지속적인 주문이 있을 것이라 예상되어 기꺼이 이 가격으로 귀사에 제공하고자 합니다. 귀사의 신용장을 받는 즉시, 당사는 뉴욕으로 가는 첫 선박에 물품을 선적할 수 있도록 만반의 조치를 취하겠습니다. 귀사는 모든 면에서 당사제품에 만족하실 것이며 추가 주문이 있기를 바랍니다.」
- 청약에 대하여 가격할인을 요청하는 반대오퍼에 대하여 승낙을 하는 서신이다.

① 「가격할인을 허용한다는 회신을 받는 대로 당사는 귀사에게 첫 주문을 할 것입니다.」
② 「당사가 제의하는 조건은 다른 제조업체에 비해서 상당한 경쟁력을 갖고 있으며 귀사가 이 기회를 잘 이용하시길 바랍니다.」
③ 「상기 청약과 관련하여, 가격이 계속 오를 것이라고 분명히 예상되므로 지체 없이 귀사가 주문하시길 바랍니다.」
④ 「당사는 원재료가 계속해서 오르고 있기 때문에, 다음 달에도 이 가격으로 제공할 수 있을지 보장할 수 없습니다.」
- ①번 보기를 제외하곤 모두 청약자가 피청약자에게 오퍼의 승낙을 제안하는 내용이다.

▶ virtually : 사실, 실질적으로

26

「The importer agreed to extension of the shipping and expiry dates on the L/C No. 100 for 30 days(수입자는 신용장 제100호 상의 선적일 및 유효기일을 30

일간 연장하는 데 동의했습니다).」

27

「(D) 당사는 귀사의 주문 제25에 대한 신용장이 당사에 도착하지 않은 사실에 대하여 귀사의 주의를 촉구합니다. (C) 당사는 귀사의 요구를 충족시키기 위해 제조업자에게 물품의 빠른 인도를 이행할 것을 촉구했습니다. (A) 당사는 귀사의 신용장을 수취하지 못하였으므로 귀사의 주문을 취소할 수도 있습니다. (B) 그러므로 당사는 8월말까지 귀사가 신용장을 개설하기를 바랍니다.」
▶ execute : [임무, 의무 등을] 실행하다
▶ bring one's attention : ~ 의 주의를 촉구(환기)하다

28

(A) 귀사가 제품의 재고에서 공급할 수 있는지, 그렇지 않으면 귀사에 대량공급을 할 경우 수량을 인도하는 데 얼마나 걸리는 지 알려 주시기 바랍니다.
(B) 귀사가 귀사의 최신 카탈로그와 기타 설명서를 당사에 송부해 주시면 감사하겠습니다.
(C) 당사는 동 제품에 대한 대량수요를 기대할 수 있으며 귀사의 기계가 잘 팔리고 있는 상품임을 입증하고 귀사의 가격이 상당한 이윤이 있다면 대량으로 인수할 것입니다.
(D) 당사는 "코레스"브랜드 계산기를 구매할 예정이며 최상의 조건을 언급하는 귀사의 가장 낮은 견적을 받길 바랍니다.
▶ in the event of : ~ 하는 경우에
▶ descriptive literature : 해설서, 설명서
▶ in the market for A : A를 구매할 예정이다
　　　　　　　　　　　　[be ready to buy A]
▶ reasonable margin of profit : 상당한 수익

29

「유감스럽게도, 지난 3월 10일 당사 창고에 큰 화재가 발생하여 재고품의 거의 전부가 소실되었습니다. 화재로 인한 직접피해에 더하여, 그 사후처리 비용 등으로 대단히 죄송하지만 상기 청구서분의 지불을 이행하기 어려울 것 같습니다. 이번의 청구금의 지불을 3개월만 연기해 주시면 대단히 감사하겠습니다.」
① 「지금까지 당사가 이용해 온 지불 방법을 변경해 주실 것을 요청하고자 합니다.」
② 「당사에게 지불되어야 할 올해 3분기 수수료 12,000달러에 대한 청구계산서를 첨부합니다.」
③ 「300개의 강철래크에 대한 12,000달러의 지급을 요청하는 3월 3일자 귀사의 청구서 KY023을 잘 받았습니다.」
④ 「당사는 300개의 강철래크 12,000달러 상당의 당사 청구서 No. KY023에 대한 지급을 받지 못했음을 알려 드립니다.」
▶ inventory : 재고품(=stock)
▶ cleanup : 뒤처리.
▶ stated in ... : ~ 에 기술된, ~ 에 명기된
▶ statement of account : 계산서
▶ a balance in our favor : 당사에 지급되어야 할 잔액

30

「본 서신에 대한 답장으로서 적절하지 않은 것은 다음 중 어느 것인가?」
「저는 7월 3일부터 시작하여 4주간 2020년형 푸조 405GL로 이탈리아와 시칠리아를 여행합니다. 가방과 개인물품에 대한 손실과 손상을 커버하는 보험증권을 발행하는데 어떤 조건이 필요한지 제게 알려 주십시오. 저는 개인사고와 질병에 대한 부보도 고려하고 있으니 상세한 내용을 제게 보내주시면 고맙겠습니다. 자동차는 이미 개별적으로 보험계약이 체결되어 있습니다. 곧 소식 주시기 바랍니다.」
① 「조회 양식을 작성하여 늦어도 6월 26일까지 보내 주시면, 보험청약을 진행하겠습니다.」
② 「상해와 질병에 대한 담보는 약품과 입원치료와 모든 필요한 어떤 특별 조치에 대한 일체의 비용까지 포함됩니다.」
③ 「개인물품과 상해 그리고 질병에 대한 보험에 필요한 제 조건들이 설명되어 있는 전단을 동봉합니다.」
④ 「저는 보험약관의 부보위험을 더 넓히기 위하여 귀사가 보험료를 충분히 인하해 주시길 바랍니다.」
– 담보위험을 추가하기 위하여 보험료를 더 낮춰 달라는 내용이므로 이는 보험계약자가 보험자에게 보내는 서신이므로 답장이 될 수 없다.
▶ hospital treatment : 입원치료

31

「하기 문장의 바로 앞에 오기 가장 적절한 것은 다음 중 어느 것인가?」
「가장 이른 배편은 이달 24일 출항예정인 도라지호입니다. 두 번째 선박은 다음달 4일 출항예정입니다. 첫 번째 선박에 적재하려면 이달 21일까지 당사로 물품을 도착시키든지 아니면 두 번째 선박이라면 다음달 1일까지 입니다. 운임은 CBM당 22달러이며 당사가 견적할 수 있는 최저가격입니다.」– 화주의 선박과 운임조회에 대하여 운송사가 회신한 내용이다.

①「당사는 무게 1,000kg 그리고 용적 500CBM이면서 부산서 카오슝으로 가는 500세트의 LED TV 선적품이 있습니다.」
②「6월 23일자 귀사의 조회서신 잘 받았습니다. 귀사의 화물에 대한 당사의 항해일정과 운임요율에 대하여 통보해 드립니다.」
③「귀사가 주문하신 LED TV 주문서 No. 331에 대한 선적지시서를 잘 받았습니다.」
④「다음 선적계획서에 주의를 기울여 주시고 이에 따라 당사의 주문품을 선적해 주시길 요청합니다.」

32

「고객님께서 지난주 이메일로 질문하신 저희 하이런 오토모빌 제품과 관련하여, 저희 서비스에 관해 요청하신 정보는 다음과 같습니다.
품질보증 적용품목
- 부품은 품질보증기간에 한해 무료로 교체해 드립니다.
- 모든 기성품은 구입 후 24개월 동안 재료 및 작업 하자에 대해 보증해 드립니다. 해당 기간 동안 문제가 발생하고, 고객님이 고객 서비스에 전화를 걸어 해결할 수 없는 경우, 그 문제는 하이런 오토모빌의 본사로 통보되어야 합니다. 이 시기가 지난 후의 모든 서비스에 대해서는 정상적인 수리비가 부과됩니다.
- 맞춤형 제품은 절대 보증이 적용되지 않습니다.
본 정보가 고객님의 이해에 도움이 되기를 바랍니다. 다른 질문이 있으면 저에게 이메일을 보내주시기 바랍니다.」
①「제품은 구입 후 2년까지 재료 하자에 대하여 보증된다.」
②「맞춤형 제품은 무료 교체 대상이 아니다.」
③「규격제품만 보증이 적용된다.」
④「교체 부품에 대한 배송비는 고객이 지불하여야 한다.」
▶ ready-made products : 기성품
▶ guarantee against : ~에 대해 보증하다
▶ workmanship defects : 작업하자
▶ be eligible for : ~할 자격이 있다[=be entitled to]

33

(1) 당사는 새 물품을 즉시 항공편으로 발송하려 하며, 운임은 수취인지불로 하여 편리하신 때에 잘못된 물품을 저희 측에 반송해 주시기 바랍니다.
(2) 그렇지 않으면 30% 할인된 가격으로 보관하셔도 됩니다.
(3) 당사는 물품의 원견본과 불일치하다는 불만서신을 주의 깊게 읽어 보았습니다.
(4) 명백하게도 이것은 저희 생산부 측에서의 부주의로 인하여 발생한 것입니다.
(5) 당사가 행한 불편함에 대하여 사과드립니다.
(6) 본 건에 대한 귀사의 신속한 결정을 기다리겠습니다.
- 불만제기서신에 대하여 조정을 하기 위한 서신(Adjusting the matter of claim)이다.
▶ with freight forward : 수취인 운임부담으로
▶ oversight : 간과, 부주의

34

33번 해설참조

35

▶ with freight forwarder → with freight forward(운임 착불로, 운임 수취인부담으로)
   cf. freight forwarder : 복합운송주선인
▶ await : 기다리다.   cf. wait for ~ : ~를 기다리다.

36

「만일 복합운송서류가 지시식 또는 선적인의 지시식으로 발행되었다면, 선적인(shipper)에 의하여 배서되어야 한다. 선적인(shipper)을 대신하여 배서되었음을 표시하고 있는 배서는 수리된다[ISBP 681 제77조].
- 수하인이 "to order" 또는 "to the order of shipper (또는 consignor)"로 되어 있으면 화주(shipper)또는 송하인(consignor)이 배서해야 한다.
▶ endorsement : 배서

37

「당사는 오늘 한국의 부산항을 출항한 블루스타 호에 귀사의 주문품 No.WY908을 선적했음을 알려 드립니다. 당사는 귀사를 지급인으로 하여 환어음을 발행 후 기타 선적서류들과 함께 신용장에 명시된 서류 제시 기간 내에 은행에 제출하겠습니다. 이에 환어음이 귀사에 제시되는 대로 대금지급을 부탁드립니다. 귀사의 요청대로 선하증권, 상업송장, 포장명세서 및 원산지증명서 등 유통불가 선적서류 사본 2부를 발송합니다.」
①「모든 것이 완벽한지 당사가 점검할 수 있도록 보험증권 초안을 팩스로 당사에 보내주시기 바랍니다.」
②「당사는 본 물품이 안전하게 도착하길 바라며, 향후 귀사의 추가주문을 고대합니다.」
③「당사는 귀사가 가능한 한 빨리 적절한 조치를 취해 주실 것이라 믿습니다.」
④「당사는 귀사의 첫 번째 선적이 만족스러우면 당사의 고객으로부터 많은 추가 주문이 있을 것이라 믿습니다.」

38

「의뢰하신 주식회사 하젠의 대표이신 브론슨에 대한 신용정보에 대하여 내밀하게 회신을 드립니다. 브론슨 씨는 1998년 이래 당행에 당좌예금 계좌를 가지고 있는데, 그 수지상태가 일관되고 양호할 뿐만 아니라 항상 수표 인출분을 커버하기에 충분한 잔고를 갖고 있습니다. 브론슨 씨의 회사 주식회사 하젠은 1997년부터 영업을 해왔으며, 당행은 동회사와는 창업 이래 거래를 해오고 있습니다만, 결제금의 지불도 항상 신속합니다. 당행이 알고 있는 한 브론슨 씨에게는 미불된 부채가 없습니다.(   ) 다만 이것은 당행의 견해일 뿐 이에 관한 책임을 질 수 없으므로 이점 양해해 주시기 바랍니다.」
– 신용조회에 대한 우호적인 회신(favorable reply)이다.
① 「그러므로 당사는 귀사가 언급하신 금액에 대한 신용 기한연장을 주저하고 있습니다.」
② 「당사는 브론슨 씨와의 거래는 주의해서 하실 것을 권고 드립니다.」
③ 「당사는 수차례 결제독촉을 했으며 그들의 부채 회수를 위해 법적조치를 취한 적도 있습니다.」
④ 「지금까지의 거래실적으로 미루어, 당행으로서는 브론슨 씨의 신용도에는 확신을 가지고 있습니다.」
▶ in confidence : 비밀로 하여, 내밀히

39

② even though → though(although), than your → than yours
③ we would like not to reluctant to → we are very reluctant to
④ Even though we would like not to reluctant to → Though(Although) we are very reluctant to than your → than yours
▶ even though : ～ 인데도, ～ 라도
▶ reluctant : 꺼리는, 마음 내키지 않는
▶ shift to other suppliers : 다른 공급사로 교체하다

40

「조항 1. 물품명세 : 전자액자
조항 2. 수량 : 5,000세트
조항 3. (A) Price(가격)
"칸토스"는 "마쓰다"에게 5십만 달러의 선금을 지불하였으며 "마쓰다"는 양당사자 간의 "공급구매협정서"의 체결을 위하여 2019년 6월 11일까지 "칸토스"에게 이 가격으로 제공한다.
조항 4. (B) agreement(협정)
양 당사자는 가격결정 후 30일 이내에 "공급구매협정서"를 체결한다.
조항 5. 타 조건
제 조건은 예정에 따라 논의될 것이며, 상세사항은 작성되는 "공급구매협정서"에 분명하게 명시하여야 한다.
조항 6. (C) Duration(기간)
본 의향서는 양 당사자 간에 작성될 "공급구매협정서"에 서명하기 전의 기간에 대해서만 서명되고 유효하다.」
▶ price idea : 가격
▶ LOI(Letter of intent) : 의향서(MOU)

41

「본 지문의 바로 앞에 오기 가장 적절한 것은 다음 중 어느 것인가?」
① 「이상의 증명으로써, 당사자들은 그들 각각의 정히 권한있는 대표자들로 하여금 위의 첫 번째에 언급한 일자부로 본 의향서를 이행하도록 한다.」
② 「본 조항의 면제는 장애가 존속하는 동안의 기간에 유효하다.」
③ 「그러므로, 이제 제조건과 이하 계약의 약인에 따라 다음과 같이 양 당사자는 합의한다 .」
④ 「의향서에서 다음의 용어는 다음과 같은 의미를 갖는다 : "달러"란 미합중국의 법적통화를 말한다.」
▶ IN WITHESS WHEREOF : 상기의 증거로써
▶ exemption : [세금의] 공제, 면제
▶ impediment : 방해물, 지장, 장애
▶ covenant : 계약[맹약], 계약하다

42

① dreadfully → fully or carefully
② fully consideration → full consideration before making a decision
③ make deciding → deciding or making a decision
▶ dreadfully : 무섭게, 지독하게
▶ take time to think : 시간을 두고 천천히 생각하다

43

「다음 문장에서 밑줄 친 부분은 정확하지 않다. 문장에 적합하도록 구성된 최선의 답을 고르시오.」
「당사는 동 제품을 철대를 두른 강한 목재 상자에 포장하도록 귀사에 요청하였습니다. 그러나 동 제품은 복합운송에 <u>충분히 견딜 수 있는</u> 하드보드 상자에 포장되었습니다.」
– 원문은 "복합운송에 충분히 견딜 수 없는 하드보드 상자에 포장되었다"로 바뀌어야 한다.
① they were not packed → they were packed, stand out → stand up
③ they were not packed → they were packed,

which are not enough → which is not enough
stand up to → stand up
④ which are enough to stand well with → which is not enough to stand up
▶ stand out : 눈에 띄다, 돌출하다
▶ stand well with : ~ 에게 인기(평판)이 좋다
▶ stand up : 견디다, 오래 가다, 지탱하다, 일어서다
▶ stand up to : ~ 에 용감히 맞서다

44
「최근에 취업하고자 하는 이들은 Cantos 사의 맞춤 서비스를 통해서 해외 인턴십 프로그램에 **참여하고 있다.**」
동사의 시제와 태를 복합적으로 묻는 문제다. 문장의 주어는 those 이고 문맥상 수동태로 사용할 수 없으므로 ①과 ②의 태가 잘못 되었다. 시간부사 recently를 참고하면 시제는 현재완료 또는 현재완료 진행형이 되어야 한다.

45
「이곳에서 노동자의 파업으로 인하여 1월 10일에 귀 항구로 출항할 예정인 킹오션 호의 출항이 취소되었으며, 따라서 한 달간의 선적지연이 불가피합니다.」
▶ clear : 출항(입항) 수속을 밟다, 출항하다
▶ clear for A : A항으로 출항하다

46
「다음은 상기 상황에 따른 신용조회문으로서 하나를 제외하곤 몇 개의 잘못된 부분을 담고 있다. 잘못된 부분이 없는 문장을 고르시오.」
① by you after receipt of your bill → by **us upon** receipt of your bill
② furnish us of information → furnish us **with** information
④ they would quality for credit → they would **qualify** for credit

47
「상기 은행이 JJ 상사 에 대한 정보를 Korestar 상사에 제공할 경우 다음 중 어떤 문장이 신용조회에 대한 보고서의 일부로서 가장 잘 기술되어 있는가?」
①「당사는 본건이 종결된 것으로 간주하고, 이 프로젝트에 관한 어떤 서신에도 응답하지 않을 것입니다.」
②「문제의 회사는 근래 상당한 손실을 입었으며, 따라서 동 사와 거래 시 각별히 사전주의를 취할 것을 권고 드립니다.」
③「귀사의 서신은 당사 경리부에 전달되어 현재 본 건을 조사하고 있습니다.」
④「당사는 귀사를 당사의 신용조회처로 선정하기로 최종 결정하였음을 통보합니다.」

48
「같은 내용으로 고쳐 쓴 것으로서 가장 적절한 것은 다음 중 어느 것인가?」
①「당사는 동 사가 통관을 위한 선적서류를 입수하는 대로 귀사에 송부될 탁송품에 대한 조치를 취할 귀사의 대리인, 잭 바우어에게 통보하였습니다.」 → 선적서류를 입수하는 즉시 귀사의 대리인인 잭 바우어가 본 탁송품을 인도할 것이라고 통보받았습니다. → 통보를 받을 것이 아니라 통보를 하였다.
②「지연에 대하여 사과드립니다. 귀사는 당사와의 거래 경험을 통하여 당사가 일정을 지키기 위하여 늘 최선을 다해 왔음을 알 것입니다. 이번 사고는 예측할 수 없었던 예외사항입니다.」 → 당사는 지연에 대한 책임이 없습니다. 그러나 당사와의 거래관계를 고려하여, 당사는 선적일자를 지키기 위해 최선을 다해 왔습니다. 이번 사고는 예측할 수 없었던 예외사항입니다.
③「본 화물에는 양면에 목적항을 포함하여 화인이 표시되어야 합니다. 이것은 귀사의 선적서류 표시사항과 일치해야 합니다.」 → 도착지를 포함한 화인이 본 화물의 양면에 표시되어야 합니다. 본 화인은 귀사의 선적서류의 그것과 일치해야 합니다.
④「동 선박은 캐라반 호 이며, 현재 마이애미에 정박해 있습니다. 동 선박은 7천 파운드의 화물적재용량을 갖춘 벌크 운반선입니다. 동 선박의 최대속도는 24노트 이므로 귀사가 언급하신 기간에 10회의 항해가 가능합니다.」 → 캐라반 호는 마이애미에 있습니다. 동 선박은 최대속도가 24노트이며 7천 파운드의 적재용량을 갖추고 있으므로 언급하신 기간 중에 10회의 항해가 가능합니다.
▶ stick to : ~ 에 대한 약속을 지키다

49

「당사는 그 물품이 급히 필요하므로, (   )」
① 「이용 가능한 가장 빠른 선박으로 선적을 **늦게** 해 주십시오.」
② 「이용 가능한 가장 빠른 선박으로 선적을 신속하게 해 주십시오.」
③ 「7월 20일 홍콩항을 출항하는 선박에 선적을 해 주십시오.」 - 선적을 서둘러 달라는 문구가 와야 하므로 논리적인 연결이 아니다.
④ 「귀사가 지급을 받을 때까지 선적을 취소해 주십시오.」 - 지문과는 관련이 없는 예문이다.
▶ belated : 늦은, 뒤늦은, 구식의

50

「일방이 계약상 또는 제3자에 대한(toward) 의무를 위반하거나, 계약이행을 지연하거나, 타방의 계약이행을 방해하는 경우에는 타방이 입은 합리적인 직접손해에 대하여 책임을 진다(be liable). 제3자가 법적인 절차를 개시하고 그로인해 일방이 타방에 보상을 요구할 의무가 있을 경우(in the event), 그 일방은 타방에게 통지하여 타방 당사자가 위 절차 및 그의 해결을 위한 모든 과정에 적절히 참여할 수 있도록 하여야 한다. 일방이 위의 통지를 하지 않거나, 타방이 위의 절차에 적절히 참여하도록 하지 못한 경우에는, 일방의 보상받을 권리는 타방이 참여를 충분히 하지 못한 만큼 경감된다(reduce).」- 계약위반과 보상(Breach and Indemnity)에 대한 규정이다.

51

국내에서 유통, 소비가 이루어지지 않는 물품의 경우에는 수출입공고 등을 적용할 필요가 없다. 따라서 예외적으로 선용품, 외국인수수입, 외국인도수출물품, 중계무역물품은 수출입공고 등의 적용이 배제된다.

52

환리스크 관리의 대내적 관리란 기업 또는 개인이 독자적인 판단과 결정으로 환리스크를 관리하는 것을 말한다. 선물환거래는 외국환은행과의 환거래약정을 통하여 이루어지는 환관리 기법이므로 대내적 관리기법이 아닌 대외적 관리기법에 속한다. 대외적 관리기법으로는 선물환거래와 아울러 통화스왑, 통화선물, 통화옵션, 단기금융시장 헷징 등이 있다.

53

① 은행은 운송에 관한 배면약관이 있는 정식선하증권(Full Form B/L or Long Form B/L) 뿐만 아니라 그 약관이 없는 약식선하증권(Short Form B/L)도 수리한다. 신용장에서 약식선하증권을 요구한 경우 정식선하증권은 수리되지만, 정식선하증권을 요구했는데 약식선하증권을 제시하면 하자이다.
② 신용장통일규칙에서는 "신용장이 선하증권을 요구하는 경우에는, 그 명칭에 관계없이 요건을 충족하면 수리된다"고 규정하고 있다. 즉 선하증권의 명칭에 관계없이(however named) 제시된 서류의 표제가 중요한 것이 아니라 그 내용의 조건충족여부를 판단한다는 것이다.
④ 부지문언(Unknown Clause)은 선사입회하에 적입되지 않은 선적화물의 파손 및 손상에 대한 선사의 면책조항을 말한다. 신용장통일규칙에서는 부지문언인 "shipper's load and count", "said by shipper to contain" 등의 조항을 기재하고 있는 운송서류는 수리된다고 명시하고 있다[UCP600 제26조 b].

54

① 간이정액환급은 전년도 **평균환급액**을 기초로 간이정액환급액을 책정한다.

Check Point

● **간이정액환급제도**
㉠ 의의
간이정액환급제도는 중소기업의 수출을 지원 및 환급절차 간소화를 위해 간이정액환급 대상 중소기업이 생산하여 수출한 물품에 대하여는 수출물품 생산에 소요된 원재료의 납부세액 확인을 생략하고 수출사실만을 확인하여 간단하게 환급하는 제도로서, 환급액 산출 시(내국신용장등 국내거래서류에 의한 국내거래물품에 대한 기초원재료납세증명서 발급시 포함) 관세청장이 책정·고시한 일정금액(간이정액환급율표상의 금액)을 수출물품 생산에 소요된 원재료의 수입 시 납부세액으로 보고 환급액을 산출토록 한 제도이다. 수출금액 FOB 10,000원당 환급액으로 결정하는 종가환급이며, 원상태 수출은 간이정액환급대상이 아니다. 또한 순수한 국산원재료만을 사용하여 수출한 경우에도 환급을 받을 수 있다.
㉡ 적용대상물품
간이정액환급은 수입원재료를 사용했는지 국내생산원재료를 사용했는지의 여부를 불문하고 환급대상 수출을 이행했는지만 판단하여 환급해주는 제도이다. 수출물품을 환급신청하는 경우에는 수출신고수리일, 기초원재료납세증명서를 발급 신청하는 경우에는 물품의 실거래일에 시행되는 간이정액환급율표에 게기된 HS10단위 수출물품으로서 HS10단위만 동일하면 품명, 규격이 달라도 적용이 가능하다.

55
② Sea Waybill(해상화물운송장)은 기명식으로 발행되므로 기명된 자 이외에는 배서하여 유통할 수 없는, 비유통 증권이다.
④ Sea Waybill(해상화물운송장)은 운송계약의 증거로서 해상운송에서 송하인과 운송인 간에 발행되는 단순한 화물의 수취증이다. 수입지에서 화물을 수취할 때 Sea Waybill의 원본(Original)을 제시하지 않더라도 본인만 확인되면 물품을 인수할 수 있다. 화물도착 후 수입자가 즉시 화물을 인수할 수 있으므로 보관료 등의 경비를 절약할 수 있다.

56
지진, 화산의 분화, 낙뢰는 모두 ICC(A)나 A/R 조건의 담보위험이다.

57
● 운송인에게 물품을 인도할 때 위험이 종료되는 조건들은 FCA, CPT, CIP이다.
FCA는 매수인이 지정한 운송인에게 인도할 때 CPT와 CIP조건은 매도인이 지정한 운송인 또는 제3자에게 인도된 때 인도의무를 다한 것으로 한다.

58
무역계약은 당사자 자치주의를 우선원칙으로 하지만 계약의 대상이나 내용이 국제조약이나 국내의 강행법규보다 우선할 수는 없다.

59
비서류조건(non-documentary conditions)이란 신용장에서 제시되어야 하는 서류를 명시하지 않고 조건만을 제시한 것을 말한다. 신용장거래에서 서류에 관한 조건은 필수적이기 때문에, 서류거래라고 하는 신용장의 원칙에 따른 신용장실무를 혼란에 빠트릴 수 있기 때문에 신용장통일규칙에서는 이러한 행위를 배제시키고 있다. 따라서 비서류조건으로 제시한 신용장조건은 언급되지 아니한 것으로 보고 은행은 이를 무시한다. 즉 조건충족을 위한 서류제시를 요구하거나 심사하지 않는다.
① 물품은 선적 전에 개설의뢰인의 검사를 받아야 한다.
- 검사만 요구하고 검사증명서의 첨부를 요구하지 않았으므로 비서류조건이다.
② 선적은 XYZ회사가 하여야 한다.
- XYZ회사가 운송인(carrier)인지 운송주선인(forwarder)인지 운송서류상에 표시를 해야 하는데 이에 대한 언급이 없어서 표시할 수 없으므로 비서류조건이다.
③ 선적은 인천항에서 뭄바이 항으로 이루어져야 한다.
- 비서류조건이라 하더라도 서류와 신용장 간의 연계 또는 일관성이 있다면 비서류조건으로 보지 않는다. "Shipment from Busan to Shanghai"이라고 조건이 기재된 경우 이는 당연히 제시되는 선하증권의 기재 내용으로 충족될 수 있다.
④ 수익자는 선적 후 2일 이내에 선적서류 사본을 송부하여야 한다.
- 수익자가 사본을 송부한 사실을 입증할 수 있는 courier receipt(특사수취증)이나 송달증 또는 수익자가 이를 이행했다는 입증서류를 요구하여야 하는데, 이런 서류제시조건이 없으므로 비서류조건이다.

60
Box Rate란 ton당 운임산정방법의 번거로움을 줄이기 위해 container 당으로 정한 운임을 말한다.

61
① 국제팩토링결제는 소구불능팩토링(상환청구불가능)과 소구가능팩토링의 두 개의 유형으로 서비스되고 있다.
② 수입팩터의 신용조사결과에 따라 수출팩터는 거래처에 대한 신용한도를 설정하게 되므로 수입팩터의 신용조사 역할은 상거래를 체결하는 주요인이 된다.
③ 국제펙토링에서 수출자는 거래처(Client)이며 수출팩터는 거래처와 국제팩토링거래를 체결하는 당사자이자 팩토링거래의 주체이다. 수출팩터는 거래처의 수출채권을 양도받은 후 전도금융을 제공하고 고객(customer, 수입상)으로부터 대금을 회수한다.
④ 국제팩토링결제는 L/C 및 추심방식에 비해 실무절차가 간편하다.

62
① 비엔나협약 제50조
② 매수인이 요구한 인도날짜보다 너무 앞서서 물품을 인도하게 되면 매수인은 물품의 보관에 따른 창고료, 관리비 등 부대비용을 부담해야 하는 경우가 발생할 수 있다. 따라서 매수인은 조기 인도된 물품을 수령할 수도 있고, 안 할 수도 있다[비엔나협약 제51조 1항].
③ 매도인이 계약에서 정한 것보다 다량의 물품을 인도한 경우에, 매수인은 초과분을 수령하거나 이를 거절할 수 있다. 매수인이 초과분의 전부 또는 일부를 수령한 경우에는 계약대금의 비율에 따라 그 대금을 지급하여야 한다. [비엔나협약 제52조 2항].
④ 계약의 해제는 매도인의 의무 불이행이 본질적인 계

약위반(a fundamental breach of contract)으로 되는 경우에만 가능하다. 물품이 계약에 부적합한 경우, 매수인은 대체물의 인도를 청구하거나 부적합물품으로 인하여 발생한 손해에 대한 배상을 청구할 수 있다.

63

물품이 외국으로 반출되지 않고, 국내에서 상거래행위가 있을 경우 부가가치세의 세율은 10%이다. 영세율이란 세율이 영(0)이어서 과세하지 않는다는 뜻이다. 영세율은 수출하는 물품이나 부가가치세법에서 외화획득목적으로 정해 놓은 일정한 경우에 적용된다.
① 수출대행은 국내사업자 간의 거래이므로 지급받은 수출대행수수료 자체가 과세표준이므로 부가가치세 부과대상이다.
② 보세구역 등에서 공급하는 재화의 경우이다. 사업자가 국제공항 보세구역 내의 외국인 전용 판매장에서 재화를 공급(위·수탁계약에 의한 위탁자 공급분 포함)하거나, 세관장으로부터 승선 또는 기선허가를 받아 외국을 항행하는 선박 또는 항공기 내에서 공급하는 재화는 수출하는 재화에 해당하여 영세율이 적용된다.
③ 내국신용장이나 구매확인서를 통하여 구입한 물품에 대하여는 수출에 공여하는 재화로 간주하여 무역금융상의 혜택이나 부가가치세법상 영세율을 적용하고 있다.
④ 북한으로 반출하는 물품에 대하여는 남북교류협력에 관한 법률 시행령 제51조 제3항의 규정에 의하여 수출하는 재화로 보아 영세율이 적용된다. 다만 북한으로 반출하는 사업자에게 납품하는 경우에는 내국신용장 또는 구매확인서에 의하여 공급하는 경우에 한하여 영세율이 적용되는 것임.

64

추심지시서에 이자가 추심되어야 함을 명시하면서 포기될 수 없음을 명확하게 기재한 경우 지급인이 이자 지급을 거절하면 제시은행은 서류를 인도할 수 없다.

65

승낙기간 중에 포함된 공휴일 또는 비영업일은 기간에 산입된다. 그러나 승낙기간의 말일이 청약자의 영업소에서의 공휴일 또는 비영업일에 해당되어 청약자의 주소에 승낙의 통지가 전달될 수 없는 경우에는 이어지는 최초 영업일까지 연장된다.

66

① 공인검사기관이 발행한 검사증명서(Inspection Certificate)를 요구함으로써 저급물품의 선적을 예방할 수 있다.
② 물품을 인도받은 후 대금을 지급하는 후지급방식일 경우, 저급물품에 대하여 지급을 거절할 수 있으므로 유리한 방법이다. 또한 국제팩토링을 이용하여 저급물품의 인도 시 수입상은 수출팩터에게 대금지급을 거절할 수 있으므로 위험을 예방할 수 있다.
③ 저급물품이 선적될 경우 이의 배상을 책임질 수 있는 이행보증신용장의 개설을 요구하는 것도 좋은 방법이다.
④ 신용장방식은 현품의 확인 없이, 선적되었음을 입증하는 서류만으로 지급되므로 저급물품의 선적을 예방할 완전한 수단이 되지 못한다.
▶ performance bond(이행보증금) : 매도인이 계약의 내용대로 이행하는 것을 보증하는 것으로서 매수인이 offer시 및 계약의 체결 시에 매도인으로 하여금 일정한 율의 보증금을 적립하도록 하는 것을 말한다.

67

선불금(Initial Payment)에 대한 설명이다.
▶ 경상기술료(Running Royalty ; 정률실시료)와 고정기술료(fixed payment)
기술료 지불에 있어서 선불금의 비중을 낮춰주고 대신 총 계약기간 중 계약제품의 생산판매액(Sales Amount)의 일정수수료를 적용하여 지급받는 대가이다. 이에 반해 고정기술료(fixed payment)는 라이센스에 대한 대가를 1회에 한하여 전부 지급하는 방식이다.
▶ 일시불(Lump Sum Payment)
기술료의 산출 근거가 없거나 또는 기술제공자가 판매량에 관계없이 일정 금액을 일시에 받음으로써 기술제공자의 대금 회수가 보장된다.

68

① 환어음을 매입한 은행은 타 은행의 이중매입을 방지하기 위하여 신용장 원본 뒷면에 자신이 매입한 금액을 기재한다.
② 개설은행으로부터의 대금회수를 위하여 수익자의 지급위탁문언이 기재된 환어음이 있어야 한다.
③ 자유매입신용장의 어음지급기간은 일람지급 또는 기한부로 발행될 수 있다.
④ 자유매입신용장의 경우 수익자는 환어음 매입의뢰 시에 거래은행이나 유리한 은행을 자유로 선택할 수 있으므로 편리하다.

69

수입신고하고자 하는 자는 당해물품을 선적한 선박이 출항하기 전, 입항하기 전, 당해 물품이 보세구역에 도착하기 전, 보세구역에 장치 후 신고할 수 있다. 선적 전 신고는 해당사항이 아니다.

70

복합운송서류에 화물이나 포장에 결함이 있음을 명백하게 표시하고 있으면 하자이며, 고장부 운송서류이다. 선지 ①번은 "포장이 해상운송에 적합하지 않을 수 있다"고 하여 명백하게 물품이나 포장의 이상부분을 표시한 것이 아니므로 하자가 아니다 [ISBP 681 제82조].
② 갈고리로 찍힌 자국이 있음
③ 페인트 외부 도장면이 긁혀 있음
④ 약간 녹이 슬었음

71

AWB(Air Way Bill)은 송하인과 항공운송인간의 항공운송계약의 성립을 입증하는 운송계약서이다. AWB은 12통(원본 3통 + 부본 9통)으로 구성되어 있지만 그 全通이 모두 운송계약서는 아니다. 송하인용 원본만이 이에 해당된다. 신용장방식거래에서 AWB 전통(Full set)을 요구하더라도 수출자는 네고 시 1통의 AWB(Shipper용)만 제시하면 된다. AWB은 그 용도가 정해져 있고 색용지를 사용하고 있다.
▶ IATA 규정 Air Waybill원본
  - Original 1(for Carrier, 운송인용) - Green
  - Original 2(for Consignee, 수취인용) - Pink
  - Original 3(for Shipper, 송하인용)- Blue

72

해외직접투자는 여러 국가에 산재해 있는 자회사들을 네트워크로 연결하여 운영함으로써 표준화된 글로벌 제품을 저렴하게 생산하고 마케팅을 촉진시키는 장점이 있다.

73

"an excess[deductible] of 5%" 란 손해액이 5%를 초과할 경우 5%는 공제하고(피보험자부담), 초과한 손해만 보상하는 소손해면책률이다.
① 1,000달러는 전체 손해액의 10% 이므로 보험자는 500달러는 공제하고 초과손해액인 500달러만 보상한다.
② ①과 같은 이유로 보험자는 500달러만 보상한다.
③ 손해율이 5%를 초과하지 않았으므로 보험자의 면책이므로 보험자는 보상하지 않는다.

④ Busan CIF 조건을 볼 때 최종 도착항은 부산이므로 수입자는 (주)하이무역이고 수출자는 Topposvo 상사임을 알 수 있다. 따라서 수출자인 Topposvo 상사가 보험계약을 체결해야 한다.

74

전략물자란 핵무기, 생화학무기, 미사일, 재래식 무기 등 대량살상무기의 개발이나 제조에 사용될 수 있는 물품이나 기술, 무기로 전용될 가능성이 있는 물자를 말한다. 전략물자는 현재 HS코드로 분류되어 있지 않으며 분류작업이 시도되고 있다.

75

CPT조건에서 매도인은 수출국에 의해서 강제되는 선적전검사에 따른 비용을 부담해야 한다. 그러나 수입국에 의해 강제되는 선적전검사에 따른 비용은 매수인이 부담해야 한다.

제1회 Final Test 답안지
(1문항 ~ 75문항)

답 안 표 기 란

1과목 영문해석

문번	1	2	3	4
1	①	②	③	④
2	①	②	③	④
3	①	②	③	④
4	①	②	③	④
5	①	②	③	④
6	①	②	③	④
7	①	②	③	④
8	①	②	③	④
9	①	②	③	④
10	①	②	③	④
11	①	②	③	④
12	①	②	③	④
13	①	②	③	④
14	①	②	③	④
15	①	②	③	④
16	①	②	③	④
17	①	②	③	④
18	①	②	③	④
19	①	②	③	④
20	①	②	③	④
21	①	②	③	④
22	①	②	③	④
23	①	②	③	④
24	①	②	③	④
25	①	②	③	④

2과목 영작문

문번	1	2	3	4
26	①	②	③	④
27	①	②	③	④
28	①	②	③	④
29	①	②	③	④
30	①	②	③	④
31	①	②	③	④
32	①	②	③	④
33	①	②	③	④
34	①	②	③	④
35	①	②	③	④
36	①	②	③	④
37	①	②	③	④
38	①	②	③	④
39	①	②	③	④
40	①	②	③	④
41	①	②	③	④
42	①	②	③	④
43	①	②	③	④
44	①	②	③	④
45	①	②	③	④
46	①	②	③	④
47	①	②	③	④
48	①	②	③	④
49	①	②	③	④
50	①	②	③	④

3과목 무역실무

문번	1	2	3	4
51	①	②	③	④
52	①	②	③	④
54	①	②	③	④
54	①	②	③	④
55	①	②	③	④
56	①	②	③	④
57	①	②	③	④
58	①	②	③	④
59	①	②	③	④
60	①	②	③	④
61	①	②	③	④
62	①	②	③	④
63	①	②	③	④
64	①	②	③	④
65	①	②	③	④
66	①	②	③	④
67	①	②	③	④
68	①	②	③	④
69	①	②	③	④
70	①	②	③	④
71	①	②	③	④
72	①	②	③	④
73	①	②	③	④
74	①	②	③	④
75	①	②	③	④

※ 감독위원 서명

성 명
주민등록번호
종목등급

*감독위원 서명이 없으면 무효 처리됩니다.

※ 결 표 시 자 기
*감독위원은 검사만 표기 하십시오.
*수험자는 표기 하지 마십시오.

문제지 형별	A형 Ⓐ
	B형 Ⓑ

- 인적사항(성명, 주민등록번호, 종목등급, 수험번호)이 잘못 인쇄되었을 경우에는 답안지에 정정하지 마시고 감독결과 보고서의 인적사항이자란에 정정 내용을 기록하시기 바랍니다.
- 답안작성은 컴퓨터용 사인펜을 사용하지 않으면 실격 처리됩니다.
- 답안작성 유의사항
  ① 필기구는 반드시 사인펜만을 사용할 것.
  ② 응시번호는 숫자로 기재하고 해당란에 마킹할 것.
  ③ 문제지 형별란은 문제지 표지에 표시된 형별을 마킹할 것.
  ④ 정답을 2개 이상 마킹하거나, 정정, 잘못 마킹한 경우에는 해당 문항을 무효로 처리함.
  ⑤ 감독위원 날인이 없는 답안지는 무효로 처리함.

응시번호

	0	1	2	3	4	5	6	7	8	9
	⓪	①	②	③	④	⑤	⑥	⑦	⑧	⑨
	⓪	①	②	③	④	⑤	⑥	⑦	⑧	⑨
	⓪	①	②	③	④	⑤	⑥	⑦	⑧	⑨
	⓪	①	②	③	④	⑤	⑥	⑦	⑧	⑨
	⓪	①	②	③	④	⑤	⑥	⑦	⑧	⑨

제2회 Final Test 답안지
(1문항 ~ 75문항)

답 안 표 기 란

1과목 영문해석

문번	1	2	3	4
1	①	②	③	④
2	①	②	③	④
3	①	②	③	④
4	①	②	③	④
5	①	②	③	④
6	①	②	③	④
7	①	②	③	④
8	①	②	③	④
9	①	②	③	④
10	①	②	③	④
11	①	②	③	④
12	①	②	③	④
13	①	②	③	④
14	①	②	③	④
15	①	②	③	④
16	①	②	③	④
17	①	②	③	④
18	①	②	③	④
19	①	②	③	④
20	①	②	③	④
21	①	②	③	④
22	①	②	③	④
23	①	②	③	④
24	①	②	③	④
25	①	②	③	④

2과목 영작문

문번	1	2	3	4
26	①	②	③	④
27	①	②	③	④
28	①	②	③	④
29	①	②	③	④
30	①	②	③	④
31	①	②	③	④
32	①	②	③	④
33	①	②	③	④
34	①	②	③	④
35	①	②	③	④
36	①	②	③	④
37	①	②	③	④
38	①	②	③	④
39	①	②	③	④
40	①	②	③	④
41	①	②	③	④
42	①	②	③	④
43	①	②	③	④
44	①	②	③	④
45	①	②	③	④
46	①	②	③	④
47	①	②	③	④
48	①	②	③	④
49	①	②	③	④
50	①	②	③	④

3과목 무역실무

문번	1	2	3	4
51	①	②	③	④
52	①	②	③	④
54	①	②	③	④
54	①	②	③	④
55	①	②	③	④
56	①	②	③	④
57	①	②	③	④
58	①	②	③	④
59	①	②	③	④
60	①	②	③	④
61	①	②	③	④
62	①	②	③	④
63	①	②	③	④
64	①	②	③	④
65	①	②	③	④
66	①	②	③	④
67	①	②	③	④
68	①	②	③	④
69	①	②	③	④
70	①	②	③	④
71	①	②	③	④
72	①	②	③	④
73	①	②	③	④
74	①	②	③	④
75	①	②	③	④

※ 결시자 표기
*감독위원 결시자만 표기 하십시오. *수험자는 표기하지 마시오.

문제지형별: A형 Ⓐ / B형 Ⓑ

감독위원 성명
*감독위원 서명이 없으면 무효 처리됩니다.

성명 / 주민등록번호 / 종목등급

● 인적사항: 성명, 주민등록번호, 종목등급, 수험번호이 잘못 인쇄되었을 경우에는 답안지에 정정하지 마시고 감독결과 보고서의 인적상이 자란에 정정 내용을 기록하시기 바랍니다.
● 답안지는 컴퓨터용 사인펜을 사용하지 않으면 실격 처리됩니다.
● 답안작성 유의사항
  ① 필기구는 반드시 흑색 사인펜만을 사용할 것
  ② 응시번호는 숫자로 기재하고 해당란에 마킹할 것
  ③ 문제지 형별란은 문제지 표지에 표시된 형별을 마킹할 것
  ④ 정답을 2개 이상 마킹하거나, 정정 잘못 마킹한 경우에는 해당 문항을 무효 처리합니다.
  ⑤ 감독위원 날인이 없는 답안지는 무효 처리됩니다.

응시번호

0	⓪	⓪	⓪	⓪	⓪	⓪
1	①	①	①	①	①	①
2	②	②	②	②	②	②
3	③	③	③	③	③	③
4	④	④	④	④	④	④
5	⑤	⑤	⑤	⑤	⑤	⑤
6	⑥	⑥	⑥	⑥	⑥	⑥
7	⑦	⑦	⑦	⑦	⑦	⑦
8	⑧	⑧	⑧	⑧	⑧	⑧
9	⑨	⑨	⑨	⑨	⑨	⑨

부록 1
신용장통일규칙(UCP600)

국제상업회의소가 제정한 신용장통일규칙(UCP)은 무역영어뿐만 아니라 한국무역협회 주관 국제무역사 시험에서도 상당한 비중을 차지하는 중요한 부분입니다. 신용장 결제 부분과 무역영어 부분에서 본 규칙의 상당한 부분이 응용되어 출제되고 있습니다. 문법적인 내용이나 지엽적인 부분을 보기보다는 영문 조항의 내용에 익숙해져야 하며 특히 본문의 해설과 연관된 조항의 표현과 어구들을 수차례 반복해서 읽어두고 숙지해두기 바랍니다.

해당 조항의 지문을 제시하여 빈칸 채우기, 한글을 영문으로 전환하는 영작문, 조문의 해석, 틀린 답 찾아내기 등의 다양한 형식으로 출제됩니다. 무역실무에서 익힌 부분들이 UCP600에서 어떻게 영문으로 규정해 놓았는지 잘 살펴보기 바랍니다. 시간상 경제적인 학습을 위해 빈출도가 극히 낮은 일부 조항은 생략하였습니다.

Article 1 Application of UCP [신용장통일규칙의 적용]

The Uniform Customs and Practice for Documentary Credits, 2007 Revision, ICC Publication no. 600 ("UCP") are rules that apply to any documentary credit("credit") (including, to the extent to which they may be applicable, any standby letter of credit) when the text of the credit expressly indicates that it is subject to these rules. They are binding on all parties thereto unless expressly modified or excluded by the credit.

화환신용장에 관한 통일규칙 및 관례, 2007년 개정, ICC 출판물번호, 제600호("UCP")는 신용장의 본문이 이 규칙에 따른다고 명시적으로 표시하고 있는 경우 모든 화환신용장("신용장")(적용 가능한 범위에서 모든 보증신용장을 포함한다)에 적용되는 규칙이다. 신용장에 명시적으로 수정되거나 또는 배제되지 아니하는 한, 이 규칙은 모든 관계당사자를 구속한다.

Article 2 Definitions [제2조 정의]

For the purpose of these rules:
Advising bank means the bank that advises the credit at the request of the issuing bank.

통지은행이라 함은 개설은행의 요청에 따라 신용장을 통지하는 은행을 말한다.

Applicant means the party on whose request the credit is issued.

개설의뢰인이라 함은 신용장이 개설되도록 요청하는 당사자를 말한다.

Banking day means a day on which a bank is regularly open at the place at which an act subject to these rules is to be performed.

은행영업일이라 함은 이 규칙에 따라 업무가 이행되는 장소에서 은행이 정상적으로 영업을 하는 일자를 말한다.

Beneficiary means the party in whose favour a credit is issued.

수익자라 함은 그 자신을 수익자로 하여 신용장을 발행받는 당사자를 말한다.

Complying presentation means a presentation that is in accordance with the terms and conditions of the credit, the applicable provisions of these rules and international standard banking practice.

일치하는 제시라 함은 신용장의 제 조건, 이 규칙 및 국제표준은행관행의 적용가능한 규정에 따른 제시를 말한다.

Confirmation means a definite undertaking of the confirming bank, in addition to that of the issuing bank, to honour or negotiate a complying presentation.

확인이라 함은 개설은행의 확약에 추가하여 일치하는 제시를 지급이행 또는 매입할 확인은행의 확약을 말한다.

Confirming bank means the bank that adds its confirmation to a credit upon the issuing bank's authorization or request.

확인은행이라 함은 개설은행의 수권 또는 요청에 따라 신용장에 확인을 추가하는 은행을 말한다.

Credit means any arrangement, however named or described, that is irrevocable and thereby constitutes a definite undertaking of the issuing bank to honour a complying presentation.

신용장이라 함은 그 명칭이나 기술에 관계없이 취소불능이며 일치하는 제시를 지급이행할 개설은행의 확약을 구성하는 모든 약정을 말한다.

Honour means:
a. to pay at sight if the credit is available by sight payment.
b. to incur a deferred payment undertaking and pay at maturity if the credit is available by deferred payment.
c. to accept a bill of exchange ("draft") drawn by the beneficiary and pay at maturity if the credit is available by acceptance.

지급이행이라 함은 다음을 말한다.
a. 신용장이 일람지급에 의하여 사용될 수 있는 경우 일람지급하는 것.
b. 신용장이 연지급에 의하여 사용될 수 있는 경우 연지급확약의무를 부담하고 만기일에 지급하는 것.
c. 신용장이 인수에 의하여 사용될 수 있는 경우 수익자에 의하여 발행된 환어음("어음")을 인수하고 만기일에 지급하는 것.

Issuing bank means the bank that issues a credit at the request of an applicant of on its own behalf.

개설은행이라 함은 개설의뢰인의 요청에 따르거나 또는 그 자신을 위하여 신용장을 개설하는 은행을 말한다.

Negotiation means the purchase by the nominated bank of drafts (drawn on a bank other than the nominated bank) and/or documents under a complying presentation, by advancing or agreeing to advance funds to the beneficiary on or before the banking day on which reimbursement is due to the nominated bank.

> 매입이라 함은 상환이 지정은행에 행해져야 할 은행영업일에 또는 그 이전에 수익자에게 대금을 선지급하거나 또는 선지급하기로 약정함으로써, 일치하는 제시에 따른 환어음(지정은행이 아닌 은행을 지급인으로 하여 발행된) 및 또는 서류의 지정 은행에 의한 구매를 말한다.

Nominated bank means the bank with which the credit is available or any bank in the case of a credit available with any bank.

> 지정은행이라 함은 신용장이 사용될 수 있는 은행 또는 모든 은행에서 사용될 수 있는 신용장의 경우에는 모든 은행을 말한다.

Presentation means either the delivery of documents under a credit to the issuing bank or nominated bank or the documents so delivered.

> 제시라 함은 개설은행 또는 지정은행에게 신용장에 의한 서류를 인도하는 행위 또는 그렇게 인도된 서류를 말한다.

Presenter means a beneficiary, bank or other party that makes a presentation.

> 제시인이라 함은 제시를 행하는 수익자, 은행 또는 기타 당사자를 말한다.

Article 3 Interpretations [제3조 해석]

For the purpose of these rules:
Where applicable, words in the singular include the plural and in the plural include the singular.

> 이 규칙에서:
> 적용할 수 있는 경우에는, 단수형의 단어는 복수형을 포함하고 복수형의 단어는 단수형을 포함한다.

A credit is irrevocable even if there is no indication to that effect.

> 신용장은 취소불능의 표시가 없는 경우에도 취소불능이다.

A document may be signed by handwriting, facsimile signature, perforated signature, stamp, symbol or any other mechanical or electronic method of authentication.

> 서류는 수기, 모사서명, 천공서명, 스탬프, 상징 또는 기타 모든 기계적 또는 전자적 인증방법에 의하여 서명될 수 있다.

A requirement for a document to be legalized, visaed, certified or similar will be satisfied by any signature, mark, stamp or label on the document which appears to satisfy that requirement.

> 공인, 사증, 증명된 또는 이와 유사한 서류의 요건은 그러한 요건을 충족하는 것으로 보이는 서류상의 모든 서명, 표시, 스탬프 또는 부전에 의하여 충족된다.

Branches of a bank in different countries are considered to be separate banks.

다른 국가에 있는 어떤 은행의 지점은 독립된 은행으로 본다.

Terms such as "first class", "well known", "qualified", "independent", "official", "competent" or "local" used to describe the issuer of a document allow any issuer except the beneficiary to issue that document.

서류의 발행인을 기술하기 위하여 사용되는 "일류의(first class)", "저명한(well known)", "자격 있는(qualified)", "독립적인(independent)", "공인된(official)", "유능한(competent)" 또는 "국내의(local)"와 같은 용어는 수익자 이외의 모든 서류발행인이 서류를 발행하는 것을 허용한다.

Unless required to be used in a document, words such as "prompt", "immediately" or "as soon as possible" will be disregarded.

서류에 사용될 것이 요구되지 아니하는 한, "신속한(prompt)", "즉시(immediately)" 또는 "가능한 한 빨리(as soon as possible)"와 같은 단어는 무시된다.

The expression "on or about" or similar will be interpreted as a stipulation that an event is to occur during a period of five calendar days before until five calendar days after the specified date, both start and end dates included.

"~경에(on or about)" 또는 이와 유사한 표현은 사건이 명시된 일자 이전의 5일부터 그 이후의 5일까지의 기간 동안에 발행하는 약정으로서 초일 및 종료일을 포함하는 것으로 해석된다.

The words "to", "until", "till", "from" and "between" when used to determine a period of shipment include the date or dates mentioned, and the words "before" and "after" exclude the date mentioned.

"까지(to)", "까지(until)", "까지(till)", "부터(from)" 및 "사이(between)"라는 단어는 선적기간을 결정하기 위하여 사용되는 경우에는 언급된 당해 일자를 포함하며, "이전(before)" 및 "이후(after)"라는 단어는 언급된 당해 일자를 제외한다.

The words "from" and "after" when used to determine a maturity date exclude the date mentioned.

"부터(from)" 및 "이후(after)"라는 단어는 만기일을 결정하기 위하여 사용된 경우에는 언급된 당해 일자를 제외한다.

The terms "first half" and "second half" of a month shall be construed respectively as the 1st to the 15th and the 16th to the last day of the month, all dates inclusive.

어느 개월의 "전반(first half)", "후반(second half)"이라는 용어는 각각 해당 개월의 1일부터 15일까지, 그리고 16일부터 말일까지로 하고, 양끝의 일자를 포함하는 것으로 해석된다.

The terms "beginning", "middle" and "end" of a month shall be construed respectively as the 1st to the 10th, the 11th to the 20th and the 21st to the last day of the month, all dates inclusive.

어느 개월의 "상순(beginning)", "중순(middle)" 및 "하순(end)"이라는 용어는 각각 해당 개월의 1일부터 10일까지, 11일부터 20일까지, 그리고 21일부터 말일까지로 하고, 양끝의 일자를 포함하는 것으로 해석된다.

Article 4 Credits v. Contracts [제4조 신용장과 계약]

a. A credit by its nature is a separate transaction from the sale or other contract on which it may be based. Banks are in no way concerned with or bound by such contract, even if any reference whatsoever to it is included in the credit. Consequently, the undertaking of a bank to honour, to negotiate or to fulfil any other obligation under the credit is not subject to claims or defences by the applicant resulting from its relationships with the issuing bank or the beneficiary.

A beneficiary can in no case avail itself of the contractual relationships existing between banks or between the applicant and the issuing bank.

> a. 신용장은 그 성질상 그것이 근거될 수 있는 매매계약 또는 기타 계약과는 독립된 거래이다. 은행은 그러한 계약에 관한 어떠한 참조사항이 신용장에 포함되어 있다 하더라도 그러한 계약과는 아무런 관계가 없으며 또한 이에 구속되지 아니한다. 결과적으로 신용장에 의하여 지급이행하거나, 매입하거나 또는 기타 모든 의무를 이행한다는 은행의 확약은 개설은행 또는 수익자와 개설의뢰인과의 관계로부터 생긴 개설의뢰인에 의한 클레임 또는 항변에 지배받지 아니한다.
>
> 수익자는 어떠한 경우에도 은행 상호 간 또는 개설의뢰인과 개설은행 간에 존재하는 계약관계를 원용할 수 없다.

b. An issuing bank should discourage any attempt by the applicant to include, as an integral part of the credit, copies of the underlying contract, proforma invoice and the like.

> b. 개설은행은 신용장의 필수적인 부분으로서, 근거계약의 사본, 견적송장 등을 포함시키고자 하는 어떠한 시도도 저지하여야 한다.

Article 5 Documents v. Goods, Services or Performance [제5조 서류와 물품/용역/이행]

Banks deal with documents and not with goods, services or performance to which the documents may relate.

> 은행은 서류를 취급하는 것이며 그 서류와 관련될 수 있는 물품, 용역 또는 이행을 취급하는 것은 아니다.

Article 6 Availability, Expiry Date and Place for Presentation [제6조 사용가능성, 유효기일 및 장소]

a. A credit must state the bank with which it is available or whether it is available with any bank. A credit available with a nominated bank is also available with the issuing bank.

> a. 신용장에는 그 신용장이 사용될 수 있는 은행을 또는 그 신용장이 모든 은행에서 사용될 수 있는지를 명기하여야 한다. 지정은행에서 사용될 수 있는 신용장은 개설은행에서도 사용될 수 있다.

b. A credit must state whether it is available by sight payment, deferred payment, acceptance or negotiation.

> b. 신용장은 그것이 일람지급, 연지급, 인수 또는 매입 중 어느 것에 의하여 사용될 수 있는지를 명기하여야 한다.

c. A credit must not be issued available by a draft drawn on the applicant.

c. 개설의뢰인을 지급인으로 하여 발행된 환어음에 의하여 사용될 수 있는 신용장은 발행되어서는 아니 된다.

d. i. A credit must state an expiry date for presentation. An expiry date stated for honour or negotiation will be deemed to be an expiry date for presentation.

d. ⅰ. 신용장은 제시를 위한 유효기일을 명기하여야 한다. 지급이행 또는 매입을 위하여 명기된 유효기일은 제시를 위한 유효기일로 본다.

e. Except as provided in sub-article 29 (a), a presentation by or on behalf of the beneficiary must be made on or before the expiry date.

e. 제29조 a항에서 규정된 경우를 제외하고는, 수익자에 의하거나 또는 대리하는 제시는 유효기일에 또는 그 이전에 행하여져야 한다.

Article 7 Issuing Bank Undertaking [제7조 개설은행의 확약]

a. Provided that the stipulated documents are presented to the nominated bank or to the issuing bank and that they constitute a complying presentation, the issuing bank must honour if the credit is available by:

a. 명시된 서류가 지정은행 또는 개설은행에 제시되고, 그 서류가 일치하는 제시를 구성하는 한, 신용장이 다음 중의 어느 것에 의하여 사용될 수 있는 경우에는, 개설은행은 지급이행하여야 한다:

ⅰ. sight payment, deferred payment or acceptance with the issuing bank;

ⅰ. 개설은행에서 일람지급, 연지급 또는 인수 중의 어느 것에 의하여 사용될 수 있는 경우;

ⅱ. sight payment with a nominated bank and that nominated bank does not pay;

ⅱ. 지정은행에서 일람지급에 의하여 사용될 수 있고 그 지정은행이 지급하지 아니한 경우;

ⅲ. deferred payment with a nominated bank and that nominated bank does not incur its deferred payment undertaking or, having incurred its deferred payment undertaking, does not pay at maturity;

ⅲ. 지정은행에서 연지급에 의하여 사용될 수 있고 그 지정은행이 연지급확약을 부담하지 아니한 경우 또는, 그 지정은행이 연지급확약을 부담하였지만 만기일에 지급하지 아니한 경우;

ⅳ. acceptance with a nominated bank and that nominated bank does not accept a draft drawn on it or, having accepted a draft drawn on it, does not pay at maturity;

ⅳ. 지정은행에서 인수에 의하여 사용될 수 있고 그 지정은행이 자행을 지급인으로 하여 발행된 환어음을 인수하지 아니한 경우 또는, 그 지정은행이 자행을 지급인으로 하여 발행된 환어음을 인수하였지만 만기일에 지급하지 아니한 경우;

ⅴ. negotiation with a nominated bank and that nominated bank does not negotiate.

ⅴ. 지정은행에서 매입에 의하여 사용될 수 있고 그 지정은행이 매입하지 아니한 경우.

b. An issuing bank is irrevocably bound to honour as of the time it issues the credit.

b. 개설은행은 신용장을 발행하는 시점부터 지급이행할 취소불능의 의무를 부담한다.

c. An issuing bank undertakes to reimburse a nominated bank that has honoured or negotiated a complying presentation and forwarded the documents to the issuing bank. Reimbursement for the amount of a complying presentation under a credit available by acceptance or deferred payment is due at maturity, whether or not the nominated bank prepaid or purchased before maturity. An issuing bank's undertaking to reimburse a nominated bank is independent of the issuing bank's undertaking to the beneficiary.

c. 개설은행은 일치하는 제시를 지급이행 또는 매입하고 그 서류를 개설은행에 발송하는 지정은행에게 상환할 것을 약정한다. 인수 또는 연지급에 의하여 사용될 수 있는 신용장에 따른 일치하는 제시금액에 대한 상환은 지정 은행이 만기일 전에 선지급 또는 구매하였는지의 여부와 관계없이 만기일에 이행되어야 한다. 지정은행에 상환할 개설은행의 확약은 수익자에 대한 개설은행의 확약으로부터 독립한다.

Article 8 Confirming Bank Undertaking [제8조 확인은행의 확약]

a. Provided that the stipulated documents are presented to the confirming bank or to any other nominated bank and that they constitute a complying presentation, the confirming bank must:

a. 명시된 서류가 확인은행 또는 기타 모든 지정은행에 제시되고, 그 서류가 일치하는 제시를 구성하는 한, 확인 은행은:

i. honour, if the credit is available by

ⅰ. 신용장이 다음 중의 어느 것에 의하여 사용될 수 있는 경우에는, 지급이행하여야 한다:

a. sight payment, deferred payment or acceptance with the confirming bank;

a. 확인은행에서 일람지급, 연지급 또는 인수 중의 어느 것에 의하여 사용될 수 있는 경우;

b. sight payment, with another nominated bank and that nominated bank does not pay;

b. 다른 지정은행에서 일람지급에 의하여 사용될 수 있고 그 지정은행이 지급하지 아니한 경우;

c. deferred payment with another nominated bank and that nominated bank does not incur its deferred payment undertaking or, having incurred its deferred payment undertaking, does not pay at maturity;

c. 다른 지정은행에서 연지급에 의하여 사용될 수 있고 그 지정은행이 연지급확약을 부담하지 아니한 경우 또는, 그 지정은행이 연지급확약을 부담하였지만 만기일에 지급하지 아니한 경우;

d. acceptance with another nominated bank and that nominated bank does not accept a draft drawn on it or, having accepted a draft drawn on it, does not pay at maturity;

d. 다른 지정은행에서 인수에 의하여 사용될 수 있고 그 지정은행이 자행을 지급인으로 하여 발행된 환어음을 인수하지 아니한 경우 또는, 그 지정은행이 자행을 지급인으로 하여 발행된 환어음을 인수하였지만 만기일에 지급하지 아니한 경우;

　　e. negotiation with another nominated bank and that nominated bank does not negotiate.
　　e. 다른 지정은행에서 매입에 의하여 사용될 수 있고 그 지정은행이 매입하지 아니한 경우.

　ⅱ. negotiate, without recourse, if the credit is available by negotiation with the confirming bank.
　ⅱ. 신용장이 확인은행에서 매입에 의하여 사용될 수 있는 경우에는, 상환청구 없이, 매입하여야 한다.

b. A confirming bank is irrevocably bound to honour or negotiate as of the time it adds its confirmation to the credit.
b. 확인은행은 신용장에 자행의 확인을 추가하는 시점부터 지급이행 또는 매입할 취소불능의 의무를 부담한다.

c. A confirming bank undertakes to reimburse another nominated bank that has honoured or negotiated a complying presentation and forwarded the documents to the confirming bank. Reimbursement for the amount of a complying presentation under a credit available by acceptance or deferred payment is due at maturity, whether or not another nominated bank prepaid or purchased before maturity. A confirming bank's undertaking to reimburse another nominated bank is independent of the confirming bank's undertaking to the beneficiary.
c. 확인은행은 일치하는 제시를 지급이행 또는 매입하고 그 서류를 확인은행에 발송하는 다른 지정은행에게 상환할 것을 약정한다. 인수 또는 연지급에 의하여 사용될 수 있는 신용장에 따른 일치하는 제시금액에 대한 상환은 다른 지정은행이 만기일 전에 선지급 또는 구매하였는지의 여부와 관계없이 만기일에 이행되어야 한다. 다른 지정은행에 상환할 확인은행의 확약은 수익자에 대한 확인은행의 확약으로부터 독립한다.

d. If a bank is authorized or requested by the issuing bank to confirm a credit but is not prepared to do so, it must inform the issuing bank without delay and may advise the credit without confirmation.
d. 어떤 은행이 개설은행에 의하여 신용장을 확인하도록 수권 또는 요청받았으나 이를 행할 용의가 없는 경우, 그 은행은 지체 없이 개설은행에게 통고하여야 하고 확인 없이 신용장을 통지할 수 있다.

Article 9 Advising of Credits and Amendments [제9조 신용장 및 조건변경의 통지]

a. A credit and any amendment may be advised to a beneficiary through an advising bank. An advising bank that is not a confirming bank advises the credit and any amendment without any undertaking to honour or negotiate.
a. 신용장 및 모든 조건변경은 통지은행을 통하여 수익자에게 통지될 수 있다. 확인은행이 아닌 통지은행은 지급이행 또는 매입할 어떠한 확약 없이 신용장 및 모든 조건변경을 통지한다.

b. By advising the credit or amendment, the advising bank signifies that it has satisfied itself as to the apparent authenticity of the credit or amendment and that the advice accurately reflects the terms and conditions of the credit or amendment received.

b. 신용장 또는 조건변경을 통지함으로써, 통지은행은 그 자신이 신용장 또는 조건변경의 외관상의 진정성에 관하여 스스로 충족하였다는 것과 그 통지가 수령된 신용장 또는 조건변경의 제조건을 정확히 반영하고 있다는 것을 의미한다.

c. An advising bank may utilize the services of another bank ("second advising bank") to advise the credit and any amendment to the beneficiary. By advising the credit or amendment, the second advising bank signifies that it has satisfied itself as to the apparent authenticity of the advice it has received and that the advice accurately reflects the terms and conditions of the credit or amendment received.

c. 통지은행은 수익자에게 신용장 및 모든 조건변경을 통지하기 위하여 타은행("제2통지은행")의 서비스를 이용할 수 있다. 신용장 또는 조건변경을 통지함으로써 제2통지은행은 자신이 수령한 그 통지의 외관상의 진정성에 관하여 스스로 충족하였다는 것과 그 통지가 수령된 신용장 또는 조건변경의 제조건을 정확히 반영하고 있다는 것을 의미한다.

d. A bank utilizing the services of an advising bank or second advising bank to advise a credit must use the same bank to advise any amendment thereto.

d. 신용장을 통지하기 위하여 통지은행 또는 제2통지은행의 서비스를 이용하는 은행은 이에 대한 모든 조건변경을 통지하기 위하여 동일한 은행을 이용하여야 한다.

e. If a bank is requested to advise a credit or amendment but elects not to do so, it must so inform, without delay, the bank from which the credit, amendment or advice has been received.

e. 어떤 은행이 신용장 또는 조건변경을 통지하도록 요청되었지만 그렇게 하지 아니하기로 결정하는 경우에는, 그 은행은 신용장, 조건변경 또는 통지를 송부해 온 은행에게 이를 지체 없이 통고하여야 한다.

f. If a bank is requested to advise a credit or amendment but cannot satisfy itself as to the apparent authenticity of the credit, the amendment or the advice, it must so inform, without delay, the bank from which the instructions appear to have been received. If the advising bank or second advising bank elects nonetheless to advise the credit or amendment, it must inform the beneficiary or second advising bank that it has not been able to satisfy itself as to the apparent authenticity of the credit, the amendment or the advice.

f. 어떤 은행이 신용장 또는 조건변경을 통지하도록 요청되었지만 신용장, 조건변경 또는 통지의 외관상의 진정성에 관하여 스스로 충족할 수 없는 경우에는, 그 은행은 그 지시를 송부해 온 것으로 보이는 은행에게 이를 지체 없이 통고하여야 한다. 그럼에도 불구하고 통지은행 또는 제2통지은행이 그 신용장 또는 조건변경을 통지하기로 결정한 경우에는, 그 은행은 수익자 또는 제2통지은행에게 신용장, 조건변경 또는 통지의 외관상의 진정성에 관하여 스스로 충족할 수 없다는 것을 통고하여야 한다.

Article 10 Amendment [제 10조 조건변경]

a. Except as otherwise provided by article 38, a credit can neither be amended nor cancelled without the agreement of the issuing bank, the confirming bank, if any, and the beneficiary.

a. 제38조에 의하여 별도로 규정된 경우를 제외하고는, 신용장은 개설은행, 확인은행(있는 경우) 및 수익자의 합의 없이는 변경 또는 취소될 수 없다.

b. An issuing bank is irrevocably bound by an amendment as of the time it issues the amendment. A confirming bank may extend its confirmation to an amendment and will be irrevocably bound as of the time it advises the amendment. A confirming bank may, however, choose to advise an amendment without extending its confirmation and, if so, it must inform the issuing bank without delay and inform the beneficiary in its advice.

b. 개설은행은 그 자신이 조건변경서를 발행한 시점부터 그 조건변경서에 의하여 취소불능의 의무를 부담한다. 확인은행은 그 자신의 확인을 조건변경에까지 확장할 수 있으며 그 변경을 통지한 시점부터 취소불능의 의무를 부담한다. 그러나 확인 은행은 그 자신의 확인을 확장함이 없이 조건변경을 통지하기로 결정할 수 있으며 이러한 경우에는 개설은행에게 지체 없이 통고하고 그 자신의 통지서로 수익자에게 통고하여야 한다.

c. The terms and conditions of the original credit (or a credit incorporating previously accepted amendments) will remain in force for the beneficiary until the beneficiary communicates its acceptance of the amendment to the bank that advised such amendment. The beneficiary should give notification of acceptance or rejection of an amendment. If the beneficiary fails to give such notification, a presentation that complies with the credit and to any not yet accepted amendment will be deemed to be notification of acceptance by the beneficiary of such amendment. As of that moment the credit will be amended.

c. 원신용장(또는 이전에 승낙된 조건변경을 포함하고 있는 신용장)의 제조건은 수익자가 조건변경에 대한 그 자신의 승낙을 그러한 조건변경을 통지해 온 은행에게 통보할 때까지는 수익자에게는 여전히 유효하다. 수익자는 조건변경에 대하여 승낙 또는 거절의 통고(notification)를 행하여야 한다. 수익자가 그러한 통고(notification)를 행하지 아니한 경우, 신용장 및 아직 승낙되지 않은 조건변경에 일치하는 제시는 수익자가 그러한 조건변경에 대하여 승낙의 통고(notification)를 행하는 것으로 본다. 그 순간부터 신용장은 조건변경된다.

d. A bank that advises an amendment should inform the bank from which it received the amendment of any notification of acceptance or rejection.

d. 조건변경을 통지하는 은행은 조건변경을 송부해 온 은행에게 승낙 또는 거절의 모든 통고를 통지하여야 한다.

e. Partial acceptance of an amendment is not allowed and will be deemed to be notification of rejection of the amendment.

e. 조건변경의 부분승낙은 허용되지 아니하며 그 조건변경의 거절의 통지로 본다.

f. A provision in an amendment to the effect that the amendment shall enter into force unless rejected by the beneficiary within a certain time shall be disregarded.

f. 조건변경이 특정기한 내에 수익자에 의하여 거절되지 아니하는 한 유효하게 된다는 취지의 조건변경서상의 규정은 무시된다.

Article 11. Teletransmitted and Pre-Advised Credits and Amendments
[제1조 전송 및 사전통지신용장과 조건변경][생략]

Article 12 Nomination
[제2조 지정][생략]

Article 13 Bank-to-Bank Reimbursement Arrangements [제 13조 은행 간 상환약정]

a. If a credit states that reimbursement is to be obtained by a nominated bank ("claiming bank") claiming on another party ("reimbursing bank"), the credit must state if the reimbursement is subject to the ICC rules for bank-to-bank reimbursements in effect on thedate of issuance of the credit.

a. 신용장에서 지정은행("청구은행")이 상환을 다른 당사자("상환은행")에게 청구하여 받는 것으로 명기하고 있는 경우에는, 그 신용장은 상환이 신용장의 발행일에 유효한 은행 간 대금상환에 관한 ICC 규칙에 따르는지를 명기하여야 한다.

b. If a credit does not state that reimbursement is subject to the ICC rules for bank-to-bank reimbursements, the following apply :

b. 신용장에서 상환이 은행 간 대금상환에 관한 ICC 규칙에 따른다고 명기하고 있지 아니한 경우에는, 다음과 같이 적용된다 :

   ⅰ. An issuing bank must provide a reimbursing bank with a reimbursement authorization that conforms with the availability stated in the credit. The reimbursement authorization should not be subject to an expiry date.

   ⅰ. 개설은행은 신용장에 명기된 유효성을 따르는 상환수권을 상환은행에 부여하여야 한다. 상환수권은 유효기일에 지배받지 아니하여야 한다.

   ⅱ. A claiming bank shall not be required to supply a reimbursing bank with a certificate of compliance with the terms and conditions of the credit.

   ⅱ. 청구은행은 상환은행에게 신용장의 제조건과의 일치증명서를 제공하도록 요구되지 아니한다.

   ⅲ. An issuing bank will be responsible for any loss of interest, together with any expenses incurred, if reimbursement is not provided on first demand by a reimbursing bank in accordance with the terms and conditions of the credit.

   ⅲ. 상환이 최초의 청구 시에 신용장의 제조건에 따라 상환은행에 의하여 이행되지 아니한 경우, 개설은행은 부담된 모든 경비와 함께 이자손실의 책임을 부담하여야 한다.

   ⅳ. A reimbursing bank's charges are for the account of the issuing bank. However, if the charges are for the account of the beneficiary, it is the responsibility of an issuing bank to so indicate in the credit and in the reimbursement authorization. If a reimbursing bank's charges are for the account of the beneficiary, they shall be deducted from the amount due to a claiming bank when reimbursement is made. If no reimbursement is made, the reimbursing bank's charges remain the obligation of the issuing bank.

iv. 상환은행의 비용은 개설은행의 부담으로 하여야 한다. 그러나 그 비용이 수익자의 부담으로 되는 경우에는, 개설은행은 신용장 및 상환수권서에 이를 지시할 책임이 있다. 상환은행의 비용이 수익자의 부담으로 되는 경우에는, 그 비용은 상환이 행해질 때 청구은행에 기인하는 금액으로부터 공제되어야 한다. 상환이 행해지지 아니한 경우에는, 상환은행의 비용은 개설은행의 의무로 남는다.

Article 14 Standard for Examination of Documents [제14조 서류심사의 기준]

a. A nominated bank acting on its nomination, a confirming bank, if any, and the issuing bank must examine a presentation to determine, on the basis of the documents alone, whether or not the documents appear on their face to constitute a complying presentation.

a. 지정에 따라 행동하는 지정은행, 확인은행(있는 경우) 및 개설은행은 서류가 문면상 일치하는 제시를 구성하는지 여부 ("일치성")를 결정하기 위하여 서류만을 기초로 하여 그 제시를 심사하여야 한다.

b. A nominated bank acting on its nomination, a confirming bank, if any, and the issuing bank shall each have a maximum of five banking days following the day of presentation to determine if a presentation is complying. This period is not curtailed or otherwise affected by the occurrence on or after the date of presentation of any expiry date of last day for presentation.

b. 지정에 따라 행동하는 지정은행, 확인은행(있는 경우) 및 개설은행은 제시가 일치하는지 여부를 결정하기 위하여 지시일의 다음날부터 최대 제5은행영업일을 각각 가진다. 이 기간은 제시를 위한 모든 유효기일 또는 최종일의 제시일에 또는 그 이후의 사건에 의하여 단축되거나 또는 별도로 영향을 받지 아니한다.

c. A presentation including one or more original transport documents subject to articles 19, 20, 21, 22, 23, 24 or 25 must be made by or on behalf of the beneficiary not later than 21 calendar days after the date of shipment as described in these rules, but in any event not later than the expiry date of the credit.

c. 제19조, 제20조, 제21조, 제22조, 제23조, 제24조 또는 제25조에 따른 하나 또는 그 이상의 운송서류의 원본을 포함하는 제시는 이 규칙에 기술된 대로 선적일 이후 21일보다 늦지 않게 수익자에 의하여 또는 대리하여 이행되어야 한다. 그러나 어떠한 경우에도, 신용장의 유효기일보다 늦지 않아야 한다.

d. Data in a document, when read in context with the credit, the document itself and international standard banking practice, need not be identical to, but must not conflict with, data in that document, any other stipulated document or the credit.

d. 서류상의 자료는 신용장, 그 서류자체 및 국제표준은행관행의 관점에서 검토하는 경우, 그 서류, 기타 모든 명시된 서류 또는 신용장상의 자료와 동일할 필요는 없지만 이와 상충되어서는 아니 된다:

e. In documents other than the commercial invoice, the description of the goods, services or performance, if stated, may be in general terms not conflicting with their description in the credit.

e. 상업송장 이외의 서류에 있어서, 물품, 용역 또는 이행의 명세는 명기된 경우 신용장상의 이들 명세와 상충되지 아니하는 일반 용어로 기재될 수 있다.

f. If a credit requires presentation of a document other than a transport document, insurance document or commercial invoice, without stipulating by whom the document is to be issued or its date content, banks will accept the document as presented if its content appears to fulfil the function of the required document and otherwise complies with sub-article 14 (d).

f. 신용장에서 서류가 누구에 의하여 발행되는 것인가를 또는 서류의 자료내용을 명시하지 않고, 운송서류, 보험서류 또는 상업송장 이외의 서류의 제시를 요구하는 경우에는, 그 서류의 내용이 요구된 서류의 기능을 충족하는 것으로 보이고 기타의 방법으로 제14조 d항과 일치한다면, 은행은 그 서류를 제시된 대로 수리한다.

g. A document presented but not required by the credit will be disregarded and may be returned to the presenter.

g. 제시되었지만 신용장에 의하여 요구되지 않은 서류는 무시되고 제시인에게 반송될 수 있다.

h. If a credit contains a condition without stipulating the document to indicate compliance with the condition, banks bill deem such condition as not stated and will disregard it.

h. 신용장이 어떤 조건(condition)과의 일치성을 표시하기 위하여 서류를 명시하지 않고 그 조건을 포함하고 있는 경우에는, 은행은 그러한 조건을 명기되지 아니한 것으로 보고 이를 무시하여야 한다.

i. A document may be dated prior to the issuance date of the credit, but must not be dated later than its date of presentation.

i. 서류는 신용장의 일자보다 이전의 일자가 기재될 수 있으나 그 서류의 제시일보다 늦은 일자가 기재되어서는 아니된다.

j. When the addresses of the beneficiary and the applicant appear in any stipulated document, they need not be the same as those stated in the credit or in any other stipulated, but must be within the same country as the respective addresses mentioned in the credit. Contact details (telefax, telephone, email and the like) stated as part of the beneficiary's and the applicant's address will be disregarded. However, when the address and contact details of the applicant appear as part of the consignee or notify party details on a transport document subject to articles 19, 20, 21, 22, 23, 24, or 25, they must be as stated in the credit.

j. 수익자 및 개설의뢰인의 주소가 모든 명시된 서류상에 보이는 경우에는, 이들 주소는 신용장 또는 기타 모든 명시된 서류에 명기된 것과 동일할 필요는 없으나, 신용장에 언급된 각각의 주소와 동일한 국가 내에 있어야 한다. 수익자 및 개설의뢰인의 주소의 일부로서 명기된 연락처명세(모사전송, 전화, 전자우편 등)는 무시된다. 그러나, 개설의뢰인의 모든 주소 및 연락처 명세가 제19조, 제20조, 제21조, 제22조, 제23조, 제24조 또는 제25조에 따라 운송서류상의 수화인 또는 착화통지처 명세의 일부로서 보이는 경우에는, 이러한 주소 및 연락처명세는 신용장에 명기된 대로 있어야 한다.

k. The shipper or consignor of the goods indicated on any document need not be the beneficiary of the credit.

k. 모든 서류상에 표시된 물품의 송화인 또는 탁송인은 신용장의 수익자일 필요는 없다.

l. A transport document may be issued by any party other than a carrier, owner, master or charterer provided that the transport document meets the requirements of articles 19, 20, 21, 22, 23, or 24 of these rules.

l. 운송서류가 이 규칙의 제19조, 제20조, 제21조, 제22조, 제23조 또는 제24조의 요건을 충족하는 한, 그 운송서류는 운송인, 선주 또는 용선자 이외의 모든 당사자에 의하여 발행될 수 있다.

Article 15 Complying Presentation [제15조 일치하는 제시]

a. When an issuing bank determines that a presentation is complying, it must honour.

a. 개설은행이 제시가 일치한다고 결정하는 경우에는, 그 개설은행은 지급이행하여야 한다.

b. When a confirming bank determines that a presentation is complying, it must honour or negotiate and forward the documents to the issuing bank.

b. 확인은행이 제시가 일치한다고 결정하는 경우에는, 그 확인은행은 지급이행 또는 매입하고 개설은행에게 서류를 발송하여야 한다.

c. When a nominated bank determines that a presentation is complying and honours or negotiates, it must forward the documents to the confirming bank or issuing bank.

c. 지정은행이 제시가 일치한다고 결정하고 지급이행 또는 매입하는 경우에는, 그 지정은행은 확인은행 또는 개설은행에게 서류를 발송하여야 한다.

Article 16 Discrepant Documents, Waiver and Notice [제16조 불일치서류, 권리포기 및 통지]

a. When a nominated bank acting on its nomination, a confirming bank, if any, or the issuing bank determines that a presentation does not comply, it may refuse to honour or negotiate.

a. 지정에 따라 행동하는 지정은행, 확인은행(있는 경우) 또는 개설은행은 제시가 일치하지 아니한 것으로 결정하는 경우에는, 지급이행 또는 매입을 거절할 수 있다.

b. When an issuing bank determines that a presentation does not comply, it may in its sole judgement approach the applicant for a waiver of the discrepancies. This does not, however, extend the period mentioned in sub-article 14 (b).

b. 개설은행은 제시가 일치하지 아니하다고 결정하는 경우에는, 독자적인 판단으로 개설의뢰인과 불일치에 관한 권리포기의 여부를 교섭할 수 있다. 그러나 이것은 제14조 b항에서 언급된 기간을 연장하지 아니한다.

c. When a nominated bank acting on its nomination, a confirming bank, if any, or the issuing bank decides to refuse to honour or negotiate, it must give a single notice to the effect to the presenter.

c. 지정에 따라 행동하는 지정은행, 확인은행(있는 경우)또는 개설은행은 지급이행 또는 매입을 거절하기로 결정한 경우에는, 제시인에게 그러한 취지를 1회만 통지하여야 한다.

The notice must state:

그 통지는 다음을 명기하여야 한다:

ⅰ. that the bank is refusing to honour or negotiate; and

　ⅰ. 은행이 지급이행 또는 매입을 거절하고 있다는 것; 그리고

　ⅱ. each discrepancy in respect of which the bank refuses to honour or negotiate; and

　ⅱ. 은행이 지급이행 또는 매입을 거절하게 되는 각각의 불일치사항; 그리고

　ⅲ. a) that the bank is holding the documents pending further instructions from the presenter; or
　　　b) that the issuing bank is holding the documents until it receives a waiver from the applicant and agrees to accept it, or receives further instructions from the presenter prior to agreeing to accept a waiver; or
　　　c) that the bank is returning the documents; or
　　　d) that the bank is acting in accordance with instructions previously received from the presenter.

　ⅲ. a) 은행이 제시인으로부터 추가지시를 받을 때까지 서류를 보관하고 있다는 것; 또는
　　　b) 개설은행이 개설의뢰인으로부터 권리포기를 수령하고 서류를 수리하기로 합의할 때까지, 또는 권리포기를 승낙하기로 합의하기 전에 제시인으로부터 추가지시를 수령할 때까지 개설은행이 서류를 보관하고 있다는 것; 또는
　　　c) 은행이 서류를 반송하고 있다는 것; 또는
　　　d) 은행이 제시인으로부터 이전에 수령한 지시에 따라 행동하고 있다는 것.

d. The notice required in sub-article 16 (c) must be given by telecommunication or, if that is not possible, by other expeditious means no later than the close of the fifth banking day following the day of presentation.

d. 제 16조 c항에서 요구된 통지는 전기통신(telecommunication)으로 또는 그 이용이 불가능한 때에는 기타 신속한 수단으로 제시일의 다음 제5은행영업일의 마감시간까지 행해져야 한다.

e. A nominated bank acting on its nomination, a confirming bank, if any, or the issuing bank may, after providing notice required by sub-article 16 (c) (iii) (a) or (b), return the documents to the presenter at any time.

e. 지정에 따라 행동하는 지정은행, 확인은행(있는 경우) 또는 개설은행은, 제16조 c항 ⅲ호 (a) 또는 (b)에 의하여 요구된 통지를 행한 후에, 언제든지 제시인에게 서류를 반송할 수 있다.

f. If an issuing bank or a confirming bank fails to act in accordance with the provisions of this article, it shall be precluded from claiming that the documents do not constitute a complying presentation.

f. 개설은행 또는 확인은행이 이 조의 규정에 따라 행동하지 아니한 경우에는, 그 은행은 서류가 일치하는 제시를 구성하지 아니한다고 주장할 수 없다.

g. When an issuing bank refuses to honour or a confirming bank refuses to honour or negotiate and has given notice to that effect in accordance with this article, it shall then be entitled to claim a refund, with interest, of any reimbursement made.

    g. 개설은행이 지급이행을 거절하거나 또는 확인은행이 지급이행 또는 매입을 거절하고 이 조에 따라 그러한 취지를 통지한 경우에는, 그 은행은 이미 행해진 상환금에 이자를 추가하여 그 상환금의 반환을 청구할 권리가 있다.

Article 17 Original Documents and Copies [제17조 원본서류 및 사본]

    a. At least on original of each document stipulated in the credit must be presented.

    a. 적어도 신용장에 명시된 각 서류의 1통의 원본은 제시되어야 한다.

    b. A bank shall treat as an original any document bearing an apparently original signature, mark, stamp, or label of the issuer of the document, unless the document itself indicates that it is not an original.

    b. 서류 그 자체가 원본이 아니라고 표시하고 있지 아니하는 한, 명백히 서류발행인의 원본서명, 표기, 스탬프, 또는 부전을 기재하고 있는 서류를 원본으로서 취급한다.

    c. Unless a document indicates otherwise, a bank will also accept a document as original if it:

    c. 서류가 별도로 표시하지 아니하는 한, 서류가 다음과 같은 경우에는, 은행은 서류를 원본으로서 수리한다:

      ⅰ. appears to be written, typed, perforated or stamped by the document issuer's hand; or

      ⅰ. 서류발행인에 의하여 수기, 타자, 천공 또는 스탬프된 것으로 보이는 경우; 또는

      ⅱ. appears to be on the document issuer's original stationery; or

      ⅱ. 서류발행인의 원본용지상에 기재된 것으로 보이는 경우; 또는

      ⅲ. states that it is original, unless the statement appears not to apply to the document presented.

      ⅲ. 제시된 서류에 적용되지 아니하는 것으로 보이지 아니하는 한, 원본이라는 명기가 있는 경우.

    d. If a credit requires presentation of copies of documents, presentation of either originals or copies is permitted.

    d. 신용장이 서류의 사본의 제시를 요구하는 경우에는, 원본 또는 사본의 제시는 허용된다.

    e. If a credit requires presentation of multiple documents by using terms such as "in duplicate", "in two fold" or "in two copies", this will be satisfied by the presentation of at least one original and the remaining number in copies, except when the document itself indicates otherwise.

    e. 신용장 "2통(in duplicate)", "2부(in two fold)", "2통(in two copies)"과 같은 용어를 사용함으로써 수통의 서류의 제시를 요구하는 경우에는, 이것은 서류자체에 별도의 표시가 있는 경우를 제외하고는 적어도 원본 1통과 사본으로 된 나머지 통수의 제시에 의하여 충족된다.

Article 18 Commercial Invoice [제18조 상업송장]

a. A commercial invoice:

a. 상업송장은:

ⅰ. must appear to have been issued by the beneficiary (except as provided in article 38);

ⅰ. 수익자에 의하여 발행된 것으로 보여야 하며(제38조에 규정된 경우를 제외한다);

ⅱ. must be made out in the name of the applicant (except as provided in sub-article 38 (g));

ⅱ. 개설의뢰인 앞으로 작성되어야 하며(제38조 g항에 규정된 경우를 제외한다);

ⅲ. must be made out in the same currency as the credit; and

ⅲ. 신용장과 동일한 통화로 작성되어야 하며; 그리고

ⅳ. need not be signed.

ⅳ. 서명될 필요가 없다.

b. A nominated bank acting on its nomination, a confirming bank, if any, or the issuing bank may accept a commercial invoice issued for an amount in excess or the amount permitted by the credit, and its decision will be binding upon all parties, provided the bank in question has not honoured or negotiated for an amount in excess of that permitted by the credit.

b. 지정에 따라 행동하는 지정은행, 확인은행(있는 경우) 또는 개설은행은 신용장에 의하여 허용된 금액을 초과한 금액으로 발행된 상업송장을 수리할 수 있으며, 그러한 결정은 모든 당사자를 구속한다. 다만 문제의 은행은 신용장에 의하여 허용된 금액을 초과한 금액으로 지급이행 또는 매입하지 아니하여야 한다.

c. The description of the goods, service or performance in a commercial invoice must correspond with that appearing in the credit.

c. 상업송장상의 물품, 용역 또는 이행의 명세는 신용장에 보이는 것과 일치하여야 한다.

Article 19 Transport Document Covering at Least Two Different Modes of Transport [제19조 적어도 두 가지 다른 운송방식을 표시하는 운송서류]

a. A transport document covering at least two different modes of transport (multimodal or combined transport document), however named, must appear to:

a. 적어도 두 가지의 다른 운송방식을 표시하는 운송서류(복합운송서류)는 그 명칭에 관계없이 다음과 같이 보여야 한다:

ⅰ. indicate the name of the carrier and be signed by:

ⅰ. 운송인의 명칭을 표시하고 다음의 자에 의하여 서명되어 있는 것:

· the carrier or a named agent for or on behalf of the carrier, or
· the master or a named agent for or on behalf of the master.

· 운송인 또는 운송인을 대리하는 지정대리인, 또는
· 선장 또는 선장을 대리하는 지정대리인.

Any signature by the carrier, master or agent must be identified as that of the carrier, master or agent.

운송인, 선장 또는 대리인에 의한 모든 서명은 운송인, 선장 또는 대리인의 것이라는 것을 확인하고 있어야 한다.

Any signature by an agent must indicate whether the agent has signed for or on behalf of the carrier or for or on behalf of the master.

대리인에 의한 모든 서명을 그 대리인이 운송인을 대리하여 서명하였는지, 또는 선장을 대리하여 서명하였는지를 표시하여야 한다.

ⅱ. indicate that the goods have been dispatched, taken in charge or shipped on board at the place stated in the credit, by:

ⅱ. 다음에 의하여, 물품이 신용장에 명기된 장소에서 발송, 수탁 또는 본선선적되었음을 표시하고 있는 것:

· pre-printed wording, or
· a stamp or notation indicating the date on which the goods have been dispatched, taken in charge or shipped on board.
  The date of issuance of the transport document will be deemed to be the date of dispatch, taking in charge or shipped on board, and the date of shipment. However, if the transport document indicates, by stamp or notation, a date of dispatch, taking in charge of shipped on board, this date will be deemed to be the date of shipment.

· 사전인쇄된 문언, 또는
· 물품이 발송, 수탁 또는 본선선적된 일자를 표시하고 있는 스탬프 또는 표기
  운송서류의 발행일은 발송, 수탁 또는 본선선적일, 및 선적일로 본다. 그러나 운송서류가 스탬프 또는 표기에 의하여 발송, 수탁 또는 본선선적일을 표시하고 있는 경우에는, 이러한 일자를 선적일로 본다.

ⅲ. indicate the place of dispatch, taking in charge or shipment and the place of final destination stated in the credit, even if:

ⅲ. 비록 다음과 같더라도, 신용장에 명기된 발송, 수탁 또는 선적지 및 최종목적지를 표시하고 있는 것:

a. the transport document states, in addition, a different place of dispatch, taking in charge or shipment or place of final destination, or

a. 운송서류가 추가적으로 다른 발송, 수탁 또는 선적지 또는 최종목적지를 명기하고 있더라도, 또는

b. the transport document contains the indication "intended" or similar qualification in relation to the vessel, port of loading or port of discharge.

　　b. 운송서류가 선박, 적재항 또는 양륙항에 관하여 "예정된" 또는 이와 유사한 제한의 표시를 포함하고 있더라도,

　　ⅳ. be the sole original transport document or, if issued in more than one original, be the full set as indicated on the transport document.

　　ⅳ. 단일의 운송서류 원본 또는, 2통 이상의 원본으로 발행된 경우에는, 운송서류상에 표시된 대로 전통인 것.

　　ⅴ. contain terms and conditions of carriage or make reference to another source containing the terms and conditions of carriage (short form or blank back transport document). Contents of terms and conditions of carriage will not be examined.

　　ⅴ. 운송의 제조건을 포함하고 있거나, 또는 운송의 제조건을 포함하는 다른 자료를 참조하고 있는 것(약식/배면백지식 운송 서류). 운송의 제조건의 내용은 심사되지 아니한다.

　　ⅵ. contain no indication that it is subject to a charter party.

　　ⅵ. 용선계약에 따른다는 어떠한 표시도 포함하고 있지 아니한 것

b. For the purpose of this article, transhipment means unloading from one means of conveyance and reloading to another means of conveyance (whether or not in different modes of transport) during the carriage from the place of dispatch, taking in charge or shipment to the place of final destination stated in the credit.

b. 이 조에서, 환적이란 신용장에 명기된 발송, 수탁 또는 선적지로부터 최종목적지까지의 운송과정 중에 한 운송수단으로부터의 양화 및 다른 운송수단으로의 재적재를 말한다.

c. ⅰ. A transport document may indicate that the goods will or may be transshipped provided that the entire carriage is covered by one and the same transport document.

c. ⅰ. 운송서류는 물품이 환적될 것이라거나 또는 될 수 있다고 표시할 수 있다. 다만, 전 운송은 동일한 운송서류에 의하여 커버되어야 한다.

　　ⅱ. A transport document indicating that transhipment will or may take place is acceptable, even if the credit prohibits transhipment.

　　ⅱ. 신용장이 환적을 금지하고 있는 경우에도, 환적이 행해질 것이라거나 또는 행해질 수 있다고 표시하고 있는 운송서류는 수리될 수 있다.

Article 20 Bill of Lading [제20조 선하증권]

a. A bill of lading, however named, must appear to:

a. 선하증권은 그 명칭에 관계없이 다음과 같이 보여야 한다.

ⅰ. indicate the name of the carrier and be signed by:
ⅰ. 운송인의 명칭을 표시하고 다음의 자에 의하여 서명되어 있는 것:

- the carrier or a named agent for or on behalf of the carrier, or
- the master or a named agent for or on behalf of the master.
- 운송인 또는 운송인을 대리하는 지정대리인, 또는
- 선장 또는 선장을 대리하는 지정대리인.

Any signature by the carrier, master or agent must be identified as that of the carrier, master or agent.
운송인, 선장 또는 대리인에 의한 모든 서명은 운송인, 선장 또는 대리인의 것이라는 것을 확인하고 있어야 한다.

Any signature by the agent must indicate whether the agent has signed for or on behalf of the carrier or for or on behalf of the master.
대리인에 의한 모든 서명은 그 대리인이 운송인을 대리하여 서명하였는지, 또는 선장을 대리하여 서명하였는지를 표시하여야 한다.

ⅱ. indicate that the goods have been shipped on board a named vessel at the port of loading stated in the credit by:
ⅱ. 다음에 의하여 물품이 신용장에 명기된 적재항에서 지정선박에 본선선적 되었음을 표시하고 있는 것:

- pre-printed wording, or
- an on board notation indicating the date on which the goods have been shipped on board. The date of issuance of the bill of lading will be deemed to be the date of shipment unless the bill of lading contains an on board notation indicating the date of shipment, in which case the date stated in the on board notation will be deemed to be the date of shipment.
- 사전 인쇄된 문언, 또는
- 물품이 본선선적된 일자를 표시하고 있는 본선적재표기
선하증권의 발행일은 선적일로 본다. 다만, 선하증권이 선적일을 표시하고 있는 본선적재표기를 포함하고 있는 경우에는 그러하지 아니하며, 이 경우, 본선적재표기상에 명기된 일자는 선적일로 본다.

If the bill of lading contains the indication "intended vessel" or similar qualification in relation to the name of the vessel, an on board notation indicating the date of shipment and the name of the actual vessel is required.
선하증권이 선박의 명칭에 관하여 "예정된 선박" 또는 이와 유사한 제한의 표시를 포함하고 있는 경우에는, 선적일 및 실제 선박의 명칭을 표시하고 있는 본선적재표기는 요구된다.

ⅲ. indicate shipment from port of loading to the port of discharge stated in the credit.

If the bill of lading does not indicate the port of loading stated in the credit as the port of loading, or if it contains the indication "intended" or similar qualification in relation to the port of loading, an on board notation indicating the port of loading as stated in the credit, the date of shipment and the name of the vessel is required. This provision applies even when loading on board or shipment on a named vessel is indicated by pre-printed wording on the bill of lading.

iii. 신용장에 명기된 적재항으로부터 양륙항까지의 선적을 표시하고 있는 것.

선하증권이 적재항으로서 신용장에 명기된 적재항을 표시하고 있지 아니한 경우에는, 또는 적재항에 관하여 "예정된" 또는 이와 유사한 제한의 표시를 포함하고 있는 경우에는, 신용장에 명기된 대로 적재항, 선적일 및 선박의 명칭을 표시하고 있는 본선적재표기가 요구된다. 이 규정은 비록 지정된 선박에의 본선적재 또는 선적이 선하증권 상에 사전에 인쇄된 문언에 의하여 표시되어 있더라도 적용된다.

iv. be the sole original bill of lading or, if issued in more than one original, be the full set as indicated on the bill of lading.

iv. 단일의 선하증권 원본 또는, 2통 이상의 원본으로 발행된 경우에는, 선하증권상에 표시된 대로 전통인 것.

v. contain terms and conditions of carriage or make reference to another source containing the terms and conditions of carriage (short form or blank bill of lading). Contents of terms and conditions of carriage will not be examined.

v. 운송의 제조건을 포함하고 있거나, 또는 운송의 제조건을 포함하는 다른 자료를 참조하고 있는 것(약식/배면백지식 선하증권). 운송의 제조건의 내용은 심사되지 아니한다.

vi. contain no indication that it is subject to a charter party.

vi. 용선계약에 따른다는 어떠한 표시도 포함하고 있지 아니한 것

b. For the purpose of this article, transhipment means unloading from one vessel and reloading to another vessel during the carriage from the port of loading to the port of discharge stated in the credit.

b. 이 조에서, 환적이란 신용장에 명기된 적재항으로부터 양륙항까지의 운송과정 중에 한 선박으로부터의 양화 및 다른 선박으로의 재적재를 말한다.

c. i. A bill of lading may indicate that the goods will or may be transhipped provided that the entire carriage is covered by one and the same bill of lading.

c. i. 선하증권은 물품이 환적될 것이라거나 또는 될 수 있다고 표시할 수 있다. 다만, 전 운송이 동일한 선하증권에 의하여 커버되어야 한다.

ii. A bill of lading indicating that transhipment will or may take place is acceptable, even if the credit prohibits transshipment, if the goods have been shipped in a container, trailer or LASH barge as evidenced by the bill of lading.

ii. 신용장이 환적을 금지하고 있는 경우에도, 물품이 선하증권에 의하여 입증된 대로 컨테이너, 트레일러 또는 래쉬 선에 선적된 경우에는, 환적이 행해질 것이라거나 또는 행해질 수 있다고 표시하고 있는 선하증권은 수리될 수 있다.

d. Clauses in a bill of lading stating that the carrier reserves the right to tranship will be disregarded.

d. 운송인이 환적할 권리를 유보한다고 명기하고 있는 선하증권상의 조항은 무시된다.

Article 21 Non-Negotiable Sea Waybill[제21조 비유통성 해상화물운송장]

a. A non-negotiable sea waybill, however named, must appear to:

a. 비유통성 해상화물운송장은 그 명칭에 관계없이 다음과 같이 보여야 한다.

ⅰ. indicate the name of the carrier and be signed by:
- the carrier or a named agent for or on behalf of the carrier, or
- the master or a named agent for or on behalf of the master.

ⅰ. 운송인의 명칭을 표시하고 다음의 자에 의하여 서명되어 있는 것:
- 운송인 또는 운송인을 대리하는 지정대리인, 또는
- 선장 또는 선장을 대리하는 지정대리인.

Any signature by the carrier, master or agent must be identified as that of the carrier, master of agent.

운송인, 선장 또는 대리인에 의한 모든 서명은 운송인, 선장 또는 대리인의 것이라는 것을 확인하고 있어야 한다.

Any signature by an agent must indicate whether the agent has signed for or on behalf of the carrier or for or on behalf of the master.

대리인에 의한 모든 서명은 그 대리인이 운송인을 대리하여 서명하였는지, 또는 선장을 대리하여 서명하였는지를 표시하여야 한다.

ⅱ. indicate that the goods have been shipped on board a named vessel at the port of loading stated in the credit by:

- pre-printed wording, or
- an on board notation indicating the date on which the goods have been shipped on board.

The date of issuance of the non-negotiable sea waybill will be deemed to be the date of shipment unless the non-negotiable sea waybill contains an on board notation indicating the date of shipment, in which case the date stated in the on board notation will be deemed to be the date of shipment.

If the non-negotiable sea waybill contains the indication "intended vessel" or similar ualification in relation to the name of the vessel, an on board notation indicating the date of shipment and the name of the actual vessel is required.

ii. 다음에 의하여 물품이 신용장에 명기된 적재항에서 지정선박에 본선선적되었음을 표시하고 있는 것:
- 사전인쇄된 문언, 또는
- 물품이 본선선적된 일자를 표시하고 있는 본선적재표기

비유통성 해상화물운송장의 발행일은 선적일로 본다. 다만, 비유통성 해상화물운송장이 선적일을 표시하고 있는 본선적재표기를 포함하고 있는 경우에는 그러하지 아니하며, 이 경우, 본선적재표기상에 명기된 일자는 선적일로 본다. 비유통성 해상화물운송장이 선박의 명칭에 관하여 "예정된 선박" 또는 이와 유사한 제한의 표시를 포함하고 있는 경우에는, 선적일 및 실제 선박의 명칭을 표시하고 있는 본선적재표기는 요구된다.

iii. indicate shipment from the port of loading to the port of discharge stated in the credit.

If the non-negotiable sea waybill does not indicate the port of loading stated in the credit as the port of loading, or if it contains the indication "intended" or similar qualification in relation to the port of loading, an on board notation indicating the port of loading as stated in the credit, the date of shipment and the name of the vessel is required. This provision applies even when loading on board or shipment on a named vessel is indicated by pre-printed wording on the non-negotiable sea waybill.

iii. 신용장에 명기된 적재항으로부터 양륙항까지의 선적을 표시하고 있는 것.

비유통성 해상화물운송장이 적재항으로서 신용장에 명기된 적재항을 표시하고 있지 아니한 경우에는, 또는 적재항에 관하여 "예정된" 또는 이와 유사한 제한의 표시를 포함하고 있는 경우에는, 신용장에 명기된 대로 적재항, 선적일 및 선박의 명칭을 표시하고 있는 본선적재표기가 요구된다. 이 규정은 비록 지정된 선박에의 본선적재 또는 선적이 비유통성 해상화물운송장에 사전에 인쇄된 문언에 의하여 표시되어 있더라도 적용된다.

iv. be the sole original non-negotiable sea waybill or, if issued in more than one original, be the full set as indicated on the non-negotiable sea waybill.

iv. 단일의 비유통성 해상화물운송장 원본 또는, 2통 이상의 원본으로 발행된 경우에는, 비유통성 해상화물운송장상에 표시된 대로 전통인 것.

v. contain terms and conditions of carriage or make reference to another source containing the terms and conditions of carriage (short form or blank back non-negotiable sea waybill). Contents of terms and conditions of carriage will not be examined.

v. 운송의 제조건을 포함하고 있거나, 또는 운송의 제조건을 포함하는 다른 자료를 참조하고 있는 것(약식/배면백지식 비유통성 해상화물운송장). 운송의 제조건의 내용은 심사되지 아니한다.

vi. contain no indication that it is subject to a charter party.

vi. 용선계약에 따른다는 어떠한 표시도 포함하고 있지 아니한 것

b. For the purpose of this article, transhipment means unloading from one vessel and reloading to another vessel during the carriage from the port of loading to the port of discharge stated in the credit.

b. 이 조에서, 환적이란 신용장에 명기된 적재항으로부터 양륙항까지의 운송과정 중에 한 선박으로부터의 양화 및 다른 선박으로의 재적재를 말한다.

c. ⅰ. A non-negotiable sea waybill may indicate that the goods will or may be transhipped provided that the entire carriage is covered by one and the same non-negotiable sea waybill.

c. ⅰ. 비유통성 해상화물운송장은 물품이 환적될 것이라거나 또는 될 수 있다고 표시할 수 있다. 다만, 전운송이 동일한 비유통성 해상화물운송장에 의하여 커버되어야 한다.

ⅱ. A non-negotiable sea waybill indicating that transhipment will or may take place is acceptable, even if the credit prohibits transhipment, if the goods have been shipped in a container, trailer or LASH barge as evidenced by the non-negotiable sea waybill.

ⅱ. 신용장이 환적을 금지하고 있는 경우에도, 물품이 비유통성 해상화물운송장에 의하여 입증된 대로 컨테이너, 트레일러 또는 래쉬선에 선적된 경우에는, 환적이 행해질 것이라거나 또는 행해질 수 있다고 표시하고 있는 비유통성 해상화물운송장은 수리될 수 있다.

d. Clauses in a non-negotiable sea waybill stating that the carrier reserves the right to tranship will be disregarded.

d. 운송인이 환적할 권리를 유보한다고 명기하고 있는 비유통성 해상화물운송장상의 조항은 무시된다.

Article 22 Charter Party Bill of Lading[제22조 용선계약선하증권]

a. A bill of lading, however named, containing an indication that it is subject to a charter party (charter party bill of lading), must appear to:

a. 용선계약에 따른다는 표시를 포함하고 있는 선화증권(용선계약선하증권)은 그 명칭에 관계없이 다음과 같이 보여야 한다.

ⅰ. be signed by:
· the master or a named agent for or on behalf of the master, or
· the owner or a named agent for or on behalf of the owner, or
· the charterer or a named agent for or on behalf of the charterer.

ⅰ. 다음의 자에 의하여 서명되어 있는 것:
· 선장 또는 선장을 대리하는 지정대리인, 또는
· 선주 또는 선주를 대리하는 지정대리인, 또는
· 용선자 또는 용선자를 대리하는 지정대리인

Any signature by the master, owner, charterer or agent must be identified as that of the master, owner, charterer or agent.

선장, 선주, 용선자 또는 대리인에 의한 모든 서명은 선장, 선주, 용선자 또는 대리인의 것이라는 것을 확인하고 있어야 한다.

Any signature by an agent must indicate whether the agent has signed for or on behalf of the master, owner or charterer.

대리인에 의한 모든 서명은 그 대리인이 선장, 선주 또는 용선자 중 누구를 대리하여 서명하였는지를 표시하여야 한다.

An agent signing for or on behalf of the owner or charterer must indicate the name of the owner or charterer.

선주 또는 용선자를 대리하여 서명하는 대리인은 선주 또는 용선자의 명칭을 표시하여야 한다.

ii. indicate that the goods have been shipped on board a named vessel at the port of loading stated in the credit by:
· pre-printed wording, or
· an on board notation indicating the date on which the goods have been shipped on board.

The date of issuance of the charter party bill of lading will be deemed to be the date of shipment unless the charter party bill of lading contains an on board notation indicating the date of shipment, in which case the date stated in the on board notation will be deemed to be the date of shipment.

ii. 다음에 의하여 물품이 신용장에 명기된 적재항에서 지정선박에 본선선적되었음을 표시하고 있는 것:
· 사전인쇄된 문언, 또는
· 물품이 본선적재된 일자를 표시하고 있는 본선적재표기

용선계약선하증권의 발행일은 선적일로 본다. 다만, 용선계약선하증권이 선적일을 표시하고 있는 본선적재표기를 포함하고 있는 경우에는 그러하지 아니하며, 이 경우, 본선적재표기상에 명기된 일자는 선적일로 본다.

iii. indicate shipment from the port of loading to the port of discharge stated in the credit. The port of discharge may also be shown as a range of ports or a geographical area, as stated in the credit.

iii. 신용장에 명기된 적재항으로부터 양륙항까지의 선적을 표시하고 있는 것. 또한 양륙항은 신용장에 명기된 대로 항구의 구역 또는 지리적 지역으로 표시될 수 있다.

iv. be the sole original charter party bill of lading or, if issued in more than one original, be the full set as indicated on the charter party bill of lading.

iv. 단일의 용선계약선하증권 원본 또는, 2통 이상의 원본으로 발행된 경우에는, 용선계약선하증권상에 표시된 대로 전통인 것.

b. A bank will not examine charter party contracts, even if they are required to be presented by the terms of the credit.

b. 용선계약서가 신용장의 조건(terms)에 따라 제시되도록 요구되더라도, 은행은 그 용선계약서를 심사하지 아니한다.

Article 23 Air Transport Document[제23조 항공운송서류]

a. An air transport document, however named, must appear to:

a. 항공운송서류는 그 명칭에 관계없이 다음과 같이 보여야 한다.

　ⅰ. indicate the name of the carrier and be signed by:
　　· the carrier, or
　　· a named agent for or on behalf of the carrier.
　Any signature by the carrier or agent must be identified as that of the carrier or agent.
　Any signature by an agent must indicate that the agent has signed for or on behalf of the carrier.

> ⅰ. 운송인의 명칭을 표시하고 다음의 자에 의하여 서명되어 있는 것:
> 　· 운송인, 또는
> 　· 운송인을 대리하는 지정대리인.
> 운송인 또는 대리인에 의한 모든 서명은 운송인 또는 대리인의 것이라는 것을 확인하고 있어야 한다.
> 대리인에 의한 모든 서명은 그 대리인이 운송인을 대리하여 서명하였음을 표시하여야 한다.

　ⅱ. indicate that the goods have been accepted for carriage.

> ⅱ. 물품이 운송을 위하여 수취되었음을 표시하고 있는 것.

　ⅲ. indicate the date of issuance. This date will be deemed to be the date of shipment unless the air transport document contains a specific notation of the actual date of shipment, in which case the date stated in the notation will be deemed to be the date of shipment. Any other information appearing on the air transport document relative to the flight number and date will not be considered in determining the date of shipment.

> ⅲ. 발행일을 표시하고 있는 것. 이 일자는 선적일로 본다. 다만, 항공운송서류가 실제의 선적일에 관한 특정표기를 포함하고 있는 경우에는 그러하지 아니하며, 이 경우, 그 표기에 명기된 일자는 선적일로 본다. 운항번호 및 일자에 관하여 항공운송서류상에 보이는 기타 모든 정보는 선적일을 결정하는 데 고려되지 아니한다.

　ⅳ. indicate the airport of departure and the airport of destination stated in the credit.

> ⅳ. 신용장에 명기된 출발공항과 목적공항을 표시하고 있는 것.

　ⅴ. be the original for consignor or shipper, even if the credit stipulates a full set of originals.
　ⅵ. contain terms and conditions of carriage or make reference to another source containing the terms and conditions of carriage. Contents of terms and conditions of carriage will not be examined.

> ⅴ. 신용장이 원본의 전통을 명시하고 있는 경우에도, 탁송인 또는 송화인용 원본인 것.
> ⅵ. 운송의 제조건을 포함하고 있거나, 또는 운송의 제조건을 포함하는 다른 자료를 참조하고 있는 것. 운송의 제조건의 내용은 심사되지 아니한다.

b. For the purpose of this article, transhipment means unloading from one aircraft and reloading to another aircraft during the carriage from the airport of departure to the airport of destination stated in the credit.

> b. 이 조에서, 환적이란 신용장에 명기된 출발공항으로부터 목적공항까지의 운송과정 중에 한 항공기로부터의 양화 및 다른 항공기로의 재적재를 말한다.

c. ⅰ. An air transport document may indicate that the goods will or may be transhipped, provided that the entire carriage is covered by one and the same air transport document.

ⅰ. 항공운송서류는 물품이 환적될 것이라거나 또는 될 수 있다고 표시할 수 있다. 다만, 전 운송은 동일한 항공운송서류에 의하여 커버되어야 한다.

ⅱ. An air transport document indicating that transhipment will or may take place is acceptable, even if the credit prohibits transhipment.

ⅱ. 신용장이 환적을 금지하고 있는 경우에도, 은행은 환적이 행해질 것이라거나 또는 행해질 수 있다고 표시하고 있는 항공 운송서류는 수리될 수 있다.

Article 24 Road, Rail or Inland Waterway Transport Documents
[제24조 도로, 철도 또는 내륙수로운송서류][생략]

Article 25 Courier Receipt, Post Receipt of Certificate of Posting
[제 25조 특송화물수령증, 우편수령증 또는 우송증명서][생략]

Article 26 "On Deck", "Shipper's Load and Count", "Said by Shipper to Contain" and Charges Additional to Freight [제26조 "갑판적", "송화인의 적재 및 수량확인"및 운임의 추가비용]

a. A transport document must not indicate that the goods are or will be loaded on deck. A clause on a transport document stating that the goods may be loaded on deck is acceptable.

a. 운송서류는 물품이 갑판에 적재되었거나 또는 될 것이라고 표시해서는 아니 된다. 물품이 갑판에 적재될 수 있다고 명기하고 있는 운송서류상의 조항은 수리될 수 있다.

b. A transport document bearing a clause such as "shipper's load and count" and "said by shipper to contain" is acceptable.

b. "송화인의 적재 및 수량확인(shipper's load and count)"및 "송화인의 신고내용에 따름(said by shipper to contain)"과 같은 조항을 기재하고 있는 운송서류는 수리될 수 있다.

c. A transport document may bear a reference, by stamp or otherwise, to charges additional to the freight.

c. 운송서류는 스탬프 또는 기타의 방법으로 운임에 추가된 비용에 대한 참조를 기재할 수 있다.

Article 27 Clean Transport Document [제27조 무고장 운송서류]

A bank will only accept a clean transport document. A clean transport document is one bearing no clause or notation expressly declaring a defective condition of the goods or their packaging. The word "clean" need not appear on a transport document, even if a credit has a requirement for that transport document to be "clean on board".

은행은 무고장 운송서류만을 수리한다. 무고장 운송서류는 물품 또는 그 포장에 하자 있는 상태를 명시적으로 표시하는 조항 또는 단서를 기재하고 있지 아니한 것을 말한다. 신용장에서 그 운송서류가 "무고장본선적재(clean on board)"이어야 한다는 요건을 가지는 경우에도, "무고장(clean)"이라는 단어는 운송서류상에 보일 필요가 없다.

Article 28 Insurance Document and Coverage [제28조 보험서류 및 담보]

a. An insurance document, such as an insurance policy, an insurance certificate or a declaration under an open cover, must appear to be issued and signed by an insurance company, an underwriter or their agents or their proxies.

> a. 보험증권, 포괄예정보험에 의한 보험증명서 또는 통지서와 같은 보험서류는 보험회사, 보험업자 또는 이들 대리인 또는 대리업자에 의하여 발행되고 서명된 것으로 보여야 한다.

Any signature by an agent or proxy must indicate whether the agent or proxy has signed for or on behalf of the insurance company or underwriter.

> 대리인 또는 대리업자에 의한 모든 서명은 그 대리인 또는 대리업자가 보험회사를 대리하여 서명하였는지 또는 보험업자를 대리하여 서명하였는지를 표시하여야 한다.

b. When the insurance document indicates that it has been issued in more than one original, all originals must be presented.
c. Cover notes will not be accepted.

> b. 보험서류가 2통 이상의 원본으로 발행되었다고 표시하고 있는 경우에는, 모든 원본은 제시되어야 한다.
> c. 보험승인서는 수리되지 아니한다.

d. An insurance policy is acceptable in lieu of an insurance certificate or a declaration under an open cover.
e. The date of the insurance document must be no later than the date of shipment, unless it appears from the insurance document that the cover is effective from a date not later than the date of shipment.

> d. 보험증권은 포괄예정보험에 의한 보험증명서 또는 통지서를 대신하여 수리될 수 있다.
> e. 보험서류에서 담보가 선적일보다 늦지 않은 일자로부터 유효하다고 보이지 아니하는 한, 보험서류의 일자는 선적일보다 늦어서는 아니 된다.

f. i. The insurance document must indicate the amount of insurance coverage and be in the same currency as the credit.

> f. i. 보험서류는 보험담보의 금액을 표시하여야 하고 신용장과 동일한 통화이어야 한다.

ii. A requirement in the credit for insurance coverage to be for a percentage of the value of the goods, of the invoice value or similar is deemed to be the minimum amount of coverage required. If there is no indication in the credit of the insurance coverage required, the amount of insurance coverage must be at least 110% of the CIF or CIP value of the goods. When the CIF or CIP value cannot be determined from the documents, the amount of insurance coverage must be calculated on the basis of the amount for which honour or negotiation is requested or the gross value of the goods as shown on the invoice, whichever is greater.

ii. 보험담보가 물품가액 또는 송장가액 등의 비율이어야 한다는 신용장상의 요건은 최소담보금액이 요구된 것으로 본다. 요구된 보험담보에 관하여 신용장에 아무런 표시가 없는 경우에는, 보험담보의 금액은 적어도 물품의 CIF 또는 CIP가격의 110%이어야 한다. CIF 또는 CIP 가격이 서류로부터 결정될 수 없는 경우에는, 보험담보금액은 지급이행 또는 매입이 요청되는 금액 또는 송장에 표시된 물품 총가액 중에서 보다 큰 금액을 기초로 하여 산정되어야 한다.

iii. The insurance document must indicate that risks are covered at least between the place of taking in charge or shipment and the place of discharge or final destination as stated in the credit.

iii. 보험서류는 위험이 적어도 신용장에 명기된 대로 수탁 또는 선적지와 양륙 또는 최종목적지 간에 담보되었음을 표시하여야 한다.

g. A credit should state the type of insurance required and, if any, the additional risks to be covered. An insurance document will be accepted without regard to any risks that are not covered if the credit uses imprecise terms such as "usual risks" or "customary risks".

g. 신용장은 요구된 보험의 종류를 명기하여야 하고 만일 부보되어야 하는 부가위험이 있다면 이것도 명기하여야 한다. 신용장이 "통상적 위험(usual risks)"또는 "관습적 위험(customary risks)"과 같은 부정확한 용어를 사용하는 경우에는, 보험서류는 부보되지 아니한 어떠한 위험에 관계없이 수리되어야 한다.

h. When a credit requires insurance against "all risks" and an insurance document is presented containing any "all risks" notation or clause, whether or not bearing the heading "all risks", the insurance document will be accepted without regard to any risks stated to be excluded.

h. 신용장이 "전위험"에 대한 보험을 요구하고 있는 경우, "전위험"이라는 표제를 기재하고 있는지의 여부와 관계없이 "전위험"의 표기 또는 조항을 포함하고 있는 보험서류가 제시된 경우에는, 그 보험서류는 제외되어야 한다고 명기된 어떠한 위험에 관계없이 수리되어야 한다.

i. An insurance document may contain reference to any exclusion clause.

i. 보험서류는 모든 면책조항(exclusion clause)의 참조를 포함할 수 있다.

j. An insurance document may indicate that the cover is subject to a franchise or excess (deductible).

j. 보험서류는 담보가 소손해면책율 또는 초과(공제)면책율을 조건으로 한다는 것을 표시할 수 있다.

Article 29 Extension of Expiry Date or Last Day for Presentation
[제29조 유효기일의 연장 또는 제시를 위한 최종일]

a. If the expiry date of a credit or the last day for presentation falls on a day when the bank to which presentation is to be made is closed for reasons other than those referred to in article 36, the expiry date or the last day for presentation, as the case may be, will be extended to the first following banking day.

a. 신용장의 유효기일 또는 제시를 위한 최종일이 제36조에 언급된 사유 이외의 사유로 제시를 받아야 하는 은행의 휴업일 해당하는 경우에는, 그 유효기일 또는 제시를 위한 최종일은 경우에 따라 최초의 다음 은행영업일까지 연장된다.

b. If presentation is made on the first following banking day, a nominated bank must provide the issuing bank or confirming bank with a statement on its covering schedule that the presentation was made within the time limits extended in accordance with sub-article 29 (a).

b. 제시가 최초의 다음 은행영업일에 행해지는 경우에는, 지정은행은 발행은행 또는 확인은행에게 제시가 제29조 a항에 따라 연장된 기간 내에 제시되었다는 설명을 서류송부장(covering schedule)으로 제공하여야 한다.

c. The latest date for shipment will not be extended as a result of sub-article 29 (a).

c. 선적을 위한 최종일은 제29조 a항의 결과로서 연장되지 아니한다.

Article 30 Tolerance in Credit Amount, Quantity and Unit Prices
[제30조 신용장금액/수량/단가의 과부족]

a. The words "about" or "approximately" used in connection with the amount of the credit or the quantity or the unit price stated in the credit are to be construed as allowing a tolerance not to exceed 10% more or 10% less than the amount, the quantity or the unit price to which they refer.

a. 신용장에 명기된 신용장의 금액 또는 수량 또는 단가와 관련하여 사용된 "약(about)"또는 "대략(approximately)"이라는 단어는 이에 언급된 금액, 수량 또는 단가의 10%를 초과하지 아니하는 과부족을 허용하는 것으로 해석된다.

b. A tolerance not to exceed 5% more or 5% less than the quantity of the goods is allowed, provided the credit does not state the quantity in terms of a stipulated number of packing units or individual items and the total amount of the drawings does not exceed the amount of the credit.

b. 신용장이 명시된 포장단위 또는 개개의 품목의 개수로 수량을 명기하지 아니하고 어음발행의 총액이 신용장의 금액을 초과하지 아니하는 경우에는, 물품수량이 5%를 초과하지 아니하는 과부족은 허용된다.

c. Even when partial shipments are not allowed, a tolerance not to exceed 5% less than the amount of the credit is allowed, provided that the quantity of the goods, if stated in the credit, is shipped in full and a unit price, if stated in the credit, is not reduced or that sub-article 30 (b) is not applicable. This tolerance does not apply when the credit stipulates a specific tolerance or uses the expressions referred to in sub-article 30 (a).

c. 분할선적이 허용되지 아니하는 경우에도, 신용장금액의 5%를 초과하지 아니하는 부족은 허용된다. 다만, 물품의 수량은 명기된 경우 전부 선적되고 단가는 신용장에 명기된 경우 감액되어서는 아니 되거나 또는 제30조 b항이 적용될 수 없어야 한다. 이 부족은 신용장이 특정 과부족을 명시하거나 또는 제30조 a항에 언급된 표현을 사용하는 경우에는 적용되지 아니한다.

Article 31 Partial Drawings or Shipments [제31조 분할어음발행 또는 선적]

a. Partial drawings or shipments are allowed.

a. 분할어음발행 또는 분할선적은 허용된다.

b. A presentation consisting of more than one set of transport documents evidencing shipment commencing on the same means of conveyance and for the same journey, provided they indicate the same destination, will not be regarded as covering a partial shipment, even if they indicate different dates of shipment or different ports of loading, places of taking in charge or dispatch. If the presentation consists of more than one set of transport documents, the latest date of shipment as evidenced on any of the sets of transport documents will be regarded as the date of shipment.

b. 동일한 운송수단에 그리고 동일한 운송을 위하여 출발하는 선적을 증명하는 2조 이상의 운송서류를 구성하는 제시는, 이들 서류가 동일한 목적지를 표시하고 있는 한, 이들 서류가 상이한 선적일 또는 상이한 적재항, 수탁지 또는 발송지를 표시 하고 있더라도, 분할선적이 행해진 것으로 보지 아니한다. 그 제시가 2조 이상의 운송서류를 구성하는 경우에는, 운송서류의 어느 한 조에 증명된 대로 최종선적일은 선적일로 본다.

A presentation consisting of one or more sets of transport documents evidencing shipment on more than one means of conveyance within the same mode of transport will be regarded as covering a partial shipment, even if the means of conveyance leave on the same day for the same destination.

동일한 운송방식에서 2 이상의 운송수단상의 선적을 증명하는 2조 이상의 운송서류를 구성하는 제시는 그 운송수단이 동일한 일자에 동일한 목적지를 향하여 출발하는 경우에도 분할선적이 행해진 것으로 본다.

c. A presentation consisting of more than one courier receipt, post receipt or certificate of posting will not be regarded as a partial shipment if the courier receipts, post receipts or certificates of posting appear to have been stamped or signed by the same courier or postal service at the same place and date and for the same destination.

c. 2 이상의 특송화물수령증, 우편수령증 또는 우송증명서를 구성하는 제시는 그 특송화물수령증, 우편수령증 또는 우송증 명서가 동일한 장소 및 일자 그리고 동일한 목적지를 위하여 동일한 특송업자 또는 우편서비스에 의하여 스탬프 또는 서명된 것으로 보이는 경우에는 분할선적으로 보지 아니한다.

Article 32 Instalment Drawings or Shipments [제32조 할부어음발행 또는 선적]

If a drawing or shipment by instalments within given periods is stipulated in the credit and any instalment is not drawn or shipped within the period allowed for that instalment, the credit ceases to be available for that and any subsequent instalment.

일정기간 내에 할부에 의한 어음발행 또는 선적이 신용장에 명시되어 있고 어떠한 할부분이 그 할부분을 위하여 허용된 기간 내에 어음발행 또는 선적되지 아니한 경우에는, 그 신용장은 그 할부분과 그 이후의 모든 할부분에 대하여 효력을 상실한다.

Article 33 Hours of Presentation [제33조 제시시간]

A bank has no obligation to accept a presentation outside of its banking hours.

은행은 그 은행영업시간 이외의 제시를 수리할 의무가 없다.

Article 34 Disclaimer on Effectiveness of Documents [제34조 서류효력에 관한 면책]

A bank assumes no liability or responsibility for the form, sufficiency, accuracy, genuineness, falsification or legal effect of any document, or for the general or particular conditions stipulated in a document or superimposed thereon; nor does it assume any liability or responsibility for the description, quantity, weight, quality, condition, packing, delivery, value or existence of the goods, services or other performance represented by any document, or for the goods faith or acts or omissions, solvency, performance or standing of the consignor, the carrier, the forwarder, the consignee or the insurer of the goods or any other person.

은행은 모든 서류의 형식, 충분성, 정확성, 진정성, 위조성 또는 법적 효력에 대하여 또는 서류에 명시되거나 또는 이에 부가된 일반조건(general conditions) 또는 특별조건(particular conditions)에 대하여 어떠한 의무 또는 책임도 부담하지 아니하며, 또한 은행은 모든 서류에 표시되어 있는 물품, 용역 또는 기타 이행의 명세, 수량, 중량, 품질, 상태, 포장, 인도, 가치 또는 존재에 대하여 또는 물품의 송화인, 운송인, 운송주선인, 수화인 또는 보험자, 또는 기타 당사자의 성실성 또는 작위 또는 부작위, 지급능력, 이행능력 또는 신용상태에 대하여 어떠한 의무 또는 책임도 부담하지 아니한다.

Article 35 Disclaimer on Transmission and Translation [제35조 송달 및 번역에 관한 면책]

A bank assumes no liability or responsibility for the consequences arising out of delay, loss in transit, mutilation or other errors arising in the transmission of any messages or delivery of letters or documents, when such messages, letters or documents are transmitted or sent according to the requirements stated in the credit, or when the bank may have taken the initiative in the choice of the delivery service in the absence of such instructions in the credit.

모든 통신문, 서신 또는 서류가 신용장에 명기된 요건에 따라 송달 또는 송부된 경우, 또는 은행이 신용장에 그러한 지시가 없으므로 인도서비스의 선정에 있어서 자발적으로 행하였을 경우에는, 은행은 그러한 통신문(message)의 송달 또는 서신이나 서류의 인도 중에 지연, 분실, 훼손 또는 기타 오류로 인하여 발생하는 결과에 대하여 어떠한 의무 또는 책임도 부담하지 아니한다.

If a nominated bank determines that a presentation is complying and forwards the documents to the issuing bank or confirming bank, whether or not the nominated bank has honoured or negotiated, and issuing bank or confirming bank must honour or negotiate, or reimburse that nominated bank, even when the documents have been lost in transit between the nominated bank and the issuing bank or confirming bank, or between the confirming bank and the issuing bank.

지정은행이 제시가 일치하고 있다고 결정하고 그 서류를 개설은행 또는 확인은행에 발송하는 경우에는, 서류가 지정은행과 개설은행 또는 확인은행 간에, 또는 확인은행과 개설은행 간에 송달 중에 분실된 경우라 하더라도, 지정은행이 지급이행 또는 매입하였는지의 여부에 관계없이, 개설은행 또는 확인은행은 지급이행 또는 매입하거나, 또는 그 지정은행에 상환하여야 한다.

A bank assumes no liability or responsibility for errors in translation or interpretation of technical terms and may transmit credit terms without translating them.

은행은 전문용어의 번역 또는 해석상의 오류에 대하여 어떠한 의무 또는 책임도 부담하지 아니하며 신용장의 용어를 번역함이 없이 이를 송달할 수 있다.

Article 36 Force Majeure [제36조 불가항력]

A bank assumes no liability or responsibility for the consequences arising out of the interruption of its business by Acts of God, riots, civil commotions, insurrections, wars, acts of terrorism, or by any strikes or lockouts or any other causes beyond its control.

A bank will not, upon resumption of its business, honour or negotiate under a credit that expired during such interruption of its business.

은행은 천재, 폭동, 소요, 반란, 전쟁, 폭력주의의 행위에 의하거나 또는 동맹파업 또는 직장폐쇄에 의하거나 또는 기타 은행이 통제할 수 없는 원인에 의한 은행업무의 중단으로 인하여 발생하는 결과에 대하여 어떠한 의무 또는 책임도 부담하지 아니한다.

은행은 그 업무를 재개하더라도 그러한 업무의 중단 동안에 유효기일이 경과한 신용장에 의한 지급이행 또는 매입을 행하지 아니한다.

Article 37 Disclaimer for Acts of an Instructed Party [제37조 피지시인의 행위에 대한 면책]

a. A bank utilizing the services of another bank for the purpose of giving effect to the instructions of the applicant does so for the account and at the risk of the applicant.
b. An issuing bank or advising bank assumes no liability or responsibility should the instructions it transmits to another bank not be carried out, even if it has taken the initiative in the choice of that other bank.

a. 개설의뢰인의 지시를 이행하기 위하여 타은행의 서비스를 이용하는 은행은 그 개설의뢰인의 비용과 위험으로 이를 행한다.
b. 개설은행 또는 통지은행이 타은행의 선정에 있어서 자발적으로 행한 경우라 하더라도, 그 은행이 타은행에게 전달한 지시가 수행되지 아니하는 경우에는, 개설은행 또는 통지은행은 어떠한 의무 또는 책임도 부담하지 아니한다.

c. A bank instructing another bank to perform services is liable for any commissions, fees, costs or expenses ("charges") incurred by that bank in connection with its instruction.

If a credit states that charges are for the account of the beneficiary and charges cannot be collected or deducted from proceed, the issuing bank remains liable for payment of charges.

A credit or amendment should not stipulate that the advising to a beneficiary is conditional upon the receipt by the advising bank or second advising bank of its charges.

c. 타은행에게 서비스를 이행하도록 지시하는 은행은 그 지시와 관련하여 그러한 타은행에 의하여 부담되는 모든 수수료, 요금, 비용 또는 경비("비용")에 대하여 책임을 부담한다.

신용장에 비용이 수익자의 부담이라고 명기하고 있고 비용이 대금으로부터 징수 또는 공제될 수 없는 경우에는, 개설은행은 비용의 지급에 대하여 책임을 부담한다.

신용장 또는 조건변경은 수익자에 대한 통지가 통지은행 또는 제2통지은행에 의한 통지비용의 수령을 조건으로 한다고 명시하여서는 아니 된다.

d. The applicant shall be bound by and liable to indemnify a bank against all obligations and responsibilities imposed by foreign laws and usages.

d. 개설의뢰인은 외국의 법률과 관행에 의하여 부과되는 모든 의무와 책임에 구속되며 이에 대하여 은행에게 보상할 책임이 있다.

Article 38 Transferable Credits [제38조 양도가능신용장]

a. A bank is under no obligation to transfer a credit except to the extent and in the manner expressly consented to by that bank.

a. 은행은 그 은행에 의하여 명시적으로 동의된 범위 및 방법에 의한 경우를 제외하고 신용장을 양도할 의무를 부담하지 아니한다.

b. For the purpose of this article:

Transferable credit means a credit that specifically states it is "transferable". A transferable credit may be made available in whole or in part to another beneficiary ("second beneficiary") at the request of the beneficiary ("first beneficiary").

Transferring bank means a nominated bank that transfers the credit or, in a credit available with any bank, a bank that is specifically authorized by the issuing bank to transfer and that transfers the credit. An issuing bank may be a transferring bank.

Transferred credit means a credit that has been made available by the transferring bank to a second beneficiary.

b. 이 조에서:

양도가능신용장이란 "양도가능(transferable)"이라고 특별히 명기하고 있는 신용장을 말한다. 양도가능신용장은 수익자("제1수익자")의 요청에 의하여 전부 또는 일부가 다른 수익자("제2수익자")에게 사용될 수 있도록 될 수 있다.

양도은행은 신용장을 양도하는 지정은행 또는, 모든 은행에서 사용될 수 있는 신용장에 있어서, 개설은행에 의하여 양도하도록 특별히 수권되고 그 신용장을 양도하는 은행을 말한다. 개설은행은 양도은행일 수 있다.

양도된 신용장은 양도은행에 의하여 제2수익자에게 사용될 수 있도록 되는 신용장을 말한다.

c. Unless otherwise agreed at the time of transfer, all charges (such as commissions, fees, costs or expenses) incurred in respect of a transfer must be paid by the first beneficiary.

c. 양도를 이행할 때에 별도의 합의가 없는 한, 양도와 관련하여 부담된 모든 비용(이를 테면, 수수료, 요금, 비용, 경비)은 제1수익자에 의하여 지급되어야 한다.

d. A credit may be transferred in part to more than one second beneficiary provided partial drawings or shipments are allowed.

A transferred credit cannot be transferred at the request of a second beneficiary to any subsequent beneficiary. The first beneficiary is not considered to be a subsequent beneficiary.

d. 분할어음발행 또는 분할선적이 허용되는 한, 신용장은 2 이상의 제2수익자에게 분할양도될 수 있다.

양도된 신용장은 제2수익자의 요청에 의하여 그 이후의 어떠한 수익자에게도 양도될 수 없다. 제1수익자는 그 이후의 수익자로 보지 아니한다.

e. Any request for transfer must indicate if and under what conditions amendments may be advised to the second beneficiary. The transferred credit must clearly indicate those conditions.

e. 양도를 위한 모든 요청은 조건변경이 제2수익자에게 통지될 수 있는지 그리고 어떤 조건으로 제2수익자에게 통지될 수 있는지를 표시하여야 한다. 양도된 신용장은 이러한 조건을 명확히 표시하여야 한다.

f. If a credit is transferred to more than one second beneficiary, rejection of an amendment by one or more second beneficiary does not invalidate the acceptance by any other second beneficiary, with respect to which the transferred credit will be amended accordingly. For any second beneficiary that rejected the amendment, the transferred credit will remain unamended.

f. 신용장이 2 이상의 제2수익자에게 양도된 경우에는, 하나 또는 그 이상의 제2수익자에 의한 조건변경의 거절은 이로 인하여 양도된 신용장이 조건변경 되는 기타 모든 제2수익자에 의한 승낙을 무효로 하지 아니한다. 조건변경을 거절한 제2수익자에 대하여는, 양도된 신용장은 조건변경 없이 존속한다.

g. The transferred credit must accurately reflect the terms and conditions of the credit, including confirmation, if any, with the exception of:
- the amount of the credit,
- any unit price stated therein,
- the expiry date,
- the period for presentation, or
- the latest shipment date or given period for shipment,

any or all of which may be reduced or curtailed.

The percentage for which insurance cover must be effected may be increased to provide the amount of cover stipulated in the credit or these articles.

The name of the first beneficiary may be substituted for that of the applicant in the credit.

If the name of the applicant is specifically required by the credit to appear in any document other than the invoice, such requirement must be reflected in the transferred credit.

> g. 양도된 신용장은 다음의 경우를 제외하고는 확인(있는 경우)을 포함하여 신용장의 제조건을 정확히 반영하여야 한다:
> – 신용장의 금액,
> – 신용장에 명기된 단가,
> – 유효기일,
> – 제시를 위한 기간, 또는
> – 최종선적일 또는 정해진 선적기간,
>
> 이들 중의 일부 또는 전부는 감액 또는 단축될 수 있다.
>
> 보험부보가 이행되어야 하는 비율은 이 규칙 또는 신용장에 명기된 부보금액을 충족시킬 수 있도록 증가될 수 있다.
>
> 제1수익자의 명의는 신용장상의 신용장개설의뢰인의 명의로 대체될 수 있다.
>
> 개설의뢰인의 명의가 송장 이외의 모든 서류에 표시되도록 신용장에 의하여 특별히 요구되는 경우에는, 그러한 요구는 양도된 신용장에 반영되어야 한다.

h. The first beneficiary has the right to substitute its own invoice and draft, if any, for those of a second beneficiary for an amount not in excess of that stipulated in the credit, and upon such substitution the first beneficiary can draw under the credit for the difference, if any, between its invoice and the invoice of a second beneficiary.

> h. 제1수익자는 신용장에 명시된 금액을 초과하지 아니하는 금액에 대하여 제2수익자의 송장 및 환어음을 그 자신의 송장 및 환어음(있는 경우)으로 대체할 권리를 가지고 있으며, 그러한 대체 시에, 제1수익자는 자신의 송장과 제2수익자의 송장 사이에 차액이 있다면, 그 차액에 대하여 신용장에 따라 어음을 발행할 수 있다.

i. If the first beneficiary is to present its own invoice and draft, if any, but fails to do so on first demand, or if the invoices presented by the first beneficiary create discrepancies that did not exist in the presentation made by the second beneficiary and the first beneficiary fails to correct them on first demand, the transferring bank has the right to present the documents as received from the second beneficiary to the issuing bank, without further responsibility to the first beneficiary.

> i. 제1수익자가 그 자신의 송장 및 환어음(있는 경우)을 제공하여야 하지만 최초의 요구 시에 이를 행하지 아니하는 경우, 또는 제1수익자에 의하여 제시된 송장이 제2수익자에 의하여 행해진 제시에 없었던 불일치를 발생시키고 제1수익자가 최초의 요구 시에 이를 정정하지 아니한 경우에는, 양도은행은 제1수익자에 대한 더 이상의 책임 없이 제2수익자로부터 수령한 서류를 개설은행에 제시할 권리를 가진다.

j. The first beneficiary may, in its request for transfer, indicate that honour or negotiation is to be effected to a second beneficiary at the place to which the credit has been transferred, up to and including the expiry date of the credit. This is without prejudice to the right of the first beneficiary in accordance with sub-article 38 (h).

> j. 제1수익자는 그 자신의 양도요청으로 지급이행 또는 매입이 신용장의 유효기일을 포함한 기일까지 신용장이 양도된 장소에서 제2수익자에게 이행되어야 한다는 것을 표시할 수 있다. 이것은 제38조 h항에 따른 제1수익자의 권리를 침해하지 아니한다.

k. Presentation of documents by or on behalf of a second beneficiary must be made to the transferring bank.

k. 제2수익자에 의하거나 또는 대리하는 서류의 제시는 양도은행에 행해져야 한다.

Article 39 Assignment of Proceeds [제39조 대금의 양도]

The fact that a credit is not stated to be transferable shall not effect the right of the beneficiary to assign any proceeds to which it may be or may become entitled under the credit, in accordance with the provisions of applicable law. This article relates only to the assignment of proceeds and not to the assignment of the right to perform under the credit.

신용장이 양도가능한 것으로 명기되어 있지 아니하다는 사실은 적용가능한 법률의 규정에 따라 그러한 신용장에 의하여 수권되거나, 또는 될 수 있는 대금을 양도할 수익자의 권리에 영향을 미치지 아니한다. 이 조는 대금의 양도에만 관련되어 있으며 신용장에 따라 이행할 권리의 양도에 관련되는 것은 아니다.

부록 2
국제물품매매계약에 관한 UN협약

빈출되는 협약입니다. 시간 날 때마다 자주 반복해서 읽어주시기 바랍니다. 경제적이고 효율적인 시험대비를 위해 빈출도가 극히 낮거나 출제 가능성이 없는 일부 조항은 생략하였습니다.

United Nations Convention on Contracts for the International Sale of Goods, 1980

PREMABLE

The States Parties to this Convention,

Bearing in mind the broad objectives in the resolution adopted by the sixth special session of the General Assembly of the United Nations on the establishment of a New International Economic Order, Considering that the development of international trade on the basis of equality and mutual is an important element in promoting friendly relations among States, Being of the opinion that the adoption of uniform rules which govern contracts for the international sale of goods and take into account the different social, economic and legal systems would contribute to the removal of legal barriers in international trade and promote the development of international trade, Have agreed as follows :

이 협약의 당사국은, 신국제경제질서의 수립에 관하여 국제연합총회의 제6차 특별회의에서 채택된 결의의 광범한 목적에 유념하고, 평등과 상호이익을 기초로 한 국제거래의 발전이 국가 간의 우호관계를 증진하는 중요한 요소임을 고려하며, 국제물품매매계약을 규율하고 상이한 사회적·경제적 및 법적 제도를 고려한 통일규칙을 채택하는 것이 국제거래상의 법적 장애를 제거하는 데 기여하고 국제거래의 발전을 증진할 것이라는 견해하에, 다음과 같이 합의하였다.

Part I. Sphere of application and general provisions
제1편 적용범위 및 통칙

CHAPTER 1. SPHERE OF APPLICATION
제1장 적용범위

Article 1
(1) This Convention applies to contracts of sale of goods between parties whose places of

business are in different States:
(a) when the States are Contracting States; or
(b) when the rules of private international law lead to the application of the law of a Contracting State.

제1조(적용의 기본원칙)

(1) 이 협약은 다음과 같은 경우에 영업소가 상이한 국가에 있는 당사자 간의 물품매매계약에 적용된다.
   (a) 당해 국가가 모두 체약국인 경우, 또는
   (b) 국제사법의 규칙에 따라 어느 체약국의 법률을 적용하게 되는 경우.

(2) The fact that the parties have their places of business in different States is to be disregarded whenever this fact does not appear either from the contract or from any dealings between, or from information disclosed by, the parties at any time before or at the conclusion of the contract.

(2) 당사자가 상이한 국가에 그 영업소를 갖고 있다는 사실이 계약의 체결 전 또는 그 당시에 당사자 간에 행한 계약이나 모든 거래에서, 또는 당사자가 밝힌 정보로부터 나타나지 아니한 경우에는 이를 무시할 수 있다.

(3) Neither the nationality of the parties nor the civil or commercial character of the parties or of the contract is to be taken into consideration in determining the application of this Convention.

(3) 당사자의 국적이나, 또는 당사자 또는 계약의 민사상 또는 상사상의 성격은 이 협약의 적용을 결정함에 있어서 고려되지 아니한다.

Article 2
This Convention does not apply to sales:

(a) of goods bought for personal, family or household use, unless the seller, at any time before or at the conclusion of the contract, neither knew nor ought to have known that the goods were bought for any such use;
(b) by auction;
(c) on execution or otherwise by authority of law;
(d) of stocks, shares, investment securities, negotiable instruments or money;
(e) of ships, vessels, hovercraft or aircraft;
(f) of electricity.

제2조(협약의 적용제외)

이 협약은 다음과 같은 매매에는 적용되지 아니 한다.

(a) 개인용, 가족용 또는 가사용으로 구입되는 물품의 매매. 다만 매도인이 계약의 체결 전 또는 그 당시에 물품이 그러한 용도로 구입된 사실을 알지 못하였거나 또는 알았어야 할 것도 아닌 경우에는 제외한다.
(b) 경매에 의한 매매,
(c) 강제집행 또는 기타 법률상의 권한에 의한 매매,
(d) 주식, 지분, 투자증권, 유통증권 또는 통화의 매매,
(e) 선박, 부선, 수상익선(水上翼船), 또는 항공기의 매매,
(f) 전기의 매매 등.

Article 3

(1) Contracts for the supply of goods to be manufactured or produced are to be considered sales unless the party who orders the goods undertakes to supply a substantial part of the materials necessary for such manufacture or production.
(2) This Convention does not apply to contracts in which the preponderant part of the obligations of the party who furnishes the goods consists in the supply of labour or other services.

제3조(서비스 계약 등의 제외)
(1) 물품을 제조하거나 또는 생산하여 공급하는 계약은 이를 매매로 본다. 다만 물품을 주문한 당사자가 그 제조 또는 생산에 필요한 재료의 중요한 부분을 공급하기로 약정한 경우에는 그러하지 아니하다.
(2) 이 협약은 물품을 공급하는 당사자의 의무 중에서 대부분이 노동 또는 기타 서비스의 공급으로 구성되어 있는 계약의 경우에는 적용되지 아니한다.

Article 4

This Convention governs only the formation of the contract of sale and the rights and obligations of the seller and the buyer arising from such a contract. In particular, except as otherwise expressly provided in this Convention, it is not concerned with:

(a) the validity of the contract or of any of its provisions or of any usage;
(b) the effect which the contract may have on the property in the goods sold.

제4조(적용대상과 대상 외의 문제)
이 협약은 단지 매매계약의 성립과 그러한 계약으로부터 발생하는 매도인과 매수인의 권리 및 의무를 규율한다. 특히 이 협약에서 별도의 명시적인 규정이 있는 경우를 제외하고, 이 협약은 다음과 같은 사항에는 관계되지 아니 한다.
 (a) 계약 또는 그 어떠한 조항이나 어떠한 관행의 유효성,
 (b) 매각된 물품의 소유권에 관하여 계약이 미칠 수 있는 효과.

Article 5

This Convention does not apply to the liability of the seller for death or personal injury caused by the goods to any person.

제5조(사망 등의 적용 제외)
이 협약은 물품에 의하여 야기된 어떠한 자의 사망 또는 신체적인 상해에 대한 매도인의 책임에 대해서는 적용되지 아니한다.

Article 6
The parties may exclude the application of this Convention or, subject to article 12, derogate from or vary the effect of any of its provisions.

제6조(계약에 의한 적용 배제)
당사자는 이 협약의 적용을 배제하거나, 또는 제12조에 따라 이 협약의 어느 규정에 관해서는 그 효력을 감퇴시키거나 변경시킬 수 있다.

CHAPTER II. GENERAL PROVISIONS

Article 7 [생략]

제2장 총칙

Article 8
(1) For the purposes of this Convention statements made by and other conduct of a party are to be interpreted according to his intent where the other party knew or could not have been unaware what that intent was.
(2) If the preceding paragraph is not applicable, statements made by and other conduct of a party are to be interpreted according to the understanding that a reasonable person of the same kind as the other party would have had in the same circumstances.
(3) In determining the intent of a party or the understanding a reasonable person would have had, due consideration is to be given to all relevant circumstances of the case including the negotiations, any practices which the parties have established between themselves, usages and any subsequent conduct of the parties.

제8조(당사자 진술이나 행위의 해석)
(1) 이 협약의 적용에 있어서 당사자의 진술 또는 기타의 행위는 상대방이 그 의도를 알았거나 또는 알 수 있었던 경우에는 당사자의 의도에 따라 해석되어야 한다.
(2) 전항의 규정이 적용될 수 없는 경우에는, 당사자의 진술 또는 기타의 행위는 상대방과 같은 종류의 합리적인 자가 동일한 사정에서 가질 수 있는 이해력에 따라 해석되어야 한다.
(3) 당사자의 의도 또는 합리적인 자가 가질 수 있는 이해력을 결정함에 있어서는, 당사자 간의 교섭, 당사자 간에 확립되어 있는 관습, 관행 및 당사자의 후속되는 어떠한 행위를 포함하여 일체의 관련된 사정에 대한 상당한 고려가 있어야 한다.

Article 9

(1) The parties are bound by any usage to which they have agreed and by any practices which they have established between themselves.
(2) The parties are considered, unless otherwise agreed, to have impliedly made applicable to their contract or its formation a usage of which the parties knew or ought to have known and which in international trade is widely known to, and regularly observed by, parties to contracts of the type involved in the particular trade concerned.

제9조(관습과 관행의 구속력)
(1) 당사자는 그들이 합의한 모든 관행과 당사자 간에서 확립되어 있는 모든 관습에 구속된다.
(2) 별도의 합의가 없는 한, 당사자가 알았거나 또는 당연히 알았어야 하는 관행으로서 국제무역에서 해당되는 특정무역에 관련된 종류의 계약당사자에게 널리 알려져 있고 통상적으로 준수되고 있는 관행은 당사자가 이를 그들의 계약 또는 계약 성립에 묵시적으로 적용하는 것으로 본다.

Article 10
For the purposes of this Convention:
(a) if a party has more than one place of business, the place of business is that which has the closest relationship to the contract and its performance, having regard to the circumstances known to or contemplated by the parties at any time before or at the conclusion of the contract;
(b) if a party does not have a place of business, reference is to be made to his habitual residence.

제10조(영업소의 정의)
이 협약의 적용에 있어서,
(a) 어느 당사자가 둘 이상의 영업소를 갖고 있는 경우에는, 영업소라 함은 계약의 체결 전 또는 그 당시에 당사자들에게 알려졌거나 또는 예기되었던 사정을 고려하여 계약 및 그 이행과 가장 밀접한 관계가 있는 영업소를 말한다.
(b) 당사자가 영업소를 갖고 있지 아니한 경우에는, 당사자의 일상적인 거주지를 영업소로 참조하여야 한다.

Article 11
A contract of sale need not be concluded in or evidenced by writing and is not subject to any other requirement as to form. It may be proved by any means, including witnesses.

제11조(계약의 형식)
매매계약은 서면에 의하여 체결되거나 또는 입증되어야 할 필요가 없으며, 또 형식에 관해서도 어떠한 다른 요건에 따라야 하지 아니한다. 매매계약은 증인을 포함하여 여하한 수단에 의해서도 입증될 수 있다.

Article 12 [생략]

Article 13
For the purposes of this Convention "writing" includes telegram and telex.

제13조(서면의 정의)

이 협약의 적용에 있어서 "서면"이란 전보와 텔렉스를 포함한다.

Part II. Formation of the contract

Article 14

(1) A proposal for concluding a contract addressed to one or more specific persons constitutes an offer if it is sufficiently definite and indicates the intention of the offeror to be bound in case of acceptance. A proposal is sufficiently definite if it indicates the goods and expressly or implicitly fixes or makes provision for determining the quantity and the price.

(2) A proposal other than one addressed to one or more specific persons is to be considered merely as an invitation to make offers, unless the contrary is clearly indicated by the person making the proposal.

제2부 계약의 성립

제14조(청약의 기준)

(1) 1인 이상의 특정한 자에게 통지된 계약체결의 제의는 그것이 충분히 확정적이고 또한 승낙이 있을 경우에 구속된다고 하는 청약자의 의사를 표시하고 있는 경우에는 청약으로 된다. 어떠한 제의가 물품을 표시하고, 또한 그 수량과 대금을 명시적 또는 묵시적으로 지정하거나 또는 이를 결정하는 규정을 두고 있는 경우에는 이 제의는 충분히 확정적인 것으로 한다.

(2) 1인 이상의 특정한 자에게 통지된 것 이외의 어떠한 제의는 그 제의를 행한 자가 반대의 의사를 명확히 표시하지 아니하는 한, 이는 단순히 청약을 행하기 위한 유인으로만 본다.

Article 15

(1) An offer becomes effective when it reaches the offeree.

(2) An offer, even if it is irrevocable, may be withdrawn if the withdrawal reaches the offeree before or at the same time as the offer.

제15조(청약의 효력발생)

(1) 청약은 피청약자에게 도달한 때 효력이 발생한다.

(2) 청약은 그것이 취소불능한 것이라도 그 철회가 청약의 도달 전 또는 그와 동시에 피청약자에게 도달하는 경우에는 이를 철회할 수 있다.

Article 16

(1) Until a contract is concluded an offer may be revoked if the revocation reaches the offeree before he has dispatched an acceptance.

(2) However, an offer cannot be revoked:

  (a) if it indicates, whether by stating a fixed time for acceptance or otherwise, that it is irrevocable; or

  (b) if it was reasonable for the offeree to rely on the offer as being irrevocable and the

offeree has acted in reliance on the offer.

제16조(청약의 취소)
(1) 계약이 체결되기까지는 청약은 취소될 수 있다. 다만 이 경우에 취소의 통지는 피청약자가 승낙을 발송하기 전에 피청약자에게 도달하여야 한다.
(2) 그러나 다음과 같은 경우에는 청약은 취소될 수 없다.
　(a) 청약이 승낙을 위한 지정된 기간을 명시하거나 또는 기타의 방법으로 그 것이 취소불능임을 표시하고 있는 경우, 또는
　(b) 피청약자가 청약을 취소불능이라고 신뢰하는 것이 합리적이고, 또 피청약자가 그 청약을 신뢰하여 행동한 경우.

Article 17
An offer, even if it is irrevocable, is terminated when a rejection reaches the offeror.

제17조(청약의 거절)
청약은 그것이 취소불능한 것이라도 어떠한 거절의 통지가 청약자에게 도달한 때에는 그 효력이 상실된다.

Article 18
(1) A statement made by or other conduct of the offeree indicating assent to an offer is an acceptance. Silence or inactivity does not in itself amount to acceptance.
(2) An acceptance of an offer becomes effective at the moment the indication of assent reaches the offeror. An acceptance is not effective if the indication of assent does not reach the offeror within the time he has fixed or, if no time is fixed, within a reasonable time, due account being taken of the circumstances of the transaction, including the rapidity of the means of communication employed by the offeror. An oral offer must be accepted immediately unless the circumstances indicate otherwise.
(3) However, if, by virtue of the offer or as a result of practices which the parties have established between themselves or of usage, the offeree may indicate assent by performing an act, such as one relating to the dispatch of the goods or payment of the price, without notice to the offeror, the acceptance is effective at the moment the act is performed, provided that the act is performed within the period of time laid down in the preceding paragraph.

제18조(승낙의 시기 및 방법)
(1) 청약에 대한 동의를 표시하는 피청약자의 진술 또는 기타의 행위는 이를 승낙으로 한다. 침묵 또는 부작위 그 자체는 승낙으로 되지 아니한다.
(2) 청약에 대한 승낙은 동의의 의사표시가 청약자에게 도달한 때에 그 효력이 발생한다. 승낙은 동의의 의사표시가 청약자가 지정한 기간 내에 도달하지 아니하거나, 또는 어떠한 기간도 지정되지 아니한 때에는 청약자가 사용한 통신수단의 신속성을 포함하여 거래의 사정을 충분히 고려한 상당한 기간 내에 도달하지 아니한 경우에는 그 효력이 발생하지 아니한다. 구두의 청약은 별도의 사정이 없는 한 즉시 승낙되어야 한다.
(3) 그러나 청약의 규정에 의하거나 또는 당사자 간에 확립된 관습 또는 관행의 결과에 따라, 피청약자가 청약자에게 아무런 통지 없이 물품의 발송이나 대금의 지급에 관한 행위를 이행함으로써 동의의 의사표시를 할 수 있는 경우에는, 승낙은 그 행위가 이행되어진 때에 그 효력이 발생한다. 다만 그 행위는 전 항에 규정된 기간 내에 이행되어진 경우에 한한다.

Article 19

(1) A reply to an offer which purports to be an acceptance but contains additions, limitations or other modifications is a rejection of the offer and constitutes a counter offer.

(2) However, a reply to an offer which purports to be an acceptance but contains additional or different terms which do not materially alter the terms of the offer constitutes an acceptance, unless the offeror, without undue delay, objects orally to the discrepancy or dispatches a notice to that effect. If he does not so object, the terms of the contract are the terms of the offer with the modifications contained in the acceptance.

(3) Additional or different terms relating, among other things, to the price, payment, quality and quantity of the goods, place and time of delivery, extent of one party's liability to the other or the settlement of disputes are considered to alter the terms of the offer materially.

제19조(변경된 승낙의 효력)

(1) 승낙을 의도하고는 있으나 이에 추가, 제한 또는 기타의 변경을 포함하고 있는 청약에 대한 회답은 청약의 거절이면서 또한 반대청약을 구성한다.

(2) 그러나 승낙을 의도하고 있으나 청약의 조건을 실질적으로 변경하지 아니하는 추가적 또는 상이한 조건을 포함하고 있는 청약에 대한 회답은 승낙을 구성한다. 다만 청약자가 부당한 지체 없이 그 상위를 구두로 반대하거나 또는 그러한 취지의 통지를 발송하지 아니하여야 한다. 청약자가 그러한 반대를 하지 아니하는 경우에는, 승낙에 포함된 변경사항을 추가한 청약의 조건이 계약의 조건으로 된다.

(3) 특히, 대금, 지급, 물품의 품질 및 수량, 인도의 장소 및 시기, 상대방에 대한 당사자 일방의 책임의 범위 또는 분쟁의 해결에 관한 추가적 또는 상이한 조건은 청약의 조건을 실질적으로 변경하는 것으로 본다.

Article 20

(1) A period of time of acceptance fixed by the offeror in a telegram or a letter begins to run from the moment the telegram is handed in for dispatch or from the date shown on the letter or, if no such date is shown, from the date shown on the envelope. A period of time for acceptance fixed by the offeror by telephone, telex or other means of instantaneous communication, begins to run from the moment that the offer reaches the offeree.

(2) Official holidays or non-business days occurring during the period for acceptance are included in calculating the period. However, if a notice of acceptance cannot be delivered at the address of the offeror on the last day of the period because that day falls on an official holiday or a non-business day at the place of business of the offeror, the period is extended until the first business day which follows.

제20조(승낙기간의 해석)

(1) 전보 또는 서신에서 청약자가 지정한 승낙의 기간은 전보가 발신을 위하여 교부된 때로부터, 또는 서신에 표시된 일자로부터, 또는 그러한 일자가 표시되지 아니한 경우에는 봉투에 표시된 일자로부터 기산된다. 전화, 텔렉스 또는 기타의 동시적 통신수단에 의하여 청약자가 지정한 승낙의 기간은 청약이 피청약자에게 도달한 때로부터 기산된다.

(2) 승낙의 기간 중에 들어 있는 공휴일 또는 비영업일은 그 기간의 계산에 산입된다. 그러나 기간의 말일이 청약자의 영업소에서의 공휴일 또는 비영업일에 해당하는 이유로 승낙의 통지가 기간의 말일에 청약자의 주소에 전달될 수 없는 경우에는, 승낙의 기간은 이에 이어지는 최초의 영업일까지 연장된다.

Article 21
(1) A late acceptance is nevertheless effective as an acceptance if without delay the offeror orally so informs the offeree or dispatches a notice to that effect.
(2) If a letter or other writing containing a late acceptance shows that it has been sent in such circumstances that if its transmission had been normal it would have reached the offeror in due time, the late acceptance is effective as an acceptance unless, without delay, the offeror orally informs the offeree that he considers his offer as having lapsed or dispatches a notice to that effect.

제21조(지연된 승낙)
(1) 지연된 승낙은 그럼에도 불구하고 청약자가 지체 없이 구두로 피청약자에게 유효하다는 취지를 통지하거나 또는 그러한 취지의 통지를 발송한 경우에는, 이는 승낙으로서의 효력을 갖는다.
(2) 지연된 승낙이 포함되어 있는 서신 또는 기타의 서면상으로, 이것이 통상적으로 전달된 경우라면 적시에 청약자에게 도달할 수 있었던 사정에서 발송되었다는 사실을 나타내고 있는 경우에는, 그 지연된 승낙은 승낙으로서의 효력을 갖는다. 다만 청약자가 지체 없이 피청약자에게 청약이 효력을 상실한 것으로 본다는 취지를 구두로 통지하거나 또는 그러한 취지의 통지를 발송하지 아니하여야 한다.

Article 22
An acceptance may be withdrawn if the withdrawal reaches the offeror before or at the same time as the acceptance would have become effective.

제22조(승낙의 철회)
승낙은 그 승낙의 효력이 발생하기 이전 또는 그와 동시에 철회가 청약자에게 도달하는 경우에는 이를 철회할 수 있다.

Article 23
A contract is concluded at the moment when an acceptance of an offer becomes effective in accordance with the provisions of this Convention.

제23조(계약의 성립시기)
계약은 청약에 대한 승낙이 이 협약의 규정에 따라 효력을 발생한 때에 성립된다.

Article 24
For the purposes of this Part of the Convention, an offer, declaration of acceptance or any other indication of intention "reaches" the addressee when it is made orally to him or delivered by any other means to him personally, to his place of business or mailing address or, if he does not have a place of business or mailing address, to his habitual residence.

제24조(도달의 정의)
이 협약의 제2부의 적용에 있어서, 청약, 승낙의 선언 또는 기타의 모든 의사표시는 그것이 상대방에게 구두로 통지되거나, 또는 기타 모든 수단에 의하여 상대방 자신에게, 상대방의 영업소 또는 우편송부처에, 또는 상대방이 영업소나 우편송부처가 없는 경우에는 그 일상적인 거주지에 전달되었을 때에 상대방에게 "도달"한 것으로 한다.

Part III. Sale of goods
CHAPTER I. GENERAL PROVISIONS

Article 25
A breach of contract committed by one of the parties is fundamental if it results in such detriment to the other party as substantially to deprive him of what he is entitled to expect under the contract, unless the party in breach did not foresee and a reasonable person of the same kind in the same circumstances would not have foreseen such a result.

제3부 물품의 매매

제1장 총칙

제25조(본질적 위반의 정의)

당사자의 일방이 범한 계약위반이 그 계약하에서 상대방이 기대할 권리가 있는 것을 실질적으로 박탈할 정도의 손해를 상대방에게 주는 경우에는, 이는 본질적 위반으로 한다. 다만 위반한 당사자가 그러한 결과를 예견하지 못하였으며, 또한 동일한 종류의 합리적인 자도 동일한 사정에서 그러한 결과를 예견할 수가 없었던 경우에는 그러하지 아니하다.

Article 26
A declaration of avoidance of the contract is effective only if made by notice to the other party.

제26조(계약해제의 통지)

계약해제의 선언은 상대방에 대한 통지로써 이를 행한 경우에 한하여 효력을 갖는다.

Article 27
Unless otherwise expressly provided in this Part of the Convention, if any notice, request or other communication is given or made by a party in accordance with this Part and by means appropriate in the circumstances, a delay or error in the transmission of the communication or its failure to arrive does not deprive that party of the right to rely on the communication.

제27조(통신상의 지연과 오류)

이 협약 제3부에서 별도의 명시적인 규정이 없는 한, 어떠한 통지, 요청 또는 기타의 통신이 이 협약 제3부에 따라 그 사정에 적절한 수단으로 당사자에 의하여 행하여진 경우에는, 통신의 전달에 있어서의 지연 또는 오류, 또는 불착이 발생하더라도 당사자가 그 통신에 의존할 권리를 박탈당하지 아니한다.

Article 28
If, in accordance with the provisions of this Convention, one party is entitled to require performance of any obligation by the other party, a court is not bound to enter a judgement for specific performance unless the court would do so under its own law in respect of

similar contracts of sale not governed by this Convention.

제28조(특정이행과 국내법)
이 협약의 규정에 따라 당사자의 일방이 상대방에 의한 의무의 이행을 요구할 권리가 있는 경우라 하더라도, 법원은 이 협약에 의하여 규율되지 아니하는 유사한 매매계약에 관하여 국내법에 따라 특정이행을 명하는 판결을 하게 될 경우를 제외하고는 특정이행을 명하는 판결을 하여야 할 의무가 없다.

Article 29
(1) A contract may be modified or terminated by the mere agreement of the parties.
(2) A contract in writing which contains a provision requiring any modification or termination by agreement to be in writing may not be otherwise modified or terminated by agreement. However, a party may be precluded by his conduct from asserting such a provision to the extent that the other party has relied on that conduct.

제29조(계약변경 또는 합의종료)
(1) 계약은 당사자 쌍방의 단순한 합의만으로 변경되거나 또는 종료될 수 있다.
(2) 어떠한 변경 또는 합의에 의한 종료를 서면으로 할 것을 요구하는 규정이 있는 서면에 의한 계약은 그 이외의 방법으로 변경되거나 합의에 의하여 종료될 수 없다. 그러나 당사자 일방은 자신의 행위에 의하여 상대방이 그러한 행위를 신뢰한 범위에까지 위의 규정을 원용하는 것으로부터 배제될 수 있다.

CHAPTER II. OBLIGATIONS OF THE SELLER

Article 30
The seller must deliver the goods, hand over any documents relating to them and transfer the property in the goods, as required by the contract and this Convention.

제2장 매도인의 의무

제30조(매도인의 의무요약)
매도인은 계약과 이 협약에 의하여 요구된 바에 따라 물품을 인도하고, 이에 관련된 모든 서류를 교부하며, 또 물품에 대한 소유권을 이전하여야 한다.

Section I. Delivery of the goods and handing over of documents

Article 31
If the seller is not bound to deliver the goods at any other particular place, his obligation to deliver consists:

(a) if the contract of sale involves carriage of the goods--in handing the goods over to the first carrier for transmission to the buyer;

(b) if, in cases not within the preceding subparagraph, the contract relates to specific goods, or unidentified goods to be drawn from a specific stock or to be manufactured or produced, and at the time of the conclusion of the contract the parties knew that the goods were at, or were to be manufactured or produced at, a particular place--in placing the goods at the buyer's disposal at that place;
(c) in other cases--in placing the goods at the buyer's disposal at the place where the seller had his place of business at the time of the conclusion of the contract.

제1절 물품의 인도와 서류의 교부

제31조(인도의 장소)

매도인이 물품을 다른 특정한 장소에서 인도할 의무가 없는 경우에는, 매도인의 인도의 의무는 다음과 같이 구성된다.

(a) 매매계약이 물품의 운송을 포함하는 경우 – 매수인에게 전달하기 위하여 물품을 최초의 운송인에게 인도하는 것.
(b) 전 항의 규정에 해당되지 아니하는 경우로서 계약이 특정물, 또는 특정한 재고품으로부터 인출되어야 하거나 또는 제조되거나 생산되어야 하는 불특정물에 관련되어 있으며, 또한 당사자 쌍방이 계약체결 시에 물품이 특정한 장소에 존재하거나 또는 그 장소에서 제조되거나 생산된다는 것을 알고 있었던 경우 – 그 장소에서 물품을 매수인의 임의처분하에 두는 것.
(c) 기타의 경우 – 매도인이 계약체결 시에 영업소를 가지고 있던 장소에서 물품을 매수인의 임의처분하에 두는 것.

Article 32

(1) If the seller, in accordance with the contract or this Convention, hands the goods over to a carrier and if the goods are not dearly identified to the contract by markings on the goods, by shipping documents or otherwise, the seller must give the buyer notice of the consignment specifying the goods.
(2) If the seller is bound to arrange for carriage of the goods, he must make such contracts as are necessary for carriage to the place fixed by means of transportation appropriate in the circumstances and according to the usual terms for such transportation.
(3) If the seller is not bound to effect insurance in respect of the carriage of the goods, he must, at the buyer's request, provide him with all available information necessary to enable him to effect such insurance.

제32조(선적수배의 의무)

(1) 매도인이 계약 또는 이 협약에 따라 물품을 운송인에게 인도하는 경우에 있어서, 물품이 하인에 의하거나 선적서류 또는 기타의 방법에 의하여 그 계약의 목적물로서 명확히 특정되어 있지 아니한 경우에는, 매도인은 물품을 특정하는 탁송통지서를 매수인에게 송부하여야 한다.
(2) 매도인이 물품의 운송을 수배하여야 할 의무가 있는 경우에는, 매도인은 사정에 따라 적절한 운송수단에 의하여 그러한 운송의 통상적인 조건으로 지정된 장소까지의 운송에 필요한 계약을 체결하여야 한다.
(3) 매도인이 물품의 운송에 관련한 보험에 부보하여야 할 의무가 없는 경우에는, 매도인은 매수인의 요구에 따라 매수인이 그러한 보험에 부보하는 데 필요한 모든 입수가능한 정보를 매수인에게 제공하여야 한다.

Article 33

The seller must deliver the goods:
(a) if a date is fixed by or determinable from the contract, on that date;
(b) if a period of time is fixed by or determinable from the contract, at any time within that period unless circumstances indicate that the buyer is to choose a date; or
(c) in any other case, within a reasonable time after the conclusion of the contract.

제33조(인도의 시기)

매도인은 다음과 같은 시기에 물품을 인도하여야 한다.
(a) 어느 기일이 계약에 의하여 지정되어 있거나 또는 결정될 수 있는 경우에 그 기일,
(b) 어느 기간이 계약에 의하여 지정되어 있거나 또는 결정될 수 있는 경우에는, 매수인이 기일을 선택하여야 하는 사정이 명시되어 있지 않는 한 그 기간 내의 어떠한 시기, 또는
(c) 기타의 모든 경우에는 계약체결 후의 상당한 기간 내,

Article 34 [생략]

Section II. Conformity of the goods and third party claims

Article 35
(1) The seller must deliver goods which are of the quantity, quality and description required by the contract and which are contained or packaged in the manner required by the contract.

(2) Except where the parties have agreed otherwise, the goods do not conform with the contract unless they:
(a) are fit for the purposes for which goods of the same description would ordinarily be used;
(b) are fit for any particular purpose expressly or impliedly made known to the seller at the time of the conclusion of the contract, except where the circumstances show that the buyer did not rely, or that it was unreasonable for him to rely, on the seller's skill and judgement;
(c) possess the qualities of goods which the seller has held out to the buyer as a sample or model;
(d) are contained or packaged in the manner usual for such goods or, where there is no such manner, in a manner adequate to preserve and protect the goods.

(3) The seller is not liable under subparagraphs (a) to (d) of the preceding paragraph for any lack of conformity of the goods if at the time of the conclusion of the contract the buyer knew or could not have been unaware of such lack of conformity.

제2절 물품의 일치성 및 제3자의 청구권

제35조(물품의 일치성)

(1) 매도인은 계약에서 요구되는 수량, 품질 및 상품명세에 일치하고, 또한 계약에서 요구되는 방법으로 용기에 담거나 또는 포장된 물품을 인도하여야 한다.
(2) 당사자가 별도로 합의한 경우를 제외하고, 물품은 다음과 같지 아니하는 한 계약과 일치하지 아니한 것으로 한다.
   (a) 물품은 그 동일한 명세의 물품이 통상적으로 사용되는 목적에 적합할 것.
   (b) 물품은 계약체결 시에 명시적 또는 묵시적으로 매도인에게 알려져 있는 어떠한 특정의 목적에 적합할 것. 다만 사정으로 보아 매수인이 매도인의 기량과 판단에 신뢰하지 않았거나 또는 신뢰하는 것이 불합리한 경우에는 제외한다.
   (c) 물품은 매도인이 매수인에게 견본 또는 모형으로서 제시한 물품의 품질을 보유할 것.
   (d) 물품은 그러한 물품에 통상적인 방법으로, 또는 그러한 방법이 없는 경우에는 그 물품을 보존하고 보호하는 데 적절한 방법으로 용기에 담거나 또는 포장되어 있을 것.
(3) 매수인이 계약체결 시에 물품의 어떠한 불일치를 알고 있었거나 또는 알지 못하였을 수가 없는 경우에는, 매도인은 물품의 어떠한 불일치에 대하여 전항의 제a호 내지 제d호에 따른 책임을 지지 아니한다.

Article 36 [생략]

Article 37
If the seller has delivered goods before the date for delivery, he may, up to that date, deliver any missing part or make up any deficiency in the quantity of the goods delivered, or deliver goods in replacement of any non-conforming goods delivered or remedy any lack of conformity in the goods delivered, provided that the exercise of this right does not cause the buyer unreasonable inconvenience or unreasonable expense. However, the buyer retains any right to claim damages as provided for in this Convention.

제37조(인도만기 전의 보완권)
매도인이 인도기일 이전에 물품을 인도한 경우에는, 매수인에게 불리한 불편이나 또는 불합리한 비용을 발생시키지 아니하는 한, 매도인은 그 기일까지는 인도된 물품의 모든 부족분을 인도하거나, 또는 수량의 모든 결함을 보충하거나, 또는 인도된 모든 불일치한 물품에 갈음하는 물품을 인도하거나, 또는 인도된 물품의 모든 불일치를 보완할 수 있다. 그러나 매수인은 이 협약에서 규정된 바의 손해배상을 청구하는 모든 권리를 보유한다.

Article 38
(1) The buyer must examine the goods, or cause them to be examined, within as short a period as is practicable in the circumstances.
(2) If the contract involves carriage of the goods, examination may be deferred until after the goods have arrived at their destination.
(3) If the goods are redirected in transit or redispatched by the buyer without a reasonable opportunity for examination by him and at the time of the conclusion of the contract the seller knew or ought to have known of the possibility of such redirection or redispatch, examination may be deferred until after the goods have arrived at the new destination.

제38조(물품의 검사기간)
(1) 매수인은 그 사정에 따라 실행 가능한 단기간 내에 물품을 검사하거나 또는 물품이 검사되어지도록 하여야 한다.
(2) 계약이 물품의 운송을 포함하고 있는 경우에는, 검사는 물품이 목적지에 도착한 이후까지 연기될 수 있다.
(3) 물품이 매수인에 의한 검사의 상당한 기회도 없이 매수인에 의하여 운송 중에 목적지가 변경되거나 또는 전송

(轉送)되고, 또한 계약 체결 시에 매도인이 그러한 변경이나 전송의 가능성을 알았거나 또는 알았어야 하는 경우에는, 검사는 물품이 새로운 목적지에 도착한 이후까지 연기될 수 있다.

Article 39

(1) The buyer loses the right to rely on a lack of conformity of the goods if he does not give notice to the seller specifying the nature of the lack of conformity within a reasonable time after he has discovered it or ought to have discovered it.

(2) In any event, the buyer loses the right to rely on a lack of conformity of the goods if he does not give the seller notice thereof at the latest within a period of two years from the date on which the goods were actually handed over to the buyer, unless this time-limit is inconsistent with a contractual period of guarantee.

제39조(불일치의 통지시기)

(1) 매수인이 물품의 불일치를 발견하였거나 또는 발견하였어야 한 때부터 합리적인 기간 내에 매도인에게 불일치의 성질을 기재한 통지를 하지 아니한 경우에는, 매수인은 물품의 불일치에 의존하는 권리를 상실한다.

(2) 어떠한 경우에도, 물품이 매수인에게 현실적으로 인도된 날로부터 늦어도 2년 이내에 매수인이 매도인에게 불일치의 통지를 하지 아니한 경우에는, 매수인은 물품의 불일치에 의존하는 권리를 상실한다. 다만 이러한 기간의 제한이 계약상의 보증기간과 모순된 경우에는 그러하지 아니하다.

Article 40

The seller is not entitled to rely on the provisions of articles 38 and 39 if the lack of conformity relates to facts of which he knew or could not have been unaware and which he did not disclose to the buyer.

제40조(매도인의 악의)

물품의 불일치가 매도인이 알았거나 또는 알지 못하였을 수가 없는 사실에 관련되고 또 매도인이 이를 매수인에게 고지하지 아니한 사실에도 관련되어 있는 경우에는, 매도인은 제38조 및 제39조의 규정을 원용할 권리가 없다.

Article 41

The seller must deliver goods which are free from any right or claim of a third party, unless the buyer agreed to take the goods subject to that right or claim. However, if such right or claim is based on industrial property or other intellectual property, the seller's obligation is governed by article 42.

제41조(제3자의 청구권)

매도인은 매수인이 제3자의 권리 또는 청구권을 전제로 물품을 수령하는 것에 동의한 경우가 아닌 한, 제3자의 권리 또는 청구권으로부터 자유로운 물품을 인도하여야 한다. 그러나 그러한 제3자의 권리 또는 청구권이 공업소유권 또는 기타 지적소유권에 기초를 두고 있는 경우에는, 매도인의 의무는 제42조에 의하여 규율된다.

Article 42 [생략]

Article 43 [생략]

Article 44
Notwithstanding the provisions of paragraph (1) of article 39 and paragraph (1) of article 43, the buyer may reduce the price in accordance with article 50 or claim damages, except for loss of profit, if he has a reasonable excuse for his failure to give the required notice.

제44조(통지불이행의 정당한 이유)
제39조 제1항 및 제43조 제1항의 규정에도 불구하고, 매수인은 요구된 통지의 불이행에 대한 정당한 이유가 있는 경우에는 제50조에 따라 대금을 감액하거나 또는 이익의 손실을 제외한 손해배상을 청구할 수 있다.

Section III. Remedies for breach of contract by the seller

Article 45
(1) If the seller fails to perform any of his obligations under the contract or this Convention, the buyer may:
 (a) exercise the rights provided in articles 46 to 52;
 (b) claim damages as provided in articles 74 to 77.

(2) The buyer is not deprived of any right he may have to claim damages by exercising his right to other remedies.
(3) No period of grace may be granted to the seller by a court or arbitral tribunal when the buyer resorts to a remedy for breach of contract.

제3절 매도인의 계약위반에 대한 구제

제45조(매수인의 구제방법)
(1) 매도인이 계약 또는 이 협약에 따른 어떠한 의무를 이행하지 아니하는 경우에는, 매수인은 다음과 같은 것을 행할 수 있다.
 (a) 제46조 내지 제52조에서 규정된 권리를 행사하는 것,
 (b) 제74조 내지 제77조에서 규정된 바의 손해배상을 청구하는 것 등.

(2) 매수인은 손해배상 이외의 구제를 구하는 권리의 행사로 인하여 손해배상을 청구할 수 있는 권리를 박탈당하지 아니한다.
(3) 매수인이 계약위반에 대한 구제를 구할 때에는, 법원 또는 중재판정부는 매도인에게 어떠한 유예기간도 적용하여서는 아니된다.

Article 46
(1) The buyer may require performance by the seller of his obligations unless the buyer has resorted to a remedy which is inconsistent with this requirement.
(2) If the goods do not conform with the contract, the buyer may require delivery of substitute goods only if the lack of conformity constitutes a fundamental breach of contract and a request for substitute goods is made either in conjunction with notice given under article 39 or within a reasonable time thereafter.

(3) If the goods do not conform with the contract, the buyer may require the seller to remedy the lack of conformity by repair, unless this is unreasonable having regard to all the circumstances. A request for repair must be made either in conjunction with notice given under article 39 or within a reasonable time thereafter.

제46조(매수인의 이행청구권)
(1) 매수인은 매도인에게 그 의무의 이행을 청구할 수 있다. 다만 매수인이 이러한 청구와 모순되는 구제를 구한 경우에는 그러하지 아니하다.
(2) 물품이 계약과 일치하지 아니한 경우에는, 매수인은 대체품의 인도를 청구할 수 있다. 다만 이러한 청구는 불일치가 계약의 본질적인 위반을 구성하고 또 대체품의 청구가 제39조에 따라 지정된 통지와 함께 또는 그 후 상당한 기간 내에 행하여지는 경우에 한한다.
(3) 물품이 계약과 일치하지 아니한 경우에는, 매수인은 모든 사정으로 보아 불합리하지 아니하는 한 매도인에 대하여 수리에 의한 불일치의 보완을 청구할 수 있다. 수리의 청구는 제39조에 따라 지정된 통지와 함께 또는 그 후 상당한 기간 내에 행하여져야 한다.

Article 47
(1) The buyer may fix an additional period of time of reasonable length for performance by the seller of his obligations.
(2) Unless the buyer has received notice from the seller that he will not perform within the period so fixed, the buyer may not, during that period, resort to any remedy for breach of contract. However, the buyer is not deprived thereby of any right he may have to claim damages for delay in performance.

제47조(이행추가기간의 통지)
(1) 매수인은 매도인에 의한 의무의 이행을 위한 상당한 기간만큼의 추가기간을 지정할 수 있다.
(2) 매수인이 매도인으로부터 그 지정된 추가기간 내에 이행하지 아니하겠다는 뜻의 통지를 수령하지 않는 한, 매수인은 그 기간 중에는 계약위반에 대한 어떠한 구제도 구할 수 없다. 그러나 매수인은 이로 인하여 이행의 지연에 대한 손해배상을 청구할 수 있는 어떠한 권리를 박탈당하지 아니한다.

Article 48
(1) Subject to article 49, the seller may, even after the date for delivery, remedy at his own expense any failure to perform his obligations, if he can do so without unreasonable delay and without causing the buyer unreasonable inconvenience or uncertainty of reimbursement by the seller of expenses advanced by the buyer. However, the buyer retains any right to claim damages as provided for in this Convention.
(2) If the seller requests the buyer to make known whether he will accept performance and the buyer does not comply with the request within a reasonable time, the seller may perform within the time indicated in his request. The buyer may not, during that period of time, resort to any remedy which is inconsistent with performance by the seller.
(3) A notice by the seller that he will perform within a specified period of time is assumed to include a request, under the preceding paragraph, that the buyer make known his decision.
(4) A request or notice by the seller under paragraph (2) or (3) of this article is not effective unless received by the buyer.

제48조(인도기일 후의 보완)

(1) 제49조의 규정에 따라, 매도인은 인도기일 후에도 불합리한 지체 없이 그리고 매수인에게 불합리한 불편을 주거나 또는 매수인이 선지급한 비용을 매도인으로부터 보상받는 데 대한 불확실성이 없는 경우에는 자신의 비용부담으로 그 의무의 어떠한 불이행을 보완할 수 있다. 그러나 매수인은 이 협약에 규정된 바의 손해배상을 청구하는 모든 권리를 보유한다.
(2) 매도인이 매수인에 대하여 그 이행을 승낙할 것인지의 여부를 알려 주도록 요구하였으나 매수인이 상당한 기간내에 그 요구에 응하지 아니한 경우에는 매도인은 그 요구에서 제시한 기간 내에 이행할 수 있다. 매수인은 그 기간 중에는 매도인의 이행과 모순되는 구제를 구하여서는 아니 된다.
(3) 특정한 기간내에 이행하겠다는 매도인의 통지는 매수인이 승낙여부의 결정을 알려주어야 한다는 내용의 전 항에 규정하고 있는 요구를 포함하는 것으로 추정한다.
(4) 본조 제2항 또는 제3항에 따른 매도인의 요구 또는 통지는 매수인에 의하여 수령되지 아니한 경우에는 그 효력이 발생하지 아니한다.

Article 49

(1) The buyer may declare the contract avoided:
 (a) if the failure by the seller to perform any of his obligations under the contract or this Convention amounts to a fundamental breach of contract; or
 (b) in case of non-delivery, if the seller does not deliver the goods within the additional period of time fixed by the buyer in accordance with paragraph (1) of article 47 or declares that he will not deliver within the period so fixed.

(2) However, in cases where the seller has delivered the goods, the buyer loses the right to declare the contract avoided unless he does so:
 (a) in respect of late delivery, within a reasonable time after he has become aware that delivery has been made;
 (b) in respect of any breach other than late delivery, within a reasonable time:
  (i) after he knew or ought to have known of the breach;
  (ii) after the expiration of any additional period of time fixed by the buyer in accordance with paragraph (1) of article 47, or after the seller has declared that he will not perform his obligations within such an additional period; or
  (iii) after the expiration of any additional period of time indicated by the seller in accordance with paragraph (2) of article 48, or after the buyer has declared that he will not accept performances.

제49조(매수인의 계약해제권)

(1) 매수인은 다음과 같은 경우에 계약의 해제를 선언할 수 있다.
 (a) 계약 또는 이 협약에 따른 매도인의 어떠한 의무의 불이행키 계약의 본질적인 위반에 상당하는 경우, 또는
 (b) 인도불이행의 경우에는, 매도인이 제47조 제1항에 따라 매수인에 의하여 지정된 추가기간 내에 물품을 인도하지 아니 하거나, 또는 매도인이 그 지정된 기간 내에 인도하지 아니하겠다는 뜻을 선언한 경우.
(2) 그러나 매도인이 물품을 이미 인도한 경우에는, 매수인은 다음과 같은 시기에 계약의 해제를 선언하지 않는 한 그 해제의 권리를 상실한다.
 (a) 인도의 지연에 관해서는, 매수인이 인도가 이루어진 사실을 알게 된 때로부터 상당한 기간 내,
 (b) 인도의 지연 이외의 모든 위반에 관해서는, 다음과 같은 때로부터 상당한 기간 내.

(i) 매수인이 그 위반을 알았거나 또는 알았어야 하는 때,
(ii) 제47조 제1항에 따라 매수인에 의하여 지정된 어떠한 추가기간이 경과한 때, 또는 매도인이 그러한 추가기간 내에 의무를 이행하지 아니하겠다는 뜻을 선언한 때, 또는
(iii) 제48조 제2항에 따라 매도인에 의하여 제시된 어떠한 추가기간이 경과한 때, 또는 매수인이 이행을 승낙하지 아니 하겠다는 뜻을 선언한 때.

Article 50

If the goods do not conform with the contract and whether or not the price has already been paid, the buyer may reduce the price in the same proportion as the value that the goods actually delivered had at the time of the delivery bears to the value that conforming goods would have had at that time. However, if the seller remedies any failure to perform his obligations in accordance with article 37 or article 48 or if the buyer refuses to accept performance by the seller in accordance with those articles, the buyer may not reduce the price.

제50조(대금의 감액)

물품이 계약과 일치하지 아니하는 경우에는 대금이 이미 지급된 여부에 관계없이, 매수인은 실제로 인도된 물품이 인도 시에 가지고 있던 가액이 계약에 일치하는 물품이 그 당시에 가지고 있었을 가액에 대한 동일한 비율로 대금을 감액할 수 있다. 그러나 매도인이 제37조 또는 제48조에 따른 그 의무의 어떠한 불이행을 보완하거나, 또는 매수인이 그러한 조항에 따른 매도인의 이행의 승낙을 거절하는 경우에는, 매수인은 대금을 감액할 수 없다.

Article 51

(1) If the seller delivers only a part of the goods or if only a part of the goods delivered is in conformity with the contract, articles 46 to 50 apply in respect of the part which is missing or which does not conform.
(2) The buyer may declare the contract avoided in its entirety only if the failure to make delivery completely or in conformity with the contract amounts to a fundamental breach of the contract.

제51조(물품일부의 불일치)

(1) 매도인이 물품의 일부만을 인도하거나, 또는 인도된 물품의 일부만이 계약과 일치하는 경우에는, 제46조 내지 제50조의 규정은 부족 또는 불일치한 부분에 관하여 적용한다.
(2) 인도가 완전하게 또는 계약에 일치하게 이행되지 아니한 것이 계약의 본질적인 위반에 해당하는 경우에 한하여, 매수인은 계약 그 전체의 해제를 선언할 수 있다.

Article 52

(1) If the seller delivers the goods before the date fixed, the buyer may take delivery or refuse to take delivery.
(2) If the seller delivers a quantity of goods greater than that provided for in the contract, the buyer may take delivery or refuse to take delivery of the excess quantity. If the buyer takes delivery of all or part of the excess quantity, he must pay for it at the contract rate.

제52조(기일 전의 인도 및 초과 수량)

(1) 매도인이 지정된 기일 전에 물품을 인도하는 경우에는, 매수인은 인도를 수령하거나 또는 이를 거절할 수 있다.
(2) 매도인이 계약에서 약정된 것보다도 많은 수량의 물품을 인도하는 경우에는, 매수인은 초과수량의 인도를 수령하거나 또는 이를 거절할 수 있다. 매수인이 초과수량의 전부 또는 일부의 인도를 수령하는 경우에는, 매수인은 계약비율에 따라 그 대금을 지급하여야 한다.

CHAPTER III. OBLIGATIONS OF THE BUYER

Article 53
The buyer must pay the price for the goods and take delivery of them as required by the contract and this Convention.

제3장 매수인의 의무

제53조(매수인의 의무요약)
매수인은 계약 및 이 협약에 의하여 요구된 바에 따라 물품의 대금을 지급하고 물품의 인도를 수령하여야 한다.

Section I. Payment of the price

Article 54 [생략]

Article 55 [생략]

Article 56
If the price is fixed according to the weight of the goods, in case of doubt it is to be determined by the net weight.

제56조(순중량에 의한 결정)
대금이 물품의 중량에 따라 지정되는 경우에 이에 의혹이 있을 때에는, 그 대금은 순중량에 의하여 결정되어야 한다.

Article 57
(1) If the buyer is not bound to pay the price at any other particular place, he must pay it to the seller:
 (a) at the seller's place of business; or
 (b) if the payment is to be made against the handing over of the goods or of documents, at the place where the handing over takes place.

(2) The seller must bear any increase in the expenses incidental to payment which is

caused by a change in his place of business subsequent to the conclusion of the contract.

제57조(대금지급의 장소)

(1) 매수인이 기타 어느 특정한 장소에서 대금을 지급하여야 할 의무가 없는 경우에는, 매수인은 다음과 같은 장소에서 매도인에게 이를 지급하여야 한다.
  (a) 매도인의 영업소, 또는
  (b) 지급이 물품 또는 서류의 교부와 상환으로 이루어져야 하는 경우에는, 그 교부가 행하여지는 장소.

(2) 매도인은 계약 체결 후에 그 영업소를 변경함으로 인하여 야기된 지급의 부수적인 비용의 모든 증가액을 부담하여야 한다.

Article 58 [생략]

Article 59 [생략]

Section II. Taking delivery

Article 60
The buyer's obligation to take delivery consists:
(a) in doing all the acts which could reasonably be expected of him in order to enable the seller to make delivery; and
(b) in taking over the goods.

제2절 인도의 수령

제60조(인도수령의 의무)

매수인의 인도수령의 의무는 다음과 같은 것으로 구성된다.
  (a) 매도인에 의한 인도를 가능케 하기 위하여 매수인에게 합리적으로 기대될 수 있었던 모든 행위를 하는 것, 그리고
  (b) 물품을 수령하는 것.

Section III. Remedies for breach of contract by the buyer

Article 61
(1) If the buyer fails to perform any of his obligations under the contract or this Convention, the seller may:
 (a) exercise the rights provided in articles 62 to 65;

(b) claim damages as provided in articles 74 to 77.

(2) The seller is not deprived of any right he may have to claim damages by exercising his right to other remedies.
(3) No period of grace may be granted to the buyer by a court or arbitral tribunal when the seller resorts to a remedy for breach of contract.

제3절 매수인의 계약위반에 대한 구제

제61조(매도인의 구제방법)
(1) 매수인이 계약 또는 이 협약에 따른 어떠한 의무를 이행하지 아니하는 경우에는, 매도인은 다음과 같은 것을 행할 수 있다.
  (a) 제62조 내지 제65조에 규정된 권리를 행사하는 것,
  (b) 제74조 내지 제77조에 규정된 바의 손해배상을 청구하는 것 등.

(2) 매도인은 손해배상 이외의 구제를 구하는 권리의 행사로 인하여 손해배상을 청구할 수 있는 권리를 박탈당하지 아니한다.
(3) 매도인이 계약위반에 대한 구제를 구할 때에는, 법원 또는 중재판정부는 매수인에게 어떠한 유예기간도 허용하여서는 아니 된다.

Article 62
The seller may require the buyer to pay the price, take delivery or perform his other obligations, unless the seller has resorted to a remedy which is inconsistent with this requirement.

제62조(매도인의 이행청구권)
매도인은 매수인에 대하여 대금의 지급, 인도의 수령 또는 기타 매수인의 의무를 이행하도록 청구할 수 있다. 다만 매도인이 이러한 청구와 모순되는 구제를 구한 경우에는 그러하지 아니하다.

Article 63
(1) The seller may fix an additional period of time of reasonable length for performance by the buyer of his obligations.
(2) Unless the seller has received notice from the buyer that he will not perform within the period so fixed, the seller may not, during that period, resort to any remedy for breach of contract. However, the seller is not deprived thereby of any right he may have to claim damages for delay in performance.

제63조(이행추가기간의 통지)
(1) 매도인은 매수인에 의한 의무의 이행을 위한 상당한 기간만큼의 추가기간을 지정할 수 있다.
(2) 매도인이 매수인으로부터 그 지정된 추가기간 내에 이행하지 아니하겠다는 뜻의 통지를 수령하지 않은 한, 매도인은 그 기간 중에는 계약위반에 대한 어떠한 구제도 구할 수 없다. 그러나 매도인은 이로 인하여 이행의 지연에 대한 손해배상을 청구할 수 있는 어떠한 권리를 박탈당하지 아니한다.

Article 64

(1) The seller may declare the contract avoided:
  (a) if the failure by the buyer to perform any of his obligations under the contract or this Convention amounts to a fundamental breach of contract; or
  (b) if the buyer does not, within the additional period of time fixed by the seller in accordance with paragraph (1) of article 63, perform his obligation to pay the price or take delivery of the goods, or if he declares that he will not do so within the period so fixed;

(2) However, in cases where the buyer has paid the price, the seller loses the right to declare the contract avoided unless he does so:
  (a) in respect of late performance by the buyer, before the seller has become aware that performance has been rendered; or
  (b) in respect of any breach other than late performance by the buyer, within a reasonable time:
    (i) after the seller knew or ought to have known of the breach; or
    (ii) after the expiration of any additional period of time fixed by the seller in accordance with paragraph (1) of article 63, or after the buyer has declared that he will not perform his obligations within such an additional period.

제64조(매도인의 계약해제권)

(1) 매도인은 다음과 같은 경우에 계약의 해제를 선언할 수 있다.
  (a) 계약 또는 이 협약에 따른 매수인의 어떠한 의무의 불이행이 계약의 본질적인 위반에 상당하는 경우, 또는
  (b) 매수인이 제63조 제1항에 따라 매도인에 의하여 지정된 추가기간 내에 대금의 지급 또는 물품의 인도수령의 의무를 이행하지 아니하거나, 또는 매수인이 그 지정된 기간 내에 이를 이행하지 아니하겠다는 뜻을 선언한 경우.

(2) 그러나 매수인이 대금을 이미 지급한 경우에는, 매도인은 다음과 같은 시기에 계약의 해제를 선언하지 않는 한 그 해제의 권리를 상실한다.
  (a) 매수인에 의한 이행의 지연에 관해서는, 매도인이 그 이행이 이루어진 사실을 알기 전, 또는
  (b) 매수인에 의한 이행의 지연 이외의 모든 위반에 관해서는, 다음과 같은 때로부터 상당한 기간 내
    (i) 매도인이 그 위반을 알았거나 또는 알았어야 하는 때, 또는
    (ii) 제63조 제1항에 따라 매도인에 의하여 지정된 어떠한 추가기간이 경과한 때, 또는 매수인이 그러한 추가기간 내에 의무를 이행하지 아니하겠다는 뜻을 선언한 때.

Article 65

(1) If under the contract the buyer is to specify the form, measurement or other features of the goods and he fails to make such specification either on the date agreed upon or within a reasonable time after receipt of a request from the seller, the seller may, without prejudice to any other rights he may have, make the specification himself in accordance with the requirements of the buyer that may be known to him.

(2) If the seller makes the specification himself, he must inform the buyer of the details thereof and must fix a reasonable time within which the buyer may make a different specification. If, after receipt of such a communication, the buyer fails to do so within the time so fixed, the specification made by the seller is binding.

제65조(물품명세의 확정권)

(1) 계약상 매수인이 물품의 형태, 용적 또는 기타의 특징을 지정하기로 되어 있을 경우에 만약 매수인이 합의된 기일 또는 매도인으로부터의 요구를 수령한 후 상당한 기간 내에 그 물품명세를 작성하지 아니한 때에는, 매도인은 그가 보유하고 있는 다른 모든 권리의 침해 없이 매도인에게 알려진 매수인의 요구조건에 따라 스스로 물품명세를 작성할 수 있다.
(2) 매도인이 스스로 물품명세를 작성하는 경우에는, 매도인은 매수인에게 이에 관한 세부사항을 통지하여야 하고, 또 매수인이 이와 상이한 물품명세를 작성할 수 있도록 상당한 기간을 지정하여야 한다. 매수인이 그러한 통지를 수령한 후 지정된 기간 내에 이와 상이한 물품명세를 작성하지 아니하는 경우에는, 매도인이 작성한 물품명세가 구속력을 갖는다.

CHAPTER IV. PASSING OF RISK

Article 66

Loss of or damage to the goods after the risk has passed to the buyer does not discharge him from his obligation to pay the price, unless the loss or damage is due to an act or omission of the seller.

제4장 위험의 이전

제66조(위험부담의 일반원칙)

위험이 매수인에게 이전된 이후에 물품의 멸실 또는 손상은 매수인을 대금지급의 의무로부터 면제시키지 아니한다. 다만 그 멸실 또는 손상이 매도인의 작위 또는 부작위에 기인한 경우에는 그러하지 아니하다.

Article 67

(1) If the contract of sale involves carriage of the goods and the seller is not bound to hand them over at a particular place, the risk passes to the buyer when the goods are handed over to the first carrier for transmission to the buyer in accordance with the contract of sale. If the seller is bound to hand the goods over to a carrier at a particular place, the risk does not pass to the buyer until the goods are handed over to the carrier at that place. The fact that the seller is authorized to retain documents controlling the disposition of the goods does not affect the passage of the risk.
(2) Nevertheless, the risk does not pass to the buyer until the goods are clearly identified to the contract, whether by markings on the goods, by shipping documents, by notice given to the buyer or otherwise.

제67조(운송조건부 계약품의 위험)

(1) 매매계약이 물품의 운송을 포함하고 있는 경우에 매도인이 특정한 장소에서 이를 인도하여야 할 의무가 없는 때에는, 위험은 물품이 매매계약에 따라 매수인에게 송부하도록 최초의 운송인에게 인도된 때에 매수인에게 이전한다. 매도인이 특정한 장소에서 물품을 운송인에게 인도하여야 할 의무가 있는 경우에는, 위험은 물품이 그러한 장소에서 운송인에게 인도되기까지는 매수인에게 이전하지 아니한다. 매도인이 물품의 처분을 지배하는 서류를 보유하는 권한이 있다는 사실은 위험의 이전에 영향을 미치지 아니 한다.
(2) 그럼에도 불구하고, 위험은 물품이 하인, 선적서류, 매수인에 대한 통지 또는 기타의 방법에 의하여 계약에 명확히 특정되기까지는 매수인에게 이전하지 아니 한다.

Article 68

The risk in respect of goods sold in transit passes to the buyer from the time of the conclusion of the contract. However, if the circumstances so indicate, the risk is assumed by the buyer from the time the goods were handed over to the carrier who issued the documents embodying the contract of carriage. Nevertheless, if at the time of the conclusion of the contract of sale the seller knew or ought to have known that the goods had been lost or damaged and did not disclose this to the buyer, the loss or damage is at the risk of the seller.

제68조(운송 중 매매물품의 위험)
운송 중에 매각된 물품에 관한 위험은 계약 체결 시로부터 매수인에게 이전한다. 그러나 사정에 따라서는 위험은 운송계약을 구현하고 있는 서류를 발행한 운송인에게 물품이 인도된 때로부터 매수인이 부담한다. 그럼에도 불구하고, 매도인이 매매계약의 체결 시에 물품이 이미 멸실 또는 손상되었다는 사실을 알았거나 또는 알았어야 하는 경우에 이를 매수인에게 밝히지 아니한 때에는, 그 멸실 또는 손상은 매도인의 위험부담에 속한다.

Article 69 [생략]

Article 70 [생략]

CHAPTER V. PROVISIONS COMMON TO THE OBLIGATIONS OF THE SELLER AND OF THE BUYER

Section I. Anticipatory breach and instalment contracts

Article 71

(1) A party may suspend the performance of his obligations if, after the conclusion of the contract, it becomes apparent that the other party will not perform a substantial part of his obligations as a result of:
  (a) a serious deficiency in his ability of perform or in his creditworthiness; or
  (b) his conduct in preparing to perform or in performing the contract.

(2) If the seller has already dispatched the goods before the grounds described in the preceding paragraph become evident, he may prevent the handing over of the goods to the buyer even though the buyer holds a document which entitles him to obtain them. The present paragraph relates only to the rights in the goods as between the buyer and the seller.

(3) A party suspending performance, whether before or after dispatch of the goods, must immediately give notice of the suspension to the other party and must continue with performance if the other party provides adequate assurance of his performance.

제5장 매도인과 매수인의 의무에 공통되는 규정

제1절 이행기일 전의 계약위반과 분할이행계약

제71조(이행의 정지)
(1) 당사자 일방은 계약체결 후에 상대방이 다음과 같은 사유의 결과로 그 의무의 어떤 실질적인 부분을 이행하지 아니할 것이 명백하게 된 경우에는, 자기의 의무의 이행을 정지할 수 있다.
 (a) 상대방의 이행능력 또는 그 신뢰성의 중대한 결함, 또는
 (b) 상대방의 계약이행의 준비 또는 계약이행의 행위.

(2) 매도인이 전항에 기술된 사유가 명백하게 되기 전에 이미 물품을 발송한 경우에는, 비록 매수인이 물품을 취득할 권한을 주는 서류를 소지하고 있더라도, 매도인은 물품이 매수인에게 인도되는 것을 중지시킬 수 있다. 본 항의 규정은 매도인과 매수인 간에서의 물품에 대한 권리에만 적용한다.

(3) 이행을 정지한 당사자는 물품의 발송 전후에 관계없이 상대방에게 그 정지의 통지를 즉시 발송하여야 하고, 또 상대방이 그 이행에 관하여 적절한 확약을 제공하는 경우에는 이행을 계속하여야 한다.

Article 72
(1) If prior to the date for performance of the contract it is clear that one of the parties will commit a fundamental breach of contract, the other party may declare the contract avoided.

(2) If time allows, the party intending to declare the contract avoided must give reasonable notice to the other party in order to permit him to provide adequate assurance of his performance.

(3) The requirements of the preceding paragraph do not apply if the other party has declared that he will not perform his obligations.

제72조(이행기일 전의 계약해제)
(1) 계약의 이행기일 이전에 당사자의 일방이 계약의 본질적인 위반을 범할 것이 명백한 경우에는, 상대방은 계약의 해제를 선언할 수 있다.

(2) 시간이 허용하는 경우에는, 계약의 해제를 선언하고자 하는 당사자는 상대방이 그 이행에 관하여 적절한 확약을 제공할 수 있도록 하기 위하여 상대방에게 상당한 통지를 발송하여야 한다.

(3) 전 항의 요건은 상대방이 그 의무를 이행하지 아니할 것을 선언한 경우에는 이를 적용하지 아니한다.

Article 73
(1) In the case of a contract for delivery of goods by instalments, if the failure of one party to perform any of his obligations in respect of any instalment constitutes a fundamental breach of contract with respect to that instalment, the other party may declare the contract avoided with respect to that instalment.

(2) If one party's failure to perform any of his obligations in respect of any instalment gives the other party good grounds to conclude that a fundamental breach of contract will occur with respect to future installments, he may declare the contract avoided for the future, provided that he does so within a reasonable time.

(3) A buyer who declares the contract avoided in respect of any delivery may, at the same time, declare it avoided in respect of deliveries already made or of future deliveries if, by reason of their interdependence, those deliveries could not be used for the purpose contemplated by the parties at the time of the conclusion of the contract.

제73조(분할이행계약의 해제)

(1) 물품의 분할인도를 위한 계약의 경우에 있어서, 어느 분할부분에 관한 당사자 일방의 어떠한 의무의 불이행이 그 분할부분에 관하여 계약의 본질적인 위반을 구성하는 경우에는, 상대방은 그 분할부분에 관하여 계약의 해제를 선언할 수 있다.

(2) 어느 분할부분에 관한 당사자 일방의 어떠한 의무의 불이행이 상대방으로 하여금 장래의 분할부분에 관하여 계약의 본질적인 위반이 발생할 것이라는 결론을 내리게 하는 충분한 근거가 되는 경우에는, 상대방은 장래의 분할부분에 관하여 계약의 해제를 선언할 수 있다. 다만 상대방은 상당한 기간 내에 이를 행하여야 한다.

(3) 어느 인도부분에 관하여 계약의 해제를 선언하는 매수인은 이미 행하여진 인도 또는 장래의 인도에 관해서도 동시에 계약의 해제를 선언할 수 있다. 다만 그러한 인도부분들이 상호 의존관계로 인하여 계약 체결 시에 당사자 쌍방이 의도한 목적으로 사용될 수 없을 경우에 한한다.

Section II. Damages

Article 74

Damages for breach of contract by one party consist of a sum equal to the loss, including loss of profit, suffered by the other party as a consequence of the breach. Such damages may not exceed the loss which the party in breach foresaw or ought to have foreseen at the time of the conclusion of the contract, in the light of the facts and matters of which he then knew or ought to have known, as a possible consequence of the breach of contract.

제2절 손해배상액

제74조(손해배상액산정의 원칙)

당사자 일방의 계약위반에 대한 손해배상액은 이익의 손실을 포함하여 그 위반의 결과로 상대방이 입은 손실과 동등한 금액으로 한다. 그러한 손해배상액은 계약 체결 시에 위반의 당사자가 알았거나 또는 알았어야 할 사실 및 사정에 비추어서 그 위반의 당사자가 계약 체결 시에 계약위반의 가능한 결과로서 예상하였거나 또는 예상하였어야 하는 손실을 초과할 수 없다.

Article 75

If the contract is avoided and if, in a reasonable manner and within a reasonable time after avoidance, the buyer has bought goods in replacement or the seller has resold the goods, the party claiming damages may recover the difference between the contract price and the price in the substitute transaction as well as any further damages recoverable under article 74.

제75조(대체거래 시의 손해배상액)

계약이 해제되고 또한 해제 후에 상당한 방법과 상당한 기간 내에 매수인이 대체품을 구매하거나 또는 매도인이 물품을 재매각한 경우에는, 손해배상을 청구하는 당사자는 계약 대금과 대체거래의 대금과의 차액뿐만 아니라 제74조에 따라 회수 가능한 기타의 모든 손해배상액을 회수할 수 있다.

Article 76

(1) If the contract is avoided and there is a current price for the goods, the party claiming damages may, if he has not made a purchase or resale under article 75, recover the

difference between the price fixed by the contract and the current price at the time of avoidance as well as any further damages recoverable under article 74. If, however, the party claiming damages has avoided the contract after taking over the goods, the current price at the time of such taking over shall be applied instead of the current price at the time of avoidance.

(2) For the purposes of the preceding paragraph, the current price is the price prevailing at the place where delivery of the goods should have been made or, if there is no current price at that place, the price at such other place as serves as a reasonable substitute, making due allowance for differences in the cost of transporting the goods.

제76조(시가에 기초한 손해배상액)

(1) 계약이 해제되고 또한 물품에 시가가 있는 경우에는, 손해배상을 청구하는 당사자는 제75조에 따라 구매 또는 재매각을 행하 지 아니한 때에는 계약대금과 계약해제시의 시가와의 차액뿐만 아니라 제74조에 따라 회수 가능한 기타의 모든 손해배상액을 회수할 수 있다. 그러나 손해배상을 청구하는 당사자가 물품을 인수한 후에 계약을 해제한 경우에는, 계약해제시의 시가에 대신하여 물품 인수 시의 시가를 적용한다.

(2) 전항의 적용에 있어서, 시가라 함은 물품의 인도가 행하여졌어야 할 장소에서 지배적인 가격을 말하고, 그 장소에서 아무런 시가가 없는 경우에는 물품의 운송비용의 차이를 적절히 감안하여 상당한 대체가격으로 할 수 있는 다른 장소에서의 가격을 말한다.

Article 77

A party who relies on a breach of contract must take such measures as are reasonable in the circumstances to mitigate the loss, including loss of profit, resulting from the breach. If he fails to take such measures, the party in breach may claim a reduction in the damages in the amount by which the loss should have been mitigated.

제77조(손해경감의 의무)

계약위반을 주장하는 당사자는 이익의 손실을 포함하여 그 위반으로부터 야기된 손실을 경감하기 위하여 그 사정에 따라 상당한 조치를 취하여야 한다. 그러한 조치를 취하지 아니하는 경우에는, 위반의 당사자는 경감되었어야 하는 손실의 금액을 손해배상액에서 감액하도록 청구할 수 있다.

Section III. Interest

Article 78

If a party fails to pay the price or any other sum that is in arrears, the other party is entitled to interest on it, without prejudice to any claim for damages recoverable under article 74.

제3절 이자

제78조(연체금액의 이자)

당사자 일방이 대금 또는 기타 모든 연체된 금액을 지급하지 아니한 경우에는, 상대방은 제74조에 따라 회수 가능한 손해배상액의 청구에 침해받지 아니하고 그 금액에 대한 이자를 청구할 권리를 갖는다.

Section IV. Exemption

Article 79

(1) A party is not liable for a failure to perform any of his obligations if he proves that the failure was due to an impediment beyond his control and that he could not reasonably be expected to have taken the impediment into account at the time of the conclusion of the contract or to have avoided or overcome it or its consequences.

(2) If the party's failure is due to the failure by a third person whom he has engaged to perform the whole or a part of the contract, that party is exempt from liability only if:
 (a) he is exempt under the preceding paragraph; and
 (b) the person whom he has so engaged would be so exempt if the provisions of that paragraph were applied to him.

(3) The exemption provided by this article has effect for the period during which the impediment exists.

(4) The party who fails to perform must give notice to the other party of the impediment and its effect on his ability to perform. If the notice is not received by the other party within a reasonable time after the party who fails to perform knew or ought to have known of the impediment, he is liable for damages resulting from such nonreceipt.

(5) Nothing in this article prevents either party from exercising any right other than to claim damages under this Convention.

제4절 면책

제79조(손해배상책임의 면제)

(1) 당사자 일방은 그 의무의 불이행이 자신의 통제를 벗어난 장해에 기인하였다는 점과 계약 체결 시에 그 장해를 고려하거나 또는 그 장해나 장해의 결과를 회피하거나 극복하는 것이 합리적으로 기대될 수 없었다는 점을 입증하는 경우에는 자신의 어떠한 의무의 불이행에 대하여 책임을 지지 아니한다.

(2) 당사자의 불이행이 계약의 전부 또는 일부를 이행하기 위하여 고용된 제3자의 불이행에 기인한 경우에는, 그 당사자는 다음과 같은 경우에 한하여 그 책임이 면제된다.
 (a) 당사자가 전항의 규정에 따라 면책되고, 또
 (b) 당사자가 고용한 제3자가 전항의 규정이 그에게 적용된다면 역시 면책되는 경우.

(3) 본조에 규정된 면책은 장해가 존재하는 동안의 기간에만 효력을 갖는다.
(4) 불이행의 당사자는 장해와 그것이 자신의 이행능력에 미치는 영향에 관하여 상대방에게 통지하여야 한다. 불이행의 당사자가 장애를 알았거나 또는 알았어야 하는 때로부터 상당한 기간내에 그 통지가 상대방에게 도착하지 아니한 경우에는, 당사자는 그러한 불착으로 인하여 발생하는 손해배상액에 대한 책임이 있다.
(5) 본조의 규정은 어느 당사자에 대해서도 이 협약에 따른 손해배상액의 청구 이외의 모든 권리를 행사하는 것을 방해하지 아니 한다.

Article 80
A party may not rely on a failure of the other party to perform, to the extent that such failure was caused by the first party's act or omission.

제80조(자신의 귀책사유와 불이행)
당사자 일방은 상대방의 불이행이 자신의 작위 또는 부작위에 기인하여 발생한 한도 내에서는 상대방의 불이행을 원용할 수 없다.

Section V. Effects of avoidance

Article 81
(1) Avoidance of the contract releases both parties from their obligations under it, subject to any damages which may be due. Avoidance does not affect any provision of the contract for the settlement of disputes or any other provision of the contract governing the rights and obligations of the parties consequent upon the avoidance of the contract.
(2) A party who has performed the contract either wholly or in part may claim restitution from the other party of whatever the first party has supplied or paid under the contract. If both parties are bound to make restitution, they must do so concurrently.

제5절 해제의 효과

제81조(계약의무의 소멸과 반환청구)
(1) 계약의 해제는 이미 발생한 모든 손해배상의 의무를 제외하고 양당사자를 계약상의 의무로부터 면하게 한다. 해제는 분쟁해결을 위한 어떠한 계약조항이나 계약의 해제에 따라 발생하는 당사자의 권리와 의무를 규율하는 기타 모든 계약조항에 영향을 미치지 아니한다.
(2) 계약의 전부 또는 일부를 이행한 당사자 일방은 상대방에 대하여 그 계약하에서 자신이 이미 공급하였거나 또는 지급한 것에 대한 반환을 청구할 수 있다. 당사자 쌍방이 반환하여야 할 의무가 있는 경우에는, 양당사자는 동시에 이를 이행하여야 한다.

Article 82
(1) The buyer loses the right to declare the contract avoided or to require the seller to deliver substitute goods if it is impossible for him to make restitution of the goods substantially in the condition in which he received them.
(2) The preceding paragraph does not apply:
 (a) if the impossibility of making restitution of the goods or of making restitution of the goods substantially in the condition in which the buyer received them is not due to his act or omission;
 (b) the goods or part of the goods have perished or deteriorated as a result of the examination provided for in article 38; or
 (c) if the goods or part of the goods have been sold in the normal course of business or have been consumed or transformed by the buyer in the course of normal use before

he discovered or ought to have discovered the lack of conformity.

제82조(물품반환이 불가능한 경우)
(1) 매수인이 물품을 수령한 상태와 실질적으로 동등한 물품을 반환하는 것이 불가능한 경우에는, 매수인은 계약의 해제를 선언하거나 또는 매도인에게 대체품의 인도를 요구하는 권리를 상실한다.
(2) 전항의 규정은 다음과 같은 경우에는 이를 적용하지 아니한다.
 (a) 물품을 반환하거나 또는 매수인이 물품을 수령한 상태와 실질적으로 동등한 물품을 반환하는 것이 불가능한 사유가 매수인의 작위 또는 부작위에 기인하지 아니한 경우,
 (b) 제38조에 규정된 검사의 결과로 물품의 전부 또는 일부가 이미 멸실되었거나 또는 변질된 경우, 또는
 (c) 매수인이 불일치를 발견하였거나 또는 발견하였어야 하는 때 이전에 물품의 전부 또는 일부가 이미 매수인에 의하여 정상적인 영업과정에서 매각되었거나, 또는 정상적인 사용과정에서 소비되었거나 또는 변형된 경우.

Article 83 [생략]

Article 84
(1) If the seller is bound to refund the price, he must also pay interest on it, from the date on which the price was paid.
(2) The buyer must account to the seller for all benefits which he has derived from the goods or part of them:
 (a) if he must make restitution of the goods or part of them; or
 (b) if it is impossible for him to make restitution of all or part of the goods or to make restitution of all or part of the goods substantially in the condition in which he received them, but he has nevertheless declared the contract avoided or required the seller to deliver substitute goods.

제84조(이익의 반환)
(1) 매도인이 대금을 반환하여야 할 의무가 있는 경우에는, 매도인은 대금이 지급된 날로부터 그것에 대한 이자도 지급하여야 한다.
(2) 매수인은 다음과 같은 경우에는 물품의 전부 또는 일부로부터 취득한 이익을 매도인에게 반환하여야 한다.
 (a) 매수인이 물품의 전부 또는 일부를 반환하여야 하는 경우, 또는
 (b) 매수인이 물품의 전부 또는 일부를 반환하거나 또는 그가 물품을 수령한 상태와 실질적으로 동등하게 물품의 전부 또는 일부를 반환하는 것이 불가능함에도 불구하고, 매수인이 계약의 해제를 선언하였거나 또는 매도인에게 대체품의 인도를 요구한 경우.

Section VI. Preservation of the goods

Article 85
If the buyer is in delay in taking delivery of the goods or, where payment of the price and delivery of the goods are to be made concurrently, if he fails to pay the price, and the seller is either in possession of the goods or otherwise able to control their disposition, the seller must take such steps as are reasonable in the circumstances to preserve them. He is

entitled to retain them until he has been reimbursed his reasonable expenses by the buyer.

제6절 물품의 보존

제85조(매도인의 보존의무)
매수인이 물품의 인도수령을 지체한 경우에, 또는 대금의 지급과 물품의 인도가 동시에 이행되어야 하는 때에 매수인이 그 대금을 지급하지 아니하고 매도인이 물품을 점유하고 있거나 또는 기타의 방법으로 그 처분을 지배할 수 있는 경우에는, 매도인은 물품을 보존하기 위하여 그 사정에 합리적인 조치를 취하여야 한다. 매도인은 자신의 합리적인 비용을 매수인으로부터 보상받을 때까지 물품을 유치할 권리가 있다.

Article 86
(1) If the buyer has received the goods and intends to exercise any right under the contract or this Convention to reject them, he must take such steps to preserve them as are reasonable in the circumstances. He is entitled to retain them until he has been reimbursed his reasonable expenses by the seller.

(2) If goods dispatched to the buyer have been placed at his disposal at their destination and he exercises the right to reject them, he must take possession of them on behalf of the seller, provided that this can be done without payment of the price and without unreasonable inconvenience or unreasonable expense. This provision does not apply if the seller or a person authorized to take charge of the goods on his behalf is present at the destination. If the buyer takes possession of the goods under this paragraph, his rights and obligations are governed by the preceding paragraph.

제86조(매수인의 보존의무)
(1) 매수인이 물품을 수령한 경우에 있어서 그 물품을 거절하기 위하여 계약 또는 이 협약에 따른 어떠한 권리를 행사하고자 할 때에는, 매수인은 물품을 보존하기 위하여 그 사정에 합리적인 조치를 취하여야 한다. 매수인은 자신의 합리적인 비용을 매도인으로부터 보상받을 때까지 물품을 유치할 권리가 있다.

(2) 매수인 앞으로 발송된 물품이 목적지에서 매수인의 임의처분하에 적치된 경우에 있어서 매수인이 물품을 거절하는 권리를 행사할 때에는, 매수인은 매도인을 위하여 물품을 점유하여야 한다. 다만 이것은 대금의 지급이 없이 그리고 불합리한 불편이나 불합리한 비용이 없이 행하여질 수 있는 경우에 한한다. 이 규정은 매도인이나 또는 매도인을 위하여 물품을 관리하도록 수권된 자가 목적지에 있는 경우에는 이를 적용하지 아니한다. 매수인이 본 항의 규정에 따라 물품을 점유하는 경우에는, 매수인의 권리와 의무에 대해서는 전 항의 규정을 적용한다.

Article 87
A party who is bound to take steps to preserve the goods may deposit them in a warehouse of a third person at the expense of the other party provided that the expense incurred is not unreasonable.

제87조(제3자 창고에의 기탁)
물품을 보존하기 위한 조치를 취하여야 할 의무가 있는 당사자는 그 발생한 비용이 불합리한 것이 아닌 한, 상대방의 비용으로 물품을 제3자의 창고에 기탁할 수 있다.

Article 88
(1) A party who is bound to preserve the goods in accordance with article 85 or 86 may sell them by any appropriate means if there has been an unreasonable delay by the other

party in taking possession of the goods or in taking them back or in paying the price or the cost of preservation, provided that reasonable notice of the intention to sell has been given to the other party.

(2) If the goods are subject to rapid deterioration or their preservation would involve unreasonable expense, a party who is bound to preserve the goods in accordance with article 85 or 86 must take reasonable measures to sell them. To the extent possible he must give notice to the other party of his intention to sell.

(3) A party selling the goods has the right to retain out of the proceeds of sale an amount equal to the reasonable expenses of preserving the goods and of selling them. He must account to the other party for the balance.

제88조(물품의 매각)

(1) 제85조 또는 제86조에 따라 물품을 보존하여야 할 의무가 있는 당사자는 상대방이 물품의 점유 또는 반송에 있어서, 또는 대금이나 보존비용의 지급에 있어서 불합리하게 지연한 경우에는, 적절한 방법으로 물품을 매각할 수 있다. 다만 상대방에 대하여 그 매각의 의도에 관한 합리적인 통지가 있어야 한다.

(2) 물품이 급속히 변질되기 쉬운 것이거나 또는 그 보존에 불합리한 비용이 요구되는 경우에는, 제85조 또는 제86조에 따라 물품을 보존하여야 할 의무가 있는 당사자는 이를 매각하기 위한 합리적인 조치를 취해야 한다. 보존의 의무가 있는 당사자는 가능한 한, 상대방에게 매각의 의도에 관하여 통지를 하여야 한다.

(3) 물품을 매각하는 당사자는 매각의 대금으로부터 물품의 보존과 그 매각에 소요된 합리적인 비용과 동등한 금액을 유보할 권리를 갖는다. 그러나 그 당사자는 상대방에게 잔액을 반환하여야 한다.

Part IV. Final provisions

Article 89 [생략]

The Secretary-General of the United Nations is hereby designated as the depositary for this Convention.

제4부 최종규정

Article 90 [생략]

Article 91

(1) This Convention is open for signature at the concluding meeting of the United Nations Conference on Contracts for the International Sale of Goods and will remain open for signature by all States at the Headquarters of the United Nations, New York until 30 September 1981.

(2) This Convention is subject to ratification, acceptance or approval by the signatory States.

(3) This Convention is open for accession by all States which are not signatory States as from the date it is open for signature.

(4) Instruments of ratification, acceptance, approval and accession are to be deposited with the Secretary-General of the United Nations.

제91조(서명과 협약의 채택)

(1) 이 협약은 국제물품매매계약에 관한 국제연합회의의 최종일에 서명을 위하여 개방되며, 또 1981년 9월 30일까지 뉴욕의 국제연합 본부에서 모든 국가에 의한 서명을 위하여 개방해 둔다.
(2) 이 협약은 서명국에 의하여 비준, 승낙 또는 승인되는 것을 전제로 한다.
(3) 이 협약은 서명을 위하여 개방된 날로부터 서명국이 아닌 모든 국가에 의한 가입을 위하여 개방된다.
(4) 비준서, 승낙서, 승인서 및 가입서는 국제연합의 사무총장에게 기탁하는 것으로 한다.

Article 92 [생략]

Article 93

(1) If a Contracting State has two or more territorial units in which, according to its constitution, different systems of law are applicable in relation to the matters dealt with in this Convention, it may, at the time of signature, ratification, acceptance, approval or accession, declare that this Convention is to extend to all its territorial units or only to one or more of them, and may amend its declaration by submitting another declaration at any time.
(2) These declarations are to be notified to the depositary and are to state expressly the territorial units to which the Convention extends.
(3) If, by virtue of a declaration under this article, this Convention extends to one or more but not all of the territorial units of a Contracting State, and if the place of business of a party is located in that State, this place of business, for the purposes of this Convention, is considered not to be in a Contracting State, unless it is in a territorial unit to which the Convention extends.
(4) If a Contracting State makes no declaration under paragraph (1) of this article, the Convention is to extend to all territorial units of that State.

제93조(연방국가의 채택)

(1) 체약국이 그 헌법에 의하여 이 협약에서 취급되는 사항에 관하여 상이한 법체계가 적용되는 둘 이상의 영역을 보유하고 있는 경우에는, 체약국은 서명, 비준, 승낙, 승인 또는 가입의 당시에 이 협약을 전부의 영역 또는 그중의 하나 이상의 일부의 영역에만 적용한다는 것을 선언할 수 있으며, 또 언제든지 다른 선언을 제출함으로써 앞의 선언을 변경할 수 있다.
(2) 전 항의 선언은 수탁자에게 통고되어야 하며, 또 이 협약이 적용되는 영역을 명시적으로 기재하여야 한다.
(3) 본 조에 따른 선언에 의하여, 이 협약이 체약국의 하나 이상의 일부의 영역에 적용되고 그 전부의 영역에는 적용되지 아니한 경우에 당사자 일방의 영업소가 그 체약국에 있는 때에는, 그 영업소는 이 협약의 적용에 있어서 체약국에 있지 아니한 것으로 본다. 다만 그 영업소가 이 협약이 적용되는 영역에 있는 경우에는 그러하지 아니하다.
(4) 체약국이 본 조 제1항에 따른 선언을 하지 아니하는 경우에는, 이 협약은 그 체약국의 전부의 영역에 적용되는 것으로 한다.

Article 94 [생략]

Article 95
Any State may declare at the time of the deposit of its instrument of ratification, acceptance, approval or accession that it will not be bound by subparagraph (1) (b) of article 1 of this Convention.

제95조(제1조 제1항 b호의 배제)
어느 국가의 경우에도 이 협약의 비준서, 승낙서, 승인서 또는 가입서를 기탁할 당시에 이 협약의 제1조 제1항 b호의 규정에 구속되지 아니한다는 것을 선언할 수 있다.

Article 96 [생략]

Article 97 [생략]

Article 98 [생략]

Article 99 [생략]

Article 100
(1) This Convention applies to the formation of a contract only when the proposal for concluding the contract is made on or after the date when the Convention enters into force in respect of the Contracting States referred to in subparagraph (1) (a) or the Contracting State referred to in subparagraph (1) (b) of article 1.
(2) This Convention applies only to contracts concluded on or after the date when the Convention enters into force in respect of the Contracting States referred to in subparagraph (1)(a) or the Contracting State referred to in subparagraph (1)(b) of article 1.

제100조(계약에 대한 적용일)
(1) 이 협약은 제1조 제1항 a호에 언급된 체약국이나 또는 동조 제1항 b호에 언급된 체약국에 대하여 그 효력을 발생하는 날 또는 그 이후에 계약의 체결을 위한 제의가 행하여진 경우에만 계약의 성립에 적용한다.
(2) 이 협약은 제1조 제1항 a호에 언급된 체약국이나 또는 동조 제1항 b호에 언급된 체약국에 대하여 그 효력을 발생하는 날 또는 그 이후에 체결되는 계약에만 적용한다.

Article 101
(1) A Contracting State may denounce this Convention, or Part II or Part III of the Convention, by a formal notification in writing addressed to the depositary.
(2) The denunciation takes effect on the first day of the month following the expiration of twelve months after the notification is received by the depositary. Where a longer period for the denunciation to take effect is specified in the notification, the denunciation takes effect upon the expiration of such longer period after the notification is received by the depositary.

제101조(협약의 폐기)

(1) 체약국은 수탁자 앞으로 서면에 의한 정식의 통고를 함으로써 이 협약 또는 이 협약의 제2부 또는 제3부를 폐기할 수 있다.
(2) 폐기는 수탁자가 그 통고를 수령한 날로부터 12개월을 경과한 후 이어지는 월의 최초일에 그 효력을 발생한다. 폐기가 효력을 발생하기 위한 보다 긴 기간이 그 통고에 명시되어 있는 경우에는, 폐기는 수탁자가 그 통고를 수령한 날로부터 그러한 기간이 경과한 때에 그 효력을 발생한다.

DONE at Vienna, this day of eleventh day of April, one thousand nine hundred and eighty, in a single original, of which the Arabic, Chinese, English, French, Russian and Spanish texts are equally authentic.

IN WITNESS WHEREOF the undersigned plenipotentiaries, being duly authorized by their respective Governments, have signed this Convention.

협약의 작성

이 협약은 1980년 4월 11일 당일에 비엔나에서 국제연합이 동등하게 인증한 아랍어, 중국어, 영어, 불어, 러시아어 및 스페인어를 정본으로 한 1통의 원본으로 작성되었다.

이상의 증거로서 아래에 명기된 전권위원들은 그 각각의 정부로부터 정당하게 위임을 받아 이 협약에 서명하였다.

저자 약력

[전] 부경대학교 해양수산경영학과 겸임교수
한국해양대학교 대학원 무역학과 졸업 [경영학 석사]
한국해양대학교 대학원 무역학과 졸업 [경영학 박사]

저서
    퍼펙트 비즈니스 무역영어/ 퍼펙트 무역영어 1급/ 퍼펙트 무역영어 2·3급/ 퍼펙트 무역영어 기출해설집
    퍼펙트 국제무역사 1급/ 퍼펙트 국제무역사 2급

빙글리쉬닷컴의 저자 주요 강의
    비즈니스 무역영어/ 국가공인 무역영어 1급/ 국제무역사 1급/ 무역영어 기출해설 등

퍼펙트 무역영어 1급 개정20판

2006년 01월 03일 개정 1판 발행

2023년 01월 07일 개정 18판 발행
2024년 01월 10일 개정 19판 발행
2025년 01월 08일 개정 20판 발행

지은이 김 현 수
발행인 이 길 안
발행처 세종출판사

부산광역시 중구 흑교로 71번길 12(보수동 2가)
  전화   051-463-5898, 253-2213~5
  팩스   051-248-4880

등록 제02-01-96

도서배본 및 공급처 : 빙글리쉬닷컴
전화 (051) 441-9585
팩스 (051) 441-9587
E-mail plmanager@naver.com

값 33,000 원

ISBN 979-11-5979-743-9 93320

저자의 허락 없이 이 책의 일부 또는
전부를 무단 복제·전재·발췌할 수 없습니다.